CRACK PREVENTION TECHNIQUE
OF BOX GIRDER DURING CONSTRUTION, EVALUATION THEORY AFTER CRACKING AND ENGINEERING APPLICATION

箱梁施工期防裂技术
和裂后评估理论及工程应用

[第二版]

张　峰　林新元　李树忱　成剑波 / 著
叶见曙 / 主审

人民交通出版社股份有限公司
China Communications Press Co.,Ltd.

内 容 提 要

本书理论联系实际工程,详细介绍了预应力混凝土箱梁施工期的防裂技术以及裂缝发生后的评估理论。主要内容包括:绪论,箱梁零号块温度裂缝控制,箱梁节段施工期防裂,箱梁裂后承载性能评估以及箱梁裂后承载性能评估应用等。

本书可供从事桥梁施工、设计、检测等的工程技术人员参考使用。

图书在版编目(CIP)数据

箱梁施工期防裂技术和裂后评估理论及工程应用/张峰等著.—2版.—北京:人民交通出版社股份有限公司,2017.6

ISBN 978-7-114-13812-6

Ⅰ.①箱… Ⅱ.①张… Ⅲ.①箱梁桥—桥梁施工—防裂—研究 Ⅳ.①U448.21

中国版本图书馆 CIP 数据核字(2017)第079485号

书　　名: 箱梁施工期防裂技术和裂后评估理论及工程应用(第二版)
著 作 者: 张　峰　林新元　李树忱　成剑波
责任编辑: 卢俊丽　王景景
出版发行: 人民交通出版社股份有限公司
地　　址: (100011)北京市朝阳区安定门外外馆斜街3号
网　　址: http://www.ccpress.com.cn
销售电话: (010)59757973
总 经 销: 人民交通出版社股份有限公司发行部
经　　销: 各地新华书店
印　　刷: 北京市密东印刷有限公司
开　　本: 787×1092　1/16
印　　张: 22.75
字　　数: 560千
版　　次: 2012年11月　第1版　2017年5月　第2版
印　　次: 2017年5月　第2版　第1次印刷
书　　号: ISBN 978-7-114-13812-6
定　　价: 90.00元

第二版前言

大跨径预应力混凝土箱梁桥无论在经济合理性、工艺成熟性上，都是具有强劲可比性的桥型。但随着这些大跨径桥梁逐步投入运营，经历荷载及时间的考验，设计和施工中的问题也在逐步地暴露，尤其是各种不同性质裂缝的出现较为普遍。结构一旦出现裂缝，就势必引起人们对工程质量的怀疑，这又以桥梁在施工及使用过程中出现的受力裂缝为甚。因此，研究带裂缝工作的箱梁服役状态评估的方法和技术手段已经成为当务之急。

该书第一版以箱梁温度场和应力场实时动态监测、精轧螺纹钢筋竖向预应力室内模型试验、大比例尺箱梁室内极限承载力模型试验、箱梁典型病害调查等为研究手段，重点开展了四个方面的研究：箱梁零号块施工期水化热研究；箱梁节段施工期防裂技术；箱梁开裂后的承载性能评估方法；箱梁服役状态评估理论。

该书第二版汇总了以下各方面进一步深入研究的成果。包括：改进了竖向预应力精轧螺纹钢筋的动力计算模型；揭示了预应力混凝土箱梁合龙段底板崩裂机理，并提出了工程设计方法；开展了预应力混凝土连续刚构桥徐变的精细数值有限元模型，研究了预应力混凝土箱梁的空间徐变效应；研发了拉脱法的硬件设备，揭示了拉脱法的测试原理，提出了拉脱法的判别标准，分析了锚下有效预应力的影响因素；增加了一座实际桥梁的破坏性试验和数值模拟分析的结果，开展了基于最优化理论的箱梁裂后节段刚度损伤评估方法研究。

该书的研究成果有效降低了箱梁施工期的开裂风险，提高了新建桥梁的质量。建立的箱梁合理拆模计算方法能有效指导箱梁施工，降低了水化热应力过大导致箱梁开裂的风险；提出的竖向预应力无损检测方法彻底改变了我国箱梁施工期竖向预应力无法有效检测的难题，提高了箱梁腹板的应力安全储备；研究的拉脱法测试技术，有效改善了预应力混凝土箱梁纵向及横向的预应力张拉施工质量，建立的预应力混凝土箱梁底板合龙段防崩设计方法可对规范相应部分进行有益补充；从空间徐变角度，总结了既有预应力混凝土箱梁过量开裂、下挠的成因；箱梁裂后刚度损伤计算方法改变了裂缝对桥梁服役性能的影响仅局限于定性评估的现状；研究了预应力混凝土连续箱梁开裂后的裂缝扩展、应力重分布特性。该书的研究成果对预应力混凝土箱梁结构的设计、施工及运营具有较高的应用价值。

齐鲁交通发展集团有限公司的周勇研究员参与了本书第4章中预应力混凝

土单箱双室变截面箱梁破坏性试验部分的试验和数值模拟计算的撰写。总结了箱梁开裂后的受力性能,提出了基于最优化理论的刚度反演计算方法。

中交第四公路工程局有限公司的林新元教授级高工参与编写了本书中的单箱双室箱梁破坏性试验及计算部分章节。

北京交通大学的杜进生教授参与了本书第 3 章中的预应力混凝土箱梁徐变精细化计算分析的撰写。

四川升拓检测技术股份有限公司的吴佳晔教授参与了本书第5章箱梁裂后承载性能评估应用部分的内容撰写。

上海应用技术大学的郭智刚老师参与了本书第 3 章中的预应力钢绞线检测评估技术的撰写。

河海大学的雷笑老师参与了本书第 2 章中混凝土水化热温度应力及裂缝控制章节的撰写。

东南大学桥梁研究所的叶见曙教授对本书提出了许多学术修改意见,在预应力混凝土箱梁开裂、下挠专题研究方面给予了作者细心指导。

感谢长沙理工大学的刘小燕教授,在预应力新型检测技术推广应用过程中给予作者无私的帮助和支持。

感谢山东大学的李术才教授,让作者领悟到学术和工程的关系,两者只有相互促进才能做出具有价值的研究成果。本书能够付诸出版,离不开李教授对作者的全面支持和帮助!

感谢山东大学岩土与结构工程研究中心所有给予作者智慧的学者们和老师们。感谢学术生涯中山东大学给予作者充满挑战的工作环境、真诚的帮助和启发,以及值得回忆和自省的人和事。

感谢山东大学桥梁组的李守凯、齐广志、孙家龙、曹原、陆小蕊、姚晨、高磊、韩福洲、刘冠之及刘佳琪等同学撰写了本书第二版中相关章节。交通运输部公路科学研究院的程寿山研究员提供了本书中的广济2号桥相关资料,在此一并表示感谢!

限于作者的知识视野和学术水平,书中难免存在不当之处,恳请读者批评指正。如有问题,请联系山东大学桥梁所副教授张峰(zhangfeng2008@sdu.edu.cn)。

作　者

2016.12.6

目 录

第 1 章　绪论……1
1.1　裂缝的危害性……4
1.2　箱梁开裂原因……6
1.3　研究内容……6
本章参考文献……7
第 2 章　箱梁零号块温度裂缝控制……8
2.1　混凝土水化热及其温度效应的研究……9
2.2　浊峪河特大桥箱梁零号块水化热观测……11
2.3　赵氏河特大桥箱梁零号块水化热观测……18
2.4　渭河连续箱梁零号块水化热观测……24
2.5　水化热分析理论……26
2.6　赵氏河及浊峪河特大桥箱梁零号块有限元分析……33
2.7　渭河连续箱梁零号块有限元分析……40
2.8　聚丙烯纤维混凝土在混凝土防裂工程中的应用……50
本章参考文献……54
第 3 章　箱梁节段施工期防裂……56
3.1　竖向预应力研究现状……57
3.2　箱梁施工期竖向预应力损失对箱梁腹板应力影响分析……60
3.3　预应力损失……61
3.4　考虑腹板竖向预应力损失后的箱梁腹板应力分析……68
3.5　锚垫板倾斜对锚具回缩变形的影响分析……69
3.6　基于测试的箱梁施工期竖向预应力损失模型……84
3.7　预应力损失无损检测方法研究……97
3.8　箱梁腹板应力测试……108
3.9　箱梁顶板和底板正应力测试结果……113
3.10　箱梁合龙段底板防崩裂研究……115
3.11　基于 ANSYS 二次开发的预应力混凝土箱梁徐变精细化数值分析……130
3.12　基于 MIDAS FEA 的精细化徐变分析……136
3.13　基于拉脱法的预应力混凝土梁锚下有效预应力分析……141
3.14　合龙段内置劲性骨架对刚构桥受力性能的影响……158
本章参考文献……166
第 4 章　箱梁裂后承载性能评估……168
4.1　国内外的研究现状……168
4.2　反复加载作用下预应力混凝土变截面箱梁试验研究……177

4.3 预应力混凝土箱梁非线性分析理论 …… 202
4.4 预应力混凝土变截面连续箱梁开裂后的剪力滞效应 …… 251
4.5 预应力混凝土变截面连续箱梁开裂后的抗弯刚度分析 …… 266
4.6 实桥破坏性试验的测试结果及精细化数值模拟 …… 291
4.7 结论与建议 …… 308
本章参考文献 …… 310
第5章 箱梁裂后承载性能评估应用 …… 317
5.1 国内外研究现状 …… 317
5.2 现场检测、评估的目的、意义和依据 …… 319
5.3 工作流程 …… 319
5.4 仪器和设备 …… 320
5.5 检测内容 …… 321
5.6 检测方法 …… 322
5.7 六座旧桥桥梁线形检测结果 …… 332
5.8 六座旧桥材料特性检测结果 …… 336
5.9 六座旧桥箱梁裂缝调查结果 …… 344
5.10 裂缝对箱梁服役性能影响评估 …… 349
本章参考文献 …… 353

第1章　绪　论

我国公路桥梁在近20年得到飞速发展，桥梁的设计和施工技术也达到了相当高的水平。由于大跨径预应力混凝土连续箱梁桥无论是在经济合理性还是工艺成熟性上都具有优势，因此得到广泛应用。

大跨径预应力混凝土梁桥通常采用箱形截面，这是因为箱形截面具有以下其他截面所不具有的优点[1]：

(1)整体性好、刚度大、抗扭性能好，具有良好的稳定性，截面形式多样化；

(2)偏心荷载作用下，箱梁的整体受力性能比T梁、工字梁更加有利，且省料；

(3)箱梁顶板和底板都具有较大的混凝土面积，能有效地抵抗正负弯矩并满足配筋要求，适用于多种施工方法，如悬臂施工、顶推施工等；

(4)适合预应力混凝土结构空间布束，当跨度增大时，采用多向预应力具有良好的经济性；

(5)桥型简洁美观，行车舒适，设计理论和施工工艺比较成熟；

(6)跨度变化大，适用于多种结构形式，如连续刚构、T形刚构等。

1)连续梁桥

目前国内外已建和在建的主跨径大于200m以上的大跨径预应力混凝土箱梁桥已超过了30座。连续梁桥方面：1960年，中国最初建成的钢筋混凝土箱形薄壁连续梁桥——山东济宁跃进桥是我国第一座混凝土箱形梁桥[2]，跨径为(37+53+37)m。1964年，又建成广西邕江悬臂箱梁桥，主跨55m。由于钢筋混凝土结构存在用钢多、自重大、易裂等特点，因此，要向更大跨径发展，就必须使用预应力混凝土结构。进入20世纪80年代，对称平衡悬臂法施工的大跨径预应力混凝土箱形截面连续梁得到了迅速的发展[3]，1991年建成的云南六库怒江大桥(图1.1)，主桥跨径为(85+154+85)m预应力混凝土连续梁桥，2001年3月建成通车的南京长江第二大桥北汊桥，其主桥跨径为(90+3×165+90)m，是我国目前跨度最大的预应力混凝土连续梁桥(图1.2)。

图1.1　云南六库怒江大桥

图1.2　南京长江第二大桥北汊桥

2)连续刚构桥

连续刚构桥结构既具有整体性能好、抗震能力强和抗矩能力大的优点,也具有桥体简明、维护方便的长处。连续刚构桥体连续、梁墩固结,具有连续梁桥无伸缩缝和行车平顺舒适的优点,兼具不设支座、便于悬臂施工的优点。连续刚构桥纵向与横向都具有比较大的刚度,适合于悬臂施工,有利于跨越大河、深谷等障碍物,并且能够满足横向抗风要求,同时造价又低,因此常为大跨径桥梁优选的方案之一[2,4-7]。

1988 年建成的广东番禺洛溪大桥是我国第一座大跨径连续刚构桥(图 1.3),跨径组合为(65+125+180+110)m。采用双肢箱形薄壁墩,墩顶处箱梁高 10m,跨中处 3m。1995 年建成的湖北黄石长江大桥,主跨为 245m,主桥连续长达 1 060m。特别是 1997 年建成的广东虎门辅航道桥(图 1.4),跨径组合为(50+270+150)m,主桥位于 $R=7\ 000$m 的平曲线上,建成时跨径居同类桥世界首位,并将预应力混凝土连续刚构体系的跨越能力体现到极致[3-4]。这个纪录又很快被挪威主跨为 301m 的 Stolma 桥(跨中为钢箱梁,如图 1.5 所示)和主跨为 298m 的 Raftsundet 桥打破(图 1.6),可见大跨径预应力混凝土连续刚构桥有着很好的发展前途。

图1.3　广东番禺洛溪大桥

图1.4　广东虎门辅航道桥

图1.5　挪威 Stolma 桥

图 1.6 挪威 Raftsundet 桥

国内外部分大跨径连续刚构桥如表 1.1 所示。

国内外部分主跨≥240m 混凝土连续刚构桥 表 1.1

序 号	桥 名	国 家	最大主跨(m)	建成年份(年)
1	Stolma 桥	挪威	301	1998
2	Raftsundet 桥	挪威	298	1998
3	虎门辅航道桥	中国	270	1997
4	云南元江大桥	中国	265	2003
5	Gateway 桥	澳大利亚	260	1986
6	宁德下白石大桥	中国	260	2003
7	泸州长江二桥	中国	252	2000
8	Schottwien 桥	奥地利	250	1989
9	Doutor River 桥	葡萄牙	250	1990
10	重庆黄花园大桥	中国	250	1999
11	马鞍石嘉陵江大桥	中国	250	2001
12	宜水路金沙江大桥	中国	249	2005
13	黄石长江大桥	中国	245	1995
14	重庆嘉陵江大桥	中国	240	1997
15	贵州六广河大桥	中国	240	2002
16	江津长江大桥	中国	240	1997

随着大跨径桥梁逐步地投入运营、经历荷载及时间的考验,设计和施工中的问题也在逐步地暴露,尤其是各种不同性质的裂缝较为普遍地出现。结构一旦出现裂缝,就势必引起人们对工程质量的怀疑,这又以结构在使用中出现的受力裂缝为甚。湖南省交通厅 1998 年年底对 20 世纪 80 年代末期在湘江所建的几座连续箱梁进行检查时,发现混凝土箱梁腹板大面积开裂,最大裂缝宽度达 1.6mm,长度最长达 14 000mm。预应力混凝土连续箱梁桥在国内其他地区均存在不同程度的开裂现象[1-2]。郑步全[10]以某钢筋混凝土连续曲线梁匝道桥在施工过程

中出现的过宽裂缝成因的研究为实例,介绍钢筋混凝土桥梁非正常开裂事故原因的分析方法。在事故调查分析中运用结构的对称性质,考虑基础不均匀沉降对结构内力的影响及剪力滞效应对箱梁截面正应力分布的影响,并对原设计进行了修正。最后给出了钢筋混凝土桥梁裂缝控制的若干建议。文献[4]结合某主跨 245m 的连续刚构桥存在主梁跨中下挠和箱梁裂缝等病害,提出对大桥现有状况进行模拟计算的思路和方法,对大跨度连续刚构桥主梁下挠及箱梁裂缝成因进行分析,并在此基础上提出了有效的改造措施。国内的桥梁在使用过程中常常发现箱梁腹板出现与梁轴线呈大约 45°的角、不同程度的斜裂缝。以下重点介绍国内几座特大跨箱梁的开裂案例。

[案例 1] 黄石长江大桥

跨径布置:162.5m + 3 × 245m + 162.5m。

桥型:连续刚构。

竣工日期:1995 年。

病害:运营 7 年后,箱梁裂缝共 6 638 条,其中 5 328 条在腹板内表面,1 073 条在腹板外表面,237 条在底板上。主梁跨中下挠 21.2cm。

[案例 2] 东明黄河大桥

跨径布置: 75m + 7 × 120m + 75m。

桥型:连续刚构组合结构体系。

竣工日期:1993 年。

病害:运营 6 年后,箱梁内部两腹板共发现斜向裂缝 620 道,最宽为 0.78mm,最长为 4.6m。裂缝宽度大多介于 0.2 ~ 0.54mm 之间,与顶板大致呈 20° ~ 50°的夹角,主梁跨中下挠 14.6cm 。

[案例 3] 三门峡黄河大桥

跨径布置: 105m + 4 × 140m + 105m。

桥型:连续刚构。

竣工日期:1992 年。

病害:运营 6 年后,跨中下挠最大达到 22cm,梁体出现大量裂缝。

从以上描述可以看出:箱梁开裂是国内普遍存在的现象。为了对箱梁进行维修加固,我国每年耗费大量人力和财力,因此通过合理的施工和设计防止箱梁开裂,对已开裂的箱梁进行有效的受力评估具有明显的经济效益。该研究能够有效缩减我国在箱梁开裂这一传统通病上的花费,对我国桥梁建设事业具有重大意义。

1.1 裂缝的危害性

通过国内外的调查分析研究,箱梁的裂缝位置大体可分为图 1.7 所示的几种情况。

除了上述裂缝形式外,工程中还有一种会引起严重工程事故的箱梁施工期工程病害,即跨中合龙段底板崩裂。

文献[12]介绍了箱梁底板崩裂事故。某预应力混凝土连续刚构箱梁桥,其箱梁采用单箱单室截面。在中跨合龙钢束张拉完成后发现中跨跨中的 3 个节段范围内腹板底部及底板底面纵向开裂严重，底板束以下的普通混凝土与上层混凝土崩离开，形成“两张皮”，如图1.8所示。

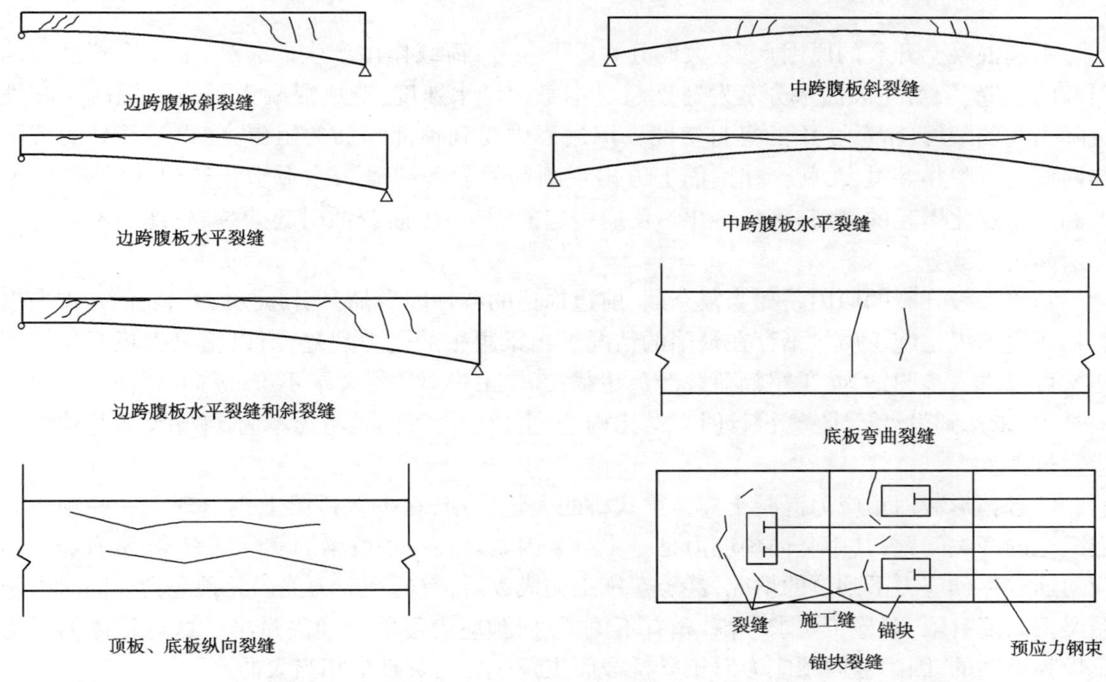

图1.7　裂缝发生位置调查结果

裂缝的存在对预应力混凝土结构的安全性、耐久性和正常使用效果都会产生不利影响，主要表现如下。

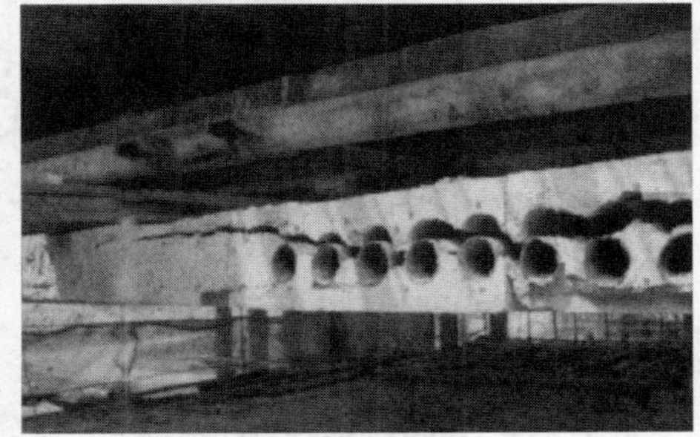

图1.8　崩裂的底板

(1)开裂使结构受力混凝土有效截面减小，降低了桥梁的安全度，有的甚至造成了桥梁结构的破坏。目前公路管理部门对于出现大量裂缝的桥梁一般都采取了限载限速的措施，影响了桥梁的使用功能。

(2)裂缝的存在，使钢筋受到空气中有害气体的侵蚀，加快了钢筋的锈蚀速度，削弱了桥梁的耐久性，缩短了结构的使用寿命，特别是预应力钢束(筋)的腐蚀属“高应力腐蚀”，其锈蚀速度远快于普通钢筋，并且其断裂属脆性断裂，无明显征兆，危害性极大。

(3)裂缝会削弱混凝土箱梁的刚度，使梁跨中挠度增大。国内某大桥混凝土箱梁由于出现了大量裂缝，跨中严重下挠，最大达320mm。过大的挠度不仅影响行车的舒适，也可能改变受力体系和内力分配，使裂缝进一步扩展，从而形成恶性循环。

综上所述，在施工中，应充分认识到裂缝出现的危害性，采取各种有效的措施和合理的处理方法来预防裂缝的出现和发展，不断提高混凝土浇筑质量，满足桥梁安全、稳定、耐久的要求。

1.2 箱梁开裂原因

引起混凝土开裂的原因众多,大概分为以下几种:荷载作用产生的裂缝;混凝土塑性收缩引起的裂缝(混凝土表面水分蒸发速度超过本身的泌水速度,造成混凝土开裂);混凝土塑性沉降引起的裂缝(混凝土中的集料塑性下沉过程中受到顶部钢筋的阻碍,使得钢筋处的沉降与两侧的沉降相差过大,就会在钢筋上方出现顺筋的表面裂缝);水泥水化热引起的裂缝;温度和湿度变化引起的裂缝;碱集料化学反应引起的裂缝;钢筋锈蚀引起的裂缝;地基不均匀沉降引起的裂缝等。

箱梁腹板开裂的原因是相当复杂的,前边描述的各种因素都会引起腹板开裂,但是本书内容的研究前提是施工质量不存在缺陷的情况下箱梁腹板的受力裂缝,所以箱梁腹板开裂的问题又可以进一步归纳为:①车辆荷载严重超载;②施工中对质量要求不严,纵向、竖向预应力损失过大,未达到设计要求;③设计时对结构构造、主拉应力等问题考虑不周;④箱梁零号块温度应力过大。

随着箱形截面预应力混凝土连续梁式桥的大量应用,在少数桥梁上也出现了一些预应力混凝土的开裂问题,其中竖向预应力是一个重要因素。在一些桥梁的实际调查中,常有竖向预应力筋永存预应力不到位的情况,甚至在施工完成以后,有的预应力筋内无预应力。同时由于箱梁桥高度有限,对施工要求较高,稍有不慎,竖向预应力可能会损失过半。这对箱体的受力是极为不利的,因为竖向预应力对箱梁桥截面主拉应力的贡献是相当大的。

理论和实践表明:竖向预应力是抵抗剪应力和主拉应力的关键;混凝土的破坏面与最大拉应力方向正交,由拉伸劈裂造成。没有设置竖向预应力筋的箱梁腹板,其开裂更为严重。因此,在箱梁结构的施工过程中,通过施工监测工作,一方面可保证结构有足够的竖向预应力;另一方面通过实际测量的纵向预应力大小,合理配置和调整竖向预应力,以提高结构的抗裂能力。

1.3 研究内容

本书重点探讨箱梁腹板的受力裂缝防治及箱梁裂后承载性能评估方法,主要研究内容及技术路线描述如下。

1)零号块浇筑期温度场和应力场研究

针对箱梁零号块由于温度应力过大引起箱梁开裂的工程病害,以3座特大跨连续刚构桥箱梁零号块为研究对象,基于工程现场测试和理论分析,提出箱梁零号块温度裂缝防治措施。

2)箱梁节段施工期抗裂研究

针对箱梁节段施工中存在腹板开裂的工程病害,以3座特大跨连续刚构箱梁桥为研究对象,基于现场测试、理论分析,重点研究以下四部分内容:竖向预应力损失对箱梁腹板应力的影响;箱梁施工期顶板、底板和腹板应力测试研究;箱梁施工过程的精细化有限元模拟技术;箱梁合龙段底板防崩裂研究。

3)箱梁裂后承载性能评估方法研究

针对箱梁开裂现状,以大比例尺模型为研究对象,基于破坏性试验、有限元数值模拟、最优化反演理论,研究箱梁裂后应力、挠度的变化规律,进而提出箱梁裂后的局部刚度折减系数,为后续的现场旧桥研究提供理论基础。

4)既有箱梁裂缝检测与承载性能评估

基于现场测试旧桥的挠度、混凝土和钢筋材质、裂缝分布,基于3)的研究成果,对带裂缝服役的箱梁受力性能进行评估。

以上四部分内容中,1)和2)重点解决箱梁施工期的裂缝防治理论及工程对策,3)和4)重点探讨箱梁裂后的服役性能评估和工程应用。

本章参考文献

[1] 郭金琼. 箱形梁设计理论[M]. 北京:人民交通出版社,1991.

[2] 范立础. 预应力混凝土连续梁桥[M]. 北京:人民交通出版社,1988.

[3] 邵旭东. 桥梁工程[M]. 北京:人民交通出版社,1991.

[4] 马宝林. 高墩大跨连续刚构桥[M]. 北京:人民交通出版社,2001.

[5] 周军生,楼庄鸿. 大跨径预应力混凝土连续刚构桥的现状和发展趋势[J]. 中国公路学报,2000(1).

[6] 王钧利,贺拴海. 大跨径连续刚构桥主墩类型及设计尺寸的优化[C]//中国公路学会桥梁与结构工程分会2006年全国桥梁学术会议论文集. 北京:人民交通出版社,2006.

[7] 范立础. 桥梁工程(上册)[M]. 北京:人民交通出版社,1980.

[8] 钟新谷. 预应力混凝土连续箱梁桥裂缝分析、防治及钢箱—混凝土组合梁研究[R]. 湖南大学博士后研究报告,2002.

[9] 浙江省交通厅公路管理局. 预应力混凝土连续梁桥裂缝调查分析及防治研究报告[R]. 2005-5.

[10] 郑步全,吴培峰. 某钢筋混凝土连续曲线梁桥裂缝事故分析与设计修正[J]. 公路交通科技,2004,21(11):36-38.

[11] 詹建辉. 特大跨度连续刚构主梁下挠及箱梁裂缝成因分析[J]. 中外公路, 2005,25(1):56-58.

[12] 冯鹏程,吴游宇,杨耀栓,等. 连续刚构底板崩裂事故的评价[J]. 世界桥梁,2006(1):66-69.

第 2 章　箱梁零号块温度裂缝控制

桥梁大体积混凝土水化热过程属于瞬态有内热源的温度效应,主要的热传递方式为热传导和热对流,热辐射影响较小,可忽略不计[1];初始影响已完全消失的运行期温度场完全取决于边界温度,与初始温度无关[2],即在水化热过程结束后,以日照温度变化、骤然降温、年温度变化的自然环境条件变化、混凝土后期收缩徐变及预应力的施加对箱梁线形、温度和应力的大小及分布产生的影响为关注重点。工程结构尺寸的不断增大、高强混凝土的广泛采用、单位体积水泥量的增加、桥梁结构处于温度不断变化的环境中,因此,大体积混凝土早期水化热效应到运营阶段自然温度效应对结构的影响不断引起人们的关注。

土建结构物在混凝土早期水化热的高温条件下,会发生较大的温度变化和温度梯度变化。造成大体积混凝土开裂的因素非常多,而因水泥的水化热和混凝土的低热传导性而导致内外温差过大无疑是混凝土开裂的最主要的原因之一[3]。水化热产生的裂缝将降低甚至破坏结构的承载能力,影响混凝土结构的安全性、耐久性和稳定性。江苏省扬溧高速公路上的某匝道桥[4],采用单箱双室截面,$(62 \times 5 + 4 \times 25 + 7 \times 25)$m 预应力混凝土连续梁桥,箱梁顶板宽 12.5m,底板宽 6.7m,梁体高 1.4m,为减少混凝土的水化热,采用“两次浇筑”的施工措施,在拆除悬臂翼缘板模板时发现第二联 8 号墩顶翼缘板底面有横向贯穿裂缝,经过全面检查发现第二联箱梁共有 64 条裂缝。另有某三跨一联预应力混凝土变截面单箱单室连续箱梁桥[5],分为左右分离的两幅桥,跨径布置为$(93 + 150 + 93)$m,墩顶处梁高 8m,也采用“两次浇筑”的施工措施,拆模后也发现在顶板及腹板上有 7 条裂缝。

零号块箱梁结构形式复杂、钢筋多而密集、施工工序环节多、条件差,在浇注零号块梁段时,水泥的水化热会引起混凝土内部温度和温度应力的急剧变化,尤其是在寒冷季节施工,在一定条件下对混凝土会产生相当大的拉应力。值得注意的是,冬季施工的大体积混凝土结构,水化热温升和自然环境的温差可达 50℃以上,两倍于工程界普遍要求的 25℃的温差控制要求,如此之大的温差会导致拆模时在表面形成很大的拉应力,出现由于骤冷产生的“温度冲击”现象[6],极易导致温度裂缝。

高强混凝土相比普通混凝土水泥等级要求高、用量大,水泥水化放热速率快,放热量明显增多。有研究表明,高强混凝土的水化热引起的高温对混凝土早期强度发展有利,但最终有可能降低 28d 强度,并使后期强度遭受更大损失。在工程实践中,为了减小水化热温度效应对结构的不利影响,一般采用低温拌和、水管冷却、蓄水保温等措施来控制大体积混凝土的施工质量。但是如果对这些措施缺乏定量的认识,仅仅以一定范围的温差控制为标准,不仅在养护措施上难以有效的实施,在养护效果方面也缺乏定量的判断,给新建桥梁的安全使用造成隐患,在产生可见裂缝后进行修补更令工程质量大打折扣。大体积混凝土水化热温度场的大小和分布跟工程所在地的气候条件、工程施工和养护方案、混凝土自身的热学性质有关,而应力场的大小和分布还跟混凝土的力学性质及约束条件等有关。由于这些因素的影响,大体积混凝土的水化热问题就更突出了。幸运的是，这种人为因素造成的温度荷载，往往可以通过工艺措施予以控制。

2.1 混凝土水化热及其温度效应的研究

大体积混凝土结构温度场和应力场问题的研究最早是从20世纪30年代中期美国修建高211m的胡佛大坝开始的。美国垦务局针对有关大体积混凝土结构温度场及应力场问题专门开展了冷却水管、宽槽低温空气冷却及装配式预制块等新的施工工艺的研究，最后选定了分缝分块浇筑和水管冷却的温控防裂措施，取得较满意的成果，胡佛大坝所采用的大体积混凝土技术很多至今仍在沿用。世界上最早把有限元时间过程分析法[7]引入混凝土温度应力分析的是美国加州大学的威尔逊教授。在1968年，他曾为美国陆军工程师团研制出可模拟大体积混凝土结构分期施工温度场的二维有限元程序，并用于德沃歇克坝温度场的计算。另外，他还和其他人合作研制了考虑混凝土徐变的应力分析程序。

2.1.1 大体积混凝土水化热温度效应研究现状

在混凝土水化热温度场的试验研究方面，王解军等[8]对承台混凝土水化热过程进行分析，提出在冬季施工条件下，混凝土表面及中心温度测点最大温差有可能出现在混凝土达到最高温度之前的结论。

上述水化热效应研究只停留于温度场，通过控制混凝土的内表温差及表面和环境的温差在25℃以内，即得出了满足施工控制要求的结论。这对于实际工程来说，无疑是一种实施简便的控制大体积混凝土水化热效应的粗略标准，只有进一步分析了在考虑了约束、混凝土强度发展和收缩徐变影响条件下的水化热应力场，才能对混凝土的状态比较准确地把握，提出更有针对性的工程措施。

为此，有学者在混凝土水化热温度应力方面进行研究。1990年，Francis A. Oluokun, Edwin G. Burdette, J. Harold Deatherag研究了用波特兰水泥配置的混凝土早期强度随时间变化的规律[9]，随后又研究了混凝土的弹性模量、抗压强度、泊松比与时间的关系[10]。1994年，Emborg和Bernander[11]对混凝土的早期温度应力和温度裂缝进行了徐变试验、混凝土热体积自由膨胀试验、松弛试验，指出，在有限元分析模型中，不仅要考虑混凝土早期温度变化，还要考虑热传导以及混凝土配筋因素。1999年，Cervera[12]混凝土的力学形态通过黏弹性力学模型模拟，并通过准确模拟早期混凝土形态，在多孔介质的理论基础上建立了一种热学—化学—力学模型，不仅可模拟混凝土的水化、养护、徐变和破坏全过程，混凝土的水化程度及水化热的变化过程也可以通过此模型来预测。2002年，西班牙的M. Cervera、R. Faria[13]建立的有限元数值分析模型考虑了早期混凝土养护过程中混凝土的龄期问题，能够准确预测混凝土水化热的变化过程以及混凝土抗压强度随龄期的发展情况，最后结合Oresund Link高架桥桥面板的水化热温度场实测数据进行对比分析，结果显示，实测和理论情况吻合较好。在国内，余亚南等人[14]针对不同的浇筑温度、环境温度、保温层对流系数、位移约束条件对承台混凝土早期表面裂缝的影响进行了研究，得出如下对一般的水化热温度应力研究较有指导性的结论：混凝土

浇筑温度与结构混凝土表面拉应力呈正比,而环境温度与结构表面拉应力呈反比;保温养护对表面中心部位和边缘部位的影响程度不一,中心比边缘大;模板约束条件的模拟能够降低表面拉应力,但具体约束强度数据得通过试验来得到,在有限元模拟中一般采用不考虑模板约束影响的偏安全做法。

上述水化热应力场的研究内容基本涵盖了混凝土水化热温度应力分析所需要考虑的浇筑、养护和混凝土强度发展、收缩徐变和龄期等因素,然而,分层浇筑和水管冷却是大体积混凝土不可缺少的养护措施,在这两方面也有学者做了进一步的工作。

2.1.2 大体积混凝土水化热温度控制措施研究现状

有关混凝土分层浇筑的研究方向,张岗等[15]在综合考虑了混凝土的热学和力学特性、早期抗拉强度和水化热的发展、对流边界条件的时变效应及滞后浇筑的基础上,针对混凝土箱梁零号块混凝土在“两次浇筑”的施工过程中出现早期裂缝的现象,给出了水化热的温度和应力时程曲线,总结了温度场和应力场的变化规律,这篇文章给出了以下混凝土的应力、位移和温度关系的结论:箱梁最大主拉应力发生时间与内外温差有关;各点的位移与温度峰值有关;温差峰值和混凝土的浇筑厚度有关。要尽可能减小新老混凝土之间的温差和浇筑的时间间隔:上层混凝土浇筑前在下层混凝土中通热水,减小两者的温度梯度;缩短时间间隔可防止后浇筑混凝土对先浇筑混凝土的“基岩约束效应”。张明雷等[16]以崇启大桥主墩承台大体积混凝土冬季施工为背景,对温度裂缝控制技术的效果进行评价,调整了承台混凝土的分层高度,以降低水化热效应。

大体积混凝的水管冷却是温度控制中较为关键的方面。在理论研究中,朱伯芳 1991 年在文献[17]中,把冷却水管看成负热源,建立水化热作用的等效热传导方程,用平均的思想考虑冷却水管的效果,采用普通网格计算混凝土的温度场和应力场,可以容易地计算水管冷却和混凝土表面散热作用;1998 年,文献[18]在此基础上提出考虑水管冷却作用的混凝土空间温度场的近似算法,它的特点是忽略了平行于水管方向的水化热温度梯度,在水管长度方向上取一系列垂直截面,利用平面有限单元法求出各个截面的混凝土温度场、水化热温度增量及通过各截面的冷却水温度,在此基础上求得空间温度场的近似解。然而,朱岳明等[19]经过研究发现,可以不忽略水管方向的混凝土温度梯度也不必按平面有限单元法粗略计算冷却水管各个截面的混凝土温度场,而采用按完全符合任何实际工程情况的一般三维问题,依据水管与混凝土之间的热量平衡提出一种在数学理论上严格的有限单元法数值计算新方法。在实际应用中,刘有志等[20]提出冷却水温的高低和混凝土浇筑后通水开始时间是导致坝体出现“管壁裂缝”的主要原因。蒋红伟等[21]分析了冷却水管的层数、冷却水流量、水温对承台温度场和应力场的影响,提出降低混凝土内部温度和应力可以通过增加冷却水管层数和流量来实现,但水温的大小仅对混凝土的温度有影响,而对混凝土的应力影响无明显规律可循。

到目前为止,国内外的学者在大体积混凝土水化热效应温控方面的研究主要针对水工结构的大坝、桥梁结构承台的温度场和应力场,而连续箱梁墩顶大体积混凝土的温控效应研究则少见报道。综合已有的理论和结论,运用有限元软件进行计算分析,可以使有关理论和研究得到进一步发展。

2.2　浊峪河特大桥箱梁零号块水化热观测

模型基于浊峪河特大桥箱梁的零号块进行计算分析。

箱梁截面尺寸图如图 2.1 和图 2.2 所示。

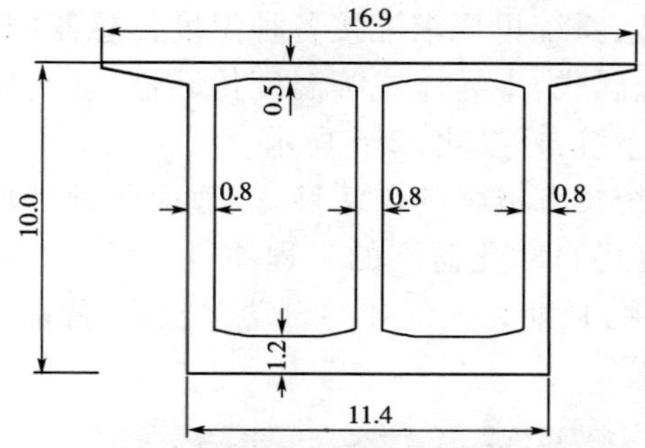

图 2.1　支座部位截面尺寸(尺寸单位:m)

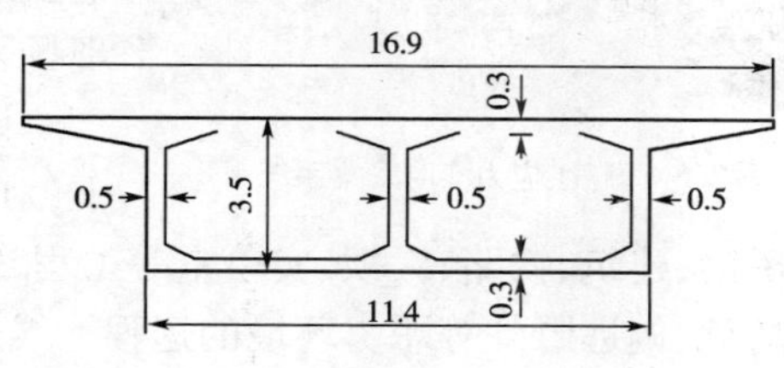

图 2.2　跨中截面尺寸(尺寸单位:m)

2.2.1　箱梁中温度和应变传感器的布设

从计算分析结果来看,纵向横隔板部位的混凝土在混凝土放热阶段温度最大。另外,人孔部位的混凝土主拉应力较大。箱梁在横隔板部位易发生混凝土水泥水化热开裂,因此,选取 1/4 模型中包含横隔板的箱梁横截面进行传感器的埋设,具体传感器埋设位置如图 2.3 和图 2.4 所示。

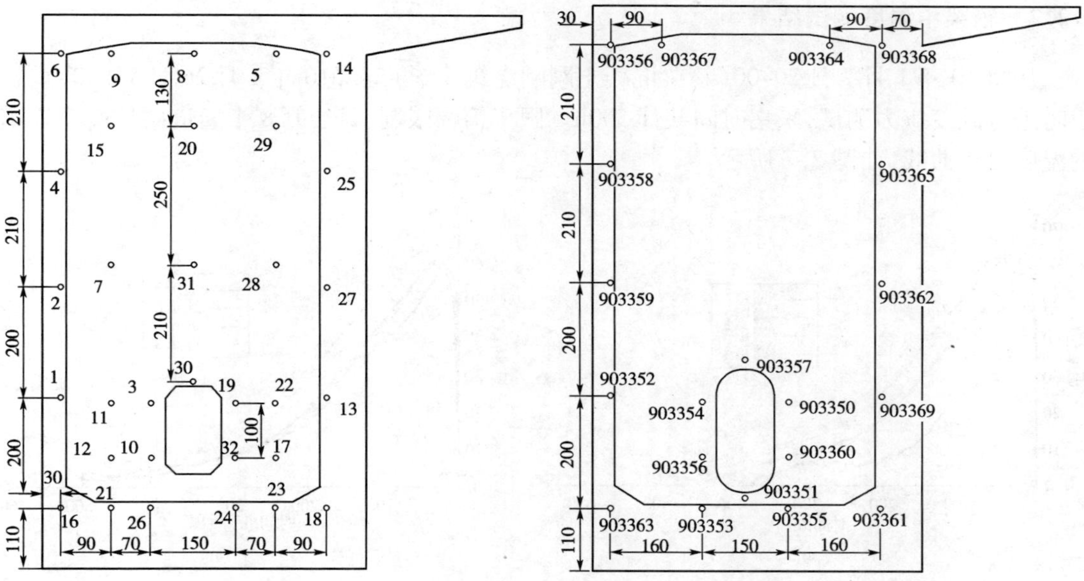

图 2.3　混凝土温度传感器布置方案(尺寸单位:cm)　　图 2.4　混凝土应力传感器布置方案(尺寸单位:cm)

项目拟采用混凝土温度和应力实时采集系统(图 2.5),系统简介如下。

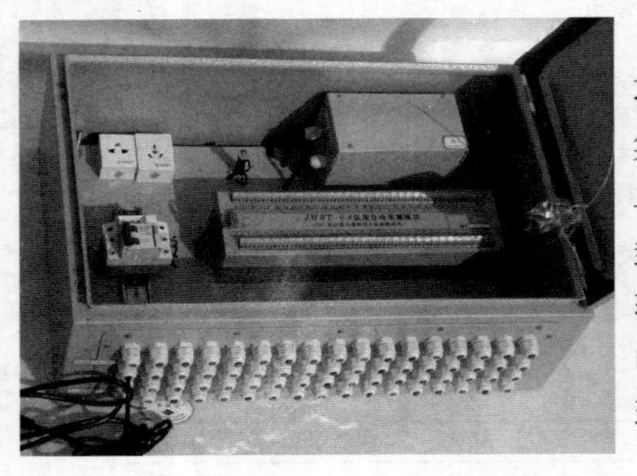
图 2.5 温度、应力实时采集系统

JMZR-2000T 多点无线温度自动测试系统是一种功能强大的分布式、全自动、多点温度静态数据无线采集系统。由控制单元(如计算机、无线收发仪等)、采集单元(包括采集模块、无线传输模块、电源模块及全密封箱等),以及系统软件(包括计算机软件、嵌入式系统软件)组成,系统可要求配接各种温度传感器(如热敏电阻式、金属式、半导体式等温度传感器)。传感器及现场采集系统布置如图 2.6 所示。

该系统具有极强的灵活性,能适应各种环境要求下,对温度场自动化监测的工程项目。可广泛应用于公路、桥梁、建筑、铁路、大坝、实验室等工程领域中,长期无人值守的自动化监测,特别适用于高空、高危、偏远野外等恶劣环境的远程无线遥测。

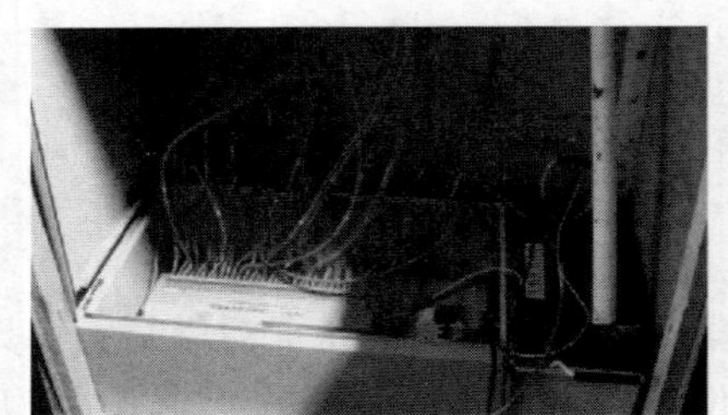

图 2.6 传感器及现场采集系统布置图

2.2.2 箱梁中温度测试结果

从 2010 年 1 月 7 日 20:00(箱梁混凝土刚刚浇筑完毕)至 2010 年 1 月 26 日 13:00 每隔半小时进行温度应力测试,采集时间共计 500h。限于篇幅限制,只绘制 8 个通道(共 32 个通道)的温度时程曲线,如图 2.7 所示。

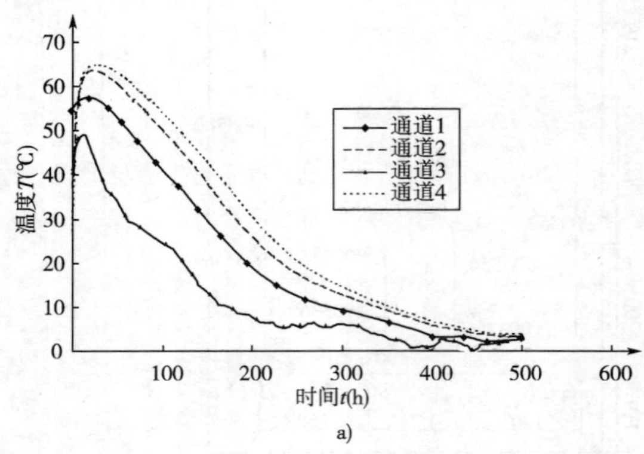

a)

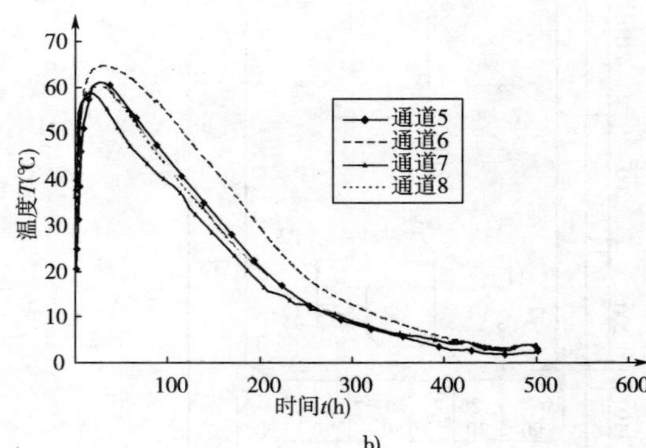

b)

图 2.7 混凝土温度传感器测试结果

整理各个通道的温度时程曲线的峰值温度点对应的时间及温度,如表 2.1 所示。

温度测试结果统计

表 2.1

通道号	1	2	3	4
时间(h)	19.5	26.5	13	27
最高温度(℃)	57.5	63.5	49.2	64.9
温差(℃)	3.3	26.5	8.7	37.5
通道号	5	6	7	8
时间(h)	28.5	33.5	18.5	24.5
最高温度(℃)	61.2	64.5	58.7	60.7
温差(℃)	40.7	42.5	22.4	40.1
通道号	9	10	11	12
时间(h)	25.5	5	12	2.5
最高温度(℃)	60.6	44.2	49.4	43.9
温差(℃)	39.9	2.5	6.5	0.8
通道号	13	14	15	16
时间(h)	19	30	22	5
最高温度(℃)	57.1	63	59.7	64
温差(℃)	6.9	42.1	36.9	0.3
通道号	17	18	19	20
时间(h)	2.5	6	11.5	21
最高温度(℃)	45.5	58.8	49.5	59
温差(℃)	1	0.7	7.7	36.2
通道号	21	22	23	24
时间(h)	2	12	4.5	3.5
最高温度(℃)	59	49.4	54	57.3
温差(℃)	0.1	8.5	0.3	0.1
通道号	25	26	27	28
时间(h)	21	4	21	20.5
最高温度(℃)	62	58	58.8	56.3
温差(℃)	29.6	0.1	24.8	25.4
通道号	29	30	31	32
时间(h)	21.5	14.5	16.5	2
最高温度(℃)	58.8	48.7	57.3	46.7
温差(℃)	35.5	14	23	0.8

由表 2.1 可以看出：

(1)水化热最高温度一般出现在箱梁混凝土浇筑后 20h 左右。

(2)分析表 2.1 数据发现，部分数据出现在最高温度时对应的时间过小的现象，分析原因，主要如下：箱梁零号块混凝土浇筑需要一定的过程，该过程通常需要 10h 左右，先浇筑的下部混凝土温度会逐渐上升，而本次试验的实际采集时间以箱梁混凝土浇筑完毕开始，导致下部混凝土中传感器采集数值发生了初始值的变化，影响了初读数。不过从大部分混凝土传感器采集的数据分析，本桥采用的混凝土最高温度出现时间可定为混凝土浇筑后的 20h。

(3)通过分析各个通道数据发现，最上面一层混凝土温度传感器对应的温度变化最为剧烈(6、9、8、5、14 号通道)，最大温差为 39.9 ~ 42.5℃。因此可以认为本桥对应的混凝土水化热最高温差为 40℃。

(4)6、7、9、10、14、15、20、25、26、28、29 号通道的温度增长幅度较大，达到 40℃ 左右。这表明：普通硅酸盐水泥放热量较大。具体位置如图 2.8 所示。

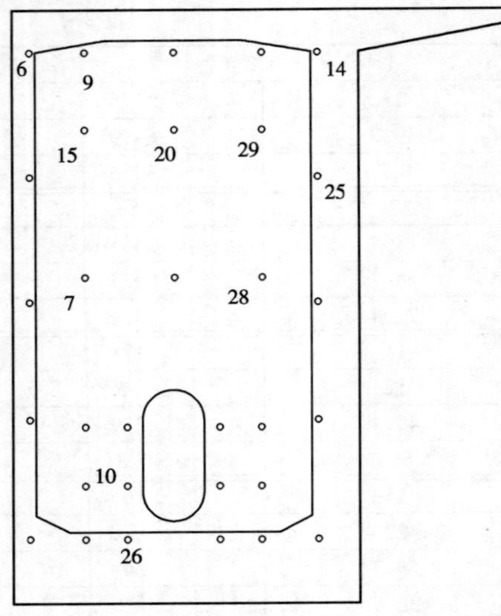

图 2.8 箱梁中温度变化较大的点位

(5)主要温度变化较大的点在零号块上部,考虑到箱梁实际浇筑时间从 1 月 6 日 10:00 开始,实际箱梁零号块上部浇筑时间滞后,因此,这些部位温度变化较其余部位要大,符合实际工程情况。

(6)10 号和 26 号通道温度变化较大,显得不正常,可能与现场冷却水管未通水有关。

(7)混凝土中的水泥水化反应在 20h 后的化学反应逐渐平缓,温度开始逐步降低,对各个通道的温降曲线进行分析可以发现:20 ~ 25h(及 10d 左右时)混凝土的温降较 10d 后的温降幅度要大。

(8)对上述各个通道 50h 后的数据进行平均,并绘制时间和各个通道温度平均值的曲线(图 2.9)可以得到以下表达式,即箱梁零号块温度变化公式。该公式的主要意义在于:现场通过该公式的求解可以得到控制内外温差在一定范围内时的箱梁零号块拆模的合理时间。同时拟合分析,可以得到该公式表达式如下:

$$T_{con} = 0.0003t^2 - 0.26t + 56.98$$

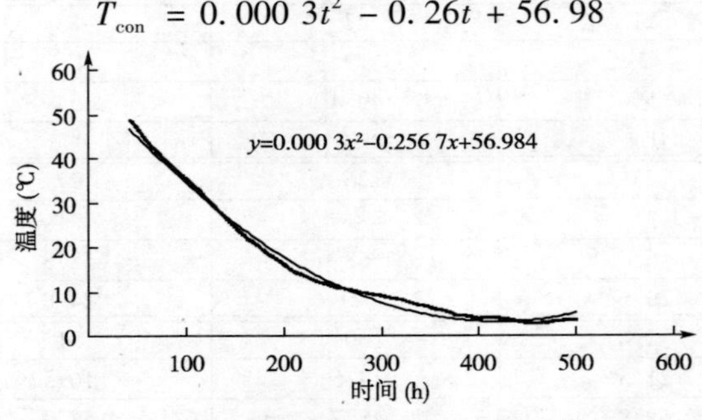

图 2.9 箱梁零号块拆模时间经验公式拟合

如果现场大气温度为 10℃,控制混凝土拆模时的内外温差不超过 20℃,则可以通过求解以下方程得到合理拆模时间:

$$0.0003t^2 - 0.26t + 56.98 - 30 = 0$$

通过求解得到最佳拆模时间为箱梁浇筑完毕后 123h。

2.2.3 箱梁中应力测试结果

假定混凝土浇筑后弹性模量是随时间变化的光滑连续函数,用如下的指数函数求不同龄期的弹性模量。

$$E(t) = E_0(1 - \beta e^{-\alpha t})$$

式中:$E(t)$ ——不同龄期的弹性模量;

E_0 ——龄期 90d 混凝土弹性模量的 1.2 倍,按照规范取值即可;

β、α——经验系数，结合现场弹性模量实测数据确定；

t——混凝土龄期(d)。

根据施工现场的混凝土弹性模量实测值，可以推导出弹性模量表达式如下：

$$E(t) = E_0(1 - e^{-0.19t})$$

当结构体的线膨胀系数与应变计中钢弦不一致时，温度变化也可引起应变变化，测试中需要消除其影响。结构体线膨胀系数为 F，测量应变为 ε，单位为 $\mu\varepsilon$，测量温度为 T，初读数温度为 T_0。修正后的应变为：

$$\varepsilon_{修正} = \varepsilon - (T - T_0)(F - F_0)$$

式中：$\varepsilon_{修正}$——12.2$\mu\varepsilon$/℃，即钢弦的线膨胀系数；

F——10$\mu\varepsilon$/℃，即在一般情况下钢筋混凝土的线膨胀系数。

温度应变采集了504h，具体测试结果如图2.10所示。

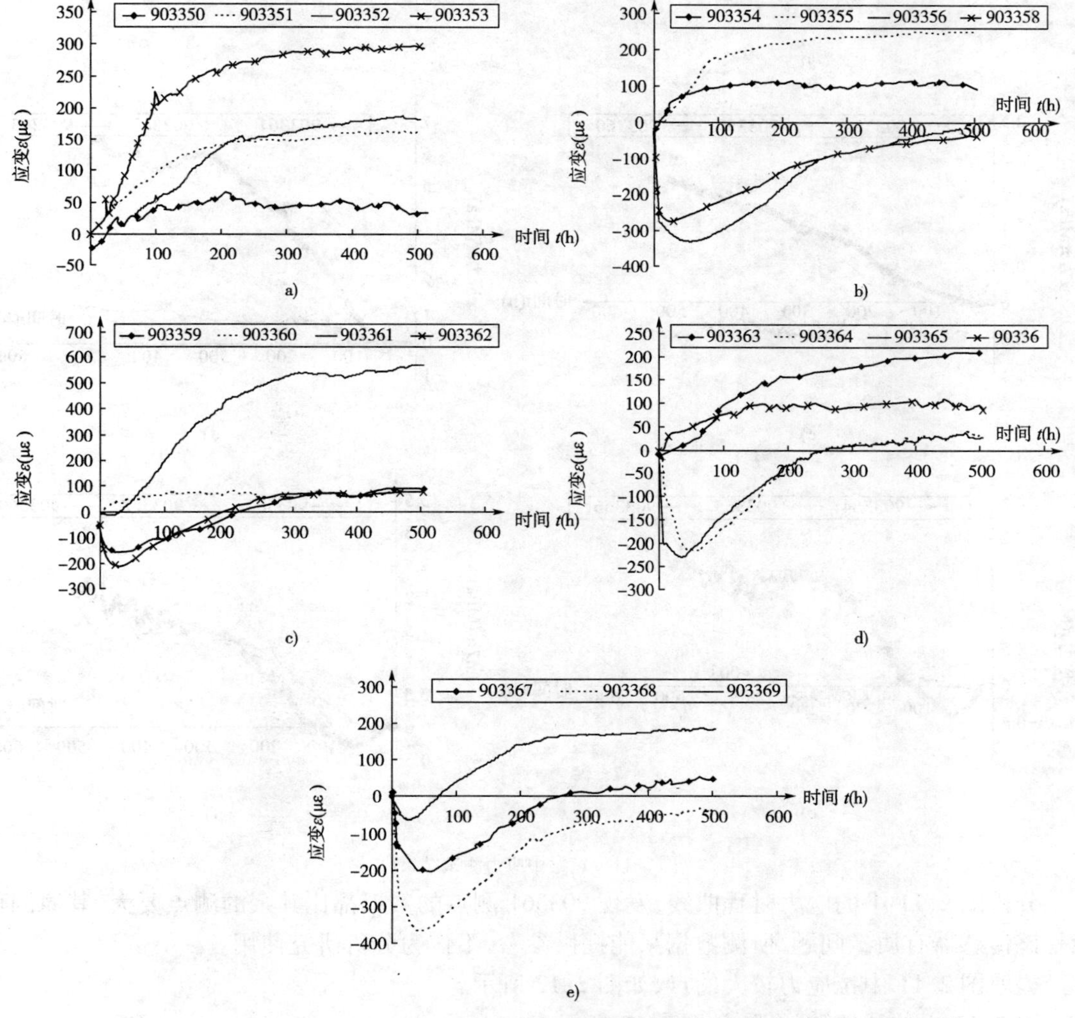

图2.10　混凝土应变传感器测试结果

同时考虑混凝土弹性模量变化对混凝土应力时间历程的影响,采用增量算法求解最终混凝土的应力,可以求解出混凝土中各个测点的应力时间历程,计算中通过现场混凝土施工调查,确定混凝土的初凝时间为混凝土浇筑后 3h,确定混凝土的应力计算开始时间为混凝土浇筑后的 10h,此时混凝土的强度约为设计强度的 30%。计算结果如图 2.11 所示。

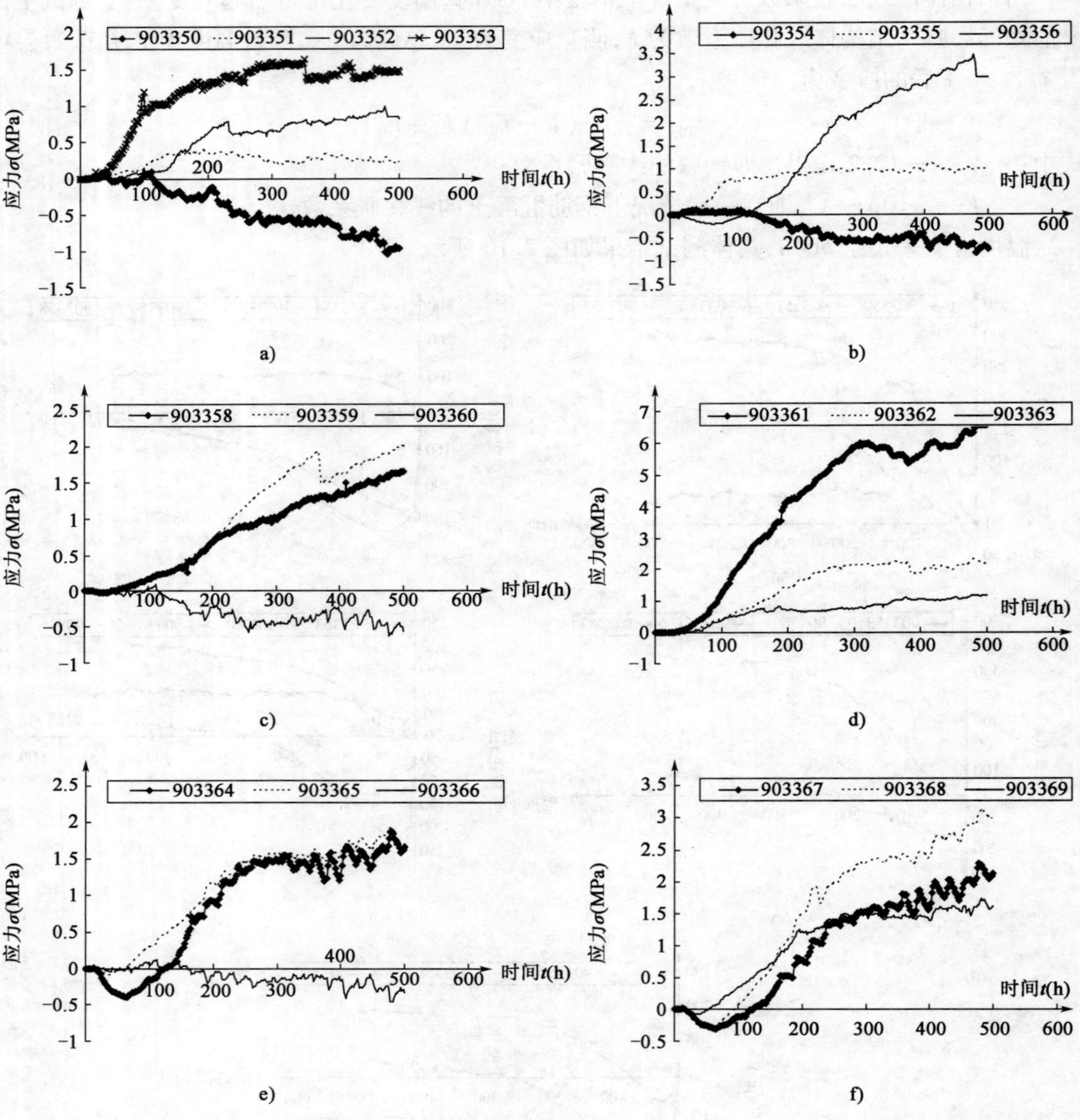

图 2.11　箱梁中应力测试结果

分析图 2.11 中的应力时程曲线,发现 903361 测点的数据都比其余的测点要大,其原因可能是该传感器有质量问题,所测数据只能提供参考,不作为分析研究使用。

提取图 2.11 中拉应力较大的点,如图 2.12 所示。

图 2.12 中传感器的位置,如图 2.13 所示。

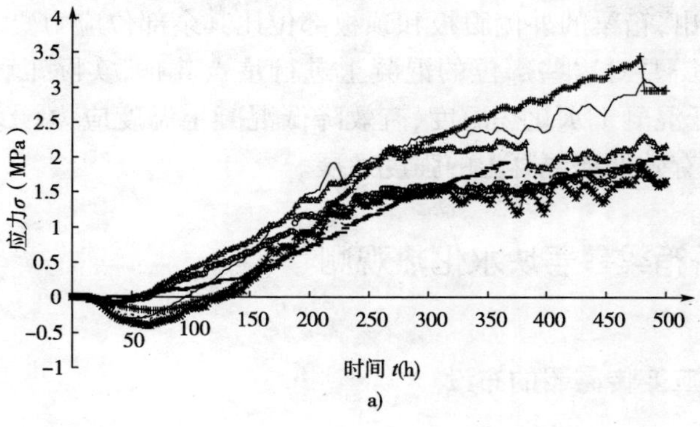

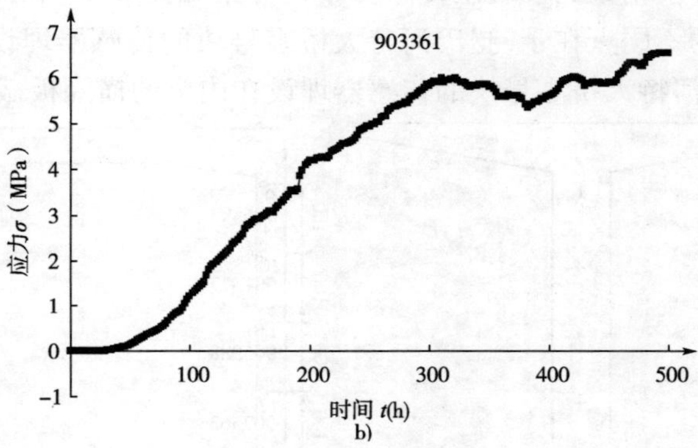

图 2.12 箱梁中拉应力较大点

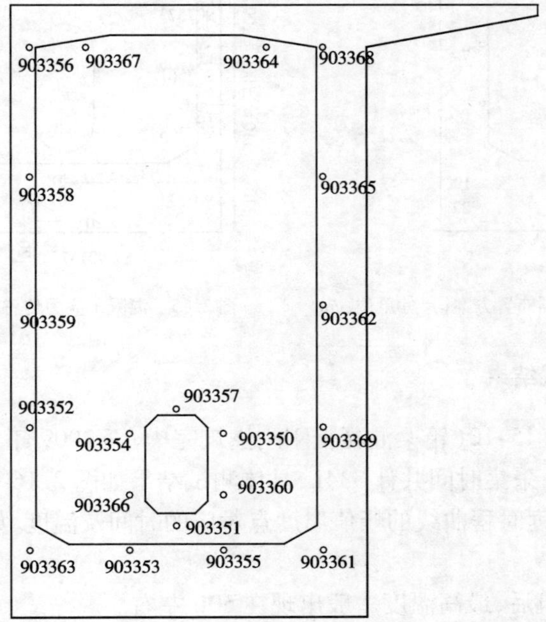

图 2.13 箱梁中应力测试传感器位置

从图 2.13 可以看出,箱梁的外侧腹板和顶板部位比其余部位应力要大些,因此,实际工程中箱梁零号块施工时,需要对这些部位的混凝土进行重点养护,实际工程中可以采用喷淋养护,主要作用有:①降低混凝土水化热温度,有效降低混凝土温度应力。②通过喷淋可以使混凝土中水泥充分水化,有效保证混凝土的强度发展。

2.3 赵氏河特大桥箱梁零号块水化热观测

2.3.1 箱梁中温度和应变传感器的布设

赵氏河特大桥零号块箱梁的混凝土传感器布设方案如图 2.14 和图 2.15 所示,纵向方向与浊峪河特大桥埋设的不同点在于,赵氏河特大桥零号块的传感器埋设在箱梁纵向最外侧的横隔板截面上,而浊峪河特大桥零号块的传感器埋设在内侧的横隔板截面上。

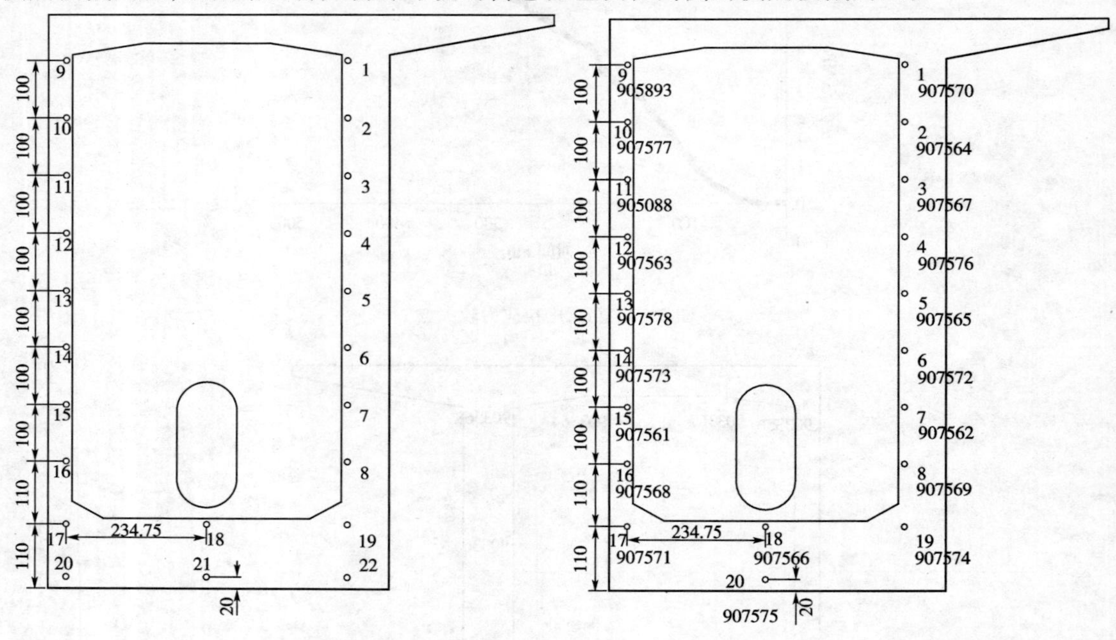

图 2.14 混凝土温度传感器布置方案(尺寸单位:cm)　　图 2.15 混凝土应力传感器布置方案(尺寸单位:cm)

2.3.2 箱梁中温度测试结果

从 2010 年 4 月 2 日 15:10(箱梁混凝土刚刚浇筑完毕)至 2009 年 4 月 16 日 13:10 每隔半小时进行温度应力测试,采集时间共计 334h,具体测试结果如图 2.16 所示。

整理各个通道的温度时程曲线的峰值温度点对应的时间及温度,如表 2.2 所示。

由表 2.2 可以看出:

(1)箱梁混凝土浇筑后,最高温度一般出现在 50h 左右。

(2)箱梁混凝土浇筑后,最高温度升高 60℃左右。

(3)对表 2.2 中的最高温度和温差进行排序,得到表 2.3。

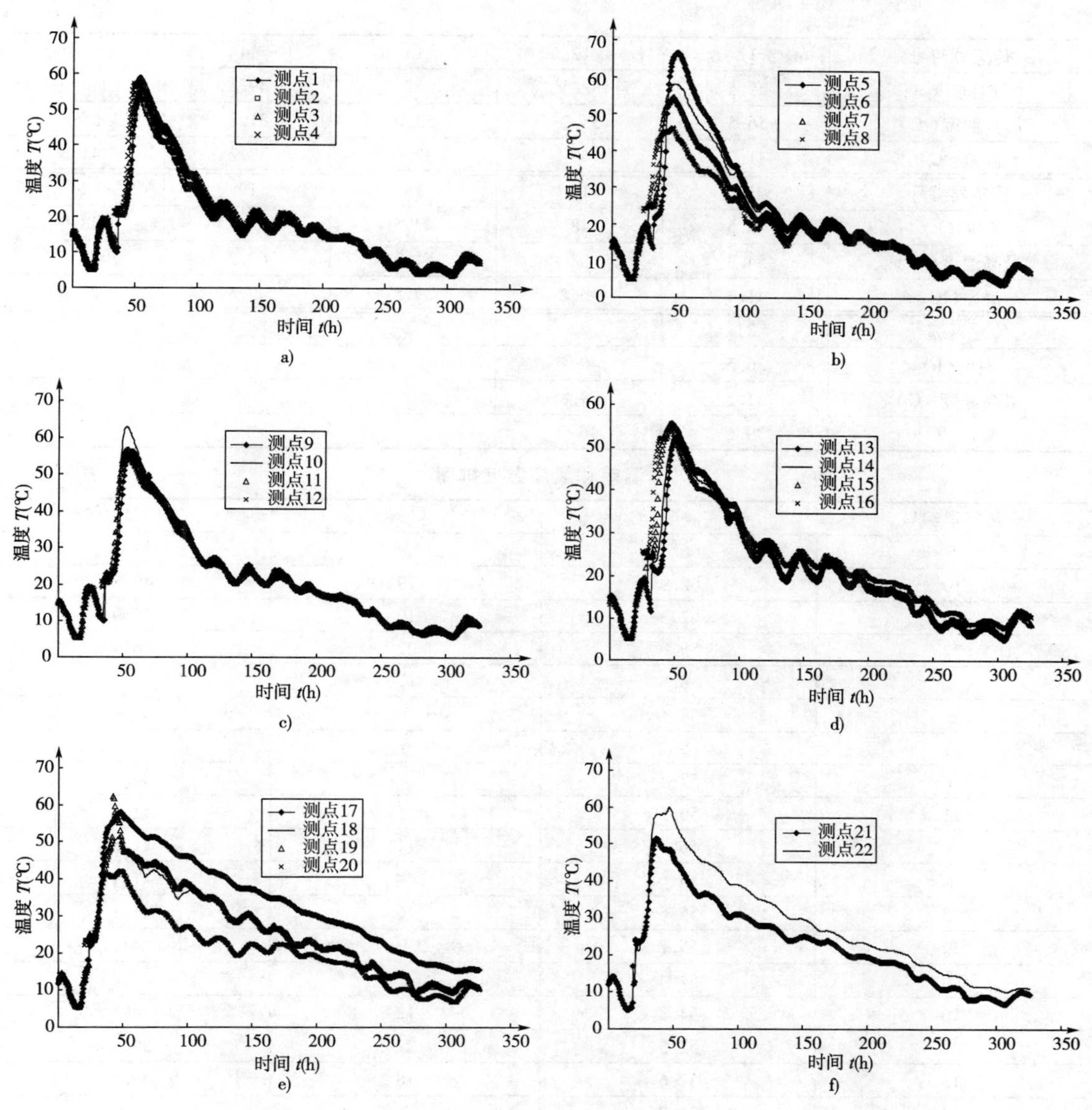

图 2.16 混凝土温度传感器测试结果

温度测试结果统计 表 2.2

传感器编号	1	2	3	4	5
时间(h)	55	53	52.5	50.5	50
最高温度(℃)	55.6	52.9	58.8	57.1	66.5
温差(℃)	41	38	43.9	42.3	51.5
传感器编号	6	7	8	9	10
时间(h)	47.5	47.5	47.5	55	52.5
最高温度(℃)	58.1	54.4	46.3	56.2	62.9
温差(℃)	43.2	40.4	32.9	41.1	47.9

续上表

传感器编号	11	12	13	14	15
时间(h)	52.5	52.5	52	49.5	47.5
最高温度(℃)	56.5	55.2	52.6	51.7	55.6
温差(℃)	41.2	40	37.6	37.2	41.5
传感器编号	16	17	18	19	20
时间(h)	45.5	48	47.5	42.5	48.5
最高温度(℃)	54.3	58	51.7	62.3	42.1
温差(℃)	41.1	46.2	39.5	49.8	29.6
传感器编号	21	22			
时间(h)	36.5	46.5			
最高温度(℃)	51.5	59.8			
温差(℃)	39.6	46.9			

温差和最高温度排序　　表 2.3

传感器编号	最高温度(℃)	传感器编号	温差(℃)
5	66.5	5	51.5
10	62.9	19	49.8
19	62.3	10	47.9
22	59.8	22	46.9
3	58.8	17	46.2
6	58.1	3	43.9
17	58	6	43.2
4	57.1	4	42.3
11	56.5	15	41.5
9	56.2	11	41.2
1	55.6	9	41.1
15	55.6	16	41.1
12	55.2	1	41
7	54.4	7	40.4
16	54.3	12	40
2	52.9	21	39.6
13	52.6	18	39.5
14	51.7	2	38
18	51.7	13	37.6
21	51.5	14	37.2
8	46.3	8	32.9
20	42.1	20	29.6

由表 2.3 可以看出:5、10、19、22、3、6、17、4 编号的最高温度和温差较大,将上述测点在图 2.17 中显示,可以发现,这些测点都布置在箱梁外侧。

(4)混凝土中的水泥水化在 60h 后的化学反应逐渐平缓,温度开始逐步降低,对各个通道的温降曲线进行分析,可以发现:60 ~ 115h(及 5d 左右时)混凝土的温降较 5d 后的温降幅度要大。

(5)对上述各个通道 50h 后的数据进行平均,并绘制时间和各个通道温度平均值的曲线,可以得到以下表达式,即零号块箱梁温度变化公式。该公式的主要意义在于:现场通过该公式的求解可以得到控制内外温差在一定范围内时的箱梁零号块拆模的合理时间。同时拟合分析,如图2.18所示,可以得到该公式表达式如下:

$$T_{con} = 0.0006t^2 - 0.36t + 64.63$$

对比浊峪河特大桥零号块和赵氏河特大桥零号块,其拟合公式如下:

$$T_{con} = 0.0003t^2 - 0.26t + 56.98 \quad 浊峪河, t > 50h$$

$$T_{con} = 0.0006t^2 - 0.36t + 64.63 \quad 赵氏河, t > 50h$$

通过图2.19可以看出两座桥梁的拟合公式接近。所以,将上述两个二次抛物线方程的系数进行平均,得到本项目提出的零号块箱梁拆模时间经验公式(图2.20)如下:

$$T_{con} = 0.00045t^2 - 0.31t + 60.81, t > 50h$$

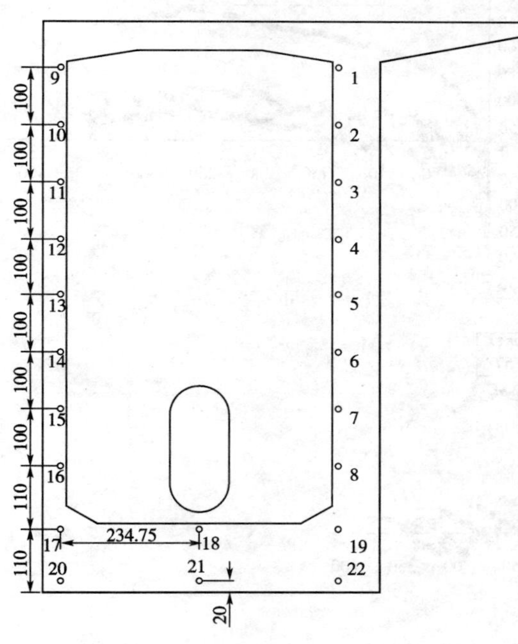

图2.17　混凝土温度变化较大测点示意图(尺寸单位:cm)

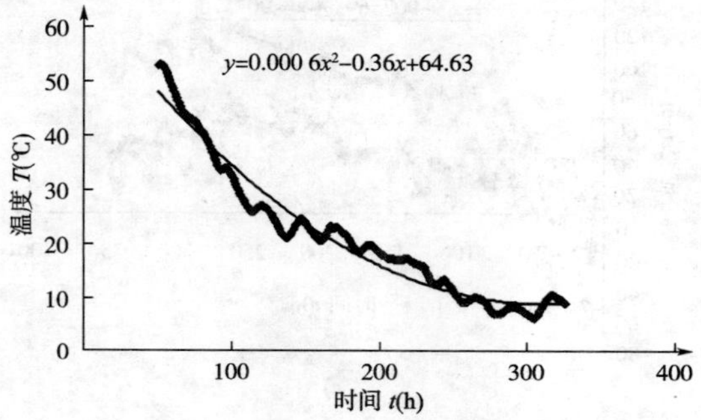

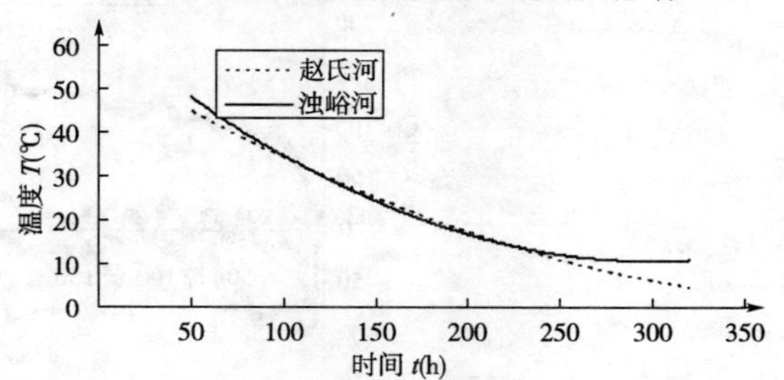

图2.18　零号块箱梁拆模时间经验公式拟合

图2.19　零号块温度经验公式拟合比较

2.3.3　箱梁中应力测试结果

混凝土水化热过程中的温度应变采集了326h,具体测试结果如图2.21所示。

同时考虑混凝土弹性模量变化对混凝土应力时间历程的影响。采用增量算法求解最终混凝土的应力。可以求解出混凝土中各个测点的应力时间历程,计算中通过现场混凝土施工调查,确定混凝土的初凝时间为混凝土浇筑后3h,确定混凝土的应力计算开始时间为混凝土浇筑后的10h,此时混凝土的强度约为设计强度的30%左右。计算结果如图2.22所示。

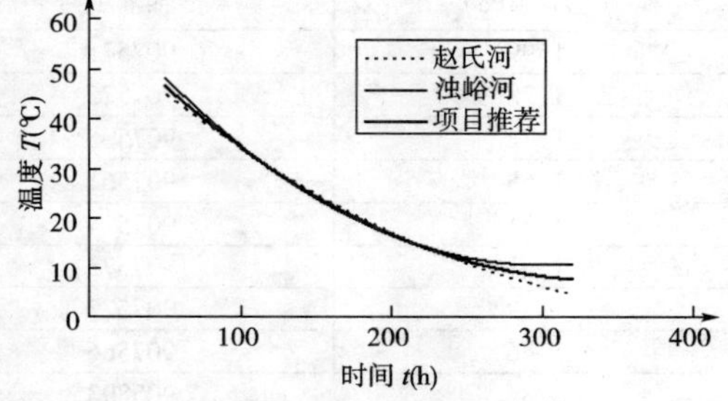

图2.20　零号块箱梁拆模时间经验公式拟合

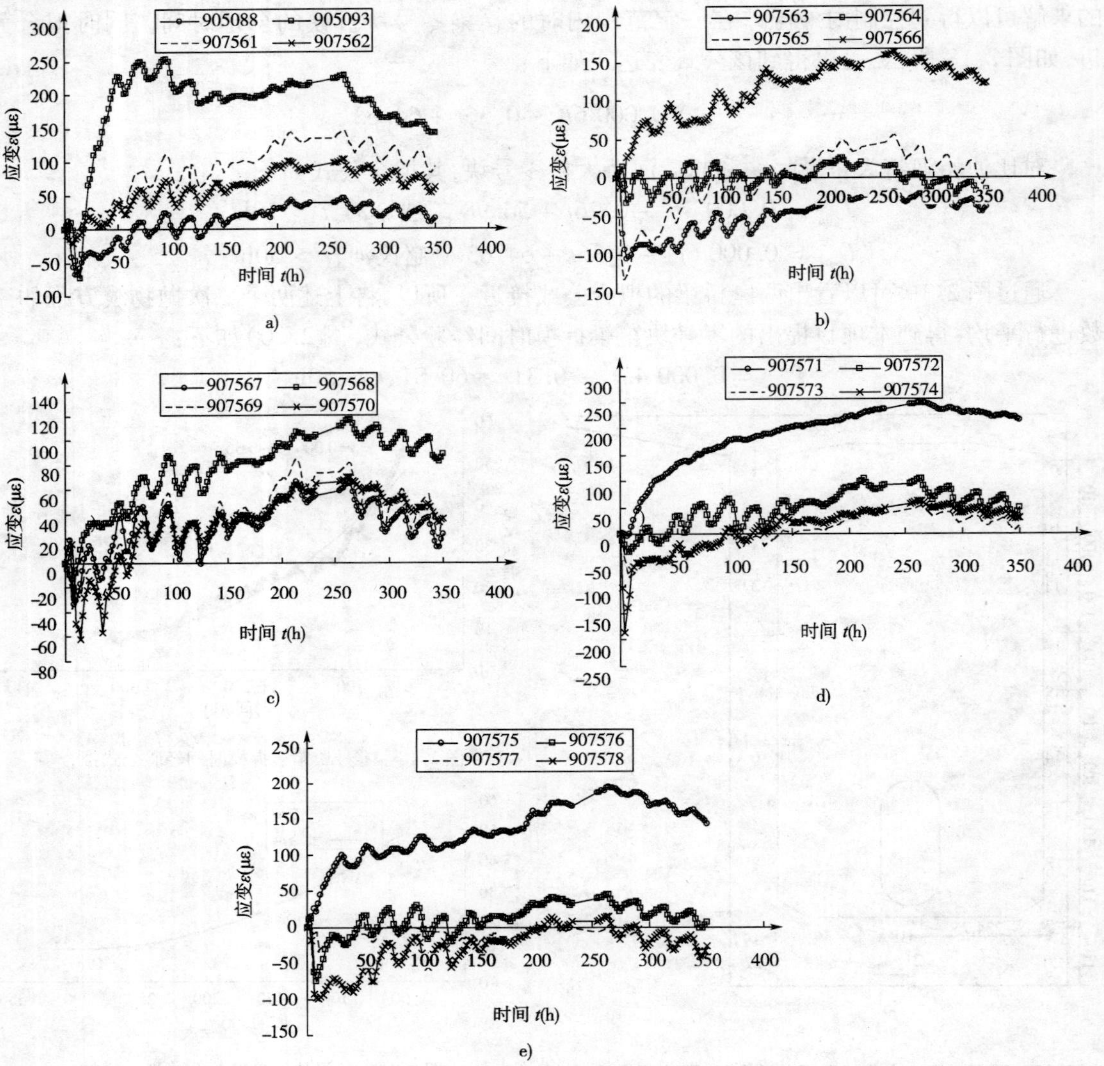

图 2.21　混凝土应变传感器测试结果

对所有传感器测出的最大应力进行排序,得到表 2.4。

混凝土水化热应力测点排序　　表 2.4

应力(MPa)	传感器编号	应力(MPa)	传感器编号
1.99	907571	1.25	907562
1.78	907575	1.21	907568
1.72	907565	1.20	907578
1.65	907561	1.18	907570
1.51	907574	1.06	905088
1.51	907573	0.98	907563
1.49	907572	0.95	907576
1.46	907566	0.91	907567
1.34	905893	0.58	907564
1.30	907569	0.31	907577

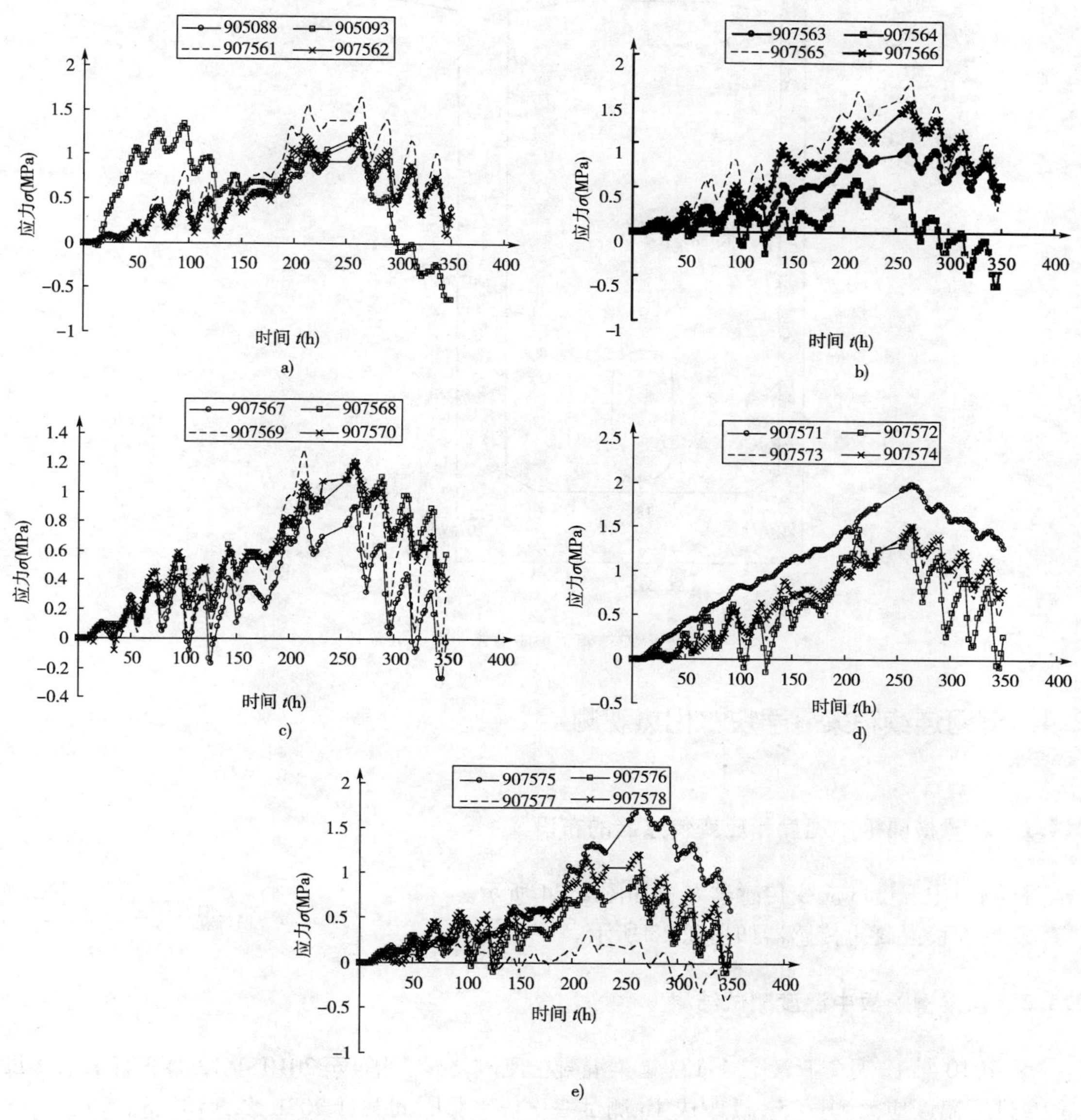

图 2.22 混凝土应力传感器测试结果

从表 2.4 可以看出：

(1)混凝土水化热期间，混凝土的最大应力约为 2MPa，未超过混凝土抗拉设计强度，从实际测试结果分析看，混凝土零号块不会因为混凝土水化热产生混凝土裂缝。

(2)提取图 2.22 中拉应力较大的点，如图 2.23 所示。

从图 2.33 可以看出，箱梁的下部相对于箱梁的顶部，其水化热应力要大，因此，实际工程中箱梁零号块施工时，需要对这些部位的混凝土进行重点养护。

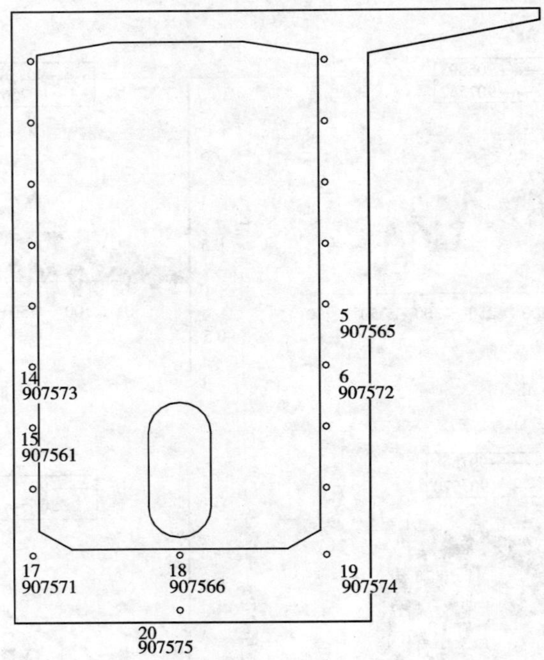

图 2.23　箱梁中应力较大测点

2.4　渭河连续箱梁零号块水化热观测

2.4.1　箱梁横隔板中温度和应变传感器的布设

横隔板中温度和应变传感器布置如图 2.24 所示。

现场埋设混凝土传感器如图 2.25 所示。

2.4.2　箱梁横隔板中温度测试结果

从 2010 年 12 月 1 日凌晨 4:13(箱梁混凝土刚刚浇筑完毕)至 2010 年 12 月 9 日 15:50 每隔 2h 进行温度应力测试,5d 后改成 4h 测试一次。采集时间共计 203h 多,后期还需测试上层混凝土浇筑后的温度和应变。

具体测试结果如图 2.26 所示。

由图 2.26 可以看出:现场的温度传感器温度过高位置如图 2.27 所示加粗数字。

由于传感器埋设在横隔板厚度一半的位置,其中心温度在测试 10d 时依然较高,达到 50℃,现场的温度冷却水管需要加密,同时需要注意水管不间断通水。从现场测试结果来看,箱梁零号块的横隔板厚度设计过大(3m),对箱梁的受力较为不利,10d 后箱梁横隔板靠中腹板的位置,温度依然为 50℃。建议加强现场混凝土的养生,同时加设防裂网片阻止裂缝扩展。

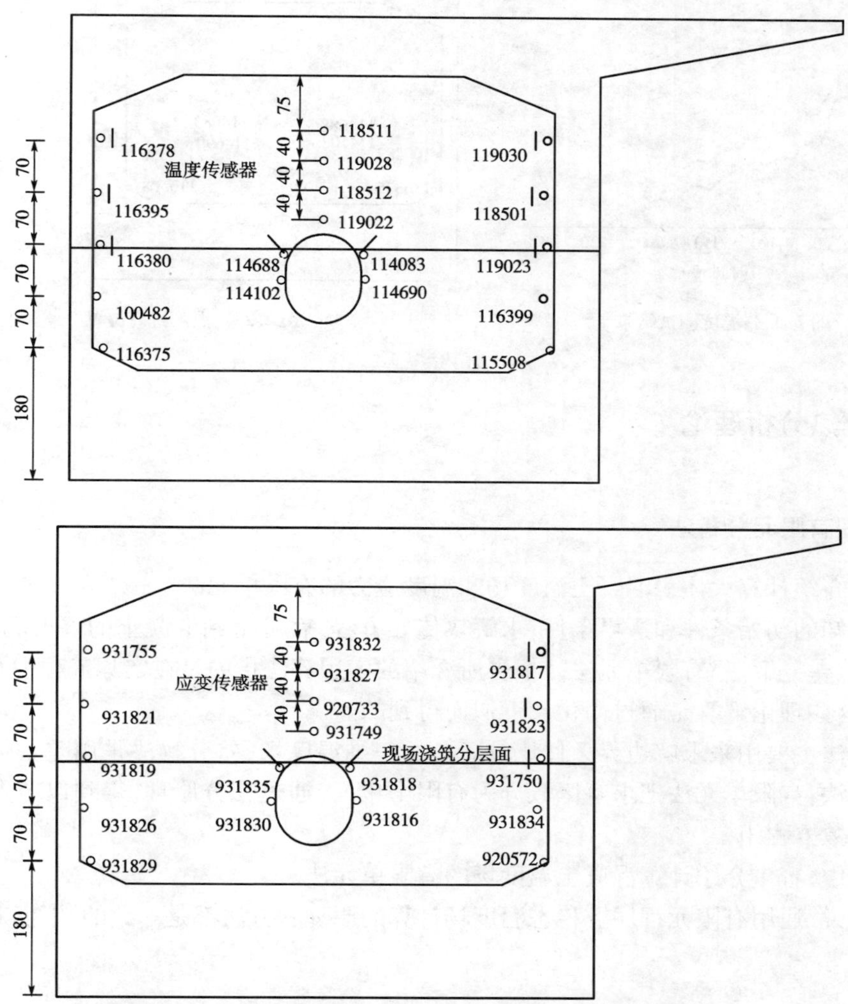

图 2.24　横隔板中温度和应变传感器布置示意图(尺寸单位:cm)

图 2.25　现场传感器埋设图

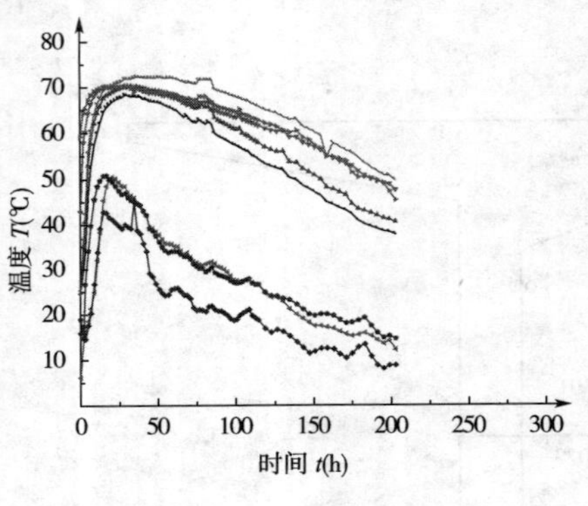

图 2.26　温度测试结果

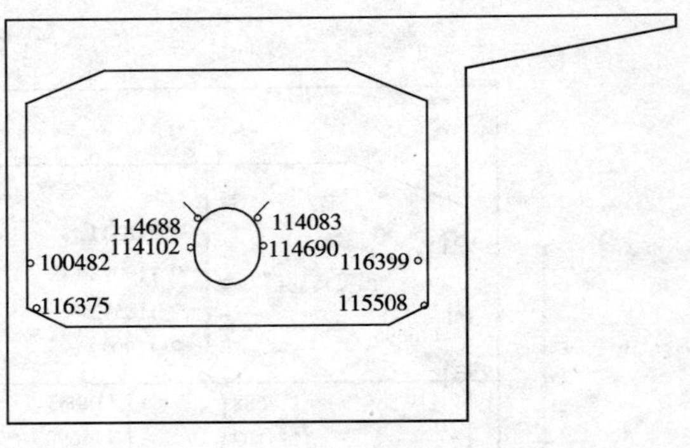

图 2.27　温度过高位置

2.5　水化热分析理论

2.5.1　空间有限元分析法

本节先介绍计算大体积混凝土温度场和温度应力的有限单元法。

根据已知的初始条件和边界条件,求解热传导方程,就可得到混凝土的温度场,求解方法有理论解法、差分解法、有限单元法。报告所介绍的实用算法指的是在实际工程中有用的一些理论解答,这些理论解答是通过简化及近似而得到的。

理论解法主要用来求解边界条件比较简单的一维温度场;差分解法是用差分代替微分的一种数值解法;有限单元法把求解区域分为有限个单元,通过变分原理,得到以节点温度为变量的一个代数方程组。

在本节中,着重介绍计算混凝土温度场的有限单元法。

一般来说,通用有限元程序非稳态温度场计算的原理和方法都是一致的,下面对其加以简单的介绍。

1)温度场

某瞬时物体内部各点的温度分布或温度的总和,称为该物体的温度场,其数学表达式可表示为

$$T = f(x, y, z, \tau)$$

式中:τ——表示时间。

不随时间而变的温度场,称为稳态温度场。此时,物体内的温度分布仅为空间坐标的函数,即

$$T = f(x, y, z)$$

反之,随时间而变的温度场为非稳态温度场。在非稳态温度场中发生的导热称为非稳态导热。

按照上述定义,由于水化热作用,处在施工阶段的实体混凝土桥墩的温度场属于非稳态温度场。

2)热传导方程

水化热作用下,热传导方程为

$$\frac{\partial T}{\partial \tau} = a\left(\frac{\partial^2 T}{\partial x^2} + \frac{\partial^2 T}{\partial y^2} + \frac{\partial^2 T}{\partial z^2}\right) + \frac{\partial \theta}{\partial \tau} \tag{2-1}$$

式中:T——物体的瞬态温度(℃);

τ——时间(h);

x、y、z——空间笛卡尔坐标(m);

a——导温系数(m^2/h),$a = \lambda / c\rho$;

λ——导热系数[kJ/(m·h·℃)];

ρ——材料的密度(kg/m^3);

c——材料的比热容[kJ/(kg·℃)];

θ——混凝土的绝热温升(℃)。

3)初始条件和边界条件

热传导方程建立了物体的温度与时间、空间的关系,但满足热传导方程的解有无限多,为了确定需要的温度场,还必须知道初始条件和边界条件。

初始条件为在初始时刻物体内部的温度分布规律,一般有两种情况。一种情况是,当 $\tau = 0$ 时,温度场是坐标的已知函数:

$$T(x,y,z,0) = T_0(x,y,z)$$

另一种情况是,当 $\tau = 0$ 时,初始的温度分布是常数,即

$$T(x,y,z,0) = T_0 = \text{常数}$$

边界条件为混凝土表面与周围介质(如空气或水)之间温度相互作用的规律。边界条件通常有四种。

(1)第一类边界条件

混凝土表面温度 T 是时间的已知函数,即

$$T(\tau) = f(\tau)$$

(2)第二类边界条件

混凝土表面的热流量是时间的已知函数,即

$$-\lambda \frac{\partial T}{\partial n} = f(\tau)$$

式中:n——表面外法线方向。

若表面是绝热的,则有

$$\frac{\partial T}{\partial n} = 0$$

(3)第三类边界条件

当混凝土与空气界面接触时,假定经过混凝土表面的热流量与混凝土表面温度 T 和气温 T_a 之差成正比,即

$$-\lambda \frac{\partial T}{\partial n} = \beta(T - T_a)$$

式中:β——表面放热系数[kJ/(m^2·h·℃)]。

当表面放热系数β趋于无限时，$T = T_a$，即转化为第一类边界条件。当表面放热系数$\beta = 0$时，$\frac{\partial T}{\partial n} = 0$，又转化为绝热条件。

第三类边界条件表示了固体与流体(如空气)接触时的传热条件。

(4)第四类边界条件

当两种不同的固体接触时，如果接触良好，则在接触面上温度和热流量都是连续的，边界条件如下：

$$T_1 = T_2,\ \lambda_1 \frac{\partial T_1}{\partial n} = \lambda_2 \frac{\partial T_2}{\partial n}$$

如果两固体之间接触不良，则温度是不连续的，$T_1 \neq T_2$，这时需要引入接触热阻的概念。

根据初始条件和边界条件求解热传导方程，可求得大体积混凝土的温度场，进一步可以求得温度应力。

4)有限元方程

用有限单元法求解不稳定温度场有显式和隐式两种解法。

显式计算的优点是不必求解联立方程，所需计算机内存很小，经验表明，计算精度是不错的。它的缺点是时间步长受到稳定条件的限制。由于目前计算机内存问题已不大，所以目前显式算法应用较少。

这里介绍不稳定温度场的隐式解法。

空间不稳定温度场在区域R内，T满足热传导方程

$$\frac{\partial^2 T}{\partial x^2} + \frac{\partial^2 T}{\partial y^2} + \frac{\partial^2 T}{\partial z^2} + \frac{1}{a}\left(\frac{\partial \theta}{\partial \tau} - \frac{\partial T}{\partial \tau}\right) = 0 \tag{2-2}$$

在初始瞬时，T应等于给定的温度：

当$\tau = 0$时，

$$T = T_0(x, y, z)$$

在边界C'上，满足第一类边界条件：

当$\tau > 0$时，在C'上，

$$T = T_b$$

在边界C上，满足第三类边界条件：

当$\tau > 0$时，在C上，

$$l_x \frac{\partial T}{\partial x} + l_y \frac{\partial T}{\partial y} + l_z \frac{\partial T}{\partial z} + \bar{\beta}(T - T_a) = 0$$

$$\bar{\beta} = \frac{\beta}{\lambda}$$

上述式中：l_x、l_y、l_z——边界表面外法线的方向余弦；

T——温度；

τ——时间；

θ——绝热温升；

β——表面放热系数；

λ——导热系数；

a ——导温系数；

T_a ——气温；

T_b ——已知边界温度。

取泛函 $I(T)$ 如下：

$$I(T) = \iiint_R \left\{ \frac{1}{2}\left[\left(\frac{\partial T}{\partial x}\right)^2 + \left(\frac{\partial T}{\partial y}\right)^2 + \left(\frac{\partial T}{\partial z}\right)^2 \right] - \frac{1}{a}\left(\frac{\partial \theta}{\partial \tau} - \frac{\partial T}{\partial \tau}\right) T \right\} \mathrm{d}x\mathrm{d}y\mathrm{d}z + \iint_C \left[\frac{1}{2}\bar{\beta} T^2 - \bar{\beta} T_a T \right] \mathrm{d}s \tag{2-3}$$

根据变分原理及式(2-3)，这个热传导问题等价于下列泛函极值问题：温度 $T(x,y,z,\tau)$ 在 $\tau=0$ 时取给定的初始温度 $T_0(x,y,z)$，在第一类边界 C' 上取给定的边界温度 T_b，并使式(2-3)所表示的泛函取极小值。

把求解域划分为有限个单元，单元 e 内任一点的温度用节点温度表示为

$$T^e(x,y,z,t) = \boldsymbol{N}\boldsymbol{T}^e \tag{2-4}$$

式中：$\boldsymbol{N}$——有限单元的形函数矩阵；

$\boldsymbol{T}^e$——单元节点的温度向量，是时间 τ 的函数。

不稳定温度场的隐式解法，放弃在显式解法中的假定——$\partial T/\partial \tau$ 在单元内为均匀分布，得到

$$\boldsymbol{HT} + \boldsymbol{R}\frac{\partial \boldsymbol{T}}{\partial \tau} + \boldsymbol{F} = 0 \tag{2-5}$$

$$\left.\begin{aligned} H_{ij} &= \sum_e (h_{ij}^e + g_{ij}^e) \\ R_{ij} &= \sum_e r_{ij}^e \\ F_i &= \sum_e \left(-f_i \frac{\partial \theta}{\partial \tau} - p_i^e T_a \right) \end{aligned}\right\} \tag{2-6}$$

式中：$\sum_e$——与节点 i 有关的单元求和。

设

$$\Delta \boldsymbol{T}_n = \boldsymbol{T}_{n+1} - \boldsymbol{T}_n = \Delta\tau_n \left[(1-s)\left(\frac{\partial \boldsymbol{T}}{\partial \tau}\right)_n + s\left(\frac{\partial \boldsymbol{T}}{\partial \tau}\right)_{n+1} \right] \tag{2-7}$$

根据 s 的取值，有以下几种情况：

(1)取 $s=0$，得到 $\Delta \boldsymbol{T}_n = \Delta\tau_n \left(\frac{\partial \boldsymbol{T}}{\partial \tau}\right)_n$，为向前差分，即上节的显式计算。

(2)取 $s=1$，得到 $\Delta \boldsymbol{T}_n = \Delta\tau_n \left(\frac{\partial \boldsymbol{T}}{\partial \tau}\right)_{n+1}$，为向后差分，隐式解法。

(3)取 $s=1/2$，得到 $\Delta \boldsymbol{T}_n = \frac{1}{2}\Delta\tau_n \left[\left(\frac{\partial T}{\partial \tau}\right)_n + \left(\frac{\partial T}{\partial \tau}\right)_{n+1} \right]$，为中点差分，隐式解法。

最后得到

$$\left(\boldsymbol{H} + \frac{1}{s\Delta\tau_n}\boldsymbol{R}\right) T_{n+1} + \left(\frac{1-s}{s}\boldsymbol{H} - \frac{1}{s\Delta\tau_n}\boldsymbol{R}\right) T_n + \frac{1-s}{s} F_n + F_{n+1} = 0 \tag{2-8}$$

在式(2-8)中，T_n、F_n、F_{n+1} 是已知的，而 $\boldsymbol{T}_{n+1}$ 是未知量，因此上式是关于 T_{n+1} 的线性方程

组,解之,即得到各节点在 $\tau = \tau_{n+1}$ 时的温度 $\boldsymbol{T}_{n+1}$。经验表明,在隐式解法中,向后差分法($s=1$)的效果较好。

在施工阶段,收缩徐变作用对实体桥墩大体积混凝土温度应力的影响很大,因而,可当作弹性徐变温度应力来计算。

先简要介绍用有限单元法计算弹性温度应力,然后介绍计算弹性徐变温度应力。

1)连续介质的离散化

连续介质,本来具有无限自由度,把它划分成有限个单元,全部单元都在它们的角点上互相连接起来,这些点称为节点,以节点位移作为未知量,在每一节点建立两个平衡方程,联立解之,即可求出各节点的位移,由节点位移可求出各单元的应力。在单元足够小时,这些单元的应力与原结构的应力很接近。可见有限单元法的核心是把本来具有无限自由度的连续介质离散成只有有限个自由度的结构,于是就可以在电子计算机上求解。

2)单元位移

单元内部任一点的位移向量为

$$\boldsymbol{r} = \boldsymbol{N}\boldsymbol{\delta}^{e} \tag{2-9}$$

式中:$\boldsymbol{N}$ ——形函数矩阵;

$\boldsymbol{\delta}^{e}$ ——单元 e 全部节点位移所构成的向量。

3)单元应变

单元内任一点的应变向量为

$$\boldsymbol{\varepsilon} = \boldsymbol{B}\boldsymbol{\delta}^{e} \tag{2-10}$$

式中:$\boldsymbol{B}$ ——几何矩阵。

4)单元应力

根据广义虎克定律,应力—应变关系如下:

$$\boldsymbol{\sigma} = \boldsymbol{D}(\boldsymbol{\varepsilon} - \boldsymbol{\varepsilon}_0) + \boldsymbol{\sigma}_0$$

式中:$\boldsymbol{D}$ ——弹性矩阵;

$\boldsymbol{\varepsilon}_0$ ——初应变;

$\boldsymbol{\sigma}_0$ ——初应力,即施加荷载前已存在于单元中的应力。

5)单元节点力与单元刚度矩阵

用虚功原理推导的单元节点力为

$$\boldsymbol{F}^{e} = \iiint \boldsymbol{B}^{\mathrm{T}}\boldsymbol{\sigma}\,\mathrm{d}x\mathrm{d}y\mathrm{d}z \tag{2-11}$$

上式右边的重积分是在整个单元 e 的体积内进行的。

对于没有初应力和初应变的情况,应力可表示为

$$\boldsymbol{\sigma} = \boldsymbol{D}\boldsymbol{\varepsilon} = \boldsymbol{D}\boldsymbol{B}\boldsymbol{\delta}^{e} \tag{2-12}$$

通过推导可得

$$\boldsymbol{F}^{e} = \boldsymbol{k}^{e}\boldsymbol{\delta}^{e} \tag{2-13}$$

$$\boldsymbol{k}^{e} = \iiint \boldsymbol{B}^{\mathrm{T}}\boldsymbol{D}\boldsymbol{B}\,\mathrm{d}x\mathrm{d}y\mathrm{d}z$$

式中:$\boldsymbol{k}^{e}$ ——单元刚度矩阵,它的元素表示当该单元 e 发生一定的节点位移时,所对应的节点

力。单元刚度矩阵 $\boldsymbol{k}^e$ 决定于该单元的形状、大小、方向和弹性常数，而与单元的位置无关，即不随单元或坐标轴的平移而改变。

6）节点荷载

为了能用结构力学方法分析连续介质的应力，所有分布荷载都必须代换为等效的节点荷载。用虚位移原理推导各种节点荷载算式。

（1）分布体积力

体积力 $\boldsymbol{q}$ 产生的等效节点荷载为

$$\boldsymbol{P}_q^e = \iiint \boldsymbol{N}^T \boldsymbol{q} \mathrm{d}x\mathrm{d}y\mathrm{d}z \tag{2-14}$$

（2）分布面力

面力 $\boldsymbol{p}$ 引起的等效节点荷载为

$$\boldsymbol{P}_p^e = \int_S \boldsymbol{N}^T \boldsymbol{P} \mathrm{d}S \tag{2-15}$$

（3）初应变与初应力

由于初应变而产生的节点荷载 $\boldsymbol{P}_{\varepsilon_0}^e$ 和由于初应力而产生的节点荷载 $\boldsymbol{P}_{\sigma_0}^e$ 如下：

$$\left.\begin{aligned} \boldsymbol{P}_{\varepsilon_0}^e &= \iiint \boldsymbol{B}^T \boldsymbol{D} \boldsymbol{\varepsilon}_0 \mathrm{d}x\mathrm{d}y\mathrm{d}z \\ \boldsymbol{P}_{\sigma_0}^e &= \iiint \boldsymbol{B}^T \boldsymbol{\sigma}_0 \mathrm{d}x\mathrm{d}y\mathrm{d}z \end{aligned}\right\} \tag{2-16}$$

初应变和初应力是同一物理本质的两种表达方式，为了计算方便，具体问题，有的（如温度变形）按初应变考虑，有的按初应力计算，两者取其一。

7）节点平衡方程与整体刚度矩阵

节点位移表示的节点平衡方程如下：

$$\boldsymbol{K\delta} = \boldsymbol{P} \tag{2-17}$$

式中：$\boldsymbol{K}$ ——整体刚度矩阵。

8）用编码法建立整体刚度矩阵

把全部单元的刚度系数都按照编码表叠加到相应的整体刚度系数中去，就得到了整体刚度矩阵 $\boldsymbol{K}$。

9）边界条件的处理

（1）给定荷载的节点

令该点的节点荷载等于规定值。

（2）给定位移的节点

通常采用“乘大数法”。

10）混凝土弹性徐变温度应力分析

前面得到的是弹性应力，混凝土实际上是弹性徐变体。

应力增量与应变增量的关系为

$$\Delta\boldsymbol{\sigma}_n = \bar{\boldsymbol{D}}_n(\Delta\boldsymbol{\varepsilon}_n - \boldsymbol{\eta}_n - \Delta\boldsymbol{\varepsilon}_n^T - \Delta\boldsymbol{\varepsilon}_n^0 - \Delta\boldsymbol{\varepsilon}_n^S) \tag{2-18}$$

整体平衡方程为

$$\boldsymbol{K}\Delta\boldsymbol{\delta}_n = \Delta\boldsymbol{P}_n^L + \Delta\boldsymbol{P}_n^C + \Delta\boldsymbol{P}_n^T + \Delta\boldsymbol{P}_n^0 + \Delta\boldsymbol{P}_n^S \tag{2-19}$$

式中：$\Delta \boldsymbol{P}_n^{\mathrm{L}}$——外荷载引起的节点荷载增量；

$\Delta \boldsymbol{P}_n^{\mathrm{C}}$——徐变引起的节点荷载增量；

$\Delta \boldsymbol{P}_n^{\mathrm{T}}$——温度引起的节点荷载增量；

$\Delta \boldsymbol{P}_n^{0}$——自生体积变形引起的节点荷载增量；

$\Delta \boldsymbol{P}_n^{\mathrm{S}}$——干缩引起的节点荷载增量。

由整体平衡方程式(2-19)解出各节点位移增量后，可算出各单元增量 $\Delta \boldsymbol{\sigma}_n$，累加后，即得到各单元应力如下

$$\boldsymbol{\sigma}_n = \Delta \boldsymbol{\sigma}_1 + \Delta \boldsymbol{\sigma}_2 + \cdots + \Delta \boldsymbol{\sigma}_n = \sum_{i=1}^{n} \Delta \boldsymbol{\sigma}_i \tag{2-20}$$

前面，介绍了计算实体大体积混凝土温度场和温度应力的有限单元法。可见，有限单元法主要针对混凝土部位的关注截面，计算结果数据较多，可用于工程中对大体积混凝土施工的温度场和应力的监控分析。

2.5.2 混凝土承台水管冷却温度场分析

为了能够了解水管冷却对实际工程温度场的影响。结合实际工程，利用有限元程序 MIDAS 对青岛海湾大桥连续梁下部承台的水化热效应进行了数值模拟，模拟了水管冷却效应，如图 2.28 所示，分析了承台水化热温度场的分布规律，计算结果与实测数据进行了比较，表明该方法计算精度较高。得到了在控制水化热温度方面冷却水流速采用临界流速的 3 ~ 4 倍为宜、冷却管间距不宜超过 1.5m 等结论，这些结论有一定的工程参考价值。

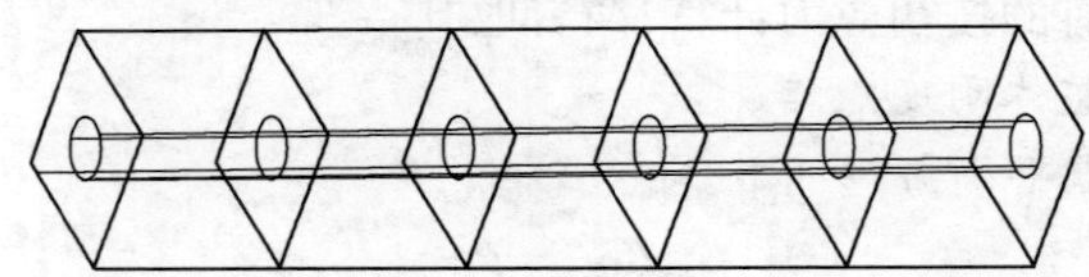

图 2.28 水管单元模拟

根据傅里叶热传导定律水管外壁面混凝土的热流量为

$$q = -\lambda \frac{\partial T}{\partial n} \tag{2-21}$$

式中：q——热流量，即单位时间内通过单位面积的热量[kJ/(m^2·h)]；

λ——导热系数[kJ/(m·h·℃)]；

T——温度(℃)；

n——表面外法线方向。

由式(2-21)积分可得混凝土经水管整个内壁面 Γ 向水流放出或吸收的热量 Q_{c} 为

$$Q_{\mathrm{c}} = -\lambda \iint_{\Gamma} \frac{\partial T}{\partial n} \mathrm{d}s\mathrm{d}t \tag{2-22}$$

曲面积分 $\iint_{\Gamma} \frac{\partial T}{\partial n} \mathrm{d}s\mathrm{d}t$ 可直接在冷却水管外缘面混凝土单元边界上通过高斯积分求得，对时间积分可以采用增量法求得。

对于空间等参单元，单元内任一点温度可表示为：

$$T(x,y,z,\tau)=\sum N_i(\varepsilon,\eta,\zeta)T_i(\tau) \tag{2-23}$$

式中：$T(x, y, z,\tau)$——在总坐标 x、y、z 下 τ 时刻单元内任意点的温度；

$\sum N_i(\varepsilon,\eta,\zeta)$——用局部坐标 ε、η、ζ 表示的形函数；

$T_i(\tau)$——τ 时刻节点 i 的温度。

对 x 求微分，得到在 x 方向的温度梯度。

$$\frac{\partial T}{\partial x}=\sum\frac{\partial N_i}{\partial x}T_i \tag{2-24}$$

形函数 $N_i(\varepsilon,\eta,\zeta)$ 是用局部坐标给出的，根据偏微分可知

$$\frac{\partial N_i}{\partial \varepsilon}=\frac{\partial N_i}{\partial x}\frac{\partial x}{\partial \varepsilon}+\frac{\partial N_i}{\partial y}\frac{\partial y}{\partial \varepsilon}+\frac{\partial N_i}{\partial z}\frac{\partial z}{\partial \varepsilon} \tag{2-25}$$

同理可以求出 $\partial N_i/\partial\eta$ 和 $\partial N_i/\partial\zeta$，集合起来得到

$$\begin{Bmatrix}\dfrac{\partial N_i}{\partial x}\\ \dfrac{\partial N_i}{\partial y}\\ \dfrac{\partial N_i}{\partial z}\end{Bmatrix}=\boldsymbol{J}^{-1}\begin{Bmatrix}\dfrac{\partial N_i}{\partial \varepsilon}\\ \dfrac{\partial N_i}{\partial \eta}\\ \dfrac{\partial N_i}{\partial \zeta}\end{Bmatrix} \tag{2-26}$$

式中：$\boldsymbol{J}$——雅可比矩阵，可由坐标变换公式直接计算，

$$\boldsymbol{J}=\begin{bmatrix}\dfrac{\partial x}{\partial \varepsilon} & \dfrac{\partial y}{\partial \varepsilon} & \dfrac{\partial x}{\partial \varepsilon}\\ \dfrac{\partial x}{\partial \eta} & \dfrac{\partial y}{\partial \eta} & \dfrac{\partial x}{\partial \eta}\\ \dfrac{\partial x}{\partial \zeta} & \dfrac{\partial y}{\partial \zeta} & \dfrac{\partial x}{\partial \zeta}\end{bmatrix}=\begin{bmatrix}\sum\dfrac{\partial N_i}{\partial \varepsilon}x_i & \sum\dfrac{\partial N_i}{\partial \varepsilon}y_i & \sum\dfrac{\partial N_i}{\partial \varepsilon}z_i\\ \sum\dfrac{\partial N_i}{\partial \eta}x_i & \sum\dfrac{\partial N_i}{\partial \eta}y_i & \sum\dfrac{\partial N_i}{\partial \eta}z_i\\ \sum\dfrac{\partial N_i}{\partial \zeta}x_i & \sum\dfrac{\partial N_i}{\partial \zeta}y_i & \sum\dfrac{\partial N_i}{\partial \zeta}z_i\end{bmatrix} \tag{2-27}$$

这样，可求得单元内任意点 x 方向的温度梯度，同理可求得 y、z 方向的温度梯度，三个方向的温度梯度合成后可得表面外法线方向的温度梯度。温度梯度求出后，沿水管表面采用高斯数值积分，即可得出某时刻水管表面的散热量，再用增量法求出某段时间内的散热量。

2.6　赵氏河及浊峪河特大桥箱梁零号块有限元分析

2.6.1　有限元模型

采用 MIDAS FEA 模块建立了零号块的有限元模型。模型如图 2.29 所示。

设计院的冷却水管布置方案如下：①在底板（厚度 1.2m）的 0.6m 高度处布置如图 2.30 所示的冷却水管，冷却水管采用公称直径 32mm 的标准铸铁水管，管与管之间的连接采用与之配套的接头。②冷却水管在埋设和浇筑混凝土过程中，应该防止堵塞和漏水，使用完毕后应该封浆和封孔，出露部分应该切除。③在开始浇筑混凝土时即通冷水，连续通水 14d，水流流量根据天气和水化热情况调整，应将出水管水温控制在 40℃以下。

a) 整体模型

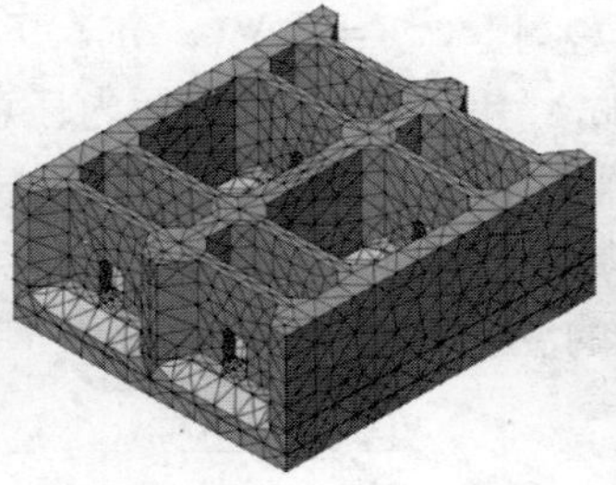
b) 分层浇筑的下部模型

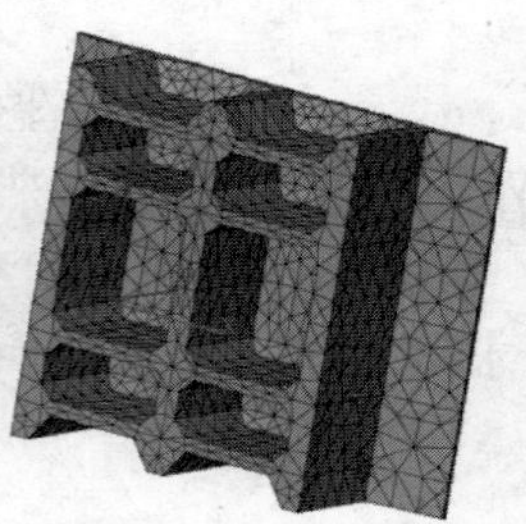
c) 分层浇筑的上部模型

图 2.29　有限元模型

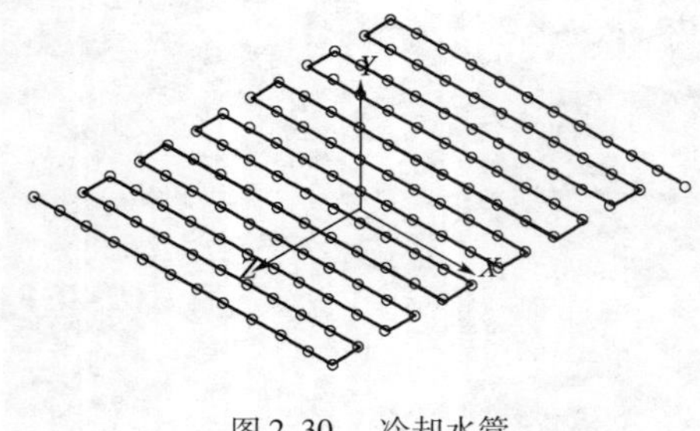
图 2.30　冷却水管

2.6.2　计算方案及结果分析

通过大量的参数分析,得到采用不同的工程措施对零号块温度场和应力场的结果影响。

主要采用以下计算分析方案。

(1)分析不同的混凝土材料进行计算分析。

考虑普通混凝土材料(不掺加混合料)、低放热混凝土(掺加粉煤灰)对零号块的温度和应力的影响。

(2)分析不同的工程措施对零号块温度和应力的影响。

①在零号块主拉应力较大部位设置水管,分析水管的不同布设方案对零号块温度和应力的影响。

②对横隔板采用保温措施,分析该工程措施对零号块温度和应力的影响。

冷却水管的参数如下:流速 $1.2m^3/h$;水的入管温度为 5℃;水管冷却时间为 30d;其余参数和设计院的设计方案相同。

1)不同混凝土材料

(1)温度分布(普通混凝土,水泥含量 $490kg/m^3$)

普通混凝土在浇筑以后,由于水泥的水化热,温度将逐渐上升,但通过浇筑层面将散失一部分热量,因此,浇筑层内部的温度升高值将低于混凝土的绝热温升。通常把考虑层面散热作用后,由于水化热而在混凝土浇筑层中引起的温度升高称为水化热温升。因此在配合比中,水泥的含量对结构的温度场和应力影响很大,先取混凝土配合比中每立方米混凝土水泥含量 490kg 进行计算分析。同时考虑浇筑使用的模板为钢模板。分析结果如图 2.31 ~ 图 2.35 所示。

从图 2.31 ~ 图 2.35 可以看出:

①每一层浇筑后的第 3d 混凝土的放热最大,之后进入放热阶段。

②箱梁浇筑放热阶段,中隔板的中间部位为温度较大部位。

为了分析冷却水管对箱梁温度场的影响,取 3d 时冷却水管部位的混凝土温度场进行分析,如图 2.36 所示。

由图 2.36 可以看出,由于冷却水管中冷却水带走了混凝土中的热量,所以总体上混凝土的温度降低了,同时可以看出温度梯度在冷却水管的交叉部位较大。

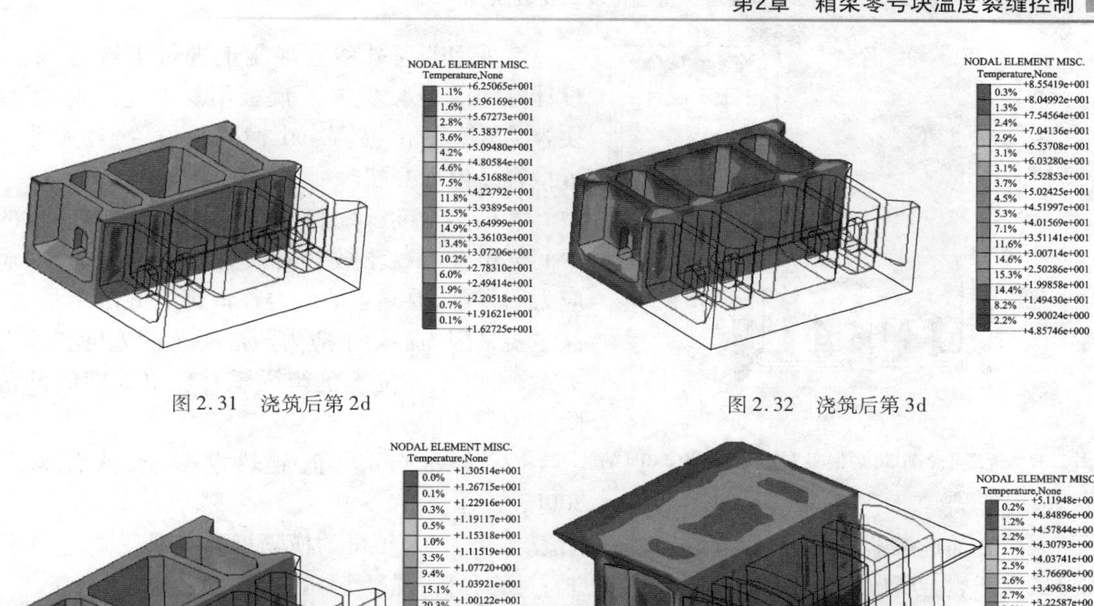

图 2.31　浇筑后第 2d

图 2.32　浇筑后第 3d

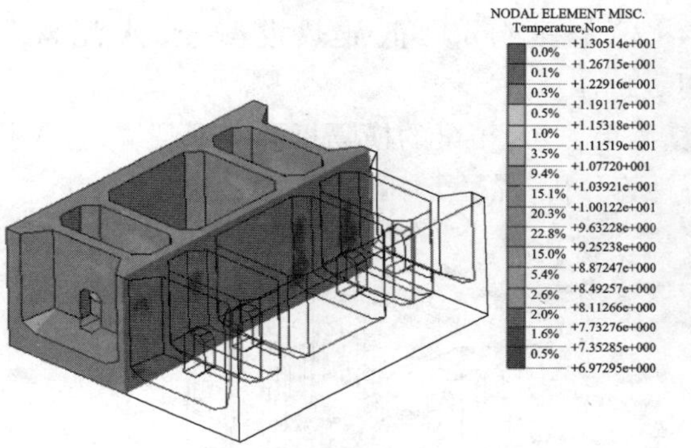

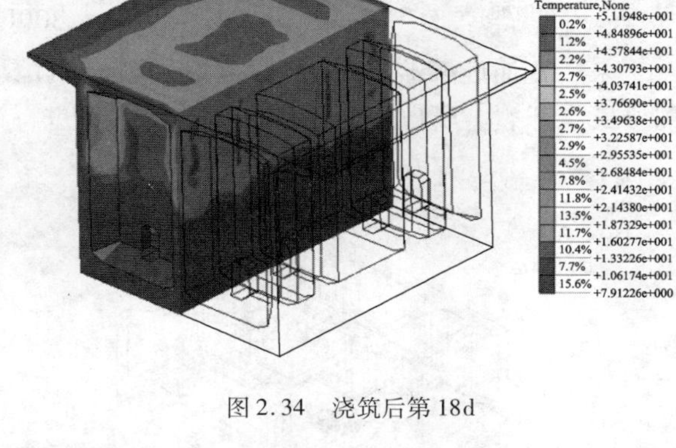

图 2.33　浇筑后第 15d

图 2.34　浇筑后第 18d

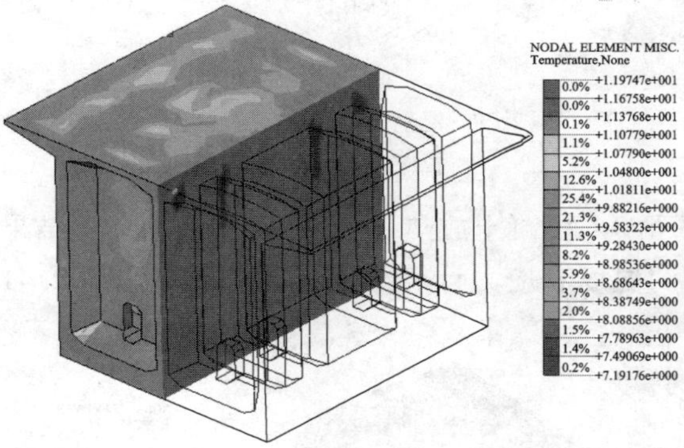

图 2.35　浇筑后第 30d

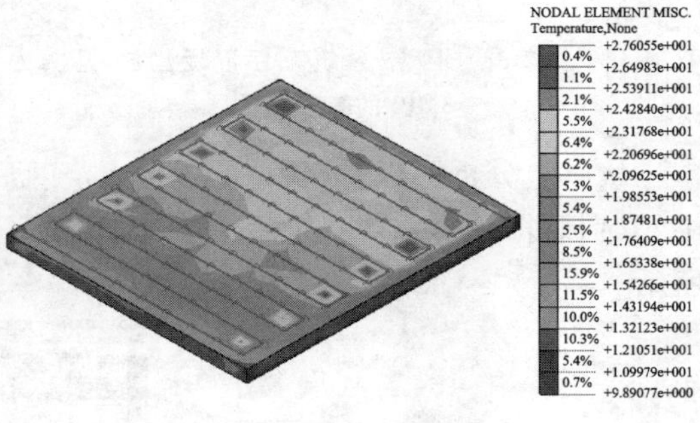

图 2.36　冷却水管部位混凝土的应力场

（2）主拉应力分布（普通混凝土）

以下分析箱梁零号块不同时间的混凝土主拉应力分布情况，为了分析零号块中较易开裂的部位，提取模型中应力超过混凝土抗拉强度的分布区域，并显示模型中的混凝土主拉应力等值面，如图 2.37 ~ 图 2.39 所示。

从图 2.37 ~ 图 2.39 可以得到以下结论：

①采用普通硅酸盐混凝土（不掺加混合料），箱梁零号块在第一层浇筑后 3d 时，混凝土的主拉应力超过抗拉设计强度的区域较大。

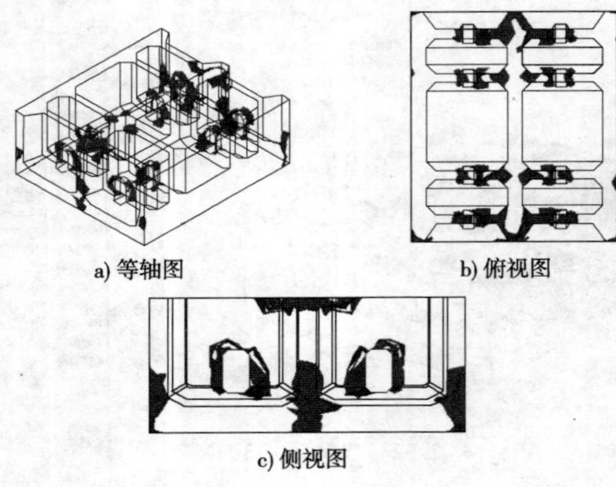

图 2.37　混凝土浇筑 3d 后混凝土主拉应力为 3MPa 的等值面

②采用普通硅酸盐混凝土进行浇筑时，采用设计院的冷却水管方案，底板不易出现开裂，零号块容易开裂的位置为 4 个横隔板位置，且人孔位置最容易出现开裂。

③虽然温度云图显示，箱梁零号块中隔板的中间部位在混凝土放热阶段为温度最高部位，而应力图显示，混凝土的应力在该部位并不是最大。这主要是因为混凝土应力与混凝土的温度梯度有关系，所以该部位不是箱梁零号块浇筑期间的危险部位。

(3) 温度分布(低放热混凝土，水泥含量 $300kg/m^3$)

采用普通硅酸盐水泥(不掺加混合料)的计算结果显示，箱梁的横隔板会出现裂缝，且人孔部位最易开裂。所以以下采用低放热混凝土进行计算分析，混凝土中的水泥含量为 $300kg/m^3$。

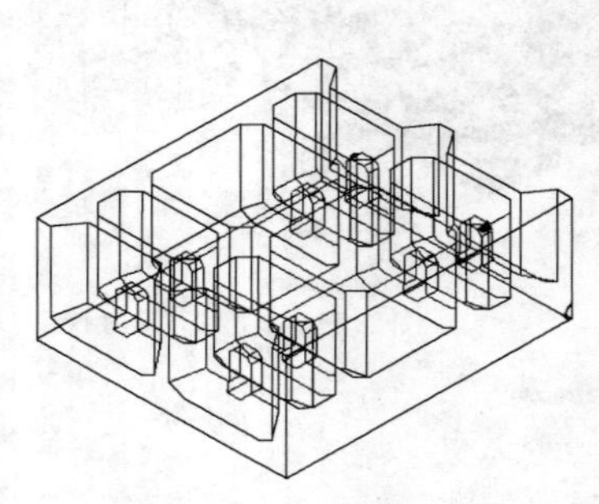

图 2.38　混凝土浇筑 7d 后混凝土主拉应力为 3MPa 的等值面

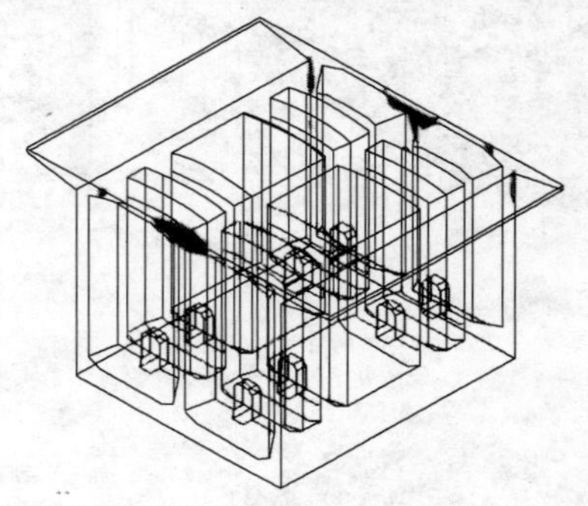

图 2.39　混凝土浇筑 18d 后混凝土主拉应力为 3MPa 的等值面

从以上分析可以看出，每层混凝土浇筑后的第 3d，混凝土放热量最大，因此以下计算结果中，分别取箱梁零号块浇筑后第 3d 和第 18d 时的温度和应力计算结果，如图 2.40 和图 2.41 所示。

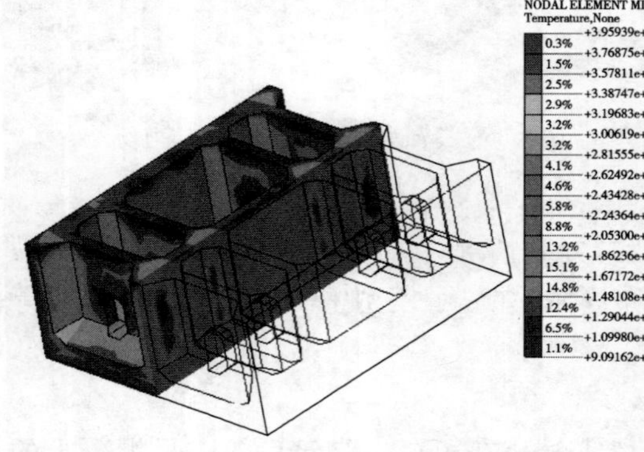

图 2.40　浇筑混凝土后第 3d 时箱梁零号块温度场

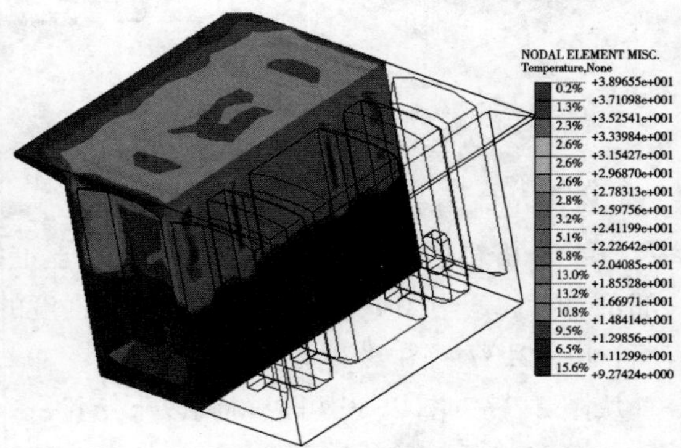

图 2.41　浇筑混凝土后第 18d 时的箱梁零号块温度场

由图 2.40 和图 2.41 可以得到以下结论：

①采用低放热混凝土，混凝土放热阶段的温度最高部位和普通混凝土浇筑的箱梁类似。

②普通硅酸盐混凝土浇筑的箱梁最大温差为 60℃，而采用低放热混凝土浇筑的箱梁最大温差仅为 30℃，采用低放热混凝土浇筑箱梁能够有效降低混凝土的温度差。

(4)主拉应力分布(低放热混凝土，水泥含量 300kg/m^3)

比较分析不同材料的混凝土应力场计算结果。

普通硅酸盐混凝土 3d 的混凝土主拉应力等值面图如图 2.42 所示。

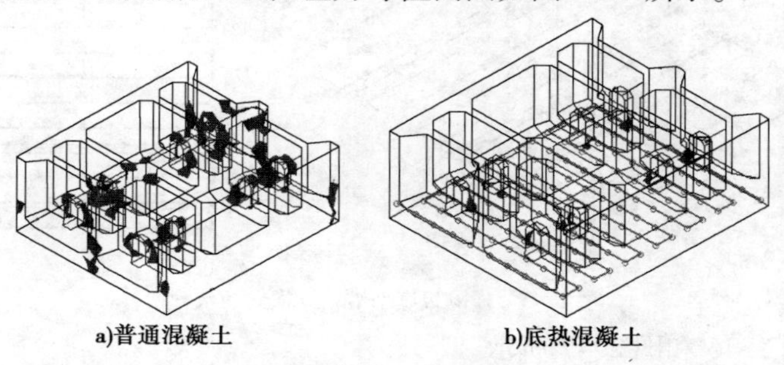

图 2.42　混凝土主拉应力为 3MPa 的等值面

分析图 2.42 可以看出，采用低热混凝土有效降低了混凝土的主拉应力。

考虑到实际工程中的混凝土抗拉强度通常都要比混凝土抗拉设计强度高，由于箱梁的混凝土设计强度等级为 C50，为了进一步分析混凝土开裂区域，取主拉应力 2.5MPa 的等值面进行分析，计算结果如图 2.43 和图 2.44 所示。

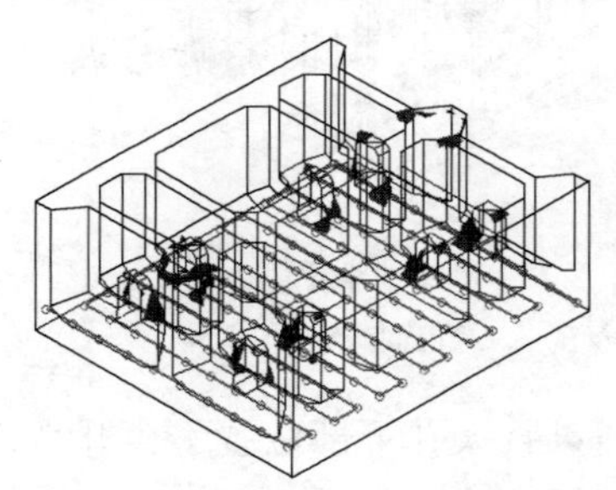

图 2.43　混凝土主拉应力为 2.5MPa 的等值面(3d)

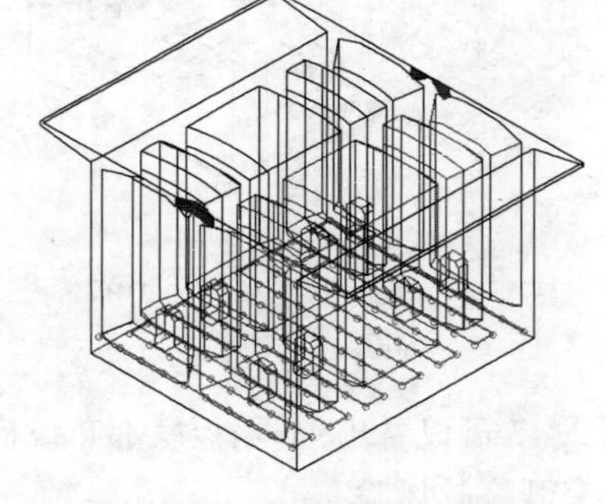

图 2.44　混凝土主拉应力为 2.5MPa 的等值面(18d)

分析图 2.43 和图 2.44 可以得到以下结论：

①下层混凝土浇筑后 3d，采用低热混凝土，箱梁人孔部位还有开裂的风险。

②零号块施工 18d 时，箱梁顶板端部部位局部位置有开裂风险，当时该区域很小，实际工程中，可以采用浇水降温，降低该区域的混凝土温度梯度，以降低该区域的混凝土开裂风险。

2)不同水管布置方案

由以上计算结果可以看出，人孔部位为箱梁中最易因混凝土水化热而开裂的部位，因此本书重点研究该区域，以下采用不同的水管布置，研究各种方案对箱梁温度场和应力场的影响。

(1)横隔板底部的横向水平水管

为了降低人孔底部混凝土开裂的风险，在横隔板底部设置箱梁横向的水管，水管的直径、水的流速、温度和通水时间与设计院给出的方案一致。

为了比较布设这些水管对箱梁零号块的温度场和应力场的影响,取纵向两个横隔板布置水管,另外两个横隔板不设置水管。

方案布置如图 2.45 所示。

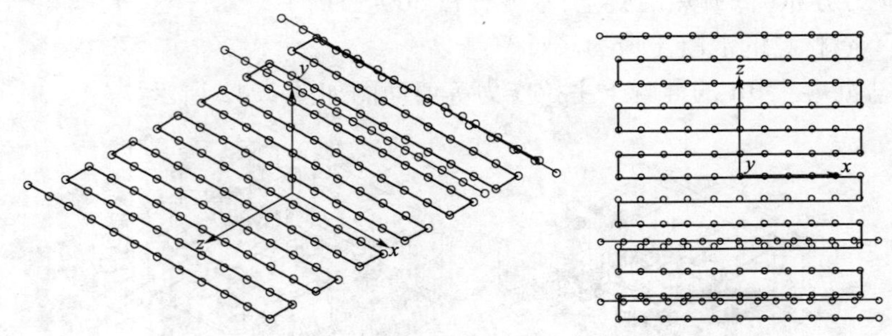

图 2.45 横隔板底部沿箱梁横向的水管

分析结果如图 2.46 和图 2.47 所示。

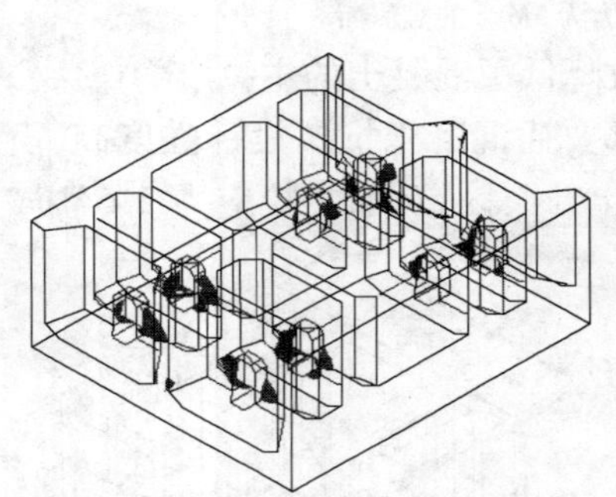

图 2.46 混凝土主拉应力为 3MPa 的等值面(3d)

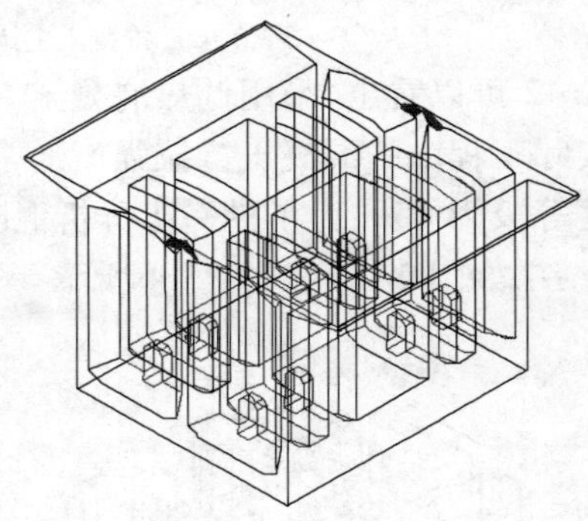

图 2.47 混凝土主拉应力为 3MPa 的等值面(18d)

分析图 2.47 可以看出:横隔板底部布设横向水管后,人孔下部位置不会开裂,但人孔侧面和顶面依然有开裂的风险。

(2)人孔部位采用环形的水管

基于上述结论,采用以下方案计算分析,即人孔部位采用环形的水管,同时为了分析环形水管的影响,同样取一般的人孔布设,其余人孔用作比较分析。

人孔冷却水管布置方案如图 2.48 和图 2.49 所示。

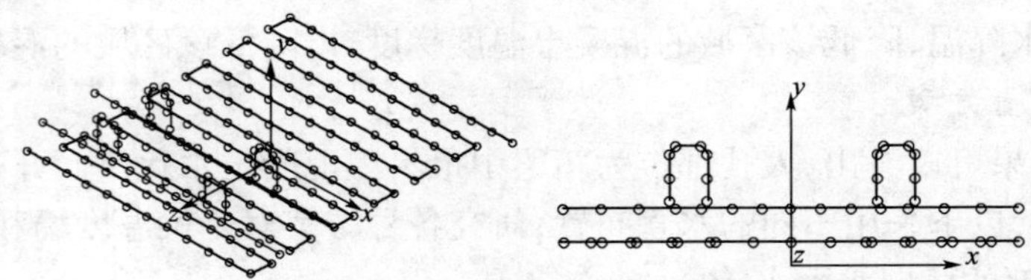

图 2.48 人孔部位的冷却水管布置

由图 2.49 可以看出，人孔部位加设环形冷却水管后，人孔周边的温度梯度反而增大，增大了混凝土开裂的风险，因此从温度梯度分布来看，人孔部位采用冷却水管降温将增大混凝土开裂的风险。

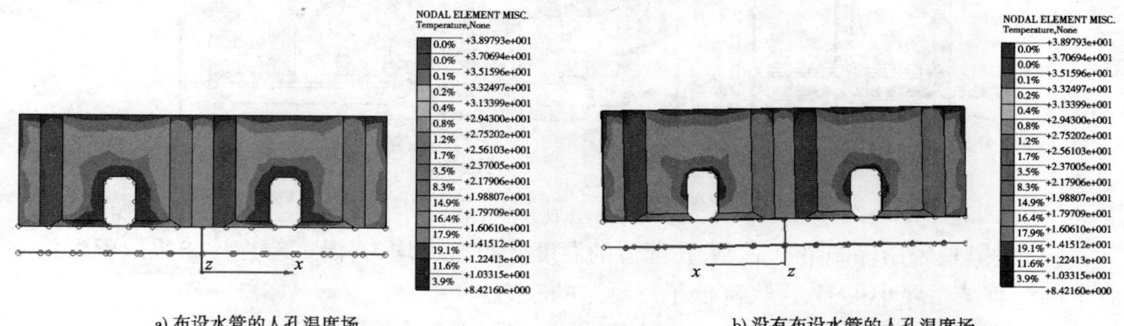

a) 布设水管的人孔温度场　　b) 没有布设水管的人孔温度场

图 2.49　浇筑混凝土 3d 后的箱梁温度场

为了进一步分析加设冷却水管后的混凝土主拉应力分布情况，取计算结果进行分析，分析结果如图 2.50 和图 2.51 所示。

由图 2.51 可以看出，人孔部位加设环形冷却水管后，人孔周边的混凝土主拉应力并未降低，因此采取环形水管不能降低混凝土开裂的风险。该方案不能通过计算。

考虑到原设计中人孔形状易产生应力集中现象。因此，建议采用圆弧形人孔，避免不必要的应力集中，降低人孔部位开裂风险。

3) 混凝土横隔板的保温方案

由上知对人孔部位采取降温措施不能降低该部位混凝土开裂的风险，因此从另外的工程思路——保温的工程思路出发，对箱梁零号块的横隔板采取保温措施(图 2.52)，减少空气对流而带走横隔板混凝土水化热产生的热量，保持人孔部位的温度恒定，降低该部位的混凝土梯度，以达到降低该部位混凝土主拉应力，降低该部位混凝土开裂的风险。

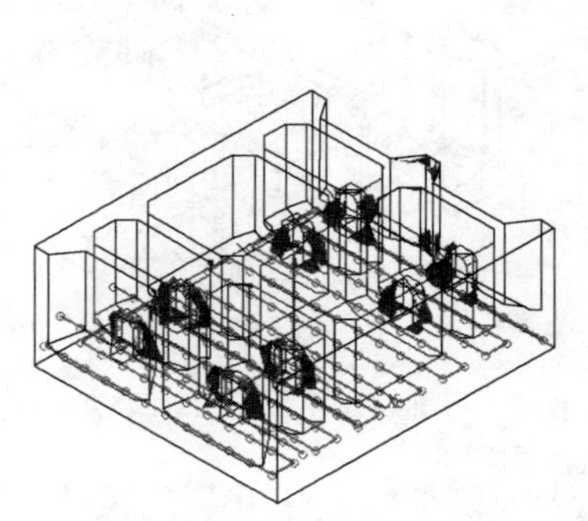

图 2.50　混凝土主拉应力为 3MPa 的等值面(3d)

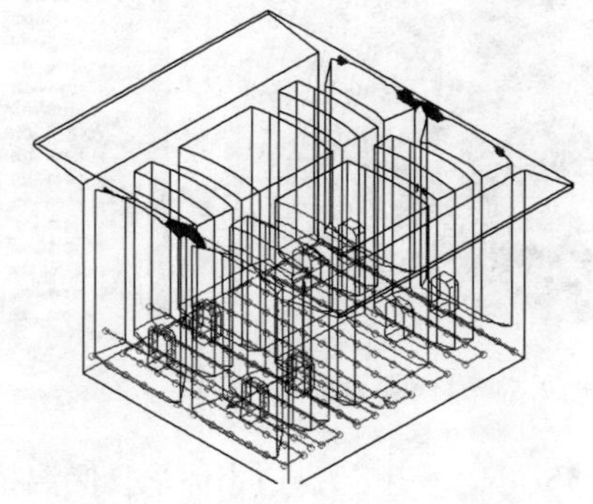

图 2.51　混凝土主拉应力为 3MPa 的等值面(18d)

通过计算，得到计算结果如图 2.53 和图 2.54 所示。

由图 2.54 可以看出：

(1) 采用保温措施后，下层箱梁浇筑时，最大温差仅为 25℃，比前面采取的各种方案都要小。

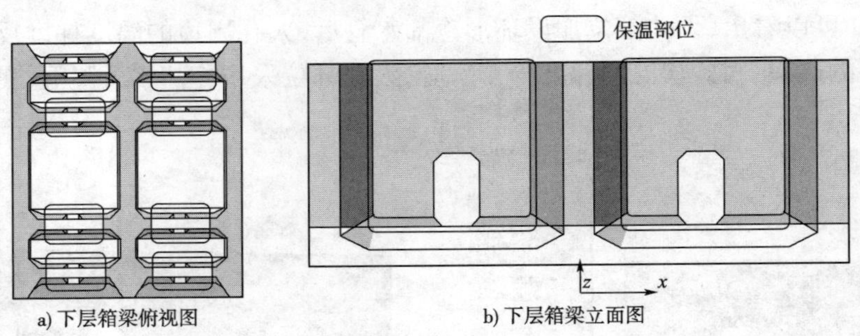

a) 下层箱梁俯视图　　b) 下层箱梁立面图

图 2.52　保温位置

(2)横隔板采用保温措施后,人孔部位的温度分布较为均匀,温度梯度比未采取保温措施方案的计算结果要小很多,大大降低了混凝土的应力。

进一步分析箱梁的应力分布,具体计算结果如图 2.55 所示。

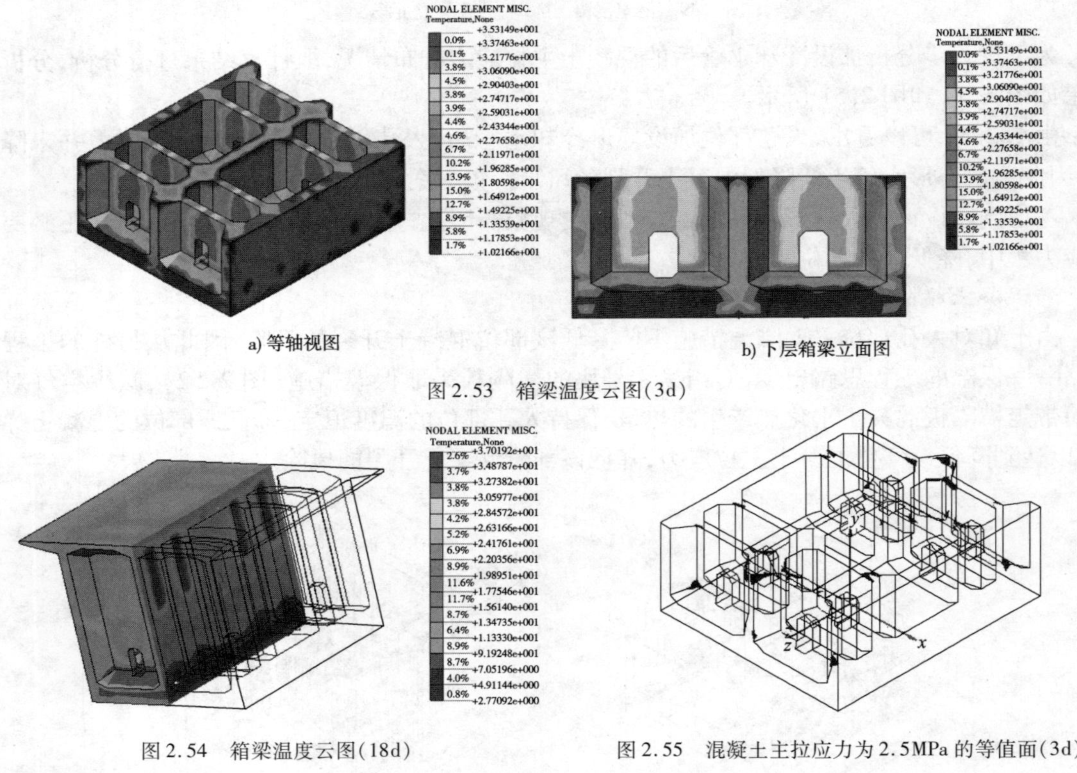

a) 等轴视图　　b) 下层箱梁立面图

图 2.53　箱梁温度云图(3d)

图 2.54　箱梁温度云图(18d)

图 2.55　混凝土主拉应力为 2.5MPa 的等值面(3d)

由图 2.55 可以看出:人孔周围采取保温措施能大大降低混凝土开裂的风险。

2.7　渭河连续箱梁零号块有限元分析

渭河连续箱梁零号块的横隔板设计厚度为 3m,其设计厚度过大。开始几个零号块施工后发现,箱梁零号块开裂严重。分析其开裂成因,总结如下:

(1)混凝土材料配合比中水泥含量过高,达到 490kg/m^3。混凝土材料的水化热效应过大,其绝热温升值能达到70℃。

(2)箱梁零号块横隔板设计厚度(3m)过大,箱梁横隔板水化热较为严重,导致了施工期的箱梁零号块开裂。

为了有效阻止箱梁开裂,对箱梁的零号块和1号块进行竖向分层浇筑,以达到降低箱梁水化热产生的温度应力的目的。

为了有效研究箱梁零号块横隔板的水化热温度应力,以下进行数值模拟,探讨箱梁零号块水化热应力分布规律。

2.7.1 有限元模型

采用MIDAS FEA模块建立零号块的1/4对称有限元模型。模型如图2.56所示。

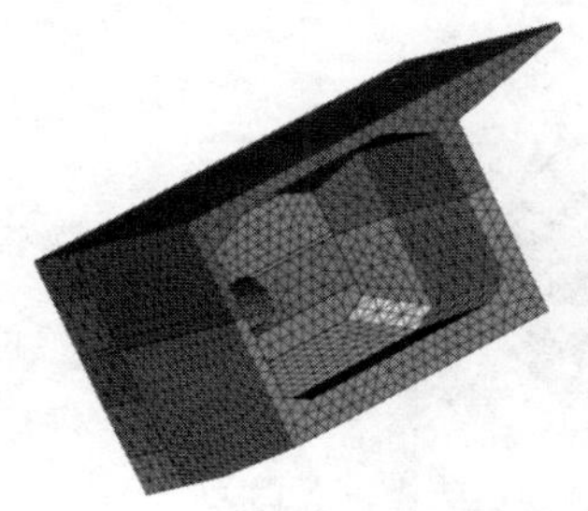

a) 整体模型

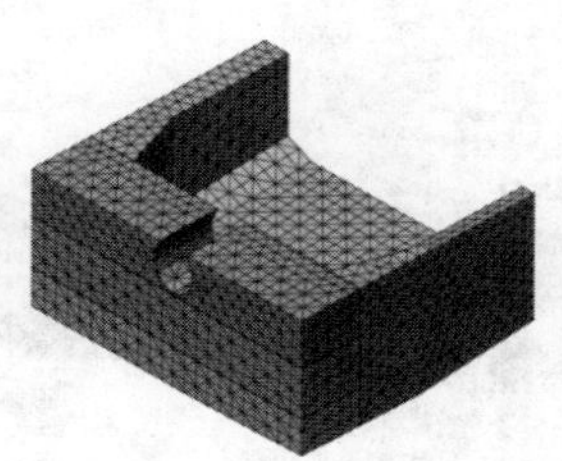

b) 分层浇筑的下部模型

c) 分层浇筑的上部模型

图2.56 有限元模型

设计院的冷却水管布置方案如下:①在距离底板0.9m、2.1m、3m和4.2m处设计4层冷却水管。冷却水管采用公称直径32mm的标准铸铁水管,管与管之间的连接采用与之配套的接头。②冷却水管在埋设和浇筑混凝土过程中,应该防止堵塞和漏水,使用完毕后应该封浆和封孔,出露部分应该切除。③在开始浇筑混凝土时即通冷水,连续通水14d,水流流量根据天气和水化热情况调整,应将出水管水温控制在40℃以下。

考虑到模型的对称,水管近似取每层2根(图2.57),1根流量为设计值,另外处于对称平面上的流量考虑对称性,取设计值的一般值。冷却水管布置如图2.57所示。

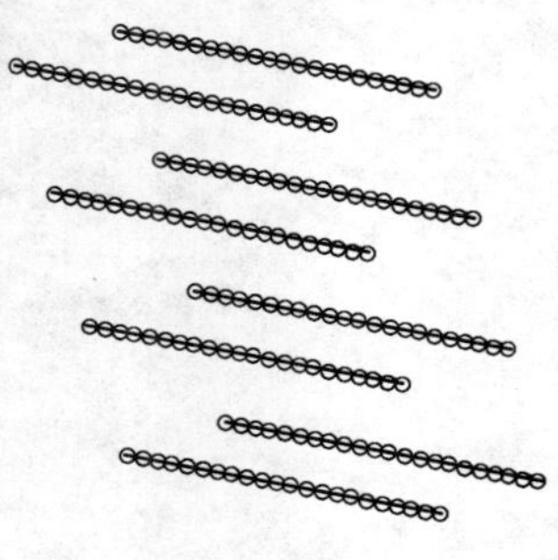

图2.57 冷却水管

2.7.2 计算方案及结果分析

取三种情况进行计算:一种为考虑水管的水化热计算,还有一种为不考虑水管的水化热计算,最后一种情况为现场采用了保温措施的计算。综合三种计算结果研究箱梁水管冷却对零号块横隔板温度应力的影响。

箱梁零号块和1号块竖向分两层浇筑,每层计算时间为12d,共计24d。

1)有、无冷却水管方案的箱梁横隔板温度场计算分析

下层混凝土浇筑后的温度计算结果如图2.58所示(共计12×24=288h)。

上层混凝土浇筑后的温度计算结果如图2.59所示(共计12×24=288h)。

由图2.58和图2.59可以总结以下规律:

(1)水管冷却能有效降低箱梁零号块的温度。

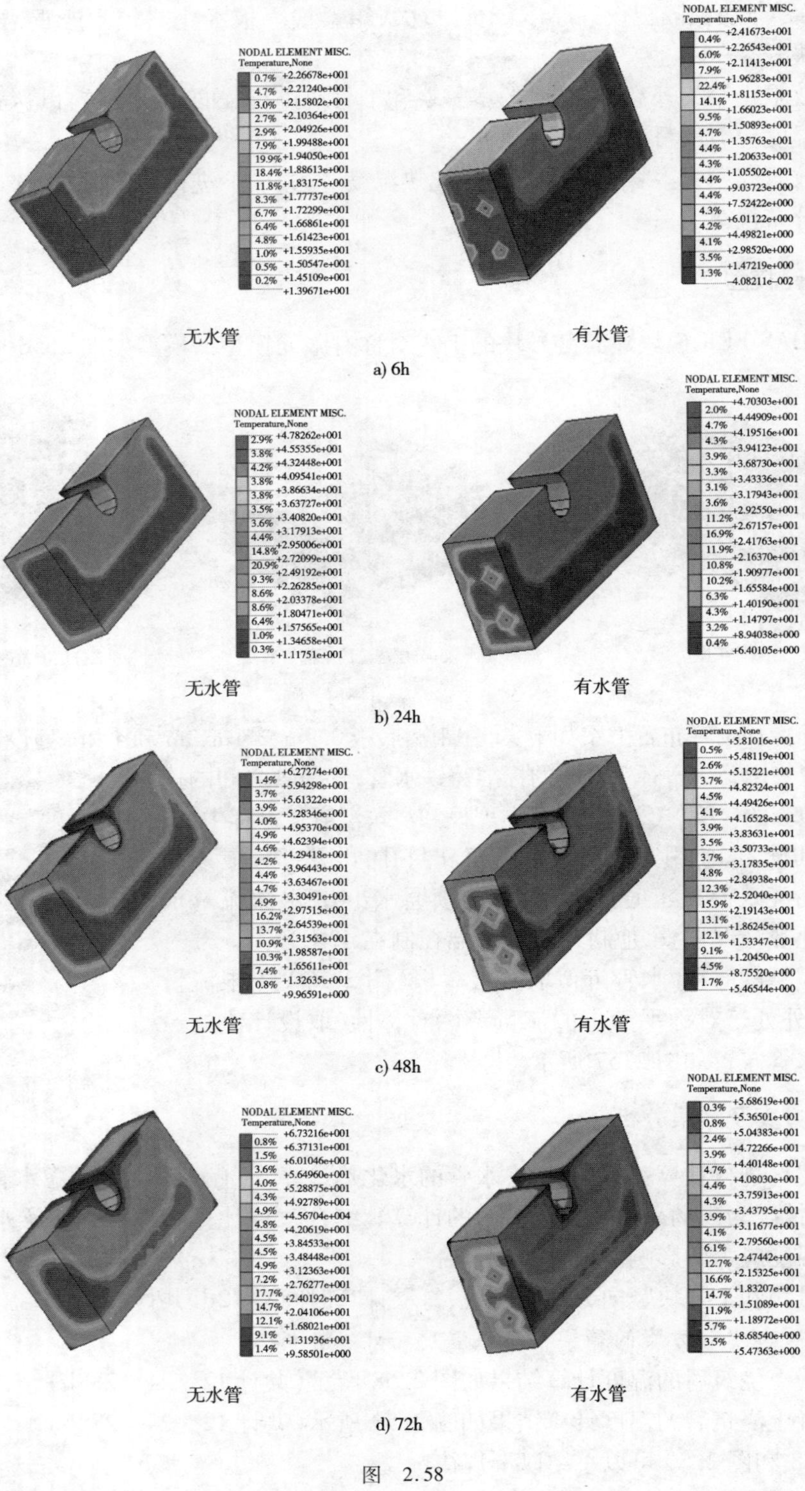

无水管　　有水管

a) 6h

无水管　　有水管

b) 24h

无水管　　有水管

c) 48h

无水管　　有水管

d) 72h

图　2.58

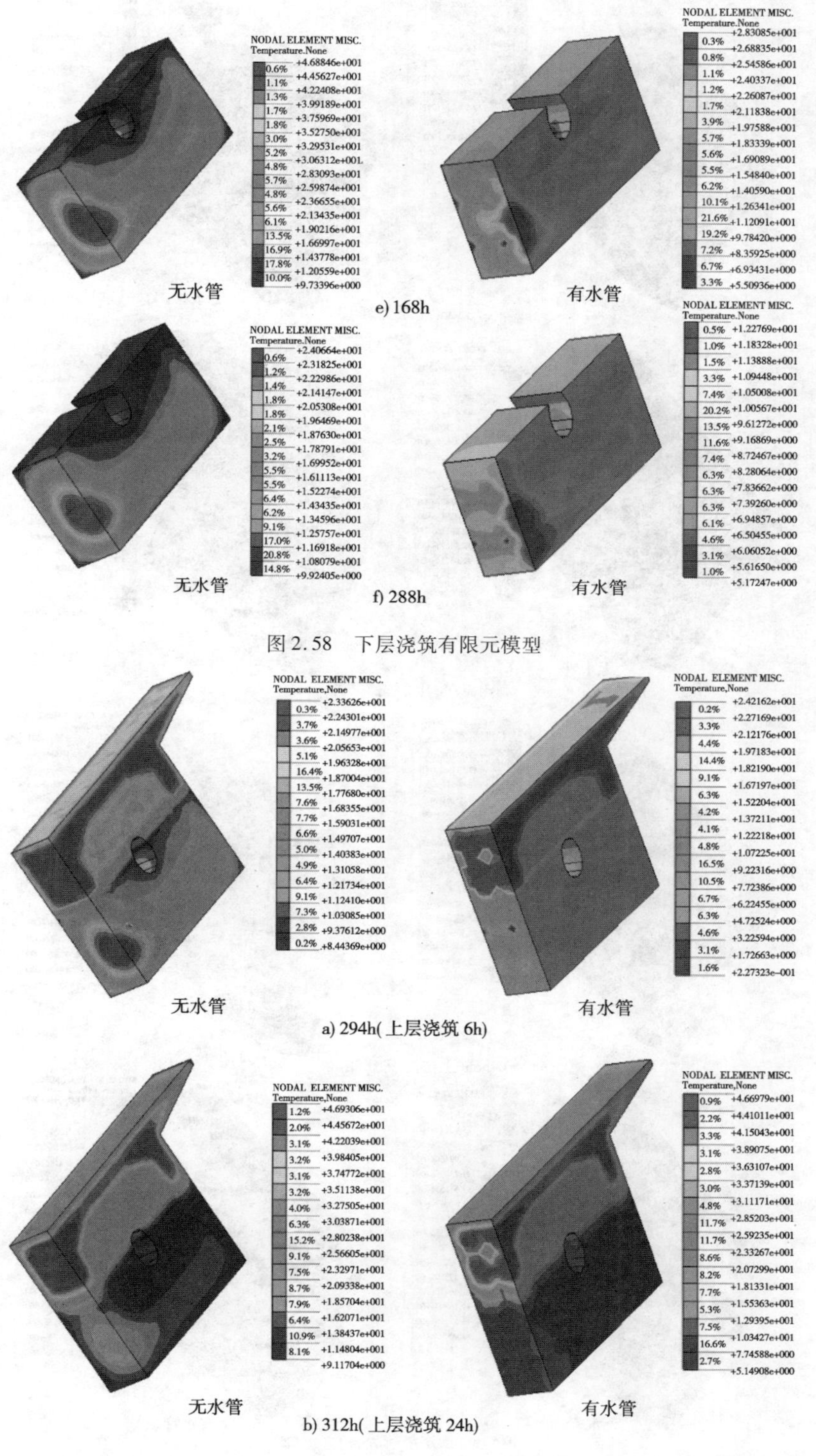

e) 168h

f) 288h

图 2.58 下层浇筑有限元模型

a) 294h(上层浇筑 6h)

b) 312h(上层浇筑 24h)

图 2.59

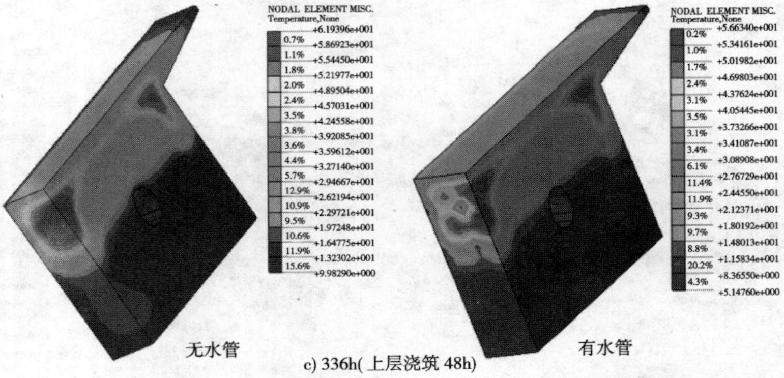

无水管　　有水管

c) 336h(上层浇筑 48h)

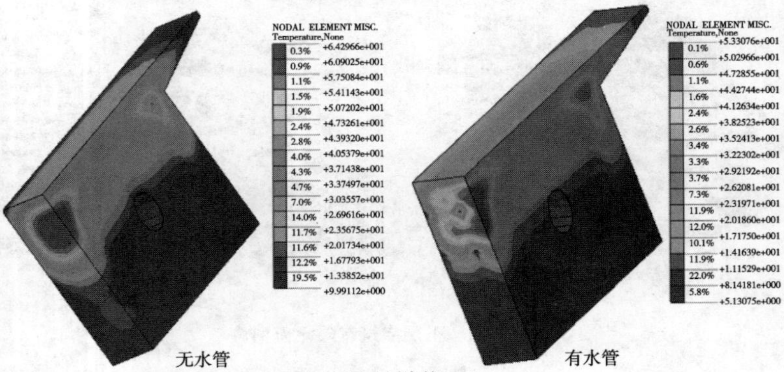

无水管　　有水管

d) 360h(上层浇筑 72h)

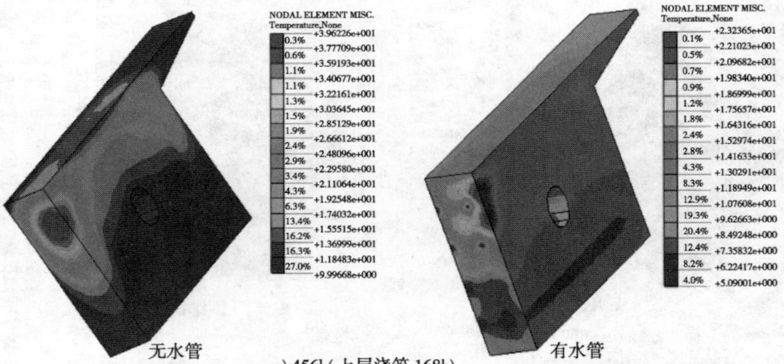

无水管　　有水管

e) 456h(上层浇筑 168h)

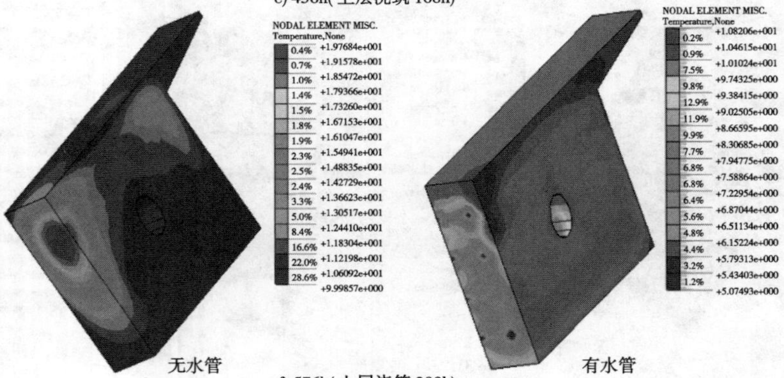

无水管　　有水管

f) 576h(上层浇筑 288h)

图 2.59　上层浇筑有限元模型

在每层浇筑后的2d,有水管的比无水管的箱梁降低了5℃。

在每层浇筑后的3d,有水管的比无水管的箱梁降低了10℃。

在每层浇筑后的7d,有水管的比无水管的箱梁降低了15℃。

(2)浇筑后7d时,有水管的模型的箱梁温度降低到20℃左右,已经满足拆模所需的内外温差25℃的要求。

(3)综合考虑第(2)条结论和现场水管通水条件,可将设计中现场水管连续通水时间14d变为10d。

2)有、无冷却水管方案的箱梁横隔板应力场计算分析

采用日本规范中的混凝土凝固过程中的强度曲线,其具体计算方法如下:

抗压强度曲线:

$$f(t) = t/(4.5 + 0.95t) \times 1.11 \times f_{ck}$$

式中:t——浇筑后的时间(d);

f_{ck}——混凝土28d抗压强度(MPa)。

抗拉强度曲线:

$$T(t) = 0.44[f(t)]^{0.5}$$

(1)箱梁横隔板内部主应力场

以下分别考虑混凝土浇筑后3d、7d和12d的箱梁应力场,分别对应混凝土3d抗拉强度为2.19MPa,7d为2.72MPa,12d为2.99MPa,如图2.60所示。

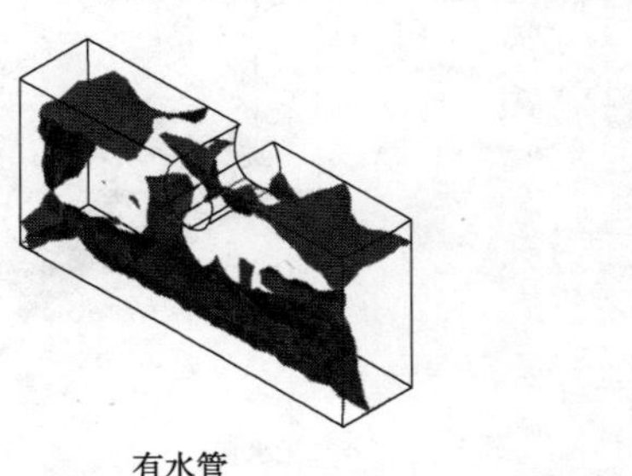

有水管

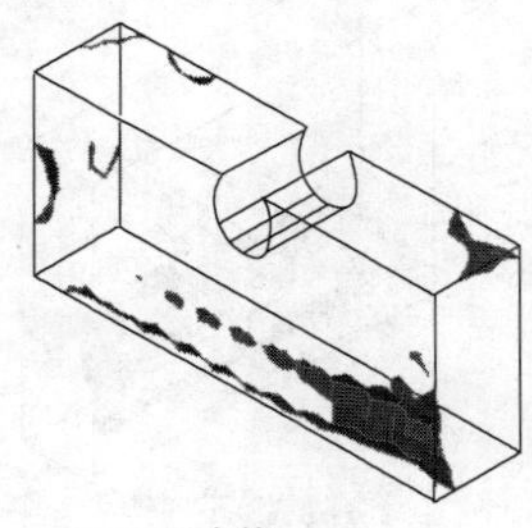

无水管

a) 下层浇筑 3d 的应力等值面 (2.19MPa)

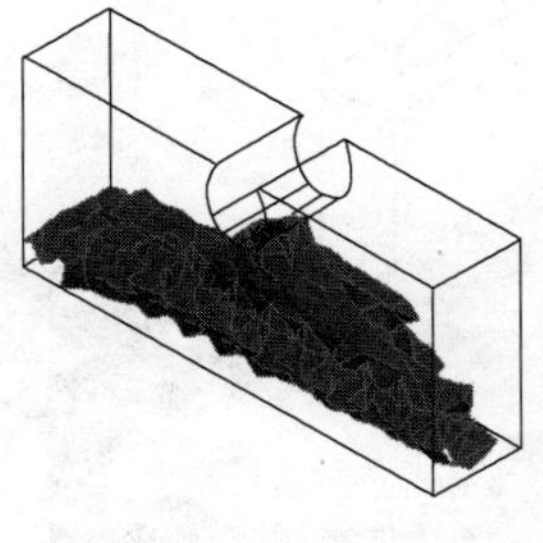

有水管

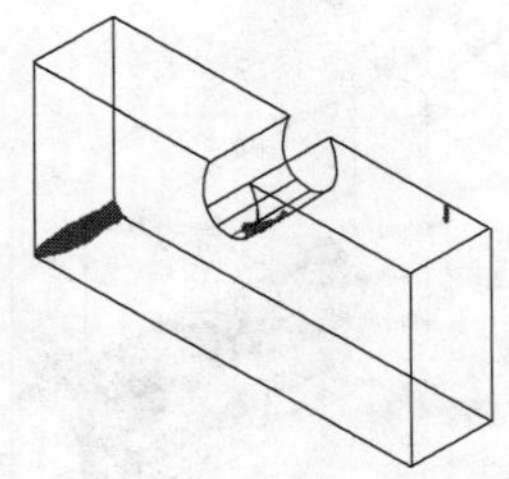

无水管

b) 下层浇筑 7d 的应力等值面 (2.72MPa)

图　2.60

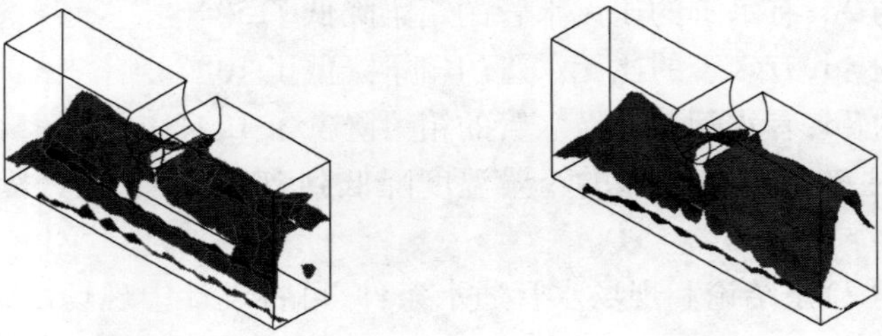

有水管　　无水管

c) 下层浇筑 12d 的应力等值面 (2.99MPa)

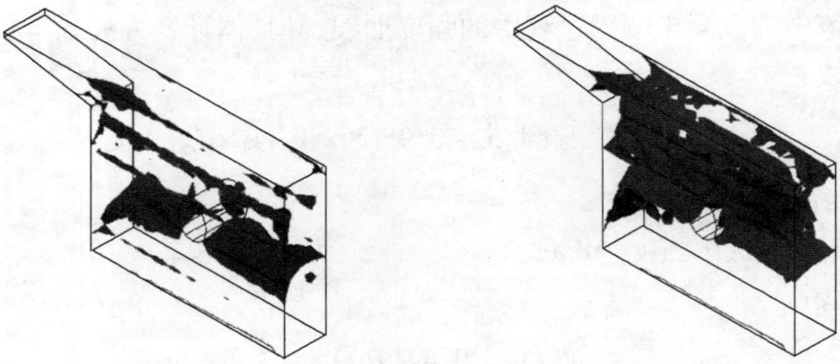

有水管　　无水管

d) 上层浇筑 3d 的应力等值面 (2.19MPa)

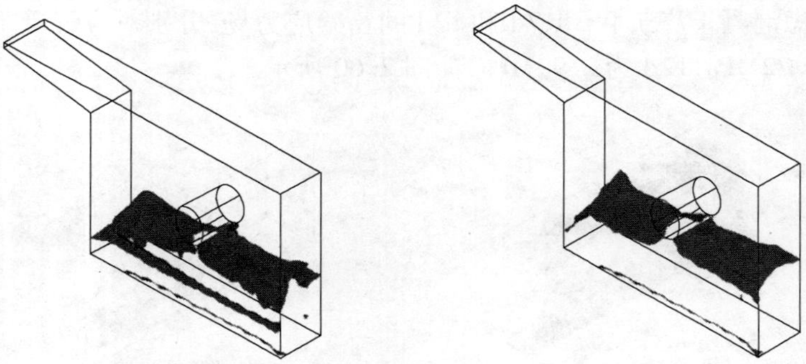

有水管　　无水管

e) 上层浇筑 7d 的应力等值面 (2.72MPa)

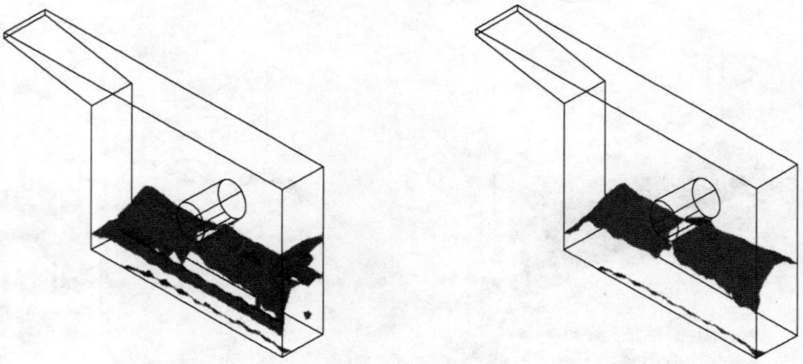

有水管　　无水管

f) 上层浇筑 12d 的应力等值面 (2.99MPa)

图 2.60　混凝土浇筑后横隔板内部主拉应力分布

由上下两层浇筑后不同时间段的横隔板内部主拉应力分布特性可以看出：

①目前现场所设水管方案降低了横隔板内部的温度，但是没有降低其温度梯度。

②目前采用的水管布置不能改善横隔板内部的主应力分布，仍然有不少部位的主拉应力超过混凝土抗拉强度，但是由于箱梁横隔板内部的钢筋布置较多，钢筋会有效约束裂缝的扩展。

工程上更关注结构表面裂缝，因为这些裂缝降低了结构的耐久性能。为此，下面重点研究箱梁横隔板表面正应力的分布特性。

（2）箱梁横隔板表面正应力分布

箱梁横向正应力分布特性如图2.61所示。

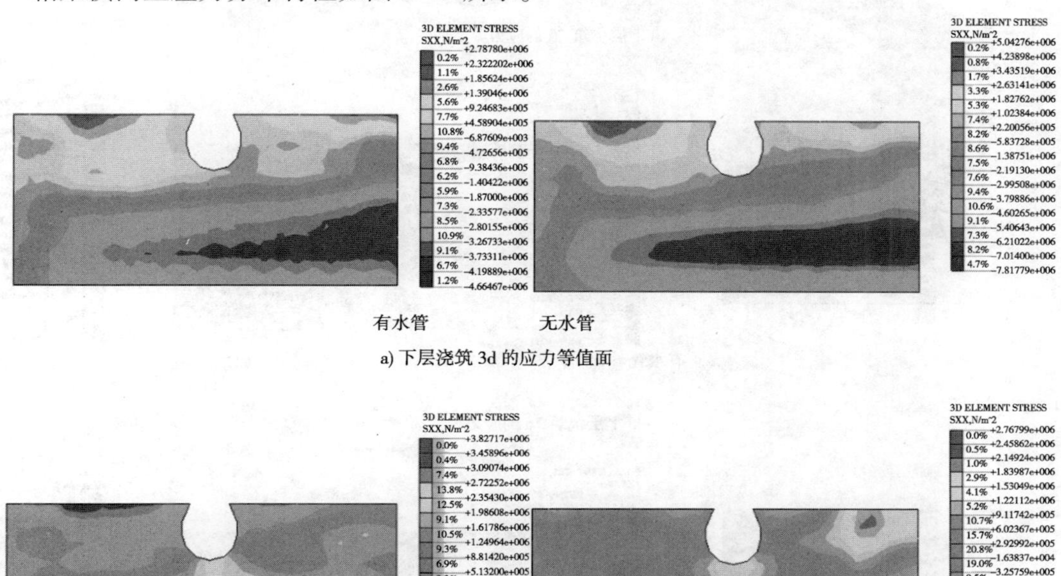

a) 下层浇筑3d的应力等值面

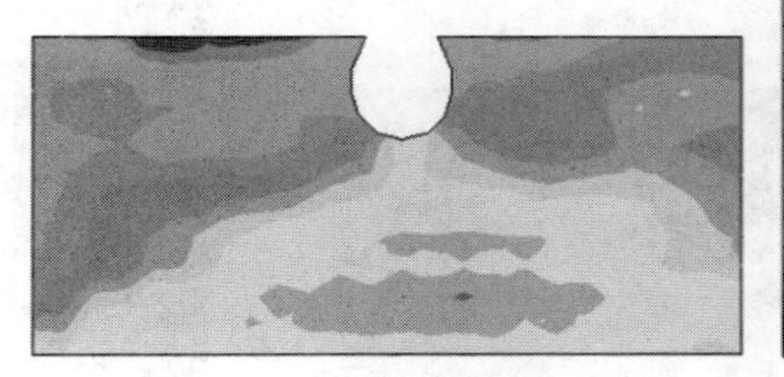

b) 下层浇筑7d的应力等值面

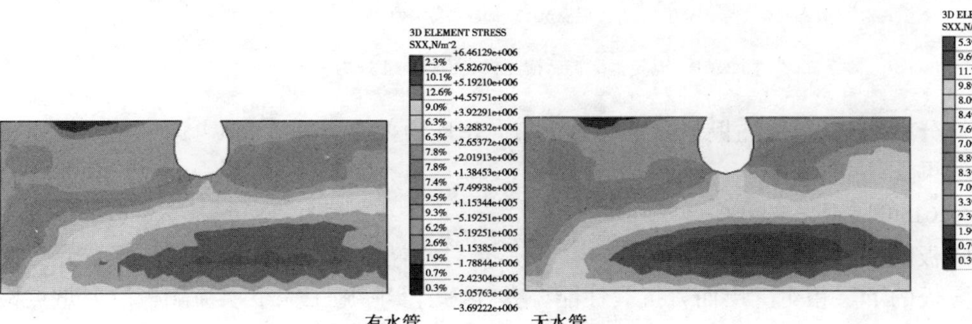

c) 下层浇筑12d的应力等值面

图　2.61

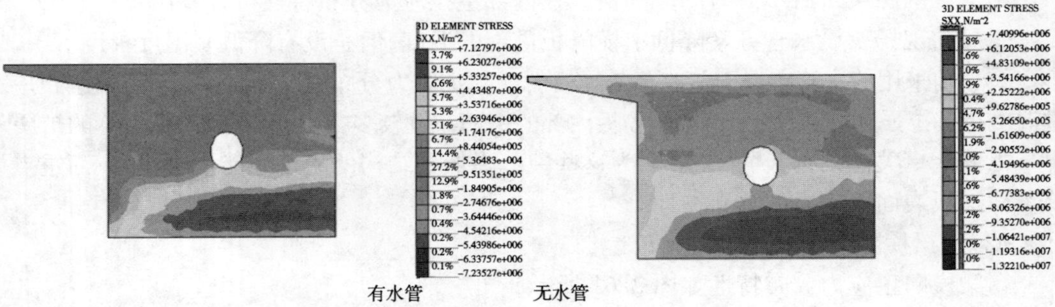

有水管　　无水管

d) 上层浇筑 3d 的应力等值面

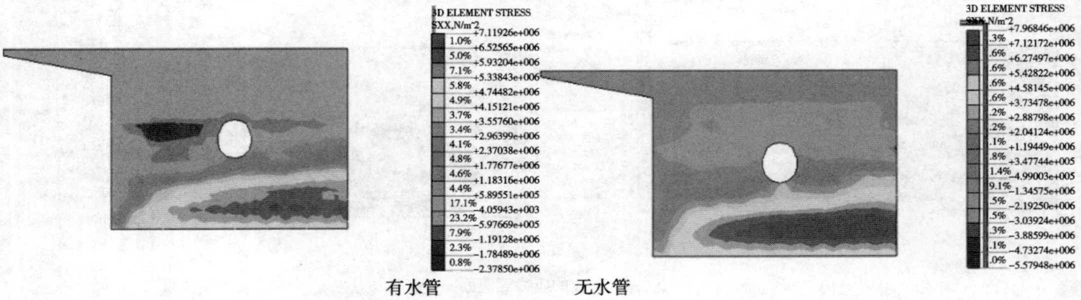

有水管　　无水管

e) 上层浇筑 7d 的应力等值面

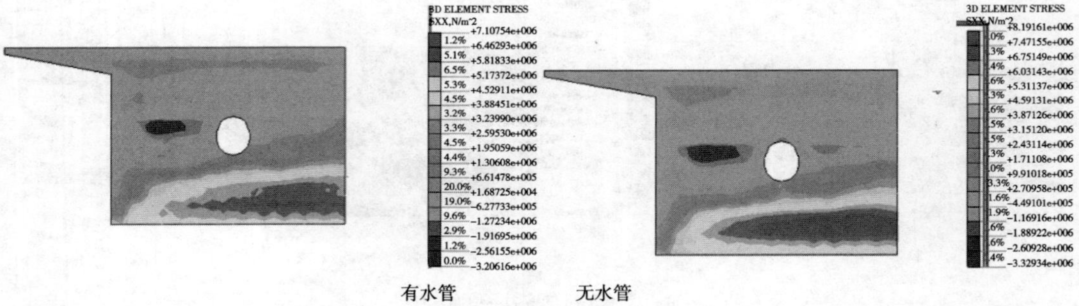

有水管　　无水管

f) 上层浇筑 12d 的应力等值面

图 2.61　混凝土浇筑后横隔板表面横向正应力分布

从计算分析结果看,横隔板竖向正应力比横向正应力要小。因此,不再详细列出竖向正应力的计算结果。

从图 2.61 可以看出:

①横隔板的开裂方向大致在竖向方向。且其开裂位置在靠近中腹板与横隔板交界位置。

②横隔板的下层相对上层而言抗裂性能要差,因此,实际施工完下层横隔板后要重点检查横隔板表面是否出现裂缝。

③水管冷却方案能够减小横隔板表面开裂区域。

④为了有效阻止裂缝扩展,建议工程上在横隔板的两侧保护层区域内布置防裂钢筋网片。

3)有冷却水管+保温措施方案的箱梁横隔板应力场计算分析

箱梁的对流系数计算采用下式表示：

$$\phi[\mathrm{W/(m^2 \cdot ℃)}] = \begin{cases} 3.8w + 4.67 & \text{顶板} \\ 3.8w + 2.17 & \text{底板} \\ 3.8w + 3.67 & \text{腹板} \end{cases}$$

现场风速测试如图2.62所示。

2010年12月6日15:40风速0.46m/s；

2010年12月9日15:50风速0.43m/s；

2010年12月10日10:00风速0.12m/s。

考虑保温措施能有效降低横隔板与大气的对流，因此取风速为(0.46+0.43+0.12)/(3×2)=0.17(m/s)进行计算分析，则横隔板的对流系数取值为4.32W/(m²·℃)。

根据上述计算结果分析箱梁横隔板内部主应力场分布特性。

以下分别考虑混凝土浇筑后3d、7d和12d的箱梁应力场，分别对应混凝土3d抗拉强度2.19MPa，7d为2.72MPa，12d为2.99MPa，如图2.63所示。

由图2.63可以看出：

图2.62 现场风速测试

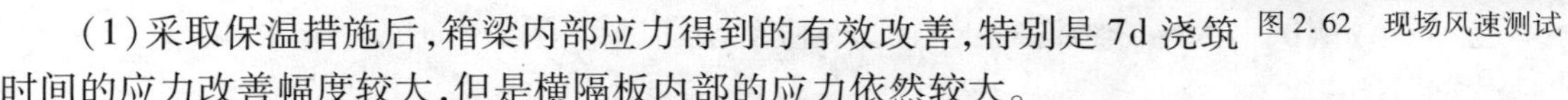

(1)采取保温措施后，箱梁内部应力得到的有效改善，特别是7d浇筑时间的应力改善幅度较大，但是横隔板内部的应力依然较大。

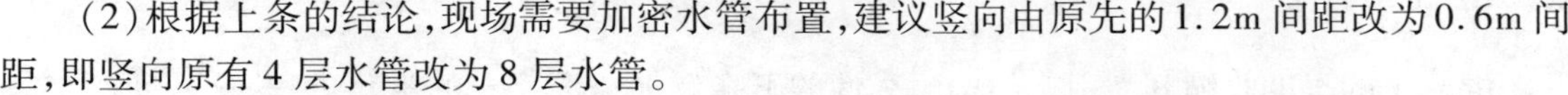

(2)根据上条的结论，现场需要加密水管布置，建议竖向由原先的1.2m间距改为0.6m间距，即竖向原有4层水管改为8层水管。

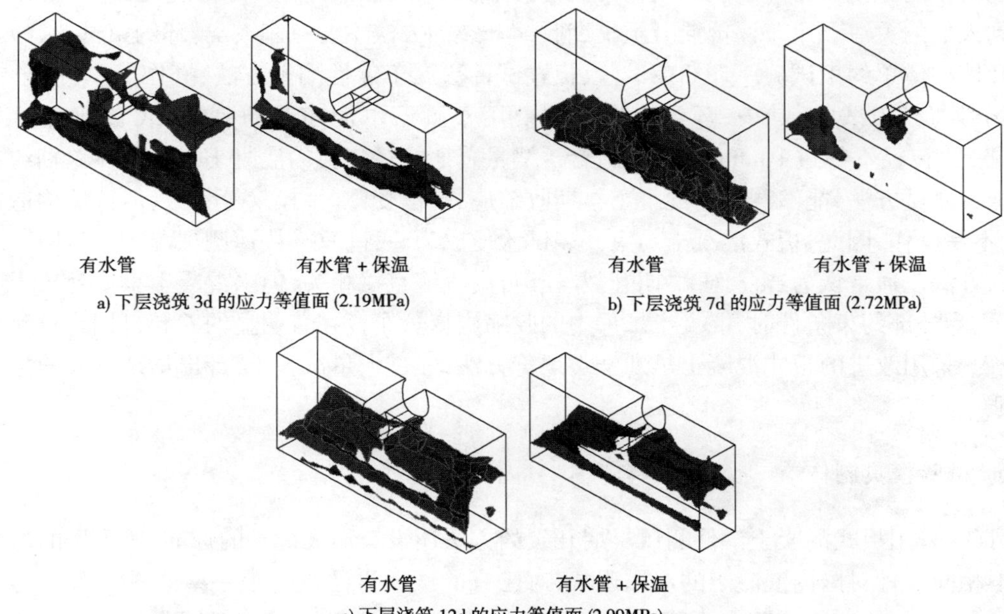

图2.63 混凝土浇筑后横隔板内部主拉应力分布

2.8 聚丙烯纤维混凝土在混凝土防裂工程中的应用

EBS-P聚丙烯束状单丝合成纤维,是采用改性母料添加到聚丙烯切片中进行共混、纺丝、拉伸而制成的,用于混凝土/砂浆抗裂防渗的工程纤维,可以防止和减少混凝土/砂浆的初期塑性裂缝,是混凝土/砂浆的“次要加强筋”。

EBS-P聚丙烯束状单丝合成纤维的材质为100%改性聚丙烯,经过特殊的防静电及抗紫外线处理,加入混凝土/砂浆基料中,能迅速与混凝土/砂浆材料混合,分散均匀。EBS-P聚丙烯纤维经过化学接枝和物理改性处理后,表面粗糙多孔,大大提高了纤维与水泥基集料的结合力。

EBS-P聚丙烯束状单丝合成纤维细,比表面积大,每立方厘米的混凝土有近30根纤维,故能在混凝土内部形成三维立体乱向支撑体系,能极有效地控制混凝土/砂浆的早期塑性收缩、干缩等非结构性裂缝的产生和发展,大大减少混凝土/砂浆内部的裂缝;有效阻碍集料的离析,阻碍沉降裂缝的形成。

EBS-P聚丙烯束状单丝合成纤维能大大提高混凝土的抗裂抗渗、抗冲击、抗冻、抗紫外线辐射等性能,增加混凝土的韧性和耐磨性,从而使建筑物的寿命大大延长,显著提高混凝土工程质量,同时极大地减少工程维护费用,获得良好的社会效益和经济效益。

为了有效测试聚丙烯纤维混凝土的抗裂性能,现场进行了以下研究。

2.8.1 试验方法

混凝土的早期收缩开裂引起结构耐久性的下降和加速混凝土的劣化进程,这一问题越来越受到人们的关注。用于评价混凝土早期收缩开裂的方法主要有三大类:环约束试验、板式试件法和棱柱体单约束试验。环约束试验、板式试件法属于定性测量方法,操作简单,便于在工程现场进行模拟试验,其中,环约束试验主要用于测试水泥净浆与砂浆,或者细石混凝土(集料最大粒径不超过10mm),而不适合于测量普通粒径集料的混凝土。棱柱体单轴约束试验属定量测试方法,能够测量出混凝土早期收缩应力、徐变、弹性模量等参数,但仪器构造较为复杂,不易操作,因此,板式混凝土约束开裂试验便成为一种简单、快速测试混凝土早期抗裂性的常用方法。通常认为:混凝土早期开裂与其自由收缩直接相关,但当混凝土早期处于干燥环境中,且受外部约束条件时,混凝土试件中的收缩应变分布存在着明显的差异,目前,对此还缺乏了解。采用改进的板式混凝土早期开裂评价方法,经过大量试验,统计出早期开裂的主要分布特征。

2.8.2 试验模具制作

目前,采用板式混凝土试件测试早期开裂的方法还没有形成统一的标准,所采用的试件尺寸各不相同。针对国内混凝土的应用现状,对已有的试验方法进行了一些改进。采用的试件尺寸为100cm×100cm×5cm,可用于测量最大粒径在25mm以下的各种混凝土和砂浆的早期抗裂性。钢制模具每个边的外侧都加了4条肋,以提高模具的刚度(图2.64)。模具的4个边上采用钢筋焊接在肋上，对混凝土收缩起约束作用。每个模具均配备木制底板和硬塑料盖板，底板上垫有橡胶板和塑料布，以防止底部水泥净浆的流失和水分的散失。用此模具测试混凝土早期开裂时，混凝土的收缩同时受到两方面的约束作用：刚性模具通过螺纹钢柱的约束作用；由于试件上下层收缩不均匀而产生的上下层间的约束作用。这种模具与实际工程中的大面积混凝土现浇底板和路桥现场施工时混凝土所处的情形相似。

模具尺寸如图2.64所示。

施工现场模具制作如图2.65所示。

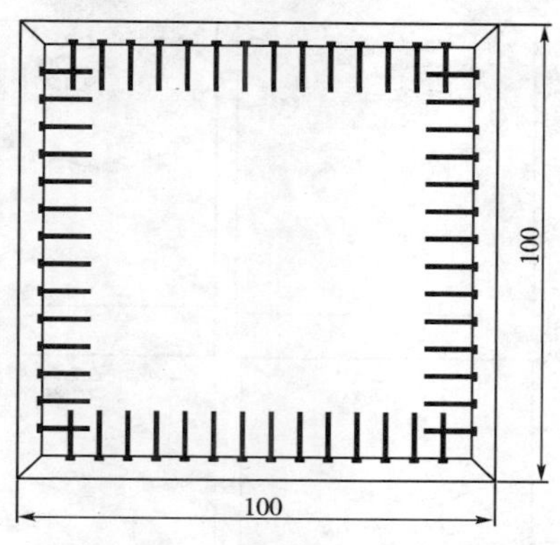

图2.64 模具尺寸（尺寸单位：cm）

图2.65 制作完成的模具

2.8.3 试验过程

对添加聚丙烯纤维（掺量按照混凝土配合比设计确定）和未添加聚丙烯纤维的混凝土进行对比分析，每隔1h左右，观察混凝土抗裂模具中混凝土试块的裂缝扩展，并采用裂缝刻度镜观察裂缝指定位置的裂缝宽度。

试验过程如图2.66所示。

图2.66 试验过程

2.8.4 试验结果

未添加聚丙烯纤维的混凝土裂缝测试结果如图2.67和图2.68所示。

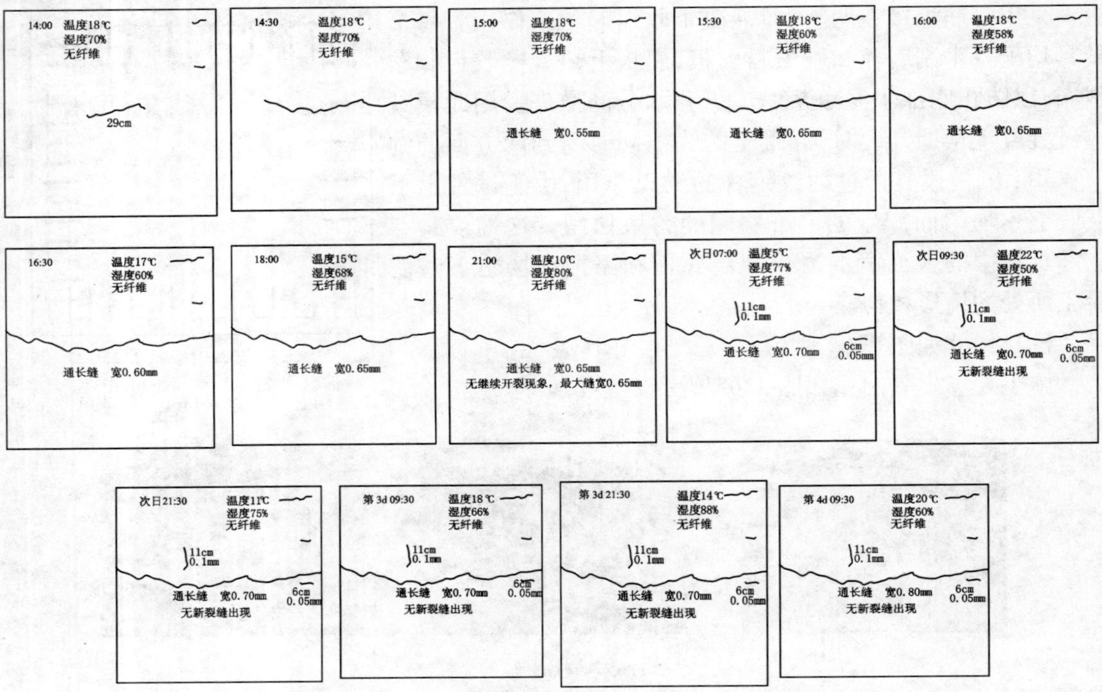

图 2.67　试块 1 裂缝扩展测试结果(未添加聚丙烯纤维)

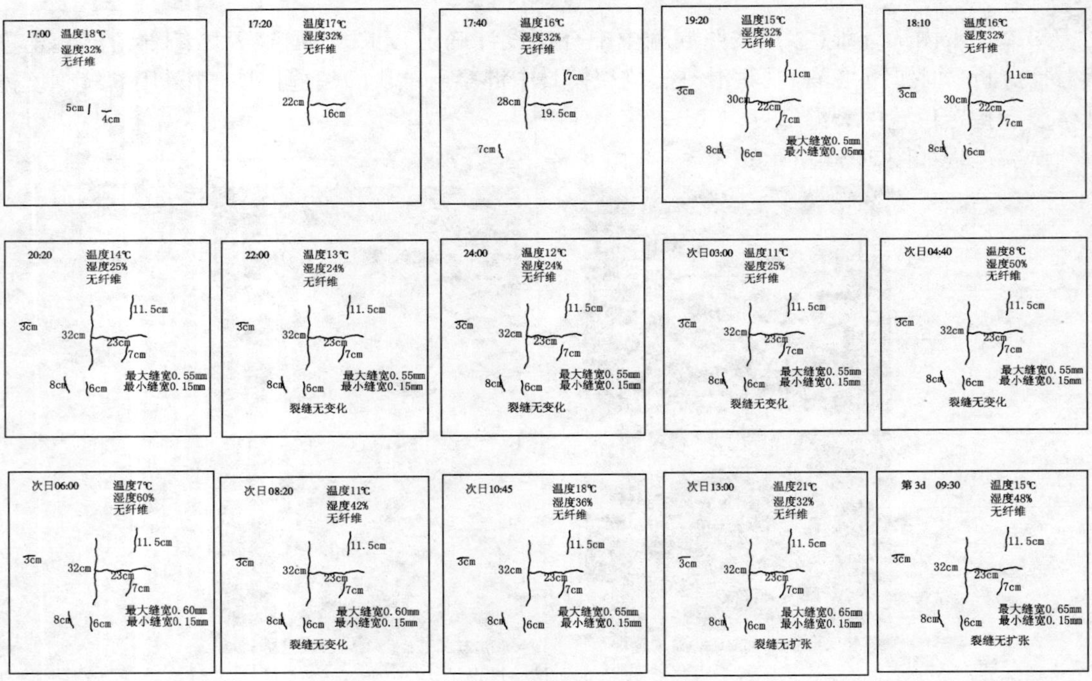

图 2.68　试块 2 裂缝扩展测试结果(未添加聚丙烯纤维)

对于添加现场配合比指定的聚丙烯纤维的混凝土,通过抗裂试验发现,未发现混凝土收缩裂缝。

2.8.5　开裂模式分析

本书提出了采用裂缝密度(crack density)CD 指标评价混凝土开裂的方法。用 CD 指标能够定量描述混凝土开裂现象,具体方法如下:

采用方格法进行统计:将整个混凝土板表面等分成 10×10 个小单元,绘制不同时间段的混凝土试块表面裂缝,统计裂缝通过的网格数,除以总的网格数,即为 CD 参数。值得注意的是,采用该方法进行评价时,CD 参数受网格数量的影响较大,因此,为了固定 CD 统计结果,规定混凝土试块表面只能划分成 10×10 个小单元,即 100 个网格。

图 2.69 为统计方法示例。

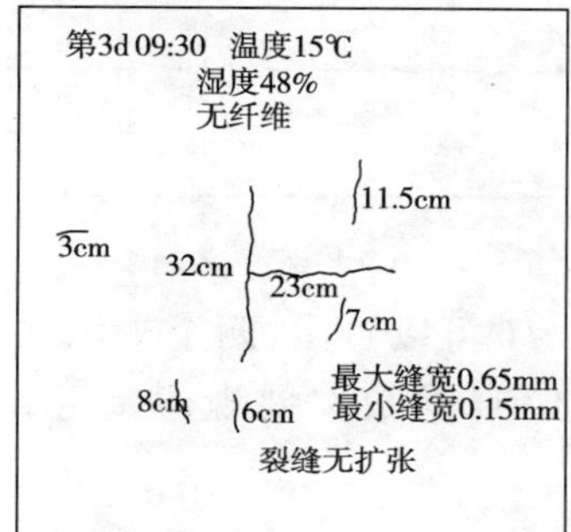

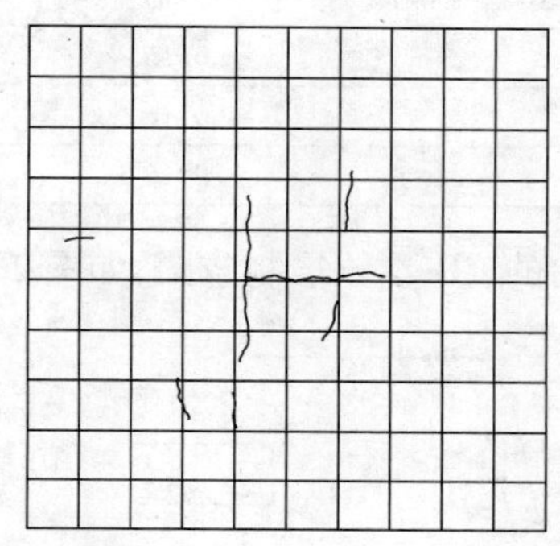

图 2.69　CD 参数统计方法

图 2.69 中的 CD 参数统计为 0.12。

试块 1 的 CD 参数如图 2.70 所示。

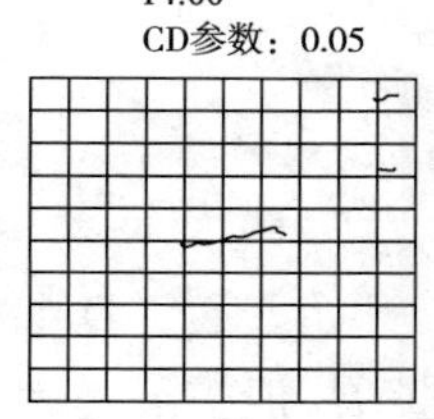

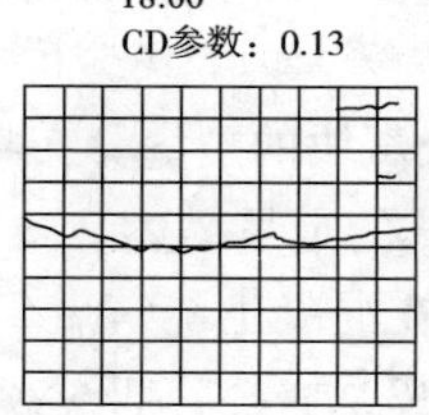

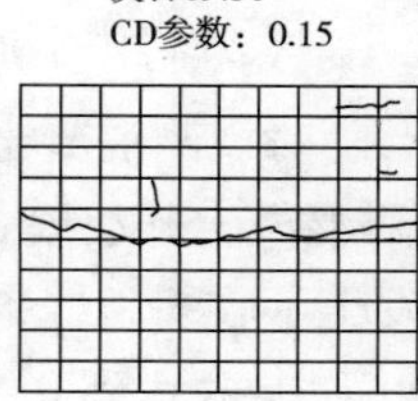

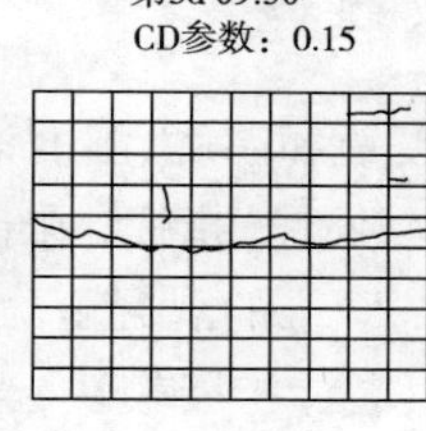

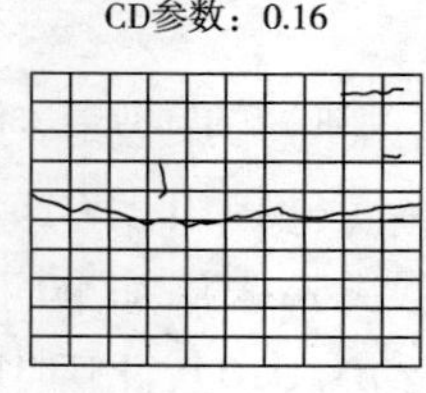

图 2.70　试块 1 的 CD 参数

两个未添加聚丙烯纤维混凝土试块的 CD 参数统计结果如表 2.5 所示。

CD 参数统计结果　　表 2.5

试　块　1		试　块　2	
时间 t(h)	CD 参数	时间 t(h)	CD 参数
3.00	0.05	3.00	0.02
3.50	0.11	3.33	0.03
4.00	0.13	3.67	0.07
4.50	0.13	4.20	0.12
5.00	0.13	4.70	0.12
5.50	0.13	5.37	0.12
6.00	0.13	60.00	0.12
6.50	0.13		

续上表

试 块 1		试 块 2	
时间 t(h)	CD 参数	时间 t(h)	CD 参数
7.00	0.13		
7.50	0.13		
8.00	0.13		
8.50	0.13		
9.00	0.13		
9.50	0.13		
10.00	0.13		
20.00	0.15		
68.00	0.16		
80.00	0.16		

将5h之内的CD参数绘制成图,如图2.71所示。

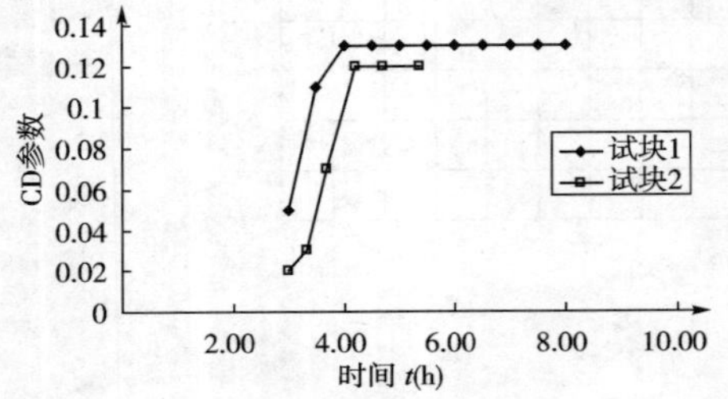

图2.71 CD参数时变发展规律

由图2.71可以看出:两个未添加聚丙烯纤维混凝土试块的CD参数发展规律接近,本次采集数据可靠。

2.8.6 结论

(1)采用了改进的板式模具进行混凝土抗裂试验研究。

(2)制作了混凝土抗裂试验模具。

(3)采用裂缝刻度镜和温度、湿度计,随时观测混凝土试块的裂缝分布特征。

(4)提出了CD参数计算指标,用于对混凝土开裂模式的定量描述。

(5)未添加聚丙烯纤维的混凝土均发生了收缩裂缝,在混凝土浇筑后3h开始开裂,CD参数约为0.04,此后1h,裂缝扩展较快,当CD参数达到0.13左右,后期继续扩展,但扩展速率降低。

(6)从测试结果分析,采用添加聚丙烯纤维的混凝土能够更有效防止混凝土开裂,但是考虑到聚丙烯纤维混凝土的施工相对繁琐,添加多少聚丙烯纤维能够更有效防裂,同时混凝土施工更为方便值得进一步深入研究。

本章参考文献

[1] 钱宇峰.大跨径PC连续梁桥的温度场研究及其效应分析[D].西安:长安大学.2005.

[2] 朱伯芳.大体积混凝土温度应力与温度控制[M].北京:中国电力出版社,1999.

[3] 唐杰锋,吴胜兴.大体积混凝土施工期温度场的仿真计算与监测[J].工程质量,2002,7:17-18.

[4] 刘诗净,邢红梅.浅析预应力混凝土连续箱梁裂缝产生的原因[J].中国港湾建设,2006,1

(141):43-45.

[5] 经柏林,胡小庄.连续箱梁桥0号块混凝土裂缝防治[J].中外公路,2003,23(6):43-45.

[6] 朱伯芳.水工混凝土结构的温度应力与温度控制[M].北京:水利电力出版社,1976.

[7] Wilson E L. The determination of temperature within mass concrete structures (SME Report No. 68-17). Structures and Material Research[R]. Department of Civil Engineering, University of California, Berkeley, Dec. 1968:87-91.

[8] 王解军,卢二侠,李辉.大体积混凝土施工期的水化热温度场仿真分析[J].中外公路,2006:26(6),159-165.

[9] Francis A Oluokun, Edwin G Bwdete, J. Harold Deatherage. Early-age concrete strength prediction by maturity-another look[J]. ACI Structural Journal, Nov-Dec, 1990, 565-572.

[10] Francis A Oluokun, Edwin G Burdete, J. Harold Deatherage. Elastic modulus, Poisson's ratio, and compressive strength relationships at early-age [J]. ACI Structural Journal, Jan-Feb, 1991:3-10.

[11] Emborg M, Bernander S. Assessment of riskthermal cracking in harding concrete[J]. Journal of Structure Engineering, 1994, 120(10):2893-2911.

[12] Cervera. Thermo-chemo-mechanical model for concrete[J]. Journal of Engineering, 1999, 125 (9): 1018-1027.

[13] Cerver M, Faria R, Oliver R, Prato T. Numerical modeling of concrete curing, reganding hydration and temperature phenomena [J]. Computer & Structure, 2002(80):1511-1521.

[14] 俞亚南,张巍,申永刚.大体积承台混凝土早期表面开裂控制措施[J].浙江大学学报:工学版,2010,44(8):1621-1628.

[15] 张岗,任伟,贺拴海,许世展,宋一凡.箱梁水化热温度场时效模式及时变应力场[J].长安大学学报:自然科学版,2008:28(4),51-56.

[16] 张明雷,董勤军,邓波,孙谦.崇启大桥主墩承台大体积混凝土冬季施工裂缝控制技术[J].施工技术,2010,39(增刊):267-269.

[17] 朱伯芳.考虑水管冷却效果的混凝土等效热传导方程[J].水利学报,1991(3):28-34.

[18] 朱伯芳.有限单元法原理与应用[M].北京:中国水利水电出版社,1998.

[19] 朱岳明,徐之青,贺金仁,张建斌,关新强,赵之瑾.混凝土水管冷却温度场的计算方法[J].长江科学院院报,2003,20(2):19-22.

[20] 刘有志,朱岳明,刘桂友.周公宅拱坝混凝土温控防裂水管冷却效果研究[J].水利水电科技进展,2006,26(2):46-47.

[21] 蒋红伟,冯侠.大体积混凝土水化热分析[J].山西建筑,2011,37(14):96-98.

第3章　箱梁节段施工期防裂

箱梁腹板开裂的原因相当复杂，如①车辆荷载严重超载；②施工中对质量要求不严，纵向、竖向预应力损失过大，未达到设计要求；③设计时对结构构造、主拉应力等问题考虑不周等。随着箱形截面预应力混凝土连续梁式桥的大量应用，在少数桥梁上也出现了一些预应力混凝土的开裂问题，其中竖向预应力是一个重要的因素。在一些桥梁的实际调查中，常有竖向预应力筋永存预应力不到位的情况，甚至在施工完成以后，有的预应力筋内无预应力。同时由于箱梁桥高度有限，对施工要求较高，稍有不慎，竖向预应力可能会损失过半。这对箱体的受力极为不利，因为竖向预应力对箱梁桥截面主拉应力的贡献是相当大的。竖向预应力筋如图3.1所示。

理论和实践表明：竖向预应力是抵抗剪应力和主拉应力的关键；混凝土的破坏面与最大拉应力方向正交，由拉伸劈裂造成。没有设置竖向预应力筋的箱梁腹板，开裂更为严重。因此，在箱梁结构的施工过程中，通过施工监测工作，一方面可保证结构有足够的竖向预应力，另一方面通过实际测量的纵向预应力大小，合理配置和调整竖向预应力，以提高结构的抗裂能力。

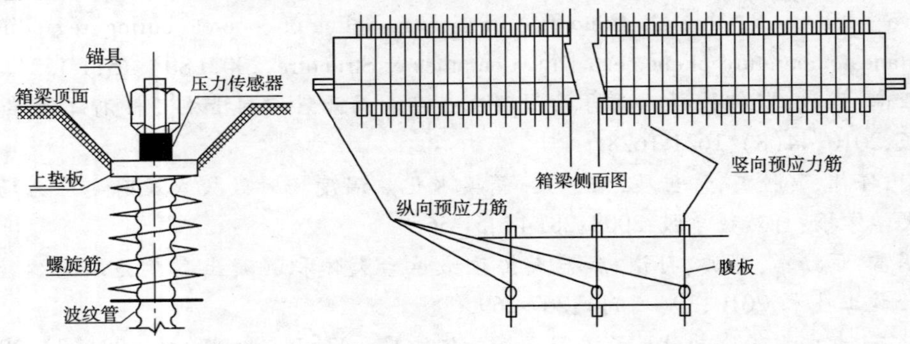

图3.1　竖向预应力筋

采用精轧螺纹钢筋作为混凝土箱梁的竖向预应力筋在桥梁结构中得到广泛使用，但其预应力的损失往往得不到有效控制，而且相关研究开展较少。

竖向预应力对梁体斜截面强度的贡献非常大，同时，由于竖向预应力筋的长度一般均较短，施工稍有不慎，就有可能造成预应力损失大半。由前面的预应力损失分析可知，竖向预应力筋普通张拉和超张拉产生的弹性压缩损失可达11%以上。当竖向预应力筋筋补张拉后，竖向预应力筋的弹性压缩损失可减小至2%左右，故建议将预应力混凝土箱梁腹板竖向预应力反复张拉的要求写入有关施工规范。

《公路钢筋混凝土及预应力混凝土桥涵设计规范》(JTG D62—2004)(以下简称2004年《桥规》)将竖向预应力产生的竖向正应力计算公式在《公路钢筋混凝土及预应力混凝土桥涵设计规范》(JTJ 023—1985)(以下简称1985年《桥规》)的基础上乘以0.6的折减系数，并规定了竖向预应力筋的纵向间距不小于50cm，也是基于竖向预应力筋施工质量一般不理想的情况。

3.1　竖向预应力研究现状

采用精轧螺纹钢筋作为混凝土箱梁的竖向预应力筋在桥梁结构中得到广泛使用,但其预应力的损失往往得不到有效控制,而且相关研究开展较少。

以下对中国期刊网上检索篇名“竖向预应力”+“损失”综合检索出的文献做简要评价,如图3.2所示。

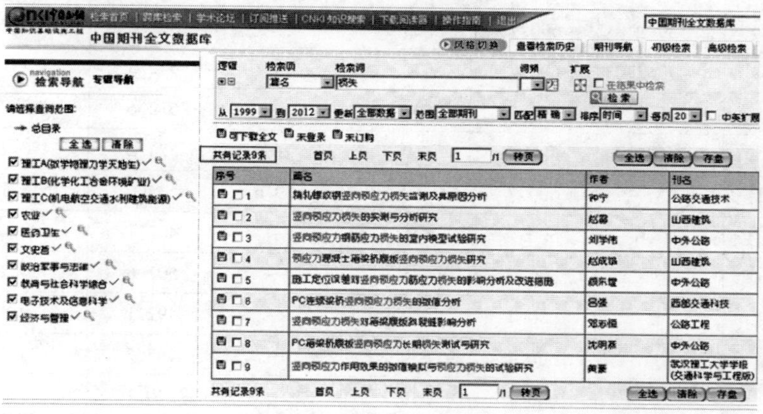

序号	篇名	作者	刊名
1	精轧螺纹钢竖向预应力损失监测及其原因分析	孙宁	公路交通技术
2	竖向预应力损失的实测与分析研究	赵磊	山西建筑
3	竖向预应力钢筋应力损失的室内模型试验研究	刘学伟	中外公路
4	预应力混凝土箱梁桥腹板竖向预应力损失研究	赵成锁	山西建筑
5	施工定位误差对竖向预应力筋应力损失的影响分析及改进措施	顾东霞	中外公路
6	PC连续梁桥竖向预应力损失的数值分析	吕强	西部交通科技
7	竖向预应力损失对箱梁腹板斜裂缝影响分析	郑西恒	公路工程
8	PC箱梁桥腹板竖向预应力长期损失测试与研究	沈明燕	中外公路
9	竖向预应力作用效果的数值模拟与预应力损失的试验研究	龚豪	武汉理工大学学报(交通科学与工程版)

图3.2　文献检索结果

通过文献检索可以发现,目前国内关于竖向预应力损失对箱梁受力性能的影响的文献很少,一共9篇。

对以上9篇文献进行整理分析,通过研读、总结,发现9篇文章中的结论有所差异,选取其中的文献[1][5][8][9]分别进行介绍。

文献[1]的研究结果:新滩綦江大桥为重庆绕城高速公路南段上跨越綦江的一座大型桥梁,其主桥为(75+130+75)m预应力混凝土连续刚构,全长280m。大桥左幅主梁采用单箱单室,三向预应力混凝土箱形截面,箱梁根部高7.8m,跨中及边跨端部箱梁高3.0m;单幅箱梁底板宽9.25m,顶板宽16.5m,两侧悬臂长各3.625m;腹板除零号块两横隔板间厚度为100cm外,其余腹板厚分别为70cm、50cm 2个等级。

左幅箱梁竖向预应力筋采用JL32精轧螺纹钢筋,材料强度$f_{pk}=830MPa$。每根张拉力为600.7kN,竖向预应力钢筋在箱梁顶部张拉,采用YGM-32锚固体系,如表3.1所示。

从表3.1可以看出,设计张拉力为600.7kN,最终实际预应力占设计控制力的81%,60d后实际损失预应力将近20%。

钢束预应力总损失中占主要部分的一项为张拉锚固时由于锚具变形、锚固不到位导致钢筋回缩和接缝压缩引起的损失(约占初拉控制力的9%),即锚固后瞬间损失。且从竖向预应力筋张拉力的实测数据可看出,钢束越短则本项损失越大。

收缩徐变引起的长期损失值也相当可观。灌浆后10d平均损失约30kN,灌浆后30d平均损失约50kN,灌浆后60d平均损失约63kN(约占初拉控制力的11%),但60d后已基本趋于稳定。同时,在第1次张拉传力锚固后,有个别竖向预应力筋(7号筋)应力明显较其他钢束偏

小,起不到应有的作用,这可能是张拉不到位,螺母拧紧度不够造成的,后经过补拉达到较好的效果。

部分竖向预应力筋拉力测试结果统计表(左幅14号墩) 表3.1

编号	位 置	长度(cm)	张拉时(kN)	锚固后(kN)	调整后(kN)	灌浆后(kN)		
						10d	30d	60d
1	2号节段	702.1	600.7	580.4	—	560.4	539.47	529.9
2	4号节段	616.3	600.7	575.5	—	541.7	528.8	510.8
3	6号节段	539.9	600.7	565.7	—	519.6	490.7	476.2
4	8号节段	473.2	600.7	570.5	—	542.5	524.1	511.1
5	10号节段	408.9	600.7	545.2	—	512.6	479.8	465.2
6	12号节段	350.3	600.7	560.7	—	524.2	498.2	485.5
7	13号节段	331	600.7	460.5	569.6	532.6	515.1	498.2
8	15号节段	307.6	600.7	546.4	—	492.1	479.2	465.1
9	中跨合龙段	305	600.7	535.6	—	507.6	484.2	486.8
10	现浇段	305	600.7	549.9	—	492.1	479.2	457.9
11	现浇段	305	600.7	539.5	—	495.6	475.2	466.6
平均值		—	600.7	548.2	—	520.1	499.5	486.6

注:"调整后"指个别预应力钢筋重新张拉锚固竖向预应力筋后的拉力值;设计张拉控制力为600.7kN。

文献[5]的研究结果:背景桥主桥为(130 + 3 × 235 + 130)m的连续刚构桥,主桥上部箱梁为变截面单箱单室截面,下部为双肢薄壁箱形墩,最高墩高100m。桥全长1 382m,分左右幅设计。在施工过程中,选择一定数量的精轧螺纹钢筋(32mm的$40Si_2MnMOV$精轧螺纹粗钢筋),测量它与锚垫板的转角。

锚垫板倾斜出现的转角将会使精轧螺纹粗钢筋在张拉锚固后出现一定的附加回缩量ΔL,从而造成附加的预应力损失。分析时,采用YGM型锚具的尺寸,计算钢筋回缩引起的预应力损失,其中靠近跨中位置短的预应力钢筋(3m)所产生的预应力损失较大,达到4.9%,而靠近端部位置长的预应力钢筋所产生的预应力损失较小,为0.9%。实际施工过程中,由于锚垫板没有垂直竖向预应力钢筋而存在一定的转角误差,这将使竖向预应力钢筋出现较大的预应力损失,从而大幅度地降低截面的抗剪性能,因此中交公路规划设计研究院提出立模时注意孔道中心(对曲线管道则为孔道末端中心点的切线)线与端面的垂直度,并应用专门的检查器(图3.3)进行检查,以保证张拉力作用线与孔道中心线重合。或者将螺母和锚垫板改为平面接触,从而避免了撑脚不对中时锥体的滑移量。

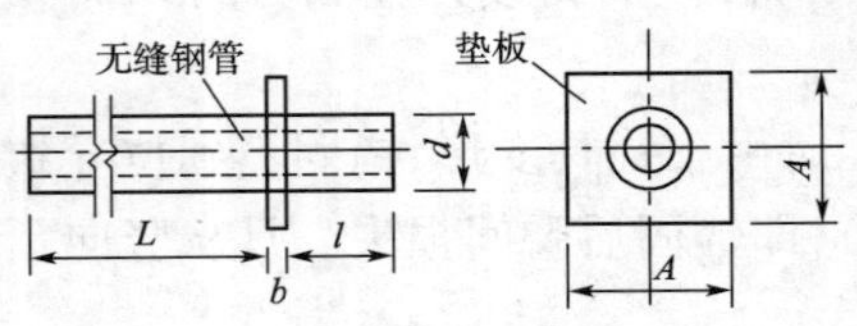

图3.3 孔道端面检查器

A-垫板宽度;*L*-直线孔道时,取50cm;曲线孔道时,取25cm;*b*-垫板厚度;*d*-孔道直径(2~3mm);*l*-取15cm

研究结果表明:

(1)实际施工过程中,由于锚垫板没有垂直竖向预应力筋而存在一定的转角误差。预应力筋张拉后由端部转角误差所产生的弯曲应力数值不大,但由此产生的附加回缩量将加大其锚固损失,从而降低截面的抗剪性能。建议采用孔道端面垂直检查器,以保证张拉力作用线与孔道中心线重合。

(2)施工过程中竖向预应力筋施加位置发生偏离会使腹板内外侧出现较大的拉应力从而导致开裂,所以施工时要严格按照设计要求安装竖向预应力钢筋,减小偏位误差。

文献[8]的研究结果:沅水大桥位于湖南省常德市郊,是常张(常德至张家界)高速公路跨越沅水的特大桥。主桥采用预应力混凝土变截面连续箱梁,全长(74.6+6×120+74.6)m,双幅分离式单箱单室结构。腹板内设置竖向预应力,预应力筋采用精轧螺纹钢筋,其抗拉强度标准值为750MPa,直径32mm,而YGM锚具张拉控制应力为$0.9R_y^b$,张拉控制力为543kN,布置于距腹板外缘19cm处,每一侧腹板布置两根,纵向间距为35~70cm不等,竖向预应力筋采用单向张拉,箱梁下端为非张拉端,上端为张拉端。

该文研究结论如下:

(1)新旧桥规计算结果均接近实桥测试值,说明腹板计算模型简化与接触周长的选取是可行的。

(2)1985年《桥规》比2004年《桥规》竖向预应力长期损失的计算值更接近测试值,建议在计算竖向预应力长期损失时选取1985年《桥规》的徐变系数和收缩应变。

(3)沅水大桥的竖向预应力(加载龄期为40d)由混凝土收缩徐变造成的长期损失占总长期损失近50%,长期损失占初始控制力的10%,因此在竖向预应力张拉时应充分考虑混凝土收缩徐变的影响,尽量滞后张拉。预应力实测值如图3.4所示。

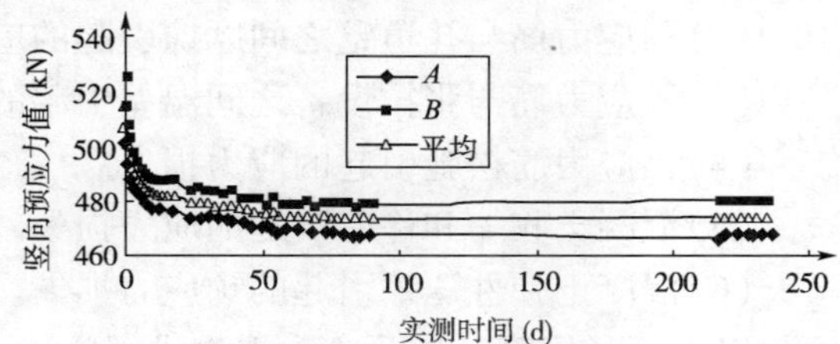

图3.4　预应力实测值

研究结果表明:

(1)实际施工过程中,由于锚垫板没有垂直竖向预应力筋而存在一定的转角误差。预应力筋张拉后由此端部转角误差所产生的弯曲应力数值不大,但由此产生的附加回缩量将加大其锚固损失,从而降低截面的抗剪性能。建议采用孔道端面垂直检查器,以保证张拉力作用线与孔道中心线重合。

(2)施工过程中竖向预应力筋施加位置发生偏离会使腹板内外侧出现较大的拉应力从而导致开裂,所以施工时要严格按照设计要求安装竖向预应力钢筋,减小偏位误差。

文献[9]的研究结果:某高速公路桥梁的主桥上部构造为七跨一联(75+5×120+75)m双幅(四车道)三向预应力混凝土变截面连续箱梁,采用挂篮悬臂浇筑法对称施工。该桥主桥箱梁的竖向预应力筋采用的冷拉Ⅰ级钢筋,张拉控制应力为675MPa,张拉力为540kN,螺纹钢筋沿桥梁纵向间距为30cm和50cm。

研究结果表明:本文采用数值计算与现场测试相结合的方法,对连续箱梁桥在竖向预应力筋张拉作用下的预应力损失进行分析,实测结果表明,在竖向预应力筋张拉结束而没有卸载前,竖向筋的张拉力基本达到设计要求。但是卸载后的预应力损失离散性很大,这与张拉后的锚固质量、施工人员素质、张拉方法、张拉器械及张拉锚固工艺等密切相关。由于目前的竖向预应力锚固技术尚存在不足,预应力的损失可能高达50%,这一现象应充分引起设计和施工部门的重视。

综上所述,对竖向预应力已有研究可做以下评价:

(1)施工质量严重影响竖向预应力。

(2)建议西铜高速中的连续刚构竖向预应力张拉采用孔道端面垂直检查器。对竖向预应力筋进行精密定位。如果施工定位误差过大,会导致箱梁内侧产生裂缝。

(3)已有研究中对竖向预应力损失的评估值不统一。

(4)已有研究全部是针对单箱单室箱梁。单箱双室箱梁中中腹板和边腹板的受力不对称。因此,是否该区分两者的张拉控制力有待研究。

(5)施工现场需进行竖向预应力的有效监测,建议业主考虑。

3.2 箱梁施工期竖向预应力损失对箱梁腹板应力影响分析

分项计算法就是根据预应力损失产生的不同原因分别计算各阶段的预应力损失,再把分项损失相加得出总损失。这也是目前我国现行规范采用的损失计算法。我国现行规范将预应力损失分为六项考虑。

(1)锚具变形和钢筋内缩引起的应力损失。

(2)预应力筋与孔道壁之间摩擦引起的应力损失。

(3)预应力筋与张拉设备之间温差引起的应力损失。

(4)预应力筋松弛引起的应力损失。

(5)混凝土收缩和徐变引起的应力损失。

(6)混凝土弹性压缩引起的预应力损失。

以下不考虑第三项预应力损失进行阐述。

众所周知,在预应力混凝土的构件中,由于预应力的存在,各混凝土微分体除了承受使用荷载所引起的剪应力 τ 和法向应力 σ 外,还承受着由预应力所引起的法向预应力 σ_h。当仅有纵向预应力钢筋时,法向预压应力的作用方向是水平的,即沿构件的纵轴向;当还有预应力弯起钢筋和竖向预应力钢筋时,法向预压应力的作用方向是倾斜的,既有水平方向的预压应力 σ_{hx},又有垂直方向的预压应力 σ_{hy}。不难理解,纵向和竖向预应力共同作用下所产生的倾斜面上的主拉应力将比仅有使用荷载作用时小得多。由于斜截面裂缝的出现取决于主拉应力的大小,因此预应力混凝土构件斜截面的抗裂性比普通钢筋混凝土好,特别是在有预应力弯起钢筋或竖向预应力钢筋时。上述情况可以用如图3.5所示的莫尔圆来说明。

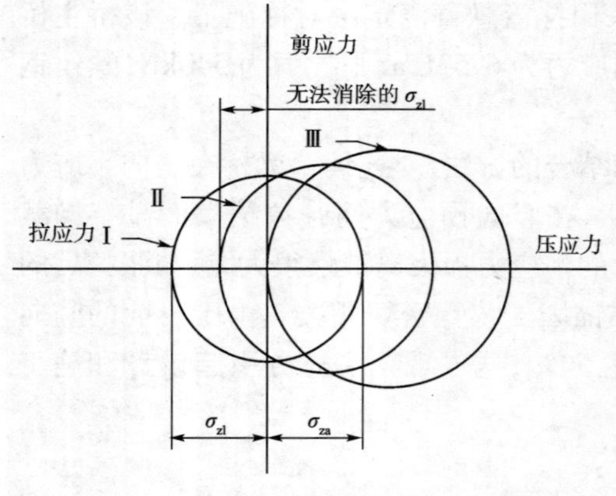

图3.5 箱梁腹板中性轴位置的应力莫尔圆

在钢筋混凝土梁中,截面重心轴上一点的应力情况可以用圆Ⅰ原始中心点来代表。在这种情况下,主拉应力 σ_{zl} 等于主压应力 σ_{za},并与剪应力 τ 相等。如在梁的截面重心处给予混凝土预压应力 σ_h(剪应力不变),则圆Ⅱ表示了这点上的应力情况,显然由于预压应力的作用使主拉应力大为减小。但不管 σ_h 有多大,还是不能避免主拉应力的产生。如果除了在梁的纵向施加预压应力,在其竖向也施加压应力 σ_{hy},则在截面重心处这一点上的主拉应力可全部清除(甚至可以控制在压缩状态),这在圆Ⅲ中已清楚地表明了。

上述论述采用微元体进行描述，如图3.6所示。

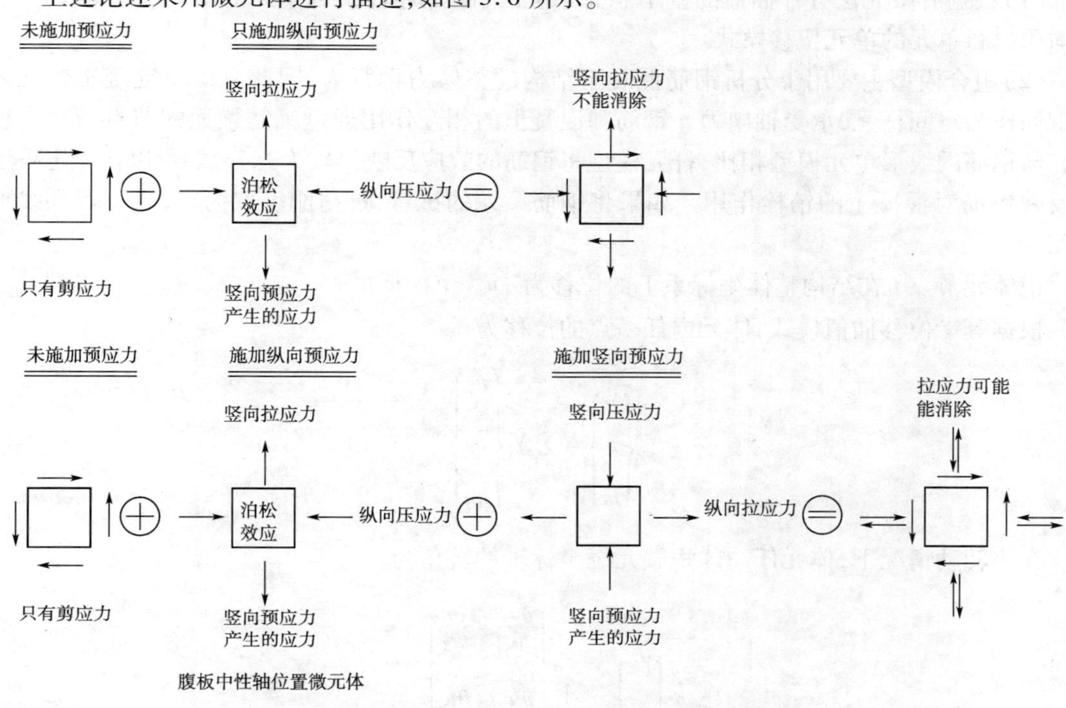

图3.6　箱梁腹板中性轴位置的应力微元体受力分析

3.3　预应力损失

本节主要采用空间体单元精细化有限元模型，分析设计竖向张拉力的弹性压缩和摩阻力损失，采用实用公式分析竖向张拉力的作用下锚具变形和钢筋内缩、混凝土收缩徐变和钢筋松弛引起的应力损失，预测预应力中损失量。

3.3.1　预应力钢筋模型

对于预应力混凝土梁分析时，由于其组成材料钢筋和混凝土的力学性质和尺度都相差很大，采用什么样的单元模型是一个首先需要解决的问题。将钢筋混凝土结构的几何按体元离散。由于一般钢筋较长，因此会被体元的各几何表面分割为一个一个节段。如果将体元作为混凝土体元，则体元内可能含有一个或多个钢筋节段，每一钢筋节段又可以划分为一个或多个梁元，这样，就得到了由混凝土体元和一个或多个钢筋梁元共同组成的体梁组合单元。在上述离散方式下，按照钢筋梁元的节点与体元的相对位置，可将钢筋梁元和混凝土体元的组合形式分为三种情况：①钢筋梁元的两个节点均位于体元内部；②钢筋梁元的一个节点位于体元内部，一个位于体元表面；③钢筋梁元的两个节点均位于体元表面。暂不讨论混凝土开裂后钢筋和混凝土分离引起钢筋梁元的一个节点在体元内部、一个在体元外部的情况。上述三种组合形式中，可以把组合形式①作为一般形式，当梁元的一个或两个节点的位置由体元内部移到表面时就可以得到组合形式②、③的特殊情况，因此，本书不失一般性地对组合形式①进行讨论。

(1)根据有限元法分片插值的基本思想,钢筋混凝土体杆组合单元的单元位移模式仍采用均质材料单元的单元位移模式。

(2)组合模型主要用于分析钢筋混凝土结构的整体力学行为,因此可以将混凝土体元内的钢筋作为空间杆元,承受轴向力。钢筋和混凝土的相互作用通过钢筋梁元的节点力综合表现。与钢筋的线形单元模型相比,杆元模型将钢筋的效应反映得较为充分,如可以在一定程度上反映钢筋对混凝土的销栓作用。如果将钢筋梁元的抗弯、抗扭刚度取为零,也可得到线形单元。

记体元节点 i 在结构整体坐标系下的位移为 $\{u_i \quad v_i \quad w_i\}^{\mathrm{T}}$。

根据等参位移插值模式,体元内任一点的位移为

$$\begin{Bmatrix} u \\ v \\ w \end{Bmatrix} = \sum_{i=1}^{n} N_i \begin{Bmatrix} u_i \\ v_i \\ w_i \end{Bmatrix} \tag{3-1}$$

在小转动情况下,体元任一体积微元绕坐标轴的转角为

$$\begin{Bmatrix} \theta_x \\ \theta_y \\ \theta_z \end{Bmatrix} = \frac{1}{2} \begin{Bmatrix} \dfrac{\partial w}{\partial y} - \dfrac{\partial v}{\partial z} \\ \dfrac{\partial u}{\partial z} - \dfrac{\partial w}{\partial x} \\ \dfrac{\partial v}{\partial x} - \dfrac{\partial u}{\partial y} \end{Bmatrix} \tag{3-2a}$$

将式(3-1)代入得

$$\begin{Bmatrix} \theta_x \\ \theta_y \\ \theta_z \end{Bmatrix} = \sum_{i=1}^{n} \begin{bmatrix} 0 & -\dfrac{\partial N_i}{2\partial z} & \dfrac{\partial N_i}{2\partial y} \\ \dfrac{\partial N_i}{2\partial z} & 0 & -\dfrac{\partial N_i}{2\partial x} \\ -\dfrac{\partial N_i}{2\partial y} & \dfrac{\partial N_i}{2\partial x} & 0 \end{bmatrix} \begin{Bmatrix} u_i \\ v_i \\ w_i \end{Bmatrix} \tag{3-2b}$$

式中:N_i——体元节点 i 的形函数;

n——体元节点数。

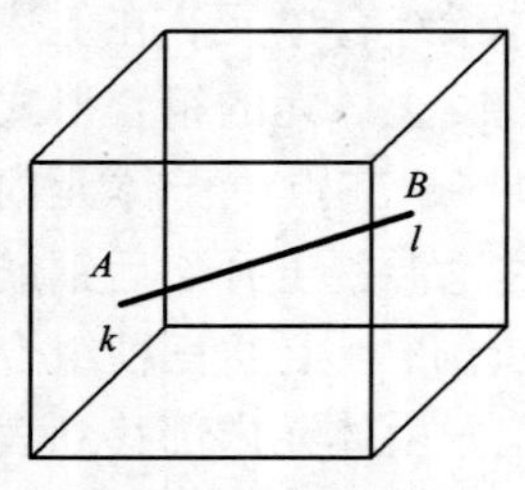

图 3.7 体梁组合单元

不失一般性,考虑如图 3.7 所示体元内含有一个钢筋梁元且钢筋梁元的两个节点均位于体元内部的组合形式。

设钢筋梁元节点 k、l 位于体元内部 A、B 两点。

以 $\{u_k \quad v_k \quad w_k \quad \theta_{kx} \quad \theta_{ky} \quad \theta_{kz}\}^{\mathrm{T}}$、$\{u_l \quad v_l \quad w_l \quad \theta_{lx} \quad \theta_{ly} \quad \theta_{lz}\}^{\mathrm{T}}$ 分别表示梁元节点 k、l 在结构整体坐标系下的位移向量。

假设在体梁连接处梁元节点的移动和转动与体元上体积微元一致,则由式(3-1)和式(3-2)可得

$$
\begin{Bmatrix} u_k \\ v_k \\ w_k \\ \theta_{kx} \\ \theta_{ky} \\ \theta_{kz} \end{Bmatrix} = \sum_{i=1}^{n} \begin{bmatrix} N_i^A & 0 & 0 \\ 0 & N_i^A & 0 \\ 0 & 0 & N_i^A \\ 0 & -\dfrac{\partial N_i^A}{2\partial z} & \dfrac{\partial N_i^A}{2\partial y} \\ \dfrac{\partial N_i^A}{2\partial z} & 0 & -\dfrac{\partial N_i^A}{2\partial x} \\ -\dfrac{\partial N_i^A}{2\partial y} & \dfrac{\partial N_i^A}{2\partial x} & 0 \end{bmatrix} \begin{Bmatrix} u_i \\ v_i \\ w_i \end{Bmatrix} \tag{3-3}
$$

$$
\begin{Bmatrix} u_l \\ v_l \\ w_l \\ \theta_{lx} \\ \theta_{ly} \\ \theta_{lz} \end{Bmatrix} = \sum_{i=1}^{n} \begin{bmatrix} N_i^B & 0 & 0 \\ 0 & N_i^B & 0 \\ 0 & 0 & N_i^B \\ 0 & -\dfrac{\partial N_i^B}{2\partial z} & \dfrac{\partial N_i^B}{2\partial y} \\ \dfrac{\partial N_i^B}{2\partial z} & 0 & -\dfrac{\partial N_i^B}{2\partial x} \\ -\dfrac{\partial N_i^B}{2\partial y} & \dfrac{\partial N_i^B}{2\partial x} & 0 \end{bmatrix} \begin{Bmatrix} u_i \\ v_i \\ w_i \end{Bmatrix} \tag{3-4}
$$

式中:N_i^A、N_i^B——体元形函数 N_i 在 A、B 两点的值。

记 $\boldsymbol{\delta}_B$ 为梁元在整体坐标系下节点位移向量,即

$$\boldsymbol{\delta}_B = \{u_k \quad v_k \quad w_k \quad \theta_{kx} \quad \theta_{ky} \quad \theta_{kz} \quad u_l \quad v_l \quad w_l \quad \theta_{lx} \quad \theta_{ly} \quad \theta_{lz}\}^{\mathrm{T}}$$

记 $\boldsymbol{\delta}_V = \{u_1 \quad v_1 \quad w_1 \quad \cdots \quad u_8 \quad v_8 \quad w_8\}^{\mathrm{T}}$ 为体元的节点位移向量。

此时,式(3-3)和式(3-4)可合并简写为

$$\boldsymbol{\delta}_B = \boldsymbol{S}\boldsymbol{\delta}_V \tag{3-5}$$

式中:$\boldsymbol{S}$——由体元内 A、B 两点的形函数及其偏导数。

记 $\boldsymbol{F}$ 为梁单元在整体坐标系下与节点位移向量 $\boldsymbol{\delta}_B$ 对应的节点力,即

$$\boldsymbol{F} = \{X_k \quad Y_k \quad Z_k \quad M_{kx} \quad M_{ky} \quad M_{kz} \quad X_k \quad Y_k \quad Z_k \quad M_{lx} \quad M_{ly} \quad M_{lz}\}^{\mathrm{T}}$$

经过常规的单元分析和坐标变换可得到整体坐标系下 $\boldsymbol{F}$ 与 $\boldsymbol{\delta}_B$ 的关系

$$\boldsymbol{K}_{\mathrm{e}}\boldsymbol{\delta}_B = \boldsymbol{F} \tag{3-6}$$

式中:$\boldsymbol{K}_{\mathrm{e}}$——梁元在整体坐标系下的刚度矩阵。

式(3-6)对应的虚功形式为

$$\delta\boldsymbol{\delta}_B^{\mathrm{T}}\boldsymbol{K}_{\mathrm{e}}\boldsymbol{\delta}_B = \delta\boldsymbol{\delta}_B^{\mathrm{T}}\boldsymbol{F} \tag{3-7}$$

根据式(3-5),梁元节点虚位移向量 $\delta\boldsymbol{\delta}_B$ 与体元节点虚位移向量 $\delta\boldsymbol{\delta}_V$ 有如下关系

$$\delta\boldsymbol{\delta}_B^{\mathrm{T}} = \delta\boldsymbol{\delta}_V^{\mathrm{T}}\boldsymbol{S}^{\mathrm{T}} \tag{3-8}$$

将式(3-5)和式(3-8)代入式(3-7),考虑到 $\delta\boldsymbol{\delta}_V$ 为虚位移,可得

$$\boldsymbol{S}^{\mathrm{T}}\boldsymbol{K}_{\mathrm{e}}\boldsymbol{S}\boldsymbol{\delta}_V = \boldsymbol{S}^{\mathrm{T}}\boldsymbol{F} \tag{3-9a}$$

简写为

$$\overline{K}_e\boldsymbol{\delta}_V = \overline{F} \tag{3-9b}$$

$$\overline{K}_e = S^T K_e S \tag{3-10}$$

式(3-10)为钢筋梁元对组合单元的刚度贡献。

$$\overline{F} = S^T F \tag{3-11}$$

式(3-11)为钢筋梁元的节点荷载相对于体元自由度的等效节点力。

为计算简便,混凝土体元的刚度按照无钢筋的完整混凝土进行计算。

由于混凝土体元内的钢筋梁元要占有体元的几何空间,因此钢筋梁元对混凝土体元存在挖空现象,这一事实可以通过折减钢筋梁元刚度即弹性模量的方法来反映。用 E_s、E_c 分别表示钢筋和混凝土的弹性模量,用式(3-10)计算钢筋梁元对组合单元的刚度贡献时,取 $E = E_s - E_c$ 为钢筋梁元的弹性模量。

组合单元内可以有多个钢筋梁元。用 $\boldsymbol{K}_V$ 表示无钢筋混凝土体元在整体坐标系下的刚度矩阵,用 $\overline{\boldsymbol{K}}_e^i$ 表示第 i 个钢筋梁元对组合单元的刚度贡献,则组合单元的刚度矩阵为

$$K = K_V + \sum \overline{K}_e^i \tag{3-12}$$

由于钢筋梁元和混凝土体元之间的作用为作用力和反作用力关系,因此如果钢筋梁元没有受到外部作用,不需要将式(3-11)的等效节点力进行叠加;如果在某些情况下钢筋梁元受到外部作用,则可按式(3-11)计算后叠加。

3.3.2 单箱双室 PC 箱梁施工过程分析模型

采用体单元和组合钢筋模型建立赵氏河特大桥箱梁的有限元模型。考虑到体元计算分析需要消耗很长时间,如果建立全桥模型,考虑施工过程的计算分析较为复杂。因此,选取箱梁中跨的一半建模,并考虑施工过程进行计算分析。共生成 23 085 个单元,有限元模型如图 3.8 所示。

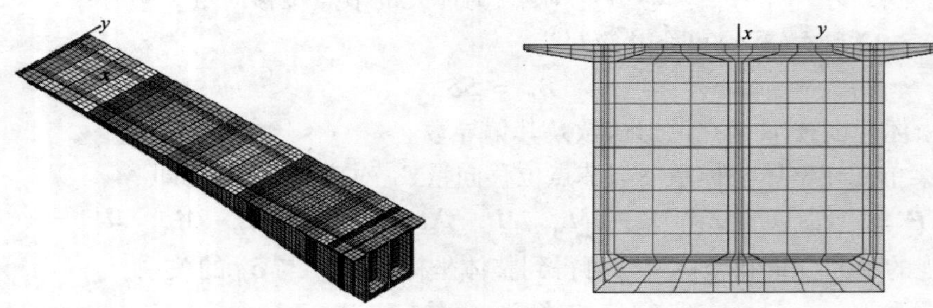

图 3.8 有限元模型

根据设计图纸生成模型中所有的竖向预应力钢筋,如图 3.9 所示。设计张拉力为 67.9t。

根据设计图纸建立了箱梁下弯束模型,如图 3.10 所示。

对于顶板纵向预应力束,采用等效荷载计算考虑,如图 3.11 所示。

考虑挂篮对施工过程的影响,挂篮采用 110t 进行计算分析,挂篮模拟如图 3.12 所示。

对于横向预应力,由于其只对箱梁顶板横向应力影响较大,对腹板应力影响相对较小,因此本次计算不考虑,后面章节中采用简化模型进行分析。

考虑挂篮对箱梁施工过程的影响,考虑梁体重力同时考虑了三向预应力钢筋的施工过程。

施工过程如图 3.13 所示。

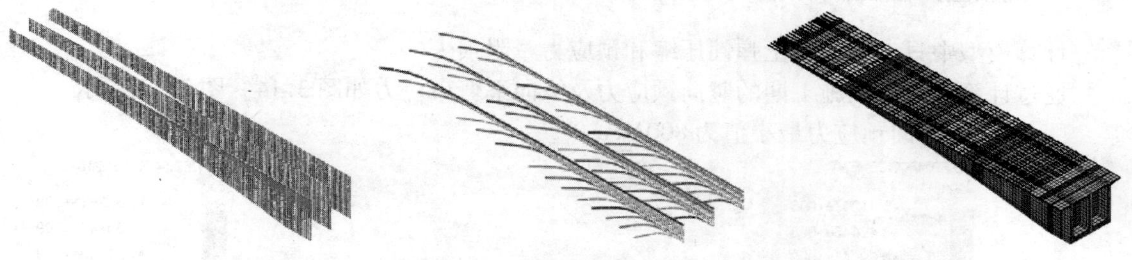

图 3.9　竖向预应力有限元模型　　图 3.10　腹板下弯束预应力有限元模型　　图 3.11　纵向预应力等效荷载计算

图 3.12　挂篮模拟

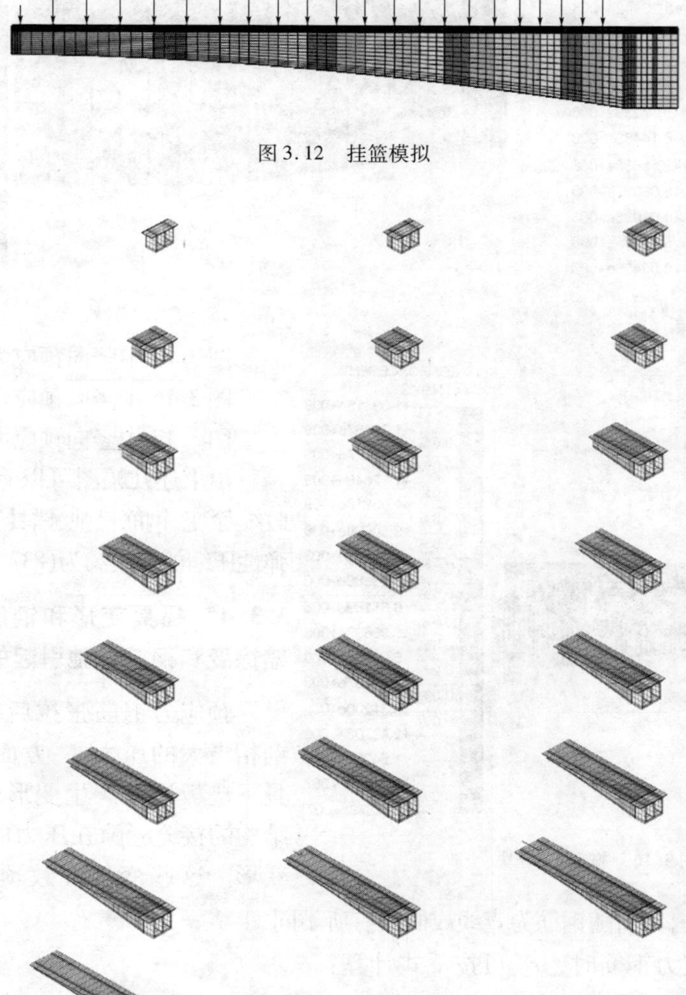

图 3.13　有限元模型的施工过程示意图

3.3.3 混凝土弹性压缩和预应力摩阻损失

计算模型中只考虑混凝土弹性压缩和预应力摩阻损失。

通过计算得到箱梁施工期的竖向预应力及纵向下弯束应力如图 3.14 ~ 图 3.17 所示。

图 3.14 中竖向预应力最小值为 800MPa。

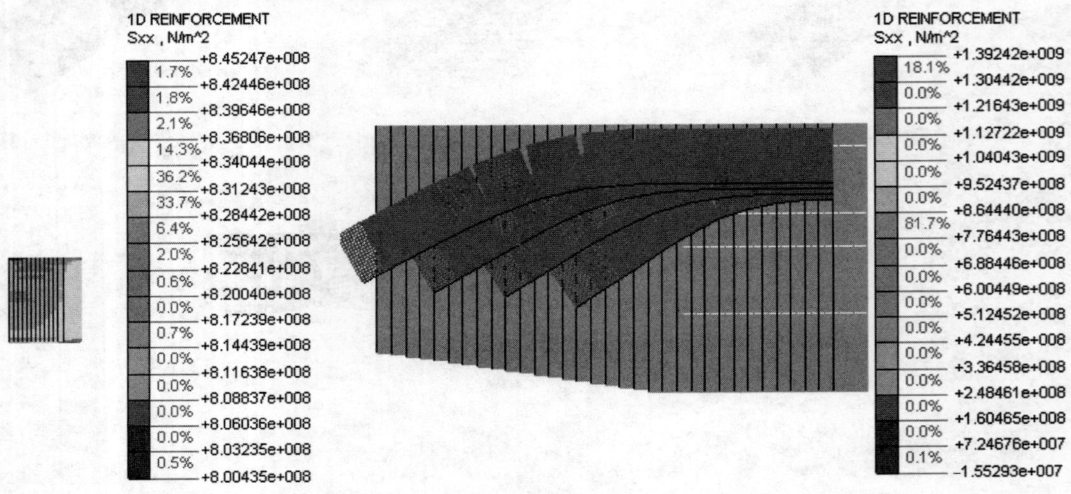

图 3.14　施工零号块　　　　图 3.15　施工 4 号块

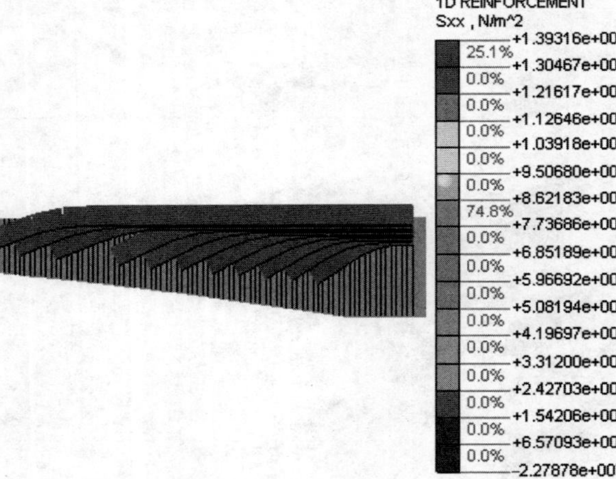

图 3.16　施工 12 号块

图 3.15 中竖向预应力最小为 776MPa。

图 3.16 中竖向预应力最小为 773MPa。

图 3.17 中竖向预应力最小为 785MPa。

由上述几幅图可以看出,不考虑混凝土收缩徐变,钢筋松弛,锚具变形,只考虑摩阻和弹性压缩的损失约为(837 − 773)/837 = 7.6%。

3.3.4 锚具变形和钢筋内缩、混凝土收缩徐变和钢筋松弛引起的应力损失

预应力钢筋张拉后锚固时,锚具将受到相当大的压力,一方面使锚具本身及锚具下垫板压密产生变形;另一方面混凝土结构的接缝缝隙在压力的作用下也将压密变形。这些变形导致预应力钢筋向内回缩,产生预应力损失,其值随钢筋为直线或曲线有所不同。

当为直线预应力钢筋时, σ_{l1} 可按下式计算:

$$\sigma_{l1} = \frac{a}{l}E_{\mathrm{s}}$$

式中: a——张拉端锚具变形和钢筋同缩值,参见表 3.2。

l——张拉端至锚固端之间的距离(mm)。

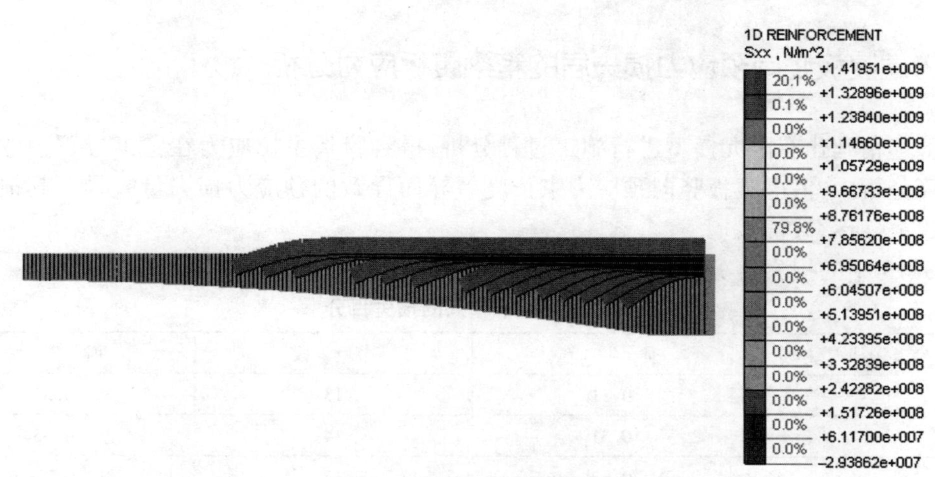

图 3.17 施工合龙段

锚具变形和钢筋内缩值 表 3.2

锚具类别		a
支承式锚具(钢丝束镦头锚具等)	螺母缝隙	1
	每块后加垫板的缝隙	1
锥塞式锚具(钢丝束的钢质锥形锚具等)		5
夹片式锚具	有顶压时	5
	无顶压时	6 ~ 8

由于竖向预应力束长度不一样，因此分析不同长度下该损失值，如图 3.18 所示。

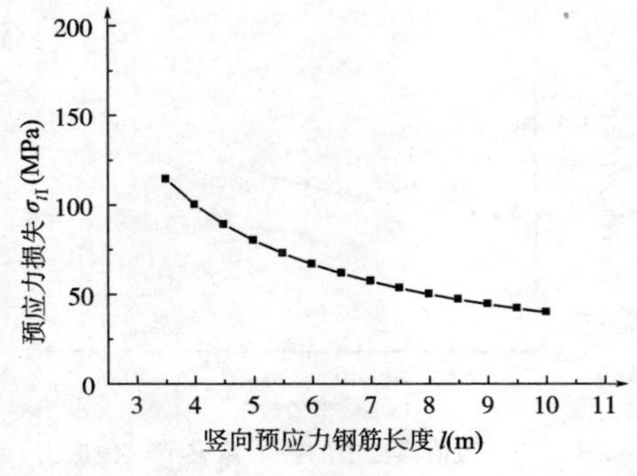

图 3.18 锚具变形和钢筋压缩引起的损失

由图 3.18 可以看出：对于顺向预应力钢筋，该损失值占的比例为 4% ~14%，钢束越短，该项损失越大。

美籍华人林同炎提出总损失及各组成因素损失的平均值用张拉控制应力 σ_{con} 的百分比表示，具体数值如表 3.3 所示。

因此，考虑混凝土收缩、徐变和钢筋松弛增大的损失率约为(6 +5 +8)/100 =19%，加上有限元模型计算的 7.6% 的损失，再加上锚具变形和钢筋内缩，则可初步估计钢绞线总损失为 31% ~40%。

预 加 力 百 分 比 表 3.3

因 素	后张(%)	因 素	后张(%)
混凝土收缩	6	混凝土徐变	5
钢材松弛	8		

3.4 考虑腹板竖向预应力损失后的箱梁腹板应力分析

对上述精细化有限元模型进行施工过程分析,得到腹板主拉应力在施工过程中的变化规律。计算分析中,考虑腹板竖向预应力束长度差异而导致的预应力损失量差异。其损失值定义为图3.19所示数值。

图3.19中的损失百分比具体数值如表3.4所示。

有限元模型中输入的损失百分率　　表3.4

节　段	损　失　率	节　段	损　失　率
1	0.31	13	0.35
2	0.31	14	0.35
3	0.32	15	0.36
4	0.32	16	0.36
5	0.32	17	0.37
6	0.32	18	0.37
7	0.32	19	0.38
8	0.33	20	0.39
9	0.33	21	0.39
10	0.33	22	0.40
11	0.34	23	0.40
12	0.34	24	0.40

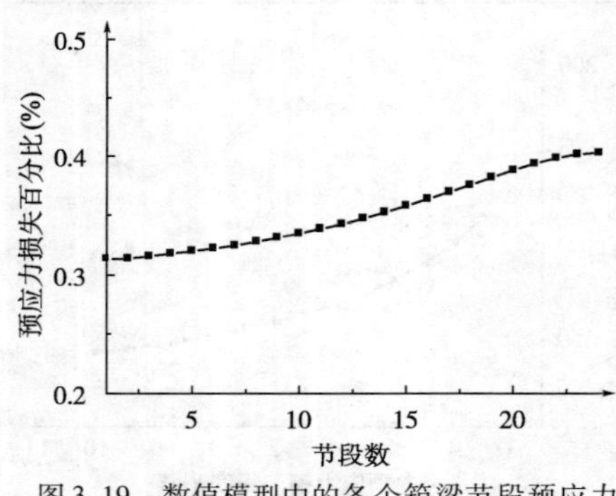

图3.19　数值模型中的各个箱梁节段预应力损失百分比

取C50的设计轴心抗拉强度值1.83MPa,分析施工过程中箱梁腹板应力超过设计值的区域。具体如图3.20所示。

从图3.20中可以看出:

(1)1、2、3、7、8、14、15、16号块易在下弯束的箱梁前端锚固区发生开裂。

(2)特别需要注意的是,施工22号块时,箱梁15和16号节段的腹板顶端有可能同样会发生裂缝。因此,建议提前在箱梁15和16号节段箱梁腹板上部区域修改设计,增设防裂钢筋网。

(3)由于施工过程中箱梁的应力会受挂篮移动、张拉预应力、浇筑混凝土等工序影响,腹板应力场会发生动态变化,从最终施工22号块易开裂部位可以发现:原有的1、2、3、7、8号块的开裂位置消失,而14、15、16号块的箱梁外侧腹板的裂缝开裂位置依然存在。

(4)由于以上部分开裂位置已在施工中发生,表明本书建立的精细化有限元模型能够预测裂缝开裂位置,因此建议提前加强防裂措施,建议在箱梁腹板两侧布设防裂钢筋网,如图3.21所示。

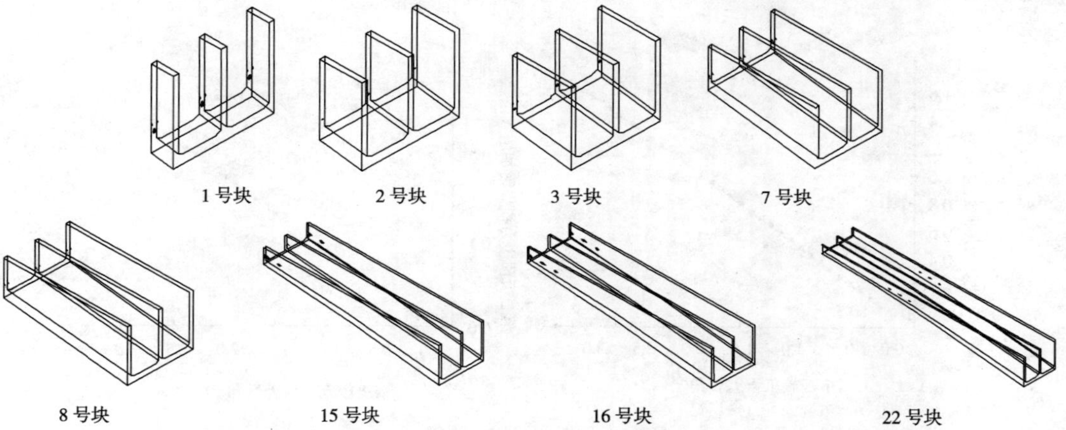

1号块
2号块
3号块
7号块
8号块
15号块
16号块
22号块

图3.20 施工过程中混凝土易开裂部位

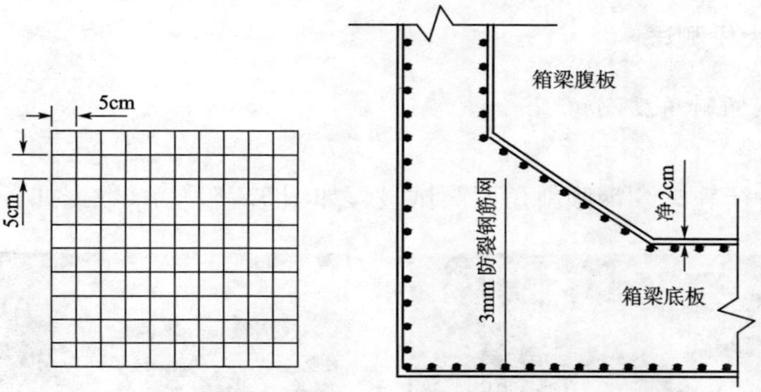

5cm
5cm
箱梁腹板
3mm 防裂钢筋网
净2cm
箱梁底板

图3.21 防裂钢筋网片

3.5 锚垫板倾斜对锚具回缩变形的影响分析

3.5.1 简化分析

如果锚垫板施工定位出现误差，与锚固螺母的底面产生一个初始夹角（图3.22），则可认为最大可能的附加回缩值 L 的表达式如下：

$$L = R \cdot \tan A$$

依据赵氏河特大桥竖向预应力的设计参数，取 R = 30mm，A 在0.1°~3°之间变化，可以得到附加回缩值 L 与 A 之间的相互关系，如图3.23所示。

取规范参数，锚具变形、钢筋回缩和接缝压缩变形为6mm，则可以根据图3.23得到锚垫板施工误差对该项预应力损失的增大系数，如图3.24所示。

锚垫板与螺母底面夹角A
锚固螺母半径R
最大附加回缩L

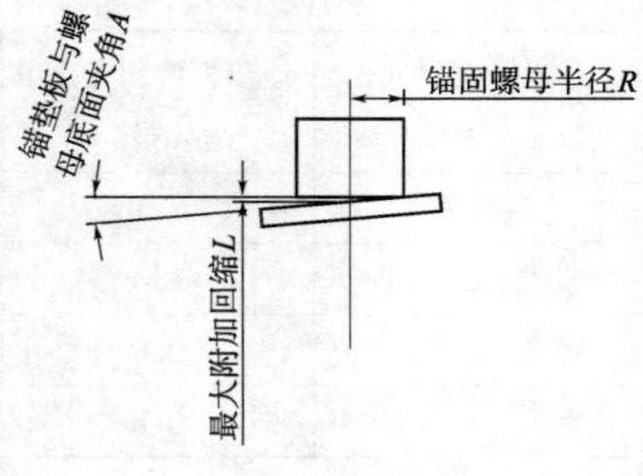

图3.22 锚垫板施工定位误差

由图3.24可以看出，如果施工误差转角达到3°时，第二项竖向预应力损失最大可能会增大到原有值的1.25倍。因此实际工程中需要对锚垫板定位进行测量，保证锚垫板和锚固螺母在张拉后紧密贴合，有效降低附加回缩量。

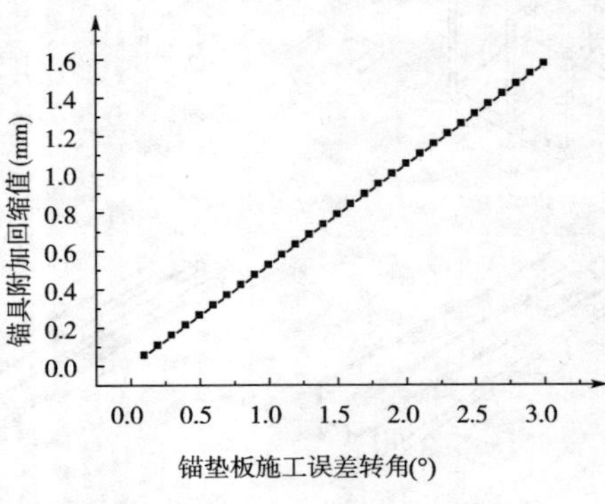

图 3.23　锚垫板施工定位误差

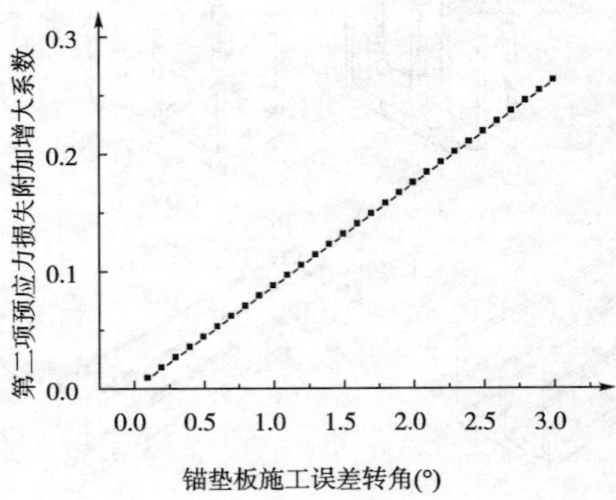

图 3.24　预应力损失附加增大系数

3.5.2　浊峪河特大桥测试

1)精轧螺纹钢倾斜角度测试

(1)实测数据

浊峪河特大桥精轧螺纹钢倾斜角度测试过程如图 3.25 所示,数据如表 3.5 所示。

图 3.25　精轧螺纹钢倾斜角度测试过程

精轧螺纹钢倾斜角度实测数据　　表 3.5

测量次数 n(次)	锚垫板倾斜角度 θ(°)	测量次数 n(次)	锚垫板倾斜角度 θ(°)	测量次数 n(次)	锚垫板倾斜角度 θ(°)
1	2.1	9	3.7	17	2.1
2	1.4	10	4.6	18	1.2
3	0.8	11	3.8	19	1.1
4	0.8	12	0.2	20	1.8
5	3.4	13	1.6	21	4.6
6	1.4	14	3.5	22	1.1
7	0.7	15	0.7	23	1.2
8	2.3	16	1.4	24	2.1

续上表

测量次数 n（次）	锚垫板倾斜角度 θ（°）	测量次数 n（次）	锚垫板倾斜角度 θ（°）	测量次数 n（次）	锚垫板倾斜角度 θ（°）
25	1.3	59	1.6	93	0.3
26	1.9	60	2.9	94	2.7
27	1.1	61	4.9	95	4.2
28	2	62	2.1	96	3.6
29	3.2	63	1.2	97	8.4
30	1.2	64	1.5	98	3.9
31	1.3	65	2.5	99	2.6
32	0.6	66	1.8	100	0.7
33	3	67	1.4	101	1.4
34	1.6	68	1.8	102	2.9
35	0.7	69	1.7	103	1.6
36	1.9	70	1	104	0.7
37	0.9	71	3.8	105	1.2
38	5	72	8.3	106	5.4
39	2.2	73	2.4	107	2
40	2.3	74	2.7	108	3.8
41	1.5	75	2.4	109	1.7
42	2.2	76	1.5	110	4.8
43	1.9	77	3	111	0.6
44	2.2	78	0.6	112	0.7
45	1	79	2	113	4.6
46	1.2	80	3.6	114	1.2
47	2.8	81	0.6	115	3.3
48	3.1	82	3.3	116	2.3
49	1.5	83	3.1	117	3.8
50	1.5	84	4.5	118	3.3
51	3.8	85	1.1	119	3.1
52	0.7	86	6.1	120	3.3
53	2.3	87	1.9	121	4.5
54	1.1	88	2.9	122	2.8
55	5.4	89	2.2	123	2.3
56	2.1	90	3.3	124	1.6
57	4.3	91	1.4	125	1.2
58	0.9	92	0.4	126	3.8

续上表

测量次数 n (次)	锚垫板倾斜角度 θ (°)	测量次数 n (次)	锚垫板倾斜角度 θ (°)	测量次数 n (次)	锚垫板倾斜角度 θ (°)
127	2.8	160	3.2	193	3
128	3.2	161	0.5	194	4.6
129	1.1	162	3.8	195	1.4
130	1.9	163	2.8	196	0.9
131	0.8	164	2.1	197	0.9
132	1.4	165	3.9	198	2.1
133	1.4	166	1.8	199	1.3
134	0.9	167	0.6	200	1.8
135	1.8	168	1.6	201	1.4
136	2.2	169	1.8	202	2.5
137	1.2	170	1.1	203	2.4
138	3.6	171	2	204	1.7
139	1.3	172	1.8	205	2.6
140	3.1	173	2.4	206	1
141	0.7	174	2	207	1.4
142	0.4	175	2.3	208	2.9
143	1.7	176	2	209	1.2
144	0.6	177	2.2	210	1.9
145	1.8	178	3.4	211	4
146	1.7	179	1.2	212	0.9
147	2.6	180	2.5	213	0.2
148	1.6	181	3.3	214	3
149	0.9	182	2.2	215	1.9
150	3.6	183	1.7	216	1.4
151	1.5	184	1.5	217	2.4
152	1.4	185	0.7	218	2
153	1.5	186	1.6	219	2.3
154	2.1	187	1.2	220	3.8
155	3.1	188	1	221	0.6
156	1.5	189	1.8	222	2.3
157	2.3	190	1.8	223	1.7
158	7.2	191	2.8	224	0.7
159	3	192	2.5	225	1.2

精轧螺纹钢测试过程：首先选取一螺母，该螺母水平放置时，顶面倾斜度不大于0.1°，将螺母

安装在精轧螺纹钢上，注意精轧螺纹钢顶端不要超出螺母顶面，测试时肉眼选取倾斜较大的方向，将激光角度尺放置在螺母顶面，并沿放置方向顺时针和逆时针各旋转45°，取最大倾斜角度。

样本观测值的频率直方图如图3.26所示，垂直偏角观测数据特征量统计表如表3.6所示。

垂直偏角观测数据特征量统计表 表3.6

观测数	平均值 $\bar{x}$(°)	最小值(°)	最大值(°)	分布区域
225	2.20	0.2	8.4	8.2
标准差 σ	方差 σ^2	偏度系数 C_s	变异系数 C_v	
1.330	1.768	1.493	0.604	

其中

$$\bar{x}=\frac{\sum_{i=1}^{n}x_i}{n},\quad \sigma^2=\frac{\sum_{i=1}^{n}(x_i-\bar{x})^2}{n},\quad \sigma=\sqrt{\frac{\sum_{i=1}^{n}(x_i-\bar{x})^2}{n}},\quad C_v=\frac{\sigma}{\bar{x}},\quad C_s=\frac{\sum_{i=1}^{n}(x_i-\bar{x})^3}{n\sigma^3}$$

从图3.26和表3.6中数据分布的基本特征量可以得到：

①根据直方图各个区域频数的分布形状，初步判定样本数据的分布类似正态分布曲线；

②样本数据的平均值达到了2.20°，说明精轧螺纹钢锚固后误差较大；

③样本数据分布范围较大，样本数据频数95%分布达到4.8°，其中最大值达到8.4°；

④变异系数 $C_v=0.604$，说明样本数据离散性大、施工能力不稳定。

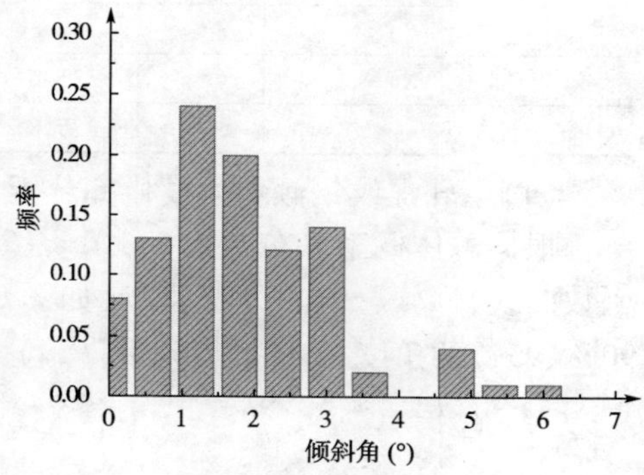

图3.26 频率直方图

(2)分布假设

根据样本观测值的基本特征量 $\bar{x}$、σ、C_v、C_s，对其密度函数分布进行假设。假设样本观测值分布函数服从皮尔逊Ⅲ曲线 $y=f(\bar{x},C_v,C_s)$ 分布。

皮尔逊Ⅲ曲线是一条一端有限、一端无限的不对称单峰曲线。其概率密度函数为

$$f(x)=\frac{\beta^{\alpha}}{\Gamma(\alpha)}(x-\alpha_0)^{\alpha-1}\mathrm{e}^{-\beta(x-\alpha_0)}$$

式中：$\Gamma(\alpha)$——α 的伽玛函数，$\Gamma(\alpha)=\int_0^{\infty}x^{\alpha-1}\mathrm{e}^{-x}\mathrm{d}x$；

α、β、α_0——三个参数，$\alpha=\frac{4}{C_s^2}$，$\beta=\frac{2}{\bar{x}C_vC_s}$，$\alpha_0=\bar{x}\left(1-\frac{2C_v}{C_s}\right)$。

(3)分布假设的检验

运用皮尔逊 χ^2 检验法对假设进行检验。样本观测值按大小排列把数轴分成11个区域，区域步长等于0.8。按皮尔逊方法计算统计量 χ^2，计算结果列于表3.7。区域划分个数 $k=11$，故 $\chi^2\sim\chi^2(k-1)$，给定水平 $a=0.05$，查 χ^2 分布表得到临界值 $\chi^2_{0.05}10=18.307$。

根据表3.7计算结果可以得到：皮尔逊Ⅲ曲线分布计算的卡方值 $\chi^2=5.99<\chi^2_{0.05}10$，满足

在显著水平 $a=0.05$ 的卡方检验,可以认为大桥精轧螺纹钢锚固后倾角 x 的密度分布函数 $F(x)$ 服从皮尔逊Ⅲ曲线函数 $F(x)=f(2.20,0.604,1.493)$ 分布。

χ^2 检验数据表　　表 3.7

区　域	实测频数	皮尔逊Ⅲ频数	皮尔逊Ⅲ卡方值
(0,0.8)	14	16	0.48
(0.8,1.6)	25	36	3.79
(1.6,2.4)	47	45	0.05
(2.4,3.2)	50	44	0.87
(3.2,4.0)	33	34	0.18
(4.0,4.8)	25	23	0.00
(4.8,5.6)	14	13	0.00
(5.6,6.4)	10	7	0.35
(6.4,7.2)	4	4	0.02
(7.2,8.0)	1	2	0.12
(8.0,8.8)	2	1	0.13
Σ	225	167	5.99

(4)精轧螺纹钢倾斜角度概率分析

根据总体概率分布函数 $F(x)=f(2.20,0.604,1.493)$,绘制分布概率函数曲线、累积概率函数曲线,计算总体的分布概率,如图 3.27 所示。根据分布函数计算满足累积分布概率为 90%、95% 的角度 Z,计算得到 $Z(P_{0.9})=3.9°$,$Z(P_{0.95})=4.5°$。

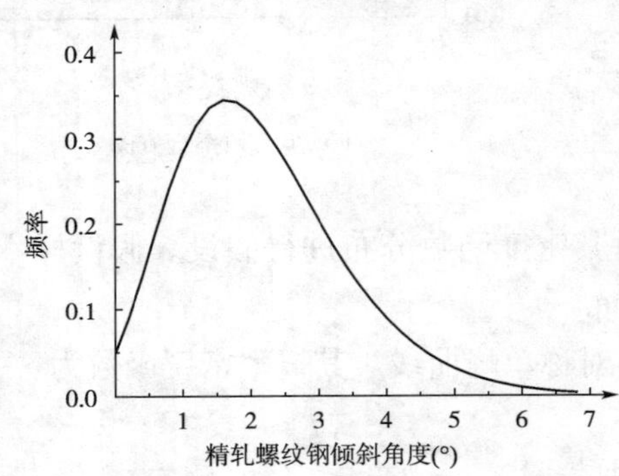

图 3.27　分布函数曲线

图 3.28　LS160-60 型激光角度尺

2)锚垫板倾斜度测试

(1)样本数据的采集

样本数据的采集仪器:LS160－60 型激光角度尺(图 3.28),量程 0°~360°,显示 ±90°,在四象限角(0°、90°、180°、270°)±10°范围以内测量精度 0.1°,能够满足工程科研需要。

测试过程:首先选取一螺母,该螺母水平放置时,顶面倾斜度不大于 0.1°,锚垫板安装固定后,将锚垫板顶面清理干净,将螺母放置于锚垫板顶面上,用激光角度尺测试螺母顶面的倾斜角度,测试时肉眼观测选取倾斜较大的方向,放置激光角度尺观测，并沿放置方向顺时针和逆时针各旋转45°，取最大倾斜角度。测试过程如图3.29所示，其实测数据如表3.8所示，实测数据频率直方图如图3.30所示，垂直偏角观测数据将征量统计表如表3.9所示。

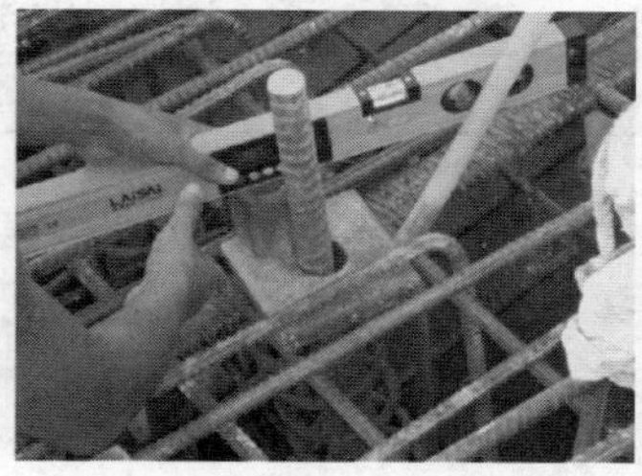

图3.29 锚垫板倾斜角度测试过程

锚垫板倾斜度实测数据 表3.8

测量次数 n（次）	锚垫板倾斜角度 θ（°）	测量次数 n（次）	锚垫板倾斜角度 θ（°）	测量次数 n（次）	锚垫板倾斜角度 θ（°）
1	1.7	21	2	41	1.9
2	2.1	22	1.7	42	2.4
3	1.5	23	2.5	43	2.3
4	1.6	24	2.4	44	1.3
5	1.2	25	2.2	45	0.8
6	2.6	26	1.2	46	1.3
7	1.8	27	0.7	47	1.8
8	1.6	28	1.3	48	3.2
9	4.5	29	1.4	49	1.9
10	1.5	30	3.5	50	2.3
11	2.5	31	0.4	51	0.8
12	6.8	32	1.7	52	0.5
13	2.2	33	0.9	53	2.2
14	3.2	34	0.8	54	1.5
15	0.8	35	2.3	55	0.4
16	2	36	1.9	56	3.0
17	1.9	37	2.6	57	1.9
18	0.3	38	1.7	58	1.4
19	1.9	39	1.1	59	2.5
20	2.1	40	1	60	1.5

垂直偏角观测数据特征量统计表　　表 3.9

观测数	平均值 $\bar{x}$ (°)	最小值(°)	最大值(°)	分布区域
60	1.87	0.3	6.8	6.5
标准差 σ	方差 σ^2	偏度系数 C_s	变异系数 C_v	
0.870	0.756	2.756	0.500	

其中

$$\bar{x}=\frac{\sum_{i=1}^{n}x_i}{n},\quad \sigma^2=\frac{\sum_{i=1}^{n}(x_i-\bar{x})^2}{n},\quad \sigma=\sqrt{\frac{\sum_{i=1}^{n}(x_i-\bar{x})^2}{n}},\quad C_v=\frac{\sigma}{\bar{x}},\quad C_s=\frac{\sum_{i=1}^{n}(x_i-\bar{x})^3}{n\sigma^3}$$

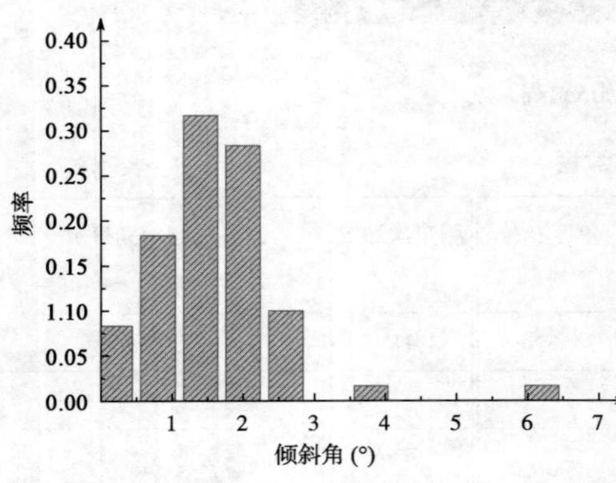

图 3.30　频率直方图

从图 3.30 和表 3.9 中数据分布的基本特征量可以得到：①根据直方图各个区域频数的分布形状，初步判定样本数据的分布类似正态分布曲线；②样本数据的平均值达到了 1.86°，说明锚垫板安装过程误差较大；③样本数据分布范围较大，样本数据频数 95% 分布达到 3.5°，其中最大值达到 6.8°；④变异系数 $C_v=0.500$，说明样本数据离散性大、施工能力不稳定。

(2)分布假设

根据样本观测值的基本特征量 $\bar{x}$、σ、C_v、C_s，对其密度函数分布进行假设。假设样本观测值分布函数服从皮尔逊Ⅲ曲线 $y=f(\bar{x},C_v,C_s)$ 分布。

皮尔逊Ⅲ曲线是一条一端有限、一端无限的不对称单峰曲线。其概率密度函数为

$$f(x)=\frac{\beta^{\alpha}}{\Gamma(\alpha)}(x-\alpha_0)^{\alpha-1}e^{-\beta(x-\alpha_0)}$$

式中：$\Gamma(\alpha)$——α 的伽玛函数，$\Gamma(\alpha)=\int_0^{\infty}x^{\alpha-1}e^{-x}dx$；

α、β、α_0——三个参数，$\alpha=\frac{4}{C_s^2}$，$\beta=\frac{2}{\bar{x}C_vC_s}$，$\alpha_0=\bar{x}\left(1-\frac{2C_v}{C_s}\right)$。

(3)分布假设的检验

运用皮尔逊 χ^2 检验法对假设进行检验。样本观测值按大小排列把数轴分成 11 个区域，区域步长等于 0.5。按皮尔逊方法计算统计量 χ^2，计算结果列于表 3.10。区域划分个数 $k=11$，故 $\chi^2\sim\chi^2(k-1)$，给定水平 $a=0.05$，查 χ^2 分布表得到临界值 $\chi^2_{0.05}10=18.307$。

χ^2 检验数据表　　表 3.10

区　间	实测频数	皮尔逊Ⅲ频数	皮尔逊Ⅲ卡方值
(0.2,0.8)	5	4	0.32
(0.8,1.4)	11	11	0.08
(1.4,2.0)	19	14	3.03
(2.0,2.6)	17	12	2.20

续上表

区　　间	实 测 频 数	皮尔逊Ⅲ频数	皮尔逊Ⅲ卡方值
(2.6,3.2)	6	8	0.72
(3.2,3.8)	0	5	2.10
(3.8,4.4)	1	3	1.01
(4.4,5.0)	0	2	0.85
(5.0,5.6)	0	1	0.74
(5.6,6.2)	0	0	0.23
(6.2,6.8)	1	0	0.35
Σ	60	84	11.63

根据表3.10计算结果可以得到:皮尔逊Ⅲ曲线分布计算的卡方值$\chi^2=11.63<\chi^2_{0.05}10$,满足在显著水平$a=0.05$的卡方检验,可以认为大桥锚垫板安装倾角$x$的密度分布函数$F(x)$服从皮尔逊Ⅲ曲线函数$F(x)=f(1.87,0.500,2.756)$分布。

(4)锚垫板倾斜角度概率分析

根据总体概率分布函数$F(x)=f(1.87,0.500,2.756)$,绘制分布概率函数曲线、累积概率函数曲线,计算总体的分布概率,如图3.31所示。根据分布函数计算满足累积分布概率为90%、95%的角度Z,计算得到$Z(P_{0.9})=3.0°$,$Z(P_{0.95})=3.5°$。

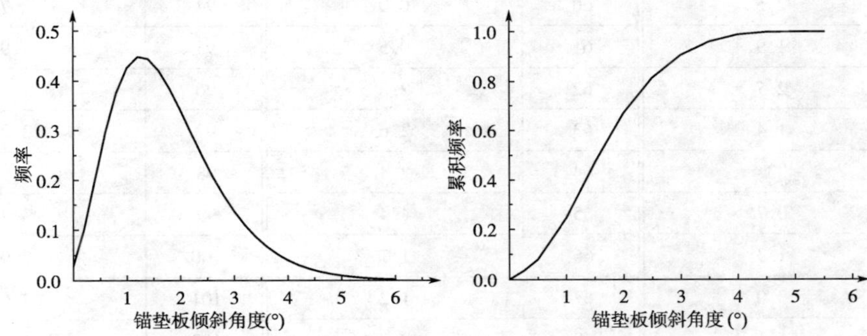

图3.31　分布函数曲线

3.5.3　赵氏河特大桥测试

1)精轧螺纹钢测试数据分析

(1)实测数据

粗轧螺纹钢倾斜角度实测数据如表3.11所示。

精轧螺纹钢倾斜角度实测数据　　表3.11

测量次数n(次)	锚垫板倾斜角度θ(°)	测量次数n(次)	锚垫板倾斜角度θ(°)	测量次数n(次)	锚垫板倾斜角度θ(°)
1	1.5	5	2.0	9	1.2
2	1.5	6	0.8	10	3.6
3	1.4	7	2.0	11	2.1
4	0.7	8	1.0	12	2.1

续上表

测量次数 n（次）	锚垫板倾斜角度 θ（°）	测量次数 n（次）	锚垫板倾斜角度 θ（°）	测量次数 n（次）	锚垫板倾斜角度 θ（°）
13	1.6	47	3.1	81	4.9
14	4.3	48	2.8	82	2.2
15	2.4	49	1.0	83	1.2
16	2.4	50	2.6	84	0.5
17	2.1	51	0.8	85	4.9
18	2.8	52	2.0	86	1.5
19	1.2	53	3.5	87	4.8
20	4.6	54	1.4	88	2.5
21	3.1	55	0.7	89	0.7
22	0.1	56	3.2	90	2.0
23	0.3	57	2.9	91	0.8
24	3.4	58	3.1	92	2.4
25	2.5	59	1.4	93	1.3
26	2.5	60	0.9	94	2.7
27	1.9	61	0.5	95	1.9
28	2.7	62	2.8	96	1.6
29	1.4	63	2.6	97	3.2
30	3	64	2.4	98	1.9
31	0.7	65	4.4	99	3.7
32	1.3	66	1.7	100	2.9
33	3.0	67	1.2	101	3.6
34	1.1	68	0.7	102	1.7
35	3.3	69	1.3	103	2.6
36	1.3	70	0.8	104	0.9
37	1.3	71	4.0	105	2.1
38	0.7	72	0.9	106	3.4
39	2.9	73	3.7	107	2.1
40	4.4	74	1.8	108	0.9
41	2.2	75	1.2	109	2.1
42	2.8	76	2.3	110	3.4
43	6.1	77	4.0	111	2.1
44	3.9	78	4.8	112	0.9
45	1.7	79	5.1	113	1.9
46	3.1	80	3.9	114	1.5

续上表

测量次数 n（次）	锚垫板倾斜角度 θ（°）	测量次数 n（次）	锚垫板倾斜角度 θ（°）	测量次数 n（次）	锚垫板倾斜角度 θ（°）
115	1.9	133	2.1	151	1.3
116	0.7	134	2.0	152	1.2
117	0.3	135	0.5	153	2.5
118	2.3	136	2.0	154	4.1
119	0.7	137	1.0	155	1.8
120	3.3	138	1.0	156	1.6
121	2.8	139	0.4	157	2.2
122	0.3	140	1.8	158	2.2
123	2.3	141	1.2	159	0.8
124	3.1	142	2.9	160	0.2
125	5.8	143	1.7	161	4.0
126	0.6	144	2.3	162	2.0
127	0.3	145	2.2	163	2.2
128	1.4	146	1.7	164	1.6
129	6.0	147	0.9	165	1.7
130	1.9	148	2.5	166	0.6
131	1.7	149	0.8	167	2.0
132	3.3	150	3.3		

实测数据频率直方图如图3.32所示，垂直偏角观测数据特征量统计表如表3.12所示。

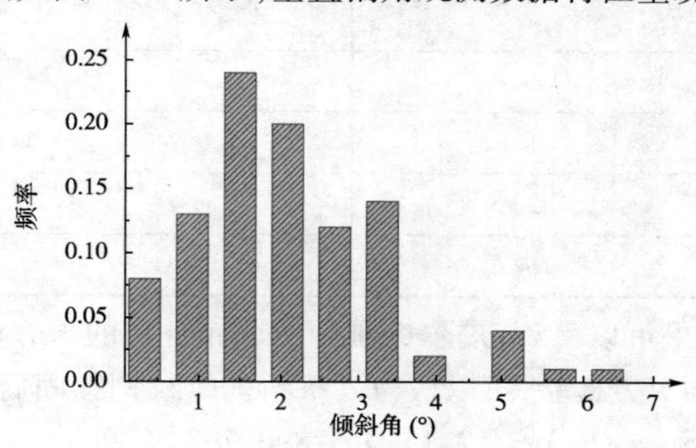

图3.32　频率直方图

垂直偏角观测数据特征量统计表　　表3.12

观测数	平均值 $\bar{x}$（°）	最小值（°）	最大值（°）	分布区域
167	2.15	0.1	6.1	6.0
标准差 σ	方差 σ^2	偏度系数 C_s	变异系数 C_v	
1.243	1.545	0.798	0.578	

其中

$$\bar{x}=\frac{\sum_{i=1}^{n}x_i}{n},\quad \sigma^2=\frac{\sum_{i=1}^{n}(x_i-\bar{x})^2}{n},\quad \sigma=\sqrt{\frac{\sum_{i=1}^{n}(x_i-\bar{x})^2}{n}},\quad C_v=\frac{\sigma}{\bar{x}},\quad C_s=\frac{\sum_{i=1}^{n}(x_i-\bar{x})^3}{n\sigma^3}$$

从图3.32和表3.12中数据分布的基本特征量可以得到:①根据直方图各个区域频数的分布形状,初步判定样本数据的分布类似正态分布曲线;②样本数据的平均值达到了2.15°,说明精轧螺纹钢锚固后误差较大;③样本数据分布范围较大,样本数据频数95%分布达到4.4°,其中最大值达到6.1°;④变异系数 $C_v=0.578$,说明样本数据离散性大、施工能力不稳定。

(2)分布假设的检验

运用皮尔逊 χ^2 检验法对假设进行检验。样本观测值按大小排列把数轴分成11个区域,区域步长等于0.6。按皮尔逊方法计算统计量 χ^2,计算结果列于表3.13。区域划分个数 $k=11$,故 $\chi^2\sim\chi^2(k-1)$,给定水平 $a=0.05$,查 χ^2 分布表得到临界值 $\chi^2_{0.05}10=18.307$。

χ^2 检验数据表　　表3.13

区　间	实测频数	皮尔逊Ⅲ频数	皮尔逊Ⅲ卡方值
(0,0.6)	10	12	0.26
(0.6,1.2)	17	25	3.33
(1.2,1.8)	33	34	0.05
(1.8,2.4)	35	33	0.19
(2.4,3.0)	23	25	0.18
(3.0,3.6)	17	17	0.00
(3.6,4.2)	10	10	0.00
(4.2,4.8)	4	6	0.45
(4.8,5.4)	5	3	1.54
(5.4,6.0)	1	1	0.12
(6.0,6.6)	2	1	2.66
Σ	167	167	8.78

根据表3.13计算结果可以得到:皮尔逊Ⅲ曲线分布计算的卡方值 $\chi^2=8.78<\chi^2_{0.05}10$,满足在显著水平 $a=0.05$ 的卡方检验,可以认为大桥精轧螺纹钢锚固后倾角 x 的密度分布函数 $F(x)$ 服从皮尔逊Ⅲ曲线函数 $F(x)=f(2.15,0.578,0.798)$ 分布。

(3)精轧螺纹钢倾斜角度概率分析

根据总体概率分布函数 $F(x)=f(2.15,0.578,0.798)$,绘制分布概率函数曲线、累积概率函数曲线。根据分布函数计算满足累积分布概率为90%、95%的角度 Z,计算得到 $Z(P_{0.9})=3.8°$,$Z(P_{0.95})=4.3°$。

2)锚垫板测试数据分析

(1)实测数据

锚垫板倾斜角度实测数据如表3.14所示。

锚垫板倾斜角度实测数据

表 3.14

测量次数 n（次）	锚垫板倾斜角度 θ（°）	测量次数 n（次）	锚垫板倾斜角度 θ（°）	测量次数 n（次）	锚垫板倾斜角度 θ（°）
1	1.8	29	4.4	57	2.1
2	1.2	30	2.4	58	0.9
3	2.3	31	2.8	59	2.8
4	2.5	32	2.5	60	1.6
5	1.8	33	1.4	61	2.4
6	1.0	34	2.0	62	2.7
7	0.4	35	1.6	63	1.8
8	0.3	36	0.4	64	5.1
9	0.3	37	2.8	65	2.6
10	0.2	38	4.1	66	2.6
11	1.2	39	1.9	67	3.0
12	0.6	40	1.2	68	2.6
13	0.5	41	1.8	69	2.0
14	1.3	42	2.6	70	1.2
15	1.8	43	0.7	71	1.3
16	1.7	44	1.7	72	1.5
17	1.1	45	1.3	73	4.2
18	1.9	46	0.9	74	2.5
19	0.7	47	2.4	75	1.3
20	0.6	48	1.4	76	0.6
21	1.7	49	1.3	77	0.4
22	0.3	50	0.9	78	2.2
23	3.1	51	2.4	79	1.3
24	2.0	52	1.4	80	1.4
25	1.7	53	1.3	81	0.7
26	1.3	54	2.6	82	1.1
27	0.8	55	1.8	83	1.2
28	1.6	56	4.1	84	1.6

实测数据频率直方图如图 3.33 所示，垂直偏角观测数据特征量统计表如表 3.15 所示。

垂直偏角观测数据特征量统计表

表 3.15

观测数	平均值 $\bar{x}$（°）	最小值（°）	最大值（°）	分布区域
84	1.74	0.2	5.1	4.9
标准差 σ	方差 σ^2	偏度系数 C_s	变异系数 C_v	
0.988	0.977	0.965	0.568	

其中

$$\bar{x}=\frac{\sum_{i=1}^{n}x_i}{n},\quad \sigma^2=\frac{\sum_{i=1}^{n}(x_i-\bar{x})^2}{n},\quad \sigma=\sqrt{\frac{\sum_{i=1}^{n}(x_i-\bar{x})^2}{n}},\quad C_v=\frac{\sigma}{\bar{x}},\quad C_s=\frac{\sum_{i=1}^{n}(x_i-\bar{x})^3}{n\sigma^3}$$

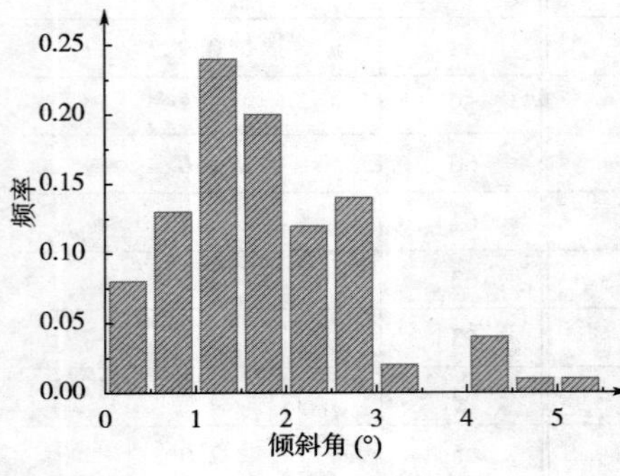

图3.33 频率直方图

从图3.33和表3.15中数据分布的基本特征量可以得到:①根据直方图各个区域频数的分布形状,初步判定样本数据的分布类似正态分布曲线;②样本数据的平均值达到了1.74°,说明锚垫板安装过程误差较大;③样本数据分布范围较大,样本数据频数95%分布达到4.1°,其中最大值达到5.1°;④变异系数 $C_v=0.568$,说明样本数据离散性大、施工能力不稳定。

(2)分布假设的检验

运用皮尔逊 χ^2 检验法对假设进行检验。样本观测值按大小排列把数轴分成11个区域,区域步长等于0.5。按皮尔逊方法计算统计量 χ^2,计算结果列于表3.16。区域划分个数 $k=11$,故 $\chi^2\sim\chi^2(k-1)$,给定水平 $a=0.05$,查 χ^2 分布表得到临界值 $\chi^2_{0.05}10=18.307$。

χ^2 检验数据表　　表3.16

区　间	实测频数	皮尔逊Ⅲ频数	皮尔逊Ⅲ卡方值
(0,0.5)	7	6	0.38
(0.5,1.0)	11	14	1.08
(1.0,1.5)	20	19	0.06
(1.5,2.0)	17	17	0.00
(2.0,2.5)	10	12	0.37
(2.5,3.0)	12	8	2.40
(3.0,3.5)	2	4	1.36
(3.5,4.0)	0	2	2.42
(4.0,4.5)	3	1	2.44
(4.5,5.0)	1	1	0.23
(5.0,5.5)	1	0	1.70
Σ	84	84	12.45

根据表3.16计算结果可以得到:皮尔逊Ⅲ曲线分布计算的卡方值 $\chi^2=12.45<\chi^2_{0.05}10$,满足在显著水平 $a=0.05$ 的卡方检验,可以认为大桥锚垫板安装倾角 x 的密度分布函数 $F(x)$ 服从皮尔逊Ⅲ曲线函数 $F(x)=f(1.74,0.568,0.965)$ 分布。

(3)锚垫板倾斜角度概率分析

根据总体概率分布函数 $F(x)=f(1.74,0.568,0.965)$,绘制分布概率函数曲线、累积概率函数曲线,计算总体的分布概率,如图3.34所示。根据分布函数计算满足累积分布概率为90%、95%的角度 Z,计算得到 $Z(P_{0.9})=2.9°$,$Z(P_{0.95})=3.4°$。

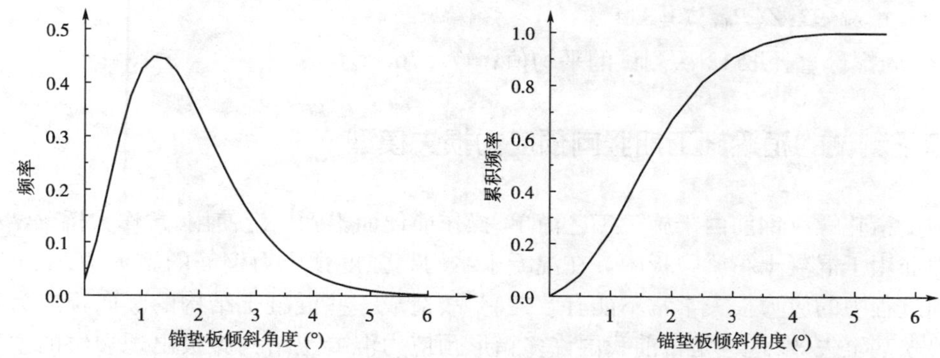

图 3.34 分布函数曲线

3)锚固螺母最大外径测试

测试过程:随机选取 12 个锚固螺母,用数显游标卡尺测试其最大外径(图 3.35 和表 3.17)。测试三个锚固螺母的最大外径并取最大值。

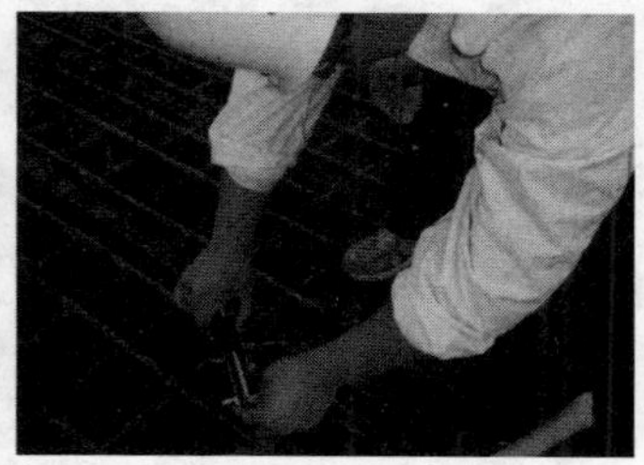

图 3.35 锚固螺母最大外径测试

锚固螺母最大外径实测数据　　表 3.17

测试次数 n(次)	外径(cm)	测试次数 n(次)	外径(cm)	测试次数 n(次)	外径(cm)
1	7.336	5	7.339	9	7.337
2	7.407	6	7.382	10	7.409
3	7.340	7	7.395	11	7.421
4	7.430	8	7.304	12	7.416

取 12 次测试的平均值 $\bar{x} = 7.376\text{cm}$,并用于下面的计算。

3.5.4 附加最大预应力损失测试结论

(1)精轧螺纹钢和锚垫板倾斜角度 x 的密度分布函数 $F(x)$ 服从皮尔逊Ⅲ曲线函数。

(2)浊峪河精轧螺纹钢倾斜角度分布函数计算满足累积分布概率为 90%、95% 的角度 Z,计算得到 $Z(P_{0.9}) = 3.9°$,$Z(P_{0.95}) = 4.5°$。

(3)浊峪河锚垫板倾斜角度分布函数计算满足累积分布概率为 90%、95% 的角度 Z,计算得到 $Z(P_{0.9}) = 3.0°$,$Z(P_{0.95}) = 3.5°$。

(4)赵氏河精轧螺纹钢倾斜角度分布函数计算满足累积分布概率为 90%、95% 的角度 Z,计算得到 $Z(P_{0.9}) = 3.8°$,$Z(P_{0.95}) = 4.3°$。

(5)赵氏河锚垫板倾斜角度分布函数计算满足累积分布概率为 90%、95% 的角度 Z,计算

得到 $Z(P_{0.9}) = 2.9°$,$Z(P_{0.95}) = 3.4°$。

(6)锚固螺母直径取 12 次测试的平均值$\bar{x} = 7.376\text{cm}$。

3.6 基于测试的箱梁施工期竖向预应力损失模型

高强度精轧螺纹钢筋由于施工工艺简单、操作简便而得到广泛使用,常作为桥梁结构的竖向预应力筋用于混凝土箱梁腹板中。在混凝土结构高强度预应力钢筋的施工中,由于对其锚固及锚固过程中的应力损失常常不能有效控制,故造成一些混凝土结构的竖向预应力不能满足设计要求甚至失效,这也是目前我国许多箱形预应力混凝土结构腹板出现裂纹的主要原因之一。

鉴于此,在赵氏河、浊峪河特大桥的箱梁竖向预应力施工中,通过测试竖向预应力钢筋在锚固过程中及锚固后的预应力损失情况,开展竖向预应力损失原因分析,得到竖向预应力钢筋应力损失的规律,提出保证有效预应力的措施,可为类似桥梁竖向预应力钢筋的施工提供参考。

3.6.1 穿心式压力传感器测试断面

在赵氏河特大桥 7 号墩北侧箱梁上布设竖向预应力传感器,具体布设方案如图 3.36 所示。

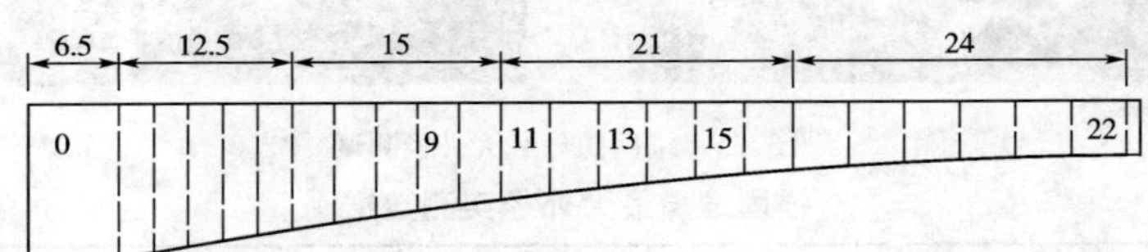

图 3.36 箱梁节段编号(尺寸单位:m)

分别在 9 号、11 号和 13 号箱梁节段布设传感器,详细布置位置如图 3.37 所示。

根据设计图纸提供的设计资料对已经安装传感器对应位置的精轧螺纹钢的长度进行了统计,如表 3.18 所示。

精轧螺纹钢的位置与长度　　表 3.18

传感器编号	对应精轧螺纹钢位置	对应精轧螺纹钢长度(cm)
300826	7 号墩北侧 9 号块	655.9
300908	7 号墩北侧 9 号块	638.8
300911	7 号墩北侧 11 号块	599.6
300552	7 号墩北侧 11 号块	572.4
300912	7 号墩北侧 13 号块	509.5
300913	7 号墩北侧 13 号块	497.7
300551	7 号墩北侧 15 号块	491.6
300514	7 号墩北侧 15 号块	479.7
300296	7 号墩北侧 22 号块	338.2
300550	7 号墩北侧 22 号块	326.0

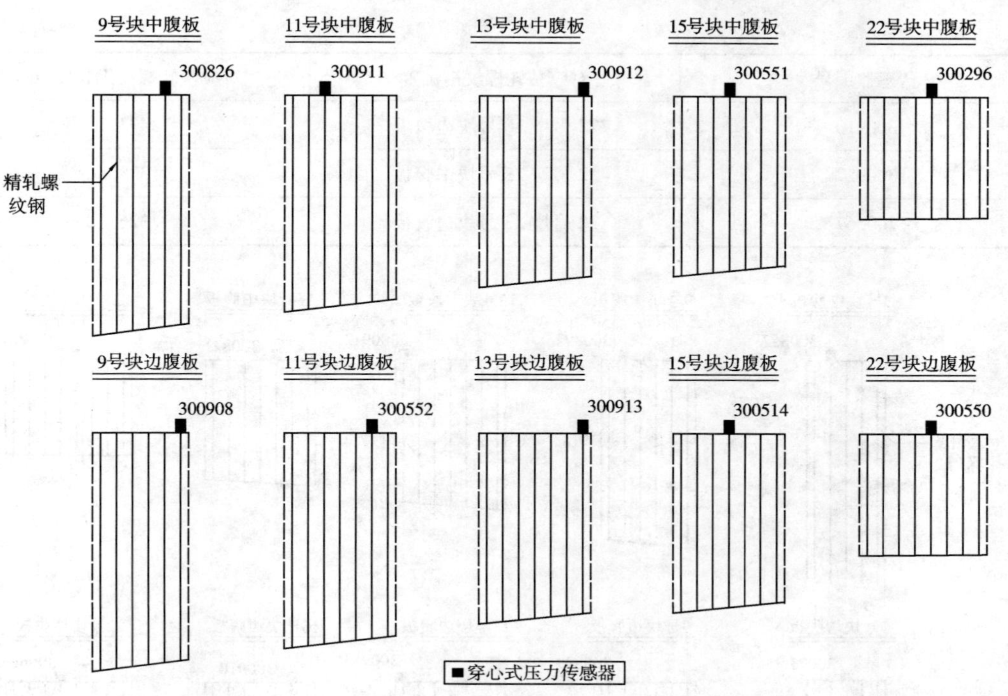

图 3.37　详细布设位置

在浊峪河特大桥 21 号墩北侧箱梁上布设竖向预应力传感器，箱梁节段编号如图 3.38 所示。

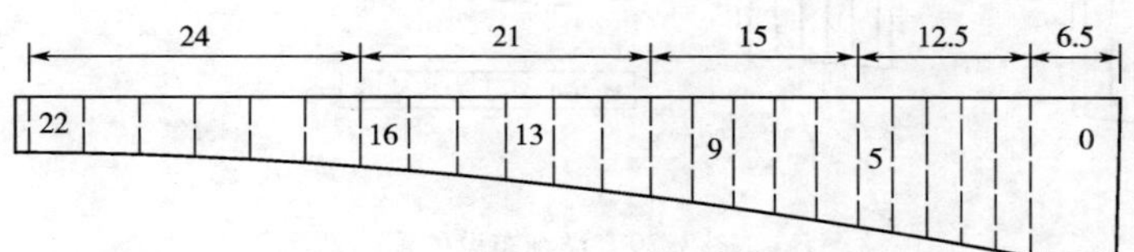

图 3.38　箱梁节段编号(尺寸单位:m)

分别在 13 号和 16 号箱梁节段布设传感器，如图 3.39 所示。

根据设计图纸提供的设计资料对已经安装传感器对应位置的精轧螺纹钢的长度进行了统计，如表 3.19 所示。

精轧螺纹钢的位置与长度　　表 3.19

传感器编号	对应精轧螺纹钢位置	对应精轧螺纹钢长度(cm)
300857	22 号墩 5 号块中腹板	809.5
300735	22 号墩 5 号块边腹板	802.2
300892	22 号墩 9 号块中腹板	655.7
300899	22 号墩 9 号块边腹板	637.5
300912	22 号墩 13 号块中腹板	510.1
300913	22 号墩 13 号块边腹板	498.2
300821	22 号墩 16 号块中腹板	441.6

续上表

传感器编号	对应精轧螺纹钢位置	对应精轧螺纹钢长度(cm)
300910	22 号墩 16 号块边腹板	433.2
300927	22 号墩 22 号块中腹板	338.5
300667	22 号墩 22 号块边腹板	326.4

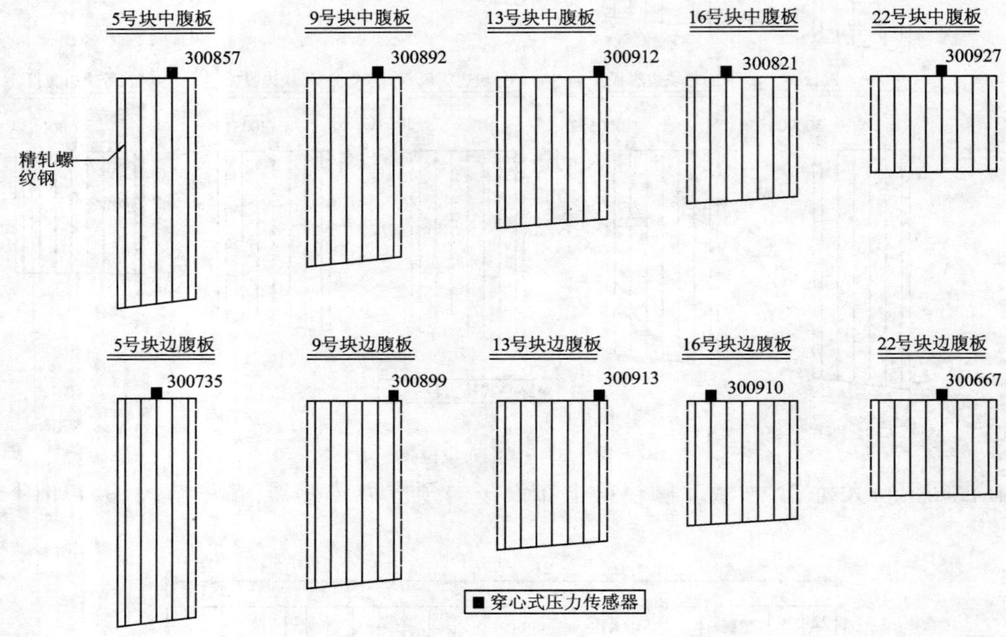

图 3.39 详细布设位置

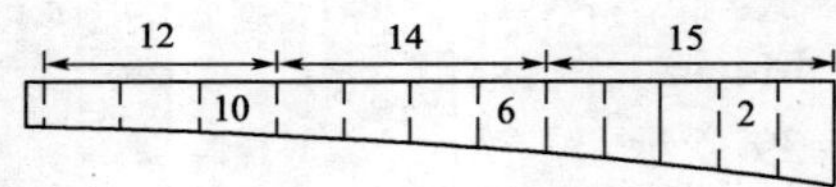

图 3.40 136 号墩箱梁节段编号(尺寸单位:m)

在渭河特大桥 136 号墩北侧和 141 号墩南侧箱梁上布设竖向预应力传感器,136 号和 141 号墩箱梁节段编号如图 3.40 和图 3.41 所示。

传感器详细布置位置如图 3.42 所示。

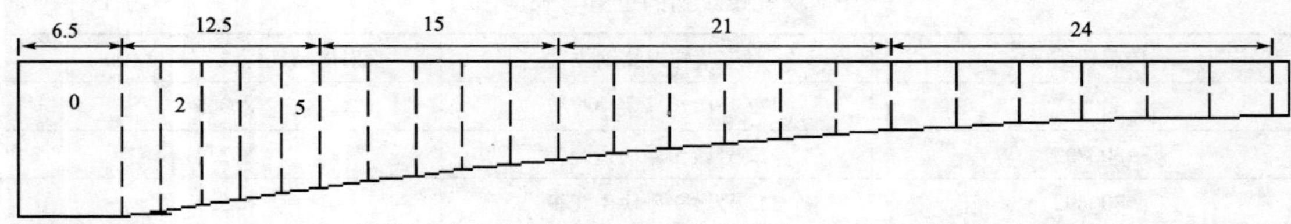

图 3.41 141 号墩箱梁节段编号(尺寸单位:m)

根据设计图纸提供的设计资料对已经安装传感器对应位置的精轧螺纹钢的长度进行了统计,如表 3.20 所示。

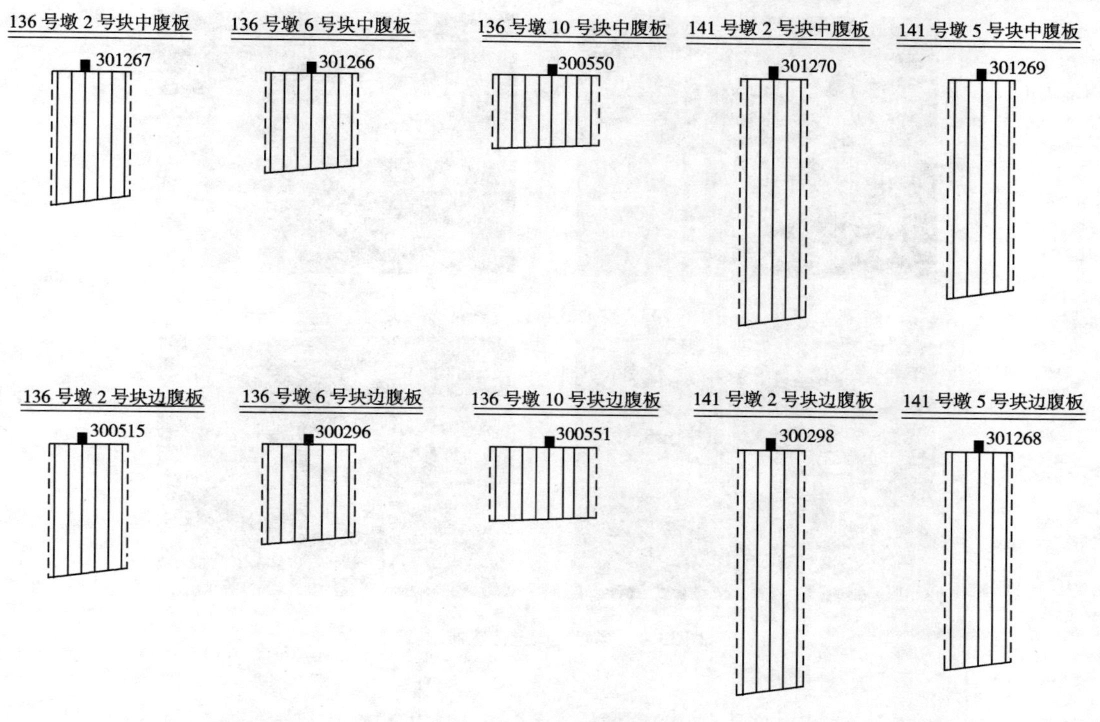

图 3.42　详细布设位置

精轧螺纹钢的位置与长度　　表 3.20

传感器编号	对应精轧螺纹钢位置	对应精轧螺纹钢长度(cm)
301267	136 号墩 2 号块中腹板	501.6
300515	136 号墩 2 号块边腹板	495.3
301266	136 号墩 6 号块中腹板	372.5
300296	136 号墩 6 号块边腹板	364.1
300550	136 号墩 10 号块中腹板	279.5
300551	136 号墩 10 号块边腹板	272.8
301270	141 号墩 2 号块中腹板	946.7
300298	141 号墩 2 号块边腹板	939.4
301269	141 号墩 5 号块中腹板	837.5
301268	141 号墩 5 号块边腹板	832.1

3.6.2　穿心式压力传感器的安装及测试

采用穿心式压力传感器进行预应力损失的测试,穿心式压力传感器分为两部分组成,垫板和传感器,分别如图 3.43 和图 3.44 所示。

3.6.3　赵氏河特大桥测试结果

赵氏河特大桥传感器压力值变化测试结果如图 3.45 ~ 图 3.55 所示。

图 3.43　穿心式压力传感器的安装

图 3.44　穿心式压力传感器的测试

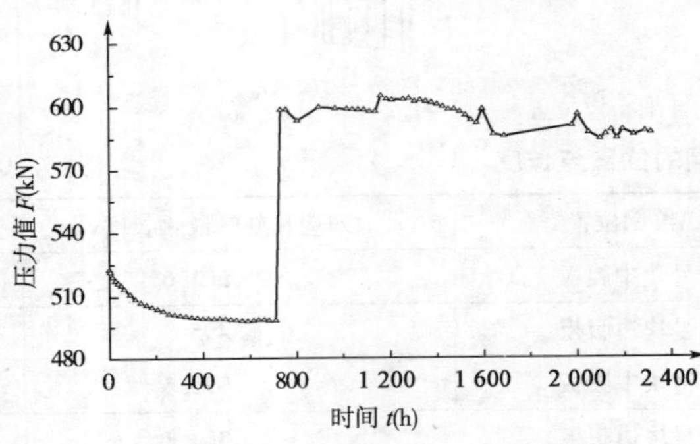

图 3.45　编号 300908(9 号块边腹板)的传感器压力值变化

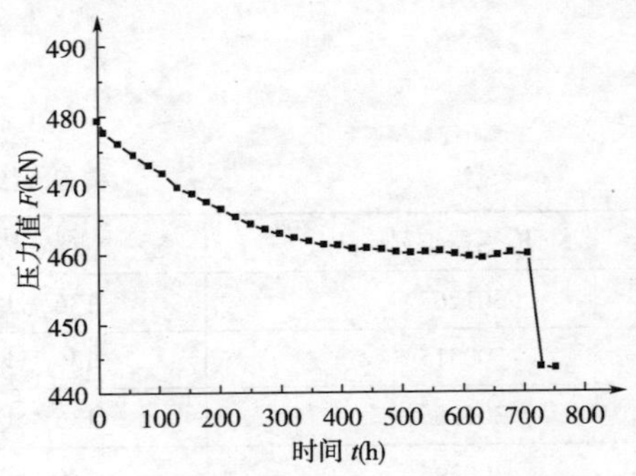

图 3.46　编号 300826(9 号块中腹板)的传感器压力值变化

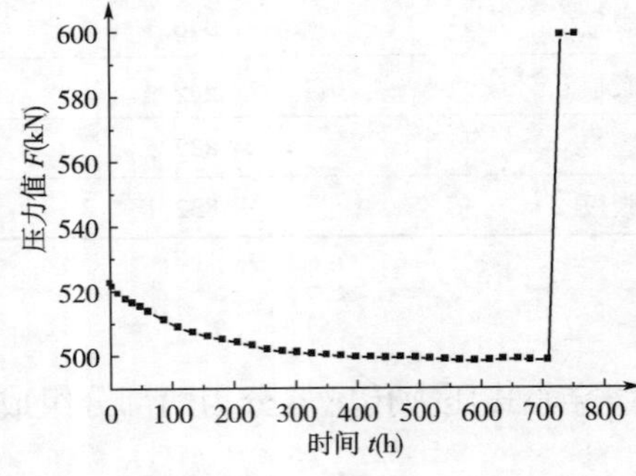

图 3.47　编号为 300826(9 号块中腹板)的传感器压力值变化

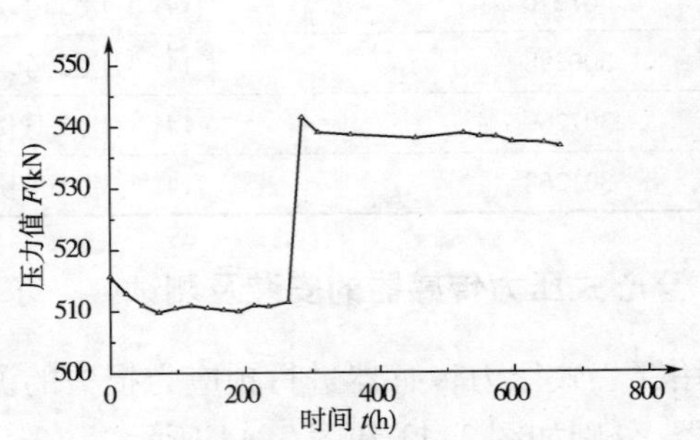

图 3.48　编号 300911(11 号块中腹板)的传感器压力值变化

分析图 3.46 可知,730h(初始张拉后 30d,要求第二次张拉为 20d)时竖向预应力发生了突降，分析其原因为竖向预应力张拉不适当操作，导致预应力损失。

分析图 3.47 可知 730h 时竖向预应力突然增加，分析其原因为竖向预应力二次张拉所致，测试结果表明该根竖向预应力张拉到位。

分析图 3.48 可知 250h(10d)时竖向预应力发生了突然增加，分析其原因为竖向预应力二次张拉所致，二次张拉导致预应力增加了 30kN。

分析图 3.49 可知 250h(10d)时竖向预应力没有变化，跟施工现场负责人员交流后，该根螺纹管处于挂篮轨道下方，二次张拉没有操作空间，所以暂时未张拉。

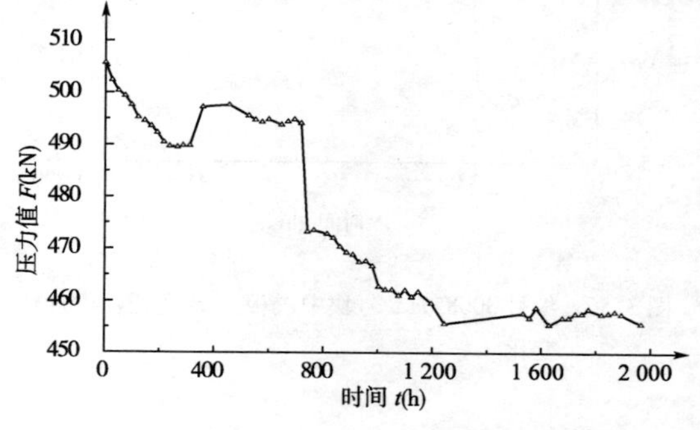

图 3.49　编号 300552(11 号块边腹板)的传感器压力值变化

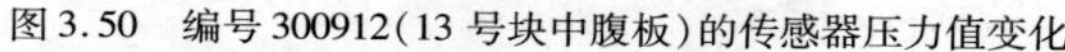

图 3.50　编号 300912(13 号块中腹板)的传感器压力值变化

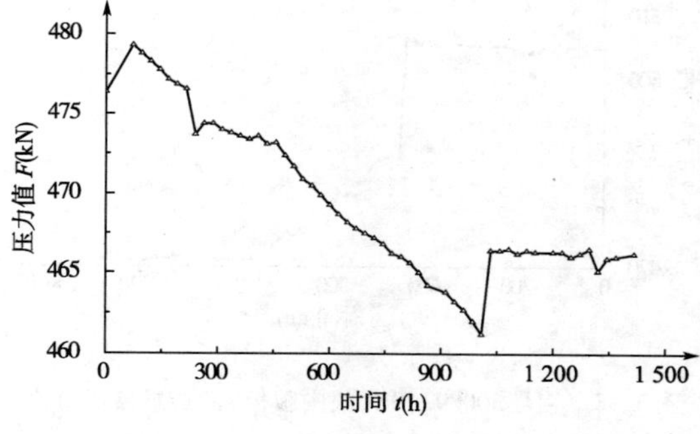

图 3.51　编号 300913(13 号块边腹板)的传感器压力值变化

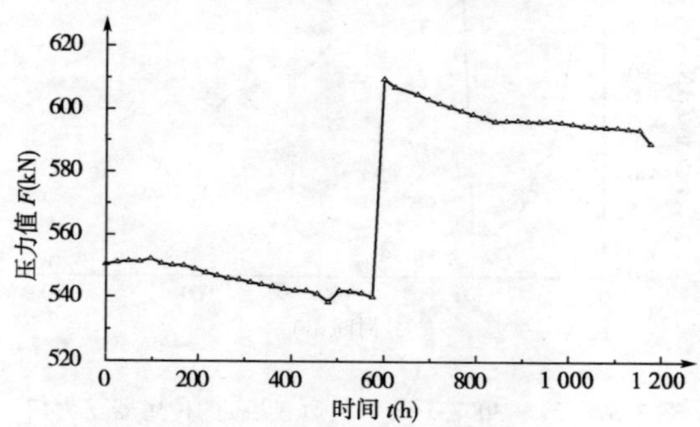

图 3.52　编号 300551(15 号块中腹板)的传感器压力值变化

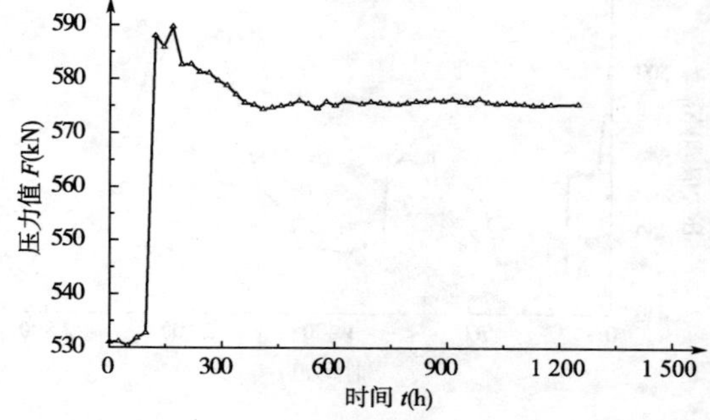

图 3.53　编号 300514(15 号块边腹板)的传感器压力值变化

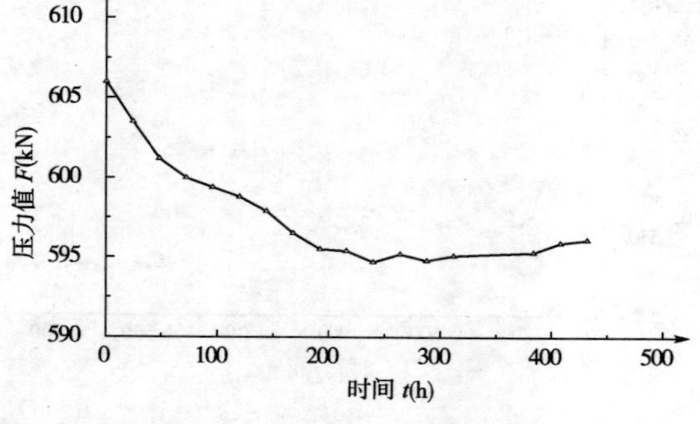

图 3.54　编号 300296(11 号块墩右幅 22 号块中腹板)的传感器压力值变化

3.6.4 浊峪河特大桥测试结果

浊峪河特大桥传感器压力值如图 3.56 ~ 图 3.62 所示。

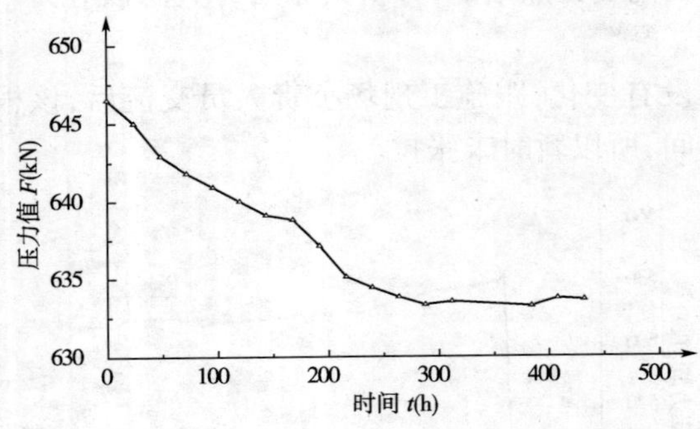

图 3.55 编号 300550(11 号墩右幅 22 号块边腹板)的传感器压力值变化

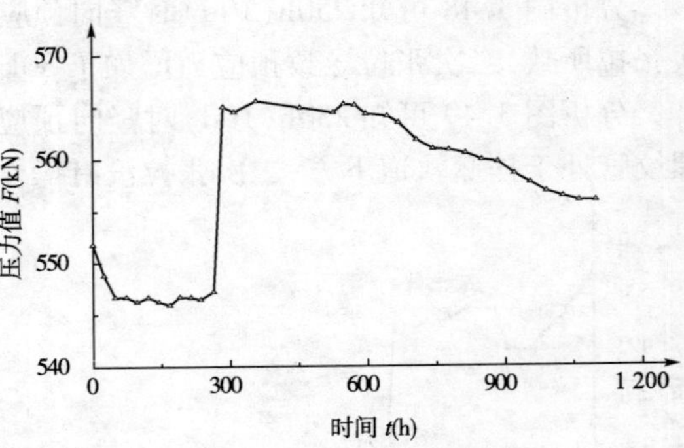

图 3.56 编号 300857(5 号块中腹板)的传感器压力值变化

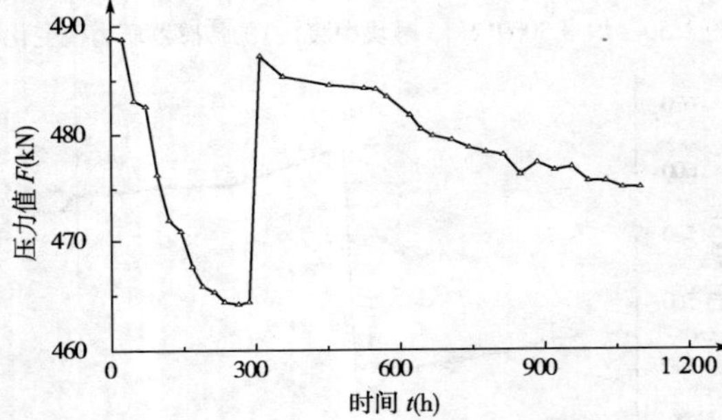

图 3.57 编号 300735(5 号块边腹板)的传感器压力值变化

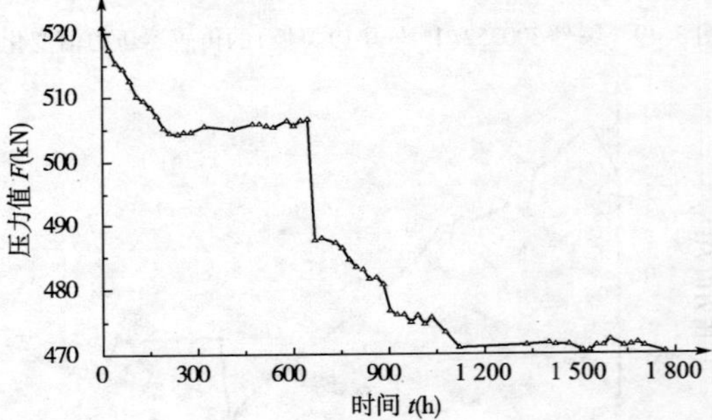

图 3.58 编号 300892(9 号块中腹板)的传感器压力值变化

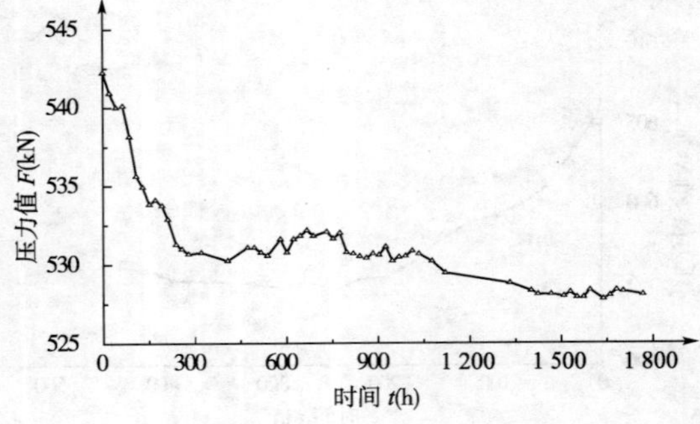

图 3.59 编号 300899(9 号块边腹板)的传感器压力值变化

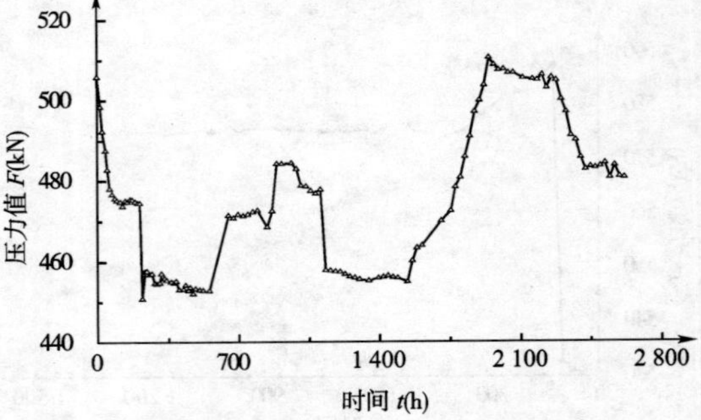

图 3.60 编号 300912(13 号块中腹板)的传感器压力值变化

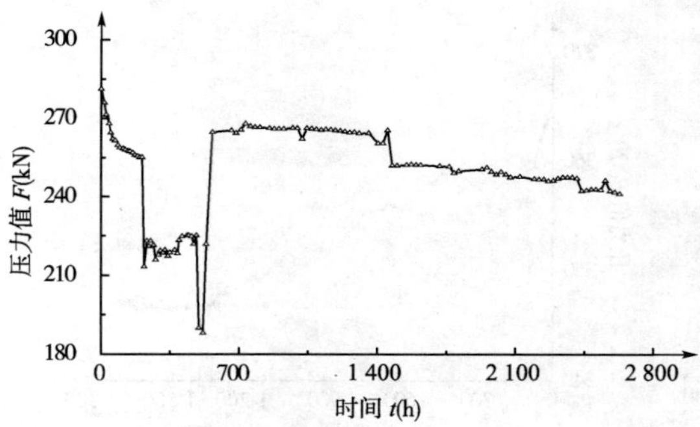

图 3.61　编号 300913(13 号块边腹板)的传感器压力值变化

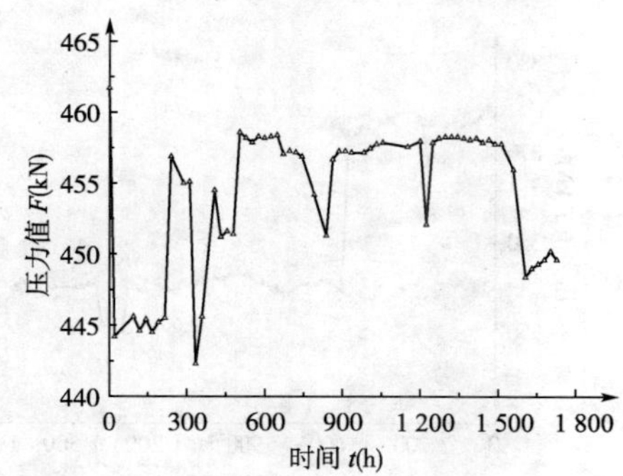

图 3.62　编号 300821(16 号块中腹板)的传感器压力值变化

3.6.5　渭河特大桥测试结果

渭河特大桥传感器压力值测试结果如图 3.63～图 3.72 所示。

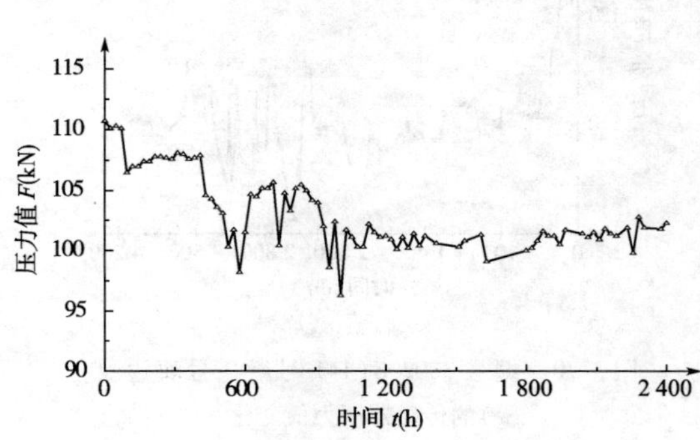

图 3.63　编号 301267(136 号墩 2 号块中腹板)的传感器压力值变化

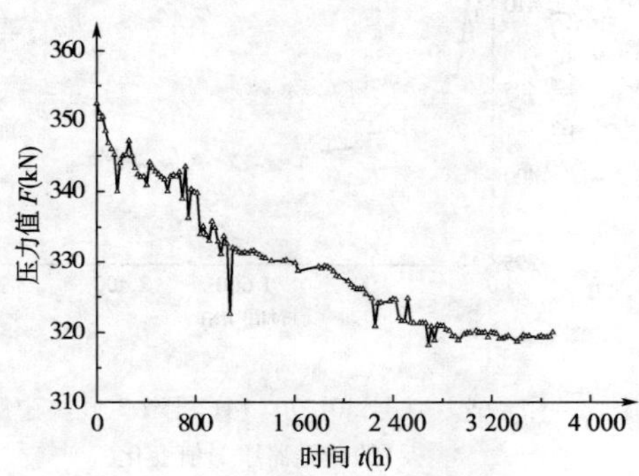

图 3.64　编号 300515(136 号墩 2 号块边腹板)的传感器压力值变化

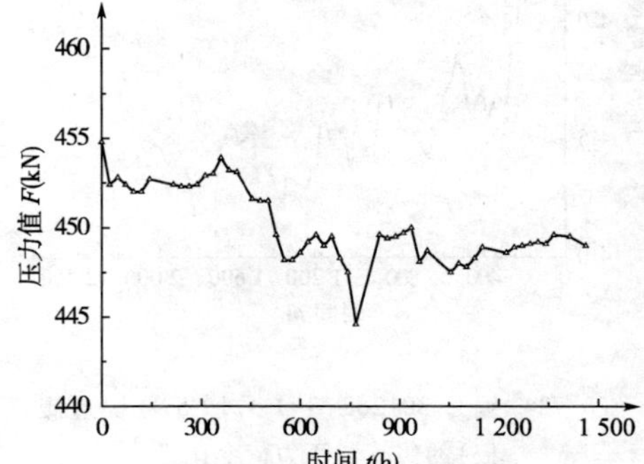

图 3.65　编号 301266(136 号墩 6 号块中腹板)的传感器压力值变化

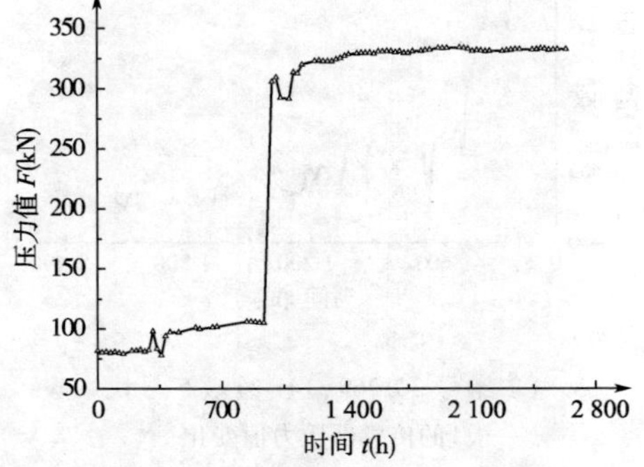

图 3.66　编号 300296(136 号墩 6 号块边腹板)的传感器压力值变化

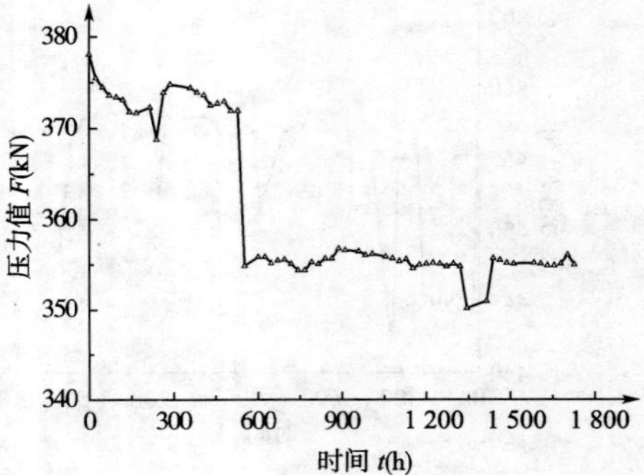

图 3.67　编号 300550(136 号墩 10 号块中腹板)的传感器压力值变化

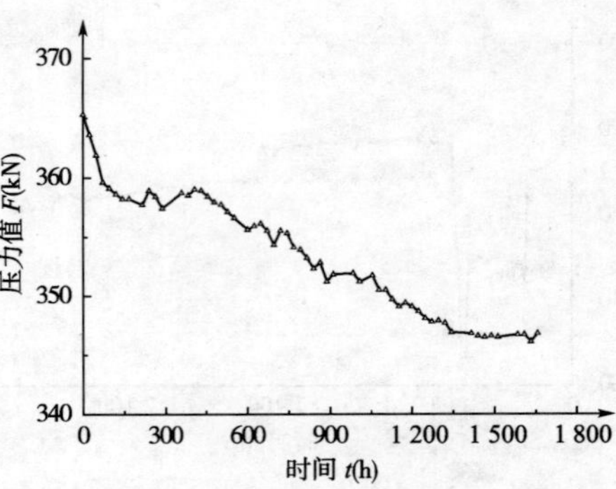

图 3.68　编号 300551(136 号墩 10 号块边腹板)的传感器压力值变化

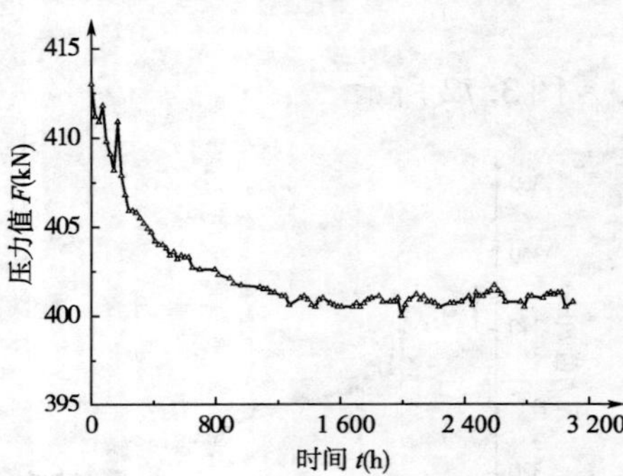

图 3.69　编号 301270(141 号墩 2 号块中腹板)的传感器压力值变化

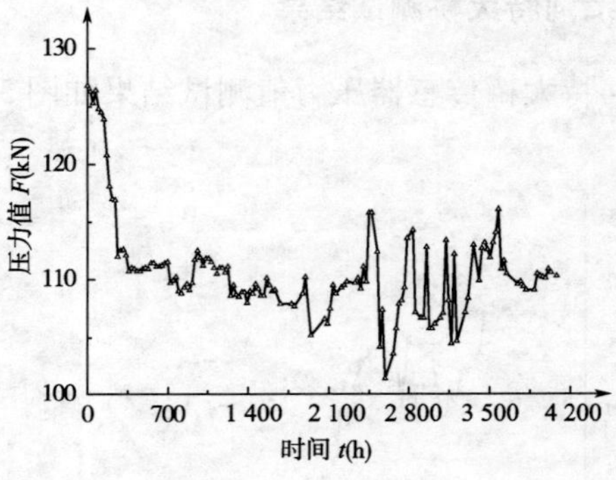

图 3.70　编号 300298(141 号墩 2 号块边腹板)的传感器压力值变化

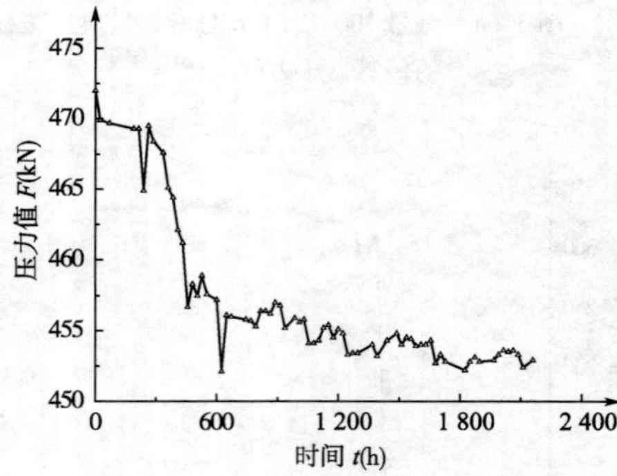

图 3.71　编号 301269(141 号墩 5 号块中腹板)的传感器压力值变化

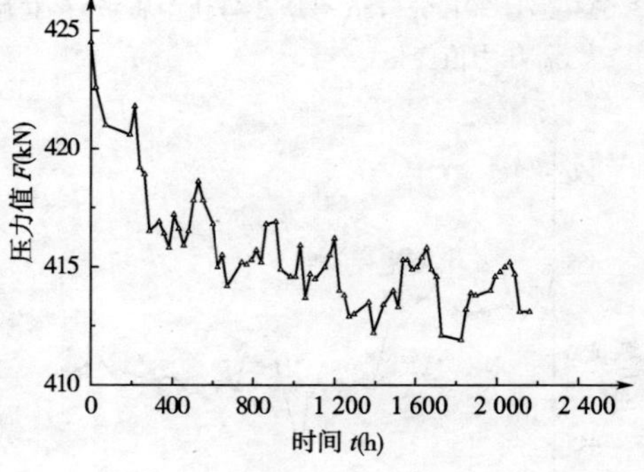

图 3.72　编号 301268(141 号墩 5 号块边腹板)的传感器压力值变化

3.6.6　预应力损失统计模型

汇总所有预应力测试数据,如表 3.21 所示。

所有预应力测试数据　　表3.21

时间 t (h)	长度 L (m)	预应力损失 (kN)	时间 t (h)	长度 L (m)	预应力损失 (kN)	时间 t (h)	长度 L (m)	预应力损失 (kN)
0	6.559	0	0	6.388	0	661	6.388	23.9
10	6.559	1.7	4	6.388	1.1	681	6.388	24.2
34	6.559	3.3	13	6.388	3.3	710	6.388	24.2
60	6.559	4.9	26	6.388	5	0	5.996	0
85.5	6.559	6.4	37	6.388	6.2	24	5.996	2.81
108	6.559	7.6	50	6.388	7.3	48	5.996	4.77
132	6.559	9.7	63	6.388	8.9	72	5.996	5.9
156	6.559	10.7	88.5	6.388	11.5	96	5.996	5.2
180	6.559	11.9	111	6.388	13.8	120	5.996	4.8
204	6.559	12.9	135	6.388	15.4	144	5.996	5.2
228	6.559	14.1	159	6.388	16.6	168	5.996	5.5
252	6.559	15.1	183	6.388	17.6	190	5.996	5.8
276	6.559	15.9	207	6.388	18.5	214	5.996	4.8
300	6.559	16.5	231	6.388	19.5	235	5.996	5
324	6.559	17.1	255	6.388	20.8	264	5.996	4.3
348	6.559	17.6	279	6.388	21.3	0	5.724	0
372	6.559	18.1	303	6.388	21.7	24	5.724	3.32
396	6.559	18.2	327	6.388	22.1	48	5.724	5.38
420	6.559	18.7	351	6.388	22.5	72	5.724	6.3
444	6.559	18.6	375	6.388	22.8	96	5.724	8.1
468	6.559	18.8	399	6.388	23.2	120	5.724	10.45
492	6.559	19.2	423	6.388	23.2	144	5.724	11.1
516	6.559	19.3	447	6.388	23.4	168	5.724	12.1
540	6.559	19.2	471	6.388	23.2	190	5.724	13.39
564	6.559	19.1	495	6.388	23.4	214	5.724	15.22
588	6.559	19.5	519	6.388	23.7	235	5.724	15.96
612	6.559	19.9	543	6.388	24	264	5.724	16.1
634	6.559	20.1	567	6.388	24.3	286	5.724	15.8
658	6.559	19.7	591	6.388	24.5	310	5.724	15.8
679	6.559	19.3	615	6.388	24.2			
708	6.559	19.5	637	6.388	23.9			

表3.21中数据未考虑瞬时弹性压缩损失及锚具变形,钢筋回缩和接缝压缩变形损失,因此对上表数据进行处理,得到从开始测试到最终测试时间下的预应力总损失,如表3.22所示。

预应力总损失统计值　　表3.22

时间 t (h)	长度 L (m)	预应力损失 (kN)	时间 t (h)	长度 L (m)	预应力损失 (kN)	时间 t (h)	长度 L (m)	预应力损失 (kN)
0	6.559	195.7	0	6.388	152.5	661	6.388	176.4
10	6.559	197.4	4	6.388	153.6	681	6.388	176.7
34	6.559	199	13	6.388	155.8	710	6.388	176.7
60	6.559	200.6	26	6.388	157.5	0	5.996	159.3
85.5	6.559	202.1	37	6.388	158.7	24	5.996	162.11
108	6.559	203.3	50	6.388	159.8	48	5.996	164.07
132	6.559	205.4	63	6.388	161.4	72	5.996	165.2
156	6.559	206.4	88.5	6.388	164	96	5.996	164.5
180	6.559	207.6	111	6.388	166.3	120	5.996	164.1
204	6.559	208.6	135	6.388	167.9	144	5.996	164.5
228	6.559	209.8	159	6.388	169.1	168	5.996	164.8
252	6.559	210.8	183	6.388	170.1	190	5.996	165.1
276	6.559	211.6	207	6.388	171	214	5.996	164.1
300	6.559	212.2	231	6.388	172	235	5.996	164.3
324	6.559	212.8	255	6.388	173.3	264	5.996	163.6
348	6.559	213.3	279	6.388	173.8	0	5.724	169.3
372	6.559	213.8	303	6.388	174.2	24	5.724	172.62
396	6.559	213.9	327	6.388	174.6	48	5.724	174.68
420	6.559	214.4	351	6.388	175	72	5.724	175.6
444	6.559	214.3	375	6.388	175.3	96	5.724	177.4
468	6.559	214.5	399	6.388	175.7	120	5.724	179.75
492	6.559	214.9	423	6.388	175.7	144	5.724	180.4
516	6.559	215	447	6.388	175.9	168	5.724	181.4
540	6.559	214.9	471	6.388	175.7	190	5.724	182.69
564	6.559	214.8	495	6.388	175.9	214	5.724	184.52
588	6.559	215.2	519	6.388	176.2	235	5.724	185.26
612	6.559	215.6	543	6.388	176.5	264	5.724	185.4
634	6.559	215.8	567	6.388	176.8	286	5.724	185.1
658	6.559	215.4	591	6.388	177	310	5.724	185.1
679	6.559	215	615	6.388	176.7			
708	6.559	215.2	637	6.388	176.4			

进一步统计预应力实时损失率,统计结果如表3.23所示。

预应力实时损失率表　　表 3.23

时间 t (h)	长度 L (m)	预应力损失 (kN)	时间 t (h)	长度 L (m)	预应力损失 (kN)	时间 t (h)	长度 L (m)	预应力损失 (kN)
0	6.559	0.290	0	6.388	0.226	661	6.388	0.261
10	6.559	0.292	4	6.388	0.228	681	6.388	0.262
34	6.559	0.295	13	6.388	0.231	710	6.388	0.262
60	6.559	0.297	26	6.388	0.233	0	5.996	0.236
85.5	6.559	0.299	37	6.388	0.235	24	5.996	0.240
108	6.559	0.301	50	6.388	0.237	48	5.996	0.243
132	6.559	0.304	63	6.388	0.239	72	5.996	0.245
156	6.559	0.306	88.5	6.388	0.243	96	5.996	0.244
180	6.559	0.308	111	6.388	0.246	120	5.996	0.243
204	6.559	0.309	135	6.388	0.249	144	5.996	0.244
228	6.559	0.311	159	6.388	0.251	168	5.996	0.244
252	6.559	0.312	183	6.388	0.252	190	5.996	0.245
276	6.559	0.313	207	6.388	0.253	214	5.996	0.243
300	6.559	0.314	231	6.388	0.255	235	5.996	0.243
324	6.559	0.315	255	6.388	0.257	264	5.996	0.242
348	6.559	0.316	279	6.388	0.257	0	5.724	0.251
372	6.559	0.317	303	6.388	0.258	24	5.724	0.256
396	6.559	0.317	327	6.388	0.259	48	5.724	0.259
420	6.559	0.318	351	6.388	0.259	72	5.724	0.260
444	6.559	0.317	375	6.388	0.260	96	5.724	0.263
468	6.559	0.318	399	6.388	0.260	120	5.724	0.266
492	6.559	0.318	423	6.388	0.260	144	5.724	0.267
516	6.559	0.319	447	6.388	0.261	168	5.724	0.269
540	6.559	0.318	471	6.388	0.260	190	5.724	0.271
564	6.559	0.318	495	6.388	0.261	214	5.724	0.273
588	6.559	0.319	519	6.388	0.261	235	5.724	0.274
612	6.559	0.319	543	6.388	0.261	264	5.724	0.275
634	6.559	0.320	567	6.388	0.262	286	5.724	0.274
658	6.559	0.319	591	6.388	0.262	310	5.724	0.274
679	6.559	0.319	615	6.388	0.262			
708	6.559	0.319	637	6.388	0.261			

分析各个自变量与应变的关系，得预应力损失率和时间 t 的关系曲线，如图 3.73 所示。

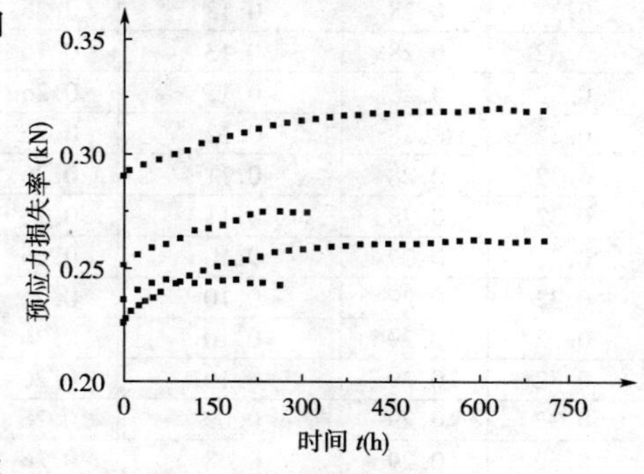

图 3.73　时间和预应力损失率的关系

可以假定，预应力损失率

$$\Delta f(t) = a\left(1 - \frac{1}{e^{bt}}\right) + c$$

式中：a、b、c——待定系数；

$\Delta f(t)$ ——预应力损失率；

t——第一次张拉后的时间。

假定预应力损失率 Δf 与钢筋的长度 L 成反比

关系。

则可假定总的预应力损失率模型为

$$\Delta f(t,L) = \frac{a\left(1 - \frac{1}{e^{bt}}\right) + c}{L}$$

根据表3.23中的数据进行非线性方程参数拟合,得到 $a = 0.606$, $b = 0.0015$, $c = 1.523$,则总的预应力损失率模型为

$$\Delta f(t,L) = \frac{0.606\left(1 - \frac{1}{e^{0.0015t}}\right) + 1.523}{L}$$

式中:$\Delta f(t,L)$——预应力损失率;

L——精轧螺纹钢长度(m)。

采用课题组建立的预应力损失率数学模型对课题组采集得到的预应力损失率进行对比,对比结果如表3.24所示。

预应力损失率实测值和预测值对比　　表3.24

实测值	预测值	误差	实测值	预测值	误差	实测值	预测值	误差
0.29	0.23	0.20	0.23	0.24	0.06	0.26	0.30	0.14
0.29	0.23	0.20	0.23	0.24	0.05	0.26	0.30	0.14
0.29	0.24	0.20	0.23	0.24	0.04	0.26	0.30	0.15
0.30	0.24	0.19	0.23	0.24	0.04	0.24	0.25	0.08
0.30	0.24	0.19	0.24	0.24	0.04	0.24	0.26	0.07
0.30	0.25	0.18	0.24	0.25	0.04	0.24	0.26	0.07
0.30	0.25	0.18	0.24	0.25	0.03	0.24	0.26	0.08
0.31	0.25	0.18	0.24	0.25	0.03	0.24	0.27	0.10
0.31	0.25	0.17	0.25	0.25	0.03	0.24	0.27	0.11
0.31	0.26	0.17	0.25	0.26	0.03	0.24	0.27	0.12
0.31	0.26	0.17	0.25	0.26	0.03	0.24	0.28	0.13
0.31	0.26	0.16	0.25	0.26	0.04	0.24	0.28	0.14
0.31	0.26	0.16	0.25	0.26	0.04	0.24	0.28	0.16
0.31	0.27	0.15	0.25	0.27	0.05	0.24	0.28	0.17
0.32	0.27	0.15	0.26	0.27	0.05	0.24	0.29	0.19
0.32	0.27	0.15	0.26	0.27	0.05	0.25	0.27	0.06
0.32	0.27	0.14	0.26	0.27	0.06	0.26	0.27	0.06
0.32	0.27	0.14	0.26	0.28	0.06	0.26	0.27	0.06
0.32	0.28	0.13	0.26	0.28	0.07	0.26	0.28	0.06
0.32	0.28	0.13	0.26	0.28	0.08	0.26	0.28	0.07
0.32	0.28	0.12	0.26	0.28	0.08	0.27	0.28	0.07
0.32	0.28	0.12	0.26	0.28	0.09	0.27	0.29	0.07
0.32	0.28	0.11	0.26	0.28	0.09	0.27	0.29	0.08
0.32	0.28	0.11	0.26	0.29	0.10	0.27	0.29	0.08
0.32	0.29	0.10	0.26	0.29	0.11	0.27	0.30	0.08
0.32	0.29	0.10	0.26	0.29	0.11	0.27	0.30	0.08
0.32	0.29	0.10	0.26	0.29	0.11	0.27	0.30	0.10
0.32	0.29	0.10	0.26	0.29	0.12	0.27	0.30	0.11
0.32	0.29	0.09	0.26	0.29	0.12	0.27	0.31	0.11
0.32	0.29	0.08	0.26	0.30	0.13			
0.32	0.29	0.08	0.26	0.30	0.14			

3.7　预应力损失无损检测方法研究

预应力混凝土连续（刚构）箱梁桥结构体系具有结构刚度大、行车平顺、伸缩缝少、养护费用低、适用于多种跨度等优点，已普遍在高速公路、城市大中跨径混凝土桥梁设计方案中得到应用。为了防止这类桥型腹板混凝土开裂，可应用精轧螺纹钢筋作为混凝土箱梁腹板竖向预应力筋，其具有连接不受焊接约束，锚固方便，施工简单，强度高，低松弛等优点，到目前为止中国已建和在建的单跨跨径超过100m的预应力混凝土连续（刚构）箱梁桥中，应用精轧螺纹钢筋竖向预应力体系的已达数百座之多。预应力混凝土连续（刚构）箱梁桥的竖向预应力损失过大或失效，是导致大跨度预应力混凝土箱梁桥腹板开裂、没有达到设计目标的主要原因之一。要解决竖向预应力损失过大或失效的问题，最直接、最有效的途径就是提出一种有效的检测方法并制定相应的检测标准，其工程意义在于：一方面，通过它能很好地约束、规范竖向预应力筋工人的施工行为（如使用扭力扳手拧紧螺母，并达到规定的扭矩），使竖向预应力施工行为具有可控性；另一方面，有效的检测手段可以促使施工单位改进施工工艺，提高施工的可靠度，从而达到彻底解决竖向预应力损失过大和失效的问题，对防止预应力混凝土箱梁桥腹板开裂、提高这类桥梁的耐久性和可靠性具有重要的技术和经济意义。本书通过理论分析与试验提出竖向预应力筋张拉力检测方法。

3.7.1　张拉力检测方法

竖向预应力筋安装如图3.74所示。工人启动油泵使液压千斤顶顶升，通过反力装置使精轧螺纹钢筋承受张拉力后，人工拧紧螺母后放松千斤顶，解除联结器，最终形成了如图3.74所示的结构，竖向预应力筋在螺母的两端形成张拉力。由于拧紧螺母完全靠工人的感觉，如果锚固螺母拧紧的程度不够，放松千斤顶后就会出现精轧螺纹钢筋达不到设计要求的张拉力的情况，竖向预应力筋就成了摆设，造成竖向预应力损失过大或失效。

螺母与竖向预应力筋（螺纹钢筋）的松紧程度或者说螺纹之间的挤压程度与形成的张拉力大小是相关的，很明显，在螺母范围内，不同的松紧程度有不同的抗弯刚度；而不同的抗弯刚度，外露段有不同的固有频率。如果能测试出上图中竖向预应力筋外露段的固有频率，则可以通过求解竖向预应力筋外露段的动力方程识别螺母段的刚度，通过现场试验标定出刚度变化与张拉力的关系，从而间接获得竖向预应力筋的张拉力。为了证实上述设想，在渭河桥141墩17号节段现场进行了科研测试。

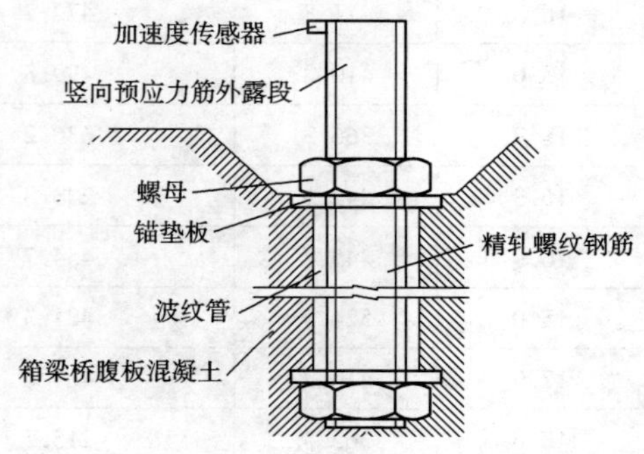

图3.74　竖向预应力筋的施工安装

有效的竖向预应力采用穿心式压力传感器测试，如图3.75所示。

模型的竖向预应力筋采用目前桥梁上普遍使用的直径为32mm的螺纹钢筋，螺纹型号为M34×3.0，配套螺母高度55mm，外形为六角形，对边距为55mm。随机选取竖向预应力钢筋进行测试。现场测试如图3.76所示。

图 3.75 穿心式压力传感器测试

图 3.76 现场测试

通过胶带缠绕在外露段的顶端安装传感器(东华仪器测试公司的高频加速度传感器),电荷灵敏度为 414.15,频率测量范围 5 ~1 000Hz。在张拉端的另一端安装测力传感器。采用人工激振方式获得的竖向预应力筋外露段的固有频率,如表 3.25 所示。

试验模型测试结果 表 3.25

外露长度(cm)	频率(Hz)	张拉力测试值(kN)	外露长度(cm)	频率(Hz)	张拉力测试值(kN)
17.6	419.0	450.9	14.1	580.2	473.1
19.3	342.9	205.8	14.8	518.7	310.2
19.2	345.8	207.8	14.7	539.2	418.5
16.3	471.8	472.2	12.5	656.4	341.0
18.0	410.2	499.8	13.2	644.6	516.4
18.9	366.3	330.2	14.9	530.4	428.0
16.3	442.5	233.8	15.0	521.6	400.1
16.9	445.4	454.7	12.5	673.9	429.8
15.0	524.5	421.3	12.1	703.2	430.5
17.9	410.2	467.6	13.5	609.5	437.4
18.6	363.4	215.5	14.1	542.1	242.0
17.9	404.4	407.1	13.8	603.6	503.6
17.2	445.4	540.3	15.5	515.7	523.3
18.2	407.3	530.7	13.4	612.4	418.7
15.4	509.5	452.9	13.925	310.55	240.0
14.9	545.0	519.3	13.925	313.48	333.3

续上表

外露长度(cm)	频率(Hz)	张拉力测试值(kN)	外露长度(cm)	频率(Hz)	张拉力测试值(kN)
13.925	316.41	441.2	17.725	313.48	89.1
13.925	328.13	571.2	17.725	355.47	184.6
18.425	306.64	80.7	17.725	365.23	298.3
18.425	322.27	128.4	17.725	355.45	376.3
18.425	335.94	181.3	17.725	361.33	538.2
18.425	347.66	328.1	12.925	478.52	66.3
18.425	356.45	493.8	12.925	482.42	110.0
16.425	321.29	59.0	12.925	529.30	220.3
16.425	324.22	106.2	12.925	542.97	299.3
22.2	301.76	401.1	12.925	552.73	394.7
16.425	382.81	216.6	12.925	550.78	492.7
16.425	404.30	303.1	13.725	384.77	59.7
16.425	406.25	540.2	13.725	416.02	116.6
12.325	416.02	30.4	13.725	488.75	223.7
12.325	507.81	84.4	13.725	496.09	310.4
12.325	492.19	179.2	13.725	500.00	417.9
12.325	570.31	324.9	13.725	507.81	498.7
12.325	556.64	405.3	15.525	310.65	75.6
12.325	570.31	469.2	15.525	353.52	120.7
8.925	494.14	83.7	15.525	408.20	223.3
8.925	554.69	120.3	15.525	431.64	338.4
8.925	609.38	221.3	15.525	434.57	405.8
8.925	619.14	320.5	15.725	48.80	23.6
8.925	671.88	421.1	15.725	105.47	100.4
8.925	751.96	576.5	15.725	375.00	224.7
17.725	187.50	44.3			

在外露段安装两个传感器进行模态分析，分析表明所测试的频率为视外露段为悬臂梁时一阶振型的固有频率，不同张拉力所测试的一阶振型频率如表3.25所示。频率测试结果表明，随着张拉力增加，频率均存在不同程度的增加，很明显竖向预应力筋的外露段在张拉的过程中，抗弯刚度不断增加，外露段的锚固端随着张拉力的不断增加，其刚度发生变化，这种变化为张拉力的测试提供了依据。另外忽略螺母的刚度，外露段按悬臂梁计算的一阶振型频率如表3.25所示。不同张拉力测试的频率与对应的外露段一阶振型频率接近，这一规律为判断所测试的频率的振型提供了依据。按悬臂梁计算忽略螺母刚度的外露段各阶振型所对应的频率，对比测试分析的频率，与计算频率接近的实测频率所对应的振型就是计算频率的振型，不再需另做外露段的模态分析。由于激振竖向预应筋外露段的能量非常小，桥梁的固有振动频

率不会和外露段的固有频率耦合(与斜拉桥频率法测试斜拉索张拉力类似)。

3.7.2 外露段力学模型近似解

实际桥梁工程中,竖向预应力筋外露段(不包括螺母)长度是不同的,但螺母锚固区的长度是相同的。在相同有效张拉力下,无论外露段钢筋长度如何变化,竖向预应力筋、螺母和锚垫板之间的松紧程度是相同的,或者说抗弯刚度是相同的。在预应力的螺母锚固段内,有效张拉力不同,钢筋与螺母的咬合的松紧程度是不相同的,以致抗弯刚度不同。不同的抗弯刚度,外露段有不同的固有频率。视竖向预应力筋外露部分为变刚度的悬臂梁,建立图 3.77 所示模型。

图中 AC 段的竖向预应力筋的抗弯刚度为 EI,CB 段(即锚固段)的抗弯刚度为 kEI,k 为锚固段刚度增大系数。采用 Rayleigh 法分析一阶振型频率[4]:

$$w^2 = (2\pi f)^2 = \frac{\int_0^l m(x)w(x)\,\mathrm{d}x}{\int_0^l m(x)[\varphi(x)]^2\mathrm{d}x} \tag{3-13}$$

式中:$m(x)$——单位长度的质量;

$\varphi(x)$——x 处的最大振幅。

如果采用式(3-13) 进行计算,则存在微分运算,计算难度较大,同时计算精度也有所下降。因此,将结构的势能用作用在结构体系上等效的功来表示,避免微分运算,参见式(3-14)。

$$w^2 = (2\pi f)^2 = g\frac{\int_0^l m(x)w(x)\,\mathrm{d}x}{\int_0^l m(x)[w(x)]^2\mathrm{d}x} \tag{3-14}$$

式中:$w(x)$——静止的重力荷载所引起体系的挠曲线方程;

g——重力加速度,此式常用于任类型体系频率的近似分析。

挠曲线形状 $w(x)$ 可以通过外露段和锚固段本身静止的重力荷载所引起体系的挠曲线形状 $w_q(x)$ 与加速度传感器的重力 F 所引起体系的挠曲线形状 $w_F(x)$ 两者之间的叠加求得。

选取如图 3.77 所示坐标系,求得外露段重力荷载(视为均布荷载)作用下(图 3.78)各段的挠曲线方程。

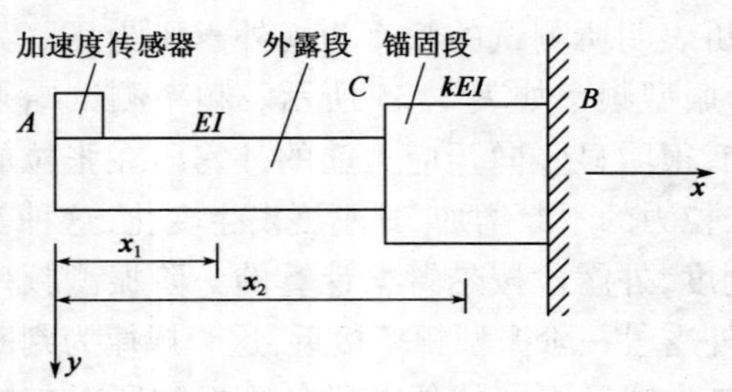

图 3.77 外露段力学模型

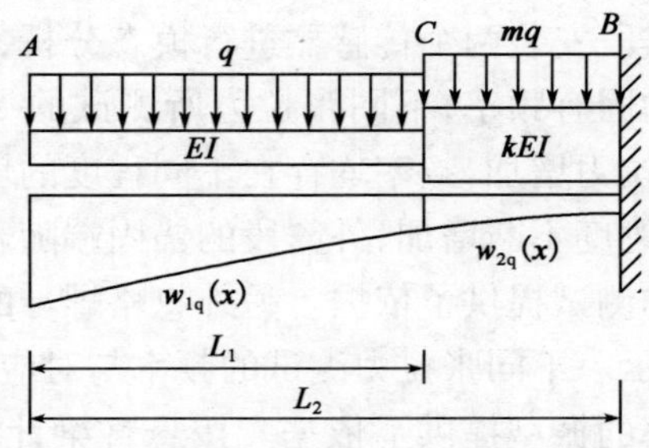

图 3.78 外露段自重荷载作用

AC 段:

$$w_{1q}x = \frac{1}{EI}\left[\frac{1}{24}qx_1^4 + \left(\frac{1}{k}A - \frac{1}{6}qL_1^3\right)x_1 + \frac{1}{8}qL_1^4 + \frac{1}{k}B\right] \quad (0 \leqslant x_1 \leqslant L_1) \tag{3-15}$$

CB 段：

$$w_{2q}(x) = \frac{1}{kEI}\left[\frac{1}{24}mqx_2^4 - \frac{1}{6}(m-1)qL_1x_2^3 + \frac{1}{4}(m-1)qL_1^2x_2^2 + Cx_1 + D\right] \quad (L_1 \leqslant x_1 \leqslant L_2) \tag{3-16}$$

式中：$A = \frac{1}{6}mq(L_1^3 - L_2^3) + \frac{m-1}{2}qL_1L_2(L_2 - L_1)$；

$B = -\frac{1}{24}mqL_1^4 + \frac{1}{3}(1-m)qL_1L_2^3 + \frac{1}{8}mqL_2^4 + \frac{1}{4}(m-1)L_1^2L_2^2 - \frac{1}{12}qL_1^4$；

$C = -\frac{1}{6}mqL_2^3 + \frac{1}{2}(m-1)qL_1L_2^2 - \frac{1}{2}(m-1)qL_1^2L_2$；

$D = \frac{1}{8}mqL_2^4 - \frac{1}{3}(m-1)qL_1L_2^3 + \frac{1}{4}(m-1)qL_1^2L_2^2$。

同理得在加速度传感器自重（F）作用下各段的挠曲线方程为：

$$w_{1F}(x_1) = \frac{1}{EI}\left[\frac{1}{6}Fx_1^3 + \frac{1}{2}\left(\frac{1}{k}-1\right)FL_1^2x_1 - \frac{1}{2k}FL_2^2x_1 - \frac{1}{3}\left(\frac{1}{k}-1\right)FL_1^3 + \frac{1}{3k}FL_2^3\right] \quad (0 \leqslant x_1 \leqslant L_1) \tag{3-17}$$

$$w_{2F}(x_2) = \frac{1}{kEI}\left[\frac{1}{6}Fx_2^3 - \frac{1}{2}FL_2^2x_2 + \frac{1}{3}FL_2^3\right] \quad (L_1 \leqslant x_1 \leqslant L_2) \tag{3-18}$$

把式(3-15)～式(3-18)代入式(3-14)得到一阶振型频率 w 与锚固段增大系数 k 值之间的关系方程为：

$$w^2 = g\frac{Y}{Z} \tag{3-19}$$

$$Y = \int_0^{L_1} m_1[w_{1q}(x) + w_{1F}(x)]\mathrm{d}x + \int_{L_1}^{L_2} m_2[w_{2q}(x) + w_{2F}(x)]\mathrm{d}x$$

$$Z = \int_0^{L_1} m_1[w_{1q}(x) + w_{1F}(x)]^2\mathrm{d}x + \int_{L_1}^{L_2} m_2[w_{2q}(x) + w_{2F}(x)]^2\mathrm{d}x$$

式中：m_1——外露段钢筋单位长度的质量；

m_2——锚固段单位长度的质量。

式(3-19)建立了精轧螺纹钢筋外露段长度 L、一阶振型频率 w 与锚固段刚度增大系数 k 的3参数模型。通过测得外露段长度 L 与一阶振型频率 w，求解锚固段刚度增大系数 k，以下需要解决的是建立锚固段刚度增大系数 k 与有效张拉力 P 的双参数模型。通过锚固段刚度增大系数 k 求得有效张拉力 P，从而可以判定竖向预应力筋是否张拉到位。

3.7.3　外露段动力学模型精确解

由于传感器高度（32mm）相对竖向预应力筋外露长度有一定的比例，同时近似解只解出了一阶频率，对测试的信号进行频谱分析时，进一步确定所测试的频率属于第几阶振型，对竖向预应力筋外露段进行动力学精确分析是必要的。竖向预应力筋精确分析模型如图3.79所

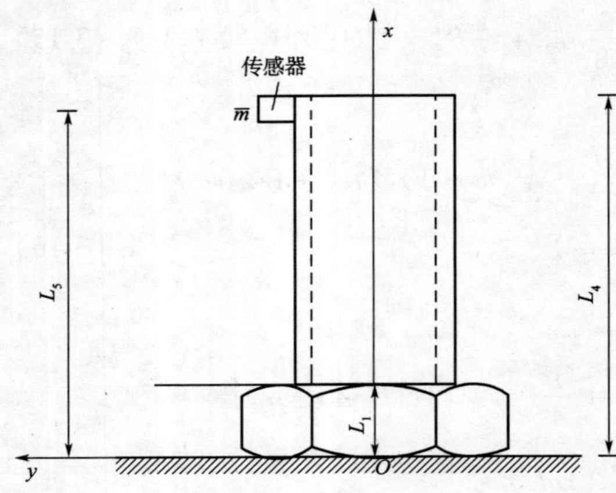

图 3.79　外露段精确解模型

示,分段建立动平衡方程如下。

$$m_1 \frac{\partial^2 y_1}{\partial t^2} + kEI \frac{\partial^4 y_1}{\partial x^4} = 0\ ,\ x \in (0, L_1) \tag{3-20}$$

$$m_2 \frac{\partial^2 y_2}{\partial t^2} + EI \frac{\partial^4 y_2}{\partial x^4} = 0\ ,\ x \in (L_1, L_4) \tag{3-21}$$

$$M \frac{\partial^2 y_3}{\partial t^2} + EI \frac{\partial^4 y_3}{\partial x^4} = 0\ ,\ x \in (L_4, L_5) \tag{3-22}$$

式中:M——有传感器段单位长度的质量;

y_1、y_2、y_3——螺母锚固段、外露钢筋段以及传感器安置段动位移。

采用分离变量法求解式(3-20)~式(3-22),假定式(3-20)~式(3-22)的解具有如下形式:

$$y(x,t) = Y(t)\varphi(x) \tag{3-23}$$

式中:$Y(t)$——位移时间函数, $Y(t) = \sin(\omega t + \theta)$;

$\varphi(x)$ ——振型函数。

将式(3-23)代入式(3-20)~式(3-22),令 $a^4 = \dfrac{\omega^2 m_1}{kEI}$,$b^4 = \dfrac{\omega^2 m_2}{EI}$,$f^4 = \dfrac{\omega^2 M}{EI}$,可得下列方程:

$$\varphi_1^{(4)}(x) - a^4 \varphi_1(x) = 0 \tag{3-24}$$

$$\varphi_2^{(4)}(x) - b^4 \varphi_2(x) = 0 \tag{3-25}$$

$$\varphi_3^{(4)}(x) - f^4 \varphi_3(x) = 0 \tag{3-26}$$

上述方程的解为

$$\varphi_1(x) = C_1 \cos ax + C_2 \sin ax + C_3 \mathrm{ch} ax + C_4 \mathrm{sh} ax \tag{3-27}$$

$$\varphi_2(x) = D_1 \cos bx + D_2 \sin bx + D_3 \mathrm{ch} bx + D_4 \mathrm{sh} bx \tag{3-28}$$

$$\varphi_3(x) = B_1 \cos fx + B_2 \sin fx + B_3 \mathrm{ch} fx + B_4 \mathrm{sh} fx \tag{3-29}$$

根据边界条件可得到关于 C_1、C_2、C_3、C_4、D_1、D_2、D_3、D_4、B_1、B_2、B_3、B_4 的 12 个方程,记为

$$\boldsymbol{J} = \{C_1 \quad C_2 \quad C_3 \quad C_4 \quad D_1 \quad D_2 \quad D_3 \quad D_4 \quad B_1 \quad B_2 \quad B_3 \quad B_4\}^{\mathrm{T}} = 0 \tag{3-30}$$

要使式(3-30)中系数列阵不全为0,则有

$$|\boldsymbol{J}| = 0 \tag{3-31}$$

最终式(3-31)只含有 φ 和 k 两个未知数,求解式(3-31)的特征值,可得到频率与 k 的关系。近似解易于计算,精确解可用于对近似解的复核。两种方法的计算结果比较如表 3.26 所示。

试验模型 k 值的近似解与精确解　　表3.26

外露段长度(mm)		120	160	200	240
不同张拉力(kN)对应的 k 值近似解	100	1.836 1	1.531 8	1.181 3	1.177 4
	200	2.163 4	2.183 8	1.599 0	1.630 2
	300	2.283 5	2.377 3	1.884 6	1.984 7
	400	2.339 0	2.456 0	2.084 4	2.202 0
	500	2.395 7	2.508 9	2.223 1	2.320 6
不同张拉力(kN)对应的 k 值精确解	100	1.875 3	1.579 1	1.220 9	1.228 3
	200	2.222 2	2.283 9	1.672 5	1.726 5
	300	2.350 3	2.496 4	1.986 5	2.125 8
	400	2.409 5	2.583 3	2.208 9	2.374 7
	500	2.470 3	2.641 9	2.372 8	2.511 9

分析表3.26中的数据可得出以下几点结论：

(1) k 值随张拉力呈非线性增加，与竖向预应力的外露长度无相关性，近似解和精确解具有相同规律。

(2)当张拉力较低时，k 的波动范围较大。主要原因是在张拉力较低时，螺母与锚垫板的接触存在不均匀性，随着张拉力的增加，不均匀性逐渐消失，k 的波动范围变小。

(3)精确计算和近似计算均有相同的规律，近似计算方法简单，可用于现场测量。

上述试验与理论分析表明，通过测试竖向预应力外露段的固有频率完全可以间接测试其张拉力的大小。

3.7.4　张拉力无损预测模型

对表3.26的测试数据采用外露段近似解计算 k 值，绘制 P 与 k 的关系图，如图3.80所示。

施工单位根据测试报告对未达到额定张拉力的竖向预应力筋进行重新张拉。对重新张拉的竖向预应力筋，施工单位技术人员对其延伸量进行了测试，测试结果与检测结果是一致的，为此业主与施工单位对张拉质量进行了改进，再次测试表明，施工单位的张拉质量有了较大的提高。对于同一规格的竖向预应力筋和螺母，可以通过少量的现场试验标定 k 值与张拉力的关系曲线，该方法可以适用不同工地进行大面积竖向预应力筋张拉力的测试，设备可以重复使用，原理简单。如果将频率分析软件与 k 值计算过程、k 值回归曲线嵌固在同一台仪器则成为竖向预应力筋张拉力测试专用仪器。

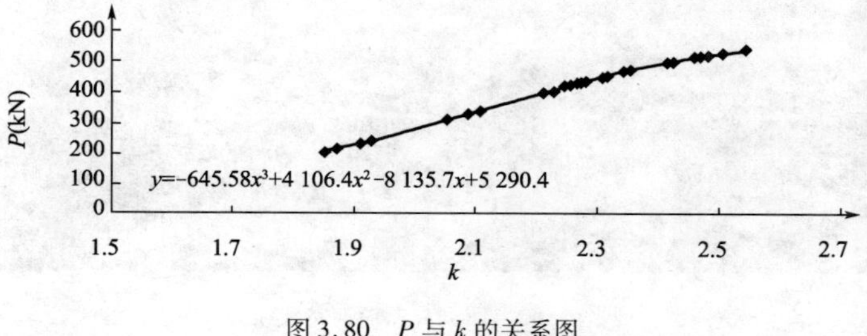

图3.80　P 与 k 的关系图

3.7.5 测试技术工程推广应用介绍

竖向预应力无损检测技术在陕西、江西、宁夏、四川、湖北五省23座桥梁推广应用。

1)陕西省铜黄高速公路八座连续刚构桥(表3.27、图3.81)

铜黄高速公路八座连续刚构桥 表3.27

桥梁名称	跨径布置(m)	桥梁名称	跨径布置(m)
沮河特大桥	85+3×160+85	扁担沟特大桥	75+3×140+75
柳沟特大桥	75+2×140+75	孙家河特大桥	75+2×140+75
虎沟特大桥	55+2×100+55	黄家沟特大桥	75+2×140+75
南沟特大桥	55+2×100+55	常家河特大桥	75+2×140+75

图3.81 铜黄高速连续刚构桥

2)陕西省西铜高速公路三座连续刚构桥(表3.28、图3.82)

西铜高速公路三座连续刚构桥 表3.28

桥梁名称	跨径布置(m)
渭河特大桥	(68.75+7×90)连续梁,(90+165+95)连续刚构
浊峪河特大桥	90+2×160+90
赵氏河大桥	90+4×160+90

图3.82 西铜高速渭河特大桥

3)江西省吉莲高速公路两座连续刚构桥(表3.29、图3.83)

敖城禾水河特大桥、上鹿禾水河大桥　　表3.29

桥梁名称	跨径布置(m)
禾水河特大桥	57+100+57
上鹿禾水河大桥	57+100+57

a)

b)

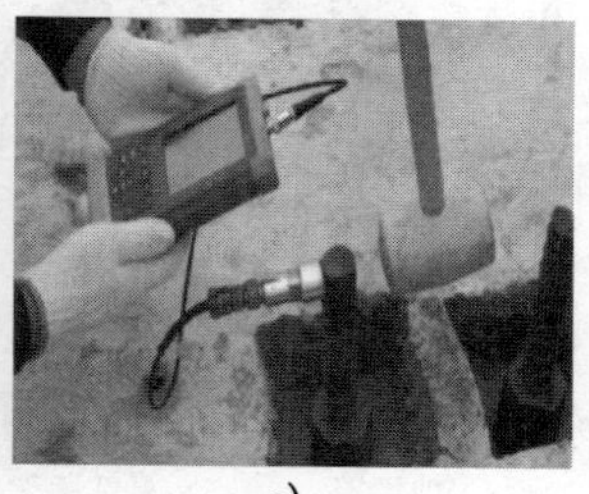
c)

图3.83　施工现场及竖向预应力检测

4)宁夏黄河大桥三座连续刚构桥(表3.30、图3.84)

中宁、中卫、石嘴山黄河大桥改扩建工程　　表3.30

桥梁名称	跨径布置(m)
中宁黄河大桥	40+8×80+40
中卫黄河大桥	60+6×90+60
石嘴山黄河大桥	60+4×90+60

a)

b)

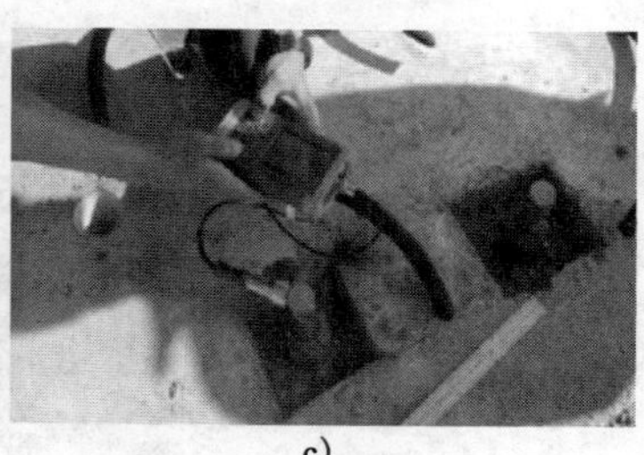
c)

图3.84　施工现场及竖向预应力检测

5)陕西省咸旬高速公路一座特大连续钢构桥(表3.31、图3.85)

陕西省咸旬高速公路三水河特大桥　　表3.31

桥梁名称	跨径布置(m)	工程特点
三水河特大桥	98+5×180+98	连续刚构桥亚洲第一高墩,主墩183.5m

6)四川省乐山至自贡高速公路一座特大连续钢构桥(表3.32、图3.86)

四川省乐山至自贡高速公路岷江特大桥　　表3.32

桥梁名称	跨径布置(m)	工程特点
岷江特大桥	100.4+3×180+100.4	连续刚构桥"亚洲第一跨",主跨180m

图3.85　三水河特大桥

图3.86　岷江特大桥

7)江西省南昌至宁都高速公路两座连续刚构桥(表3.33、图3.87)

江西省昌宁高速龙坊高架桥、神龙高架桥　　表3.33

桥梁名称	跨径布置(m)
龙坊高架桥	57+3×100+57
神龙高架桥	60+105+60

a)

b)

图3.87　龙坊高架桥、神龙高架桥

8)山西省中南部铁路通道一座连续刚构桥(表3.34、图3.88)

山西蔚汾河特大桥　　表3.34

桥梁名称	跨径布置(m)
蔚汾河特大桥	70+3×120+70

图3.88　蔚汾河特大桥

9)湖北利川至万州高速公路一座连续刚构桥(表3.35、图3.89)

湖北利万高速磁洞沟大桥　　表3.35

桥梁名称	跨径布置(m)
磁洞沟大桥	65 + 3 × 120 + 120

图3.89　磁洞沟大桥

10)陕西汉中至陕川界高速厢房里大桥(表3.36、图3.90)

陕西汉中至陕川界高速厢房里大桥　　表3.36

桥梁名称	跨径布置(m)
陕西汉中至陕川界高速厢房里大桥	65 + 2 × 100 + 65

a)

b)

图3.90　陕西汉中至陕川界高速厢房里大桥

3.8 箱梁腹板应力测试

3.8.1 腹板应变传感器布置断面及埋设

在赵氏河特大桥7号墩北侧箱梁上布设应变花,分别布设在10号和13号箱梁节段,详细布置位置如图3.91所示。后续会继续添加应变的测试,同时进行顶板横向正应力分布不均测试,研究箱梁施工期的剪力滞效应。

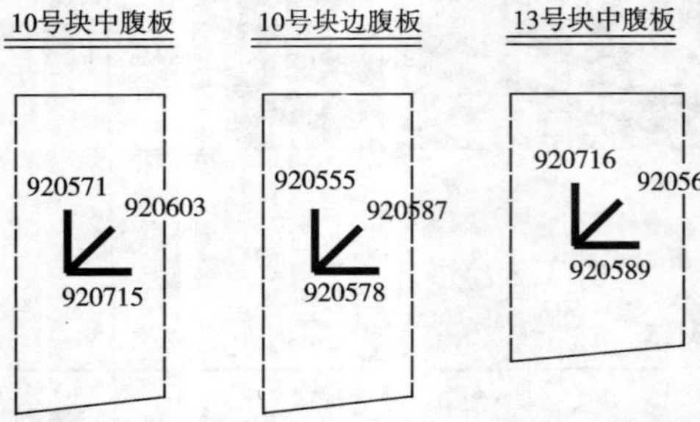

图3.91 详细布设位置

现场应变传感器埋设如图3.91所示。

赵氏河特大桥的已有应变花详细布设位置如图3.92所示。

图3.92中应变花的埋设位置均在腹板梁高一半位置处。

图3.92 应变花的安装

在浊峪河特大桥21号墩小里程侧箱梁上布设应变花,布设在14号箱梁节段,详细布设位置如图3.93所示。同时进行顶板横向正应力分布不均测试,研究箱梁施工期的剪力滞效应。

图3.93中应变花的埋设位置均在腹板梁高一半位置处。

在渭河特大桥136号墩北侧箱梁上布设应变花,布设在7号箱梁节段,详细布设位置如图3.94所示。同时进行顶板横向正应力分布不均测试,研究箱梁施工期的剪力滞效应。

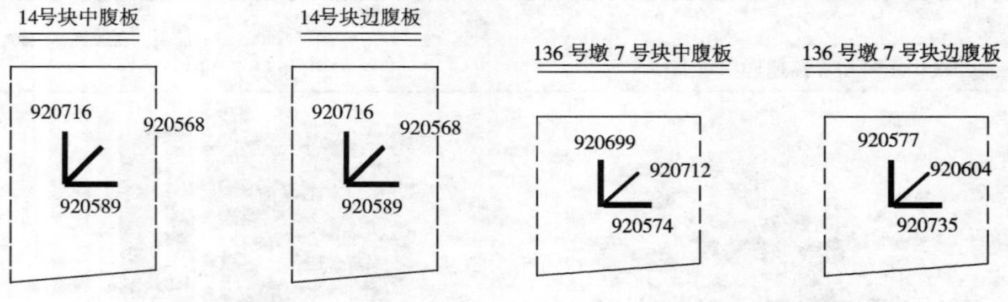

图3.93 详细布设位置

图3.94 详细布设位置

图3.94中应变花的埋设位置均在腹板梁高一半位置处。

3.8.2 赵氏河特大桥腹板测试结果

赵氏河特大桥腹板测试结果如图3.95~图3.108所示。

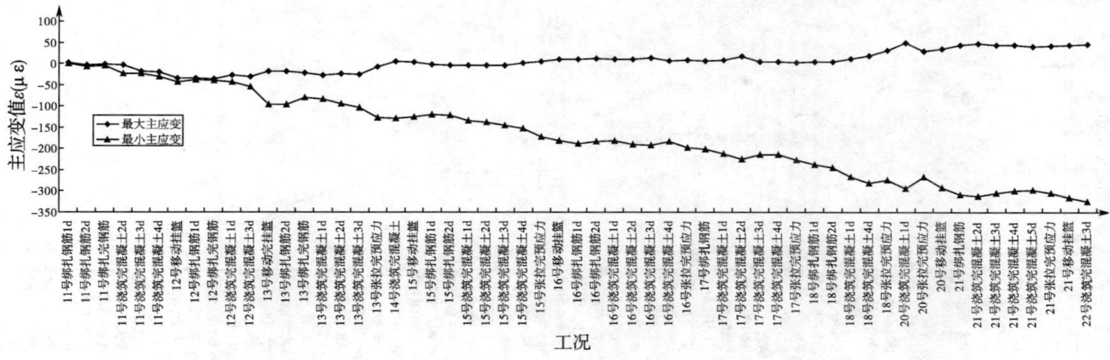

图 3.95 7 号墩 10 号块中腹板主应变

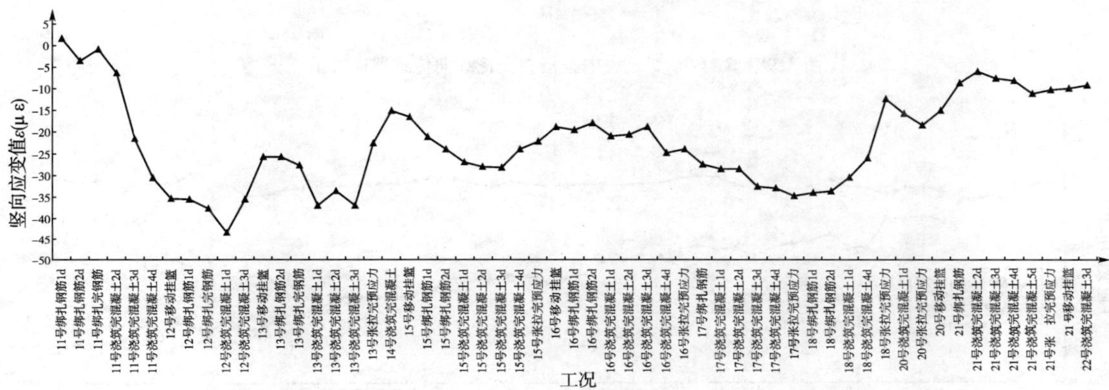

图 3.96 7 号墩 10 号块中腹板应变花竖向传感器应变

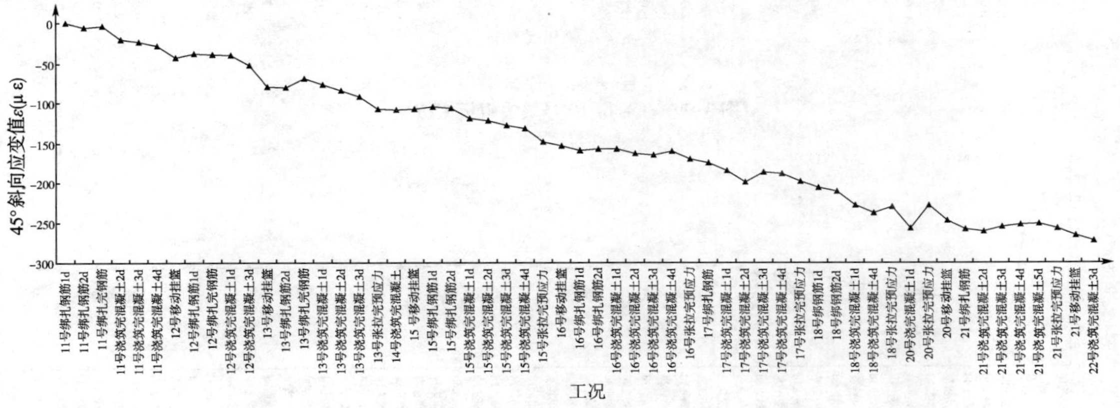

图 3.97 7 号墩 10 号块中腹板应变花 45°斜向传感器应变值

从实测数据分析可以看出：

(1)纵向应变随着施工进程而逐渐增大，分析其原因主要是因为后续的顶板和腹板预应力束张拉，导致箱梁腹板施工的压应力储备越来越大。

(2)主应力方向在后续施工段中趋于稳定，后续梁段施工及预应力束的张拉对主应力方向影响很小。

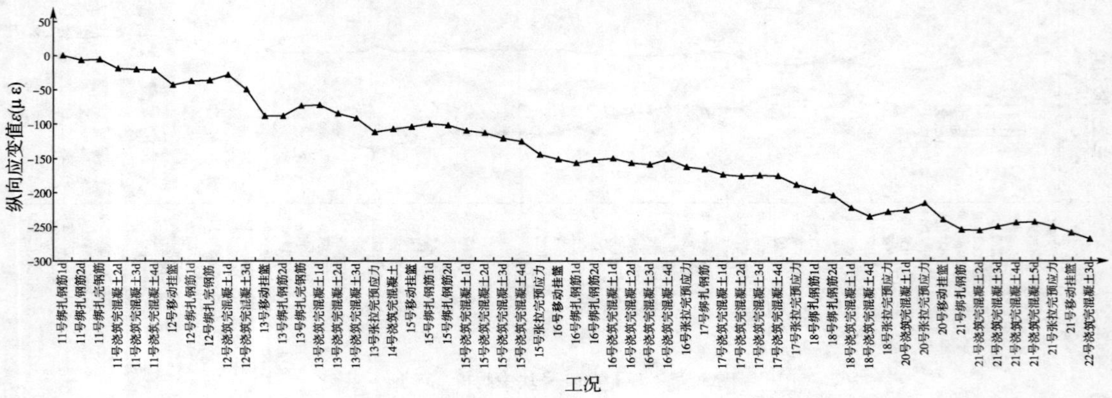

图 3.98　7 号墩 10 号块中腹板应变花纵向传感器应变值

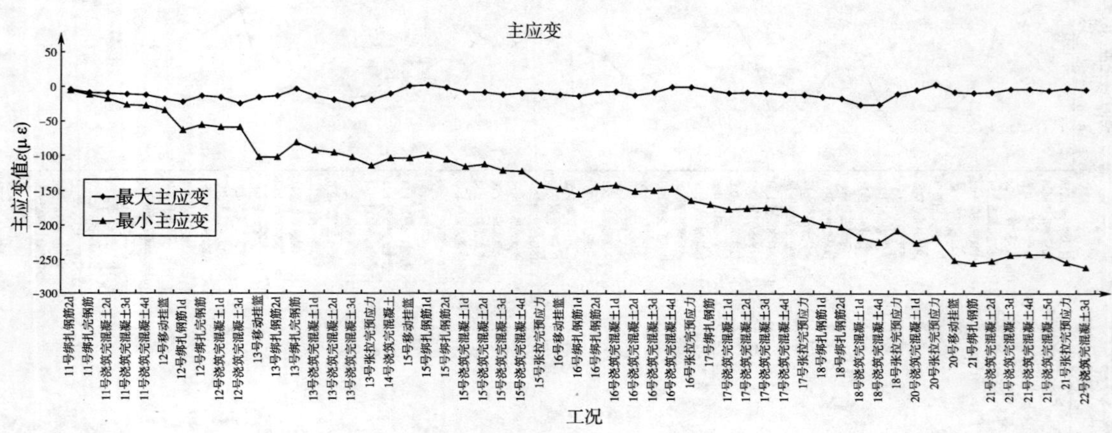

图 3.99　7 号墩 10 号块边腹板主应变

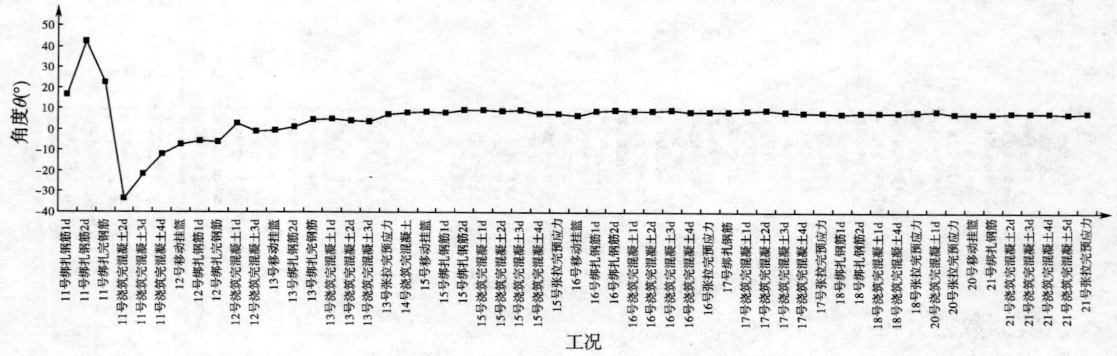

图 3.100　7 号墩 10 号块边腹板主应变角度值

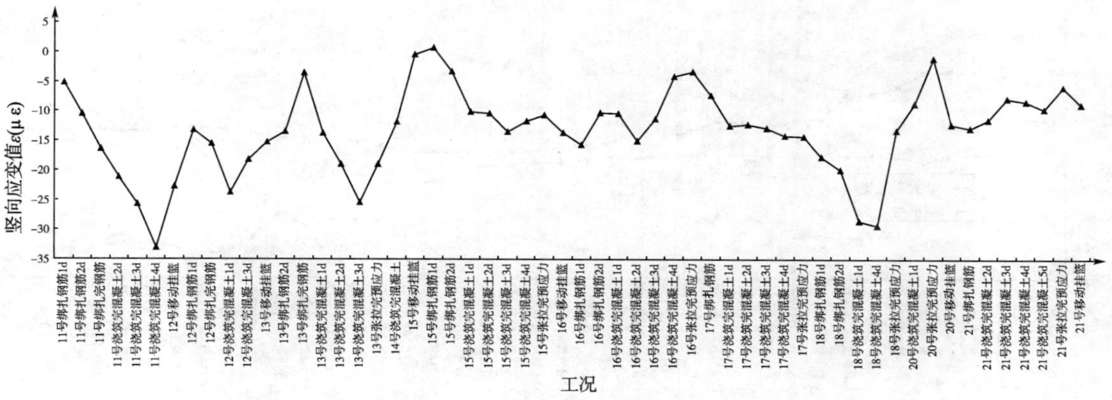

图 3.101　7 号墩 10 号块边腹板应变花竖向传感器应变值

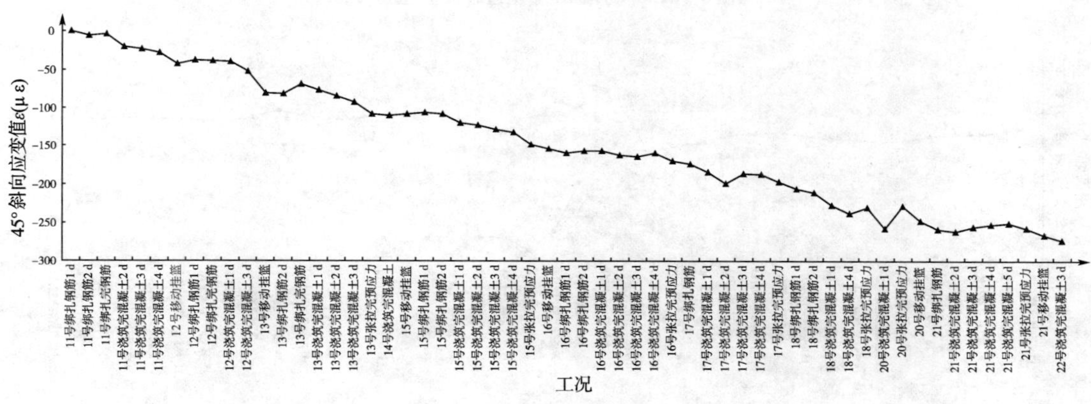

图 3.102　7 号墩 10 号块边腹板应变花 45°斜向传感器应变值

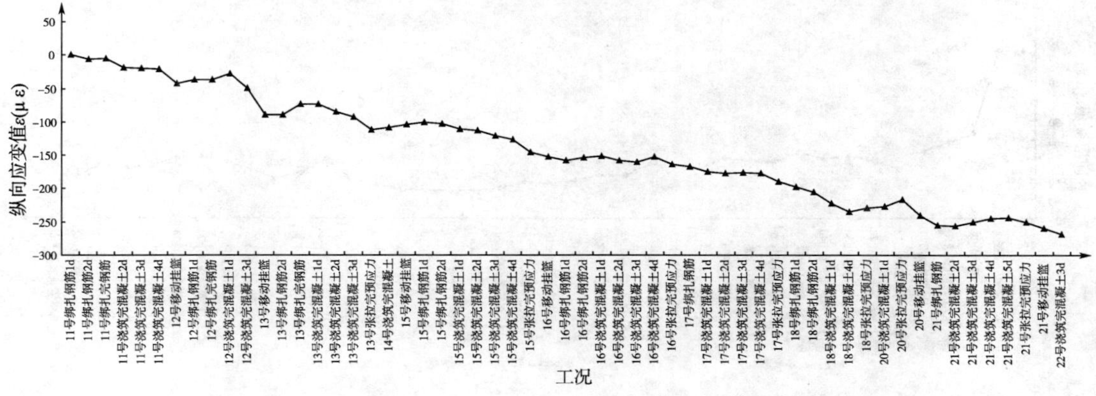

图 3.103　7 号墩 10 号块边腹板应变花纵向传感器应变值

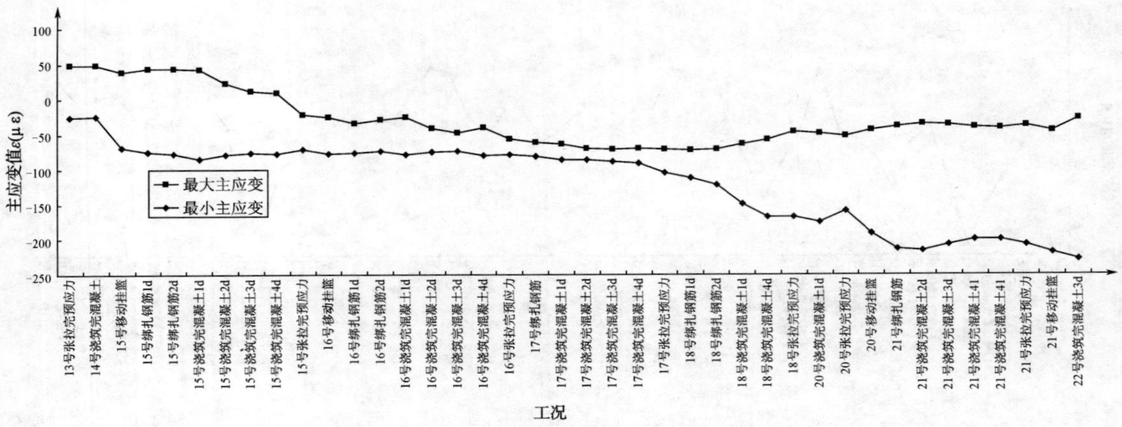

图 3.104　7 号墩 13 号块边腹板主应变

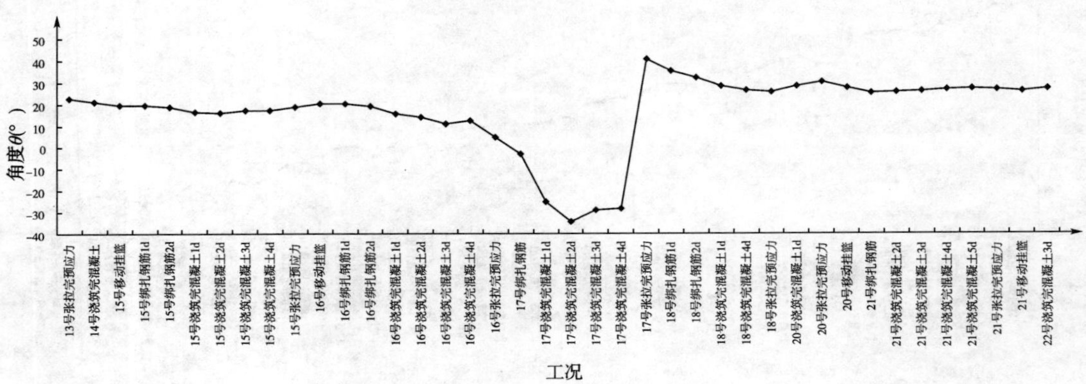

图 3.105　7 号墩 13 号块边腹板主应变角度值

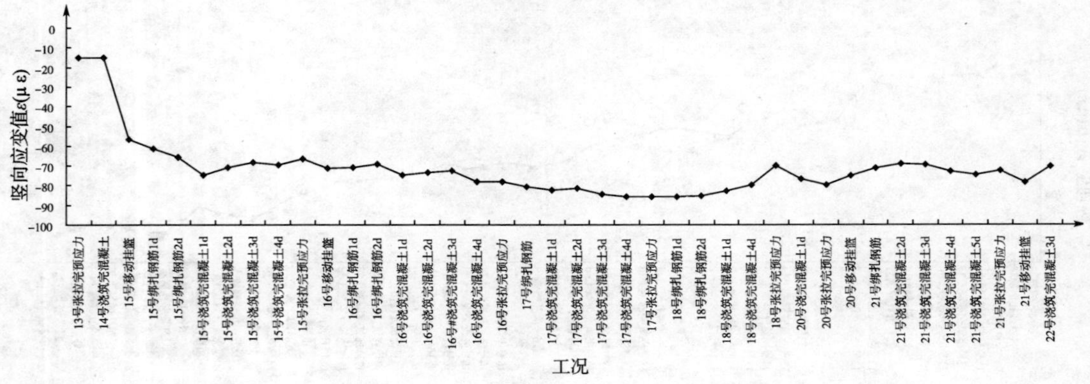

图 3.106　7 号墩 13 号块边腹板应变花竖向传感器应变值

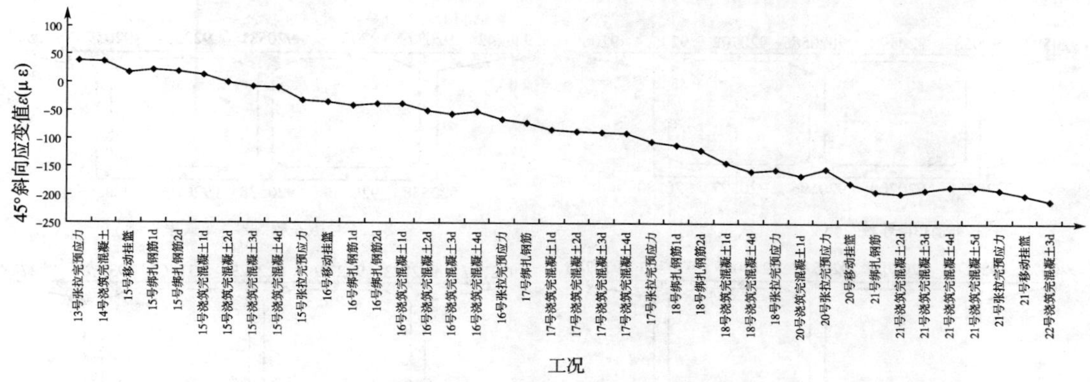

图 3.107　7 号墩 13 号块边腹板应变花 45°斜向传感器应变值

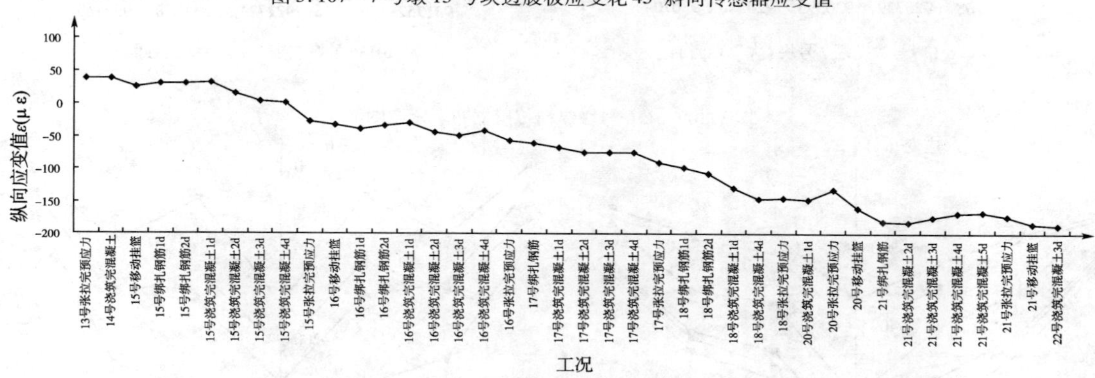

图 3.108　7 号墩 13 号块边腹板应变花纵向传感器应变

3.9　箱梁顶板和底板正应力测试结果

3.9.1　应变传感器布置断面及埋设

渭河特大桥的应变传感器埋设方案如图 3.109 所示。

3.9.2　施工期箱梁顶板、底板压应力横向分布分析

选取渭河特大桥 136 号墩左幅大里程 2、7 号箱梁节段，在顶板和底板埋设传感器，分析施工期顶板、底板压应力横向分布的变化规律，测试结果如图 3.110 ~ 图 3.113 所示。

由图 3.110 和图 3.111 实测数据可知：

(1)随着施工阶段的增加，顶板压应力储备不断增加。

(2)在相同工况下，中腹板与顶板相交处压应力最大，且压应力从中腹板向两侧趋于减小。随着施工阶段的增加，该规律不变。

由图 3.112 和图 3.113 中实测数据可知：

(1)随着施工阶段的增加，底板压应力储备不断增加。

(2)在相同工况下，底板应力分布较为均匀，底板两外侧应力相对较小。随着施工阶段的增加，该规律不变。

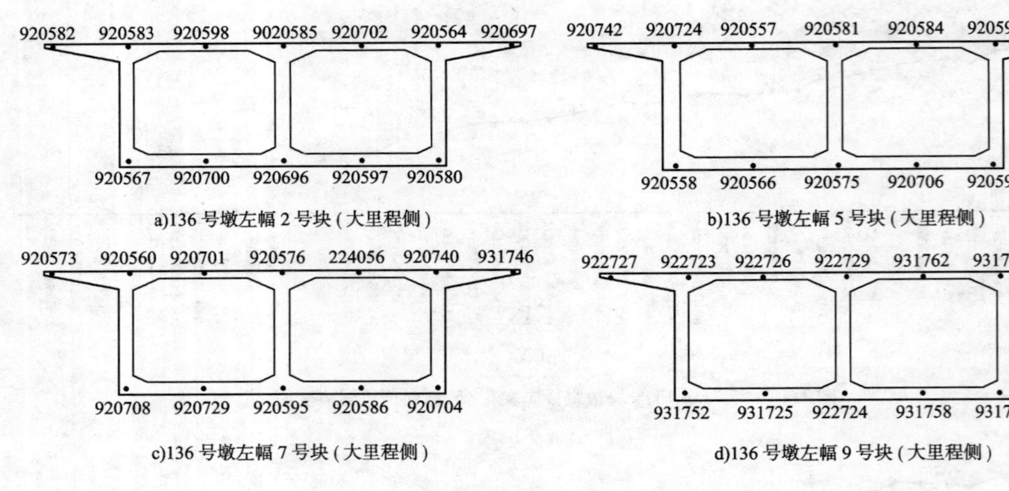

a)136 号墩左幅 2 号块(大里程侧)　　b)136 号墩左幅 5 号块(大里程侧)

c)136 号墩左幅 7 号块(大里程侧)　　d)136 号墩左幅 9 号块(大里程侧)

图 3.109　136 号墩纵向传感器布置示意图

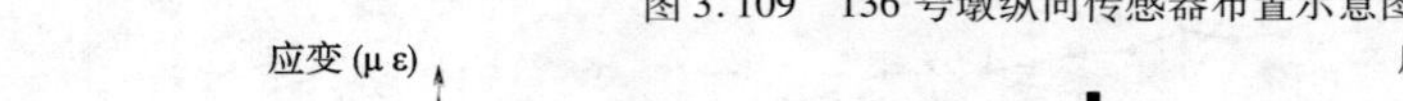

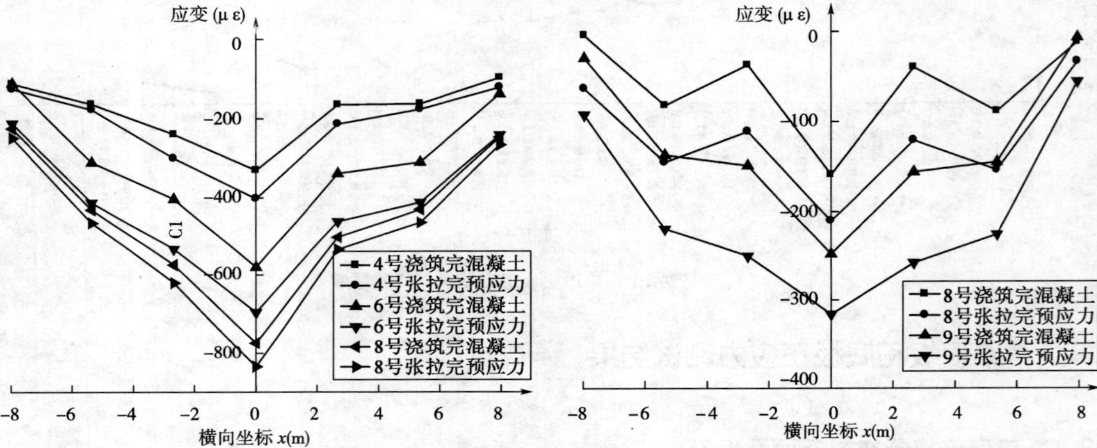

图 3.110　施工期 136 号墩 2 号块顶板传感器应变值

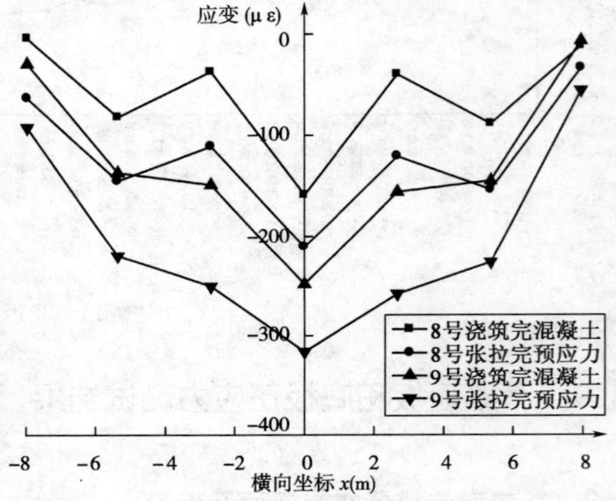

图 3.111　施工期 136 号墩 7 号块顶板传感器应变值

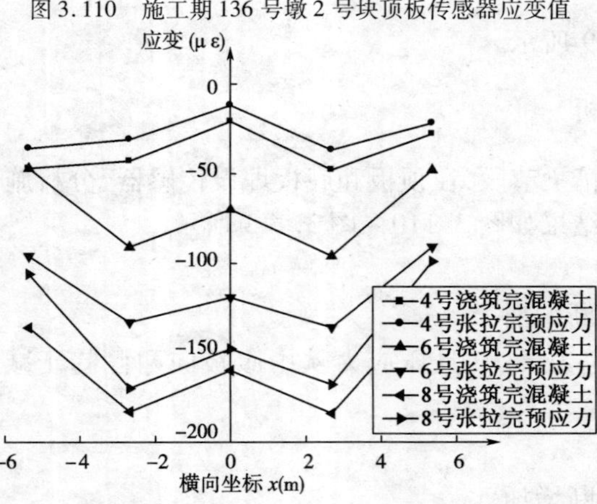

图 3.112　施工期 136 号墩 2 号块底板传感器应变值

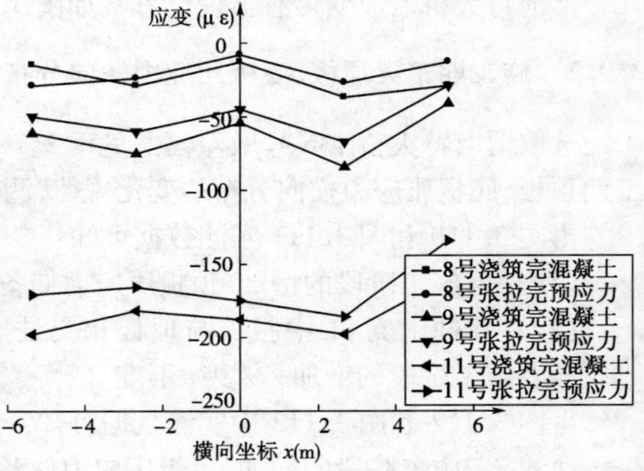

图 3.113　施工期 136 号墩 7 号块底板传感器应变值

3.10　箱梁合龙段底板防崩裂研究

近年来，一些连续刚构桥在施工和运营过程中，箱梁截面出现了一些问题，主要表现为腹板裂缝、竖向预应力筋崩脱、跨中下挠、底板开裂、桥面裂缝等。

已有文献介绍了箱梁底板崩裂事故。某预应力混凝土连续刚构箱梁桥，其箱梁采用单箱单室截面。在中跨合龙钢束张拉完成后发现中跨跨中的3个节段范围内腹板底部及底板底面纵向开裂严重，底板束以下的普通混凝土与上层混凝土崩离开，形成“两张皮”，如图3.114所示。

图3.114　崩裂的底板

为了分析底板崩裂，可采用有限元理论进行分析，但是由于通常跨中区域箱梁底板存在大量预应力波纹管，为了有效分析箱梁底板的应力状态，必须精确考虑波纹管对箱梁底板截面的削弱作用，但该分析方案同时带来了体单元数量急剧增大的问题。因此有效地分析箱梁底板的预应力崩裂具有理论和实际工程应用价值。

目前已有文献采用体单元进行了一些分析，但是通常截取几个箱梁节段进行分析，文献[5]采用中跨一半体单元模型进行分析，忽略了边跨刚度的影响。文献[6]选取关键几个箱梁节段，并简化成悬臂梁进行分析。

为了有效解决上述问题，本节采用混合有限元模型精确考虑箱梁跨中节段的应力和体模型的边界处理问题，同时对连续刚构桥在施工中张拉底板预应力束和成桥时常出现箱梁底板开裂和崩裂的原因进行了力学分析。

3.10.1　混合有限元基本理论

混合有限元方法与一般有限元方法的主要区别在于采用多种单元离散结构模型，由于多种单元的使用，不可避免地存在不同单元在单元交界上的位移协调问题，即不同单元交界需满足附加的位移协调条件或几何约束条件，满足约束条件的有限元分析的理论基础为约束变分原理。设单元交界上的几何约束条件为

$$R(u)=0 \tag{3-32}$$

结构在整个求解域的势能泛函为 Π，将约束条件引入泛函，需要构造一个修正了的约束泛函，构造约束泛函常用的方法有拉格朗日乘子法和罚函数法。拉格朗日乘子法是将约束方程乘上一个拉格朗日乘子 L^{T} 并在单元交界域 Γ 上积分，与原有势能泛函 Π 一起构造约束泛函 Π'

$$\Pi'=\Pi+\int L^{\mathrm{T}}R(u)\mathrm{d}\Gamma \tag{3-33}$$

对满足附加约束条件的约束泛函 Π' 应用最小势能原理

$$\partial\Pi'=0 \tag{3-34}$$

即可得到满足附加单元交界约束条件的有限元求解方程。

3.10.2 单元交界面的约束方程

采用有限混合单元法计算结构的受力是根据在杆系与体单元交界部位满足平截面假定的基础上进行的。其计算方法与有限元相同,只是在形成系统的求解方程组时要计入在交界部位节点的位移约束条件。位移约束方程根据平截面假定推导如下:以图3.115所示交界面为例,梁单元在交界面上节点的位移参数有 $u,v,w,\theta_x,\theta_y,\theta_z$;体单元在交界面上有 n 个节点,每个节点的位移参数有 u_i、v_i、w_i($i=1,2,\cdots,n$)。

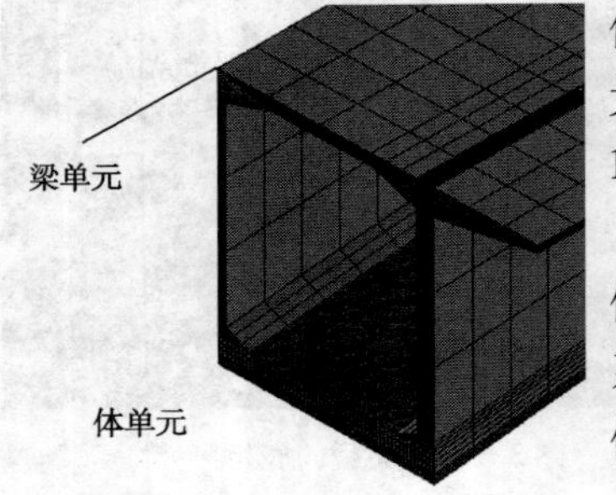

图3.115 梁体组合模型

为了保证交界面上的位移协调,梁单元的节点位移参数与体单元的节点位移参数不能完全独立,它们之间存在一定的关系。首先是在交界面上存在刚体平动,交界面上3个方向的刚体平动使得交界面上的节点位移参量满足下式:

$$u = u_i, v = v_i, w = w_i \tag{3-35}$$

在交界面上按照图3.116绕 z 轴转动 θ_z 时,节点 i 在 x 和 y 方向的位移增量为

$$\begin{aligned}\Delta u &= \rho_i[\cos\alpha_i - \cos(\alpha_i + \theta_z)]\\ \Delta v &= \rho_i[\sin(\alpha_i + \theta_z) - \sin\alpha_i]\end{aligned} \tag{3-36}$$

式中:ρ_i——交界面体单元节点 i 到交界面梁单元节点的距离;

α_i——交界面体单元节点和交界面梁单元节点连线与 zx 平面的夹角。

在交界面上按照图3.116绕 x 轴转动 θ_x 时,节点 i 在 z 和 y 方向的位移增量为

$$\begin{aligned}\Delta w &= \gamma_{yi}\sin\theta_x\\ \Delta v &= -\gamma_{yi}(1 - \cos\theta_x)\end{aligned} \tag{3-37}$$

式中:γ_{yi}——ρ_i 在 y 轴上的投影距离,$\gamma_{yi} = \rho_i\sin\alpha_i$。

在交界面上按照图3.117绕 y 轴转动 θ_y 时,节点 i 在 z 和 x 方向的位移增量为

$$\begin{aligned}\Delta w &= -\gamma_{xi}\sin\theta_y\\ \Delta u &= \gamma_{yi}(1 - \cos\theta_y)\end{aligned} \tag{3-38}$$

式中:γ_{xi}——ρ_i 在 x 轴上的投影距离,$\gamma_{xi} = \rho_i\cos\alpha_i$。

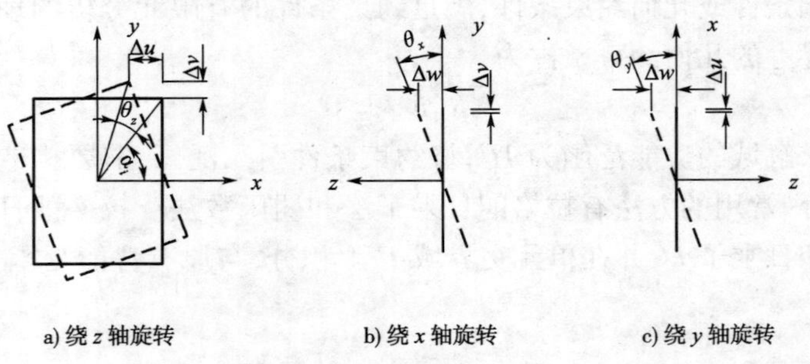

图3.116 交界截面位移

根据式(3-35)~式(3-38)可得到交界面上梁单元节点位移参数与体单元 i 节点位移参数的关系如下:

$$\left.\begin{aligned}u_i &= u - \rho_i[\cos\alpha_i - \cos(\alpha_i + \theta_z)] - \gamma_{xi}(1 - \cos\theta_y)\\ v_i &= v - \rho_i[\sin(\alpha_i + \theta_z) - \sin\alpha_i] - \gamma_{xi}(1 - \cos\theta_x)\\ w_i &= w + \gamma_{yi}\sin\theta_x - \gamma_{xi}\sin\theta_y\end{aligned}\right\} \tag{3-39}$$

考虑到实际结构中的小变形，略去高阶微量，上式简化为

$$\left.\begin{aligned}u_i &= u - \gamma_{yi}\theta_z\\ v_i &= v + \gamma_{xi}\theta_z\\ w_i &= w + \gamma_{yi}\theta_x - \gamma_{xi}\theta_y\end{aligned}\right\} \tag{3-40}$$

则界面上梁单元节点位移参数与体单元节点位移参数的约束方程为

$$\left.\begin{aligned}u_i - u + \gamma_{yi}\theta_z &= 0\\ v_i - v - \gamma_{xi}\theta_z &= 0\\ w_i - w + \gamma_{yi}\theta_x + \gamma_{xi}\theta_y &= 0\end{aligned}\right\} \quad (i = 1,2,\cdots,n) \tag{3-41}$$

式中：n——交界面上体单元节点数量。

3.10.3　预应力混凝土连续刚构跨中底板防崩裂计算分析

工程上部结构为(90 +4 ×160 +90)m 预应力混凝土连续刚构。箱梁截面采用单箱双室截面，箱梁腹板采用变高度设计。

桥梁工程下部结构：柱式墩、薄壁空心墩、最大墩高 106m。

预应力混凝土连续刚构构造如图 3.117 所示。

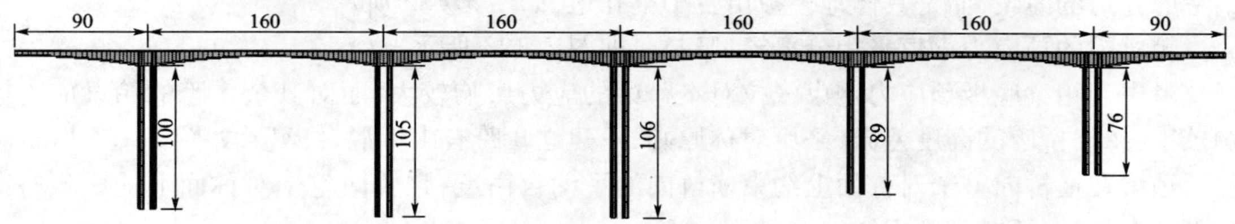

图 3.117　预应力混凝土连续刚构(尺寸单位：m)

箱梁截面尺寸如图 3.118 和图 3.119 所示。

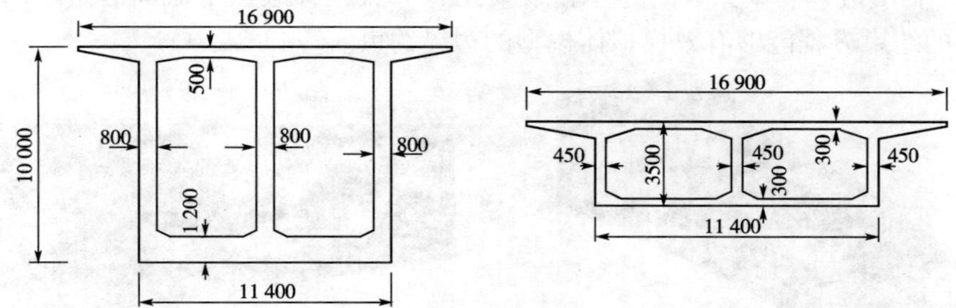

图 3.118　支座部位截面(尺寸单位：mm)　　图 3.119　跨中截面(尺寸单位：mm)

箱梁跨中底板共布置 18 根预应力钢束。钢绞线采用 ϕ15.24 的规格。

为了有效计算预应力混凝土连续刚构桥跨中底板竖向的应力。取第二跨的关键节段采用体单元建模，其余部位采用梁单元模型。

计算中，认为顶板悬浇束与各箱梁节段自重平衡，不考虑这两项作用，仅考虑施加于预应

力底板合龙束的作用。合龙束走向与箱梁底板下缘平行,箱梁底缘在设计中按抛物线设置,而在施工时,箱梁底缘在各节段内呈直线,在节段线处呈转角(实际上在节段线处波纹管还是有小段的弯曲曲线,但曲率半径很小,计算中可偏安全地视为转角);因此,按照等效荷载法,合龙束对箱梁除了在锚固端的作用外,还在各节段线处产生向下的下崩力,即钢束张拉力在各转角处的合成力。

对于大跨度变截面箱梁的底板布置的预应力束,只能按桥的立面线形布置,形成拱形。当张拉底板预应力筋时,必然使截面产生与使用荷载作用方向相同的附加荷载即均布横向力,称为附加荷载效应(图3.120),考虑到预应力混凝土连续箱梁跨中底板的法向应力主要是由底板曲线预应力束的等效荷载引起,因此本节研究做以下假定:忽略梁体中其余位置的预应力钢束的作用,只考虑跨中底板的预应力钢束。

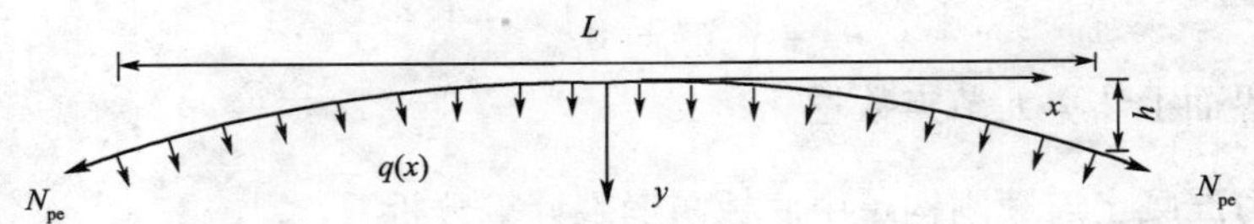

图3.120　力筋张力引起的径向力

为了有效减少体模型的单元数量,箱梁沿横向按照对称原则取一半进行分析。具体模型如图3.121所示。模型共划分80 280个单元,为详尽地反映预应力束孔道部分的受力情况,不考虑孔道的灌浆,而是具体地模拟出各个空孔道,如图3.122所示。

箱梁中的预应力钢束采用分离模型建立,如图3.123所示。

考虑到箱梁底板预应力钢束张拉对本跨梁的应力影响较大,而对其余5跨的箱梁应力影响较小,忽略桥墩的高度差异,采用对称原则,只建立3跨有限元混合模型,如图3.124所示。

箱梁在横桥向整个对称面上约束横桥向的平动自由度,顺桥向整个对称面上约束顺桥向的平动自由度,桥墩底部固结。

对整体混合有限元模型进行分析得到交界面体和梁的位移云图,如图3.125所示。由图3.125可以看出组合模型交界面的体和梁单元的节点位移服从平截面假定。因此,本节采用的交界面的约束方程能够有效模拟体模型的边界约束。

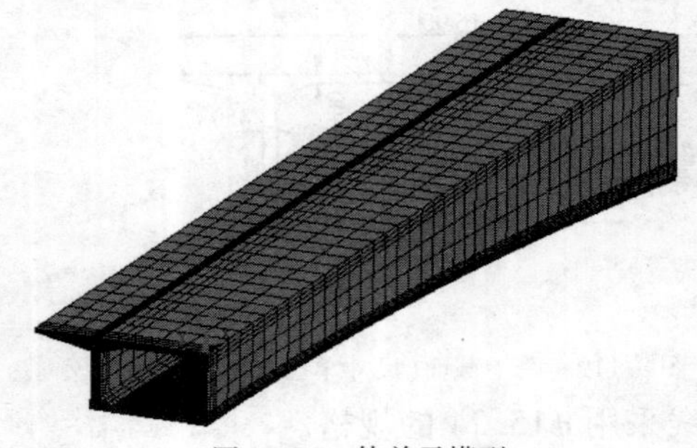

图3.121　体单元模型

图3.122　跨中底板细部模型

分析模型不同关键截面上的竖向应力分布情况,关键截面分别为距离跨中截面1m、5m、9m和13m的截面。定义各个截面的路径,如图3.126所示。

不同截面的应力路径上竖向应力计算结果如图3.127所示。

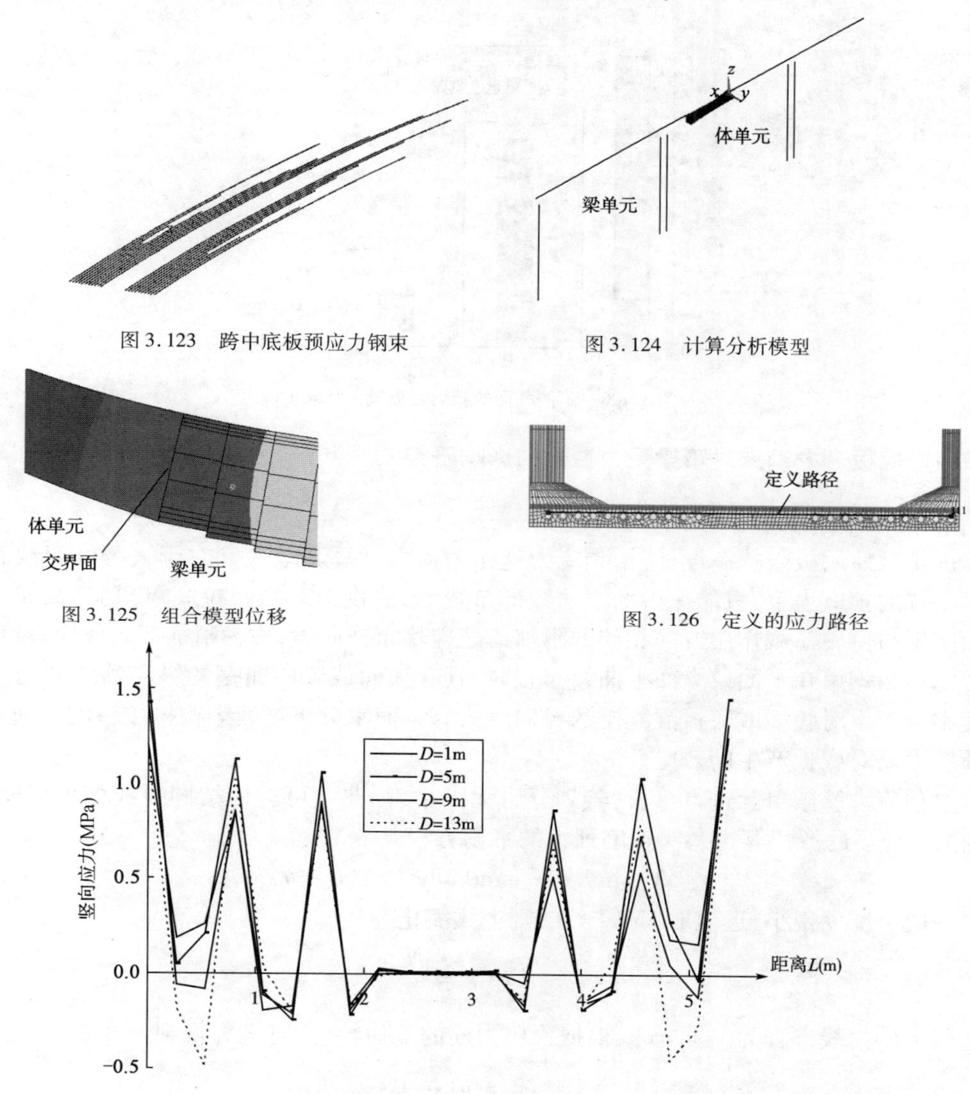

图3.123　跨中底板预应力钢束

图3.124　计算分析模型

图3.125　组合模型位移

图3.126　定义的应力路径

图3.127　不同部位的竖向应力

由图3.128可以看出：

(1)距离边腹板和中腹部部位的波纹管处的混凝土应力较其余部位大。

(2)竖向应力最大值为1.56MPa，略小于混凝土的抗拉强度。因此，虽然跨中底板不会崩裂，但是混凝土应力安全储备较小。

(3)向下崩力的大小并不是危及底板的唯一重要因素，底板横向共分布了多少个这样的向下崩力也是不容忽视的。底板受向下崩力作用变形时，两侧的腹板给其提供了嵌固作用；这样，底板就变成了类似两端固结约束、中部受向下作用力的结构。越靠近约束的地方，受力情况越为严重；也即是，靠近腹板的底板孔道处竖向拉应力最大。

由图3.128可以看出，越靠近跨中部位，箱梁底板的竖向拉应力越大，即箱梁底板崩裂可能性越大。

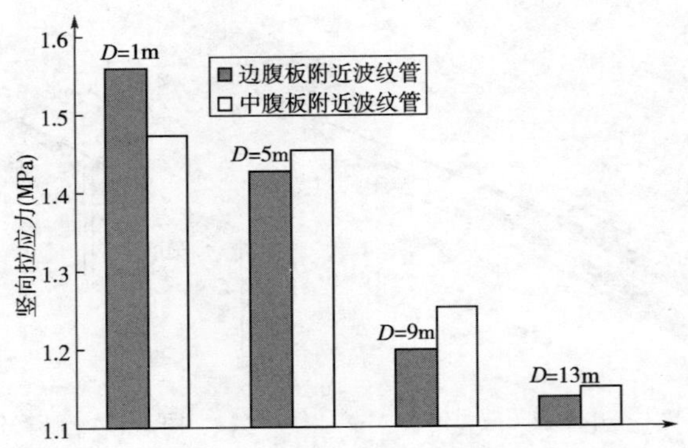

图 3.128 不同截面的箱梁底板最大竖向正应力

3.10.4 底板合龙钢束对箱梁受力性能的影响研究

(1)底板预应力筋受力参数分析

按正常使用极限状态设计时,预应力应作为荷载计算其效应。对于大跨度变截面箱梁的底板布置的预应力束,只能按桥的立面线形布置,形成拱形。当张拉底板预应力筋时,必然使截面产生与使用荷载作用方向相同的附加荷载即均布横向力,称为附加荷载效应,设计时应充分考虑。当钢束在平面或纵面上曲线布置时,具有横向或纵向曲率的纵向预应力筋束在张拉过程中会产生对腹板或底板混凝土的径向压力。下面来分析连续刚构桥按桥的立面线形布置的预应力筋对底板产生的效应。

取预应力筋微单元进行分析,若划分为无限小,则曲线可近似按圆弧线处理(图 3.129),径向力 $F(x)$ 近似相等,在 $s\text{-}s$ 轴上列力的平衡方程

$$N_{pe}\sin\theta + N_{pe}\sin\theta = F(x)(\theta + \theta)R \tag{3-42}$$

一般情况 θ 很小,近似取 $\sin\theta \approx \theta$,则上式简化为

$$F(x) = \frac{N_{pe}}{R} \tag{3-43}$$

假定抛物线方程为 $y = ax^b$,根据预应力筋的几何特性,可推导得到

$$y = h\left(\frac{2x}{l}\right)^b \tag{3-44}$$

根据半径公式

$$R = \frac{(1 + y'^2)^{\frac{3}{2}}}{y''} \tag{3-45}$$

得

$$F(x) = \frac{N_{pe}}{R} = N_{pe}\frac{h\left(\frac{2}{l}\right)^b b(b-1)x^{b-2}}{\left\{1 + \left[h\left(\frac{2}{l}\right)^b bx^{b-1}\right]^2\right\}^{\frac{3}{2}}} \tag{3-46}$$

通常,b 取值为 1~2 之间,以下对 b 取值进行参数分析。

取 N_{pe} = 2 908 575N,h=1.34m,l=79m,b=1.2~2,代入公式(3-46),得到图 3.130 所示

b 的参数分析图。

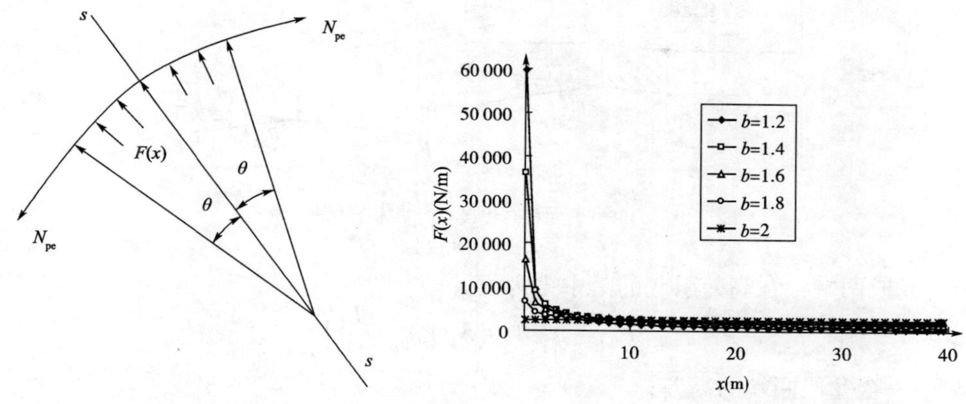

图 3.129 微段预应力筋径向力分析示意图 图 3.130 b 参数分析

从图 3.130 可以得出:径向力 $F(x)$ 随 b 的增大而减小,且 b 值越接近 1,则跨中附近的径向力越大且当 $1 < b < 2$ 时,跨中径向力趋于无穷大。因此,一般底板预应力筋在跨中应该设置过渡的水平直线段从而避开抛物线曲率无穷大的区域,应从离抛物线顶点的一段距离开始设置抛物线,并且设置一定厚度的横隔板就可以消除无穷大的径向力。这种径向压力必然受到腹板或底板混凝土的抵抗,当没有布置横向预应力束或底板截面尺寸不足或没有设置平衡箍筋时会导致底板产生纵向裂缝,正确的设计是按此径向分布荷载设置平衡箍筋,将这部分力通过平衡箍筋传递于上层钢筋,使全底板共同参与受力,有效防止底板劈裂。

取 $b = 2$, $N_{pe} = 2\ 908\ 575\text{N}$,$h = 1.34\text{m}$, $l = 59 \sim 79\text{m}$。分析不同的 h/l 值对径向力的影响,如图 3.131 所示。

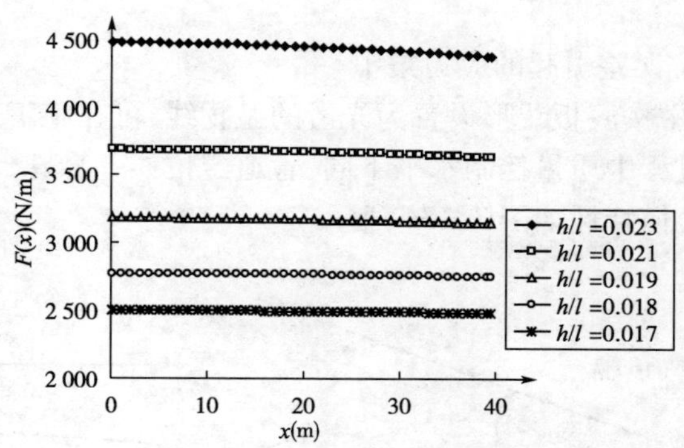

图 3.131 h/l 参数分析

从图 3.131 可以得出:径向力 $F(x)$ 随 h/l 的增大而增大。

(2)合龙段高程误差对梁体受力的影响(图 3.132)

由于施工误差可能导致合龙段两端存在高差或钢束定位成折线,设由合龙段两端存在高差或钢束定位成折线引起的转角为 θ ,每束预应力筋产生的集中力为 F_{θ} :

$$\begin{aligned} F_{\theta} &= N_{pe}\sin\theta_1 + N_{pe}\sin\theta_2 \\ &\approx N_{pe}\theta_1 + N_{pe}\theta_2 = N_{pe}\theta \end{aligned} \tag{3-47}$$

即,由钢束定位成折线引起的集中力为

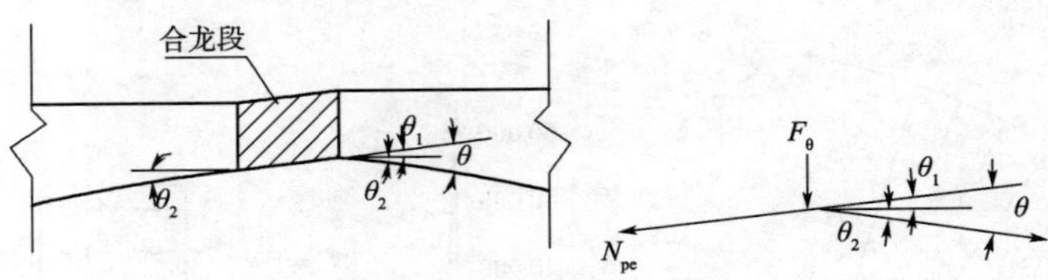

图 3.132　合龙段高程误差对梁体受力的影响

$$F_\theta = N_{pe}\theta \tag{3-48}$$

由合龙段两端存在高差引起的集中力为

$$F_\theta = N_{pe}\theta = N_{pe}\left(\theta_2 + \frac{h_1}{l}\right) \tag{3-49}$$

式中：h_1——合龙段两端的高差；

l——合龙段长度；

θ_2——钢束与水平线的夹角。

由式(3-49)可知由合龙段两端存在高差或钢束定位成折线而引起的集中力随转角 θ 的增大而增大，所以要尽可能减小合龙段两端高差和钢束定位成折线引起的转角。

背景桥梁箱梁底板底面抛物线方程为 $y = \frac{5.36}{6\,241}x^2$，由几何分析得 $\tan\theta_2 = 0.001\,7$，θ_2 很小，可近似取 $\theta_2 = 0.001\,7$。

分析不同的高程误差对背景桥梁梁体受力的影响(图 3.133)，取 $h_1 = 1.34\text{m}$，$l = 79\text{m}$，$\theta_2 = 0.001\,7$，$N_{pe} = 2\,908\,575\text{N}$，代入式(3-49)。

从图 3.133 可得出：集中力 F_θ 随合龙段高程误差增大而增大，且满足线性关系 $F_\theta = 4\,996 + 29\,085.75h_1$。

(3)预应力管道定位误差引起的应力集中

预应力管道在设计中按底板线形设置为光滑的抛物线，可在施工过程中，不可避免地会出现定位误差，由于施工过程中质量控制水平不同，管道定位误差悬殊，当误差较大时，就会出现较大的应力集中，曲线几何特性如图 3.134 所示。

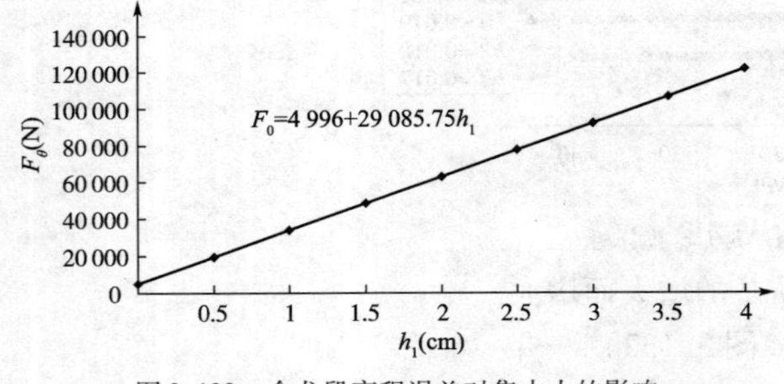

图 3.133　合龙段高程误差对集中力的影响

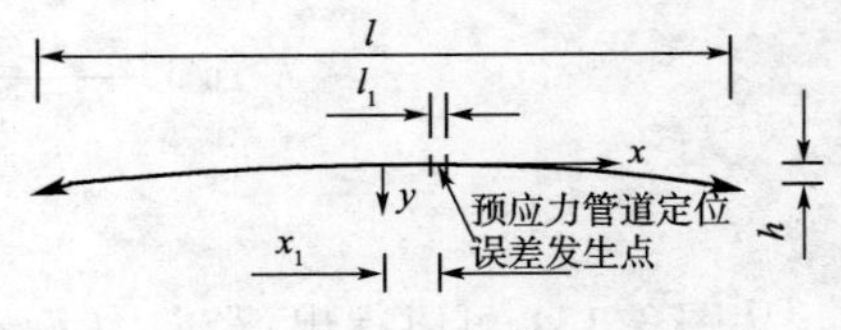

图 3.134　曲线几何特性

由于施工误差可能导致预应力管道定位出现误差，设在距跨中距离为 x_1 的地方出现预应力管道定位上凸 Δy，波及范围 l_1，l_1 弧段可近似看作圆弧进行分析，如图 3.135 所示。

图 3.135 中，$R(x_1)$ 为预应力管道定位准确时的曲率半径，$r(x_1)$ 为预应力管道定位出现误差后的曲率半径。

由式(3-44)和式(3-45)可得

$$R(x_1)=\frac{\left\{1+\left[h\left(\frac{2}{l}\right)^{b}bx_1^{b-1}\right]^2\right\}^{\frac{3}{2}}}{h\left(\frac{2}{l}\right)^{b}b(b-1)x_1^{b-2}} \tag{3-50}$$

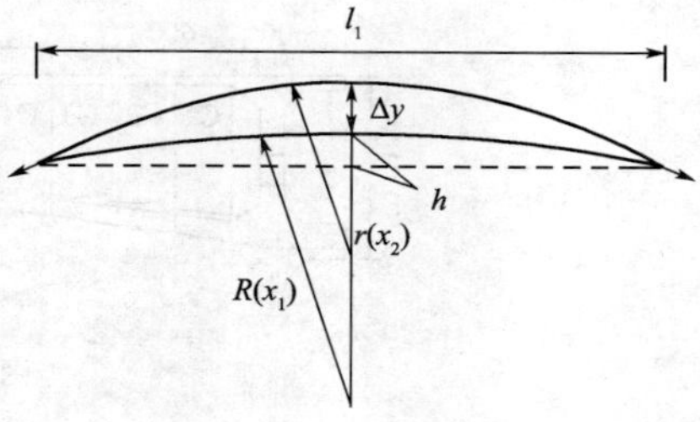

由几何分析可得

$$h'=R(x_1)-\sqrt{R(x_1)^2-\left(\frac{l_1}{2}\right)^2} \tag{3-51}$$

图 3.135 预应力管道定位误差示意图

当预应力管道出现定位误差上凸 Δy 时,由几何分析可得

$$r(x_1)=\frac{(\Delta y+h')^2+\frac{l_1^2}{4}}{2(\Delta y+h')} \tag{3-52}$$

由式(3-43)可知,当预应力张拉力 N_{pe} 一定时,预应力管道定位误差引起径向力增大倍数 $n=\frac{R(x_1)}{r(x_1)}$。

取 $h=1.34\text{m}$,$l=79\text{m}$,$b=2$,$N_{pe}=2\ 908\ 575\text{N}$,假定 $x_1=10\text{m}$,$l_1=3\text{m}$ 时,预应力管道定位误差对径向力的影响如图 3.136 所示。

从图 3.136 可以得出:预应力管道定位误差大小与其引起的径向力增大倍数之间呈线性关系 $n=1\ 035.1h'+1.003$。

取 $h=1.34\text{m}$,$l=79\text{m}$,$b=2$,$N_{pe}=2\ 908\ 575\text{N}$,假定 $x_1=10\text{m}$,$h'=0.01\text{m}$,预应力管道定位误差波及范围 l_1 对径向力的影响如图 3.137 所示。

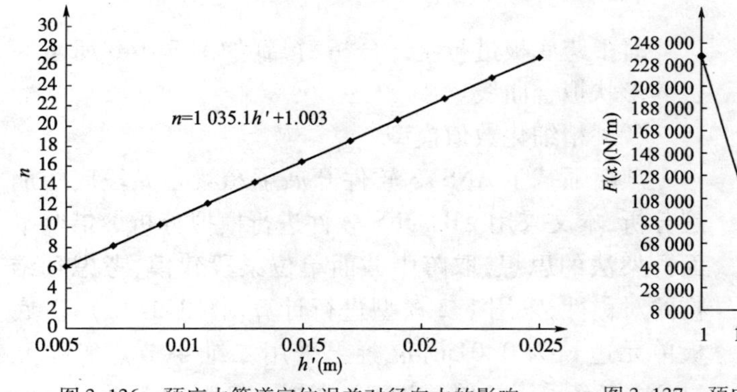

图 3.136 预应力管道定位误差对径向力的影响

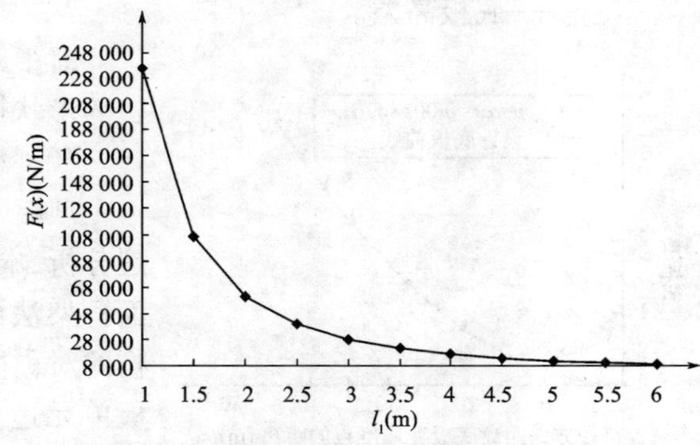

图 3.137 预应力管道定位误差波及范围 l_1 对径向力的影响

从图 3.137 可得出,预应力管道出现的定位误差一定时,波及范围越小,径向力增长越快。

3.10.5 基于非线性有限元的预应力混凝土箱梁底板崩裂机理及设计

(1)背景桥梁

某桥梁为跨径布置(70+3×120+70)m 的五跨预应力混凝土刚构连续梁桥,合龙段长 2m,桥梁立面图见图 3.138。中跨底板布置 30 束合龙束,合龙束采用 $17-\phi^{J}15.2$ 钢绞线。

取预应力筋微单元,参见图 3.139 进行分析,可得张拉预应力筋产生的对腹板或底板的径向压力 $q(x)$。

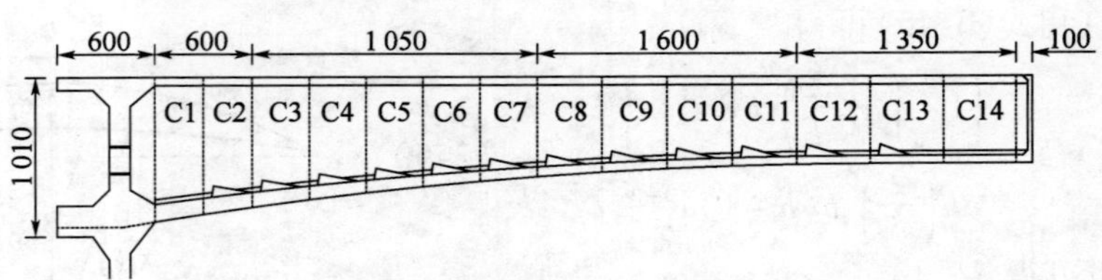

图 3.138　桥梁立面图(单位:cm)

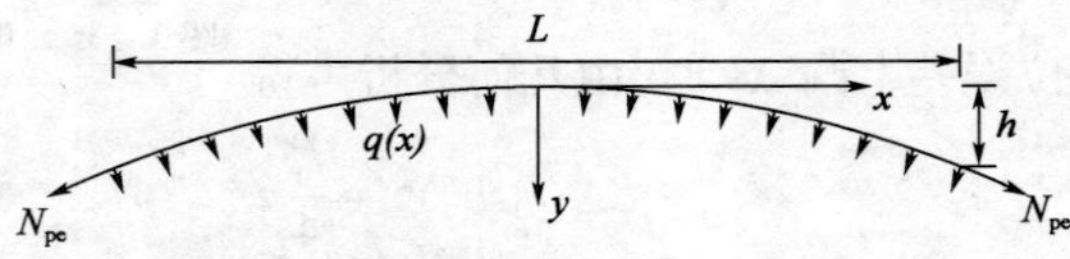

图 3.139　等效预应力计算模型

$$q(x) = \frac{N_{pe}}{R} = N_{pe}\frac{h(2/L)^b b(b-1)x^{b-2}}{\{1+[h(2/L)^b bx^{b-1}]^2\}^{\frac{3}{2}}} \tag{3-53}$$

式中:N_{pe}——预应力筋张拉力;

R——预应力筋曲线近似按圆弧线处理的圆弧半径;

L——合龙段长度;

h——合龙段两端的高差;

b——假定预应力筋圆弧线为抛物线 $y=ax^b$ 的方程幂次;

x——跨径方向距离底板变厚点的距离;

y——底板高差。

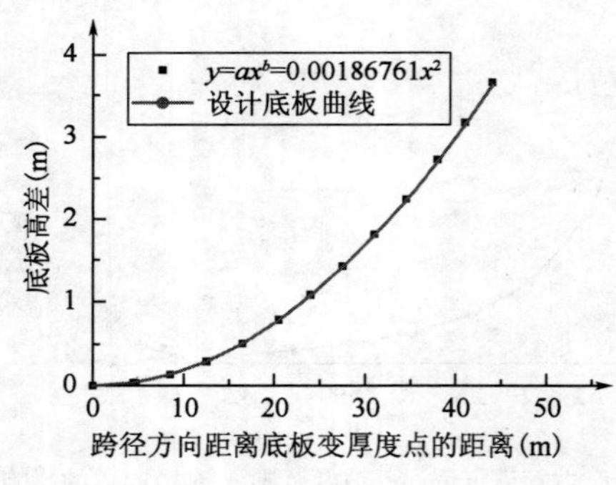

图 3.140　底板形状参数拟合曲线

对中跨底板进行统计分析,得到如图 3.140 所示底板的形状拟合曲线。

(2) 精细化数值模型

项贻强基于 ANSYS 软件开展了箱梁合龙段底板崩裂分析,本文采用 ABAQUS 软件进行模拟分析。借鉴平面框架法的思想,取跨中截面单位梁段建模,考虑到结构的对称性,采用 1/2 模型进行计算[图 3.141a)]。底板单元边长为 0.01m,混凝土采用二维 4 节点等参元 CPE4,钢筋采用杆单元 T2D2 模拟。模型中考虑了竖向预应力钢筋及普通受力钢筋的建模[图 3.141b)]。在波纹孔道内部施加向下的作用力 P_u,根据设计文件,所有钢束同步张拉,在每个孔道内施加 22.391kN 的作用力,作用力布置参见图 3.141c)。

(3)材料本构

混凝土材料的单轴受压全应力-应变曲线采用 Saenz 公式,即

$$\sigma = \frac{E_c\varepsilon}{1+[(\beta\varepsilon_p/\sigma_p)-2](\varepsilon_p/\sigma_p)+(\varepsilon_p/\sigma_p)^2} \tag{3-54}$$

式中:σ——混凝土应力;

ε——混凝土应变；

ε_p——峰值混凝土应力对应的应变；

σ_p——混凝土峰值应力；

β——表示初始切线模量的试验确定系数；

E_c——混凝土弹性模量。

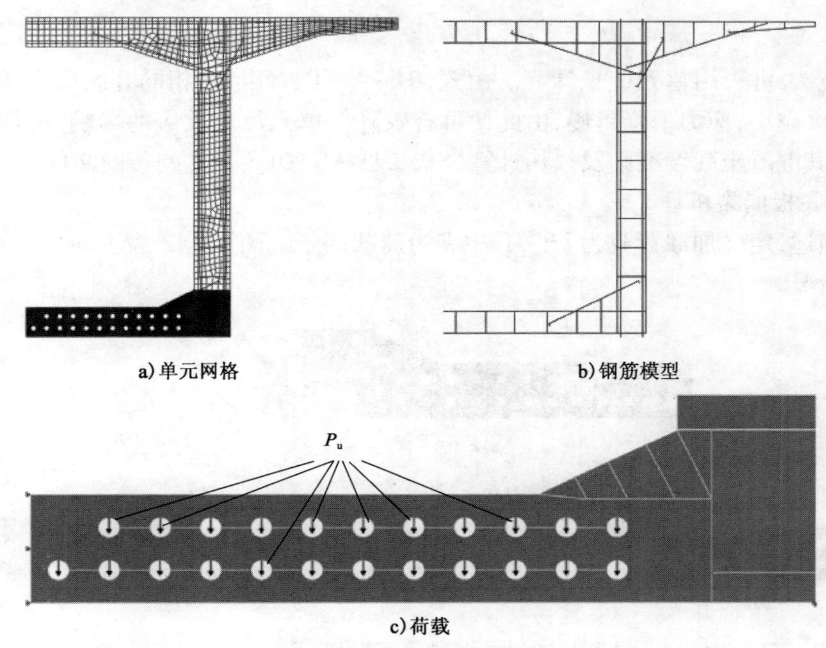

图3.141 有限元模型

混凝土材料的单轴受拉全应力-裂缝宽度曲线采用 Hordijk 公式，即

$$\sigma_t = \left[1 + \left(c_1 \frac{w_t}{w_{cr}}\right)\right] e^{-\left(c_2 \frac{w_t}{w_{cr}}\right)} - \frac{w_t}{w_{cr}}(1 + c_1^3) e^{-c_2}$$

$$w_{cr} = 5.14 \frac{G_F}{f_t} \tag{3-55}$$

式中：w_t——混凝土裂缝开裂宽度；

w_{cr}——混凝土开裂后拉应力完全释放时对应的裂缝宽度；

σ_t——裂缝垂直方向的混凝土拉应力；

f_t——混凝土抗拉强度；

G_F——混凝土断裂能；

$c_1 = 3.0, c_2 = 6.93$。

如果没有实测资料，f_t 与 G_F 可以基于 CEB-FIP 公式计算，即

$$f_t = 1.4\left(\frac{f'_c - 8}{10}\right)^{\frac{2}{3}}$$

$$G_F = (0.0469 d_a^2 - 0.5 d_a + 26)\left(\frac{f'_c}{10}\right)^{0.7} \tag{3-56}$$

式中：d_a——最大集料尺寸；

f'_c——混凝土圆柱体抗压强度。

(4) 裂缝模型

采用钝带裂缝模型进行计算，裂缝宽度 w_t 可采用混凝土开裂应变 ε_{cr} 在裂缝带宽 L_{cr} 内积分获得，即

$$w_t = \int_0^{L_{cr}} \varepsilon_{cr} dL \approx \varepsilon_{cr} L_{cr} \tag{3-57}$$

裂缝带宽 L_{cr} 可采用单元变长计算。由式(3-57)可以看出，在相同开裂应变条件下，单元越小，裂缝宽度越小，应力下降越慢，由此便可有效降低单元尺寸效应的影响。混凝土采用塑性损伤模型，其混凝土强度准则及损伤计算公式参见 ABAQUS 软件的帮助文件。

(5) 箱梁底板崩裂机理

为便于描述，定义加载荷载为 kP_u，其中 k 为荷载因子。图 3.142 为不同荷载步下第一主应力 s_1 分布情况。

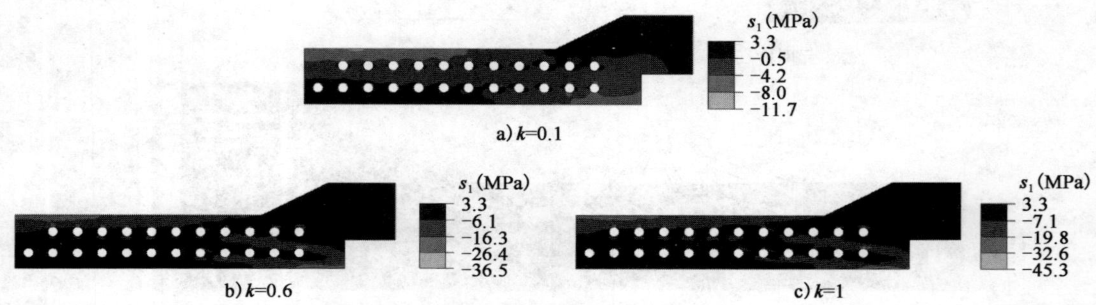

图 3.142　不同荷载步下第一主应力 s_1 分布(MPa)

由图 3.142 可知，径向力施加后，底板正弯矩区域及靠近腹板区域的混凝土主拉应力较其余位置要大。底板波纹管孔肋竖向中间位置出现了较大的拉应力，该拉应力会导致箱梁底板发生上下两层的剥离[图 3.142a)、c)]。

图 3.143 为底板崩裂过程中混凝土裂缝的扩展情况。由图可知，当 $k=0.3$ 时，梗腋位置发生了剪拉裂缝，破坏后期该裂缝在底板梗腋部位演变为宏观剪切裂缝($k=1$)，导致箱梁底板完全丧失承载能力。因此，底板横向抗剪验算可以选取图 3.143h) 中所示截面开展验算。底板横向中间底部位置出现典型的竖向弯曲裂缝。

当 $k=0.5$ 时，出现波纹管肋间竖向受拉裂缝[图 3.143d)]。同时，混凝土与波纹孔道之间的黏结力增大，该黏结力失效后则出现波纹管与混凝土之间的剥离破坏[图 3.143b)]。当 $k=0.5$ 时，波纹管下方出现了混凝土冲切破坏[图 3.143e)]。

当 $k=0.9$ 时，梗腋位置附近的波纹管出现了典型的横向裂缝，该现象与图 3.143d) 一致。

综合分析裂缝扩展结果表明，对于竖向双层的波纹孔道，冲切破坏仅在下层发生；孔肋间的竖向受拉破坏则在上下两层均会发生。

由此可知，混凝土箱梁底板的崩裂成因可分为两大类：局部破坏和宏观破坏。

局部破坏包括：①竖向受拉破坏，即预应力孔道在向下的荷载作用下于孔肋间产生破坏；②混凝土冲切破坏，即下层孔道往下挤压下方的混凝土，以近似 45°扩散并产生棱柱体破坏形态;③孔肋顶、底部横向崩裂破坏,即波纹孔道顶、底面出现了较大的横向剪力,该剪力导致此破坏形态;④波纹管与混凝土的剥离破坏,即波纹管与混凝土的界面黏结力失效。

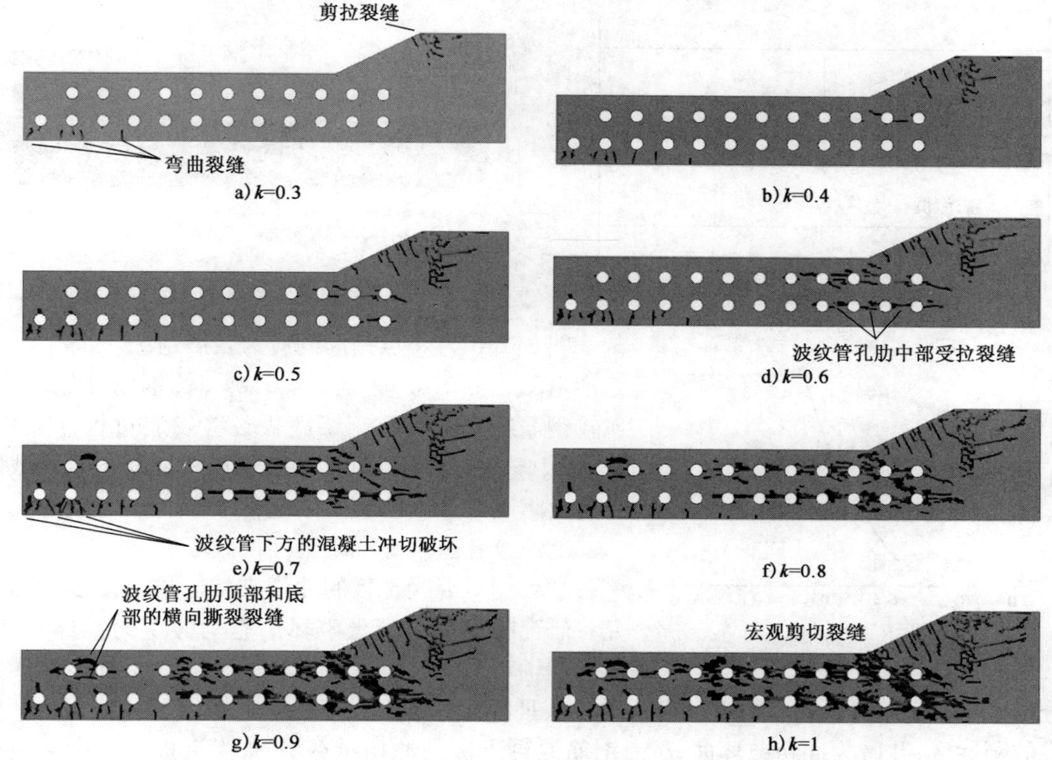

图3.143　不同荷载步下的底板裂缝分布

宏观破坏包括底板横向跨中位置的弯曲破坏和梗腋处的剪切破坏。底板可近似假定为两端带弹性约束支撑的梁,在跨中底部出现弯曲裂缝,在支座附近(梗腋位置)出现剪切破坏。

破坏出现的先后顺序如下:首先,出现竖向受拉裂缝和混凝土冲切破坏,同时伴随波纹管顶部与混凝土的剥离破坏;其次,发生波纹孔道间孔肋混凝土顶、底部混凝土横向崩裂破坏。最终,发生宏观破坏。本节分析结果为梗腋部位底板剪切破坏。

(6)箱梁底板崩裂控制因素设计公式

已有的研究提出了不同破坏形态对应的设计公式,但是均忽略了底板钢筋对破坏时承载能力的影响。

①孔肋间混凝土竖向受拉破坏。

图3.144为孔肋间混凝土竖向受拉破坏示意图,s为水平相邻波纹管孔道中心距;d为波纹管孔道直径;P_L为竖向受拉破坏荷载。由图可以看出,如果两个相邻的波纹管之间发生孔肋竖向受拉破坏,则每个孔道需要的径向荷载为

$$P_L = f_t(s - d) + \zeta f_s A_s \tag{3-58}$$

式中:ζ——钢筋应力折减系数;

f_s——钢筋屈服强度;

A_s——钢筋面积。

图 3.145 为钢筋的应力特征点,A 点为孔肋间竖向受拉裂缝位置;B 点为冲切破坏位置点。

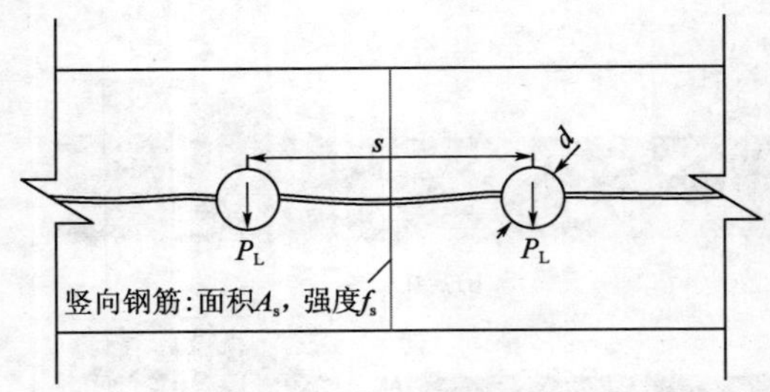

图 3.144 破坏示意图

A点
B点

图 3.145 钢筋应力特征点

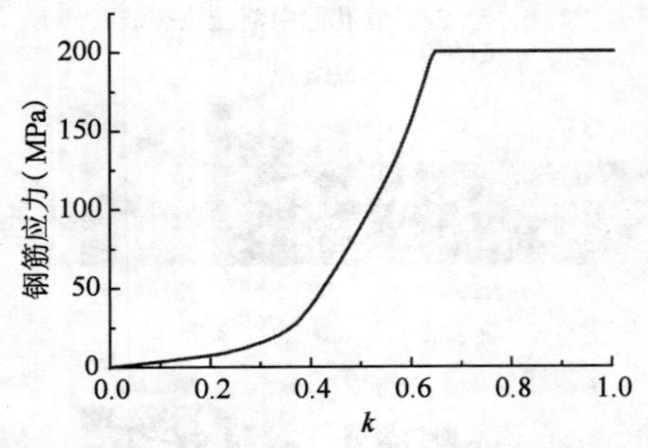

图 3.146 点 A 钢筋应力发展情况

图 3.146 为 A 点钢筋的应力发展情况。

由图 3.146 可知,当 $k=0.64$ 时,钢筋开始屈服。比较钢筋应力发展及箱梁底板裂缝发展过程,当 $k=0.6$ 时,竖向受拉钢筋和冲切破坏面中混凝土对承载能力的贡献同时达到峰值。因此,ζ 在设计中可取为 1。

②波纹孔道下方混凝土冲切破坏。

学者们对混凝土板的冲切破坏已进行了多方面研究。研究时均将混凝土破坏形态均假定为锥体破坏,简化成轴对称问题进行分析。本节建立了柱体破坏力学分析模型[图 3.147a)]。图 3.147b)中,Ⅰ、Ⅲ区为箱梁底板在径向力作用下经冲切破坏后形成的刚性区;Ⅱ区为冲切破坏面;P 为钢筋混凝土板的冲切承载力;u 为沿板法向产生虚位移;δ 为冲切破坏区域Ⅱ区的厚度;n 为冲切破坏区法线方向;α_2 为冲切面与竖向的夹角,h_0 为波纹管孔道中心距离底边的距离。

依据上述建立的冲切破坏模型,考虑抗弯钢筋的销栓作用。冲切承载力 P 由混凝土和抗弯钢筋提供的冲切承载力 P_c、P_s 组成,即

$$P=P_c+P_s \tag{3-59}$$

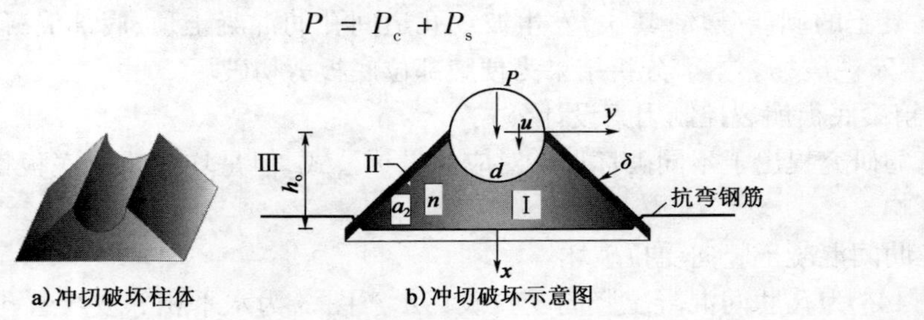

图 3.147 箱梁底板冲切破坏

基于抛物线形库仑—摩尔混凝土强度准则(图 3.148)对破坏锥面上的正应力和剪应力进行分析。图中,f_c 为混凝土轴心抗压强度;σ_n 为破坏面上的正应力;τ_{nt} 为破坏面上的剪应力;α 为包络线外法线方向与 τ_{nt} 轴方向的夹角。箱梁底板内某点应力为(σ_n,τ_{nt})。抛物线形包络线的方程为

$$\frac{\sigma_n}{f_t} + \frac{1}{K}\left(\frac{\tau_{nt}}{f_t}\right)^2 = 1 \tag{3-60}$$

式中：$K = m + 2 - 2(m+1)^{0.5}$；$m = f_c/f_t$。

依据图 3.148 可得：

$$\tan\alpha = -\mathrm{d}\tau_{nt}/\mathrm{d}\sigma_n = Kf_t/(2\tau_{nt}) \tag{3-61}$$

破坏锥面上的正应力及剪应力分别为

$$\sigma_n = f_t\left[1 - \frac{K}{4\tan^2\alpha}\right] \tag{3-62}$$

$$\tau_{nt} = \frac{Kf_t}{2\tan\alpha} \tag{3-63}$$

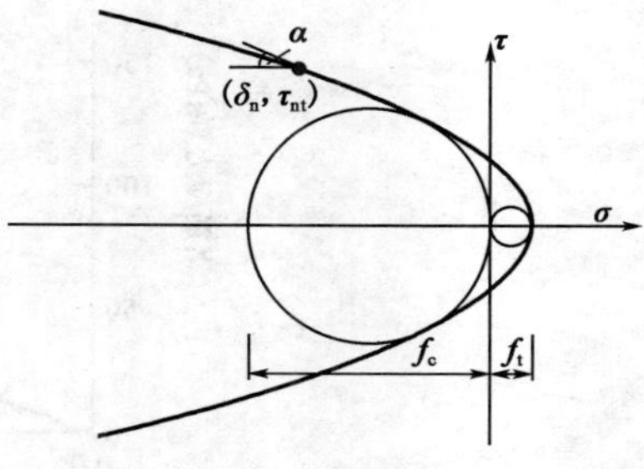

图 3.148 抛物线形库仑—摩尔准则

当冲切破坏柱体Ⅰ区相对于Ⅲ区产生一个竖向虚位移 u 时，塑性区的正应变 ε_n 和剪应变 γ_{nt} 分别表示为

$$\varepsilon_n = \frac{u\sin\alpha}{\delta} \tag{3-64}$$

$$\gamma_{nt} = \frac{u\cos\alpha}{\delta} \tag{3-65}$$

根据虚功原理，冲切破坏柱体沿垂直于板平面方向产生虚位移 u 时，外荷载 P_c 在虚位移 u 上所作的功需等于破坏柱面上总应力做的功，则

$$P_c u = 2\int_M (\sigma_n\varepsilon_n + \tau_{nt}\gamma_{nt})\delta \mathrm{d}M \tag{3-66}$$

式中，M 为单侧破坏面的面积。计算 M 时，按照箱梁纵向 1m 范围内进行验算，因此 $M = h_0\tan\alpha_2$。

对式(3-66)积分可得

$$P_c = 2h_0\tan\alpha_2\left\{\sin\alpha f_t\left[1 - \frac{K}{4\tan^2\alpha}\right] + \frac{Kf_t}{2\tan\alpha}\cos\alpha\right\} \tag{3-67}$$

已有试验证明，混凝土板冲切破坏时箱梁底板横向钢筋可提供一定的销栓作用。采用下式计算单根钢筋销栓作用：

$$F_{du} = 1.30D_b^2\sqrt{f_c f_s(1 - g^2)} \tag{3-68}$$

式中：D_b——单根钢筋直径；

f_c——混凝土棱柱体抗压强度；

g——钢筋的当前应力与钢筋屈服应力的比值。

钢筋的轴力如果达到屈服强度会导致销栓刚度折减，因此 $g \geqslant 1$ 时，销栓力为零。

两个冲切面上的钢筋销栓作用表示为

$$P_s = 1.30ND_b^2\sqrt{f_c f_s(1 - g^2)}\cos\alpha_2 \tag{3-69}$$

式中：N——箱梁纵向 1m 范围内 2 个冲切面范围内的横向钢筋根数。

图 3.149 为冲切破坏位置 B 点钢筋应力发展规律，$k = 0.59$ 时钢筋开始屈服。分析 B 点处钢筋应力发展及箱梁底板裂缝发展过程可知，当 $k = 0.6$ 时，横向受拉钢筋已完全屈服，钢筋的销栓作用可以忽略不计。偏于保守设计，g 在设计中可取为 1。

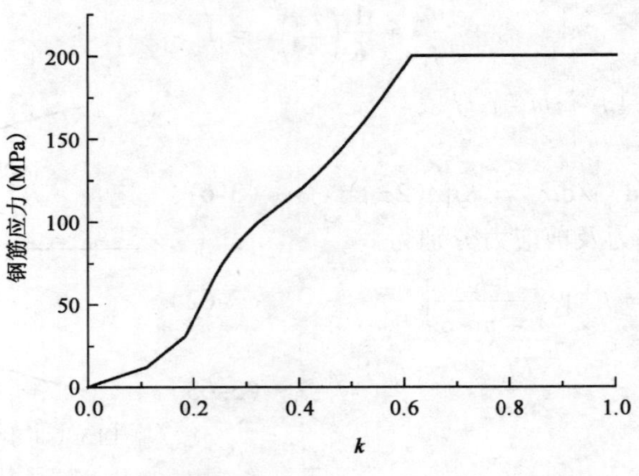

图3.149　B点钢筋应力发展

3.11　基于ANSYS二次开发的预应力混凝土箱梁徐变精细化数值分析

3.11.1　引言

箱梁开裂和下挠通常一起发生,其原因众多,有一点可以肯定的是:开裂和下挠会相互影响,存在耦合效应。由于混凝土徐变效应是导致箱梁下挠的重要原因,因此准确预测箱梁的徐变效应就显得尤其重要。

长期徐变变形可能导致桥梁过度的下挠,最终导致桥梁垮塌。BAŽANT Z P指出目前特大跨的箱梁桥在世界范围内有69座发生了典型的下挠情况。尽管大量学者已经进行了相关研究,但是到目前为止依然没有合理的预测模型。桥梁徐变问题可采用解析方法或数值方法开展研究。目前设计中常用的平截面力学假定在计算梁体徐变变形时会产生一定的误差,因此需要建立三维仿真模型,并进行空间应力条件下的徐变变形分析。

国内外关于大跨预应力混凝土箱梁的三维精细化数值模拟方面研究的文献较少。BAŽANT Z P对Koror-Babeldaob(KB) Bridge(主跨241m,建于1977年,18年后倒塌,倒塌时跨中挠度1.61m,图3.150)进行了徐变分析,对比了不同规范对箱梁变形特性的影响。BAŽANT Z P研究表明:目前国际上应用较多的规范在预测特大跨箱梁的挠度时存在争议,计算结果偏不安全。B3模型15年的跨中挠度与JSCE、ACI、CEB规范相差达到3倍左右。

a)

b)

图3.150　Koror-Babeldaob(KB) Bridge照片

黄海东等以初应变法为理论基础，利用软件 ADINA 的材料二次开发平台实现了现有混凝土徐变预测模型与三维徐变分析的有机融合。以重庆江津长江大桥为例，通过实体模型与杆系模型的对比分析，研究箱梁剪力滞徐变耦合效应。目前还未见重载铁路连续刚构桥三维精细化徐变预测研究的相关报道。

本节内容以初应变法的显式徐变理论为基础，利用有限元软件 ANSYS 的材料二次开发平台建立混凝土徐变子程序，建立了一种徐变数值拟合的简化算法，并通过工程实例分析，研究大跨预应力混凝土箱梁桥空间徐变效应。

3.11.2 精细化分析理论

徐变计算规范较多，国外应用较多的有 CEB-FIP 系列模型、ACI209 系列模型、B-P 系列模型、GZ(1993)模型和 GL-2000 模型等。国内应用较多的有《公路桥涵设计通用规范》(JTD 04—2004)和《铁路桥涵设计基本规范》(TB 10002.1—2005)。限于文章篇幅，本节仅简单介绍 B3 模型。B3 模型将徐变分为基本徐变和干燥徐变两个部分，有

$$C(t,t',t^0) = C_0(t,t') + C_d(t,t',t^0) \tag{3-70}$$

式中：$C_0(t,t')$——基本徐变度；

$C_d(t,t',t^0)$——干燥徐变度；

t——混凝土的龄期；

t'——混凝土加载龄期；

t^0——混凝土干燥龄期(仅当 $t_0 \leqslant t'$)。

基本徐变度对龄期的偏导数为

$$\begin{cases} C_0(t,t') = n(q_2 t^{-m} + q_3)/[(t-t') + (t-t')^{1-n}] + q_4/t \\ q_2 = 451.1c^{0.5}(\bar{f}_c)^{-0.9} \\ q_3 = 0.29(w/c)^{0.4}q_2 \\ q_4 = 0.14(a/c)^{-0.7} \end{cases} \tag{3-71}$$

式中：$\bar{f}_c$——28d 标准圆柱体抗压强度；

$$\dot{C}_0(t,t') = \frac{\partial C_0(t,t')}{\partial t}$$

w/c——水灰质量比；

a/c——集料与水泥质量比；

m、n——常数，$m=0.5$，$n=0.1$。

对式(3-71)进行积分，得到

$$C_0(t,t') = q_2 Q(t,t') + q_3 \ln[1+(t-t')^n] + q_4 \ln(t/t') \tag{3-72}$$

$Q(t,t')$需要二重积分，可以通过公式(3-73)计算得到干燥徐变度定义见式(3-74)。

$$\begin{cases} C_0(t,t') = Q_f(t')[1+(Q_f(t')/Z(t,t'))^{r(t')}]^{-1/r(t')} \\ r(t') = 1.7(t')^{0.12} + 8 \\ Z(t,t') = (t')^{-m}\ln[1+(t,t')^n] \\ Q_f(t') = [0.086(t')^{2/9} + 1.21(t')^{4/9}]^{-1} \end{cases} \tag{3-73}$$

$$\begin{cases}C_d(t,t',t_0) = q_5\{\exp[-8H(t) - \exp(-8H(t'))]\}^{1/2} \\ q_5 = 7.57\times 10^5 f_c^{-1}\varepsilon_{sh\infty}^{-0.6} \\ H(t) = 1-(1-h)S(t) \\ S(t) = \tanh[(t-t_0)/\tau_{sh}]^{1/2}\end{cases} \tag{3-74}$$

式中:$\varepsilon_{sh\infty}$——混凝土收缩终极值;

h——大气湿度;

τ_{sh}——结构尺寸系数。

本节基于 ANSYS 软件二次开发功能进行重载铁路连续刚构桥的徐变计算,基于金属蠕变本构,探讨混凝土徐变本构在 ANSYS 中的实现原理。

混凝土的徐变计算表示为

$$\varepsilon_c(t,t_0) = \frac{\sigma(t_0)}{E}[1+\varphi(t,t_0)] + \sum_{i=1}^{n}\frac{\Delta\sigma(t_i)}{E}[1+\varphi(t,t_i)] \tag{3-75}$$

式中:$\sigma(t_0)$——混凝土初始弹性应力;

E——混凝土弹性模量;

i——计算时间段;

n——计算总步骤数;

$\Delta\sigma(t_i)$——第 i 段时间内混凝土的应力增量;

$\varphi(t,t_0)$——徐变系数。

如果直接采用 B3 模型进行徐变系数计算,还需要进行转换,因为 B3 模型是基于徐变度进行描述。

ANSYS 的显式徐变计算提供了多种徐变准则,参考 $C_6=0$ 的徐变方程开展计算,其表达式为

$$\Delta\varepsilon_{cr} = C_1\sigma^{C_2}\varepsilon_c^{C_3}e^{-C_4/T}\Delta t \tag{3-76}$$

式中:ε_c——混凝土总应变;

$\Delta\varepsilon_{cr}$——徐变应变增量;

σ——等效应力;

T——温度(℃);

Δt——荷载步中的时间增量;

$C_1\sim C_4$——实常数。

箱梁徐变计算中采用线性徐变理论,混凝土徐变仅仅与应变相关($C_3=1$),与应力无关($C_2=0$)。目前的规范中均不考虑结构温度对徐变系数的影响($C_4=0$)。则式(7)可简化为

$$\Delta\varepsilon_{cr} = C_1\varepsilon_c\Delta t \tag{3-77}$$

在箱梁施工期的第 i 个施工阶段,徐变表达式可描述为

$$\varepsilon_c(t) = \varepsilon_{cr}(t) + \varepsilon_e = [\varphi(t,t_i)+1]\varepsilon_e \tag{3-78}$$

式中:t_i——第 i 个施工阶段的开始时间;

ε_{cr}(t)——第 i 个施工阶段 t 时刻混凝土徐变应变;

ε_e——第 i 个施工阶段的初始弹性应变;

$\varphi(t,t_i)$——t_i时刻加载至 t 时刻混凝土的徐变系数。

将式(3-78)代入式(3-77),$\Delta\varepsilon_{cr}$变换为

$$\Delta\varepsilon_{cr} = C_1[\varphi(t,t_i) + 1]\varepsilon_e\Delta t \tag{3-79}$$

进一步得到 C_1 值为

$$C_1 = \frac{\Delta\varepsilon_{cr}}{\varepsilon_e\Delta t[\varphi(t,t_0) + 1]} \tag{3-80}$$

徐变系数增量定义为

$$\Delta\varphi = \Delta\varepsilon_{cr}/\Delta t \tag{3-81}$$

基于 ANASYS UPFs 二次开发功能直接修改 ANSYS 自带的 FORTRAN 程序 USERCR. F,可对 C_1进行计算。需要注意的是,大跨预应力混凝土箱梁施工阶段较多,每个施工阶段均需要单独计算 C_1值。目前已有不少文献开展了基于 ANSYS 的混凝土徐变计算分析,但均采用一次落架分析,未考虑不同施工阶段的时间差对结构徐变效应的影响。

在预应力混凝土箱梁徐变效应分析中,基于 APDL 语言,自动计算了预应力的摩阻损失,混凝土弹性压缩损失、混凝土徐变引起的预应力损失、锚具回缩变形损失及预应力钢筋松弛损失。

3.11.3 蔚汾河特大桥分析

蔚汾河特大桥(图 3.151)设计跨径为(70 + 120 × 3 + 70)m。该桥是山西中南部铁路通道控制性工程,是目前世界上少有的轴重达到 30t 的重载铁路连续刚构桥,也是目前山西省内最大跨径的重载铁路连续刚构桥。

图 3.151 蔚汾河特大桥

采用 ANSYS 单元库中 SHELL43 单元模拟箱梁,采用 BEAM24 三维薄壁梁模拟墩柱。空间模型描述为:①考虑空间模型计算工作量巨大,横向及纵向均取一半进行分析[图 3.152a)],同时建立平面模型[图 3.152b)]进行对比分析;②桥梁结构的平弯程度不大,不考虑平弯;③考虑预应力钢束的建模(图 3.153)。

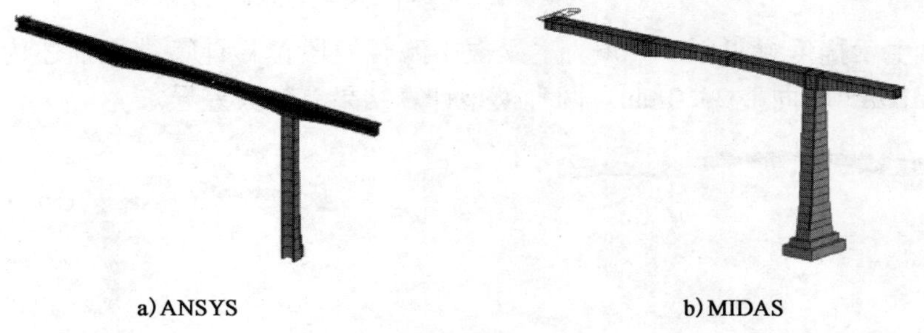

a)ANSYS b)MIDAS

图 3.152 有限元模型

考虑节段施工过程定义,计算桥梁 3600d 内(即 10 年)的长期性能。挠度正值代表梁体上翘,负值代表梁体下挠。

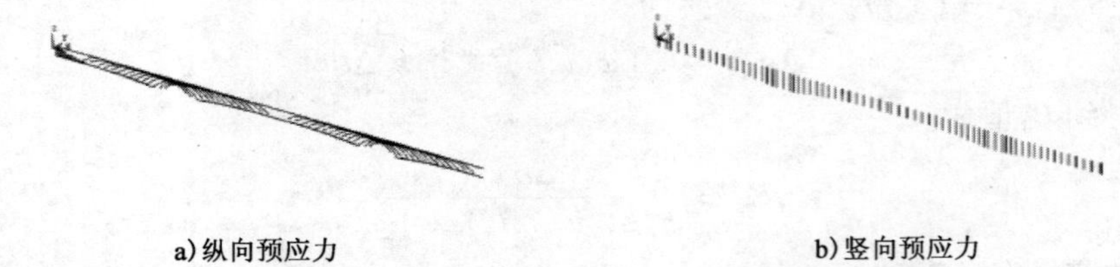

a)纵向预应力　　　　b)竖向预应力

图 3.153　预应力模型

主梁 14 号节段施工完成时主梁挠度计算结果参见图 3.154。主梁端部位移计算结果描述为:ANSYS 为向下 10mm,MIDAS 为向下 15mm,两种模型的最大竖向位移梁段位置(3~8 节段)相似。

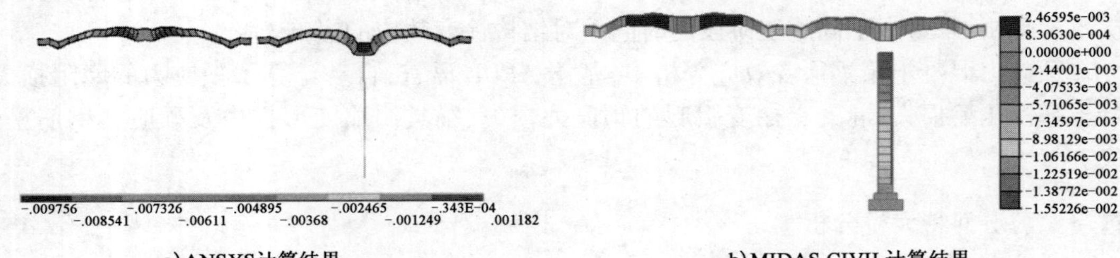

a)ANSYS计算结果　　　　b)MIDAS CIVIL计算结果

图 3.154　14 号节段施工完成时主梁挠度(单位:m)

二期恒载施工完成时主梁挠度参见图 3.155。主梁次中跨合龙段位移计算结果描述为:ANSYS 为向下 20.6mm(变化量),MIDAS 为向下 23.3mm(变化量),两者在二期恒载作用下位移增量接近。

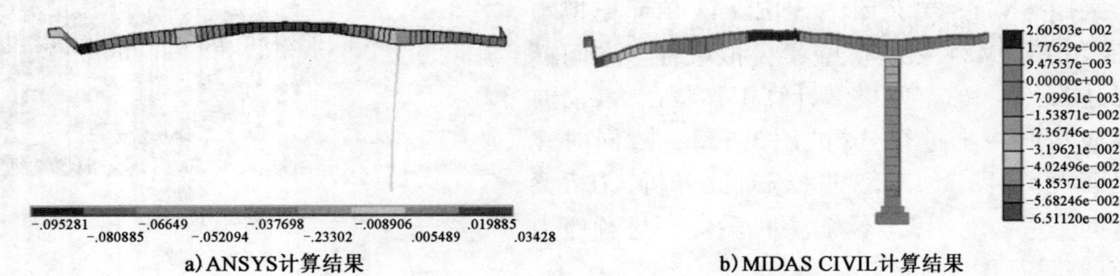

a)ANSYS计算结果　　　　b)MIDAS CIVIL计算结果

图 3.155　二期恒载施工完成时主梁挠度(单位:m)

3600d 时主梁挠度参见图 3.156。主梁次中跨合龙段位移计算结果描述为:ANSYS 为向上 44.6mm,MIDAS 为向上 23.3mm。两种模型计算结果有较大差异。

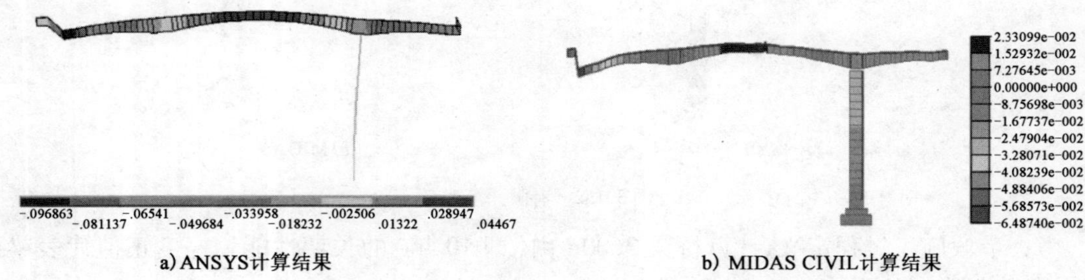

a)ANSYS计算结果　　　　b) MIDAS CIVIL计算结果

图 3.156　3600 天时主梁挠度(单位:m)

比较不同模型对长期变形特性的影响(图 3.157)。为了更易对比梁体运营期的长期变形,图 3.157 中显示的为二期恒载加载完毕至后续 3600d 的竖向变形增量。

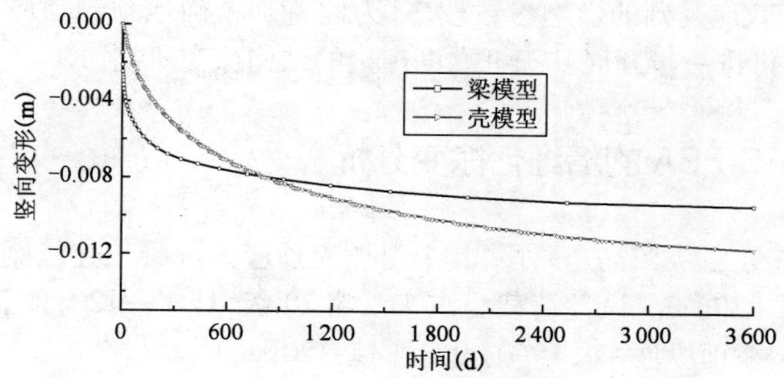

图 3.157　不同模型计算得到的结果比较

分析图 3.157 可得到以下结论:

(1)中跨跨中:10 年徐变后梁单元计算结果为 -9.36mm,壳模型计算为 -11.7mm,增幅达到 25%。为此,后续连续刚构桥梁采用杆系有限元模型进行施工监控计算时,运营期的预抛高值建议乘以 1.25 倍的安全系数。

(2)次中跨跨中:梁单元计算结果为 11.2mm,壳模型计算为 5.53mm,竖向变形的增幅达到 102%。

(3)边跨跨中:两种模型计算出的边跨跨中长期变形均很小,不做比较。

选取 B3 模型开展徐变的空间精细化研究,同时对比分析 JTG D62—2004 和 TB 10002.1—2005 规范的计算结果(图 3.158)。

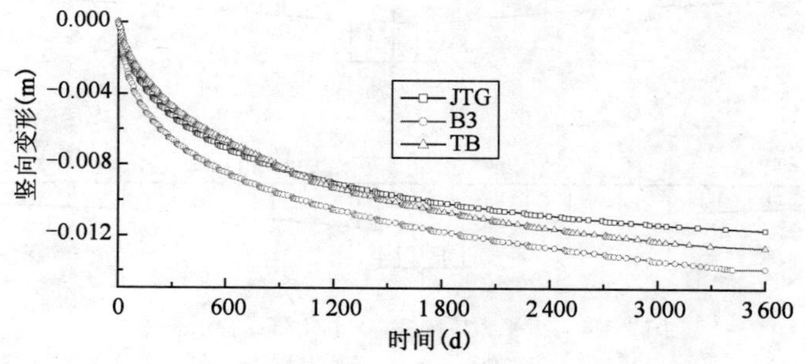

图 3.158　3 种模型计算得到中跨跨中长期下挠

分析图 3.158 可知:3 种模型中,B3 模型计算结果最大,为 13.9mm;JTG D62—2004 规范计算值最小为 11.7mm;TB 10002.1—2005 规范计算值居中,为 12.65mm。3 种模型计算得到的长期下挠值发展规律接近。

3.11.4　结论

(1)考虑空间徐变效应后梁体的长期变形发生了较大的变化,竖向下挠增加量达到了 25%左右。建议采用梁单元进行箱梁施工监控计算时,运营期的预抛高计算结果乘以 1.25 倍的系数。

(2)相比我国公路及铁路设计规范,B3 模型计算得到的桥梁徐变变形要大。实际工程需要采用 B3 模型进行桥梁长期变形验算。

(3)混凝土徐变效应受到的影响参数较多,为此特别精确地预测预应力混凝土箱梁桥的徐变效应难度很大,可进一步开展基于可靠度理论的结构徐变研究。

3.12 基于 MIDAS FEA 的精细化徐变分析

太平大桥位于广东省虎门高速路段,其中引桥为预应力混凝土连续刚构桥,分左右两幅,跨径布置为(39 +72 +39)m。设计荷载为汽车—超 20 级,挂车—120;地震基本烈度为 6 度;单幅桥面宽 15.75m;桥面纵坡 +1.15%;设计车速:120km/h。

广济 2 号桥连续刚构上部结构为三向预应力单箱单室形式,箱梁施工采用挂篮悬臂浇筑,箱梁顶宽 15.75m,底宽 8.0m,支点处梁高 3.8m,跨中梁高 2.0m,箱梁底下缘及底板上缘均按二次抛物线变化,箱梁仅设支点横隔板,不设跨中横隔板,箱梁顶面设 2% 单向横坡。箱梁混凝土强度等级为 C50,纵向、纵向预应力采用 ASTM 416 - 87a,270K 高强低松弛钢绞线,标准强度为 1 860MPa。

下部构造主墩为双壁双柱钻孔桩基础,桩基除 65 号过渡墩为嵌岩桩外,其余均为摩擦桩。主墩墩身混凝土强度等级为 C40,桩基混凝土强度等级为 C25。

太平大桥广济 2 号桥结构示意图见图 3.159。

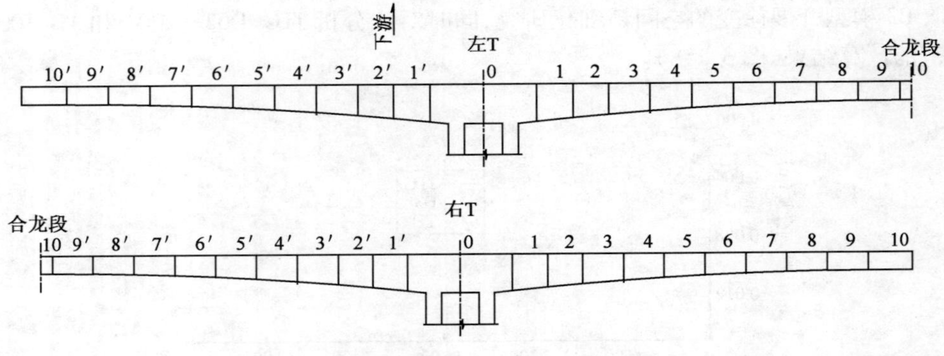

图 3.159 太平大桥广济 2 号桥上部结构示意图

3.12.1 预应力数值模型

目前应用于钢筋混凝土结构分析的钢筋模型主要有三种方式:分离式、整体式和组合式。

分离式模型把混凝土和钢筋各自划分为足够小的单元,并在钢筋和混凝土之间插入联结单元来模拟钢筋和混凝土之间的黏结和滑移,这种模型的离散工作量和计算规模比较大,对计算机的要求也就比较高,但在研究钢筋和混凝土之间相互作用的微观机理方面有突出的优势。

整体式模型将钢筋弥散于整个单元之中,并把单元视为均匀连续的材料,通过输入配筋率来体现预应力钢筋的作用,但是当梁中存在大量的曲线钢筋时,由于钢筋形状及梁的各种尺寸变化,计算得到的配筋率近似程度过大,会导致计算结果误差过大。很显然,这种模型过于粗略,对钢筋混凝土结构的力学性质缺乏足够的反映。

组合式模型介于分离式和整体式之间,单元由混凝土和钢筋共同组成,在单元分析时,先分别求得混凝土和钢筋对组合单元刚度矩阵的贡献,再组成一个复合的单元,这种模型能在一定程度上反映钢筋和混凝土之间的相互作用,其有限元离散工作量和计算规模都不大,即使大型钢筋混凝土结构也可以采用,是值得推荐的方法。目前最常用的组合式模型有两种:一种为分层组合式,这种模型在杆件系统,尤其是钢筋混凝土板壳结构中应用很广;一种为钢筋、混凝土组合单元,平面问题中主要有带钢筋的四边形单元,空间问题中主要有带钢筋膜的各种体元。空间情况下,钢筋布置和受力都很复杂,如何将钢筋等效为钢筋膜以及能否等效是一个难以回答的问题。

本节基于组合钢筋模型,进行了连续刚构桥的施工过程分析,研究了连续刚构施工过程中的开裂位置,并针对性地提出了工程防裂措施。

3.12.2 钢筋混凝土组合模型基本理论

1)混凝土体元与梁元的组合形式

将钢筋混凝土结构的几何按体元离散。由于一般钢筋较长,因此会被体元的各几何表面分割为一个一个节段。如果将体元作为混凝土体元,则体元内可能含有一个或多个钢筋节段,每一钢筋节段又可以划分为一个或多个梁元,这样,就得到了由混凝土体元和一个或多个钢筋梁元共同组成的体梁组合单元。在上述的离散方式下,按照钢筋梁元的节点对于体元的相对位置,可将钢筋梁元和混凝土体元的组合形式分为三种情况:

(1)钢筋梁元的两个节点均位于体元内部。

(2)钢筋梁元的一个节点位于体元内部,一个位于体元表面。

(3)钢筋梁元的两个节点均位于体元表面。

本书暂不讨论混凝土开裂后钢筋和混凝土分离引起钢筋梁元的一个节点在体元内部、一个在体元外部的情况。上述三种组合形式中,可以把组合形式(1)作为一般形式,当梁元的一个或两个节点的位置由体元内部移到表面时就可以得到组合形式(2)、(3)的特殊情况,因此,本书不失一般性地对组合形式(1)进行讨论。

2)基本假设

(1) 根据有限元法分片插值的基本思想,钢筋混凝土体杆组合单元的单元位移模式仍采用均质材料单元的单元位移模式。

(2) 组合模型主要用于分析钢筋混凝土结构的整体力学性能,因此可以将混凝土体元内的钢筋作为空间杆元,承受轴向力。钢筋和混凝土的相互作用通过钢筋梁元的节点力综合表现。与钢筋的线形单元模型相比,杆元模型将钢筋的效应反映得较为充分,如可以在一定程度上反映钢筋对混凝土的销栓作用。如果将钢筋梁元的抗弯、抗扭刚度取为零,也可得到线形单元。

3)体梁组合模型的有限元列式

不失一般性,考虑如图3.160所示体元内含有一个钢筋梁元且钢筋梁元的两个节点均位于体元内部的组合形式。

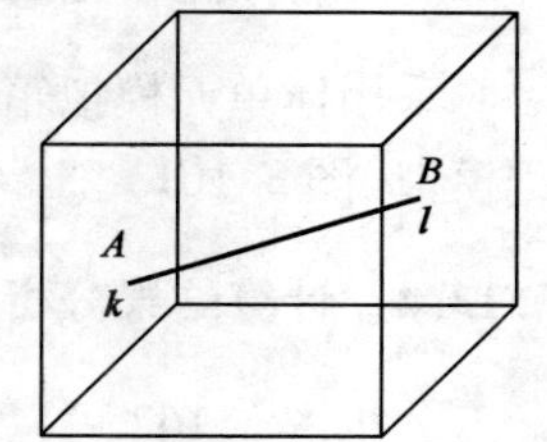

图3.160 体梁组合单元

假设在体梁连接处梁元节点的移动和转动与体元上体积微元的

一致,则钢筋单元节点 k 的位移可以由体单元形函数可得:

$$\begin{Bmatrix} u_{\mathrm{k}} \\ v_{\mathrm{k}} \\ w_{\mathrm{k}} \\ \theta_{\mathrm{k}x} \\ \theta_{\mathrm{k}y} \\ \theta_{\mathrm{k}z} \end{Bmatrix} = \sum_{i=1}^{n} \begin{bmatrix} N_i^A & 0 & 0 \\ 0 & N_i^A & 0 \\ 0 & 0 & N_i^A \\ 0 & -\dfrac{\partial N_i^A}{2\partial z} & \dfrac{\partial N_i^A}{2\partial y} \\ \dfrac{\partial N_i^A}{2\partial z} & 0 & -\dfrac{\partial N_i^A}{2\partial x} \\ -\dfrac{\partial N_i^A}{2\partial y} & \dfrac{\partial N_i^A}{2\partial x} & 0 \end{bmatrix} \begin{Bmatrix} u_i \\ v_i \\ w_i \end{Bmatrix} \tag{3-82}$$

式中:N_i^A——体元形函数 N_i 在 A 点的值,钢筋单元节点 l 的位移可由同样原理求得。

梁元在整体坐标系下的节点位移向量 $\boldsymbol{\delta}_{\mathrm{B}}$ 可由由体元的节点位移向量 $\boldsymbol{\delta}_{\mathrm{V}}$ 求解得到。具体表达式见式(3-83)。

$$\boldsymbol{\delta}_{\mathrm{B}} = \boldsymbol{S}\boldsymbol{\delta}_{\mathrm{V}} \tag{3-83}$$

式中矩阵 $\boldsymbol{S}$ 由体元内 A、B 两点的形函数及其偏导数组成。

根据虚功原理可推导得到钢筋单元在整体坐标系下的刚度矩阵为

$$\overline{\boldsymbol{K}}_{\mathrm{e}} = \boldsymbol{S}^{\mathrm{T}}\boldsymbol{K}_{\mathrm{e}}\boldsymbol{S} \tag{3-84}$$

式中:$\boldsymbol{K}_{\mathrm{e}}$——钢筋在单元坐标系中的刚度矩阵。

由于混凝土体元内的钢筋梁元要占有体元的几何空间,因此钢筋梁元对混凝土体元存在挖空现象,这一事实可以通过折减钢筋梁元刚度即弹性模量的方法来反映。E_{s}、E_{c} 分别表示钢筋和混凝土的弹性模量,在用式(3-84)计算钢筋梁元对组合单元的刚度贡献时,取 $E = E_{\mathrm{s}} - E_{\mathrm{c}}$ 为钢筋梁元的弹性模量。

组合单元内可以有多个钢筋梁元。用 $\boldsymbol{K}_{\mathrm{V}}$ 表示无钢筋混凝土体元在整体坐标系下的刚度矩阵,以 $\overline{\boldsymbol{K}}_{\mathrm{e}}^i$ 表示第 i 个钢筋梁元对组合单元的刚度贡献,则组合单元的刚度矩阵为:

$$\boldsymbol{K}_{\mathrm{V}} = \boldsymbol{K}_{\mathrm{V}} + \sum \overline{\boldsymbol{K}}_{\mathrm{e}}^i \tag{3-85}$$

由于钢筋梁元和混凝土体元之间的作用为作用力和反作用力关系,因此如果钢筋梁元没有受到外部作用,不需要将式(3-85)的等效节点力进行叠加;如果在某些情况下钢筋梁元受到外部作用,则可按式(3-86)计算后叠加。

3.12.3 有限元模型简介

采用体单元模拟箱梁,采用梁单元模拟桥墩,桥墩顶部与箱梁0号块底部采用约束平衡方程模拟(图3.161)。

3.12.4 计算结果分析

分析图3.162可以看出:采用体单元模拟箱梁后,10年的长期挠度为-10.9334mm,梁单元模拟的结果为-8.56175mm,体单元的计算结果为梁单元的1.28倍。

分析不同梁段的应力发展规律,如图 3.163 所示。

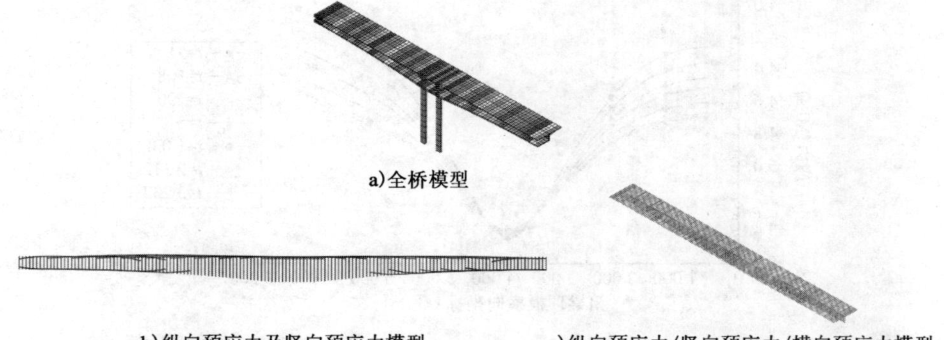

图 3.161 有限元模型

图 3.163 图例中的数字为箱梁顶板横向坐标,单位为 mm。分析图 3.163 可以看出:体单元的应力计算结果比梁单元要大。

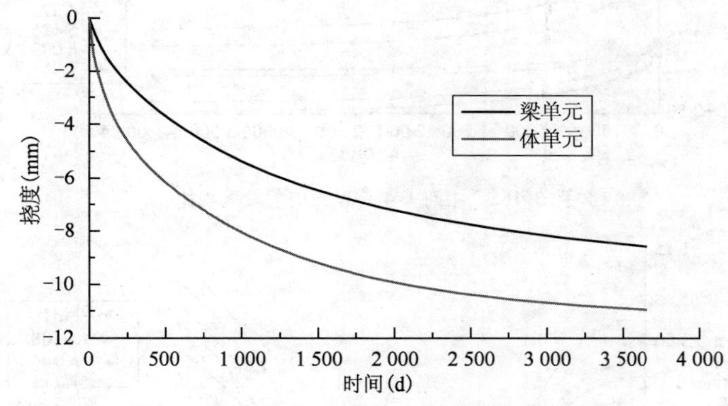

图 3.162 中跨跨中不同模型计算得到的结果比较

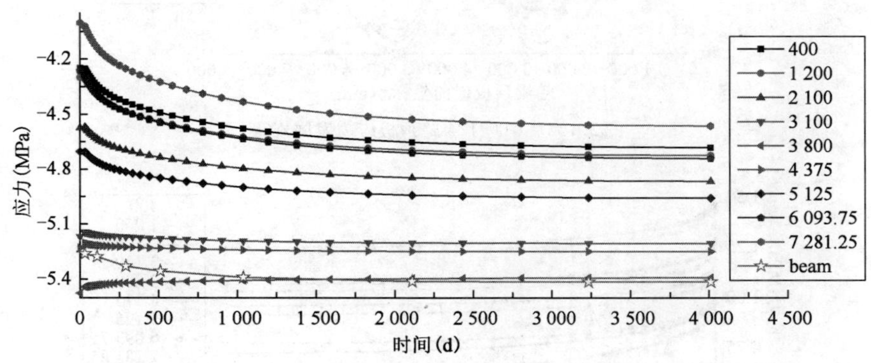

图 3.163 中跨跨中顶板应力发展规律

分析图 3.164 可以看出:中跨跨中顶板应力存在明显的剪力滞效应。

分析图 3.165 ~ 图 3.170 可以看出:箱梁应力基本在 3 年后稳定。

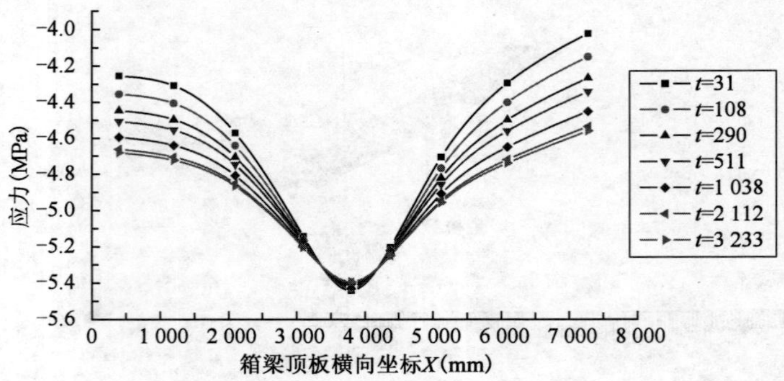

图 3.164　中跨跨中顶板应力发展规律

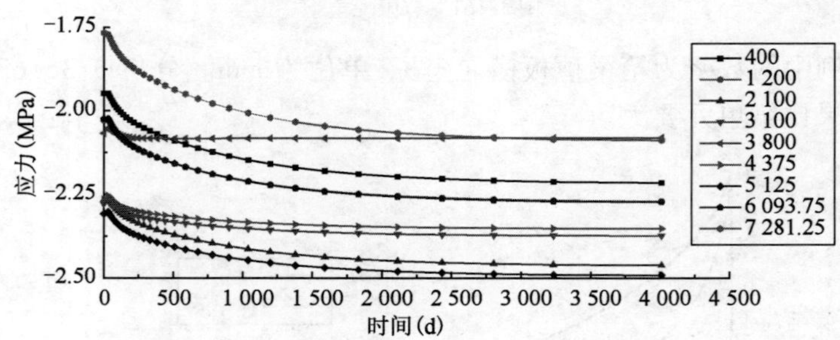

图 3.165　中跨 1/4 跨顶板应力发展规律

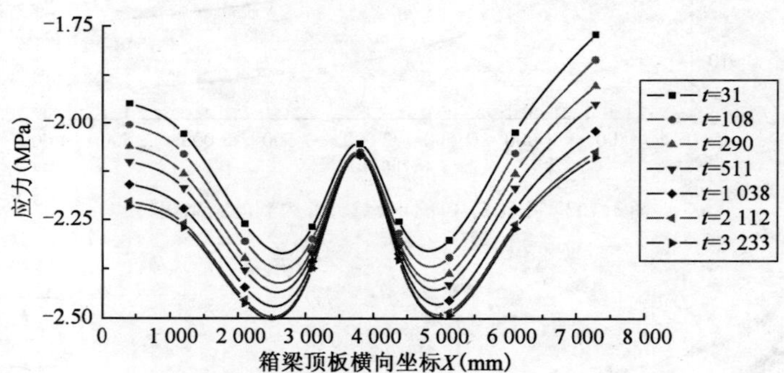

图 3.166　中跨 1/4 跨顶板应力发展规律

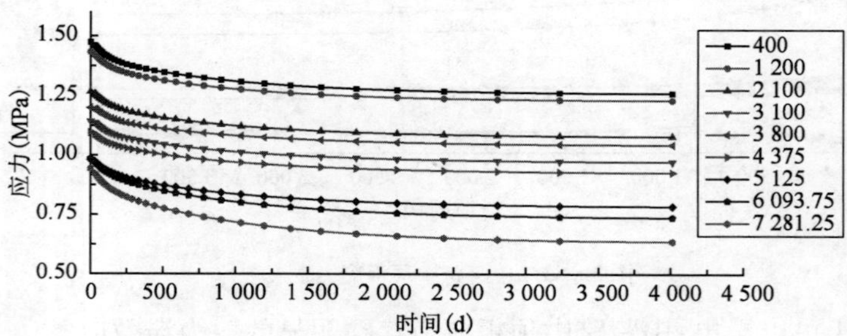

图 3.167　中跨支座顶板应力发展规律

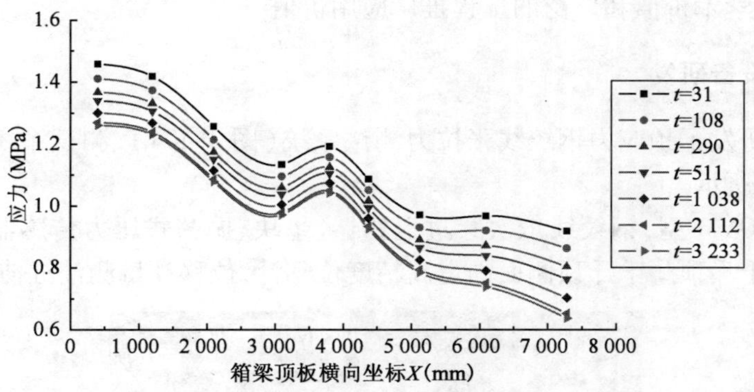

图3.168　中跨1/4跨顶板应力发展规律

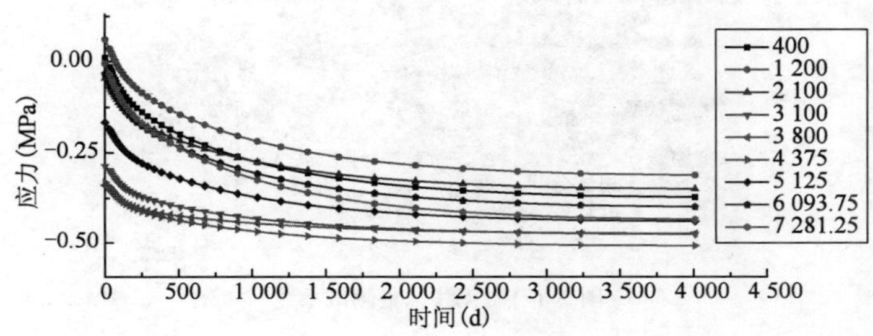

图3.169　边跨跨中顶板应力发展规律

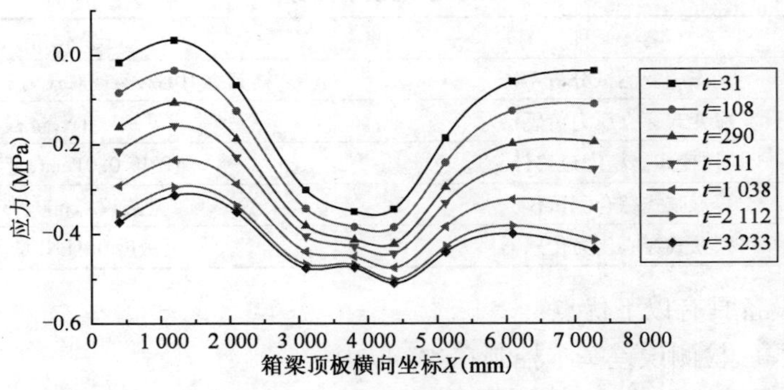

图3.170　边跨跨中顶板应力发展规律

3.13　基于拉脱法的预应力混凝土梁锚下有效预应力分析

预应力钢绞线张拉力不足会导致梁体开裂，影响梁体安全。针对以上现状，有针对性地开展相关研究是非常有必要的。拉脱法检测技术是目前刚刚兴起的锚下有效预应力检测技术，但是其现场实施的控制标准有待深入研究，全面考虑各种可能的因素：锚下有效预应力随时间的变化效应；预应力随环境温度场的变化规律；锚具、夹片及钢绞线的咬合力对锚下有效张拉力的影响；张拉顺序对有效预应力的影响。综合运用现场测试、模型试验、数理统计和数值模拟等研究手段开展拉脱法的控制标准研究。该研究将提升预应力混凝土梁施工期的张拉施工质量,具有明显的学术价值和广泛的工程推广应用价值。

3.13.1 拉脱法设备研发

课题组自主研发了预应力钢绞线张拉力测试系统(图3.171),测试系统软硬件构成和参数信息如表3.37所示。

测试锚具为OVM型,钢绞线依次穿过退锚器、垫块、振弦式压力传感器、垫块、应变式压力传感器、垫块、千斤顶。千斤顶侧面固定高精度位移计,位移计量测油缸伸出量。

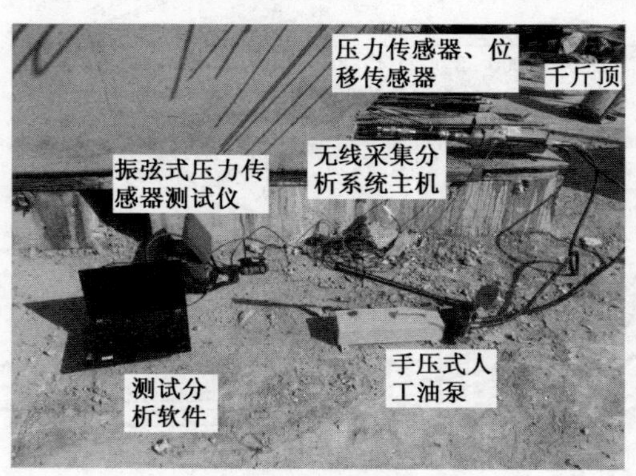

图3.171 无线采集测试系统

测试系统技术指标 表3.37

编号	名 称	技 术 指 标
1	动态应变测试分析系统	采样频率10Hz,实现对压力和延伸量的高频采集
2	应变式穿心压力传感器	灵敏度1N,量程250kN
3	应变式高精度位移计	灵敏度0.01mm,量程100mm
4	振弦式综合测试仪	振弦频率600~3 000Hz
5	振弦式穿心压力传感器	灵敏度0.1kN,量测300kN

研发的检测设备具有以下优点:

(1)检测精度高,检测误差基本控制在3%以内。

(2)检测效率高,单根钢绞线张拉力测试10min左右可完成,不影响正常施工进度。

(3)检测系统简便,自主研发无线测试系统,安装操作简单。

(4)检测安全,采用人工按压式手动油泵加载,可对张拉力实施有效控制。

(5)检测结果可指导施工,对于检测出的锚下有效预应力不足情况可及时进行补张拉。

检测流程由现场量测、评估→数据处理→信息反馈→报告编制→资料归档等几项环节组成,以下逐一叙述各项检测服务程序。

1)现场量测、评估

现场量测、评估流程图如图3.172所示。

2)检测数据整理

采用先进的检测数据整理方法,整理资料时舍粗取精,正确判断,准确表达,以提高检测资料的整理水平，充分发挥检测工作对工程施工的指导作用。原始数据保证必要的精度，运算分析依据大量的工程实践取用合理的计算参数，以直观的形式（如表格、图形）表达出被测指标情况，及时反馈与施工过程有关的检测信息，以供业主、监理及有关施工工程技术人员决策使用，提高资料的使用效率，达到信息化施工。

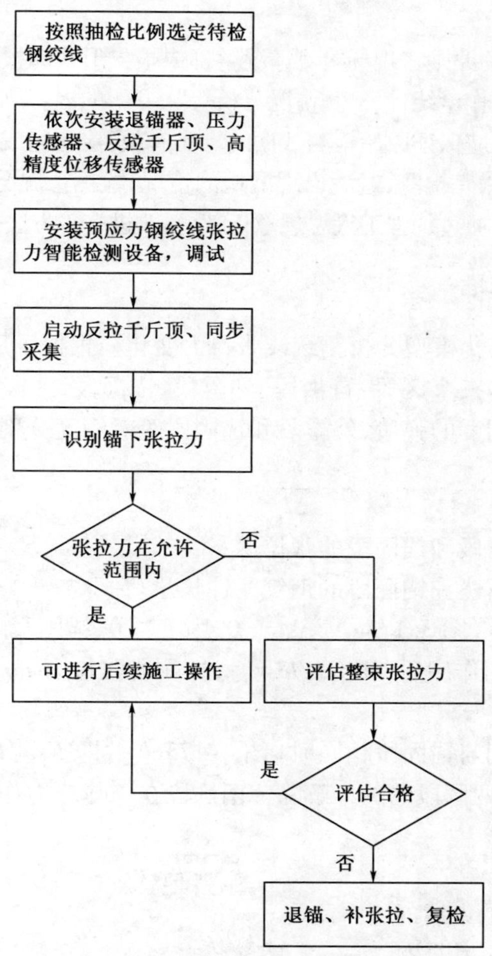

图3.172　现场量测、评估流程图

3）信息反馈

与项目监理单位和项目施工单位建立起联动机制，实现信息及时反馈与共享。

信息反馈机制如下：

（1）施工单位在预应力钢绞线张拉完成后及时通知检测单位开展检测。

（2）检测单位对检测情况进行现场标示并做好记录，将检测情况反馈施工单位，监理单位做备案。

（3）监理单位督促施工单位对不合格钢绞线退锚、补张拉。

（4）施工单位通知检测单位对一次检测不合格钢绞线复检。

（5）检测单位将复检结果报监理单位。

(6)检测、监理、施工单位对复检仍不合格钢绞线进行现场分析,并依据实际情况确定不合格钢绞线的处理措施。

通过各参建单位的联动机制,保障了现场施工、检测信息的高效流动,既达到工程质量标准又满足施工进度要求。

4)报告编制

本着客观性、真实性的原则将现场检测情况整理成报告形式。报告包含现场检测原始数据与计算整理数据、检测完成工作量统计、检测情况分析等几方面的内容。检测数据是预应力钢绞线张拉力水平的重要反映,重点应保证原始检测数据的真实有效;检测完成工作量统计有助于检测单位对全桥预应力钢绞线进行跟踪检测,避免出现漏检的情况;检测情况分析便于监理、施工单位对现场施工人员做规范和约束,通过加强工人思想意识教育、改进施工方法等提高施工质量。

3.13.2 拉脱法的判别标准

通过图 3.173 所示简化模型分析钢绞线张拉力变化。根据千斤顶工具锚夹片和工作锚夹片的位置将钢绞线划分为三个区段:自由段、外露段、锚固段,区段长度分别为 l_0、l_1、l_2。预应力钢绞线可看作是具有刚度的弹簧,外露段和锚固段等效刚度分别为 k_1、k_2,其表达式如下:

$$k_i = \frac{F_i}{\Delta l_i} \qquad (i=1,2) \tag{3-86}$$

式中:F_1、F_2——对应外露段和锚固段的张拉力;

Δl_1、Δl_2——对应外露段和锚固段的钢绞线伸长量。

外露段张拉力为 0 时[图 3.173a)],$\Delta l_1 = 0$,则 $F_1 = 0$,锚固段因已作用工作应力,$F_2 \neq 0$。

对外露段钢绞线施加作用后[图 3.173b)],外露段张拉力 F_1 和延伸量 Δl_1 成比例增加,F_2 不变。

当外露段张拉力达到与锚固段相同时[图 3.173c)],即 $F_1 = F_2$,外露段和锚固段间的工作锚夹片脱开,即相当于两区段的约束解除。两区段在工作应力作用下的刚度为:

$$k_z = \frac{k_1 k_2}{k_1 + k_2} \tag{3-87}$$

式中:k_z——解除两区段约束后的组合刚度。

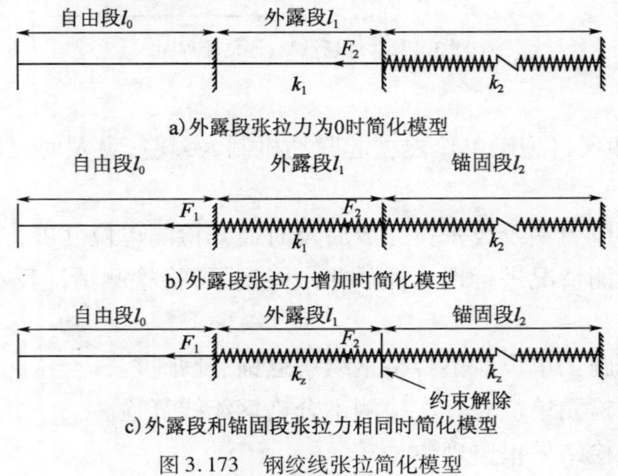

图 3.173 钢绞线张拉简化模型

因 $k_z < k_1$，故约束解除后组合刚度减小。理想情况下，整个加载过程张拉力—延伸量关系曲线可表示成图3.174，曲线呈现两折线特征。曲线斜率变化点所对应的的张拉力 F_2 即为锚下工作应力。

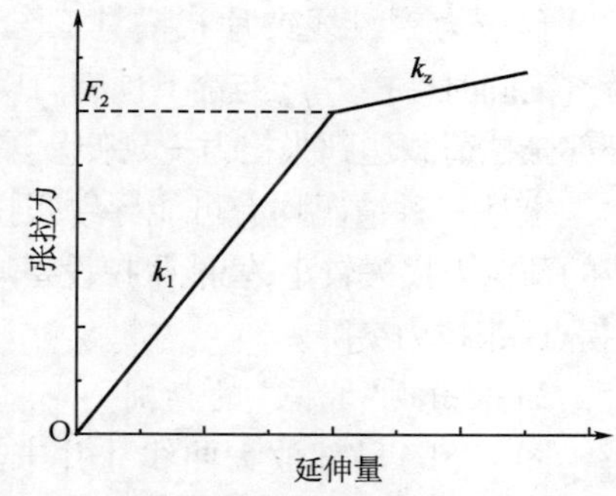

图3.174 理想情况下张拉力—延伸量关系

1）拐点识别法

分析认为图中 B 点时张拉荷载与锚下预应力相等，B 点对应张拉力值即为锚下预应力值。

对1号钢绞线张拉力—延伸量曲线斜率突变点和2号钢绞线设计控制张拉力附近区域分别进行局部放大，如图3.175所示。

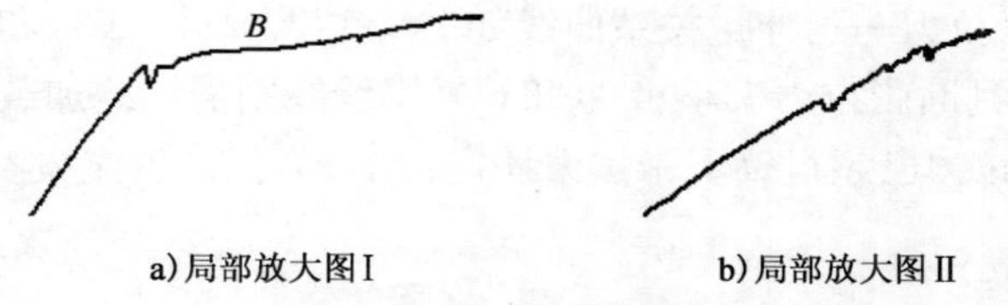

a）局部放大图Ⅰ　　b）局部放大图Ⅱ

图3.175 钢绞线张拉力—延伸量曲线局部放大

从图3.175a）局部放大Ⅰ曲线可以看出，张拉力在达到极值后突现一个小的下降段（0.8t），与理想情况下张拉力—延伸量曲线不符，分析其原因应有以下几个方面：

（1）钢绞线横线变位。

锚垫板安装应与锚固面平行，锚垫板倾斜会造成锚下预应力不足。

反拉测试中，由于锚垫板面和锚固面存在夹角 α，锚固段和外露段钢绞线亦存在夹角，两段张拉力相同时，锚固约束解除，夹片拉出，钢绞线发生横线变位（图3.176），应力进行重分布。应力重分布后的张拉力损失为：

$$F_x = \frac{l_1 + l_2 - l_z}{l_z} E_p A_x \tag{3-88}$$

式中：l_z——应力重分布后的工作段长度；

E_p——预应力钢筋的弹性模量；

A_x——单束预应力钢筋截面面积。

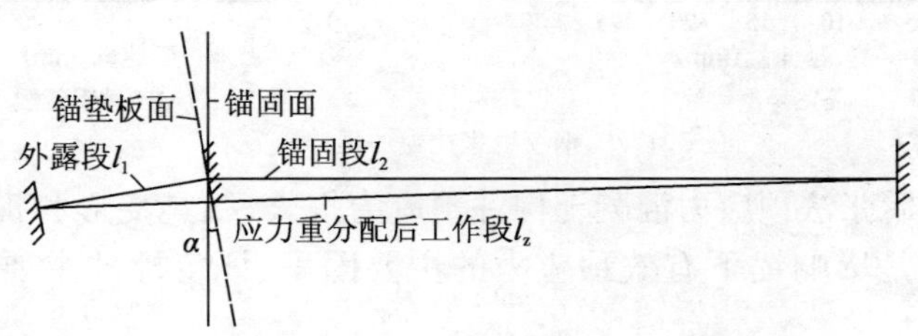

图3.176 钢绞线横线变位

（2）工作锚夹片被拉出时，锚固段和外露段共同伸长，延伸量突变导致千斤顶油缸内腔突然增大，油压泵供油不足引起张拉力突降。

（3）锚具和夹片之间的摩擦力 f_{a1}。

预应力钢绞线夹片式锚具工作时通过夹片和锚具之间挤压作用和摩擦力实现对钢绞线的夹持。锚固时摩擦力f_{a1}与锚下预应力反向,“反拉”作用时,摩擦力f_{a2}与锚下预应力同向($f_{a1} \neq f_{a2}$),在外部张拉荷载达到张拉力—延伸量关系曲线峰值时,摩擦力f_{a2}突然消失,导致了曲线的突降。

上述三种情况均有可能导致张拉力—延伸量关系曲线在峰值点的突降,但钢绞线横向变位造成的预应力损失较小,智能张拉设备均具备较好的保压功能,故锚具和夹片之间的摩擦力更易产生“拐点”张拉力突降。

2)未出现“拐点”的判别

图175b)局部放大曲线Ⅱ并未出现斜率变化的“拐点”,且高拉力状态下的千斤顶滑移导致张拉力—延伸量曲线出现多个折线点,但其斜率在折线点后恢复,故外部张拉力仍仅作用外露段钢绞线,系统不会识别折线点为“拐点”,锚下有效预应力更高。

其他实测钢绞线张拉力—延伸量关系曲线如图3.177所示。3号和5号钢绞线出现明显的“拐点”,可据此直接判断张拉力大小;4号和6号钢绞线则需继续加载使其张拉力—延伸量拐点出现,但若此时张拉力已超过锚下张拉力评定标准,为保证安全,应停止加载并得出锚下有效预应力超标结论。

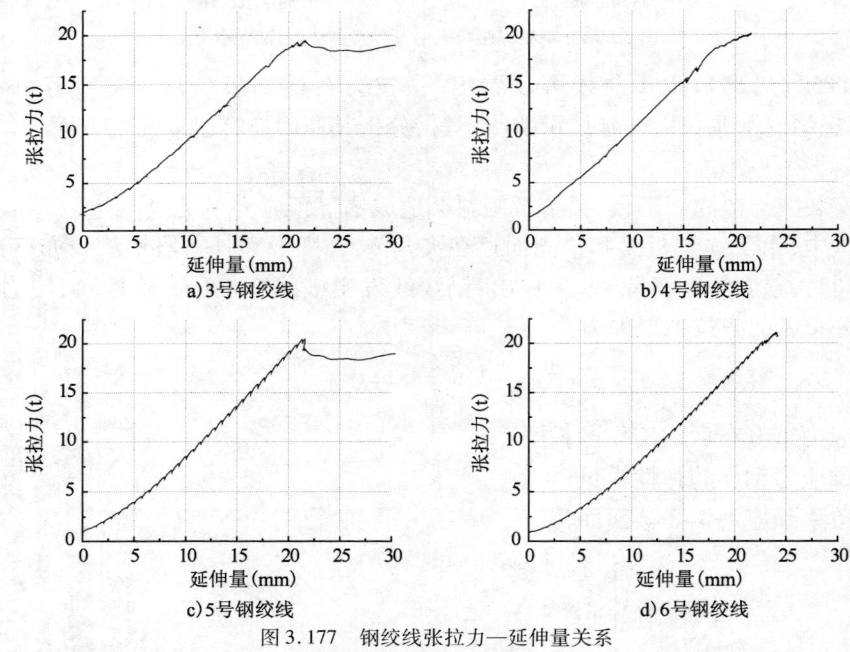

图3.177 钢绞线张拉力—延伸量关系

多种因素会导致后张法预应力混凝土构件预应力损失,锚具变形和钢筋回缩等引起反摩擦力导致预应力损失是影响锚下有效预应力的主要因素,评定标准主要考虑此部分预应力损失。

预应力钢筋考虑反摩擦后在张拉端锚下的预应力损失量ΔF按下述公式计算:

$$\Delta F = 2\Delta\sigma_{d} l_{f} A_{x} \tag{3-89}$$

式中:$\Delta\sigma_{d}$——单位长度由管道摩擦引起的预应力损失,$\Delta\sigma_{d}=\dfrac{\sigma_0-\sigma_l}{l}$;

σ_0——张拉端锚下控制应力;

σ_l——预应力钢筋扣除沿途摩擦损失后的锚固端应力；

l——张拉端至锚固端的距离；

l_f——反摩擦影响长度，$l_f=\sqrt{\dfrac{\sum \Delta_l E_p}{\Delta\sigma_d}}$；

Δ_l——预应力钢筋的变形量。

规范规定锚下控制力为：

$$F = \alpha f_{pk} A_x \tag{3-90}$$

式中：α——控制应力系数，$\alpha \leqslant 0.75$；

f_{pk}——预应力钢绞线抗拉强度标准值。

则考虑预应力损失的锚下有效预应力评定标准为

$$(1-\kappa)(F-\Delta F) \leqslant F_{cs} \leqslant (1+\kappa)(F-\Delta F) \tag{3-91}$$

式中：F_{cs}——测试预应力；

κ——测试预应力与评定控制值的相对允许误差，取值6%。

根据评定标准，测试锚下有效预应力在图3.178所示阴影区域为达标。

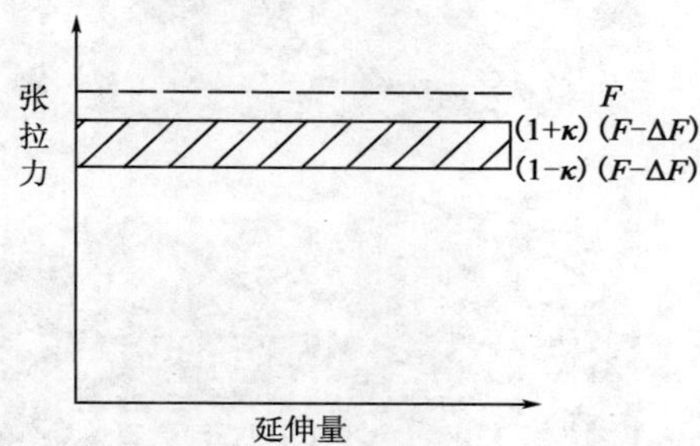

图3.178 评定标准示意图

3.13.3 测试技术工程推广应用介绍

纵、横向预应力钢绞线锚下有效预应力检测技术已在陕西铜黄高速、陕西宝汉高速坪坎至汉中段全线13个标段、陕西宝汉高速石门水库特大桥、陕西汉中至陕川界高速厢房里大桥、宁夏叶盛黄河公路大桥、陕西柞山高速全线、亚洲最重转体斜拉桥—山东邹城火车站转体桥、济南绕城高速济南连接线推广应用(表3.38、图3.179)。

检测技术应用 表3.38

编号	工程名称	桥梁类型	跨径布置	检测类别
1	陕西宝汉高速坪坎至汉中段	预应力混凝土连续梁桥	20m、30m、40m连续梁	腹板束、底板束、顶板负弯矩钢束、现浇梁预应力束
2	陕西宝汉高速石门水库特大桥	钢管混凝土拱桥预应力混凝土T形梁	跨径262m钢管混凝土拱吊杆横梁	纵向束
3	陕西汉中至陕川界高速厢房里大桥	预应力混凝土连续刚构桥	左线(65+3×100+65)m；右线(65+2×100+65)m	纵向束、横向束
4	宁夏叶盛黄河公路大桥	波形钢腹板预应力混凝土连续梁桥	西岸跨堤引桥(340+70+240)m；主桥(64+540+64)m；滩地40m跨径引桥3×40m；东岸跨堤引桥(40+70+340)m	纵向体内束、横向体内束

续上表

编号	工程名称	桥梁类型	跨径布置	检测类别
5	陕西柞山高速	预应力混凝土连续梁桥	20m、30m、40m 装配式预应力混凝土连续箱梁	腹板束、底板束、顶板负弯矩钢束、现浇梁预应力束
6	济南绕城高速济南连接线	预应力混凝土连续梁桥	1 座东延主线桥、2 座南延主线桥、12 条匝道,现浇梁 63 联、共 215 跨	纵向束

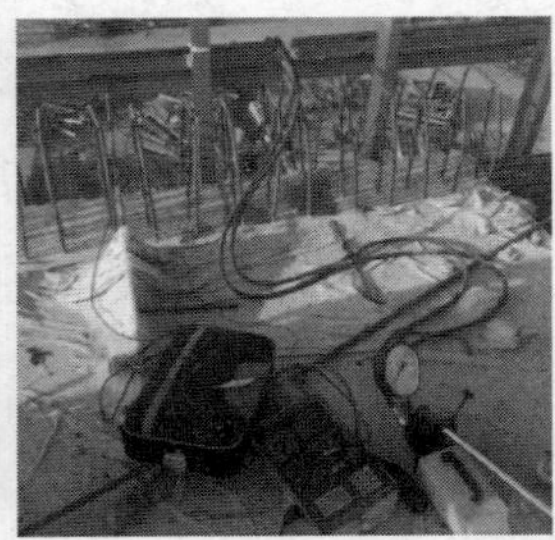

a)陕西宝汉高速坪坎至汉中段

b)陕西宝汉高速石门水库特大桥

c)陕西汉中至陕川界高速厢房里大桥

图 3.179

d)宁夏叶盛黄河公路大桥

e)陕西柞山高速

f)济南绕城高速济南连接线

图3.179　工程推广应用

3.13.4　预应力混凝土梁锚下有效预应力的影响因素分析

1)影响因素1:预应力钢绞线的松弛效应

试验检测的梁长20m。钢绞线采用$\phi^{S}15.2$mm,抗拉强度标准值$f_{pk}=1\ 860$MPa,张拉控制应力$\sigma=0.75f_{pk}$,锚口摩阻损失按3%考虑,实际单根张拉力控制力$P=1\ 437$MPa。预应力钢束位置如图3.180所示。

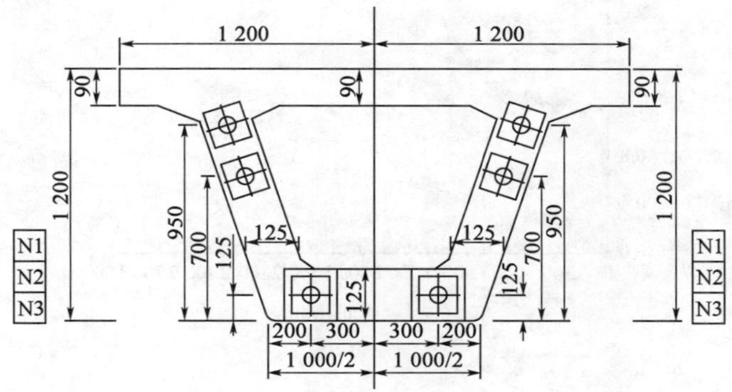

图3.180　预应力钢束位置(尺寸单位:mm)

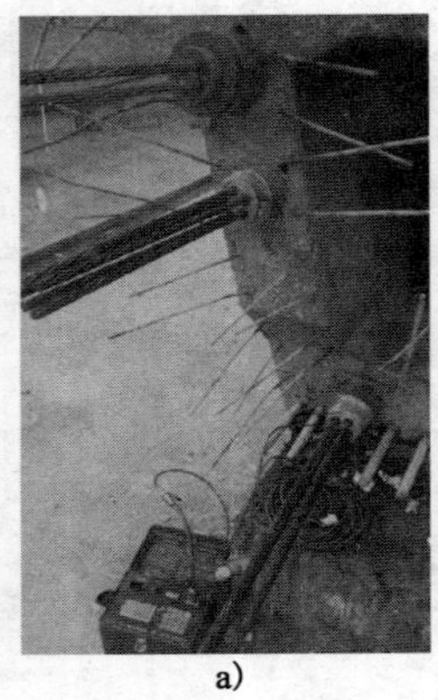
a)

b)

图 3.181　T 梁现场测试照片

预制混凝土梁立方体抗压强度达到设计混凝土强度等级的 90% 后张拉预应力钢束。钢束采用两端对称张拉、均匀对称,采用张拉力和引伸量双控。

锚下预应力随时间变化效应现场检测照片如图 3.181 所示。

预应力损失率随时间的变化曲线如图 3.182所示。

2)影响因素 2:环境温度对有效预应力的影响

(1)整体升温对预应力的影响

升温对梁预应力的影响选取上午 6:30—12:30 的时间段分析,测试数据如表 3.39所示。

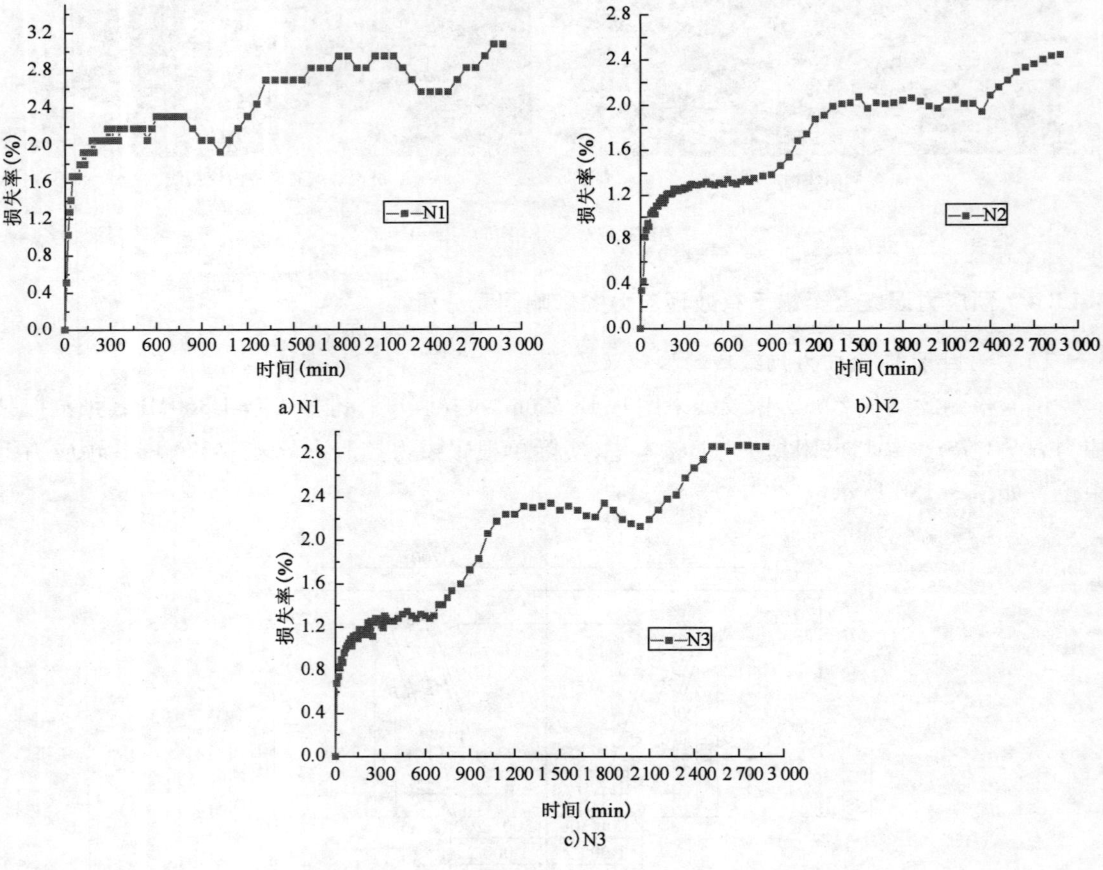

a)N1

b)N2

c)N3

图 3.182　锚下预应力损失率随时间变化曲线

整体升温与应力关系

表 3.39

时 间	环境温度(℃)	力(kN)
6:30	22	1 163
7:30	26	1 164
8:30	29	1 165
9:30	30	1 167
10:30	32	1 168
11:30	34	1 169
12:30	35	1 170

利用分析软件拟合升温曲线函数 $y = 1\ 149.95 + 0.56x$,如图 3.183 所示。

由图 3.183 曲线可得:在整体升温阶段,温度升高 1℃,N1 孔道单根钢绞线预应力增加 0.08kN。

(2)整体降温对预应力的影响

降温对梁预应力的影响选取中午 12:30—19:30 的时间段分析,测试数据如表 3.40 所示。

整体降温与应力关系

表 3.40

测 试 时 间	环境温度(℃)	力(kN)
12:30	35	1 170
13:30	33	1 169
14:30	32	1 167
15:30	30	1 166
16:30	29	1 166
17:30	29	1 165
18:30	28	1 165
19:30	27	1 164

利用分析软件拟合降温曲线函数 $y = 1\ 143.96 + 0.74x$,如图 3.184 所示。

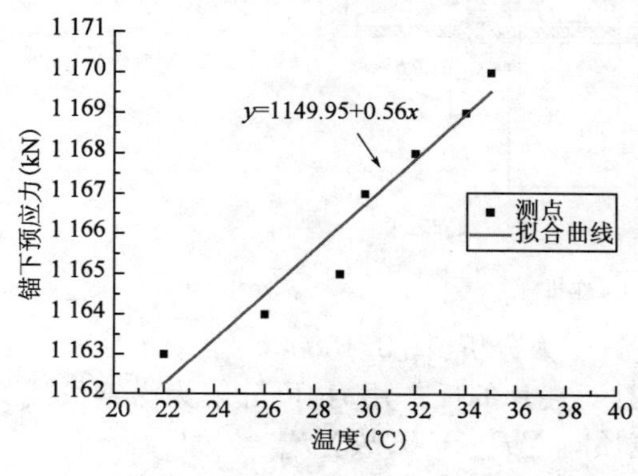

图 3.183 升温—应力拟合曲线

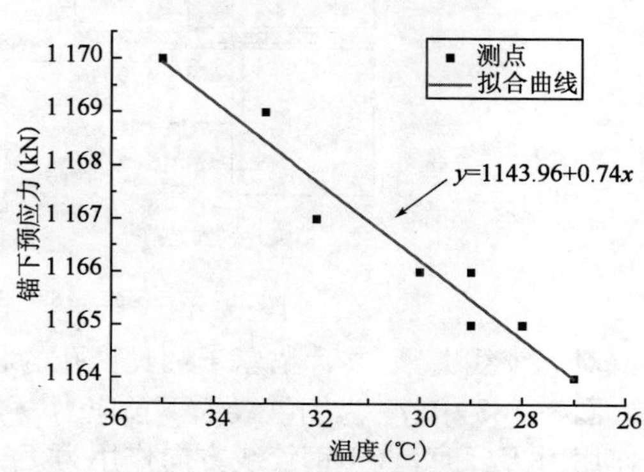

图 3.184 降温—应力拟合曲线

由曲线可得:在降温阶段,温度降低1℃,N1孔道单根钢绞线预应力减少0.1kN。

3)影响因素3:夹片与锚具塑性变形导致的咬合力

山东大学[18]研究了锚下有效预应力检测技术,该技术基于"拐点法"、通过钢绞线张拉力—伸长量关系曲线斜率变化,对锚下预应力进行有效识别。但是,大量实测结果发现,张拉力—伸长量关系曲线在斜率发生突变的时候,张拉力突然变小,随后斜率又趋于稳定(图3.185)。经测试曲线对比分析,发现张拉力突变的大小没有统一的规律,有的甚至没有出现明显的张拉力变化。按照钢绞线从仅外露段受力到平衡时通长筋受力变化机理分析,不应出现曲线的突变,张拉力的突变对锚下有效预应力的准确判断造成一定的困难。为揭示锚下有效预应力检测时张拉力突变的机理,准确判断锚下永存预应力的大小,本节开展了夹片锚锚固机理和受力分析,并对分析可能导致张拉力—伸长量曲线在斜率变化点张拉力突降的夹片咬合力进行了试验研究。

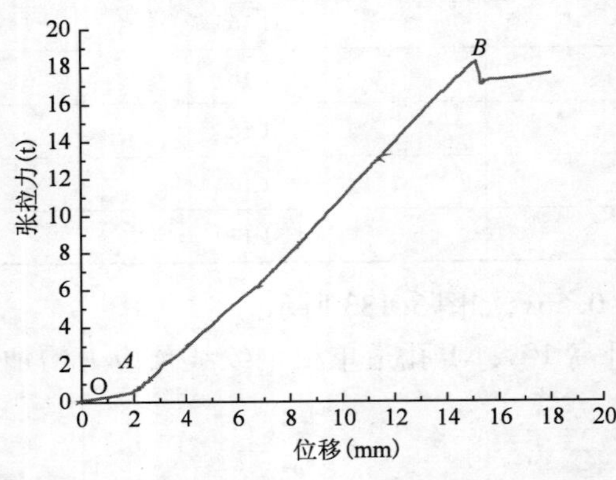

图3.185 典型钢绞线张拉力—伸长量关系

施加预应力作用时,将预应力钢筋穿过锚板锥孔,锚板锥孔大头端用夹片(图3.186)环绕夹持,预应力钢筋和夹片一起向锥孔小头端移动[分别发生图3.187b)中Δa和Δb位移],卡在锚板锥孔内,从而实现对预应力钢筋的锚固。

锚具对夹片的锚固起到重要作用,钢绞线通过和夹片内齿的相互作用把张拉力传至锚具,锚具再将作用力传递到锚垫板上,从而承受较大的荷载作用。锚固之前夹片已插入锥孔[图3.187a)],锚固之后,夹片沿钢绞线方向发生Δb位移,钢绞线发生Δa位移,若钢绞线和夹片夹持良好,$\Delta b=\Delta a$。

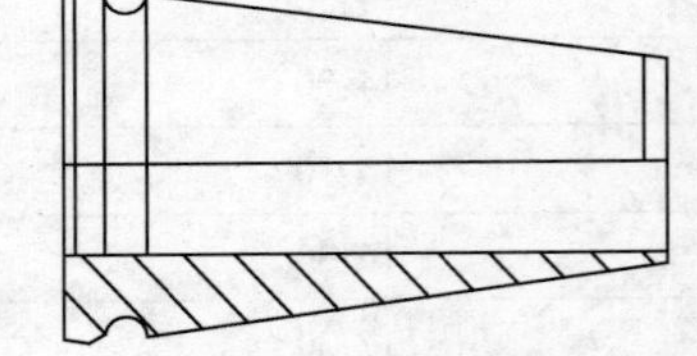

图3.186 锚固用夹片

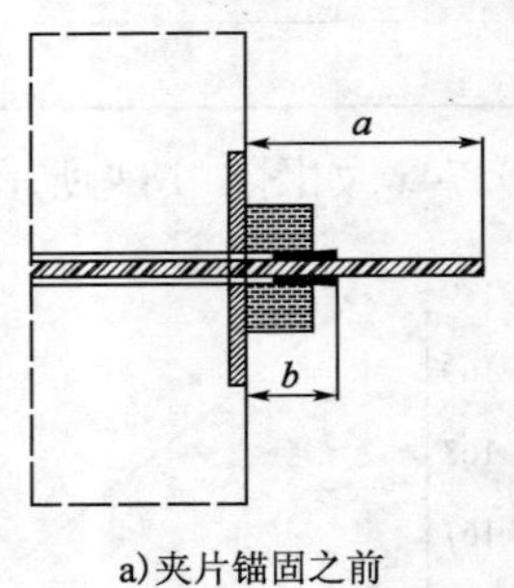

a)夹片锚固之前

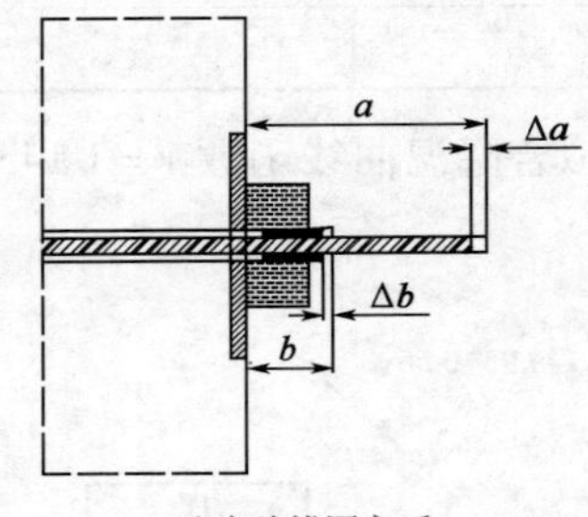

b)夹片锚固之后

图3.187 夹片锚固工作机制

对钢绞线夹紧、夹片锚紧于锚具锥孔的状态进行受力分析(图3.188)。

图3.188中,F_m为钢绞线锚下预应力,F_n为锚具对夹片的反作用力,可分解为沿钢绞线方向作用力F_{nx}和垂直于钢绞线方向作用力F_{ny},环绕径向$\sum F_{ny}=0$,故$\sum F_n=\sum F_{nx}$。

因夹片内面有螺牙,在锚固作用时能咬紧钢绞线,协同发生位移,达到紧固的目的。为保证预应力钢筋和夹片充分自锚,可采取提高接触面表面硬度和控制夹片锥角的方式。本节研究对象钢绞线和夹片夹持作用良好(图 3.189),故可把钢绞线和夹片取同一隔离体,分析其与锚具的相互作用。隔离体轴向受力平衡,即$\sum F_n = F_m$。

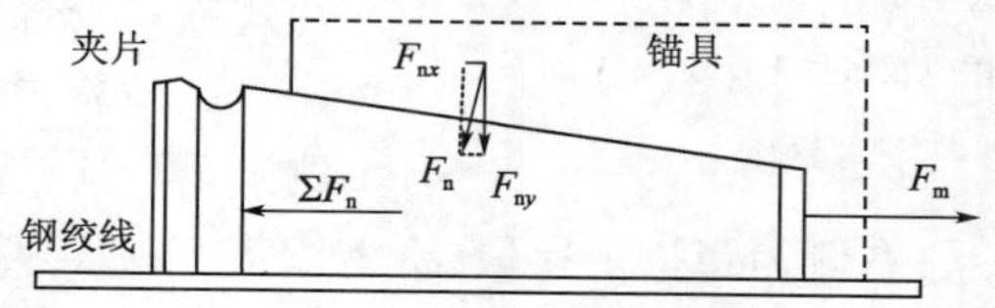

图 3.188 受力分析示意图

锚固作用时锚具发生塑性变形(图 3.190),这是因为:

(1)锚具的材料刚度比夹片和钢绞线均要小。

(2)锚固时钢绞线和夹片分别产生 Δa 和 Δb 位移,夹片深入到锚具锥形孔里。

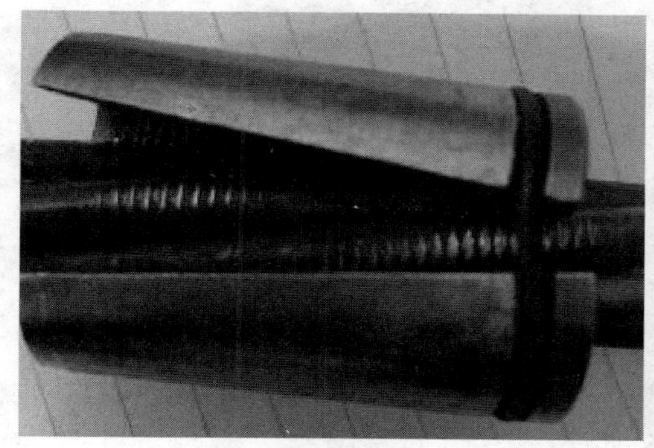

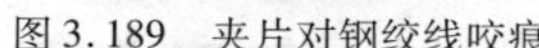

图 3.189 夹片对钢绞线咬痕

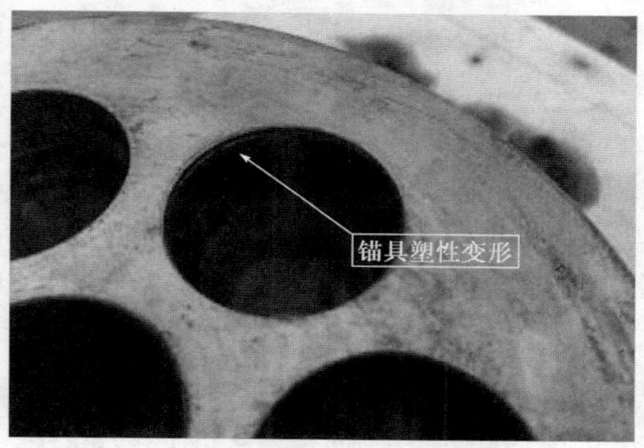

图 3.190 锚具发生塑性变形

因此,锚具对夹片的作用力由锚具弹性变形和作用力 F_{ne} 塑性变形作用力 F_{np} 两部分构成,$F_n = F_{ne} + F_{np}$。弹性变形在张拉力卸除后恢复,而塑性变形产生的锚具和夹片的咬合力则是导致张拉力—伸长量曲线在斜率变化点张拉力突降的原因。

从锚下有效预应力检测时锚具和夹片的受力特性解释张拉力突降:

(1)夹片夹紧时锚具弹、塑性变形对夹片作用合力 $F_{ne} + F_{np}$ 与锚下预应力 F_m 相等[图 3.191a)]。

(2)钢绞线外露段张拉力 F_l 不断增大,达到与 F_m 相等时,锚具弹、塑性变形对夹片作用减为 0,此时锚具塑性变形对夹片作用力反向[图 3.191b)],钢绞线外露段张拉力 F_l 继续增大;

(3)钢绞线外露段张拉力 F_l 增大至与锚下预应力 F_m 和锚具塑性变形对夹片作用力 F'_{np},($F_{np}' \neq F_{np}$)合力相等[图 3.191c)],此时夹片瞬间脱出,锚具塑性变形对夹片作用力 F_{np}' 消失,反映到钢绞线张拉力—伸长量关系曲线上即在"拐点"发生张拉力值的突降。

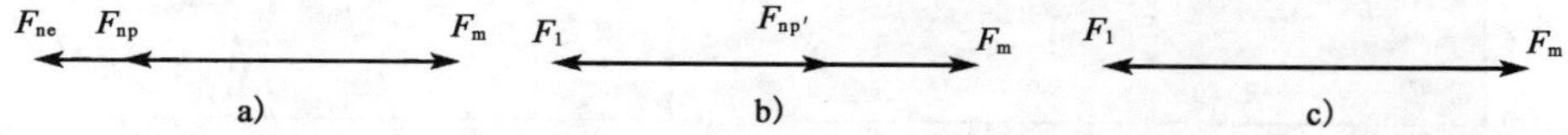

图 3.191 锚下有效预应力检测受力简图

此外,不同锚具和夹片的材料属性不同,咬合力也应大小不一。锚下有效预应力检测时,应判定钢绞线张拉力—伸长量关系曲线张拉力突降后的数值为锚下有效预应力值,采用峰值

点会导致判定结果偏高。

为试验验证理论分析结果,设计夹片式锚具咬合力测试试验。

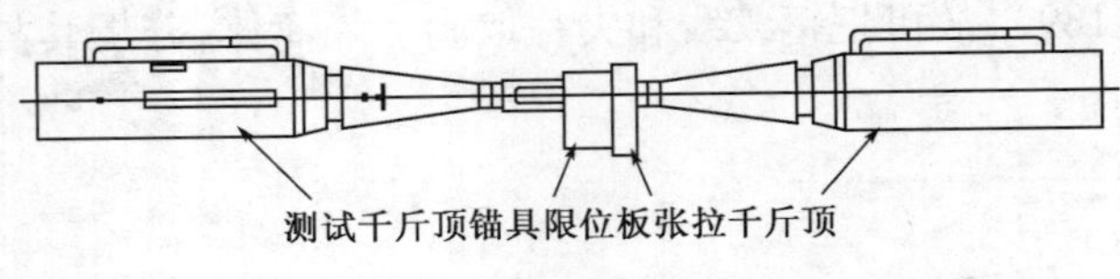

图 3.192　测试装置

试验装置如图 3.192 所示,左侧为测试千斤顶,连接测试系统,可得到实时钢绞线张拉力—伸长量关系;右侧为张拉千斤顶,将钢绞线张拉至实际结构中控制应力;中间为锚具和限位板,锚具上安装夹片。

钢绞线穿过锥孔并在大头端侧装入夹片,在小头端用张拉千斤顶实施张拉,在张拉至控制应力并持压 5min 后卸载,此时夹片已完全加紧(图 3.193)。

图 3.193　张拉后夹片夹紧

在锚具的大头端安装测试千斤顶,千斤顶作用时能够读取钢绞线张拉力—伸长量关系,采用"反拉法"测试锚具和夹片之间的咬合力。"反拉法"即反向对钢绞线实施张拉,利用夹片拉出瞬间张拉力—伸长量关系曲线的突变点识别此时张拉力的大小,根据力的平衡原则,认为此张拉力即为锚具和夹片的咬合力。

使用不同的钢绞线、夹片和锚具进行试验,试验现场如图 3.194 所示,取测试得到的其中 10 组钢绞线张拉力—伸长量关系曲线如图 3.195 所示。

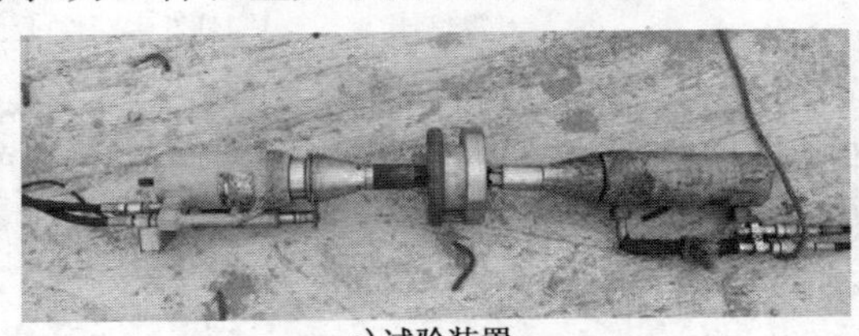

a) 试验装置

b) 现场测试

图 3.194　试验现场

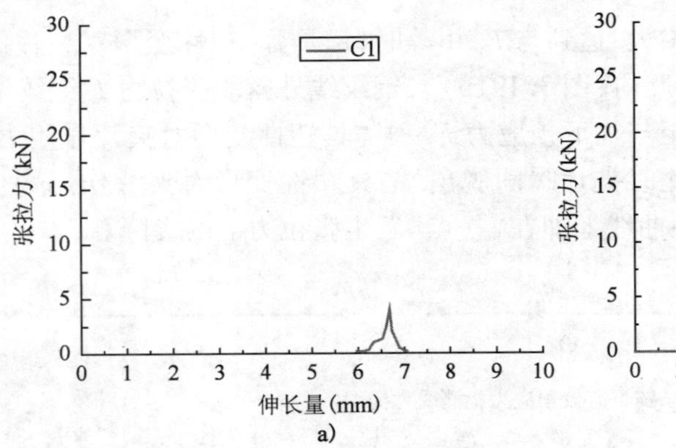

a)　b)

图　3.195

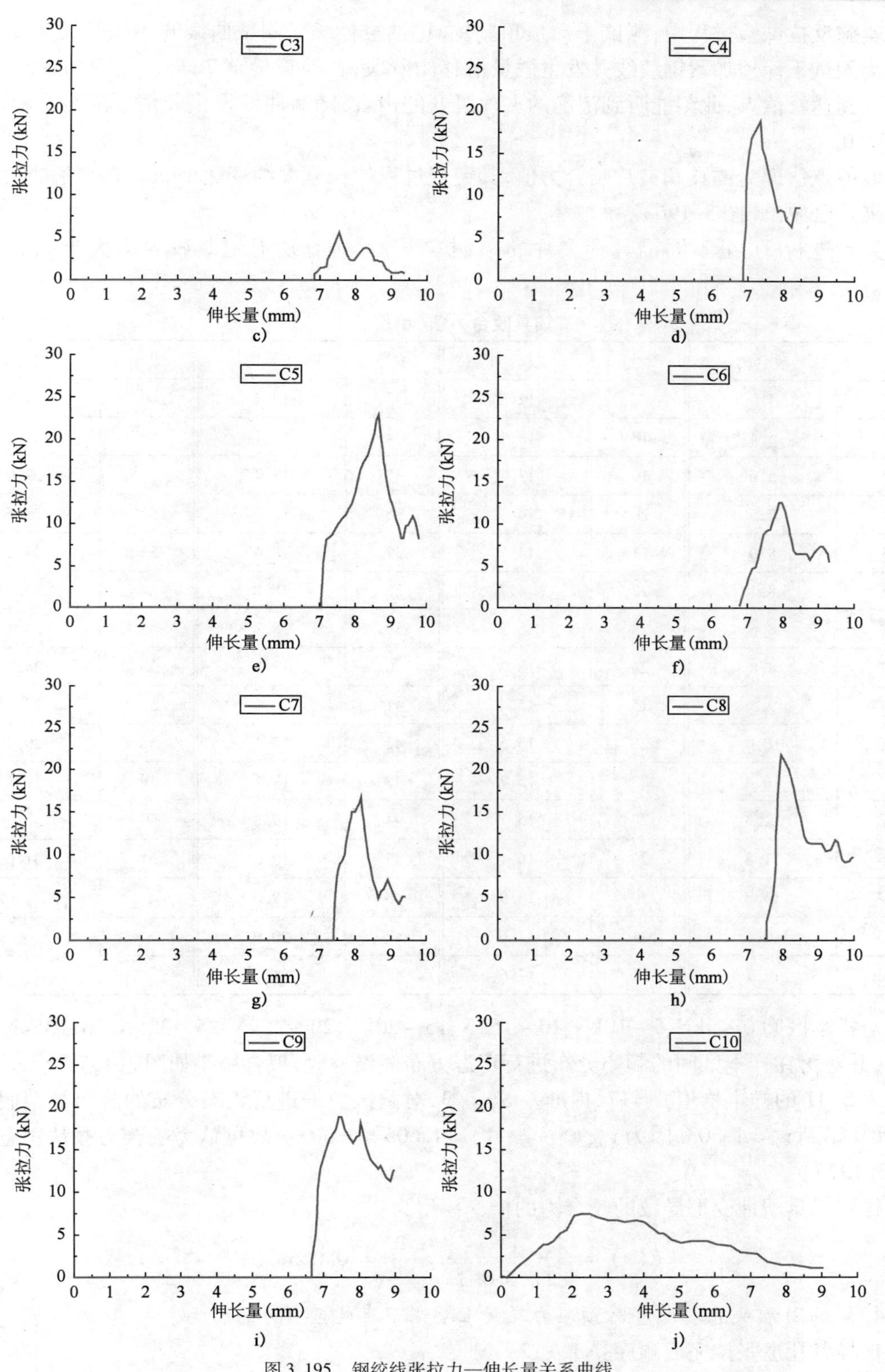

图 3.195 钢绞线张拉力—伸长量关系曲线

实施反拉试验过程中,测试千斤顶顶紧锚具,油缸伸长。测试曲线开始张拉力为0,这一过程为测试千斤顶加紧钢绞线并发生微量滑移的阶段;在伸长量至7mm左右时,张拉力突然上升并到达峰值点,此刻能听到清脆的夹片脱开的声音;随后曲线发生震荡下降至 x 轴,张拉力降为0。

峰值点值即为锚具和夹片咬合力值,其突变过程伸长量大约变化1mm。卸载后拆除锚具发现夹片已脱出(图3.196)。

共计进行31组不同锚具和夹片的“反拉”试验,统计所有锚具咬合力大小如表3.41所示。

锚具咬合力值(单位:kN)　　表3.41

编号	咬合力	编号	咬合力	编号	咬合力	编号	咬合力
1	4.0	17	12.8	33	17.7	49	21.8
2	5.4	18	13.1	34	18.1	50	22.9
3	5.6	19	13.7	35	18.4	51	22.9
4	7.5	20	14.3	36	18.6	52	23.5
5	8.0	21	14.7	37	18.6	53	24.2
6	8.1	22	14.7	38	18.8	54	24.5
7	8.6	23	15.2	39	18.9	55	24.5
8	8.8	24	15.3	40	18.9	56	24.5
9	9.5	25	15.4	41	18.9	57	28.1
10	10.4	26	15.5	42	19.1	58	29.4
11	10.8	27	15.7	43	19.1	59	30.1
12	11.3	28	15.7	44	19.3	60	30.4
13	11.8	29	16.1	45	19.6	61	31.6
14	11.8	30	16.9	46	19.6		
15	12.6	31	17.6	47	20.0		
16	12.7	32	17.6	48	21.1		

对样本区间0~5kN、5~10kN、10~15kN、15~20kN、20~25kN、25~30kN、30~35kN依次编号,并对落在样本区间的频率分布进行正态分布假设检验,拟合结果如图3.197所示。

表3.41的样本均值 $\mu=17$,标准差 $S=6.3$,对测试数据进行正态分布的分布类型假设检验,计算得到 $\chi^2=4.303$,因为 $\chi^2_{0.1}(5-2-1)=4.605>4.303$。故可认为咬合力服从正态分布(图3.197)。

得到锚具塑性变形导致的咬合力的概率模型为:

$$F(x)=\frac{1}{\sqrt{2\pi}\times 6.3}e^{-\frac{(x-17)^2}{2\times 6.3^2}}=0.063e^{-\frac{(x-17)^2}{79.38}} \tag{3-92}$$

4)影响因素4:张拉顺序对预应力混凝土梁锚下有效预应力的影响

现场各孔道张拉完成顺序:N3→N2→N1。

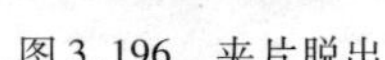

图3.196 夹片脱出

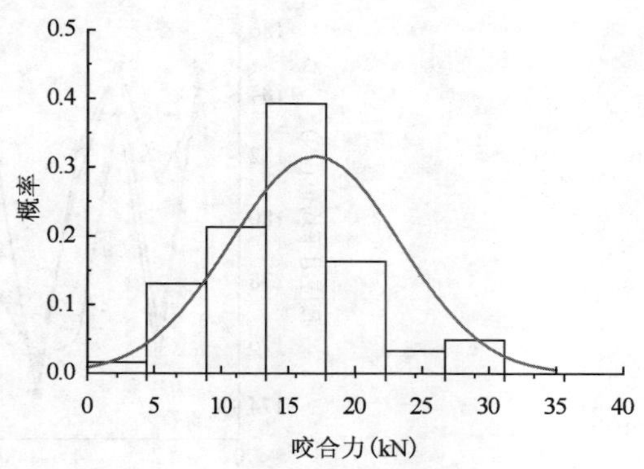

图3.197 夹片咬合力分布模型

统计各预制T梁编号和各孔道预应力平均值如表3.42所示。

各孔道预应力平均值统计 表3.42

序号	桥梁编号	N1孔道	N2孔道	N3孔道
1	左幅22-6	183.60	184.27	184.81
2	左幅23-2	181.25	176.41	175.43
3	左幅23-3	184.94	184.98	183.42
4	左幅23-4	182.31	181.26	176.16
5	左幅23-5	174.43	175.43	175.54
6	左幅24-6	181.87	176.34	177.69
7	左幅25-2	185.03	179.21	178.89
8	左幅25-3	179.89	178.03	177.40
9	左幅25-5	183.16	180.50	176.20
10	左幅24-4	184.51	181.89	178.84
11	左幅24-5	184.41	174.80	176.53
12	左幅25-6	184.09	180.57	175.72

N1、N2和N3孔道锚下预应力平均值比较曲线如图3.198所示。

12片梁对应孔道预应力平均值如表3.43所示。

不同钢绞线的最终锚下有效张拉力测试结果(kN) 表3.43

孔道	N1孔道	N2孔道	N3孔道
平均值	183.87	179.18	177.28

分析表3.43可以看出:先张拉的预应力钢绞线的施工期锚下有效张拉力要小。

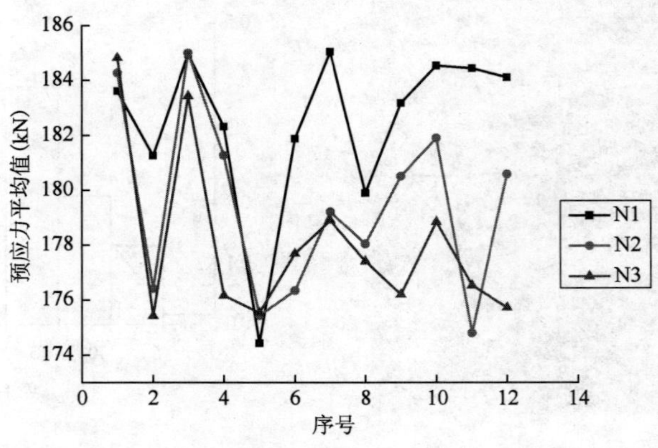

图 3.198　各孔道预应力比较曲线图

3.14　合龙段内置劲性骨架对刚构桥受力性能的影响

大跨径预应力混凝土连续刚构桥在合龙施工中受外部因素影响较大。针对各项影响因素,国内外学者进行了有益实践。内置劲性骨架作为合龙锁定已在实际工程应用。从抗拉压的角度来讲,劲性骨架的任何截面形式都是等效的,在早期的桥梁施工中,常采用体内钢管作为劲性骨架,如桂林净瓶山桥、广西茅岭江桥。目前基本采用工字钢截面或者槽钢截面。

考虑到目前国内外不少特大跨连续刚构桥跨中均出现了过量开裂和下挠现象,如果采用内置劲性骨架方案,跨中合龙段可认为是钢—混凝土组合构件,其抗裂性能和裂后抑制裂纹扩展能力相比于普通预应力混凝土合龙段要强。从这个角度出发,内置劲性骨架应该是设计中可考虑的方案。

关于内置劲性骨架的理论研究成果相对较少。王凌波采用数值分析方法对内置劲性骨架合龙段受力的时变效应进行了研究,研究表明内置骨架服役时间越长,对合龙段顶、底板的应力吸收越明显,导致合龙段有效压应力不足。郑斐研究认为:桥梁可以采用内置劲性骨架锁定进行合龙段施工,以达到跨中截面弯矩和正应力均优的状态。但也同时指出,内置劲性骨架削弱了混凝土的预压应力储备,应定量地分析内置劲性骨架对合龙段应力效应的影响。值得注意的是:已有仅仅用平面杆系有限元程序对桥梁作总体内力计算,解出各阶段模型左端截面产生的弯矩、轴力;然后将截面的弯矩、轴力等效转化为截面处各单元表面的分布面力和各节点上的节点荷载,再对合龙段作空间应力计算。已有文献研究表明:采用梁单元进行连续刚构桥的徐变分析结果与空间计算分析结果有一定差异。因此,基于梁单元的研究结果有待进一步确认。合龙段的体模型在梁段交界面的位移边界应该为弹性约束边界。

综上所述:内置劲性骨架的理论研究明显不足,有待进一步展开。本节直接建立了连续刚构桥全桥三维精细化数值模型,基于体杆组合模型考虑预应力空间效应。考虑混凝土时变效应的三维特性,研究了内置劲性骨架对连续刚构桥受力性能的影响。

3.14.1 劲性骨架布设与合龙应力测试

1)劲性骨架布设

背景桥梁为(60+105+60)m三跨预应力连续刚构桥,梁段布置如图3.199所示。

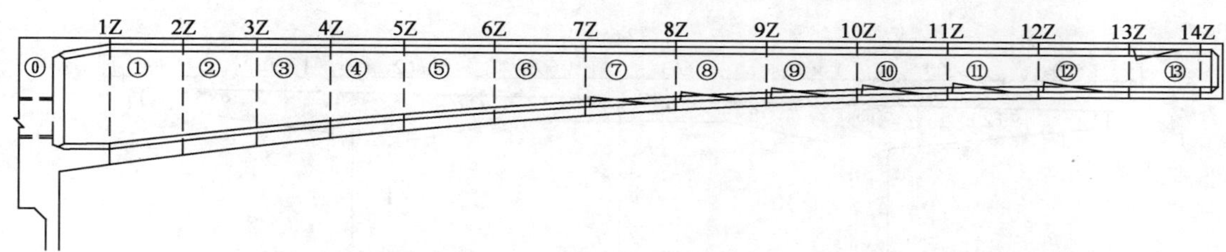

图3.199 桥梁箱梁节段构造

主桥上部结构采用变截面单箱单室三向预应力钢筋混凝土连续箱梁。箱梁顶板宽12.65m,底板宽6.65m,翼缘板悬臂长3.0m。

桥梁左幅采用内置劲性骨架进行合龙锁定,中跨合龙段为2m,在最后一个悬臂节段埋置伸入梁体500mm的预埋件,施工合龙段时将劲性骨架与预埋件焊接锚固以锁定合龙段两侧悬臂梁段[图3.200a)]。劲性骨架采用16工字钢,将工字钢成"H"形布置于腹板并与两侧预埋件焊接,相邻钢骨架中间留空隙以保证混凝土密实,劲性骨架在内外侧腹板各布置两处,每处布设三道。合龙段内置劲性骨架构造如图3.201所示。

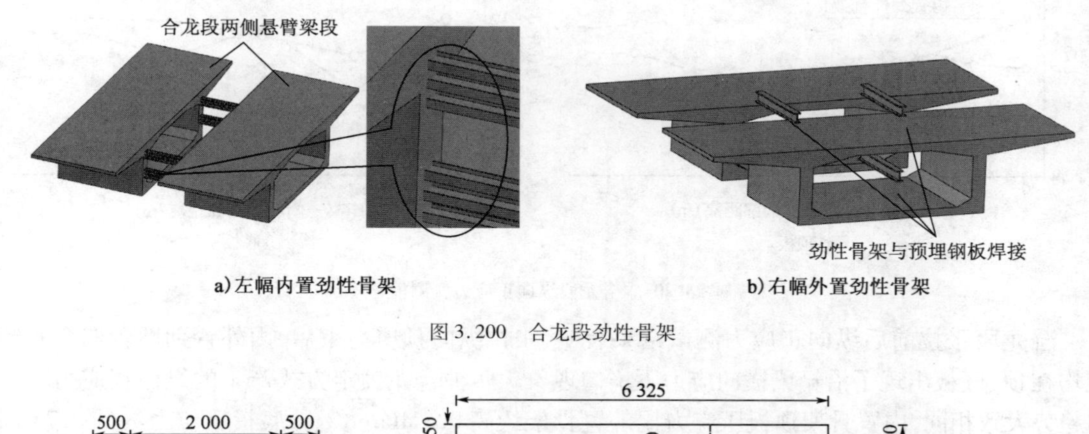

图3.200 合龙段劲性骨架

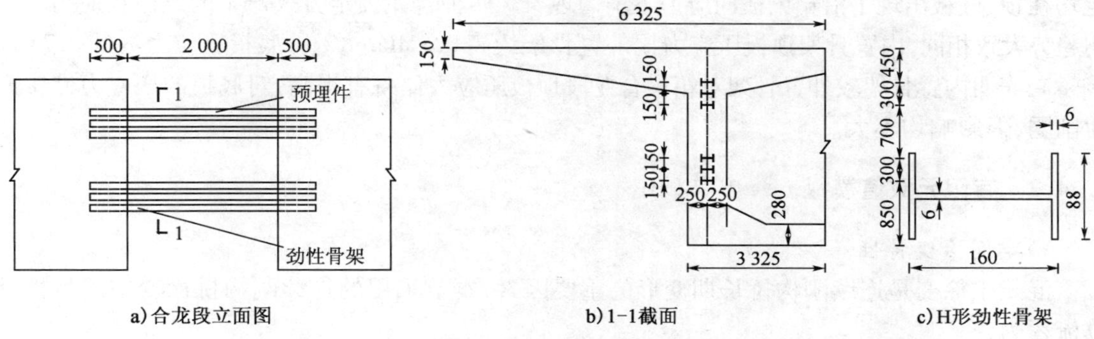

图3.201 合龙段内置劲性骨架构造图(尺寸单位:mm)

同时在右幅合龙段用外置钢骨架进行合龙锁定以进行对比分析,外置劲性骨架横桥向均布两道,分别在底板顶面和顶板顶面与预埋钢板焊接,纵桥向锁定[图3.200b)]。

2)传感器布设

合龙段纵向正应力测试浇筑混凝土前分别在左、右幅合龙段的顶、底板纵桥向埋设应力传感器(图3.202),T1~T9为顶板测点、B1~B5为底板测点。

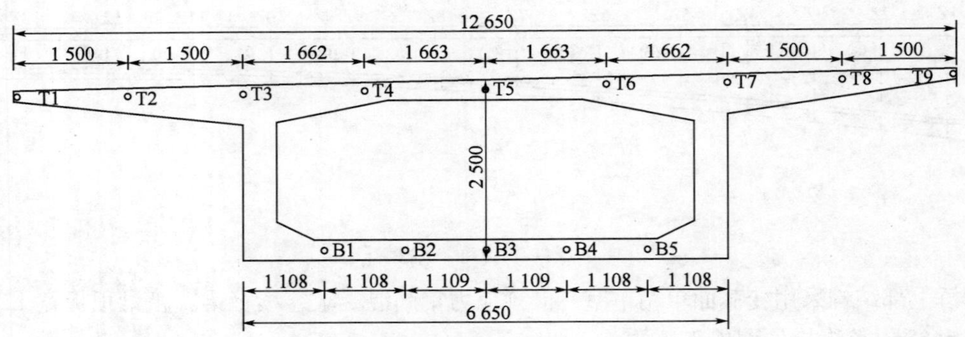

图3.202　合龙段应力传感器布设(尺寸单位:mm)

预应力束张拉前后分别进行应力测试,整理得到张拉预应力束对合龙段产生的纵向正应力如图3.203所示。

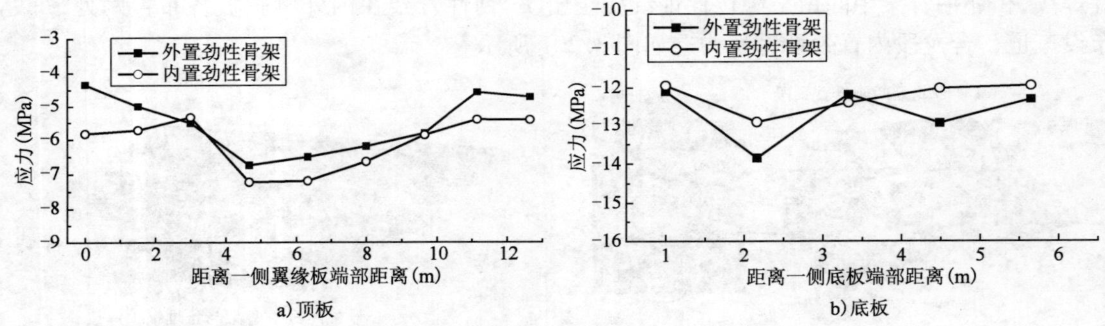

图3.203　合龙段纵向正应力实测值

合龙段张拉前后纵向正应力测试结果表明,张拉纵向预应力束后,内外置劲性骨架合龙锁定均在顶、底板出现了沿箱梁横向应力不均匀现象。两种合龙锁定方式产生的纵向正应力不均匀趋势大致相同,内置骨架顶板压应力比外置骨架约高0.5MPa(8%),底板压应力约低0.7MPa(6%),表明内置骨架较外置骨架对箱梁合龙段顶板压应力储备有提高、对底板的压应力储备产生削弱,但影响均不大。

3.14.2　有限元数值模拟

1)空间徐变特性

混凝土徐变是连续刚构桥长期变形的重要因素,本节采用的连续刚构桥徐变空间特性计算流程为:

(1)提取上一个施工阶段结束时(τ_j时刻)的弹性应变向量$\varepsilon(\tau_j)$。

(2)根据徐变系数计算当前施工阶段由弹性应变引起的从τ_j时刻到t时刻的徐变应变向

量$\boldsymbol{\varepsilon}_c(t,\tau_j)$：

$$\boldsymbol{\varepsilon}_c(t,\tau_j) = \phi(t,\tau_j)\boldsymbol{\varepsilon}(\tau_j) \tag{3-93}$$

式中：$\phi(t,\tau_j)$——τ_j时刻到t时刻的徐变系数。

（3）根据徐变应变向量，由式（3-94）求得τ_j时刻到t时刻的徐变等效荷载P_{cr}：

$$\boldsymbol{P}_{cr} = \int_V \boldsymbol{B}^T\boldsymbol{D}\boldsymbol{\varepsilon}_c(t,\tau_j)\mathrm{d}V \tag{3-94}$$

式中：$\boldsymbol{B}$——几何矩阵；

$\boldsymbol{D}$——弹性矩阵；

$\boldsymbol{P}_{cr}$——τ_j时刻到t时刻的徐变等效荷载向量；

V——单元体积。

（4）依据徐变等效荷载求解当前步骤徐变导致的变形、应力及应变增量，并进行变形、应力及应变的叠加计算。

（5）返回步骤（2）重复计算，直至施工过程结束。

以上计算流程中徐变系数的计算参考规范取值。

2）三维精细化数值模型

采用MIDAS FEA软件建立考虑施工过程的空间实体单元数值模型。考虑结构的对称性，选取横向1/2模型进行计算，约束横向位移；中间固结墩墩底进行固结约束；两边跨合龙段在梁底约束竖向位移[图3.204a）]。

a）全桥模型　　b）预应力束

图3.204　有限元模型

采用体杆组合模型建立预应力束，考虑预应力钢筋内缩、摩擦及松弛和混凝土收缩徐变引起的预应力损失。全桥预应力束空间布设如图3.204b）所示。内置劲性骨架采用梁单元建模，梁单元与合龙段体单元共用节点。全桥空间体单元17 107个，杆单元22 791个，梁单元60个，节点29 148个。定义20个施工阶段，分析过程考虑了混凝土抗压强度变化、收缩徐变等材料时间依存特性。

3.14.3　数值模拟结果分析

1）合龙段纵向正应力

为研究内置骨架锁定对合龙段应力的影响，对比外置骨架分析合龙段单元纵向正应力（图3.205）。应力云图结果表明，外置劲性骨架和内置劲性骨架锁定的合龙段短、长期应力分布基本相同；张拉合龙段预应力束后，内置劲性骨架对腹板作用区域压应力影响较小；在铺装和长期徐变作用后，内置劲性骨架分别对该区域削弱约1MPa（13%）和0.6MPa（11%）压应力，但对整体压应力储备影响不大。

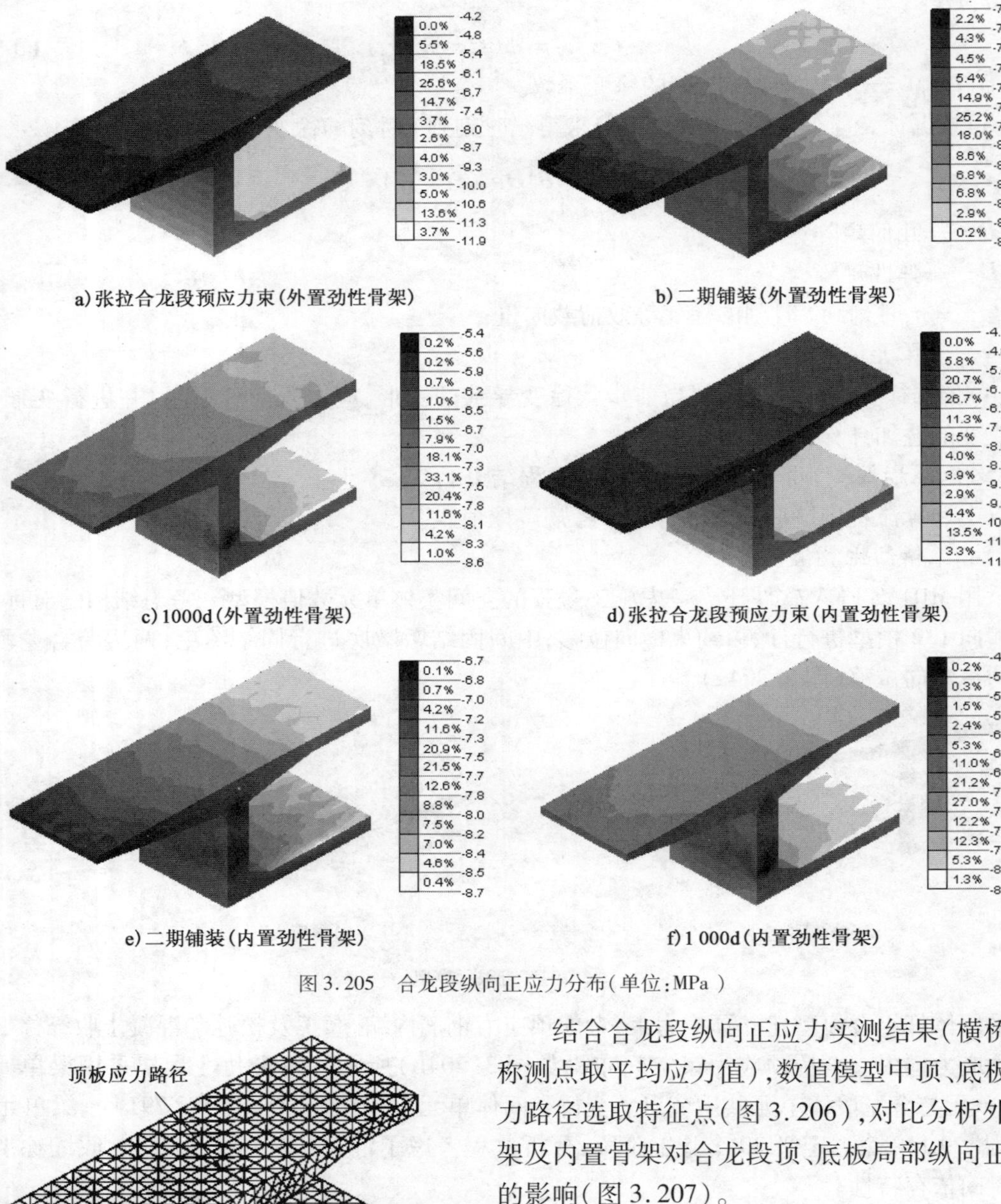

a)张拉合龙段预应力束(外置劲性骨架)

b)二期铺装(外置劲性骨架)

c)1000d(外置劲性骨架)

d)张拉合龙段预应力束(内置劲性骨架)

e)二期铺装(内置劲性骨架)

f)1 000d(内置劲性骨架)

图 3.205　合龙段纵向正应力分布(单位:MPa)

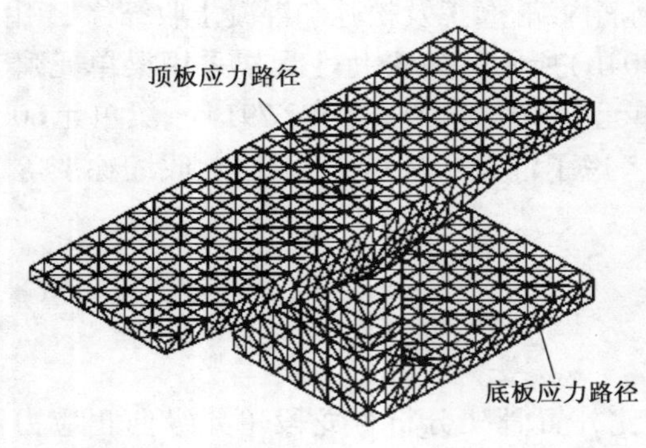

图 3.206　合龙段应力路径

结合合龙段纵向正应力实测结果(横桥向对称测点取平均应力值),数值模型中顶、底板沿应力路径选取特征点(图 3.206),对比分析外置骨架及内置骨架对合龙段顶、底板局部纵向正应力的影响(图 3.207)。

由图 3.207 可以得到以下结论:

(1)两种合龙方式的合龙段顶板实测应力和理论应力值相差不大,底板实测应力较理论应力大。

(2)两种合龙方式的合龙段顶、底板短期(张拉合龙段预应力束后)理论应力分布相似。

(3)两种合龙方式的合龙段长期纵向正应力在与腹板交界处的顶板差异较为明显。内置骨架锁定更易形成顶板的长期应力分布不均,但是由于合龙段的顶板压应力储备较大,其影响较小。内、外置骨架锁定对合龙段底板长期受力性能影响均较小。

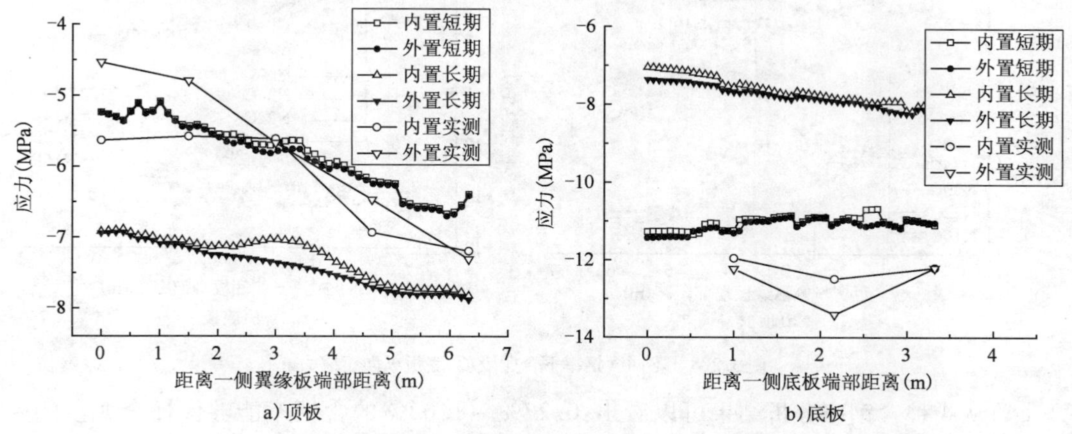

图3.207　顶、底板混凝土纵向正应力对比

(4) 两种合龙方式的合龙段顶板长期(1 000d)应力较短期应力平均增加20.6%,底板处相应减少30.5%。

2)内置骨架含钢率

目前国内外对于内置骨架的含钢率没有明确的要求。为此,拟考虑不同的内置劲性骨架含钢率μ对合龙段纵向正应力的影响。

$$\mu = \frac{A_{NK}}{A} \tag{3-95}$$

式中:A_{NK}——内置劲性骨架的截面面积;

A——箱梁合龙段截面面积。

分别对4种标准规格工字钢(表3.44)内置骨架的合龙段短、长期应力状态作对比分析。

工字钢内置劲性骨架规格　　表3.44

编号	型号	骨架尺寸(mm)	截面面积(mm^2)	含钢率μ(%)
1-1	16	160×88×6	23 328	0.271
1-2	22a	220×110×7.5	38 250	0.444
1-3	30a	300×126×9	56 720	0.658
1-4	36b	360×138×12	88 128	1.023

图3.208中"N"代表工字钢内置骨架;数字代表标准工字钢规格;"D"代表短期效应;"C"代表长期效应。

分析图3.208可以看出:

(1)内置劲性骨架含钢率越高,合龙段顶板的纵向正应力分布不均越明显。

(2)与腹板交界的顶板处纵向正应力长期效应受含钢率的影响较为显著:含钢率每增加1%,压应力减少2.2%。

(3)含钢率对底板应力的短、长期效应影响均相对较小。

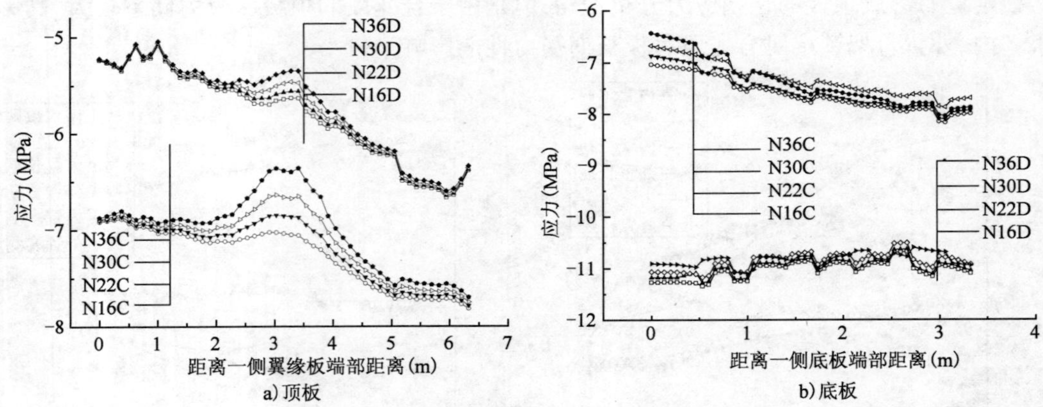

图 3.208　不同含钢率下合龙段顶、底板纵向正应力

(4)从4种含钢率分析结果可以看出:0.27% ~1.02%的含钢率能够保证合龙段的受力安全,实际设计中可考虑采用该范围。

3)内置骨架截面形式

前面分析了工字钢骨架对合龙段短期和长期性能的影响,考虑设计普遍性,对比工程中使用的将两块标准槽钢对拼形成的"口"字形截面骨架进行分析。配置的"口"字形截面含钢率与前面所述四种工字钢内置骨架分别相同,对拼槽钢规格如表3.45所示。

"口"字形内置劲性骨架规格　　表3.45

编　号	型　号	骨架尺寸(mm)	骨架宽(mm)	含钢率μ(%)
2-1	20b	200×75×9	150	0.277
2-2	32b	320×90×10	180	0.446
2-3	40b	400×102×12.5	204	0.672
2-4	40c	400×104×14.5	390	1.024

考察两种截面形式内置骨架的合龙段纵向正应力短、长期效应差异如图3.209所示。

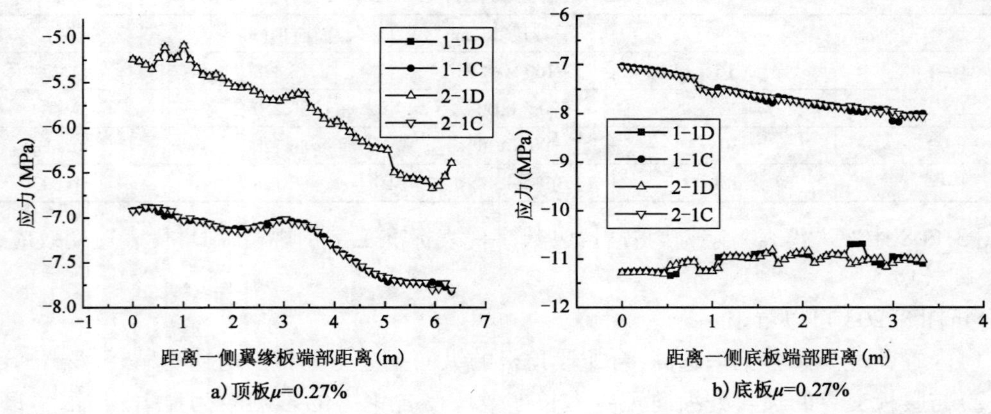

图　3.209

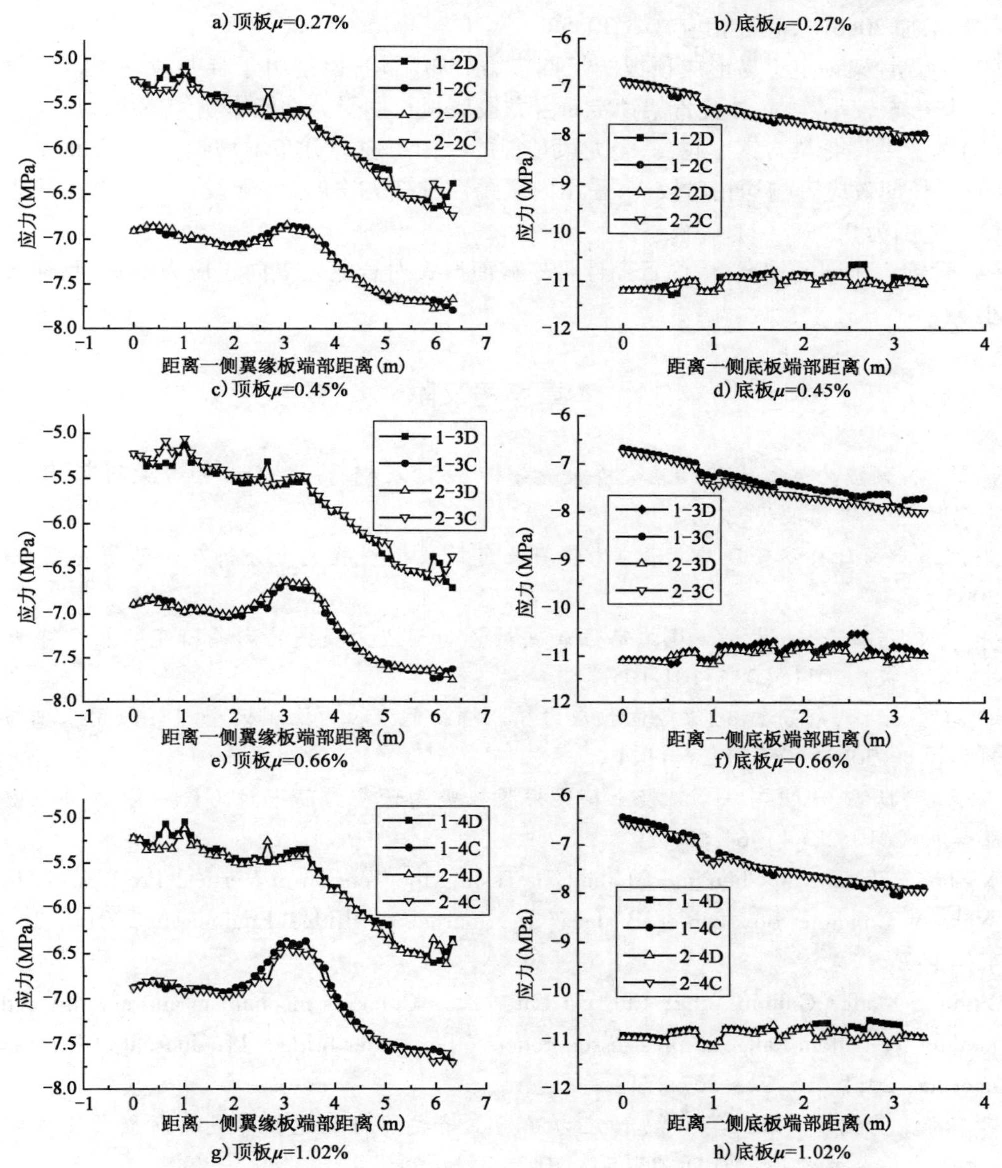

图3.209　两种截面形式顶、底板纵向正应力

由图3.209可以看出：两种内置骨架截面形式下，合龙段顶板、底板短、长期纵向正应力分布曲线基本重合。表明含钢率相同的情况下内置劲性骨架截面形式对合龙段纵向正应力短、长期效应影响很小。

3.14.4　结论

结合现场实测数据及考虑施工过程的空间实体单元数值模型计算结果，对比分析内置及外置劲性骨架对刚构桥合龙段短、长期力学特性的影响. 有以下结论：

（1）内、外置骨架锁定的合龙段短、长期应力分布基本相同，合龙段顶板长期应力较短期

应力平均增加20.6%,底板相应减少30.5%。

(2)内置骨架锁定更易形成顶板的长期应力分布不均,但是由于合龙段的顶板压应力储备较大,其影响较小。内、外置骨架锁定对合龙段底板长期受力性能影响均较小。

(3)内置劲性骨架含钢率越高,合龙段顶板的纵向正应力分布不均越明显;含钢率对底板应力的短、长期效应影响均相对较小;采用内置劲性骨架方案时,实际设计中可考虑采用的含钢率设计范围为0.27%~1.02%。

(4)含钢率相同的情况下,内置劲性骨架截面形式对合龙段纵向正应力的短、长期效应影响很小。

本章参考文献

[1] 钟新谷. 预应力混凝土连续箱梁桥裂缝分析、防治及钢箱—混凝土组合梁研究[R]. 湖南大学博士后研究报告,2002.

[2] 浙江省交通厅公路管理局. 预应力混凝土连续梁桥裂缝调查分析及防治研究报告[R]. 2005-5.

[3] 李守凯,张峰,李术才,等. 施工定位误差对竖向预应力损失的影响研究[J]. 山东大学学报(工学版),2011,(03):101-105.

[4] 徐向锋,张峰,佘勤聪. 箱梁竖向预应力精轧螺纹筋张拉力检测模型[J]. 应用基础与工程科学学报,2013,(06):1136-1144.

[5] 钟新谷,杨滔,沈明燕,等. 混凝土箱梁桥腹板竖向预应力筋张拉力检测方法[J]. 中国公路学报,2010,23(4):64-69.

[6] X Zhong,T Yang,M Shen,etc. Method for Testing the Tension of Vertical Prestressing Bars in Webs of Concrete Box Girder Bridges[J]. Journal of Bridge Engineering,2011, 16(3): 438-444.

[7] Yiqiang Xiang, Guobin Tang, Chengxi Liu, et al. Cracking mechanism and simplified design method for bottom flange in prestressed concrete box girder bridge[J]. Journal of Bridge Engineering, 2011, 16(2): 267-274.

[8] 项贻强, 唐国斌, 朱汉华, 等. 预应力混凝土箱梁桥施工过程中底板崩裂破坏机理分析[J]. 中国公路学报, 2010, 23(5): 70-75.

[9] 张峰,叶见曙,高磊,等. 箱梁合龙段底板崩裂机理及设计[J]. 东南大学学报(自然科学版),2014,44(6):1254-1259.

[10] BAŽANT Z P, YU Q, LI G, et al. Excessive deflections of record-span prestressed box girder: lessons learned from the collapse of the KororBabeldaob Bridge in Palu[J]. American Concrete Institute,2010,32(6):44-52.

[11] KÍSTEK V, BAŽANT Z P, ZICH M, et al. Box Girder Bridge Deflections[J]. American Concrete Institute, 2006,28(1):55-63.

[12] BAŽANT Z P, LI G H, YU Q, et al. Explanation of excessive long-time deflections of collapsed record-span box girder Bridge in Palau[R]. Evanston: Northwestern University, 2008.

[13] BAŽANT Z P, YU Q, LI G. Excessive Long-time of prestressed box girders. I: record-span bridge in Palau and other paradigms[J]. Journal of Structural Engineering, 2012, 138(6), 676-686.

[14] BAŽANT Z P, YU Q, LI G. Excessive Long-time deflections of prestressed box girders. II: numerical analysis and lessons learned[J]. Journal of Structural Engineering, 2012, 138(6), 687-696.

[15] 黄海东,向中富,郑皆连. PC箱梁桥三维徐变效应精细化分析[J]. 中国公路学报, 2013, 26(5):108-114.

[16] 徐向锋,赵香萍,张峰,等. 重载铁路连续刚构桥徐变精细化数值分析[J]. 山东大学学报(工学版),2015,45(4):69-74.

[17] 付丹,郭红仙,程晓辉,等. 预应力锚索工作应力的检测方法——拉脱法的检测机制和试验研究[J]. 岩土力学,2012,08:2247-2252.

[18] 成剑波,姚晨,张峰. 反拉法检测预应力钢绞线工作应力的模型试验研究[J]. 公路与汽运,2015,03:181-184.

[19] 张峰,高磊,等. 施工期钢绞线锚下有效预应力测试技术[J]. 东北大学学报(自然科学版),已录用.

[20] 陈淮,陈鹏飞,李杰. 刚构—连续组合梁桥主梁合龙关键技术[J]. 铁道科学与工程学报,2015,12(1):113-118.

[21] 王凌波,郑斐. 内置劲性骨架的PC箱梁桥合龙段时变性能分析[J]. 中国公路学报, 2015,28(4):69-75.

[22] 郑斐. 劲性骨架对悬臂施工桥梁合龙段影响分析[D]. 西安:长安大学,2008.

[23] 高磊,张峰,李术才. 合龙段内置劲性骨架对刚构桥受力性能的影响[J]. 应用基础与工程科学学报,2017,4.

第 4 章　箱梁裂后承载性能评估

大跨径预应力混凝土连续箱梁无论在经济合理性、工艺成熟性上，都是具有强劲可比性的桥型，因此在我国得以飞速发展，给桥梁建设事业带来了勃勃生机。箱梁根据截面高度可分为变截面和等截面。其中等截面连续箱梁桥通常用于跨径 40 ~ 60m 的中等跨径桥梁设计。对于大跨或者特大跨径桥梁，该种截面形式的箱梁通常不采用。对于跨径超过 70m 时，采用变截面连续箱梁桥能有效降低梁体恒载内力。由于其支点附近梁高较高，能适应抵抗支点处的较大剪力。大跨径箱梁通常采用变截面设计方案，在我国此类桥梁数量众多，但随着这些大跨径桥梁逐步地投入营运、并经历荷载及时间的考验，设计和施工中的问题也在逐步地暴露。尤其是各种不同性质的裂缝较为普遍的出现。

裂缝产生后评估梁体的刚度退化是工程上首先应该解决的问题，因为只有梁体刚度退化准确的评估，才能有效评估箱梁服役期的安全性。另外一个需要研究的问题就是，箱梁开裂后，梁体的内力会发生重分布，即梁体由于裂缝而导致梁体的抗裂性能进一步降低，如何评估开裂后箱梁在竖向荷载作用下的应力分布就成为值得研究的问题。同时由于混凝土箱梁结构裂缝的存在具有一定的普遍性，使得工程界对混凝土箱梁桥的应用带来一些顾虑，迫切需要改进、完善建造措施。无论对在用桥梁的养护还是对新建桥梁的设计、施工，探索混凝土箱梁结构裂缝对结构性能产生的影响都是十分必要的。

4.1　国内外的研究现状

本书对预应力混凝土箱梁开裂后的力学性能研究是基于配筋混凝土构件非线性有限元计算理论进行的，因此深入了解和掌握配筋混凝土有限元计算理论上的研究发展现状以及试验研究很有必要。

4.1.1　混凝土非线性方面的研究现状

近年来，对混凝土结构的非线性数值模拟的研究已成为热点课题，取得了很多成果[1-7]，主要研究内容为：材料本构关系；混凝土的裂缝处理；钢筋与混凝土连接模型；其他数值方法。

1）*混凝土本构关系*

混凝土本构关系是指混凝土在多种荷载作用下的应力应变关系的某种表达式。不少学者在已有的连续介质力学的各种理论框架下结合混凝土的材料特性构造出门类繁多的混凝土本构关系模型。迄今为止，还没有任何一种理论被公认为是对混凝土材料本构关系的完美描述。本构模型主要包括以下几种：①非线性弹性模型。②弹塑性模型：该理论包括形变理论和增量理论。增量理论需要对以下三方面作出基本假定：屈服条件[8-10]，流动法则，强化法则，针对混凝土的材料特性，需要给出具体的屈服函数表达式，进而导出弹塑性矩阵。③内时模型。④断裂力学模型[11]。⑤流变学模型。⑥损伤力学模型。

2)混凝土裂缝的处理方式

混凝土一旦开裂,就会释放开裂前承担的应力,引起刚度降低和应力重分布,对裂缝处理恰当与否,是能否正确分析混凝土结构关键和难点之一。常用的裂缝模型如下:①分离裂缝模型[12-13];②分布裂缝模型[14-18];③内嵌裂缝单元模型[19-25]。

3)钢筋混凝土有限元模型

钢筋混凝土是由钢筋和混凝土两种材料构成,不是均质材料,建立有限元模型时必须考虑这一特点,常用的有限元模型有整体式[26]、分离式[27]和组合式[28]三类。

4)其他数值方法的研究现状

有限元法是目前使用最为广泛的数值计算方法,但是,由于有限元法是基于连续体力学发展起来的,相邻边界上的位移协调,这对于处理应力或者位移出现间断的问题比较麻烦。除了不断改进现有的有限元方法以外,相关研究人员还提出了很多其他数值方法,如离散单元法[29-34]、刚体弹簧单元法[35-40]和无网格法[41]等,试图更好地处理一些有限元法难以处理的问题。

4.1.2　混凝土箱梁非线性分析的研究现状

相对于混凝土矩形梁[42-52]、T形梁[53-62]等结构而言,混凝土箱梁的特殊性增加了分析的复杂性。近年来,关于混凝土箱梁的非线性特征及极限承载力越来越受到重视。

盛兴旺[63]吸取梁段单元和板梁框架法的思想,将斜交混凝土箱梁沿纵向划分为若干斜梁段,利用编制的有限元程序PBS进行斜交结构的分析,结果表明该方法具有较高的分析精度。其博士学位论文[64]基于整体变形和局部变形叠加位移模式,采用“箱梁段单元”,用U. L法分析了大跨度预应力混凝土箱形刚构桥极限承载力。钟新谷[65]将单箱多室混凝土箱梁离散为若干个空间梁段单元进行分析。段海娟[66]建立一种钢筋混凝土曲线箱梁非线性分析的有限元法,但该方法不能用于三室以上的情况。

In - Ho Jang[67]考虑钢筋混凝土的弹塑性特性并考虑了与时间因素相关(徐变)的混凝土非线性特性,分别对简支PC箱梁和连续PC箱梁进行了非线性分析。

E. Hinton, D. R. J. Owen[68]采用退化壳单元及TL法分析了不等厚度抛物柱面壳体。周世军[69-70]采用同样方法分析了单箱单室钢筋混凝土箱梁的极限承载能力。张峰[71]基于退化壳单元,并提出了预应力钢筋组合模型分析预应力混凝土连续箱梁开裂后的受力特性。杨冰[72]基于Zeinkiewicz提出的8节点等参中厚壳单元,考虑了单根粗大钢筋对单元刚度的贡献,推导出了具有单根或多根钢筋的板壳单元的刚度矩阵,并将其用于曲线箱梁桥的弹性和非线性分析。

Triha和Edwards[73]对后张预应力混凝土箱梁在荷载作用下的扭转和弯曲性能进行了单调加载至破坏的试验研究,并采用薄膜单元对箱梁进行了非线性有限元分析,基于分析与试验结果,得到如下结论:作用在箱梁上的扭矩效应是设计中应加以考虑的一个重要因素。Spence和Morley[73]对13个单室箱形截面微型混凝土模型进行了试验研究,每个模型作用集中荷载,荷载单调增加至构件破坏。通过试验来证实混凝土箱梁分析过程中发展起来的塑性理论。Murtuza和Cope[73]对27m跨混凝土箱梁桥作了1∶6的模型试验,采用矩形壳单元分别对模型进行了线弹性和非线性分析,通过非线性有限元法可预测钢筋混凝土箱梁的破坏模式及破坏

荷载。

A. G. Razaqpur 和 M. Nofal[74]分别对单室和双室简支预应力混凝土箱梁进行了1:7的模型试验,编制了非线性有限元程序 Nonlacs,通过程序能预测预应力混凝土箱梁桥从加载到破坏各阶段的结构反应和破坏极限荷载。该程序包括薄膜单元、平板弯曲元、平壳元及三维桁元,能够模拟任意被认为是薄板(壳)和杆元的组合结构。包括板梁桥、箱梁、折板结构等。

戴鹏[75]对曲线预应力混凝土箱梁桥支座反力及承载力进行了研究。杨国平、车惠民[76]对预应力混凝土箱梁进行了非线性分析,采用高效壳单元离散混凝土箱梁,由于采用次数较高的位移插值函数,可消除结构网格划分所固有的尺寸效应,进而得到较精确结果。非线性分析中考虑了混凝土材料正交各向异性的本构关系以及混凝土开裂或压碎、钢筋屈服引起的非线性,同时进行试验模型模拟了预应力混凝土两跨连续箱梁的受力过程。

谢发祥[77]对预应力混凝土连续箱梁进行了监测并分析腹板斜裂缝产生的原因。在现场观测和计算分析的过程中发现温度对混凝土箱梁的影响较大,同时计算了箱梁横向不均匀沉降对箱梁内力和变形的影响,通过分析表明,横向不均匀沉降导致箱梁 $L/4$ 处的主拉应力超出了混凝土的抗拉设计强度。

张志田[78]对试验模型(钢筋混凝土箱梁)进行横向受力性能的理论及试验研究,并采用 Mindlin 板单元与分层模型结合的有限元法进行非线性分析。李艳[79]对试验模型(钢筋混凝土箱梁)进行材料非线性和徐变的混凝土箱梁极限承载能力分析。

A. C. Scordelis[80-82]对钢筋混凝土箱梁桥进行了系统研究,包括简支和连续直线梁、曲线梁桥、斜交桥及任意形状的箱梁桥,并作了三个大比例尺(1:2.82)两跨连续单箱四室箱梁(中支点固结,边支点简支,斜交45°)模型试验。历时4年(1977~1980年),耗资38.4万美元。测试荷载包括恒载、适用荷载、超载(全过程测试)。同时采用非线性有限元法分析箱梁从开始加载到破坏全过程反应,将直线箱梁模拟成一系列相互连接的每端具有3个自由度的梁单元,考虑混凝土和钢筋材料性能不同,梁单元采用分层模式,在此基础上开发了非线性分析程序 PCFRAME(Kang[83])。随后由 Kang 和 Scordelis[84]发表该程序的编制原理,Moucessian[85]在其博士学位论文中利用该程序对预应力混凝土梁的弯矩重分布进行研究。该软件考虑了材料与几何非线性以及由于加载历史、温度变化、徐变、收缩、混凝土龄期和预应力松弛等时程效应的影响。但是,该分析方法只能考虑箱梁的整体反应,基本上是一种杆端力表达的综合效应。

黄弘读[86]采用虚拟层合单元分析了一座预应力混凝土T形刚构(图4.1),T形刚构截面为变截面单箱双室混凝土箱梁。虚拟层合等参单元的特点使得它能够方便地描述夹层结构、复合材料结构、组合结构等新型结构;由于虚拟层合等参单元只有线位移自由度,能够方便地与其他单元建立协调连接,从而可以方便地与其他类型的单元共同使用。在计算效率上,虚拟单元法大大减少了结构的单元数目,从而大幅度地提高计算效率,这对于分析结构的极限承载力特别有意义。但是该文在分析混凝土箱梁桥的受力情况中,预应力筋束的处理方式是将预应力筋的作用等价为一个外加力系,只考虑它的力效果,不考虑预应力束给结构材料上带来的变化。Mohd Yassin[87]采用纤维梁单元计算了单箱单室的预应力混凝土箱梁。

从以上文献研究可以看出,虽然配筋混凝土结构非线性分析研究已经有了很大的发展,但是将其应用到预应力混凝土连续箱梁的分析方面的研究目前尚处于起步阶段。通过文献检索发现,只有文献[65][72][86]三篇文献对单箱双室箱梁的非线性力学特性进行了研究,而通过模型试验研究单箱双室箱梁的非线性力学特性的研究报告只有文献[72]。本书和文献[72]的区别主要有,本书的研究对象为单箱双室变截面连续箱梁,而文献[72]为等截面连续箱梁。

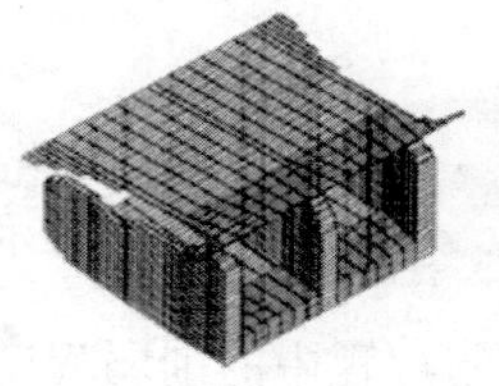

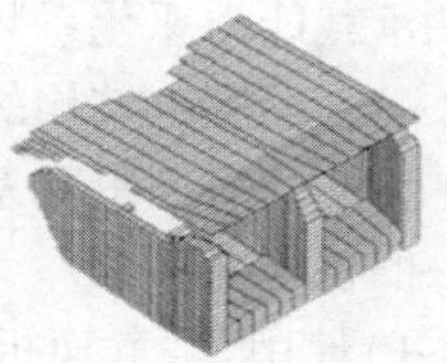

图4.1　T形刚构根部三个单元的破坏过程

4.1.3　箱梁裂后受力性能及损伤评估

目前我国设计的预应力混凝土箱梁基本属于全预应力混凝土梁和部分预应力混凝土A类构件,按照设计要求,这些梁不应该在正常使用阶段出现裂缝,但是目前出现了预应力混凝土箱梁开裂的现象,因此有必要研究开裂后的箱梁的力学性能,为预应力混凝土箱梁的使用状况评估提供依据。

连续梁的弯矩重分布[88]是结构在受力过程中当外荷载超过弹性阶段荷载,某些截面表现出非线性行为时(如截面的塑性转动),结构的弯矩分布不同于按线弹性结构分析得到的弯矩分布。实际上,连续结构不但有弯矩重分布也有剪力重分布,统称为超静定梁的内力重分布。超静定梁的内力重分布是结构延性的体现。文献[89]指出对内力重分布的研究不应限于破坏阶段,还应涉及其他加荷阶段(如使用荷载阶段)。预应力混凝土梁开裂后,结构受力发生了较大的变化,主要是梁体的截面应力重分布和刚度的变化。

1)工程上对梁体裂缝评估采用的方法

在工程上,为了评估已建预应力混凝土连续箱梁产生结构裂缝和梁体挠度过大对结构使用的影响,目前常采用实桥荷载试验和结构检算方法。

实桥荷载试验方法直观,但必须中断正常交通,耗费资金大。同时,对于预应力混凝土梁开裂后进行荷载试验并没有制定有关的结构性能指标。

结构检算方法一般采用杆系平面分析软件和空间分析软件进行,采用设计规范的基本公式,结合现场外观检查、检测或荷载试验结果来评价桥梁构件承载力,见式(4-1)。

$$S_{\rm d}(\gamma_{\rm g}G,\gamma_{\rm q}\sum Q)\leqslant\gamma_{\rm b}R_{\rm d}(\xi_{\rm c}\frac{R_{\rm c}}{\gamma_{\rm c}},\xi_{\rm s}\frac{R_{\rm s}}{\gamma_{\rm s}})Z_1(1-\xi_{\rm e}) \tag{4-1}$$

式中:$S_{\rm d}$——荷载效应函数;

G——永久荷载(结构重力);

$\gamma_{\rm g}$——永久荷载(结构重力)安全系数;

Q——可变荷载及永久荷载中混凝土收缩、徐变影响力,基础变位影响力;

$\gamma_{\rm q}$——荷载Q的安全系数;

$R_{\rm d}$——结构抗力函数;

$\gamma_{\rm b}$——结构工作条件系数;

R_c——混凝土强度设计采用值;

γ_c——在混凝土强度设计采用值基础上的混凝土安全系数;

R_s——预应力钢筋或非预应力钢筋强度设计采用值;

γ_s——在钢筋强度采用值基础上的钢筋安全系数;

ξ_e——承载能力恶化系数;

ξ_c——配筋混凝土结构的截面折减系数;

ξ_s——钢筋的截面折减系数;

Z_1——旧桥检算系数。

公式(4-1)使用了"截面折减系数"来反映结构构件在使用过程中的削弱程度。桥梁结构构件在桥梁的运营过程中会由于外力作用、材料腐蚀、风化等原因而受到截面损伤和材质强度损失或削弱,这些在原则上都可以折合成截面的削弱,对混凝土及配筋混凝土构件而言,因外力作用而导致的构件外观缺损(如混凝土剥落、缺角等,即机械损伤)或开裂,以及混凝土的风化、粉化和钢筋的锈蚀等,是其有效截面折减的主要因素。

文献[90]对一根预应力混凝土工字形简支梁受力进行了全过程分析,计算结果表明,预应力混凝土简支梁开裂后,跨中截面弯矩增加28%,而梁的曲率增加121%,由此可见,结构呈现出非线性行为。为此对开裂后的预应力混凝土梁结构工作状态进行有效的评判显得非常必要。

目前研究刚度理论大都是以研究构件的弯矩—曲率关系为基础。根据文献[90]的观点,"一根梁的荷载—挠度曲线将具有如同弯矩—曲率同样的形状"。因此根据此观点,研究刚度理论也可以通过荷载—挠度曲线进行研究。

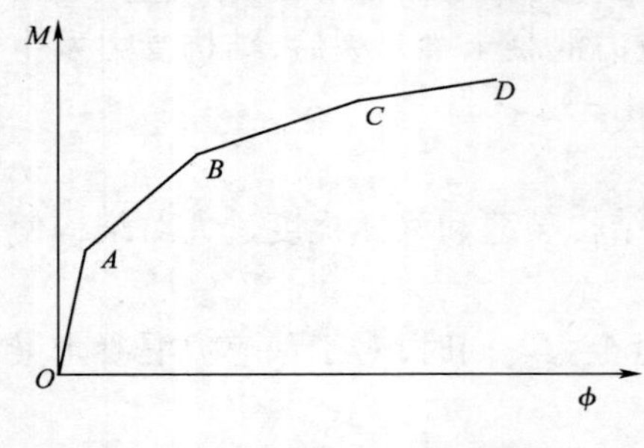

图4.2 弯矩—曲率曲线

在混凝土构件中,开裂前、后挠度的计算是不同的,因为抗弯刚度发生了变化。受弯构件在荷载作用下的挠度一般用弯矩 M 与挠度 δ,或荷载 P 与挠度 δ,或弯矩 M 与曲率 ϕ 表示,如图4.2所示。

图4.2所示的 M—ϕ 曲线有如下特征:

①明显地可以区分为三个阶段:AB 称为整体工作阶段;BC 为带裂缝工作阶段;CD 为极限变形阶段。

②AB 段表示钢筋混凝土尚未开裂,梁的全截面都参与工作,这时 M—ϕ 曲线近似地呈现直线变化。这里梁的刚度 $B=E_hI_h$,E_h 为混凝土弹性模量,I_h 为混凝土截面的抗弯惯矩。在此阶段可以按线性弹性结构来分析其应力与挠度,取 $B=E_hI_h=0.85E_hI_0$,I_0 为未开裂截面的换算惯性矩。

③BC 段表示钢筋混凝土已经出现裂缝,B 点就是开裂发生点,弯矩达到开裂弯矩。由于有裂缝出现,梁的刚度发生变化,不再是常量,当然挠度计算也趋于复杂。根据《公路钢筋混凝土及预应力混凝土桥涵设计规范》(JTG D62—2004)第4.2.1条及第4.2.2条规定钢筋混凝土受弯构件在短期使用荷载下的挠度,可根据给定的刚度用材料力学的方法计算、钢筋混凝土受弯构件计算变形时的截面刚度:对简支梁等静定结构采用 $0.85E_hI_{01}$,其中 E_h 为混凝土弹性模量,I_{01} 为开裂截面的换算惯性矩;对于超静定结构采用 $0.67E_hI_0$,其中 I_0 为构件换算截面的惯性矩,以上所述的挠度计算方法过于简单。在图4.2中,BC 段可近似地认为是一条直线,

说明加载到 B 点以后,梁的裂缝发展以及受压区混凝土塑性变形的发展已基本趋于稳定。

④CD 段的 C 点表示屈服点,此时受拉钢筋已经屈服,受压区混凝土的塑性得到充分发展,弯矩已经达到极限。因此,CD 阶段受力已经属于结构的延性阶段。

以下主要介绍 BC 段刚度求解的已有方法,包括穆拉谢夫方法、D. E. Branson 方法及相关规范的方法。由于各自假定不同,因此计算结果有差异。

(1)穆拉谢夫法

前苏联穆拉谢夫教授为求荷载作用下受弯构件的刚度,曾做如下几点基本假定:

①同时考虑受拉区混凝土参与工作和受压区混凝土的非线性影响;

②采用初等梁理论的几何关系;

③在裂缝发生的截面处建立平衡条件。

该方法的数学表达式为

$$B = \frac{\eta h_0^2}{\dfrac{\psi_g}{E_g A_g} + \dfrac{\psi_h}{\omega\gamma E_h F_h}} \tag{4-2}$$

式中:B——刚度值;

η——内力臂系数;

ηh_0——内力臂;

ψ_g——钢筋的应变不均匀系数;

ψ_h——混凝土的应变不均匀系数;

A_g——钢筋面积;

F_h——混凝土受压区面积;

ω——应力图形的丰满程度,一般小于1;

γ——受压区混凝土塑性变形影响的参数。

当 $\omega = 1$ 时,式(4-2)就是前苏联设计规范中建议的开裂截面在荷载作用下的刚度计算公式。事实上,ψ_h、ω、γ 的确定是比较困难的。

(2)D. E. Branson 的有效惯性矩法

美国爱阿华大学 D. E. Branson 教授提出的有效惯性矩法已被美国 ACI 规范采用,随后,美国公路桥梁规范(AASHTO)1989 年版也采纳该法计算短期荷载作用下的受弯构件挠度。该法的基本原理是 $B = E_h I_e$,I_e 称为有效惯性矩(图 4.3)。根据统计资料求出 I_e 的表达式。

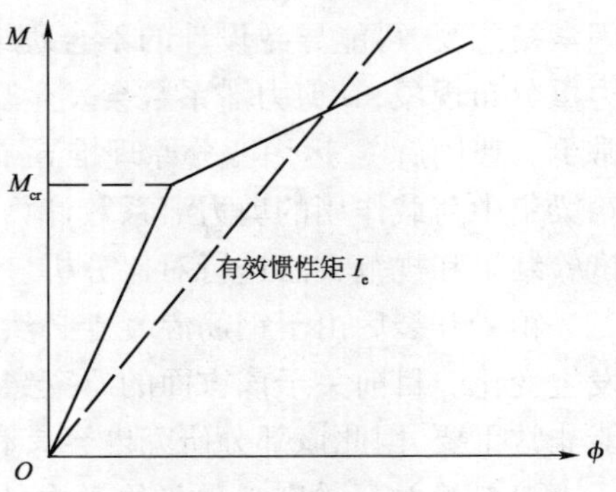

图 4.3　弯矩—曲率曲线

当 $M \geq M_{cr}$(开裂弯矩)时,D. E. Branson 建议的经验公式为

$$I_e = I_{ucr} - (I_{ucr} - I_{cr})\left[1 - \left(\frac{M_{cr}}{M}\right)^t\right] \tag{4-3}$$

式中:I_{ucr}——未开裂截面的换算惯矩;

I_{cr}——开裂截面的换算惯矩;

M_{cr}——开裂弯矩；

M——使用荷载作用下的弯矩；

t——指数，对钢筋混凝土 $t=3$。

对于 I_{cr} 得计算，预应力混凝土梁比普通钢筋混凝土梁复杂得多。因为钢筋混凝土梁受弯后的中性轴位置和开裂换算截面的形心是一致的。所以，截面上的零压力线(中性轴)和形心是重合的。预应力开裂截面则不一样，它的中性轴随承受的外弯矩、预加力而沿截面变动。截面惯性矩理论上应按截面的形心来求得。由于梁的中性轴随荷载而变动，开裂截面的形心及 I_e 也跟着变，因此计算相当繁冗。

(3)《公路钢筋混凝土及预应力混凝土桥涵设计规范》(JTG D62—2004)的方法

《公路钢筋混凝土及预应力混凝土桥涵设计规范》(JTG D62—2004)给出了主梁开裂后钢筋混凝土构件的刚度计算公式为

$$B=\frac{B_0}{\left(\frac{M_{cr}}{M_s}\right)^2+\left[1-\left(\frac{M_{cr}}{M_s}\right)^2\right]\frac{B_0}{B_{cr}}} \tag{4-4}$$

式中：B——开裂构件等效截面的抗弯刚度；

B_0——全截面的抗弯刚度；

B_{cr}——开裂截面的抗弯刚度；

M_{cr}——开裂弯矩；

M_s——按作用(或荷载)短期效应组合计算的弯矩值。

总结以上三种经验公式模型可以看出，上述方法实际计算时都有一些参数较难确定，而且都是针对截面进行研究，并不能对梁的整体刚度分布作出评价。事实上梁各个截面的配筋不同，承受的内力也不相等，未开裂截面的刚度比不开裂截面要大，所以沿梁长度的刚度是个变值。因此，如果采用上述的三种刚度模型去计算开裂后梁的整体刚度分布及其他受力性能会异常复杂。

2)裂缝对箱梁应力重分布的影响研究

箱梁的剪力滞后效应是大跨径连续箱梁设计分析中较为复杂的内容之一，如果这一影响因素被忽视，可能导致设计的不合理或结构的破坏[91]。混凝土箱梁开裂后，箱梁必然发生应力重分布现象，其剪力滞系数会发生变化，通过文献检索发现。目前关于该方面的研究文献非常少。曹国辉[92]运用变分原理推导了预应力混凝土简支箱梁均布荷载作用、钢筋混凝土简支箱梁集中荷载作用的剪力滞系数计算公式，考虑了混凝土开裂对箱梁剪力滞效应的影响，并与试验结果和规范方法进行对比分析。

箱梁开裂后由于钢筋混凝土必然会发生应力重分布现象，因此箱梁的剪力滞系数一定会发生变化。目前关于该方面的研究文献非常少。而箱梁剪力滞效应对于评估箱梁服役安全性能非常重要，因此该部分研究内容具有重要的理论和实际工程应用价值。

3)裂缝对箱梁刚度退化的影响研究

部分学者从破坏性试验出发进行梁体裂后受力性能评估。张文献[93]利用五片钢筋混凝土矩形小梁模型，在跨径三分点处同时分级施加集中荷载进行破坏性试验，得出了裂缝最大高度、平均高度、裂缝宽度与承载能力之间的关系，通过回归得出了经验公式，提出了采用裂缝特征方法对桥梁承载力进行快速检测评估。该篇论文是针对截面形式比较简单的矩形梁进行研究。贺拴海[94]基于四片板梁和四片T梁模型室内试验结果,并由开裂截面的几何关系和裂缝开展理论,经回归分析及结构非线性分析,建立了以裂缝特征统计参数推测结构配筋率的方法,达到有效评估结构性能的目的,将结构外观检查的定性评估升级为定量评估,具有重要的使用价值。文献[96]对沪宁高速一座三跨连续箱梁进行了极限承载能力试验。

赵煜[95]针对目前大量存在的在役预应力混凝土箱梁桥跨中下挠和开裂的现象,基于主要受力裂缝的外观统计特征,通过构造两类损伤单元,即正裂缝区损伤单元和斜裂缝区损伤单元。采用刚度折减和引入平面刚架模型的方法,建立了基于裂缝统计特征参数的损伤预应力混凝土箱梁计算模型,提出了基于截面刚度变化的预应力混凝土箱梁桥截面有效刚度折减系数和基于混凝土受压区应力变化程度的承载力折减系数,从而实现了对在役预应力混凝土结构开裂损伤后在其使用过程中的受力性能评价。该文献正裂缝区单元刚度采用弯矩—曲率算法进行计算,能够用于裂缝对箱梁刚度损伤的评估。

关于箱梁刚度静力损伤评估,另外一个值得探讨的就是基于试验测试的梁体挠度或应变进行刚度反演分析[97-98]。值得一提的是,文献[99]为减小采用挠度法对桥梁结构进行静力损伤识别时,识别结果出现误判的可能性,从位移连续条件出发对桥梁结构建立损伤识别模型,通过使理论计算挠度值逼近实测值,同时使节点相对转角最小,提出位移连续静力损伤识别法,然后利用多目标最优化方法求解。文献[100]中介绍了采用SI(System Identification)方法对两座旧桥的损伤识别,取得较好的效果。该方法假设结构上任何一点的位移都是关于某种结构参数(例如抗弯刚度)的二次函数。然后对结构中这种参数的最大损伤范围作出假定,再用完好结构在给定荷载作用下的位移或是解析得到的位移来标定二次函数中的系数。实际使用时要测定结构的荷载和位移,然后将测得的位移代入假定的位移函数得到荷载的计算值,比较荷载计算值与荷载实测值的差异,从而进行损伤定位。SI方法相对于有限元优化方法而言,其计算相对简单,主要源于假设结构上任何一点的位移都是关于某种结构参数(例如抗弯刚度)的二次函数,该假设简化了计算过程。

除了上述考虑梁体裂缝对梁截面刚度削弱,还有从动力特性方面进行损伤评估的研究,结构长期在复杂的环境下工作或其本身缺陷都可能产生裂缝,而裂缝的出现会使结构的局部刚度减小、阻尼增大、动态特性改变,并且有潜在的危险,因此裂缝的诊断与识别十分重要。该部分研究的目的主要通过测试裂缝对梁体动力指纹的影响,进行裂缝的定位[101-106]。结构损伤识别根据所依赖的分析工具不同,大体上可分为三类:基于动力学模型的诊断方法、基于信号分析的诊断方法和基于人工智能的诊断方法[107]。基于动力学模型的诊断方法可以较方便获取桥梁结构的低阶频率和低阶振型。Maeck J和De Rock G在1999年提出的直接刚度法[108],就是根据动测结果求结构刚度的一种方法。

其余关于裂缝的部分研究,集中在裂缝本身的特征评估领域。乐云祥[109]在混凝土梁体裂缝分析的基础上,以弯曲裂缝和剪切斜裂缝为对象,建立在役混凝土梁桥裂缝状态评估的指标体系,并确定各评价指标的具体隶属度函数取值。

根据该节的叙述,箱梁开裂后抗弯刚度评估领域的研究主要分为以下几部分。

(1)采用弹性有限元模拟裂缝进行研究:已有文献采用弹性有限元进行裂缝模拟,该方法不能模拟裂缝对箱梁应力重分布的影响,其研究有待进一步发展。

(2)采用非线性有限元方法进行裂缝模拟扩展:该方法相对较为复杂,研究文献数量较少。该部分已在评价内容(1)中进行了描述。

(3)采用反演理论进行静态损伤评估:该方法基于最优化算法进行,研究得到的损伤评估值不唯一是该方法的缺陷。

(4)基于智能计算力学,进行箱梁的动力损伤评估。该部分的研究内容相对较多,主要集中在桥梁健康监测领域。

4.1.4 本章的研究方法及研究内容

1)研究方法

从研究现状中关于等截面箱梁和变截面箱梁的跨径适用范围来看,对于大跨和特大跨箱梁,变截面箱梁的截面形式更为合理,考虑到本书主要研究大跨连续箱梁的裂后受力性能,因此,本书模型试验设计了变截面连续箱梁模型。

由国内外的研究现状评述可以看出,箱梁开裂后的受力性能研究可以分为两大部分进行研究。首先如何通过室内模型试验和数值模拟技术重现工程现场出现的箱梁开裂现象。另外一个需要研究的是,箱梁开裂的工程现象采用模型试验和数值分析技术实现后,研究人员需要具体研究哪些内容才能有效评估箱梁的服役性能。

针对以上两点问题,笔者总结论文的研究方法,具体如下描述:

通过模型试验全过程破坏性试验在试验室内重现现场的箱梁开裂工程事故。通过非线性有限元分析理论结合相应软件进行箱梁的数值破坏性试验。

考虑到本书主要研究箱梁产生裂缝后的服役性能评估。模型试验加载方案中,增大外荷载导致梁体开裂,然后卸载后再加载时,室内模型试验模拟的情况和实际工程中已开裂箱梁在汽车荷载作用下受力性能类似。因此本书最终采用了反复加载的试验方案,通过不同等级荷载作用后卸载,模拟裂缝扩展到不同等级的情况下,梁体的受力性能差异。

对箱梁裂缝扩展进行数值模拟最为有效的研究手段为钢筋混凝土非线性有限元分析理论,进行数值模拟主要目的为有效降低项目研究的工程费用,且数值破坏性试验能够进行大量的参数分析,总结各种影响因素对箱梁受力性能的影响。

箱梁开裂后具体需要研究的内容可通过研究现状的描述总结为:箱梁开裂后的刚度评估和箱梁开裂后的应力重分布规律。考虑到剪力滞特征对箱梁较为典型的受力特征,因此箱梁裂后的应力分布规律将在论文中通过剪力滞系数的变化规律来体现。

2)研究内容

以整体现浇施工建造的公路预应力混凝土变截面连续箱梁为对象,采用室内模型试验结合非线性有限元理论对预应力混凝土变截面箱梁开裂后的非线性结构行为开展研究,主要研究内容如下:

(1)基于模型设计相似理论,设计大比例尺箱梁模型,采用微粒混凝土浇筑模型。对模型进行反复荷载作用下的力学性能测试。测试不同加载工况下箱梁应力、变形的变化规律,研究了箱梁开裂对支座反力的影响。观测并统计了裂缝的扩展。基于测试结果统计了箱梁的刚度折减系数,分析了裂缝对箱梁剪力滞系数的影响。

(2)本书从单元类型选择、混凝土和钢筋材料本构,预应力钢筋模拟,混凝土裂缝处理及非线性有限元分析基本算法方面进行了研究，推导了本书计算分析所需的基本公式。通过对室内模型的弹性加载和破坏性加载试验测试结果，验证了本书有限元模型参数取值的有效性。

(3)通过箱梁开裂后的梁体纵向正应力的横向分布特征，研究裂缝扩展对箱梁应力重分布的影响，并总结箱梁剪力滞系数的变化规律。

(4)基于反复荷载试验作用下的挠度测试结果，采用最优化反演理论研究箱梁开裂后的刚度分布特征，同时基于荷载—挠度曲线直接构建箱梁刚度损伤评估指标。提出了箱梁刚度折减系数的具体计算公式。基于统计学理论，提出了箱梁腹板裂缝密度指标，即 CD 参数用于对梁体腹板裂缝进行定量描述。提出了箱梁刚度折减系数和箱梁裂缝 CD 参数的关联模型。

(5)对箱梁宽高比、边跨中跨跨径比进行参数分析，分析参数变化对箱梁刚度抗弯刚度折减系数的影响。对计算结果进行多元非线性回归，建立了考虑荷载因子、箱梁宽高比和跨径比 3 个参数的箱梁刚度折减系数数学模型。

4.2　反复加载作用下预应力混凝土变截面箱梁试验研究

4.2.1　概述

目前大比例预应力混凝土变截面连续箱梁的承载力模型试验研究还很不充分。对这种结构在荷载作用下非线性阶段的变形规律、应变分布和受力控制截面缺乏基本的认知。对混凝土裂缝的分布、发展和裂缝形态以及整体结构的破坏形式都缺乏直观的了解。箱梁承载力试验研究有助于了解结构的真实工作状态，为计算方法和分析模型提供依据。本章主要对预应力混凝土变截面连续箱梁的承载力进行室内模型试验研究，同类型试验为国内首次，本章试验将为此类桥梁结构的工程应用和科学研究提供试验资料和有效的依据。

4.2.2　试验目的和内容

本次模型试验的主要目的是了解裂缝对预应力混凝土变截面连续箱梁受力特性的影响。通过反复加载，测试每级加载工况下梁体挠度、应力分布特性随加载值的变化，总结单箱双室箱梁在开裂后刚度退化演变机理，将试验与理论分析结果进行对比，验证理论分析模型的合理性，并检验分析方法的精度。最终提出单箱双室箱梁裂后承载性能评估理论。

本次试验的研究内容主要为：箱梁梁体开裂后其变形、应变特性。通过荷载—挠度曲线研究梁体刚度退化规律，通过测试每级荷载作用下的梁体应力分布特性研究梁体的应力重分布特性。

4.2.3　试验模型设计及制作

该桥为连霍(G30)潼关—西安改扩建工程渭南过境段跨越 G310 线、陇海铁路及连接线的一座大桥[110]。桥梁全长 722.16m，最大桥高 25.0m。主桥上部结构为(47 + 80 + 47)m 预应力混凝土连续箱梁桥，单箱双室箱形断面，箱梁根部高度 5.20m，跨中梁高 2.40m，其间梁高按 1.6 次抛物线变化。箱梁顶板厚为 0.30m，底板由跨中 0.30m 按 1.6 次抛物线变化至根部 0.70m，箱梁顶板宽 20.65m，底板宽 14.50m，腹板厚分别为 0.45m、0.60m。

设计参数如下:

(1)C50 混凝土设计强度:f_{cd} = 22.4MPa,f_{td} = 1.83MPa,弹性模量 $E_c = 3.45 \times 10^4$MPa。

(2)预应力钢束标准强度 f_{pk} = 1 860MPa,弹性模量 $E_p = 1.95 \times 10^5$MPa。

(3)锚下张拉控制应力 $\sigma_{con} = 0.75 \times f_{pk}$ = 1 395MPa。

原型箱梁的跨径为(47 +80 +47)m,模型箱梁的跨径为(4.7+8 +4.7)m。

为了更为清楚地描述箱梁截面的模型箱梁与原型箱梁的比例尺关系,将箱梁截面的几何尺寸定义参数化(图 4.4),分别比较两者之间的比例尺关系。

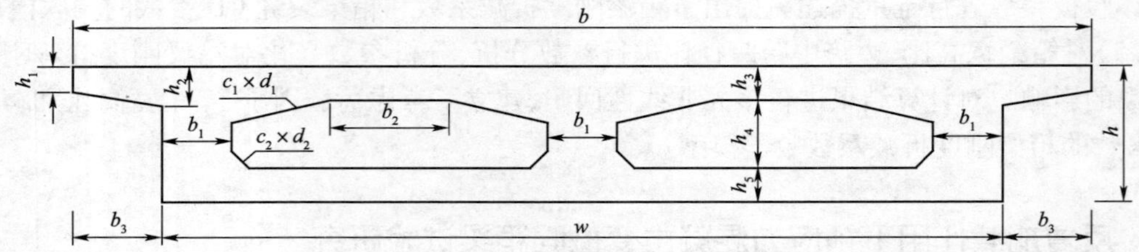

图 4.4　箱梁横截面参数化尺寸

材料及几何尺寸与原型箱梁的比例关系参见表 4.1。

模型试验和原型箱梁的几何尺寸关系(单位:cm)　　表 4.1

参数尺寸	跨中截面			支座截面		
	模型箱梁	实际桥梁	比例尺	模型箱梁	实际桥梁	比例尺
b	175.75	2 065	1:11.8	175.75	2 065	1:11.8
b_1	12	45	1:3.8	12	60	1:5
b_2	20.5	317.5	1:15.5	20.5	295	1:14.4
b_3	15.38	307.5	1:20	15.38	307.5	1:20
w	145	1450	1:10	145	1 450	1:10
h	24	240	1:10	52	520	1:10
h_1	4.5	20	1:4.44	4.5	20	1:4.44
h_2	7	70	1:10	7	70	1:10
h_3	6	30	1:5	10	30	1:3
h_4	12	180	1:15	32	420	1:14
h_5	6	30	1:5	10	50	1:5
c_1	17	170	1:10	17	170	1:10
d_1	4	40	1:10	4	40	1:10
c_2	3	30	1:10	3	30	1:10
d_2	3	30	1:10	3	30	1:10

实际箱梁模型设计时,顶板、底板和腹板按照 1:10 缩放后,其厚度过小,考虑到顶板和底板的配筋,腹板需要配置预应力钢绞线,其厚度稍微放大。考虑到翼缘板对箱梁的极限承载力影响不大,翼缘板的宽度在原型桥缩放尺寸基础上缩小。箱梁的外轮廓保持 1:10 不变。

模型梁为三跨预应力混凝土连续箱梁,变截面直腹板。梁体的构造如图 4.5 ~ 图 4.8 所示，箱梁普通钢筋配筋如图 4.9 所示。

图 4.5 中钢筋均为 $\phi 5$ 。考虑到边跨支座在中跨集中力作用下会上翘，因此边跨桥墩采用素混凝土浇筑。

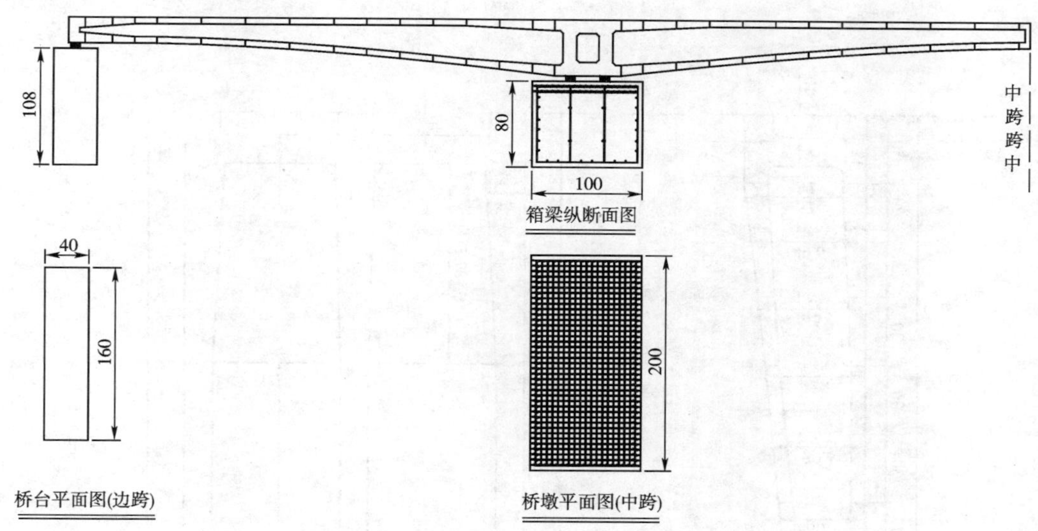

图 4.5　箱梁桥墩设计构造图(尺寸单位:cm)

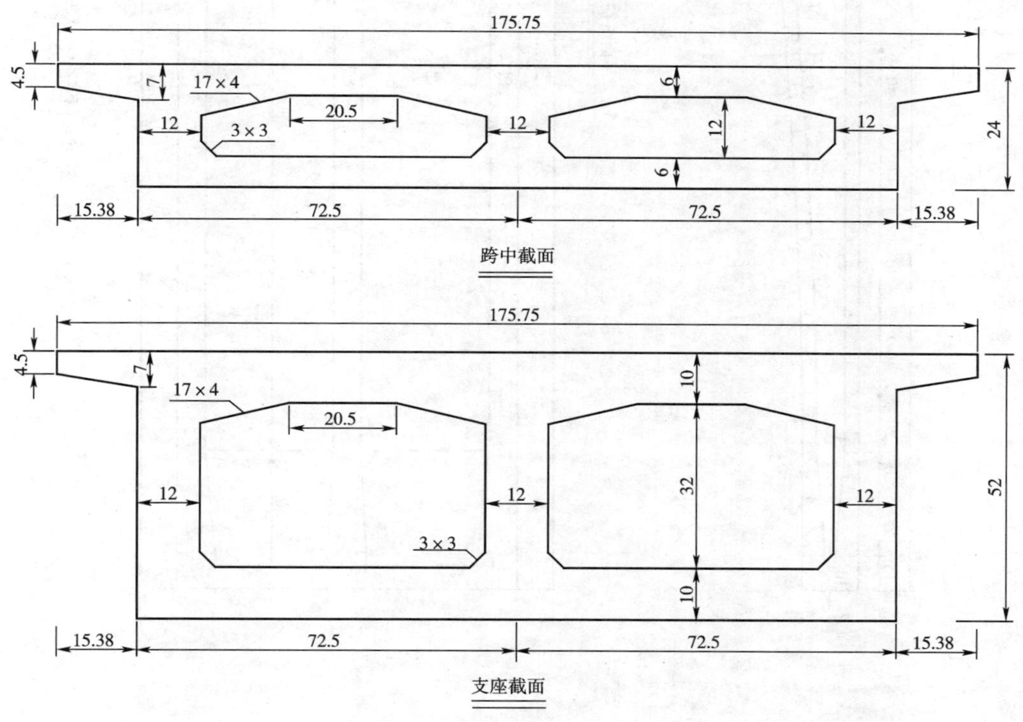

图 4.6　箱梁截面尺寸图(尺寸单位:cm)

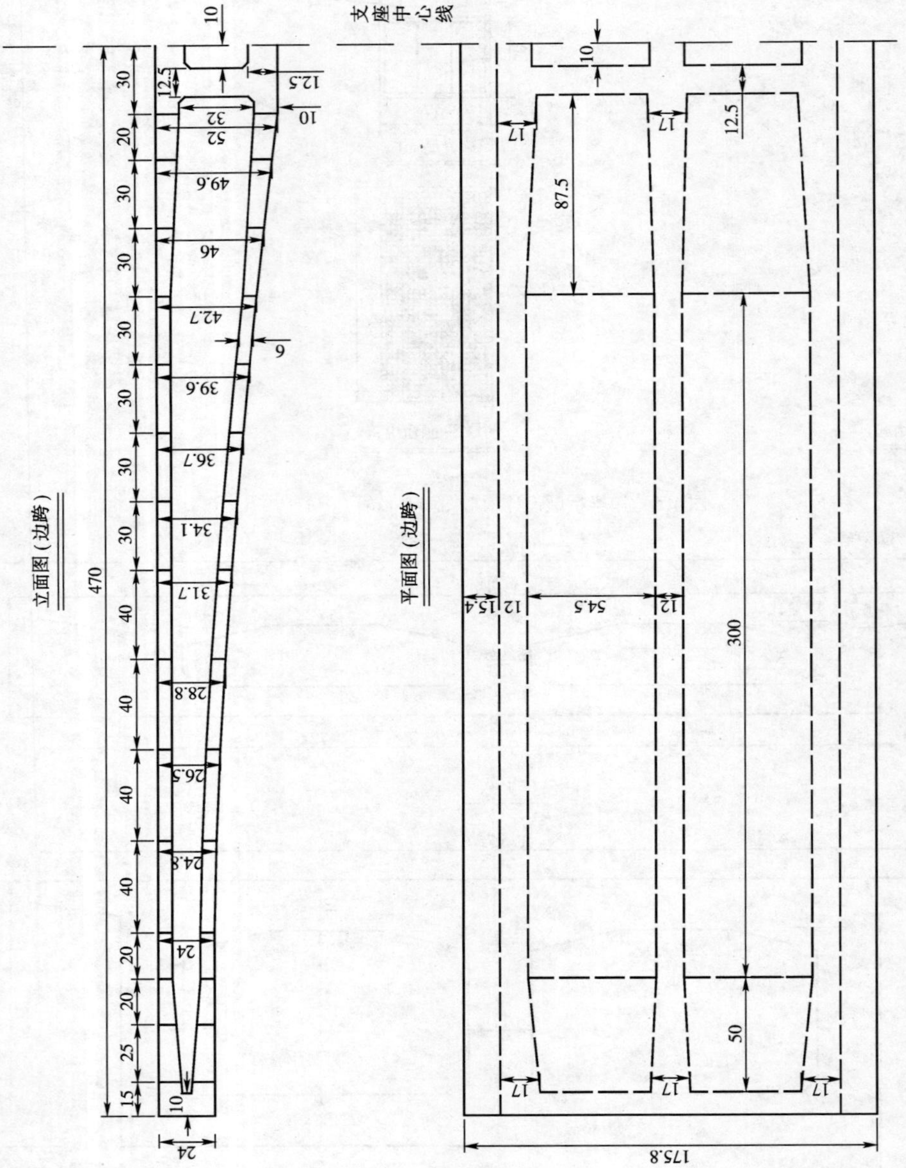

图 4.7 箱梁设计构造图(边跨)(尺寸单位:cm)

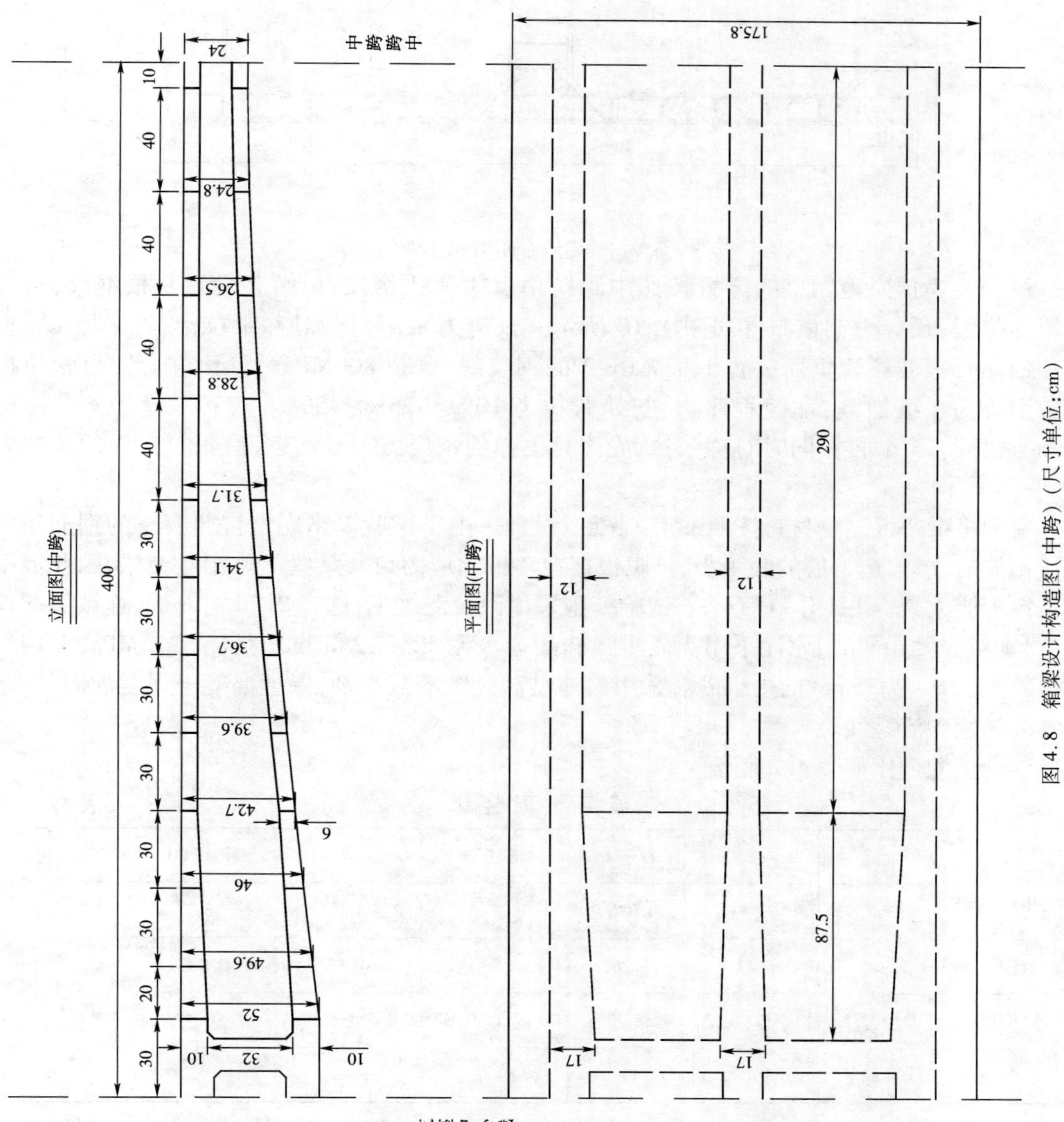

图 4.8　箱梁设计构造图（中跨）（尺寸单位：cm）

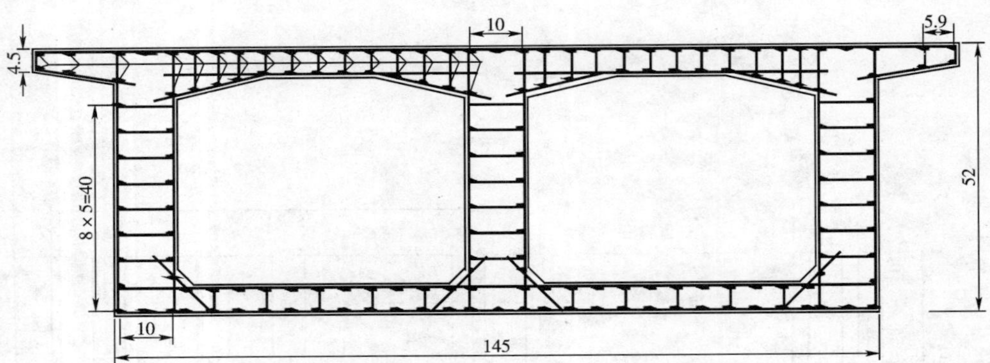

图 4.9　箱梁普通钢筋配筋图(尺寸单位:cm)

模型箱梁预应力钢束的配置按照中跨跨中反拱值比例尺设计,共设置 9 根钢束,布置于箱梁腹板,预应力钢束布置如图 4.10 所示。预应力采用两端对称张拉,锚具采用 LM 型夹片锚。每根波纹管里面放置 1 根 ϕ15.2 的钢绞线,张拉 800MPa。将预应力钢束张拉控制应力分为 4 级加载,加载程序为:初始张拉力 10%→25%→50%→75%→100%→持荷 3min→锚固。3 个腹板同时对称张拉,先张拉上面的预应力 1 号钢束,后张拉下面的预应力 2 号和 3 号钢束。

模型箱梁的混凝土材料按照 C50 混凝土设计。由于试验模型完全按照实桥的钢筋布置进行相似缩放,构造钢筋的间距小,且腹板存在 9 根预应力束。某些部位相互交错,因此混凝土集料不能太大,如图 4.11 所示。试验模型采用微粒混凝土,选择 2.36~10mm 连续级配碎石(最大粒径≤10mm);水泥采用优质早强硅酸盐水泥 525R,28d 抗压强度 52.5MPa;采用细度模数为 1.6~2.35mm 的中细砂。采用液体型高效缓凝减水剂,保证混凝土强度的同时,增加其流动性和活易性。

混凝土配合比如表 4.2 所示。

混凝土配合比　　表 4.2

每立方米材料用量(kg)	水泥	砂	石子 1	石子 2	水	外加剂 1	外加剂 2
	560	684	1 026	—	150	25.2	—
质量配合比	1	1.22	2.26	—	0.27	0.045	—
水灰比	养护方法	坍落度(mm)	砂率(%)	7d 强度(MPa)	28d 强度(MPa)	抗渗、抗冻等级	
0.27	标养	150	49	53.7	—	—	

试验模型浇筑过程中,同期制作了相应的混凝土立方体试件,采用标准测试方法对混凝土试块进行了抗压强度的测试,设备采用 YA-2000B 压力试验机。试块的单轴压缩试验如图 4.12所示。

本试验分三组共 15 个试块,养护周期均为 7d。模型混凝土各项材料性质试验的实测数据如表 4.3 所示。

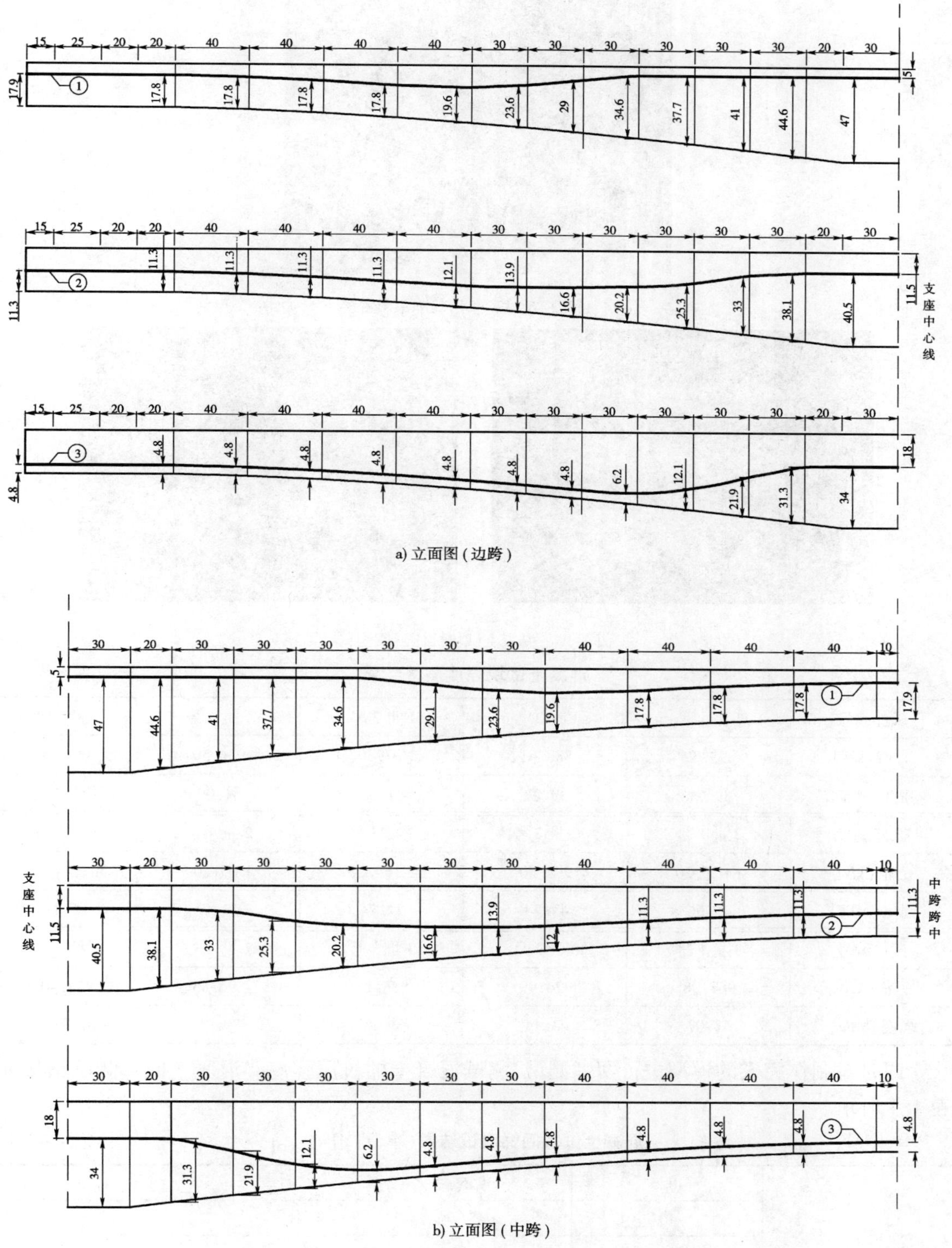

图4.10　箱梁预应力钢束布置图(尺寸单位:cm)

图4.11　模型试验采用的细集料混凝土

图4.12　混凝土试块抗压强度测试

混凝土试块强度测试结果　　表4.3

试件编号	1批1号	1批2号	1批3号	1批4号	1批5号
力值(kN)	893.39	883.61	1 072.90	924.59	849.38
强度(MPa)	39.71	39.27	47.68	41.09	37.75
试件编号	2批1号	2批2号	2批3号	2批4号	2批5号
力值(kN)	1 025.20	995.50	1 164.20	1 091.00	1 032.00
强度(MPa)	45.56	44.24	51.74	48.49	45.87
试件编号	3批1号	3批2号	3批3号	3批4号	3批5号
力值(kN)	968.98	924.99	883.27	896.85	988.40
强度(MPa)	43.07	41.11	39.26	39.86	43.93

同时对制作完成的模型进行回弹测试,测试混凝土的抗压强度。混凝土回弹测试结果如表4.4所示。

混凝土试块回弹测试结果(单位:MPa)　　表4.4

腹板第一跨	40.5	39.5	41	41.5
	40	45	41.5	40.5
	43	44	42	40
	42	42	41	40

续上表

腹板第二跨	42	48	44	44
	46	42	47	46
	45	49	45	42
	44	45	50	42
腹板第三跨	38	42	41	41
	42	42	42	50
	45	42	43	41
	47	46	43	43
底板第一跨	43	48	52	48
	48	44	44	40
	42	40	42	40
	40	42	42	42
底板第二跨	46	48	52	48
	46	50	46	48
	50	50	52	46
	54	48	58	46
底板第三跨	52	56	54	52
	50	48	47	52
	50	52	54	48
	56	52	52	50
顶板第一跨	38	37	37	36
	37	38	38	38
	40	40	37	40
	40	39	33	42
顶板第二跨	40	44	40	38
	36	38	42	46
	44	44	40	38
	34	40	40	38
顶板第三跨	34	38	38	30
	32	32	32	38
	36	35	36	36
	33	33	34	28

对 16 个数据进行处理，删除 3 个最大值和 3 个最小值，取平均值，得到表 4.5。

混凝土试块回弹结果计算

表4.5

测　　区	强度平均值(MPa)	测　　区	强度平均值(MPa)
腹板第一跨	41.43	底板第三跨	52.00
腹板第二跨	44.75	顶板第一跨	38.20
腹板第三跨	42.63	顶板第二跨	40.00
底板第一跨	43.38	顶板第三跨	34.10
底板第二跨	49.14		

模型箱梁纵向主筋采用ϕ6光圆钢筋，箍筋、架立钢筋、定位钢筋以及防崩钢筋等采用ϕ6光圆。采用标准的金属材料测试方法，测试了钢筋主要材料性质。测试结果如表4.6所示。

钢筋材料性质试验结果

表4.6

试件编号		屈服强度(MPa)	断裂强度(MPa)	弹性模量($\times 10^5$MPa)
ϕ6光圆钢筋	1	265.32	444.13	2.10
	2	262.31	420.54	2.21
	3	273.13	429.23	2.13
	均值	266.92	431.30	2.15

预应力钢束采用单根ATSMϕ15.2高强钢绞线，全梁共六束。钢绞线公称直径为15.24mm，公称面积为140mm^2，标准抗拉强度$R_y^b = 1\,860$MPa，弹性模量为$E = 1.95 \times 10^5$ MPa。预应力管道采用直径为2.5cm的塑料硬质软管，该塑料管具有波纹，能够有效地和混凝土之间实现黏结。锚具采用LM型单孔夹片锚。

以下简要介绍模型制作的基本过程，如图4.13～图4.19所示。

(1)采用满堂支架现浇施工。由于室内试验相对环境较好，因此采用砖砌箱梁支架，在砖砌支架上铺设竹胶板，放置腹板外侧模板，并进行高程校核。

图4.13　底板模板

图4.14　外侧模板安装完的全景

(2)绑扎底板和外侧腹板钢筋，安置预应力波纹管，放置箱梁内模，并进行箱梁底板和腹板的混凝土浇筑。

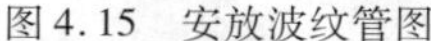
图4.15　安放波纹管图

图4.16　底板和腹板浇筑混凝土完毕

(3)拆除箱梁内模,放置箱梁底板内模,绑扎顶板钢筋,浇筑顶板混凝土,收浆,找平。考虑到本文制作的模型梁高较矮(梁高变化0.24~0.52m),因此顶板内模难以拆除,所以采用5mm厚度的五合板进行铺设,这样能有效降低顶板内模刚度,对后期极限承载能力试验影响限制到最小程度。

图4.17　底板、腹板浇筑完的养护

图4.18　模型混凝土浇筑完的全景

(4)箱梁养护28d,养护完成后,张拉预应力束,压浆,拆除箱梁外侧模板,准备进行加载试验。

伸长量测试结果中考虑了千斤顶回缩8mm值,测试值及理论如表4.7所示。

预应力钢束伸长量测试(单位:mm)　　表4.7

	编号	张拉20%	张拉60%	张拉100%	伸长量		编号	张拉20%	张拉60%	张拉100%	伸长量	总伸长量	刚束长度	理论值
一侧	1	61	90	100	39	另一侧	1	59	63	88	29	69	17 418	73
	2	58	79	86	28		2	77	83	118	41	70.25	17 422	66
	3	63	70	72	9		3	67	75	129	62	72.75	17 498	67
	4	66	97	108	42		4	60	64	91	31	75.25	17 418	66
	5	69	95	104	35		5	71	76	104	33	69	17 422	66
	6	70	101	112	42		6	55	58	79	24	66.5	17 498	67
	7	70	97	106	36		7	83	88	118	35	72.75	17 418	66
	8	69	96	105	36		8	49	54	86	37	75.25	17 422	66
	9	80	108	118	38		9	63	67	92	29	67.75	17 498	67

4.2.4 加载设备与试验装置

模型试验中支座反力和加载吨位的测试采用压力传感器,如图4.20所示。

图4.19 封锚

图4.20 压力传感器

加载反力架共4个,2个反力架能加载500t,2个反力架能加载250t,千斤顶最大加载250t,反力架和千斤顶如图4.21和图4.22所示。

图4.21 反力架

图4.22 千斤顶

实际加载过程中,由于在中跨跨中加载,当中跨加载到一定的程度后,边跨支座会发生上翘现象,因此模型共使用了3个反力架,中跨跨中布设一个,两个边跨的边支座各布设一个,用于防止边跨上翘。中跨跨中加设备及布置如图4.23所示。

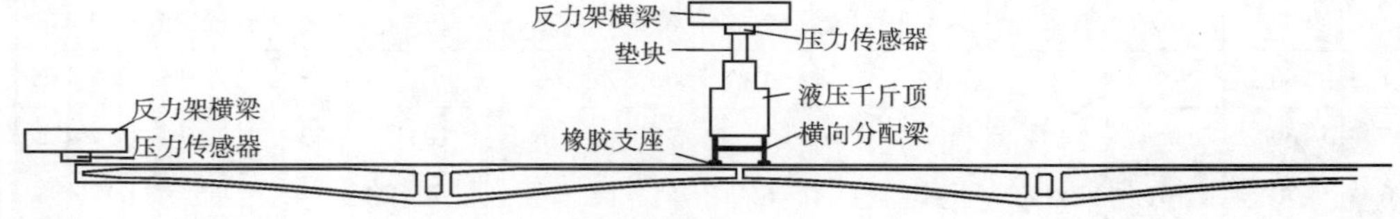

图4.23 中跨跨中加载设备及布置

加载采用反复加载方式进行。实际加卸载方案如表4.8所示。

加卸载方案(单位:kN)　　表 4.8

循环1		循环2		循环3		循环4	
加载阶段	卸载阶段	加载阶段	卸载阶段	加载阶段	卸载阶段	加载阶段	卸载阶段
0	90	0	185	0	270	0	360
29	0	62	118	60	182	96	241
60		90	64	126	94	178	130
90		123	0	179	0	265	0
		152		214		295	
		185		243		325	
				270		360	

循环5		循环6		循环7		循环8	
加载阶段	卸载阶段	加载阶段	卸载阶段	加载阶段	卸载阶段	加载阶段	卸载阶段
0	439	0	535	0	657	0	679
123	298	148	336	184	437	214	0
240	155	293	190	353	223	438	
355	0	435	0	526	0	587	
386		471		566		627	
415		501		579		661	
439		535		593		679	
				579			
				588			
				616			
				637			
				657			

表4.8的加卸载吨位绘制成图形如图4.24所示。

应变采集设备采用秦皇岛协力科技的XL3403G。共采用了3个应变采集箱,每个采集箱有60通道,如图4.25和图4.26所示。

应变测试采用粘贴应变片的办法采集,应变片的标距5cm。模型试验中测试了箱梁从开始加载到箱梁开裂直至最终破坏情况下的箱梁顶板和底板应变,箱梁顶、底板应变测试截面共9个,如图4.27所示。

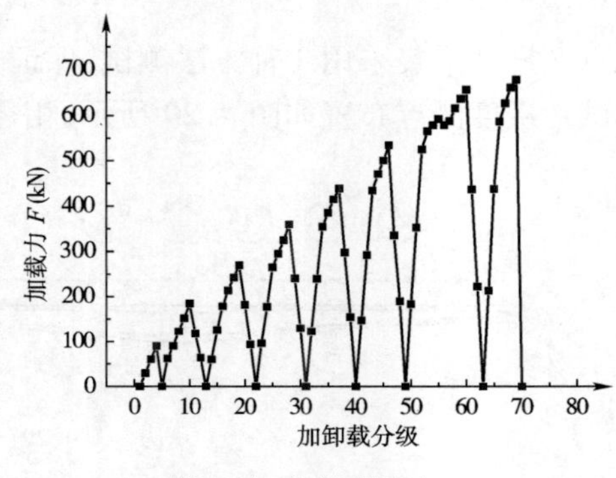

图4.24　加卸载图示

图4.25　静态电阻应变仪

图4.26　应变片现场采集图

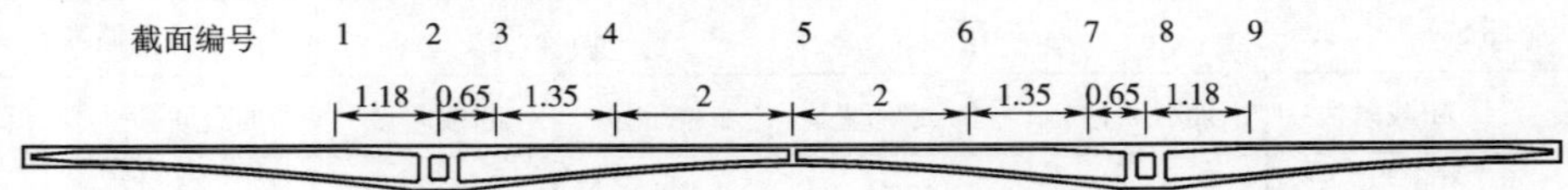

图4.27　顶板和底板应变片纵向测试截面(尺寸单位：m)

每个测试断面顶板和底板的应变片布置如图4.28所示。

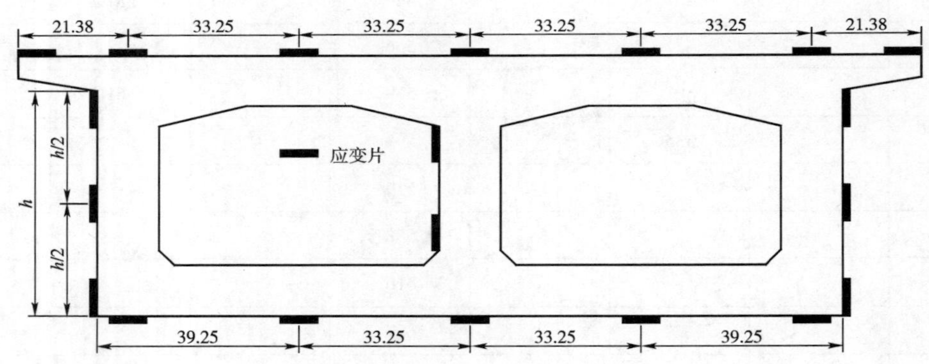

图4.28　横截面应变片布置(尺寸单位：cm)

挠度采集采用3种方法测试，保证其测试精度，分别采用全站仪、测量机器人和百分表测试。挠度测点布置如图4.29所示，相邻两个测点的间距为1m。

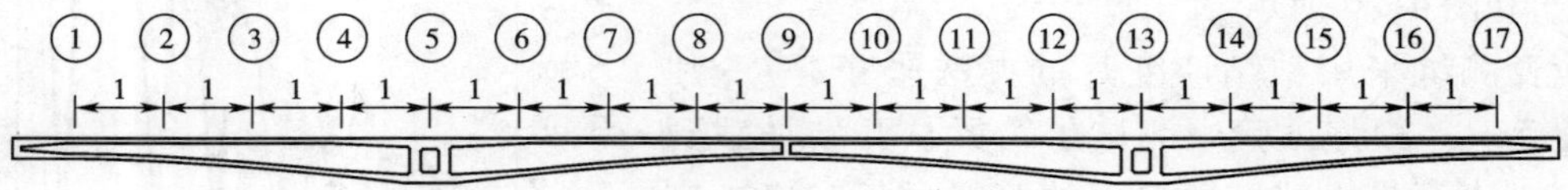

图4.29　挠度测点布置(尺寸单位：m)

4.2.5　试验测试结果

1）荷载挠度测试结果

挠度测点如图 4.29 所示。挠度测试结果如图 4.30～图 4.46 所示。

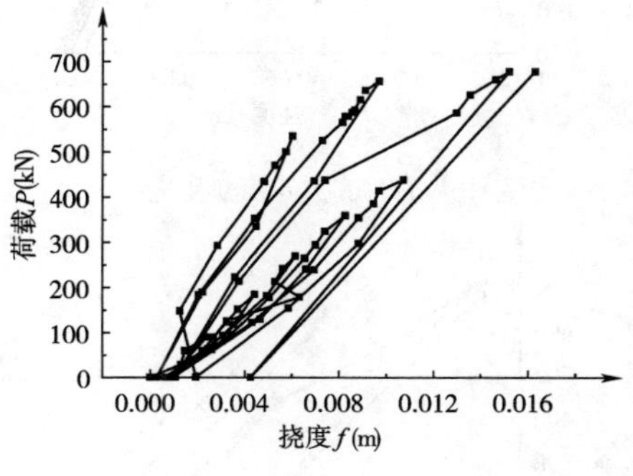

图 4.30　测点 1 挠度变化

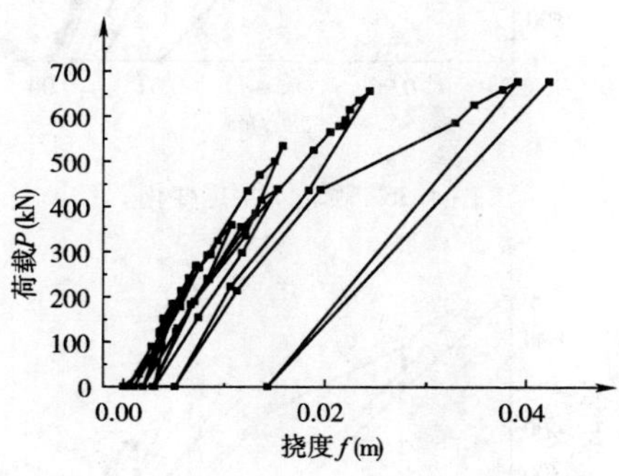

图 4.31　测点 2 挠度变化

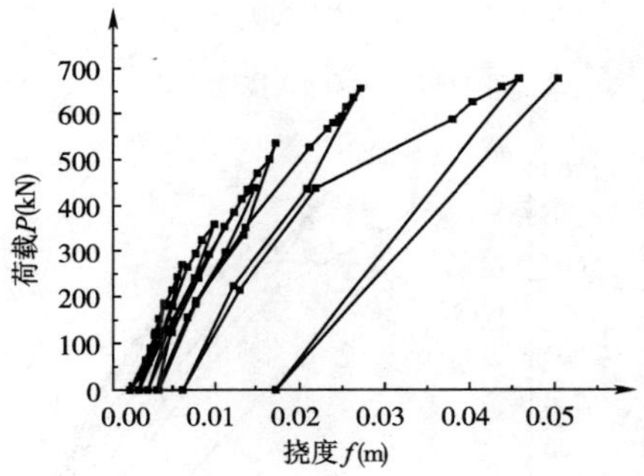

图 4.32　测点 3 挠度变化

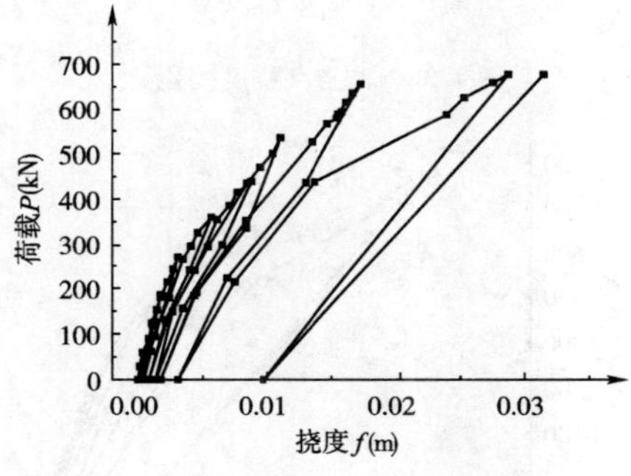

图 4.33　测点 4 挠度变化

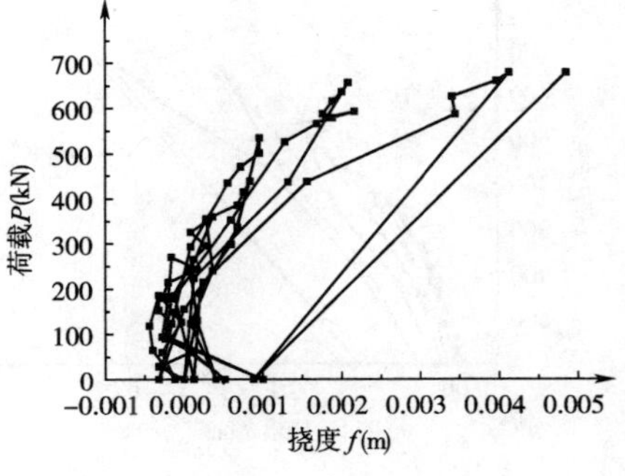

图 4.34　测点 5 挠度变化

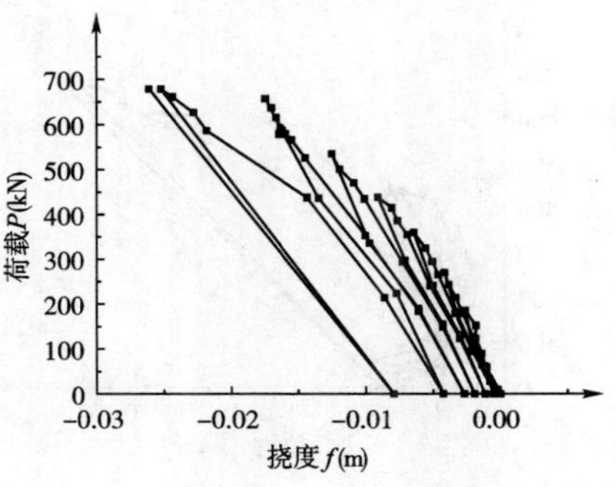

图 4.35　测点 6 挠度变化

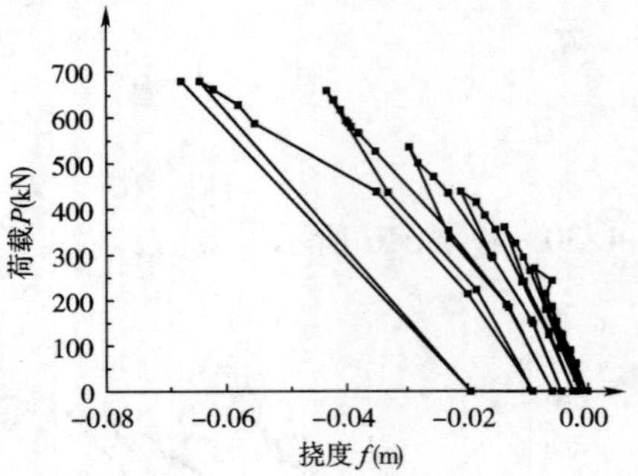

图4.36　测点7挠度变化

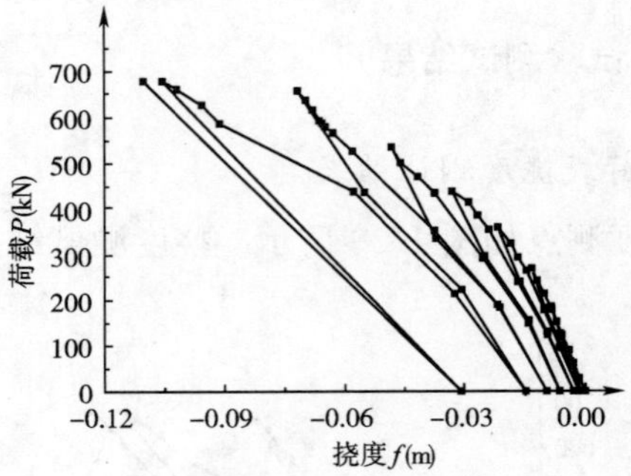

图4.37　测点8挠度变化

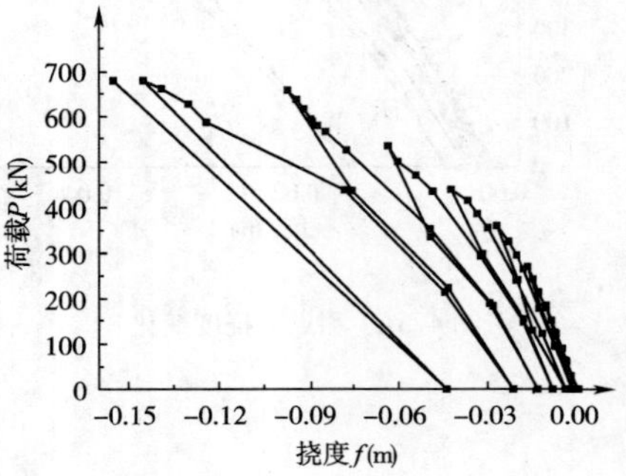

图4.38　测点9挠度变化

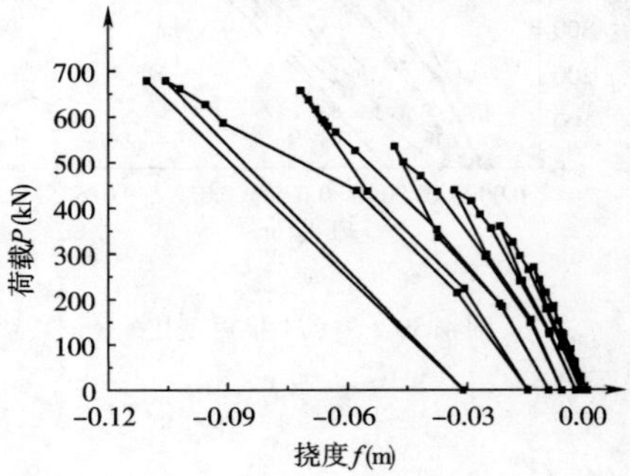

图4.39　测点10挠度变化

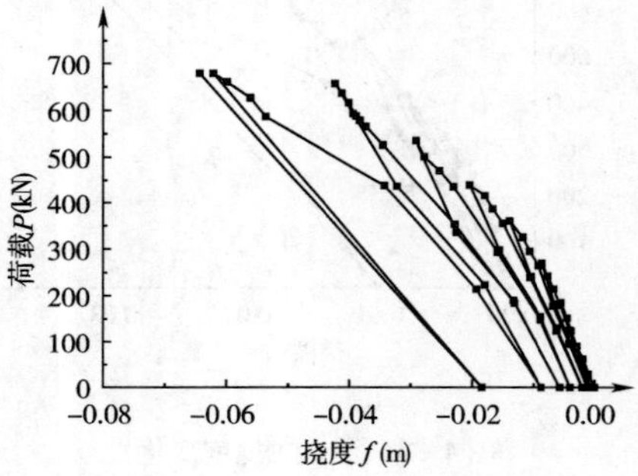

图4.40　测点11挠度变化

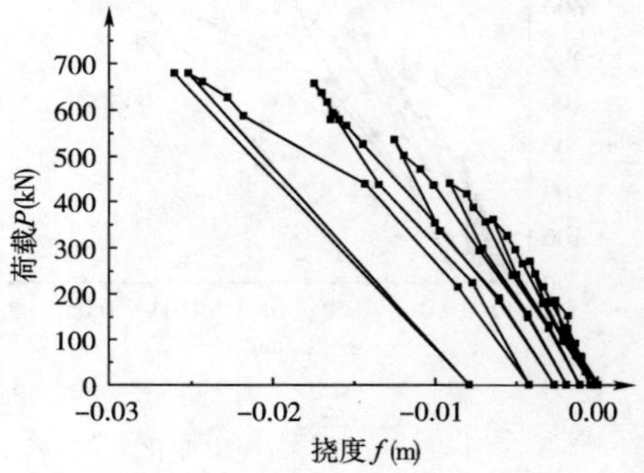

图4.41　测点12挠度变化

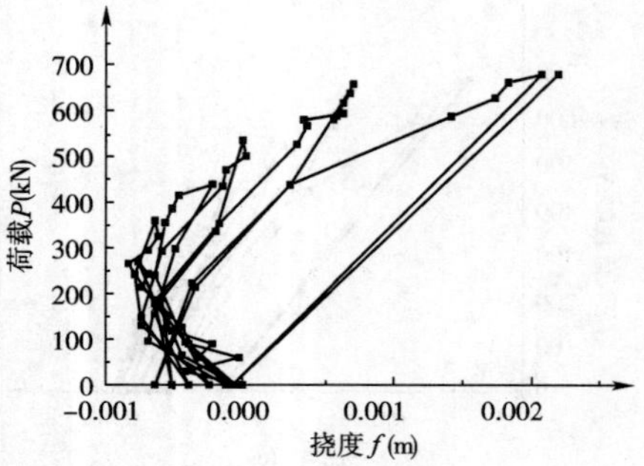

图4.42　测点13挠度变化

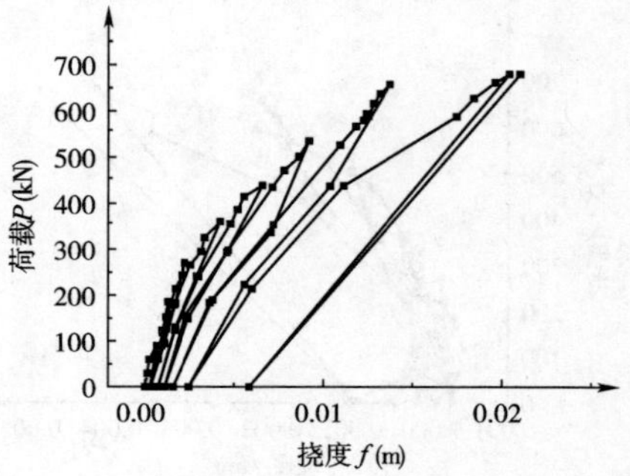

图4.43　测点14挠度变化

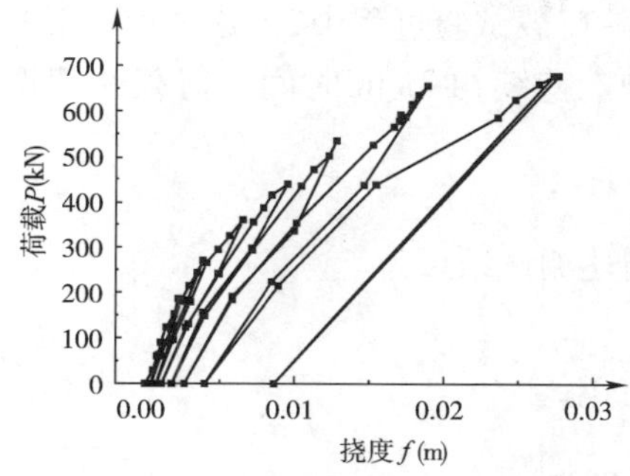

图 4.44　测点 15 挠度变化

图 4.45　测点 16 挠度变化

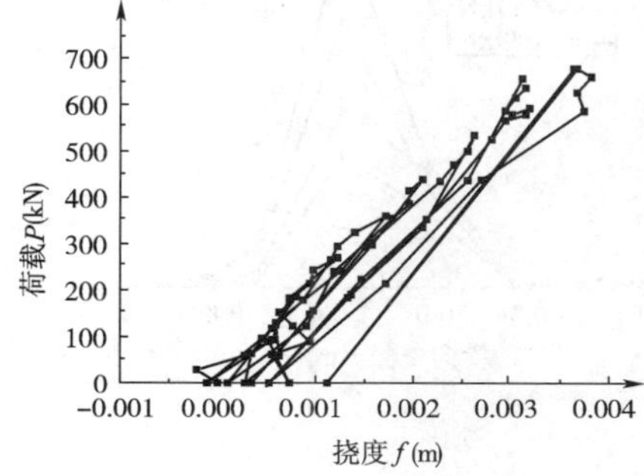

图 4.46　测点 17 挠度变化

分析图 4.30 ~ 图 4.46 变化规律可以看出：挠度测点 5 和 13 处在支座位置，由于其变形受支座弹性约束影响较大，其荷载—挠度曲线整体规律较为杂乱。

实测结果表明：

（1）荷载 100kN 时，中跨跨中底板先发生开裂，荷载—挠度曲线的第一个特征点出现。

（2）在反复荷载作用下，每次卸载后，梁体都发生了残余变形，表明梁体发生了一定程度的损伤。

（3）当荷载 600kN 时，荷载—挠度曲线的第二个特征点出现，梁体发生了较大的位移增量。荷载继续增大时，梁体刚度严重退化。

（4）当荷载 679kN 时，梁体中跨跨中顶板被压碎（图 4.47），此时中跨跨中截面和中跨两个支座截面基本形成塑性铰，梁体已成为机动结构，丧失承载能力。

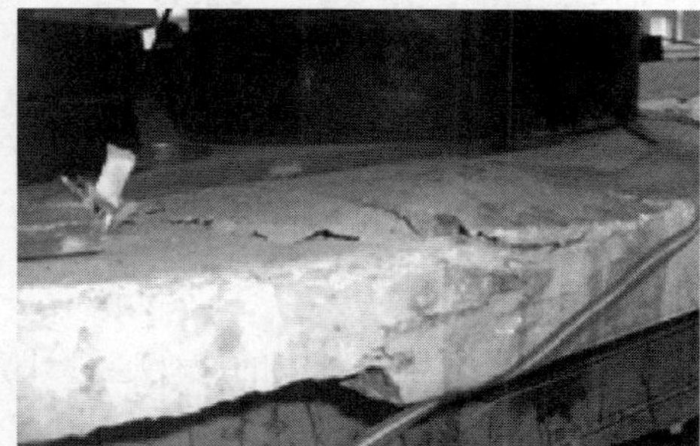

图 4.47　破坏阶段梁体下挠及顶板压碎现象

图4.47描述了混凝土顶板被压碎的场面。实际荷载试验过程中,当跨中顶板混凝土被压碎之前,梁体发生较为剧烈的混凝土裂缝崩裂声响。持续约3min时间。荷载继续增大过程中,顶板顶面混凝土发生挤压破碎现象。

2)箱梁截面纵向正应变横向分布

应变测点布置参见图4.27和图4.28。以下描述测试结果。

(1)测试断面1

测试断面1的测试结果如图4.48和图4.49所示。

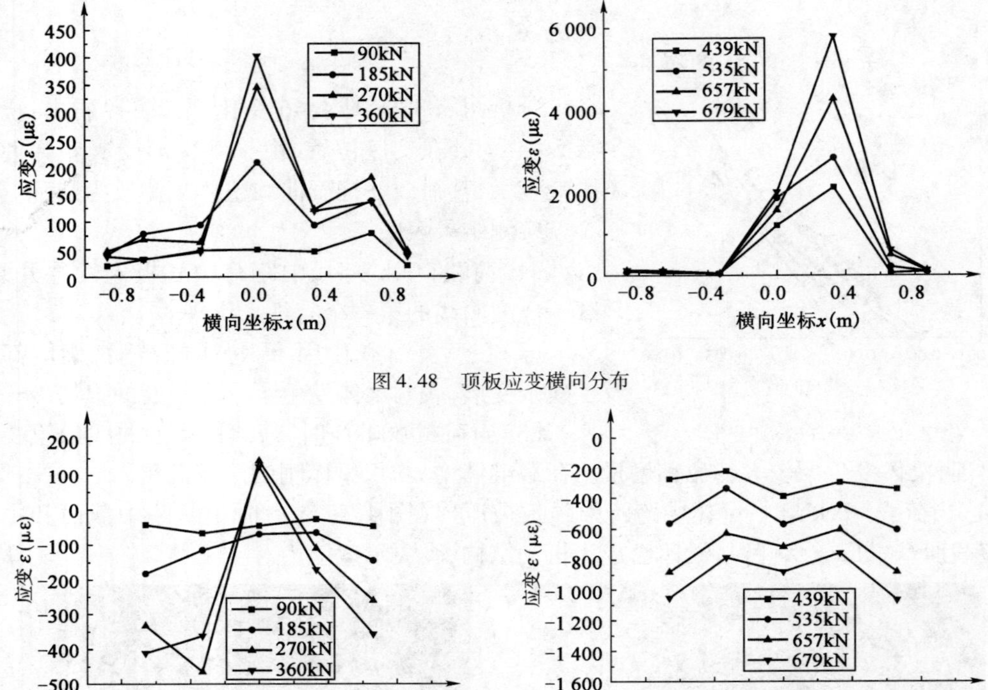

图4.48　顶板应变横向分布

图4.49　底板应变横向分布

C50混凝土抗拉强度对应的应变通过计算得到的应变为78με,由图4.48和图4.49可以看出:

①当$P=185$kN时,中腹板和顶板交界会发生开裂,此后其余位置的应变变化较小,应力重分布主要发生在开裂位置。

②测试截面1的底板基本都处于受压状态,其应变横向分布形状基本相同,对于未开裂截面,其处于受压状态下,应力重分布现象不是很明显。

(2)测试断面2

测试断面2的测试结果如图4.50所示。

由图4.50可以看出:当$P=185$kN时,外侧腹板和顶板交界会发生开裂,此后其余位置的应变变化较小,应力重分布主要发生在开裂位置。

(3)测试断面3

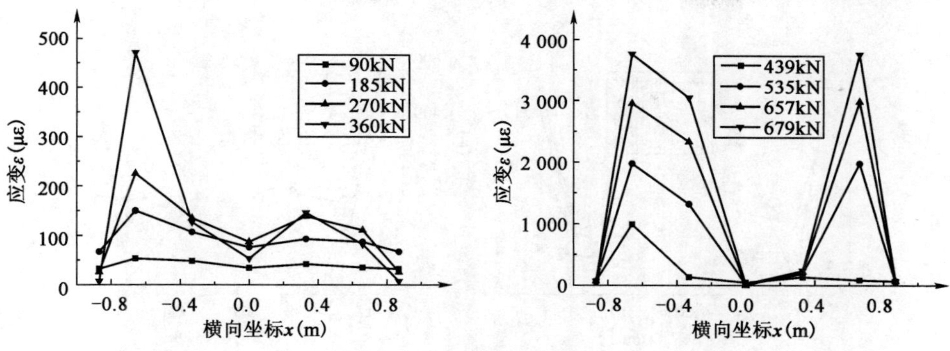

图 4.50　顶板应变横向分布

测试断面 3 的测试结果如图 4.51 和图 4.52 所示。

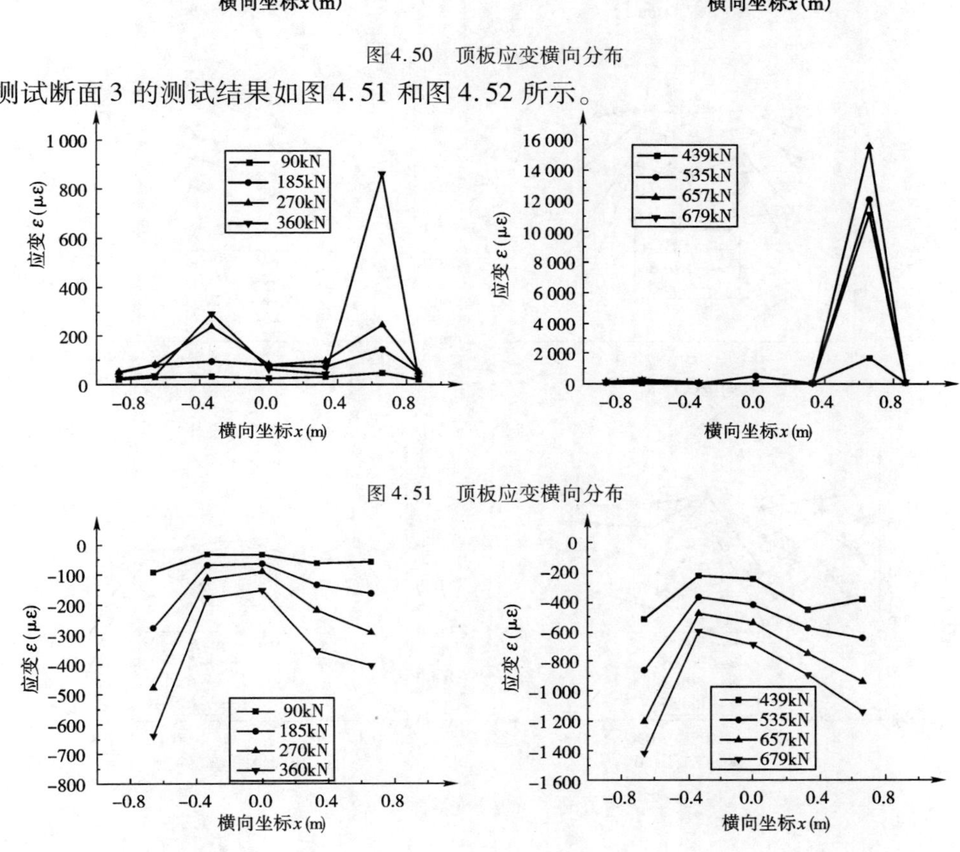

图 4.51　顶板应变横向分布

图 4.52　底板应变横向分布

由图 4.51 和图 4.52 可以看出：

①顶板开裂位置首先出现外侧腹板和顶板交界处，此后其余位置的应变变化较小，应力重分布主要发生在开裂位置。

②测试截面 3 的底板基本都处于受压状态，其应变横向分布形状基本相同。

(4)测试断面 4

测试断面 4 的测试结果如图 4.53 和图 4.54 所示。

(5)测试断面 5

测试断面 5 的测试结果如图 4.55 和图 4.56 所示。

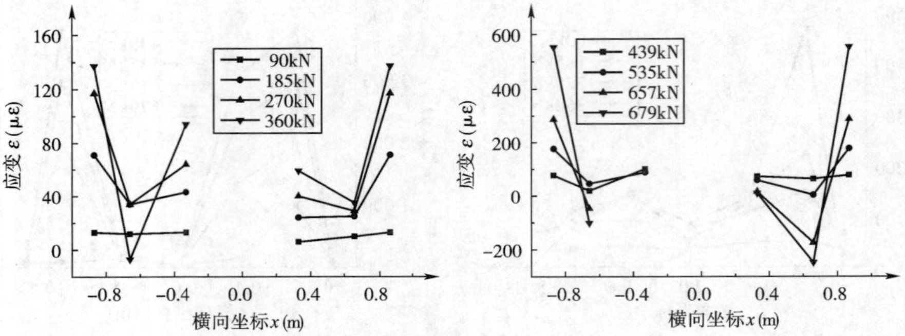

图 4.53 顶板应变横向分布

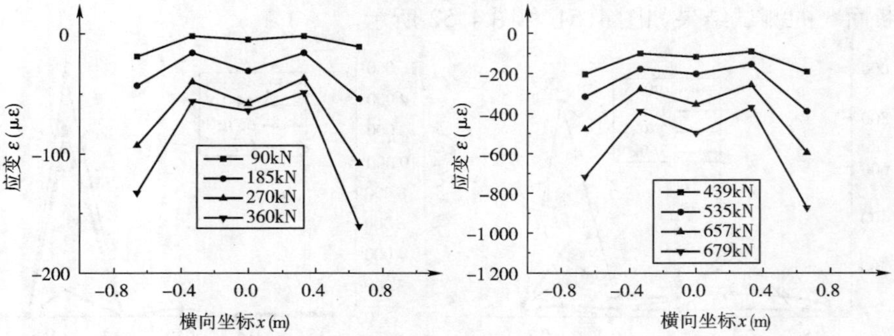

图 4.54 底板应变横向分布

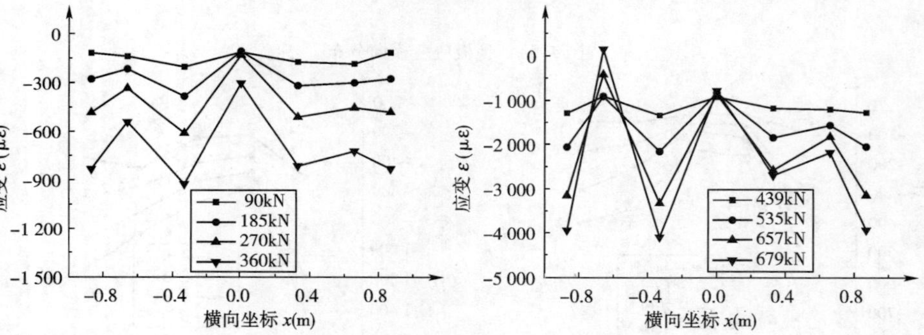

图 4.55 顶板应变横向分布

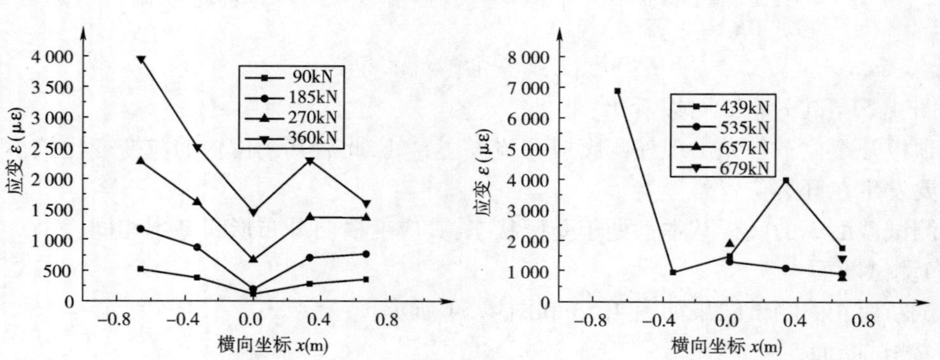

图 4.56 底板应变横向分布

由图 4.55 和图 4.56 可以看出:顶板应变横向基本对称,但是应变数值有些变化,当 P 超过 535kN 后,由于梁体开裂充分,此时应变沿截面横向发生不对称现象。测试断面 5 的底板处于受拉状态,其应变横向分布形状在 P 小于 439kN 时基本相同。

(6)测试断面 6

测试断面 6 的测试结果如图 4.57 和图 4.58 所示。

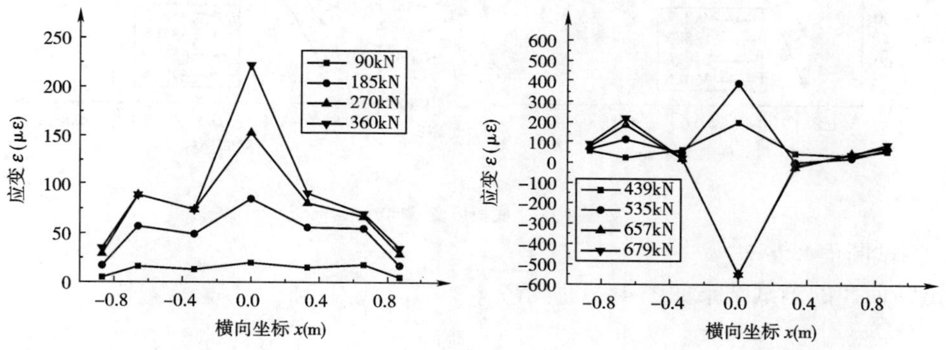

图 4.57 顶板应变横向分布

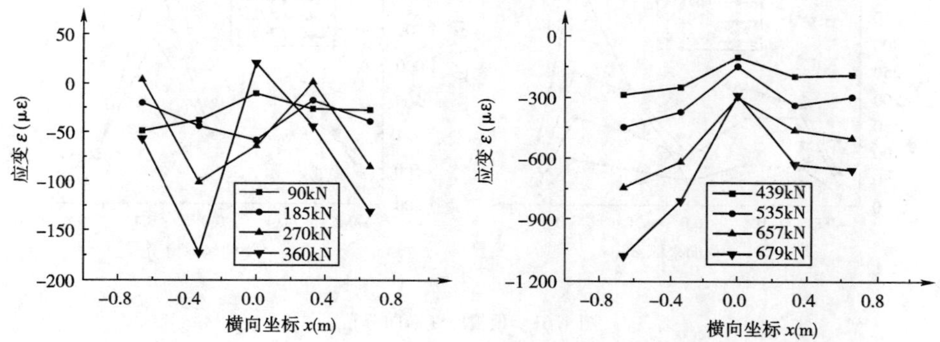

图 4.58 底板应变横向分布

(7)测试断面 7

测试断面 7 的测试结果如图 4.59 和图 4.60 所示。

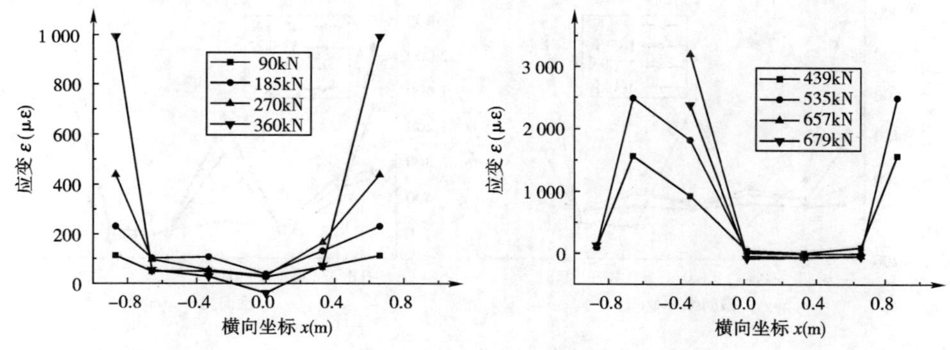

图 4.59 顶板应变横向分布

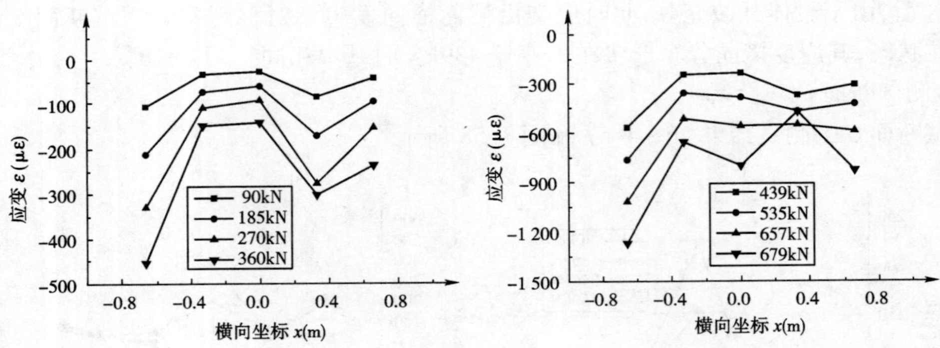

图 4.60　底板应变横向分布

(8)测试断面 8

测试断面 8 的测试结果如图 4.61 所示。

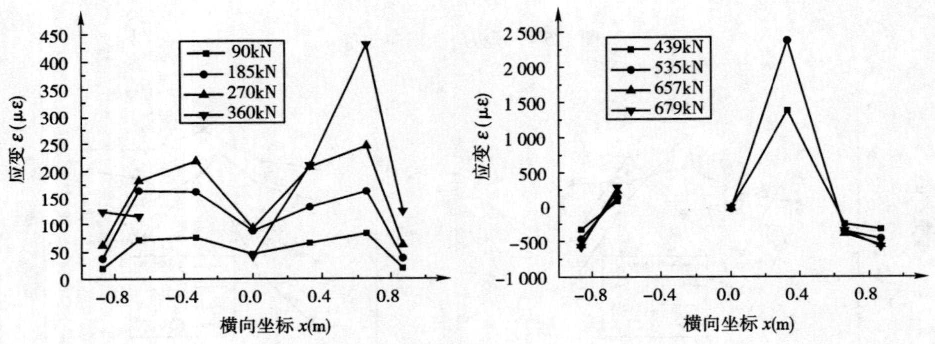

图 4.61　顶板应变横向分布

(9)测试断面 9

测试断面 9 的测试结果如图 4.62 和图 4.63 所示。

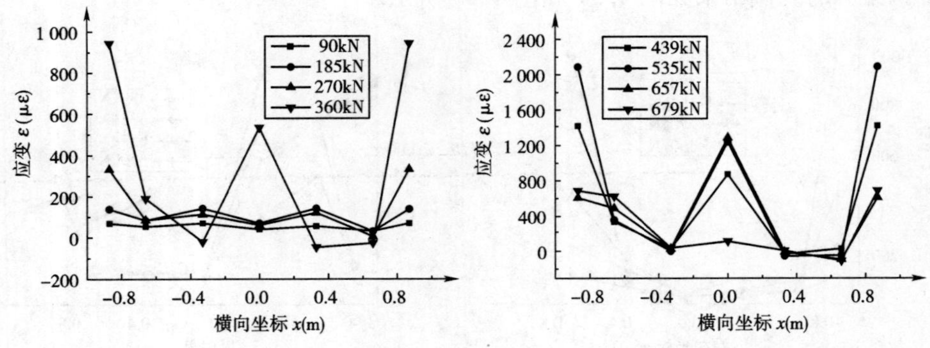

图 4.62　顶板应变横向分布

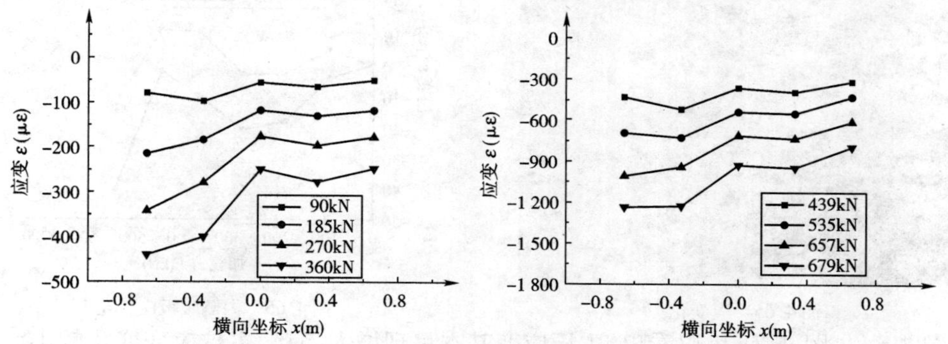

图 4.63　底板应变横向分布

由图 4.62 和图 4.63 可以看出：

①当 $P = 185\text{kN}$ 时，中腹板和顶板交界会发生开裂，同时翼缘板也发生了开裂。继续加载，其余位置的应变变化较小，应力重分布主要发生在开裂位置。

②测试断面 9 的底板基本都处于受压状态，其应变横向分布形状基本相同，对于未开裂截面，其受压状态下，应力重分布现象不是很明显。

3）中跨主应变测试结果

在中跨 1/4 跨和 3/4 跨的外侧腹板和内侧腹板分别粘贴应变花，共计 6 个应变花，位置如图 4.64 所示。

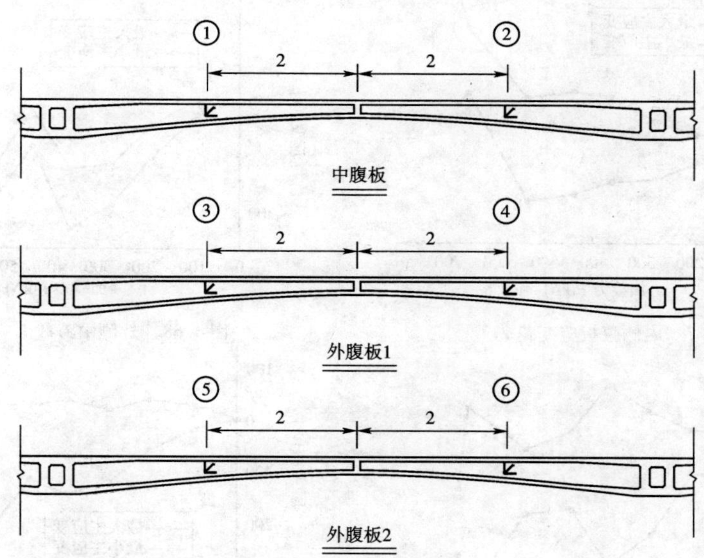

图 4.64　应变花位置（尺寸单位：m）

应变花粘贴如图 4.65 所示。

主应变测试结果如图 4.66 ~ 图 4.71 所示。

图 4.65　应变花

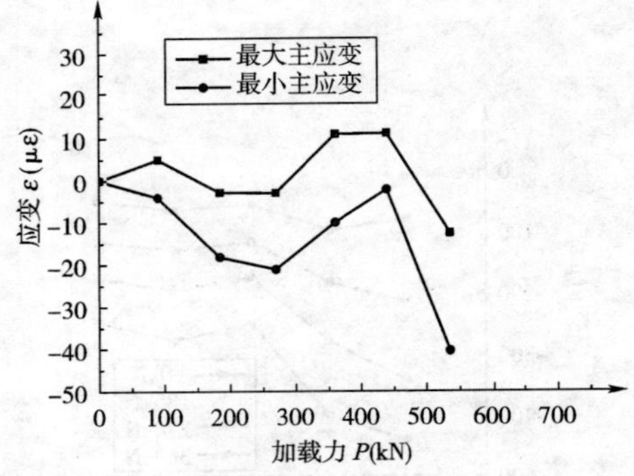

图 4.66　内侧腹板应变花 1

由图 4.66 ~ 图 4.71 可以看出:主压应变基本呈现增大趋势,主拉应变变化较小。该现象表明:裂缝出现后,裂缝上的应力调整主要出现在主压应变方向。

计算主拉应变的空间方向,计算结果如图 4.72 所示。

由图 4.72 可以看出:箱梁腹板产生裂缝后,其主应力的方向会随着裂缝扩展而发生较大的变化。因此,裂缝有限元分析模式中,转动裂缝模式更为有效。

4)裂缝扩展测试结果

实际模型试验加载位置为中跨跨中,为详细分析裂缝的扩展规律,使用 AtuoCAD 软件对每级荷载作用下梁的裂缝分布进行了实时绘制。不同加载吨位下腹板的裂缝分布特性如图 4.73所示。

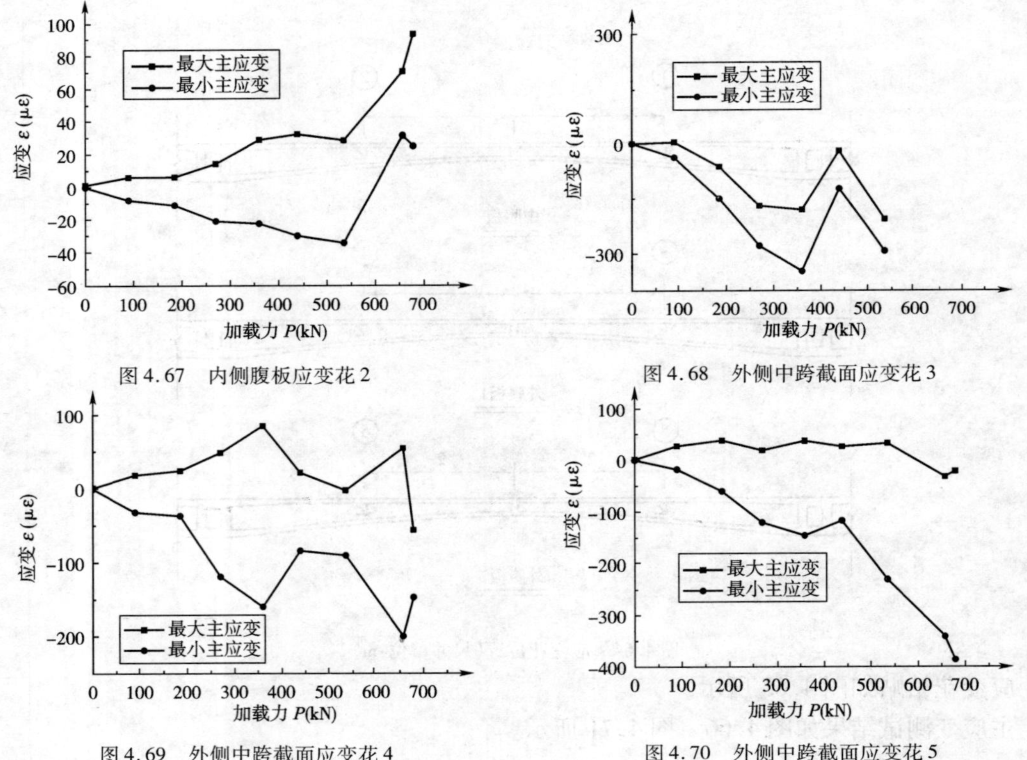

图 4.67　内侧腹板应变花 2

图 4.68　外侧中跨截面应变花 3

图 4.69　外侧中跨截面应变花 4

图 4.70　外侧中跨截面应变花 5

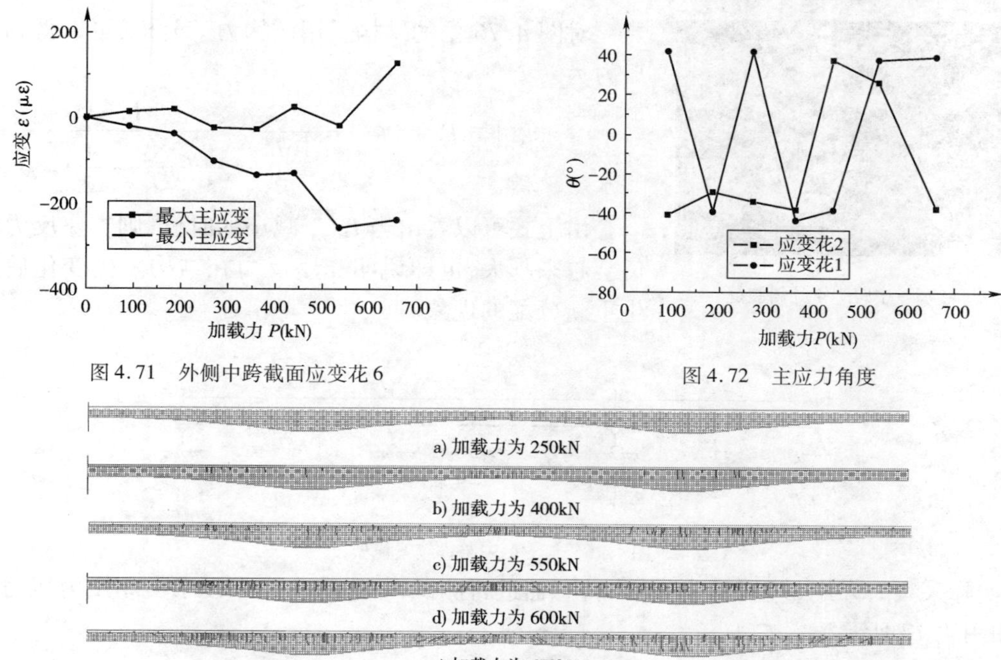

图 4.71　外侧中跨截面应变花 6

图 4.72　主应力角度

a) 加载力为 250kN

b) 加载力为 400kN

c) 加载力为 550kN

d) 加载力为 600kN

e) 加载力为 679kN

图 4.73　裂缝扩展测试结果

裂缝的扩展规律如下：

荷载 100 kN 时，中跨跨中底板先发生开裂。

荷载 250 kN 时，中跨跨中区段腹板弯曲裂缝至底板往顶板延伸近梁高的一半。

荷载 300 kN 时，中跨支座部位的顶板开始开裂。

荷载 400 kN 时，中跨跨中取弯曲裂缝往支座部位扩展，中跨支座部位的裂缝往中跨跨中扩展。两个边跨的腹板也开裂明显（图 4.74）。

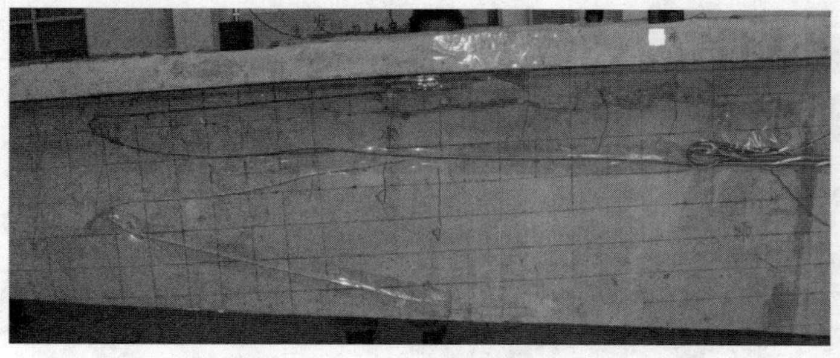

图 4.74　边跨腹板裂缝

荷载 600 kN 时，中跨跨中弯曲裂缝和中跨支座部位的裂缝延伸范围已经很大，几乎在中跨 1/4 跨汇合，且裂缝的扩展速度较箱梁开裂初期要快很多。

最终破坏阶段，中跨 1/4 跨出现了明显的斜裂缝（图 4.75），中跨腹板基本完全开裂。

5）支座反力测试结果

为了能够较为清楚地描述结构刚度发生变化后，支座支反力的变化情况。取一种简支的三跨连续梁模型进行分析，如图 4.76 所示。

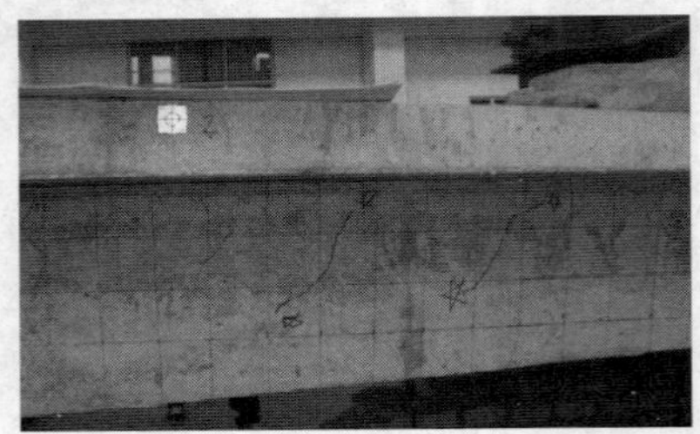

图 4.75 中跨 1/4 处斜裂缝

对图 4.76 中的结构采用结构力学分析，可以得到支座反力为

$$|R_1| = P - |R_2| = \frac{PL_2^2}{16L_1} \times \frac{1}{\frac{1}{3}L_1\frac{I_2}{I_1} + \frac{1}{2}L_2}$$

由上式可以看出当 I_2/I_1 减小的时候，则支座反力绝对值会越来越大，也即说明支座反力在结构发生变化后会发生重新分配的现象。

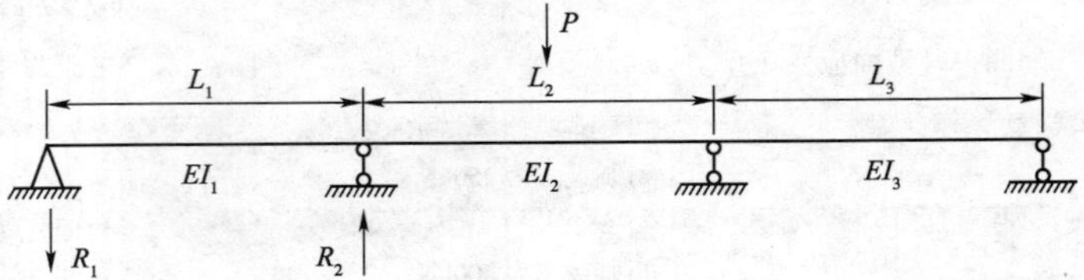

图 4.76 简支的三跨连续梁模型

实际采集时采用量程 250t 的压力传感器进行测试，对边跨支座布设了支座反力压力传感器，如图 4.77 所示。

图 4.77 传感器布置

在每级荷载作用下，通过压力传感器采集得到支座反力，支座反力变化如图 4.78 所示。

由图 4.78 可以看出，当荷载因子超过 0.3 后，由于梁体裂缝扩展，导致梁体发生退化，支座反力也发生了相应的调整，支座反力增量呈现整体增大趋势，由于测试过程中存在一定的误差，测试结果有一定的振荡。

图 4.78 支座反力变化规律

4.3 预应力混凝土箱梁非线性分析理论

4.3.1 概述

有限元计算的精度和效率主要取决于单元类型和计算模型的选择。因此单元在有限元计算中关系重大。对于箱形梁桥所采用的有限元方法主要有两种：其一是用三维实体单元对桥梁结构进行细致的离散。这一方法的优点是能够准确地描述桥梁的几何形状,它的缺点是庞大的计算量对总体分析是一种浪费;且其结果往往不能反映桥梁的整体特性。另一种方法是把结构简化为杆、梁结构。这种方法的优点是计算量少,但对结构的局部应力分析精度不高。本章选用壳单元分析混凝土箱梁,因为这种模型的计算量比体单元少,计算精度比梁单元高,且箱梁用壳单元模拟符合结构本身的几何特性。本章除了介绍壳单元的基本理论外,还介绍了分析时采用的钢筋和混凝土的本构关系以及非线性方程组的求解方法。

4.3.2　基于经典壳理论的预应力钢筋建模方法研究

对于预应力混凝土梁分析时,由于其组成材料——钢筋和混凝土的力学性质和尺度都相差很大,采用什么样的单元模型是一个首先需要解决的问题。

目前应用于钢筋混凝土结构分析的钢筋模型主要有三种方式[111-114]:分离式、整体式和组合式。

分离式模型把混凝土和钢筋各自划分为足够小的单元,并在钢筋和混凝土之间插入连接单元来模拟钢筋和混凝土的黏结和滑移,这种模型的离散工作量和计算规模比较大,对计算机的要求也就比较高,但在研究钢筋和混凝土之间相互作用的微观机理方面有突出的优势。

整体式模型将钢筋弥散于整个单元之中,并把单元视为均匀连续的材料,通过输入配筋率来体现预应力钢筋的作用,但是当梁中存在大量的曲线钢筋时,由于钢筋形状及梁的各种尺寸变化,计算得到的配筋率近似程度过大,会导致计算结果误差过大。很显然,这种模型过于粗略,对钢筋混凝土结构的力学性质缺乏足够的反映。

组合式模型介于分离式和整体式之间,单元由混凝土和钢筋共同组成,在单元分析时,先分别求得混凝土和钢筋对组合单元刚度矩阵的贡献,再组成一个复合的单元,这种模型能在一定程度上反映钢筋和混凝土的相互作用,其有限元离散工作量和计算规模都不大,即使大型钢筋混凝土结构也可以采用,是值得推荐的方法。目前最常用的组合式模型有两种:一种为分层组合式,这种模型在杆件系统,尤其是钢筋混凝土板壳结构中应用很广;一种为钢筋、混凝土组合单元,平面问题中主要有带钢筋的四边形单元,空间问题中主要有带钢筋膜的各种体元。空间情况下,钢筋布置和受力都很复杂,如何将钢筋等效为钢筋膜以及能否等效是一个难以回答的问题。

目前国内外已经有学者提出了钢筋混凝土组合单元,文献[114]介绍了二维问题中的组合单元,采用杆单元刚度矩阵经过变换后叠加到混凝土的4节点单元形成组合矩阵。文献[28]采用梁单元模拟钢筋并将其嵌入体单元中考虑钢筋效应,并进行了弹性计算分析,方法的优点是采用梁单元模拟钢筋,能自动考虑梁单元的销栓作用。但是如果采用该文的方法进行材料非线性分析,由于梁单元的自由度较多,如何判别梁单元的屈服会增加计算的复杂性。Xiao-Han Wu[115]提出了可以用于外张预应力钢筋混凝土结构非线性有限元分析的单元模型。该单元模型是针对二维的建模问题。Kitjapat Phuvoravan[116]采用带刚臂的梁单元模拟钢筋并将梁单元的刚度贡献直接叠加到混凝土板单元中,并进行相应的非线性分析。徐兴[117]提出了三维体单元的组合模型,在该模型中,曲线预应力钢筋的应变按照周围混凝土的应变计算。

将钢筋混凝土结构的几何按体元离散,由于一般钢筋较长,因此会被体元的各几何表面分割为一个一个节段。如果将壳元作为混凝土单元,则壳元内可能含有一个或多个钢筋节段,每一钢筋节段又可以划分为一个或多个杆元,这样,就得到了由混凝土壳元和一个或多个钢筋杆元共同组成的组合单元。在上述的离散方式下,按照钢筋杆元的节点相对于体元的位置,可将钢筋杆元和混凝土壳元的组合形式分为三种情况:①钢筋杆元的两个节点均位于壳元内部;②钢筋杆元的一个节点位于壳元内部,一个位于壳元表面;③钢筋杆元的两个节点均位于壳元表面。本书暂不讨论混凝土开裂后钢筋和混凝土分离引起钢筋梁元的一个节点在壳元内部、一个在壳元外部的情况。上述三种组合形式中,可以把组合形式①作为一般形式,当杆元的一个或两个节点的位置由体元内部移到表面时就可以得到组合形式②、③的特殊情况,因此,本书不失一般性地对组合形式①进行讨论。

以上三种钢筋有限元模型中,能够用于箱梁极限承载能力分析的模型只有组合模型,该模型能够有效模拟结构中存在的大量曲线预应力钢束。目前该方面的计算分析研究工作相对较少,本书为了充分模拟箱梁梁体中存在的大量曲线预应力束,采用了内嵌钢筋模型。

1)桁架单元计算理论

假定桁架单元的截面面积沿全长一致。桁架单元只有在单元坐标系 x 方向的平动位移 u。

$$\boldsymbol{u} = \{u_1 \quad u_2\} \tag{4-5}$$

任意坐标 x 和平动位移 u 用形函数表示如下:

$$x = \sum_{i=1}^{2} N_i x_i, \quad u = \sum_{i=1}^{2} N_i u_i \tag{4-6}$$

$$N_1 = \frac{1-\xi}{2}, \quad N_2 = \frac{1+\xi}{2} \qquad (-1 \leqslant \xi \leqslant 1)$$

节点位移和应变的关系可用 $\boldsymbol{B}_i$ 表示为

$$\boldsymbol{\varepsilon} = \sum_{i=1}^{2} \boldsymbol{B}_i \boldsymbol{u}_i \tag{4-7}$$

矩阵 $\boldsymbol{B}_i$ 可用形函数的微分表示如下:

$$\boldsymbol{B}_i = \left\{ \frac{\partial N_i}{\partial x} \right\} \tag{4-8}$$

利用矩阵 $\boldsymbol{B}_i$ 表示的轴向单元刚度矩阵如下:

$$\boldsymbol{K}_{ij} = \int_{L_e} \boldsymbol{B}_i^{\mathrm{T}} \boldsymbol{D} \boldsymbol{B}_j \mathrm{d}L, \quad \boldsymbol{D} = A\boldsymbol{E} \tag{4-9}$$

式中:A——截面面积;

L_e——单元长度。

2)壳单元计算理论

已有不少学者对壳单元用于非线性有限元分析进行了探讨[118-125]。本书选取考虑剪切变形的壳单元进行计算分析。

具有对 z 轴旋转自由度的单元,应考虑在单元坐标系 x、y 方向的平动位移 u、v 和对 z 轴的旋转位移 θ_z 的影响。

$$\boldsymbol{u}_i = \{u_i \; v_i \; \theta_{zi}\}^{\mathrm{T}}$$

有 N 个节点的单元内任意坐标 x、y 和平动位移 u、v 的关系可表达如下:

$$x=\sum_{i=1}^{N}N_i x_i,\quad y=\sum_{i=1}^{N}N_i y_i$$

$$u=\sum_{i=1}^{N}N_i u_i+\frac{1}{8}\sum_{i=1}^{N}P_i(y_j-y_i)(\theta_{zj}-\theta_{zi}),\quad v=\sum_{i=1}^{N}N_i v_i-\frac{1}{8}\sum_{i=1}^{N}P_i(x_j-x_i)(\theta_{zj}-\theta_{zi})$$

$$(i=1,2,\cdots,N-1;\quad j=2,3,\cdots,N,1)\tag{4-10}$$

对于4个节点单元,其插值函数如下所示:

$$\left.\begin{aligned}&N_1=\frac{1}{4}(1-\xi)(1-\eta),\ N_2=\frac{1}{4}(1+\xi)(1-\eta),\ N_3=\frac{1}{4}(1+\xi)(1+\eta),\ N_4=\frac{1}{4}(1-\xi)(1+\eta)\\&P_1=\frac{1}{2}(1-\xi^2)(1-\eta),\ P_2=\frac{1}{2}(1+\xi)(1-\eta^2),\ P_3=\frac{1}{2}(1-\xi^2)(1+\eta),\ P_4=\frac{1}{2}(1-\xi)(1-\eta^2)\end{aligned}\right\}\tag{4-11}$$

节点位移 $\boldsymbol{u}$ 和面内应变 $\boldsymbol{\varepsilon}$ 的关系用 $\boldsymbol{B}_i$ 可表示如下:

$$\boldsymbol{\varepsilon}=\sum_{i=1}^{N}\boldsymbol{B}_i\boldsymbol{u}_i\tag{4-12}$$

矩阵 $\boldsymbol{B}_i$ 用形函数的微分表示如下:

$$\boldsymbol{B}_i=\begin{bmatrix}\dfrac{\partial N_i}{\partial x} & 0 & \dfrac{(y_i-y_k)}{8}\dfrac{\partial P_k}{\partial x}-\dfrac{(y_j-y_i)}{8}\dfrac{\partial P_i}{\partial x}\\ 0 & \dfrac{\partial N_i}{\partial y} & \dfrac{(x_k-x_i)}{8}\dfrac{\partial P_k}{\partial y}-\dfrac{(x_i-x_j)}{8}\dfrac{\partial P_i}{\partial y}\\ \dfrac{\partial N_i}{\partial y} & \dfrac{\partial N_i}{\partial x} & \dfrac{(y_i-y_k)}{8}\dfrac{\partial P_k}{\partial y}-\dfrac{(y_j-y_i)}{8}\dfrac{\partial P_i}{\partial y}+\dfrac{(x_k-x_i)}{8}\dfrac{\partial P_k}{\partial x}-\dfrac{(x_i-x_j)}{8}\dfrac{\partial P_i}{\partial x}\end{bmatrix}$$

$$(i=1,2,\cdots,N-1,N;\quad j=2,3,\cdots,N,1;\quad k=N,1,\cdots,N-2,N-1)\tag{4-13}$$

用矩阵 $\boldsymbol{B}_i$ 表示有关面内变形的单元刚度如下:

$$\boldsymbol{K}_{ij}^{(I)}=\int_{A_e}t\boldsymbol{B}_i^{\mathrm{T}}D B_j\,\mathrm{d}A\tag{4-14}$$

式中:t——厚度;

A_e——单元面积。

各向同性材料的应力和应变关系矩阵如下:

$$\boldsymbol{D}=\frac{E}{1-v^2}\begin{bmatrix}1 & v & 0\\ v & 1 & 0\\ 0 & 0 & \dfrac{1-v}{2}\end{bmatrix}\tag{4-15}$$

在计算面内变形时若使用考虑旋转自由度的单元,则垂直于单元边的平动位移将使用二次内插值。这是基于如图4.79所示在受弯状态下顶点位置不存在剪切变形的事实。

在计算面外刚度的方法中单元考虑剪切变形,使用剪切应变假定法。节点的自由度考虑单元坐标系 z 方向的平动位移 w 和对 x、y 轴的旋转位移 θ_x、θ_y。

$$\boldsymbol{u}_i=\{w_i、\theta_{xi}、\theta_{yi}\}^{\mathrm{T}}$$

旋转位移 θ_x、θ_y 可用如下二次方程表示:

$$\theta_x=\sum_{i=1}^{N}N_i\theta_{xi}+\sum_{i=1}^{N}P_i s_{ij}\theta_{ni},\ \theta_y=\sum_{i=1}^{N}N_i\theta_{yi}-\sum_{i=1}^{N}P_i C_{ij}\theta_{ni}$$

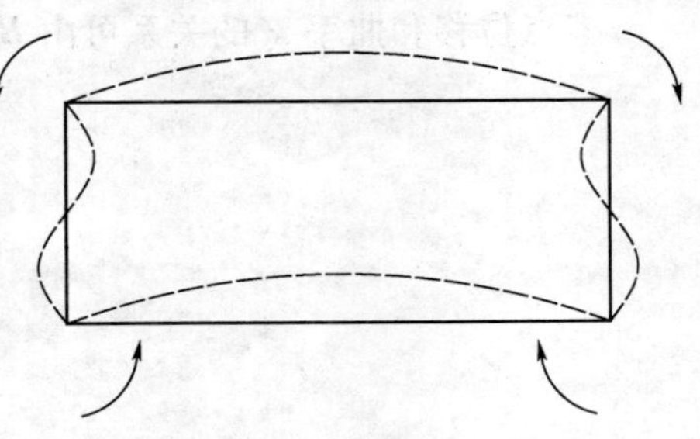

图4.79　弯曲变形和旋转自由度的关系

$$C_{ij}=-x_{ij}/L_{ij},\quad s_{ij}=-y_{ij}/L_{ij},\quad x_{ij}=x_i-x_j,\quad L_{ij}^2=x_{ij}^2+y_{ij}^2$$
$$(i=1,2,\cdots,N-1,N;\quad j=2,3,\cdots,N,1)\tag{4-16}$$

为求出单元边中央的虚拟转角 $\Delta\theta_{ni}$ 可使用如下假定。

沿着 N 个边满足弯矩和平衡式

$$Q_s=-M_{s,s}-M_{ns,n}\tag{4-17}$$

绕垂直于边的轴的旋转位移沿着边的变化是二次方程,对切线方向轴的旋转位移是一次方程。

$$\theta_n=\left(1-\frac{s}{L_{ij}}\right)\theta_{ni}+\frac{s}{L_{ij}}\theta_{nj}+4\frac{s}{L_{ij}}\left(1-\frac{s}{L_{ij}}\right)\theta_{ni},\theta_s=\left(1-\frac{s}{L_{ij}}\right)\theta_{si}+\frac{s}{L_{ij}}\theta_{sj}$$
$$(i=1,2,\cdots,N-1,\ N;\quad j=2,3,\cdots,N,\ 1)\tag{4-18}$$

通过计算出的剪切应变 $\boldsymbol{\gamma}_{sz}$ 与由形函数直接计算出的剪切应变 $\boldsymbol{\gamma}_{sz}$ 有如下关系:

$$\int_0^{L_{ij}}(\boldsymbol{\gamma}_{sz}-\overline{\boldsymbol{\gamma}}_{sz})\mathrm{d}s=0\tag{4-19}$$

将上面假定求出的 $\Delta\theta_{ni}$ 代入,则可用 $\boldsymbol{u}_i$ 表示旋转位移 θ_x、θ_y 如下:

$$\theta_x=\sum_{i=1}^{N}\boldsymbol{H}_{xi}^{\mathrm{T}}u_i,\theta_y=\sum_{i=1}^{N}H_{yi}^{\mathrm{T}}u_i\tag{4-20}$$

$$\boldsymbol{H}_{xi}=\begin{Bmatrix}0\\N_i\\0\end{Bmatrix}+\begin{Bmatrix}\dfrac{3P_ks_{ki}}{2L_{ki}(1+\phi_{ki})}-\dfrac{3P_is_{ij}}{2L_{ij}(1+\phi_{ij})}\\\dfrac{3P_ks_{ki}y_{ki}}{4L_{ki}(1+\phi_{ki})}+\dfrac{3P_is_{ij}y_{ij}}{4L_{ij}(1+\phi_{ij})}\\-\dfrac{3P_ks_{ki}x_{ki}}{4L_{ki}(1+\phi_{ki})}+\dfrac{3P_is_{ij}x_{ij}}{4L_{ij}(1+\phi_{ij})}\end{Bmatrix}$$

$$\boldsymbol{H}_{yi}=\begin{Bmatrix}0\\0\\N_i\end{Bmatrix}+\begin{Bmatrix}-\dfrac{3P_kC_{ki}}{2L_{ki}(1+\phi_{ki})}+\dfrac{3P_iC_{ij}}{2L_{ij}(1+\phi_{ij})}\\-\dfrac{3P_kC_{ki}y_{ki}}{4L_{ki}(1+\phi_{ki})}-\dfrac{3P_iC_{ij}y_{ij}}{4L_{ij}(1+\phi_{ij})}\\\dfrac{3P_kC_{ki}x_{ki}}{4L_{ki}(1+\phi_{ki})}+\dfrac{3P_iC_{ij}x_{ij}}{4L_{ij}(1+\phi_{ij})}\end{Bmatrix}$$

(各向同性材料的情况)

$(i=1,2,\cdots,N-1,N;\quad j=2,3,\cdots,N,1;\quad k=N,1,\cdots,N-2,N-1)$

节点位移和曲率 $\boldsymbol{\kappa}$ 的关系可由 $\boldsymbol{B}_{bi}$ 表示如下:

$$\boldsymbol{\kappa}=\sum_{i=1}^{N}\boldsymbol{B}_{bi}\boldsymbol{u}_i$$

$$\boldsymbol{B}_{bi}=\begin{bmatrix}-\dfrac{\partial\boldsymbol{H}_{yi}^{\mathrm{T}}}{\partial x}\\\dfrac{\partial\boldsymbol{H}_{xi}^{\mathrm{T}}}{\partial y}\\\dfrac{\partial\boldsymbol{H}_{xi}^{\mathrm{T}}}{\partial y}-\dfrac{\partial\boldsymbol{H}_{yi}^{\mathrm{T}}}{\partial x}\end{bmatrix}\tag{4-21}$$

剪切变形 γ 使用计算的 γ_{sz}，与节点位移关系的矩阵 $\boldsymbol{B}_{si}$ 如下：

$$\gamma = \sum_{i=1}^{3} \boldsymbol{B}_{si} \boldsymbol{u}_i \tag{4-22}$$

$$\boldsymbol{B}_{si} = \begin{bmatrix} \dfrac{\partial N_i \partial \lambda}{\partial \lambda\ \partial x} \dfrac{\phi_{ij}}{(1+\phi_{ij})} & \dfrac{\partial N_k \partial \lambda}{\partial \lambda\ \partial x} \dfrac{\phi_{ki}}{(1+\phi_{ki})} \\ \dfrac{\partial N_i \partial \lambda}{\partial \lambda\ \partial y} \dfrac{\phi_{ij}}{(1+\phi_{ij})} & \dfrac{\partial N_k \partial \lambda}{\partial \lambda\ \partial y} \dfrac{\phi_{ki}}{(1+\phi_{ki})} \end{bmatrix} \begin{bmatrix} 1 & \dfrac{-y_{ij}}{2} & \dfrac{x_{ij}}{2} \\ -1 & \dfrac{-y_{ki}}{2} & \dfrac{x_{ki}}{2} \end{bmatrix}$$

$$(i=1,2,3,4;\quad j=2,3,4,1;\quad k=4,1,2,3)$$

$$\frac{\partial N_i \partial \lambda}{\partial \lambda\ \partial x} = \begin{cases} \dfrac{\partial N_i \partial \xi}{\partial \xi\ \partial x}, i=1,3 \\ \dfrac{\partial N_i \partial \eta}{\partial \eta\ \partial x}, i=2,4 \end{cases};\quad \frac{\partial N_i \partial \lambda}{\partial \lambda\ \partial y} = \begin{cases} \dfrac{\partial N_i \partial \xi}{\partial \xi\ \partial y}, i=1,3 \\ \dfrac{\partial N_i \partial \eta}{\partial \eta\ \partial y}, i=2,4 \end{cases}$$

因此有关弯曲和剪切变形的单元的刚度如下：

$$\boldsymbol{K}_{ij}^{(O)} = \int_{A_e} \left(\boldsymbol{B}_{bi}^{\mathrm{T}} \boldsymbol{D} \boldsymbol{B}_{bi} \frac{t^3}{12} + \boldsymbol{B}_{si}^{\mathrm{T}} \boldsymbol{D} \boldsymbol{B}_{si} t\right) \mathrm{d}A \tag{4-23}$$

3）预应力钢束组合有限元模型

分割的预应力钢束段的刚度将添加在母单元的刚度上。插入在曲板单元或平板单元的预应力钢束有两节点或三节点钢筋。预应力钢束位置由钢筋节点决定。通过前处理，预应力钢束被分割成预应力钢束段。每个预应力钢束都属于各自的母单元。板单元中预应力钢束控制点如图 4.80 所示。

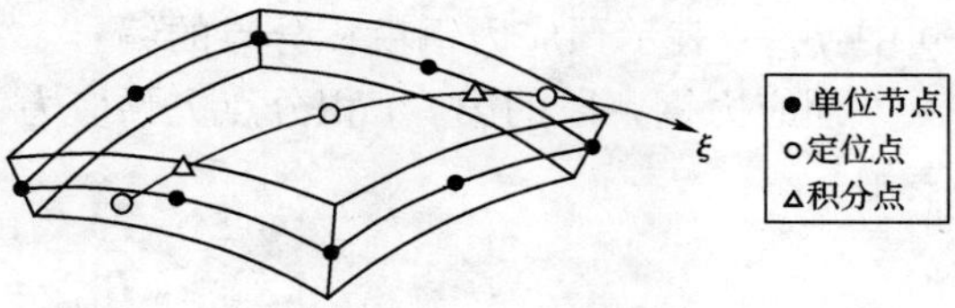

图 4.80　板单元中的预应力钢束控制点

预应力钢束段对线形状使用两点积分，对点形状使用一点积分。预应力钢束段的应力只有轴向应力，在积分点上预应力钢束的变形率 ε_{xx} 和应力 σ_{xx} 是按积分点的切线方向求出的。预应力钢束截面如图 4.81 所示。

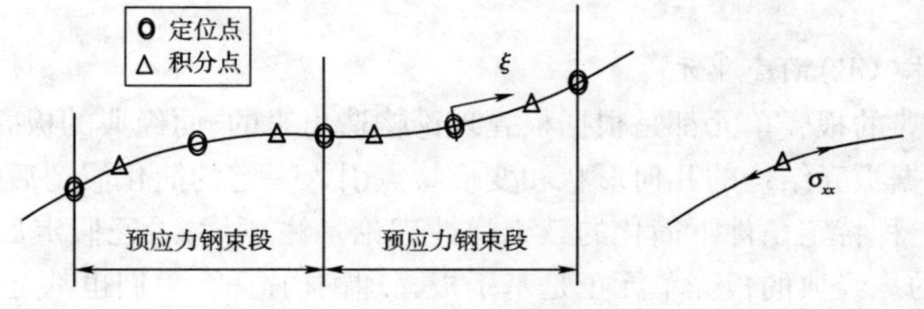

图 4.81　预应力钢束截面

预应力钢束在空间上的位置由预应力钢束段的位置坐标决定。假设预应力钢筋段由 n 个坐标点构成，各点的坐标为 X_{re}^n、Y_{re}^n、Z_{re}^n，则预应力钢束段的坐标点可整理为如式(4-24)所示的矩阵，上标表示预应力钢束节点的编号。

$$\boldsymbol{X}_{re}=\begin{Bmatrix} X_{\mathrm{re}}^{1} & X_{\mathrm{re}}^{2} & \cdots & X_{\mathrm{re}}^{n} \\ Y_{\mathrm{re}}^{1} & Y_{\mathrm{re}}^{2} & \cdots & Y_{\mathrm{re}}^{n} \\ Z_{\mathrm{re}}^{1} & Z_{\mathrm{re}}^{2} & \cdots & Z_{\mathrm{re}}^{n} \end{Bmatrix} \tag{4-24}$$

预应力钢束的形函数可表示为如下所示：

$$\boldsymbol{N}=\{N_1 \quad N_2 \quad \cdots \quad N_n\} \tag{4-25}$$

形函数由钢筋形状决定，两节点线形状预应力钢束的形函数如下：

$$N_1(\xi)=\frac{1}{2}(1-\xi)\,,\; N_2(\xi)=\frac{1}{2}(1+\xi) \tag{4-26}$$

将预应力钢束的第 j 个积分点坐标表示为

$$\boldsymbol{N}(gp_j)\boldsymbol{X}_{\mathrm{re}} \tag{4-27}$$

因为预应力钢束段存在于母单元内部，所以积分点的位置也在母单元的内部。计算单元都用映射等参元的计算方法。母单元内部的预应力钢束积分点坐标也可转换为母单元的映射等参坐标。母单元为 2D 单元时，在母单元的等参坐标上预应力钢束第 j 个数值的积分点如下

$$\boldsymbol{G}_j(\zeta,\eta) \tag{4-28}$$

式中：j——表示预应力钢束积分点的编号。

预应力钢束段的第 j 个积分点上预应力钢束的应变和母单元的位移关系可使用式(4-29)表示。

$$\widehat{\boldsymbol{B}}_{\mathrm{Rein}}^{j}=\boldsymbol{B}_{\mathrm{mother}}(\boldsymbol{G}_j) \tag{4-29}$$

预应力钢束的应变—位移矩阵使用母单元的单元坐标系。预应力钢束的刚度使用预应力钢束坐标系的局部应变 ε_{xx}、ε_{yy}。因此，需要将前面求出的母单元的 $\boldsymbol{B}_{\mathrm{Rein}}$ 转换为预应力钢束段的单元坐标系上的矩阵。

4.3.3 基于 CB 壳理论的预应力钢筋建模方法研究

1)基于连续体(CB)的壳单元

众所周知，经典的板壳单元都是根据板壳理论构造出来的，而经典的板壳理论则是一般的三维弹性理论，根据板壳结构的几何形状和变形特点引入一定的简化假定后得到的，因此可以认为板壳理论是一种特定条件下简化的三维弹性理论。注意，引入壳假定后的板壳理论都是基于板壳的中面的。经典的板壳单元正是基于板壳理论构造的，它们也都是基于中面的，只需要在板壳结构的中面剖分有限元网格。由此可见，经典的板壳单元走的是先理论后单元的道路，即先引入板壳假定，从三维弹性理论得到板壳理论，然后构造单元。实际上也可以走另外一条路径构造板壳单元，即先单元后理论。具体说就是，从三维弹性理论出发，构造三维实体单元，再在三维实体单元的基础上引入板壳的基本假定，使之适用板壳结构分析。也就是说，板壳单元可以看成是一种特定条件下的三维实体单元，如图 4.82 所示。

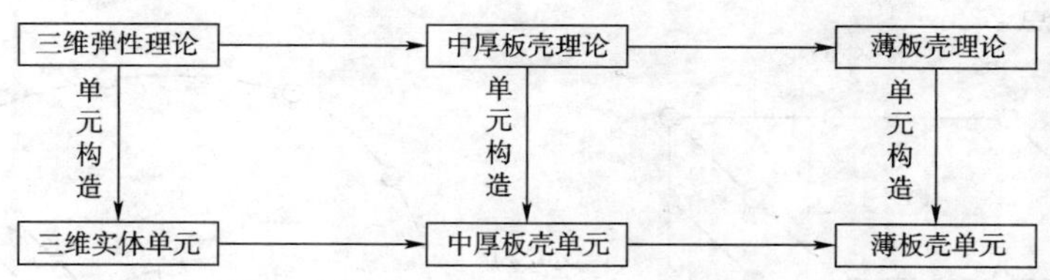

图4.82　板壳理论与板壳单元

基于连续体(CB)的壳体有限元方法由 Ahmad,Irons 和 Zienkiewicz 首先提出,Huges 和 Liu 展示了这个理论的非线性部分,Buechter 和 Ramm 以及 Simo 和 Fox 将其扩展和推广。

为了描述壳的运动学假设,需要定义一个参考面,通常称为中面。参考面一般是位于壳的初始上下表面的中间位置。非线性壳中参考面一般是位于壳的初始上、下表面的中间位置。

经典壳理论的运动学假设像梁一样,有两种假设:一种允许横向剪切变形,而另外一种不允许。允许横向剪切变形的理论称为 Mindlin – Reissner 理论,而不允许横向剪切变形的理论称为 Kirchhoff-Love 理论。在这两种壳理论中,Kirchhoff-Love 理论假设中面的法线保持直线和法向,Mindlin-Reissner 理论假设中面的法线保持直线。

试验结果表明,薄壳满足 Kirchhoff-Love 理论假设。对于较厚的壳或者组合壳体,Mindlin-Reissner 理论假设是更为合适的,因为横向剪切的效果影响重要。在组合壳体中,横向剪切的效果特别重要。Mindlin-Reissner 理论也可以用于薄壳中,在这种情况下,法线将近似的保持法向,并且横向剪切将几乎为零。

需要指出的是,最初 Mindlin-Reissner 理论是针对小变形问题提出的,并且大多数试验验证是关于小变形的。一旦产生较大应变,是否最好假设当前法线保持直线或者初始法线保持直线尚不清楚。目前,在大多数理论工作中,假设初始法线保持直线,这样假设可能是因为它导出了更清晰的理论,还没有试验证明这个假设比当前法线保持瞬时直线的假设更好。

图4.83 展示了具有9个主控节点和连接的三维连续体单元的一个 CB 单元。母单元坐标为 ξ^i,$i=1$、2、3。本文采用如下记号:$\xi^1=\xi$,$\xi^2=\eta$ 和 $\xi^3=\zeta$。坐标 ξ^i 是曲线坐标。ζ 为常数的每一个面称为层,参考面对应于 $\zeta=0$。参考面是由两个曲线坐标(ξ,η)参数化的,指标符号采用 ξ^α(希腊字母表示范围为2的指标)。沿着 ζ 轴的线称为纤维,沿着纤维的方向的单位矢量称为方向矢量。按照下面方式定义厚度:用 $h^-(\xi,\eta,t)$ 表示在下表面和参考面之间沿着纤维方向的距离,用 $h^+(\xi,\eta,t)$ 表示在上表面和参考面之间沿着纤维方向的距离,则厚度为 $h=h^-+h^+$。这并不是关于壳厚度的习惯定义,但是在 CB 壳理论中也是常用的。壳厚度一般定义为在上下两个表面之间沿着法线的距离。

CB 壳单元定义三种坐标系统:

(1)总体 Cartesian 坐标系统(x,y,z),应用基矢量。

(2)旋转的层坐标系统$(\hat{x},\hat{y},\hat{z})$,应用基矢量 $\hat{e}_i$,常称为层坐标。因此 $\hat{e}_1$ 和 $\hat{e}_2$ 定义的平面与在该点处的层相切。层基矢量随着点的位置变化,但是应作为一个总体 Cartesian 系统观察。

(3)与主控节点相关的节点坐标系统,通过加上杠标记相关的正交基矢量,如 $\bar{e}_i(t)$ 并且

用下角标表示节点。

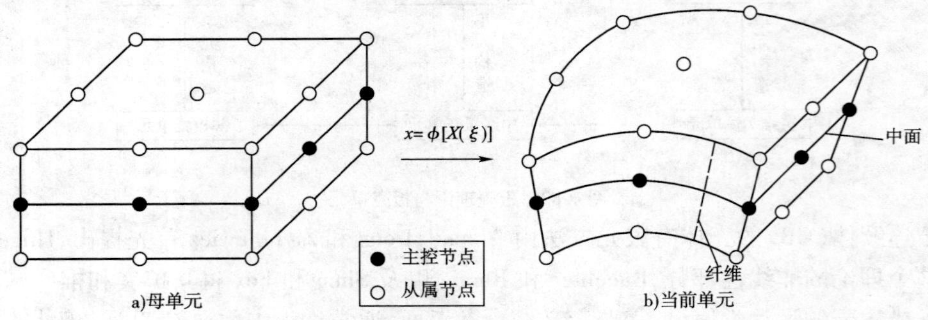

图 4.83 CB 壳单元模型

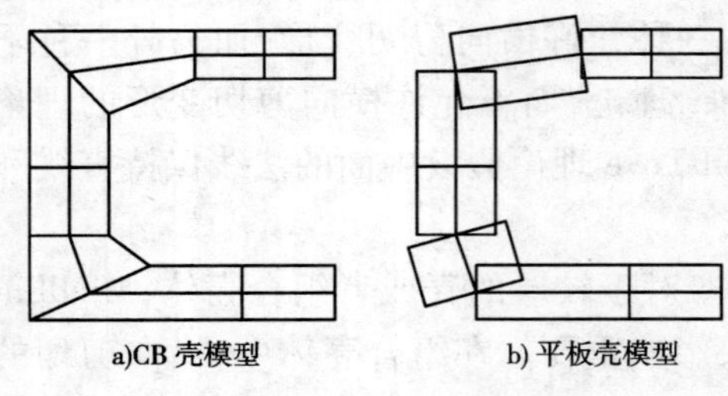

图 4.84 不同的单元模型比较

将上述壳单元与普通壳单元(把板的弯曲和薄膜应力特性叠加)进行比较是具有启发的。可以看到 CB 壳公式的主要优点,即用这种公式任何壳表面的几何形状都可以精确地表示出来,单元间全部位移协调条件都可以直接以一种有效的方式得到满足。具体比较如图 4.84 所示。

在 CB 壳理论中,主要的假设有:

(1)纤维保持直线(修正的 Mindlin - Reissner 理论)。

(2)垂直于中面的应力为零(也称为平面应力条件)。

(3)动量源于纤维的伸长,并且沿纤维方向忽略动量平衡。

在 CB 壳理论中,还常常假设纤维是不可伸长的。但是,这个假设仅适用于上面表示的情况,而在整个公式中不成立。对于大变形,由于壳的厚度发生变化,某些纤维伸长的影响必须要考虑。

为了观察 Mindlin - Reissner 假设,即在 ζ 方向的运动为线性,连续体单元沿任何纤维上至多有两个从属节点。

与实体单元不同,每个壳体都使用局部材料方向。各向异性材料的数据(普通钢筋及预应力钢筋)和单元输出变量(如单元应力和应变)都按照局部材料方向定义分量。对于通常等参单元局部坐标系的确定方法在预应力混凝土箱梁的分析中显得很不合适,因为普通方法中局部坐标系的确定与每一个单元有关,实际建模时不可能对每一个单元分析其局部坐标系,然后再输入预应力钢筋的方向。

本书采用以下方法确定局部坐标系,在需要计算应力应变的选取点处定义一种直角坐标系。$\hat{z}$ 方向的采用式(4-30)计算。

$$\hat{z}=\left[\frac{\partial x}{\partial \xi}\quad \frac{\partial y}{\partial \xi}\quad \frac{\partial z}{\partial \xi}\right]^{\mathrm{T}}\times\left[\frac{\partial x}{\partial \eta}\quad \frac{\partial y}{\partial \eta}\quad \frac{\partial z}{\partial \eta}\right]^{\mathrm{T}} \tag{4-30}$$

$\hat{x}$ 的方向垂直于 $\hat{z}$,且与总体坐标系(x,y,z)的 $x-z$ 平面平行,用公式表示为

$$(\ \hat{x}^{x}=\hat{z}^{z},\ \hat{x}^{y}=0,\ \hat{x}^{z}=-\hat{z}^{x}\ ) \tag{4-31}$$

式中：$\hat{x}^{x}$——局部坐标系的$\hat{x}$ 在总体坐标系 x 上的投影。

或者，如果$\hat{x}$ 与$\hat{y}$ 平行且方向相同，则采用以下方法确定：

$$\hat{x}^{x} = -\hat{z}^{y},\ \hat{x}^{y} = \hat{x}^{z} = 0 \tag{4-32}$$

$\hat{y}$ 由公式(4-33)确定：

$$\hat{y} = \hat{z} \times \hat{x} \tag{4-33}$$

图 4.85 为箱梁不同部位的局部坐标系和整体坐标系的关系。

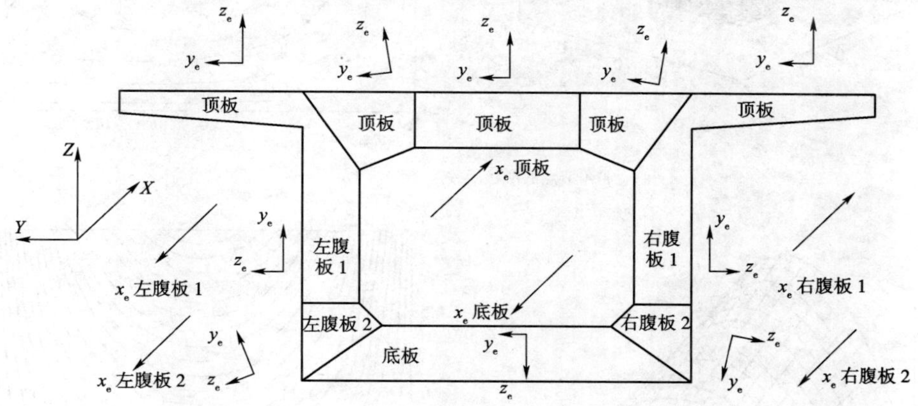

图 4.85　CB 壳单元在箱梁中的局部坐标系示意图

对一个典型元素 e，从节点 1 到 8，采用 Serendipity 形状函数。

对角节点 $i=1,3,5,7$：

$$N_i^{e} = \frac{1}{4}(1+\xi\xi_i)(1+\eta\eta_i)(\xi\xi_i+\eta\eta_i-1) \tag{4-34}$$

对边中节点 $i=2,4,6,8$：

$$N_i^{e} = \frac{\xi_i^2}{2}(1+\xi\xi_i)(1-\eta^2)+\frac{\eta_i^2}{2}(1+\eta\eta_i)(1-\xi^2) \tag{4-35}$$

对角节点 $i=9$ 采用了气泡函数：

$$N_i^{e} = (1-\xi^2)(1-\eta^2) \tag{4-36}$$

形状函数图形如图 4.86 所示。

等参数板壳单元是三维实体单元的特例。如果采用六面体单元分析板壳的话，必须在板壳的厚度方向采用较多的节点，这样在模型构造和计算上都是不经济的。由此，可单独构造一种三维退化的板壳单元，如同平板单元中的假设一样，原来处在中面法线上的点在变形后仍然保持为直线，但由于存在剪切变形，它们可能不再与中面垂直。忽略沿中面法线的正应力 σ_ζ，并且不考虑沿法线方向的转动自由度，则应力应变及节点位移向量为

$$\begin{aligned}\boldsymbol{\sigma}' &= [\sigma_\xi \quad \sigma_\eta \quad \sigma_{\xi\eta} \quad \sigma_{\xi\zeta} \quad \sigma_{\eta\zeta}]^{\mathrm{T}}\\ \boldsymbol{\varepsilon}' &= [\varepsilon_\xi \quad \varepsilon_\eta \quad \varepsilon_{\xi\eta} \quad \varepsilon_{\xi\zeta} \quad \varepsilon_{\eta\zeta}]^{\mathrm{T}}\\ \boldsymbol{\delta}_i &= [u_i \quad v_i \quad w_i \quad \beta_{1i} \quad \beta_{2i}]^{\mathrm{T}}\end{aligned} \tag{4-37}$$

式中：u_i、v_i、w_i——i 点在坐标三个方向上的线位移；

β_{1i}、β_{2i}——节点 i 的转角。

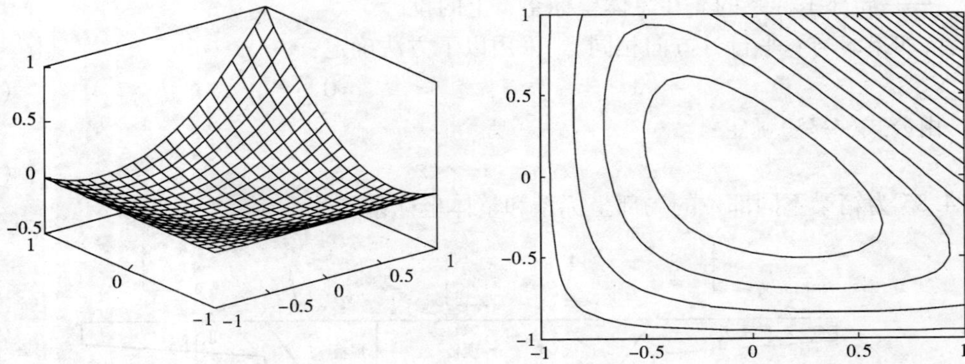

a)角节点的形状函数

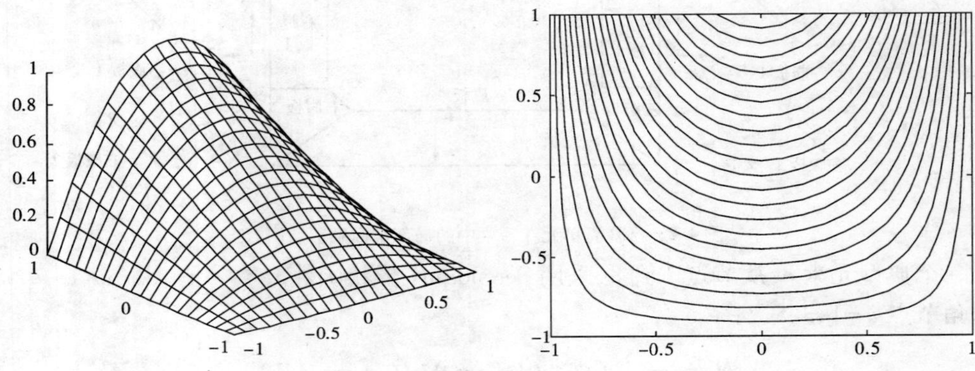

b)边节点的形状函数

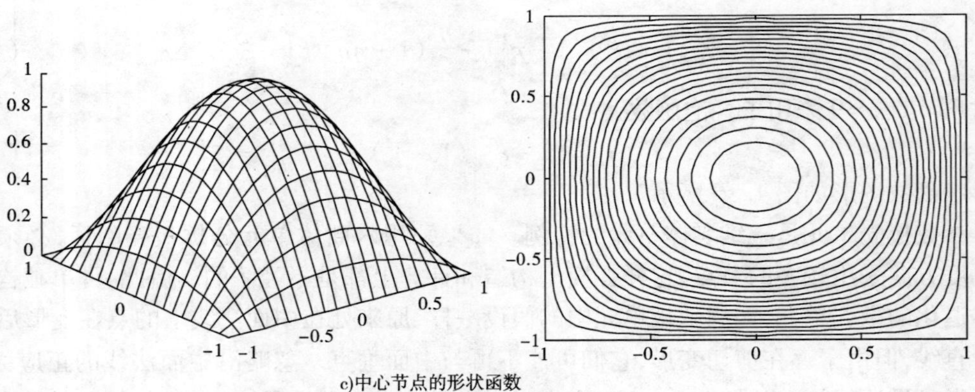

c)中心节点的形状函数

图 4.86　壳单元的形状函数

在板壳单元局部坐标系中,应力应变关系为

$$\boldsymbol{\sigma}=\boldsymbol{D}^{e}\boldsymbol{\varepsilon} \tag{4-38}$$

由于只存在 5 个自由度,因此将三维实体单元的弹性矩阵中第三行和第三列静态压缩,得到

$$
\boldsymbol{D}^{\mathrm{e}}=\frac{E}{1-\nu^{2}}\begin{bmatrix}1 & \nu & & & \\ \nu & 1 & & & \\ & & \frac{1-\nu}{2} & & \\ & & & \frac{1-\nu}{2} & \\ & & & & \frac{1-\nu}{2}\end{bmatrix} \tag{4-39}
$$

将应力应变关系转换到整体坐标系中，同样由于单元只存在5个自由度，所以将应变转换矩阵中的第三行删除，得到

$$
\boldsymbol{T}=\begin{bmatrix}l_1^2 & m_1^2 & n_1^2 & l_1m_1 & m_1n_1 & n_1l_1 \\ l_2^2 & m_2^2 & n_2^2 & l_2m_2 & m_2n_2 & n_2l_2 \\ 2l_1l_2 & 2m_1m_2 & 2n_1n_2 & l_1m_2+l_2m_1 & m_1n_2+m_2n_1 & n_1l_2+n_2l_1 \\ 2l_2l_3 & 2m_2m_3 & 2n_2n_3 & l_2m_3+l_3m_2 & m_2n_3+m_3n_2 & n_2l_3+n_3l_2 \\ 2l_3l_1 & 2m_3m_1 & 2n_3n_1 & l_3m_1+l_1m_3 & m_3n_1+m_1n_3 & n_3l_1+n_1l_3\end{bmatrix} \tag{4-40}
$$

在整体坐标系下，应力应变关系为

$$
\boldsymbol{D}=\boldsymbol{T}^{\mathrm{T}}\boldsymbol{D}^{\mathrm{e}}\boldsymbol{T} \tag{4-41}
$$

假设板壳的厚度从薄到厚，各节点处的厚度为 h_k，那么，板壳中任一点的坐标为

$$
\begin{aligned}
x&=\sum_{k=1}^{n}N_kx_k^{\mathrm{mid}}+\sum_{k=1}^{n}N_k\frac{h_k}{2}\zeta P_{kx}\\
y&=\sum_{k=1}^{n}N_ky_k^{\mathrm{mid}}+\sum_{k=1}^{n}N_k\frac{h_k}{2}\zeta P_{ky}\\
z&=\sum_{k=1}^{n}N_kz_k^{\mathrm{mid}}+\sum_{k=1}^{n}N_k\frac{h_k}{2}\zeta P_{kz}
\end{aligned} \tag{4-42}
$$

单元中的位移场[106-107]可以用节点位移和节点法向量的改变来表示，各位移分量为

$$
\begin{aligned}
u&=\sum_{k=1}^{n}N_ku_k^{\mathrm{mid}}+\sum_{k=1}^{n}N_k\frac{h_k}{2}\zeta\Delta P_{kx}\\
v&=\sum_{k=1}^{n}N_kv_k^{\mathrm{mid}}+\sum_{k=1}^{n}N_k\frac{h_k}{2}\zeta\Delta P_{ky}\\
w&=\sum_{k=1}^{n}N_kw_k^{\mathrm{mid}}+\sum_{k=1}^{n}N_k\frac{h_k}{2}\zeta\Delta P_{kz}
\end{aligned} \tag{4-43}
$$

节点法向量的变化值可以用节点的转动量来表示，当$(\beta_{1k}\ \beta_{2k})$为小值时，有

$$
\Delta\boldsymbol{P}_k=-\boldsymbol{v}_{2k}\boldsymbol{\beta}_{2k}+\boldsymbol{v}_{1k}\boldsymbol{\beta}_{1k} \tag{4-44}
$$

式中：$\boldsymbol{v}_{1k}$——节点 k 在节点坐标系中的 x 方向；

$\boldsymbol{v}_{2k}$——节点 k 在节点坐标系中的 y 方向。

所以,位移可以表示为

$$u=\sum_{k=1}^{n}N_k u_k^{\text{mid}}+\sum_{k=1}^{n}N_k\frac{h_k}{2}\zeta(-v_{2k}^{x}\beta_{1k}+v_{1k}^{x}\beta_{2k})$$

$$v=\sum_{k=1}^{n}N_k v_k^{\text{mid}}+\sum_{k=1}^{n}N_k\frac{h_k}{2}\zeta(-v_{2k}^{y}\beta_{1k}+v_{1k}^{y}\beta_{2k})$$

$$w=\sum_{k=1}^{n}N_k w_k^{\text{mid}}+\sum_{k=1}^{n}N_k\frac{h_k}{2}\zeta(-v_{2k}^{z}\beta_{1k}+v_{1k}^{z}\beta_{2k}) \tag{4-45}$$

将位移对($\xi\ \eta\ \zeta$)求导,注意到 N_k 仅仅是 ξ、η 的函数,并利用记号

$$\boldsymbol{g}^k=\begin{bmatrix} g_{11} & g_{12} & g_{13} \\ g_{21} & g_{22} & g_{23} \end{bmatrix}=\frac{h_k}{2}\begin{bmatrix} -v_{2x}^k & -v_{2y}^k & -v_{2z}^k \\ v_{1x}^k & v_{1y}^k & v_{1z}^k \end{bmatrix} \tag{4-46}$$

得到

$$\begin{Bmatrix} \frac{\partial u}{\partial \xi} \\ \frac{\partial u}{\partial \eta} \\ \frac{\partial u}{\partial \zeta} \\ \frac{\partial v}{\partial \xi} \\ \frac{\partial v}{\partial \eta} \\ \frac{\partial v}{\partial \zeta} \\ \frac{\partial w}{\partial \xi} \\ \frac{\partial w}{\partial \eta} \\ \frac{\partial w}{\partial \zeta} \end{Bmatrix}=\sum_{k=1}^{n}\begin{bmatrix} \frac{\partial N_k}{\partial \xi} & 0 & 0 & \zeta\frac{\partial N_k}{\partial \xi}g_{11} & \zeta\frac{\partial N_k}{\partial \xi}g_{21} \\ \frac{\partial N_k}{\partial \eta} & 0 & 0 & \zeta\frac{\partial N_k}{\partial \eta}g_{11} & \zeta\frac{\partial N_k}{\partial \eta}g_{21} \\ 0 & 0 & 0 & N_k g_{11} & N_k g_{21} \\ 0 & \frac{\partial N_k}{\partial \xi} & 0 & \zeta\frac{\partial N_k}{\partial \xi}g_{12} & \zeta\frac{\partial N_k}{\partial \xi}g_{22} \\ 0 & \frac{\partial N_k}{\partial \eta} & 0 & \zeta\frac{\partial N_k}{\partial \eta}g_{12} & \zeta\frac{\partial N_k}{\partial \eta}g_{22} \\ 0 & 0 & 0 & N_k g_{12} & N_k g_{22} \\ 0 & 0 & \frac{\partial N_k}{\partial \xi} & \zeta\frac{\partial N_k}{\partial \xi}g_{13} & \zeta\frac{\partial N_k}{\partial \xi}g_{23} \\ 0 & 0 & \frac{\partial N_k}{\partial \eta} & \zeta\frac{\partial N_k}{\partial \eta}g_{13} & \zeta\frac{\partial N_k}{\partial \eta}g_{23} \\ 0 & 0 & 0 & N_k g_{13} & N_k g_{23} \end{bmatrix}\begin{Bmatrix} u_k \\ v_k \\ w_k \\ \beta_{1k} \\ \beta_{2k} \end{Bmatrix} \tag{4-47}$$

雅可比算子为

$$\boldsymbol{J}=\begin{bmatrix} \frac{\partial x}{\partial \xi} & \frac{\partial y}{\partial \xi} & \frac{\partial z}{\partial \xi} \\ \frac{\partial x}{\partial \eta} & \frac{\partial y}{\partial \eta} & \frac{\partial z}{\partial \eta} \\ \frac{\partial x}{\partial \zeta} & \frac{\partial y}{\partial \zeta} & \frac{\partial z}{\partial \zeta} \end{bmatrix}$$

$$
= \begin{bmatrix} \sum_{k=1}^{n} \frac{\partial N_k}{\partial \xi}\left(x_k^{\mathrm{mid}} + \frac{h_k}{2}\zeta P_{kx}\right) & \sum_{k=1}^{n} \frac{\partial N_k}{\partial \xi}\left(y_k^{\mathrm{mid}} + \frac{h_k}{2}\zeta P_{ky}\right) & \sum_{k=1}^{n} \frac{\partial N_k}{\partial \xi}\left(z_k^{\mathrm{mid}} + \frac{h_k}{2}\zeta P_{kz}\right) \\ \sum_{k=1}^{n} \frac{\partial N_k}{\partial \eta}\left(x_k^{\mathrm{mid}} + \frac{h_k}{2}\zeta P_{kx}\right) & \sum_{k=1}^{n} \frac{\partial N_k}{\partial \eta}\left(y_k^{\mathrm{mid}} + \frac{h_k}{2}\zeta P_{ky}\right) & \sum_{k=1}^{n} \frac{\partial N_k}{\partial \eta}\left(z_k^{\mathrm{mid}} + \frac{h_k}{2}\zeta P_{kz}\right) \\ \sum_{k=1}^{n} N_k \frac{h_k}{2} P_{kx} & \sum_{k=1}^{n} N_k \frac{h_k}{2} P_{ky} & \sum_{k=1}^{n} N_k \frac{h_k}{2} P_{kz} \end{bmatrix} \tag{4-48}
$$

所以有

$$
\begin{Bmatrix} \frac{\partial u}{\partial x} \\ \frac{\partial u}{\partial y} \\ \frac{\partial u}{\partial z} \\ \frac{\partial v}{\partial x} \\ \frac{\partial v}{\partial y} \\ \frac{\partial v}{\partial z} \\ \frac{\partial w}{\partial x} \\ \frac{\partial w}{\partial y} \\ \frac{\partial w}{\partial z} \end{Bmatrix} = \sum_{k=1}^{n} \begin{bmatrix} \boldsymbol{J}^{-1} & & \\ & \boldsymbol{J}^{-1} & \\ & & \boldsymbol{J}^{-1} \end{bmatrix} \begin{bmatrix} \frac{\partial N_k}{\partial \xi} & 0 & 0 & \zeta \frac{\partial N_k}{\partial \xi} g_{11} & \zeta \frac{\partial N_k}{\partial \xi} g_{21} \\ \frac{\partial N_k}{\partial \eta} & 0 & 0 & \zeta \frac{\partial N_k}{\partial \eta} g_{11} & \zeta \frac{\partial N_k}{\partial \eta} g_{21} \\ 0 & 0 & 0 & N_k g_{11} & N_k g_{21} \\ 0 & \frac{\partial N_k}{\partial \xi} & 0 & \zeta \frac{\partial N_k}{\partial \xi} g_{12} & \zeta \frac{\partial N_k}{\partial \xi} g_{22} \\ 0 & \frac{\partial N_k}{\partial \eta} & 0 & \zeta \frac{\partial N_k}{\partial \eta} g_{12} & \zeta \frac{\partial N_k}{\partial \eta} g_{22} \\ 0 & 0 & 0 & N_k g_{12} & N_k g_{22} \\ 0 & 0 & N_{k,\xi} & \zeta \frac{\partial N_k}{\partial \xi} g_{13} & \zeta \frac{\partial N_k}{\partial \xi} g_{23} \\ 0 & 0 & \frac{\partial N_k}{\partial \eta} & \zeta \frac{\partial N_k}{\partial \eta} g_{13} & \zeta \frac{\partial N_k}{\partial \eta} g_{23} \\ 0 & 0 & 0 & N_k g_{13} & N_k g_{23} \end{bmatrix} \begin{Bmatrix} u_k \\ v_k \\ w_k \\ \beta_{1k} \\ \beta_{2k} \end{Bmatrix} \tag{4-49}
$$

或者

$$
\begin{Bmatrix} \frac{\partial u}{\partial x} \\ \frac{\partial u}{\partial y} \\ \frac{\partial u}{\partial z} \\ \frac{\partial v}{\partial x} \\ \frac{\partial v}{\partial y} \\ \frac{\partial v}{\partial z} \\ \frac{\partial w}{\partial x} \\ \frac{\partial w}{\partial y} \\ \frac{\partial w}{\partial z} \end{Bmatrix} = \sum_{k=1}^{n} \begin{bmatrix} \frac{\partial N_k}{\partial x} & 0 & 0 & G_1 g_{11} & G_1 g_{21} \\ \frac{\partial N_k}{\partial y} & 0 & 0 & G_2 g_{11} & G_2 g_{21} \\ \frac{\partial N_k}{\partial z} & 0 & 0 & G_3 g_{11} & G_3 g_{21} \\ 0 & \frac{\partial N_k}{\partial x} & 0 & G_1 g_{12} & G_1 g_{22} \\ 0 & \frac{\partial N_k}{\partial y} & 0 & G_2 g_{12} & G_2 g_{22} \\ 0 & \frac{\partial N_k}{\partial z} & 0 & G_3 g_{12} & G_3 g_{22} \\ 0 & 0 & \frac{\partial N_k}{\partial x} & G_1 g_{13} & G_1 g_{23} \\ 0 & 0 & \frac{\partial N_k}{\partial y} & G_2 g_{13} & G_2 g_{23} \\ 0 & 0 & \frac{\partial N_k}{\partial z} & G_3 g_{13} & G_3 g_{23} \end{bmatrix} \begin{Bmatrix} u_k \\ v_k \\ w_k \\ \beta_{1k} \\ \beta_{2k} \end{Bmatrix}
$$

$$\frac{\partial N_k}{\partial x}=J_{11}^{-1}\frac{\partial N_k}{\partial \xi}+J_{12}^{-1}\frac{\partial N_k}{\partial \eta}$$

$$\frac{\partial N_k}{\partial y}=J_{21}^{-1}\frac{\partial N_k}{\partial \xi}+J_{22}^{-1}\frac{\partial N_k}{\partial \eta}$$

$$\frac{\partial N_k}{\partial z}=J_{31}^{-1}\frac{\partial N_k}{\partial \xi}+J_{32}^{-1}\frac{\partial N_k}{\partial \eta}$$

$$G_1=\zeta\left(J_{11}^{-1}\frac{\partial N_k}{\partial \xi}+J_{12}^{-1}\frac{\partial N_k}{\partial \eta}\right)+J_{13}^{-1}N_k$$

$$G_2=\zeta\left(J_{21}^{-1}\frac{\partial N_k}{\partial \xi}+J_{22}^{-1}\frac{\partial N_k}{\partial \eta}\right)+J_{23}^{-1}N_k$$

$$G_3=\zeta\left(J_{31}^{-1}\frac{\partial N_k}{\partial \xi}+J_{32}^{-1}\frac{\partial N_k}{\partial \eta}\right)+J_{33}^{-1}N_k$$

由此,可以推得几何矩阵的显式如下

$$\boldsymbol{\varepsilon}=\boldsymbol{B\sigma} \tag{4-50}$$

$$\boldsymbol{\varepsilon}=\left[\frac{\partial u}{\partial x}\quad \frac{\partial v}{\partial y}\quad \frac{\partial w}{\partial z}\quad \frac{\partial u}{\partial y}+\frac{\partial v}{\partial x}\quad \frac{\partial v}{\partial z}+\frac{\partial w}{\partial y}\quad \frac{\partial u}{\partial z}+\frac{\partial w}{\partial x}\right]^{\mathrm{T}}$$

其中大位移几何矩阵 B_{L0} 表示为

$$\boldsymbol{B}_{L0}=\begin{bmatrix} \cdots & \frac{\partial N_k}{\partial x} & & & g_{11}G_1 & g_{21}G_1 & \cdots \\ & & \frac{\partial N_k}{\partial y} & & g_{12}G_2 & g_{22}G_2 & \\ & & & \frac{\partial N_k}{\partial z} & g_{13}G_3 & g_{23}G_3 & \\ & \frac{\partial N_k}{\partial y} & \frac{\partial N_k}{\partial x} & & g_{11}G_2+g_{12}G_1 & g_{21}G_2+g_{22}G_1 & \\ & & \frac{\partial N_k}{\partial z} & \frac{\partial N_k}{\partial y} & g_{12}G_3+g_{13}G_2 & g_{22}G_3+g_{23}G_2 & \\ & \frac{\partial N_k}{\partial z} & & \frac{\partial N_k}{\partial x} & g_{13}G_1+g_{11}G_3 & g_{23}G_1+g_{21}G_3 & \end{bmatrix}^{\mathrm{T}}$$

$$\boldsymbol{\delta}=[\ldots\ u_k\quad v_k\quad w_k\quad \beta_{1k}\quad \beta_{2k}\quad \ldots]^{\mathrm{T}}$$

此时,节点位移为三个整体坐标系下的线位移和两个局部坐标系下的角位移,如果要全部采用整体坐标系下的位移表示,则需要将整体坐标系下的角位移向局部坐标系投影,得到

$$\begin{Bmatrix}\beta_1\\ \beta_2\end{Bmatrix}=\boldsymbol{T}^{\mathrm{J}}\begin{Bmatrix}\theta_1\\ \theta_2\\ \theta_3\end{Bmatrix} \tag{4-51}$$

$$\boldsymbol{T}^{\mathrm{J}}=\begin{bmatrix}V_{1\mathrm{x}} & V_{1\mathrm{y}} & V_{1\mathrm{z}}\\ V_{2\mathrm{x}} & V_{2\mathrm{y}} & V_{2\mathrm{z}}\end{bmatrix}$$

则可推得下式成立:

$$\boldsymbol{\delta}^{z}=\boldsymbol{T}^{K}\boldsymbol{\delta} \tag{4-52}$$

$$\boldsymbol{\delta}^z = [\ldots u_k \quad v_k \quad w_k \quad \theta_{1k} \quad \theta_{2k} \quad \theta_{3k} \ldots]^{\mathrm{T}}$$

$$\boldsymbol{T}^K = \begin{bmatrix} \boldsymbol{I}_{3\times 3} & \\ & \boldsymbol{T}^J \end{bmatrix}$$

则几何刚度矩阵表示为

$$\boldsymbol{B}_L = \boldsymbol{B}_{L0} \begin{bmatrix} \boldsymbol{T}^1 & & & & & \\ & \boldsymbol{T}^2 & & & & \\ & & \cdot & & & \\ & & & \cdot & & \\ & & & & \cdot & \\ & & & & & \boldsymbol{T}^n \end{bmatrix}^{\mathrm{T}} \tag{4-53}$$

式(4-53)在数学上的意义是,由于 $\boldsymbol{T}^K$ 的秩为5,因而在 $\boldsymbol{B}_L$ 中引入一个线性相关项,那么,在最后的单元刚度矩阵中也要增加一个线性相关项。在物理上,由于在应变位移关系中忽略了沿 ζ 轴的转动,所以,在 ζ 轴方向无转动刚度,由此,可以在 ζ 方向加入一个小的弹簧,以避免在计算过程中位移的误差过大。对于节点 i,有

$$\boldsymbol{K}_{ii} = \boldsymbol{F}_i^{\mathrm{T}} \begin{bmatrix} 0 & & & & & \\ & 0 & & & & \\ & & 0 & & & \\ & & & 0 & & \\ & & & & 0 & \\ & & & & & \alpha \end{bmatrix} \boldsymbol{F}_i \tag{4-54}$$

$$\boldsymbol{F}_i = \begin{bmatrix} 0 & & & & & \\ & 0 & & & & \\ & & 0 & & & \\ & & & v'_{1x} & v'_{1y} & v'_{1z} \\ & & & v'_{2x} & v'_{2y} & v'_{2z} \\ & & & v'_{nx} & v'_{ny} & v'_{nz} \end{bmatrix}$$

最后,单元刚度矩阵为

$$\boldsymbol{K} = \int_{-1}^{1}\int_{-1}^{1}\int_{-1}^{1} \boldsymbol{B}_L^{\mathrm{T}} \boldsymbol{D} \boldsymbol{B}_L \det \boldsymbol{J} \mathrm{d}r\mathrm{d}s\mathrm{d}t + \begin{bmatrix} K_{11} & & & & & \\ & \boldsymbol{K}_{22} & & & & \\ & & \cdot & & & \\ & & & \cdot & & \\ & & & & \cdot & \\ & & & & & \boldsymbol{K}_{nn} \end{bmatrix} \tag{4-55}$$

对于本章所推导的壳单元,还有另外一种推导方法[108],即是推导的过程中,节点位移始终为三个整体坐标系下的线位移和两个节点局部坐标系下的角位移,且始终采用局部坐标系下的应变推导刚度矩阵。

所求的局部坐标系下的应变列向量可表示为

$$\boldsymbol{\varepsilon}' = [\varepsilon_{x'} \quad \varepsilon_{y'} \quad \varepsilon_{x'y'} \quad \varepsilon_{x'z'} \quad \varepsilon_{y'z'}]^{\mathrm{T}} = \left[\frac{\partial u}{\partial x'} \quad \frac{\partial v}{\partial y'} \quad \frac{\partial u}{\partial y'}+\frac{\partial v}{\partial x'} \quad \frac{\partial w}{\partial x'}+\frac{\partial u}{\partial z'} \quad \frac{\partial w}{\partial y'}+\frac{\partial v}{\partial z'}\right]^{\mathrm{T}} \tag{4-56}$$

与这些应变相应的应力由向量$\boldsymbol{\sigma}'$定义,它通过通常的弹性矩阵$\boldsymbol{D}^{\mathrm{e}}$与应变联系起来。即有

$$\boldsymbol{\sigma}' = [\sigma_{x'} \quad \sigma_{y'} \quad \tau_{x'y'} \quad \tau_{x'z'} \quad \tau_{y'z'}]^{\mathrm{T}} = \boldsymbol{D}^{\mathrm{e}}(\boldsymbol{\varepsilon}' - \boldsymbol{\varepsilon}'_0) + \boldsymbol{\sigma}'_0 \tag{4-57}$$

式中:$\boldsymbol{\varepsilon}'_0$、$\boldsymbol{\sigma}'_0$——分别表示任意的“初”应变及“初”应力。

根据求导规则,可以得到

$$\begin{bmatrix} \frac{\partial u}{\partial x} & \frac{\partial v}{\partial x} & \frac{\partial w}{\partial x} \\ \frac{\partial u}{\partial y} & \frac{\partial v}{\partial y} & \frac{\partial w}{\partial y} \\ \frac{\partial u}{\partial z} & \frac{\partial v}{\partial z} & \frac{\partial w}{\partial z} \end{bmatrix} = \boldsymbol{J}^{-1} \begin{bmatrix} \frac{\partial u}{\partial \xi} & \frac{\partial v}{\partial \xi} & \frac{\partial w}{\partial \xi} \\ \frac{\partial u}{\partial \eta} & \frac{\partial v}{\partial \eta} & \frac{\partial w}{\partial \eta} \\ \frac{\partial u}{\partial \zeta} & \frac{\partial v}{\partial \zeta} & \frac{\partial w}{\partial \zeta} \end{bmatrix} \tag{4-58}$$

现在,总体坐标系中的位移对于任何曲线坐标系的导数能用数值方法得到。只要进一步变换为局部坐标系$x'y'z'$中位移对于坐标的导数,就可以计算应变,从而可计算矩阵$\boldsymbol{B}'$。

其次,必须确定局部坐标轴的方向。该矩阵已经求解得到。

$$\boldsymbol{\theta} = [\ \bar{x} \quad \bar{y} \quad \bar{z}\ ] \tag{4-59}$$

通过运算,总体坐标系中的位移u、v、w对于总体坐标的导数现在被变换为局部正交坐标系中的位移对于局部坐标的导数 。

$$\begin{bmatrix} \frac{\partial u'}{\partial x'} & \frac{\partial v'}{\partial x'} & \frac{\partial w'}{\partial x'} \\ \frac{\partial u'}{\partial y'} & \frac{\partial v'}{\partial y'} & \frac{\partial w'}{\partial y'} \\ \frac{\partial u'}{\partial z'} & \frac{\partial v'}{\partial z'} & \frac{\partial w'}{\partial z'} \end{bmatrix} = \boldsymbol{\theta}^{\mathrm{T}} \begin{bmatrix} \frac{\partial u}{\partial x} & \frac{\partial v}{\partial x} & \frac{\partial w}{\partial x} \\ \frac{\partial u}{\partial y} & \frac{\partial v}{\partial y} & \frac{\partial w}{\partial y} \\ \frac{\partial u}{\partial z} & \frac{\partial v}{\partial z} & \frac{\partial w}{\partial z} \end{bmatrix} \boldsymbol{\theta} \tag{4-60}$$

由此,现在可以按显式求出矩阵$\boldsymbol{B}'$的分量。则单元的刚度矩阵可以表示为

$$\boldsymbol{K} = \int_{-1}^{1}\int_{-1}^{1}\int_{-1}^{1} \boldsymbol{B}'^{\mathrm{T}}\boldsymbol{D}^{\mathrm{e}}\boldsymbol{B}' \det\boldsymbol{J}\,\mathrm{d}r\mathrm{d}s\mathrm{d}t \tag{4-61}$$

2)层状模型

如果壳是由不同材料的若干分层组成,则其材料性能是壳在厚度方向的不连续函数,必须沿厚度进行适当的积分。对材料非线性问题,应知道厚度方向上适当数量点处的应力分布,并满足本构关系。对增强混凝土壳问题,受压混凝土、混凝土开裂和增强件响应等,所具有的非线性特性需要一个适当的沿厚度截面的表征法。上述情况在目前的有限元规划中,都采用分层方法使其有效地得到解决,对每一层采用中点积分规则方案。

将各分层依次编号:从壳的下表面开始,每一层的中面上有应力点,每层的应力分量就在这些应力点上计算,并假定在每层的厚度上保持常值,因此,壳的真实应力分布由分段的常值应力来近似(图 4.87)。每个元素可以有不同厚度的分层,也可以有不同的分层数。沿曲线坐标ξ取分层的厚度时,允许分层厚度随壳厚度的变化而变化。

应力总值为沿厚度方向的坐标将对应的应力分量积分得到。

法向力表示为

$$N_{x(y)} = \int_{-h/2}^{h/2} \sigma_{x(y)} \mathrm{d}z = \frac{h}{2}\sum_{i=1}^{n}\sigma_{x(y)}^{i}\Delta\xi_i \tag{4-62}$$

弯矩表示为

$$M_{x(y)(xy)} = \int_{-h/2}^{h/2} \sigma_{x(y)(xy)} z\mathrm{d}z = \frac{h^2}{4}\sum_{i=1}^{n}\sigma_{x(y)}^{i}\xi_i\Delta\xi_i \tag{4-63}$$

剪力表示为

$$Q_{x(y)} = \int_{-h/2}^{h/2} \tau_{x(y)} \mathrm{d}z = \frac{h}{2}\sum_{i=1}^{n}\tau_{x(y)}^{i}\Delta\xi_i \tag{4-64}$$

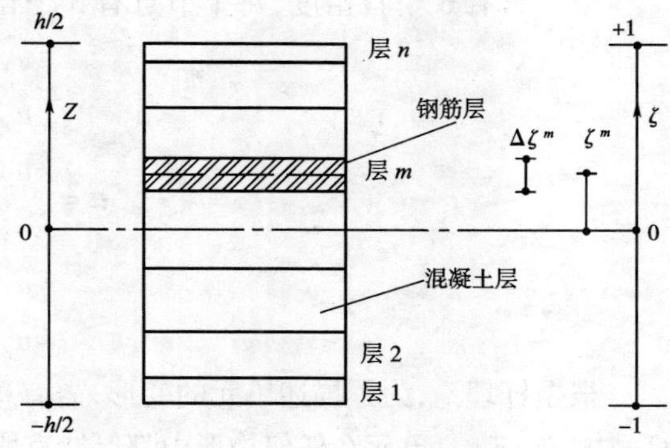

图 4.87　层状模型

式中：$i(i=1,2,3,\cdots,n)$——分层数。

现规定，应变矩阵 $\underline{\boldsymbol{B}}$ 是在每一分层的中面上进行计算，因此单元刚度矩阵 $\underline{\boldsymbol{K}}^{\mathrm{e}}$ 和内力矢量 $\underline{\boldsymbol{f}}^{\mathrm{e}}$ 可由下式确定

$$\underline{\boldsymbol{K}}^{\mathrm{e}} = \iint_{-1}^{1} \underline{\boldsymbol{B}}^{\mathrm{T}}\underline{\boldsymbol{D}}\,\underline{\boldsymbol{B}}\det\boldsymbol{J}\mathrm{d}\zeta\mathrm{d}A \tag{4-65}$$

$$\bar{f}^{\mathrm{e}} = \iint_{-1}^{1} \underline{\boldsymbol{B}}^{\mathrm{T}}\,\underline{\sigma}\det\boldsymbol{J}\mathrm{d}\zeta\mathrm{d}A \tag{4-66}$$

式中：$\boldsymbol{J}$——雅可比矩阵。

3）TL 大变形钢束单元的刚度矩阵

单元（图 4.88）在初始构形中横截面面积为 A_0，初始长度为 L_0。在当前构形中，横截面面积为 A，长度为 L，材料具有弹性模量 E。

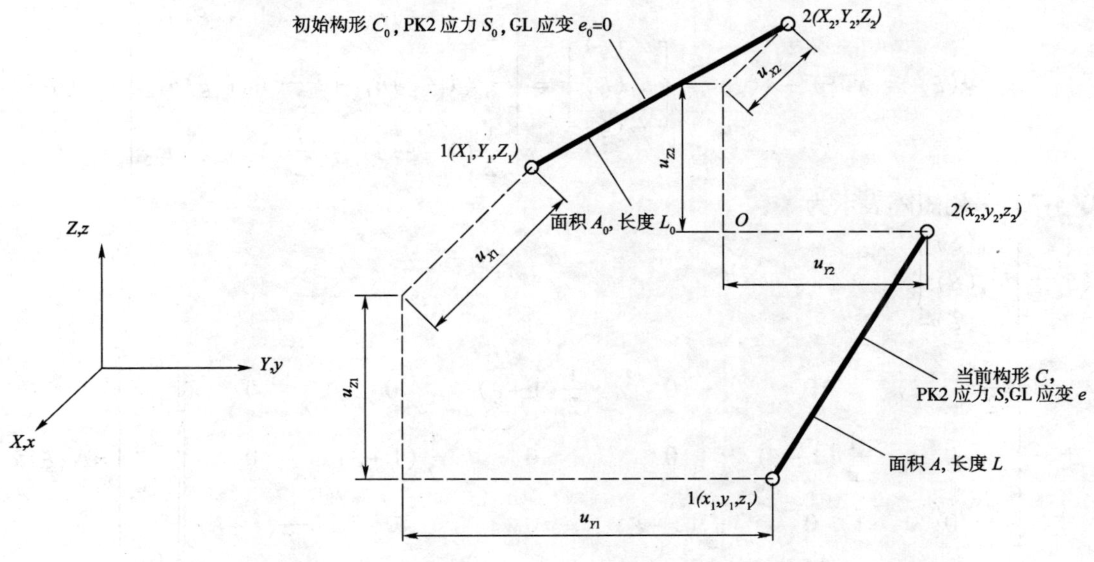

图 4.88　两节点的杆单元在 TL 法下的几何非线性空间描述

单元具有 6 个自由度,每个节点有 3 个自由度,可以用下式表示:

$$\boldsymbol{u}=\begin{bmatrix}u_{X1}\\u_{Y1}\\u_{Z1}\\u_{X2}\\u_{Y2}\\u_{Z2}\end{bmatrix},\boldsymbol{f}=\begin{bmatrix}f_{X1}\\f_{Y1}\\f_{Z1}\\f_{X2}\\f_{Y2}\\f_{Z2}\end{bmatrix} \tag{4-67}$$

根据杆理论,为了描述单元的变形,需有单元在初始构形 C 中的坐标 X 及单元在当前构形 C_0 中的坐标 x。单元在任何构形中都保持直线。单元的坐标能用等参单元的表达式表示如下:

$$\boldsymbol{X}(\xi)=\begin{bmatrix}X(\xi)\\Y(\xi)\\Z(\xi)\end{bmatrix}=\begin{bmatrix}\frac{1}{2}(1-\xi)X_1+\frac{1}{2}(1+\xi)X_2\\\frac{1}{2}(1-\xi)Y_1+\frac{1}{2}(1+\xi)Y_2\\\frac{1}{2}(1-\xi)Z_1+\frac{1}{2}(1+\xi)Z_2\end{bmatrix} \tag{4-68}$$

式中:ξ——自然坐标。

$$\boldsymbol{x}(\xi)=\begin{bmatrix}x(\xi)\\y(\xi)\\z(\xi)\end{bmatrix}=\begin{bmatrix}\frac{1}{2}(1-\xi)x_1+\frac{1}{2}(1+\xi)x_2\\\frac{1}{2}(1-\xi)y_1+\frac{1}{2}(1+\xi)y_2\\\frac{1}{2}(1-\xi)z_1+\frac{1}{2}(1+\xi)z_2\end{bmatrix} \tag{4-69}$$

位移可以通过式(4-70)得到。

$$\boldsymbol{u}(\xi)=\boldsymbol{x}(\xi)-\boldsymbol{X}(\xi)=\begin{bmatrix}u_X(\xi)\\u_Y(\xi)\\u_Z(\xi)\end{bmatrix}=\begin{bmatrix}\frac{1}{2}(1-\xi)u_{X1}+\frac{1}{2}(1+\xi)u_{X2}\\\frac{1}{2}(1-\xi)u_{Y1}+\frac{1}{2}(1+\xi)u_{Y2}\\\frac{1}{2}(1-\xi)u_{Z1}+\frac{1}{2}(1+\xi)u_{Z2}\end{bmatrix} \tag{4-70}$$

式(4-70)采用矩阵表示为

$$\begin{aligned}\boldsymbol{u}(\xi)&=\begin{bmatrix}u_X(\xi)\\u_Y(\xi)\\u_Z(\xi)\end{bmatrix}\\&=\begin{bmatrix}\frac{1}{2}(1-\xi)&0&0&\frac{1}{2}(1+\xi)&0&0\\0&\frac{1}{2}(1-\xi)&0&0&\frac{1}{2}(1+\xi)&0\\0&0&\frac{1}{2}(1-\xi)&0&0&\frac{1}{2}(1+\xi)\end{bmatrix}\begin{bmatrix}u_{X1}\\u_{Y1}\\u_{Z1}\\u_{X2}\\u_{Y2}\\u_{Z2}\end{bmatrix}=\boldsymbol{N}(\xi)\boldsymbol{u}\end{aligned} \tag{4-71}$$

式(4-71)的图形表达如图 4.89 所示。

TL 描述的格林 GL 应变和第二波拉—克希忽夫应力(PK2)通常用来描述单元的内部能量变化。GL 应变可以不采用应变梯度描述,而采用式(4-72)表示 。

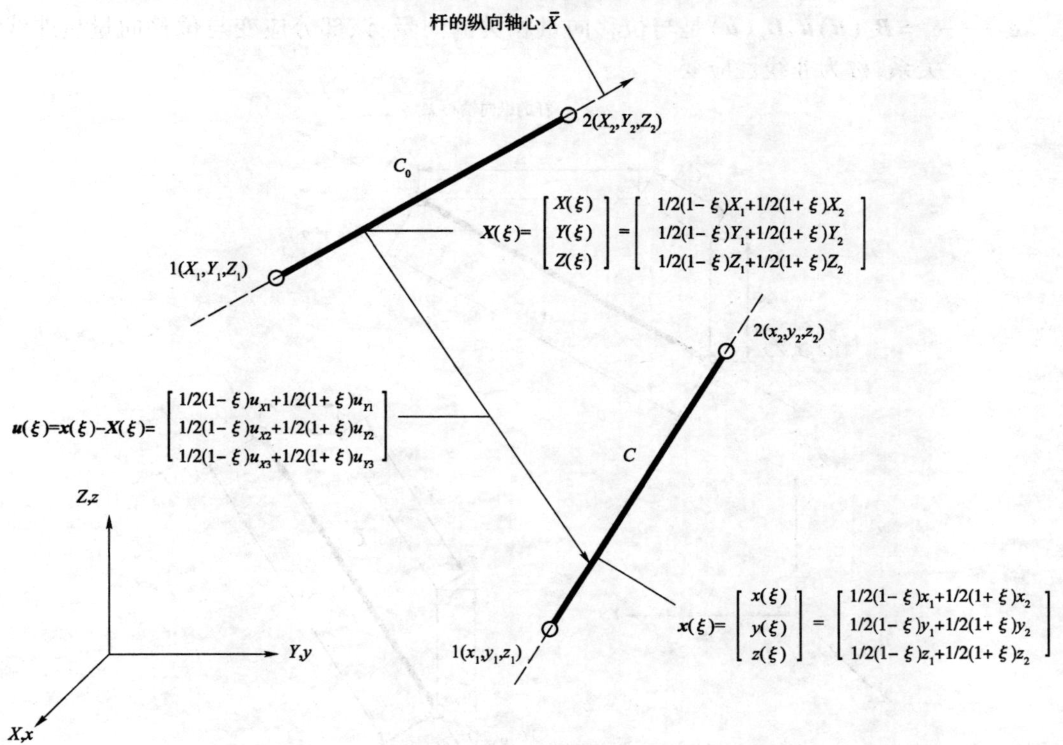

图 4.89　2 节点 3 维大变形 TL 杆单元的位移定义

$$e=\frac{L^2-L_0^2}{2L_0^2} \tag{4-72}$$

为了方便公式的推导,假定以下一些简化的表达式。

$$\left.\begin{aligned} X_{21}=X_2-X_1,Y_{21}=Y_2-Y_1,Z_{21}=Z_2-Z_1 \\ a_X=X_{21}/L_0,a_Y=Y_{21}/L_0,a_Z=Z_{21}/L_0 \\ u_{X21}=u_{X2}-u_{X1},u_{Y21}=u_{Y2}-u_{Y1},u_{Z21}=u_{Z2}-u_{Z1} \\ u_X^m=(u_{X2}-u_{X1})/2,u_Y^m=(u_{Y2}-u_{Y1})/2,u_Z^m=(u_{Z2}-u_{Z1})/2 \end{aligned}\right\} \tag{4-73}$$

表达式(4-73)的图形解释如图 4.90 所示。

则可推得

$$L^2=(X_{21}+u_{X21})^2+(Y_{21}+u_{Y21})^2+(Z_{21}+u_{Z21})^2 \tag{4-74}$$

$$\begin{aligned} e&=\frac{L^2-L_0^2}{2L_0^2}=\frac{1}{L_0}(a_Xu_{X21}+a_Yu_{Y21}+a_Zu_{Z21})+2\frac{1}{L_0^2}(u_{X21}^2+u_{Y21}^2+u_{Z21}^2) \\ &=\frac{1}{L_0}[-a_X \quad -a_Y \quad -a_Z \quad a_X \quad a_Y \quad a_Z]\boldsymbol{u}+\frac{1}{L_0^2}[-u_X^m \quad -u_Y^m \quad -u_Z^m \quad u_X^m \quad u_Y^m \quad u_Z^m]\boldsymbol{u} \\ &=[\boldsymbol{B}_l+\boldsymbol{B}_l(\boldsymbol{u})]\boldsymbol{u} \end{aligned} \tag{4-75}$$

由式(4-75)可以看出:GL 应变 e 可以分成两部分:

$$e = e_l + e_n \tag{4-76}$$

式中：e_l——$e_l = \boldsymbol{B}_l\boldsymbol{u}$，$\boldsymbol{B}_l$ 是常向量，该部分应变与位移向量呈线性关系，称为线性应变；

e_n——$e_n = \boldsymbol{B}_n(\boldsymbol{u})\boldsymbol{u}$，$\boldsymbol{B}_n(\boldsymbol{u})$ 是与位移向量相关的向量，该部分应变与位移向量呈非线性关系，称为非线性应变。

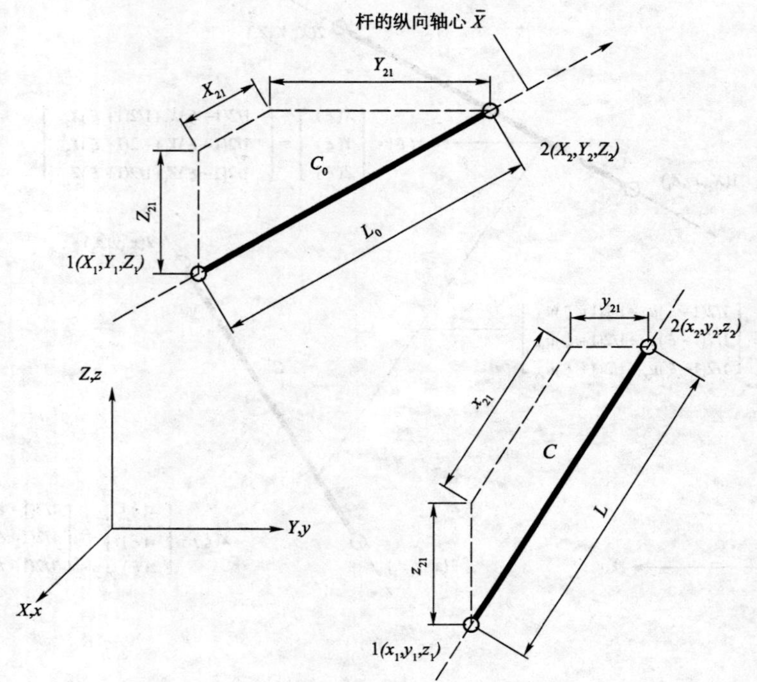

图 4.90　在单元运动学中描述的一些参数的图形解释

则 GL 应变 e 的变分为

$$\delta e = \boldsymbol{B}_l\delta\boldsymbol{u} + \delta[\boldsymbol{B}_l(\boldsymbol{u})\boldsymbol{u}] \tag{4-77}$$

几何矩阵 $\boldsymbol{B}$ 与 GL 应变的变分 δe 和位移向量的变分 $\delta\boldsymbol{u}$ 有关。

$$\boldsymbol{B} = \frac{\partial(\boldsymbol{B}_l + \boldsymbol{B}_n)}{\partial\boldsymbol{u}} = \frac{1}{L_0}[\, -a_x \quad -a_y \quad -a_z \quad a_x \quad a_y \quad a_z\,] \tag{4-78}$$

式中

$$a_x = a_X + \frac{u_{X21}}{L_0} = \frac{x_2 - x_1}{L_0} = \frac{x_{21}}{L_0}$$

$$a_y = a_Y + \frac{u_{Y21}}{L_0} = \frac{y_2 - y_1}{L_0} = \frac{y_{21}}{L_0}$$

$$a_z = a_Z + \frac{u_{Z21}}{L_0} = \frac{z_2 - z_1}{L_0} = \frac{z_{21}}{L_0}$$

波拉—克希霍夫 PK2 应力的变化表示为

$$s = s_0 + Ee \tag{4-79}$$

式中：s_0——初始构形中的应力；

E——弹性模量。

单元轴力表示为

$$N = A_0 s$$

外力向量 $\boldsymbol{f} = \boldsymbol{\lambda q}$,在当前构形中的最小位能原理表示为

$$\boldsymbol{\Pi} = \boldsymbol{U} - \boldsymbol{P} = \int_{V_0} \left(s_0 e + \frac{1}{2} E e^2 \right) \mathrm{d}V_0 - \boldsymbol{f}^{\mathrm{T}} \boldsymbol{u} = \int_{L_0} A_0 \left(s_0 e + \frac{1}{2} E e^2 \right) \mathrm{d}\bar{X} - \boldsymbol{\lambda}\, \boldsymbol{q}^{\mathrm{T}} \boldsymbol{u} \tag{4-80}$$

式中:$\bar{X}$——初始构形中杆长的方向。

最小位能原理的泛函表示为

$$\delta \boldsymbol{\Pi} = \delta \boldsymbol{U} - \delta \boldsymbol{P} = (\boldsymbol{p} - \boldsymbol{f})^{\mathrm{T}} \boldsymbol{u} = 0 \tag{4-81}$$

$$\delta \boldsymbol{U} = \boldsymbol{P}^{\mathrm{T}} \delta \boldsymbol{u} = \int_{L_0} A_0 (s_0 \delta e + E e \delta e) \mathrm{d}\bar{X} = \int_{L_0} A_0 s \delta e \mathrm{d}\bar{X} = \int_{L_0} N_0 \boldsymbol{B} \delta \boldsymbol{u} \mathrm{d}\bar{X} = N_0 L_0 \boldsymbol{B} \delta \boldsymbol{u} \tag{4-82}$$

式中:$N_0 = A_0 s$。

可以推得内部节点等效荷载向量为

$$\boldsymbol{P} = N_0 L_0 \boldsymbol{B}^{\mathrm{T}} = N \begin{bmatrix} -a_x \\ -a_y \\ -a_z \\ a_x \\ a_y \\ a_z \end{bmatrix} \tag{4-83}$$

单元的切线刚度矩阵为单元等效节点荷载向量对单元节点位移的偏导数,具体表达式为

$$\boldsymbol{K} = \frac{\partial \boldsymbol{P}}{\partial \boldsymbol{u}} = \frac{\partial (N L_0 \boldsymbol{B}^{\mathrm{T}})}{\partial \boldsymbol{u}} = A_0 L_0 \boldsymbol{B}^{\mathrm{T}} \frac{\partial s}{\partial \boldsymbol{u}} + A_0 L_0 s \frac{\partial \boldsymbol{B}^{\mathrm{T}}}{\partial \boldsymbol{u}} = \boldsymbol{K}_{\mathrm{M}} + \boldsymbol{K}_{\mathrm{G}} \tag{4-84}$$

式(4-84)说明刚度矩阵可以分为两部分,即 $\boldsymbol{K}_{\mathbf{M}}$ 和 $\boldsymbol{K}_{\mathbf{G}}$,分别称为材料刚度矩阵和几何刚度矩阵。

为了求得 $\boldsymbol{K}_{\mathrm{M}}$,必须首先求得$\frac{\partial s}{\partial \boldsymbol{u}}$:

$$\frac{\partial s}{\partial \boldsymbol{u}} = \frac{\partial (s_0 + E e)}{\partial \boldsymbol{u}} = E \frac{\partial e}{\partial \boldsymbol{u}} = E \boldsymbol{B}$$

材料刚度矩阵表示为

$$\boldsymbol{K}_{\mathbf{M}} = E A_0 L_0 \boldsymbol{B}^{\mathrm{T}} \boldsymbol{B} \tag{4-85}$$

将 $\boldsymbol{B}$ 向量的具体表达式代入可以得到材料刚度矩阵的详细表达式为

$$\boldsymbol{K}_{\mathrm{M}} = E A_0 L_0 \boldsymbol{B}^{\mathrm{T}} \boldsymbol{B} = E A_0 L_0 \begin{bmatrix} -a_x \\ -a_y \\ -a_z \\ a_x \\ a_y \\ a_z \end{bmatrix} [\, -a_x \quad -a_y \quad -a_z \quad a_x \quad a_y \quad a_z \,]$$

$$
= EA_0L_0\begin{bmatrix} a_xa_x & a_xa_y & a_xa_z & -a_xa_x & -a_xa_y & -a_xa_z \\ a_ya_x & a_ya_y & a_ya_z & -a_ya_x & -a_ya_y & -a_ya_z \\ a_za_x & a_za_y & a_za_z & -a_za_x & -a_za_y & -a_za_z \\ -a_xa_x & a_xa_y & -a_xa_z & a_xa_x & a_xa_y & a_xa_z \\ -a_ya_x & -a_ya_y & -a_ya_z & a_ya_x & a_ya_y & a_ya_z \\ -a_za_x & -a_za_y & -a_za_z & a_za_x & a_za_y & a_za_z \end{bmatrix} \tag{4-86}
$$

刚度矩阵的另外一个部分几何刚度矩阵。为了求得几何刚度矩阵,必须首先求得$\frac{\partial \boldsymbol{B}^{\mathrm{T}}}{\partial \boldsymbol{u}}$,由向量对向量的偏导理论可以推得。

$$
\frac{\partial \boldsymbol{B}^{\mathrm{T}}}{\partial \boldsymbol{u}} = \begin{bmatrix} -\frac{\partial a_x}{\partial u_{X1}} & -\frac{\partial a_x}{\partial u_{Y1}} & -\frac{\partial a_x}{\partial u_{Z1}} & -\frac{\partial a_x}{\partial u_{X2}} & -\frac{\partial a_x}{\partial u_{Y2}} & -\frac{\partial a_x}{\partial u_{Z2}} \\ -\frac{\partial a_y}{\partial u_{X1}} & -\frac{\partial a_y}{\partial u_{Y1}} & -\frac{\partial a_y}{\partial u_{Z1}} & -\frac{\partial a_y}{\partial u_{X2}} & -\frac{\partial a_y}{\partial u_{Y2}} & -\frac{\partial a_y}{\partial u_{Z2}} \\ -\frac{\partial a_Z}{\partial u_{X1}} & -\frac{\partial a_z}{\partial u_{Y1}} & -\frac{\partial a_z}{\partial u_{Z1}} & -\frac{\partial a_z}{\partial u_{X2}} & -\frac{\partial a_z}{\partial u_{Y2}} & -\frac{\partial a_z}{\partial u_{Z2}} \\ \frac{\partial a_x}{\partial u_{X1}} & \frac{\partial a_x}{\partial u_{Y1}} & \frac{\partial a_x}{\partial u_{Z1}} & \frac{\partial a_x}{\partial u_{X2}} & \frac{\partial a_x}{\partial u_{Y2}} & \frac{\partial a_x}{\partial u_{Z2}} \\ \frac{\partial a_y}{\partial u_{X1}} & \frac{\partial a_y}{\partial u_{Y1}} & \frac{\partial a_y}{\partial u_{Z1}} & \frac{\partial a_y}{\partial u_{X2}} & \frac{\partial a_y}{\partial u_{Y2}} & \frac{\partial a_y}{\partial u_{Z2}} \\ \frac{\partial a_z}{\partial u_{X1}} & \frac{\partial a_z}{\partial u_{Y1}} & \frac{\partial a_z}{\partial u_{Z1}} & \frac{\partial a_z}{\partial u_{X2}} & \frac{\partial a_z}{\partial u_{Y2}} & \frac{\partial a_z}{\partial u_{Z2}} \end{bmatrix}
$$

$$
= \frac{1}{L_0^2}\begin{bmatrix} 1 & 0 & 0 & -1 & 0 & 0 \\ 0 & 1 & 0 & 0 & -1 & 0 \\ 0 & 0 & 1 & 0 & 0 & -1 \\ -1 & 0 & 0 & 1 & 0 & 0 \\ 0 & -1 & 0 & 0 & 1 & 0 \\ 0 & 0 & -1 & 0 & 0 & 1 \end{bmatrix} \tag{4-87}
$$

则

$$
\boldsymbol{K}_{\mathrm{G}} = \frac{N}{L_0}\begin{bmatrix} 1 & 0 & 0 & -1 & 0 & 0 \\ 0 & 1 & 0 & 0 & -1 & 0 \\ 0 & 0 & 1 & 0 & 0 & -1 \\ -1 & 0 & 0 & 1 & 0 & 0 \\ 0 & -1 & 0 & 0 & 1 & 0 \\ 0 & 0 & -1 & 0 & 0 & 1 \end{bmatrix} \tag{4-88}
$$

4)TL 大变形钢束单元和 CB 壳单元组合刚度矩阵的推导

由图 4.91 可以看出,本书所提出的单元能处理普通钢筋网,能处理配筋相对较为简单的预应力钢筋,还能处理曲线配筋的复杂预应力钢筋。所以本书所提出的预应力钢筋混凝土组合非线性单元对实际工程的非线性计算具有比较明显的理论价值和实际应用价值。

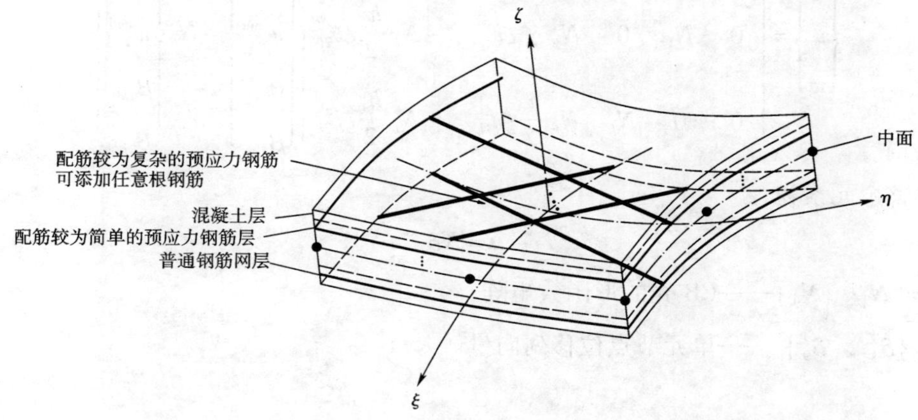

图 4.91 组合单元示意图

9 节点 CB 壳单元的位移向量为

$$\boldsymbol{\delta}_i = [u_i \quad v_i \quad w_i \quad \beta_{1i} \quad \beta_{2i}]^{\mathrm{T}} \tag{4-89}$$

式中:u_i、v_i、w_i——节点 i 在整体坐标系中的线位移;

β_{1i}、β_{2i}——节点 i 在节点坐标系中的转角。

9 节点 CB 壳单元的节点等效节点荷载向量为

$$\boldsymbol{F_i} = [f_{ui} \quad f_{vi} \quad f_{wi} \quad M_{1i} \quad M_{2i}]^{\mathrm{T}} \tag{4-90}$$

假设板壳的厚度从薄到厚,各节点处的厚度为 h_k。单元中的位移场可以用节点位移和节点法向量的改变来表示。节点法向量的变化值可以用节点的转动量来表示,当(β_{1k} β_{2k})为小值时有

$$\Delta \boldsymbol{P}_k = -v_{2k}\beta_{2k} + v_{1k}\beta_{1k} \tag{4-91}$$

式中:v_{1k}、v_{2k}——节点 k 的节点坐标系。

所以,对于给定节点 k 引起的总体位移可以表示为

$$u = \sum_{k=1}^{n} N_k u_k^{\mathrm{mid}} + \sum_{k=1}^{n} N_k \frac{h_k}{2}\zeta(-v_{2k}^x\beta_{2k}^x + v_{1k}^x\beta_{1k}^x)$$

$$v = \sum_{k=1}^{n} N_k v_k^{\mathrm{mid}} + \sum_{k=1}^{n} N_k \frac{h_k}{2}\zeta(-v_{2k}^y\beta_{2k}^y + v_{1k}^y\beta_{1k}^y)$$

$$w = \sum_{k=1}^{n} N_k w_k^{\mathrm{mid}} + \sum_{k=1}^{n} N_k \frac{h_k}{2}\zeta(-v_{2k}^z\beta_{2k}^z + v_{1k}^z\beta_{1k}^z) \tag{4-92}$$

式(4-92)用矩阵表示为

$$\begin{Bmatrix} u \\ v \\ w \end{Bmatrix} = \begin{bmatrix} N_k & 0 & 0 & N_k \dfrac{h_k}{2}\zeta v_{1k}^x & -N_k \dfrac{h_k}{2}\zeta v_{2k}^x \\ 0 & N_k & 0 & N_k \dfrac{h_k}{2}\zeta v_{1k}^y & -N_k \dfrac{h_k}{2}\zeta v_{2k}^y \\ 0 & 0 & N_k & N_k \dfrac{h_k}{2}\zeta v_{1k}^z & -N_k \dfrac{h_k}{2}\zeta v_{2k}^z \end{bmatrix} \begin{Bmatrix} u_k^{\mathrm{mid}} \\ v_k^{\mathrm{mid}} \\ w_k^{\mathrm{mid}} \\ \beta_{1k} \\ \beta_{1k} \end{Bmatrix} = \boldsymbol{N}_k \begin{Bmatrix} u_k^{\mathrm{mid}} \\ v_k^{\mathrm{mid}} \\ w_k^{\mathrm{mid}} \\ \beta_{1k} \\ \beta_{1k} \end{Bmatrix} \tag{4-93}$$

则对整个元素为

$$\boldsymbol{u} = \boldsymbol{N}\delta \tag{4-94}$$

式中：$\boldsymbol{N} = [\boldsymbol{N}_1 \cdots \boldsymbol{N}_9]$——CB 壳的形函数矩阵；

$\boldsymbol{\delta} = \{\boldsymbol{\delta}_1^{\mathrm{T}} \ldots \boldsymbol{\delta}_9^{\mathrm{T}}\}^{\mathrm{T}}$——单元节点位移列向量。

令

$\boldsymbol{\delta}_{\mathrm{s}} = \{u_a \quad v_a \quad w_a \quad u_b \quad v_b \quad w_b\}^{\mathrm{T}}$

$\boldsymbol{\delta}_{\mathrm{c}k} = \{u_k^{\mathrm{mid}} \quad v_k^{\mathrm{mid}} \quad w_k^{\mathrm{mid}} \quad \beta_{1k} \quad \beta_{2k}\}$

$\boldsymbol{\delta}_{\mathrm{c}} = \{\delta_{\mathrm{c}1}^{\mathrm{T}} \quad \ldots \quad \delta_{\mathrm{c}9}^{\mathrm{T}}\}^{\mathrm{T}}$

$\boldsymbol{N}_1 = N_k(\xi_a, \eta_a)$，$N_2 = N_{\mathrm{k}}(\xi_b, \eta_b)$

$$\boldsymbol{R}_k = \begin{bmatrix} N_1 & & & N_1 \dfrac{h_k}{2}\zeta_a v_{1k}^x & -N_1 \dfrac{h_k}{2}\zeta_a v_{2k}^x \\ & N_1 & & N_1 \dfrac{h_k}{2}\zeta_a v_{1k}^y & -N_1 \dfrac{h_k}{2}\zeta_a v_{2k}^y \\ & & N_1 & N_1 \dfrac{h_k}{2}\zeta_a v_{1k}^z & -N_1 \dfrac{h_k}{2}\zeta_a v_{2k}^z \\ N_2 & & & N_2 \dfrac{h_k}{2}\zeta_b v_{1k}^x & -N_2 \dfrac{h_k}{2}\zeta_b v_{2k}^x \\ & N_2 & & N_2 \dfrac{h_k}{2}\zeta_b v_{1k}^y & -N_2 \dfrac{h_k}{2}\zeta_b v_{2k}^y \\ & & N_2 & N_2 \dfrac{h_k}{2}\zeta_b v_{1k}^z & -N_2 \dfrac{h_k}{2}\zeta_b v_{2k}^x \end{bmatrix}$$

则对于组合单元中钢筋的起点 a 和终点 b，钢筋单元的节点位移与 CB 壳单元的位移场之间的关系可以表示为

$$\boldsymbol{\delta}_{\mathrm{s}} = [\boldsymbol{R}_1 \quad \ldots \quad \boldsymbol{R}_9] = \boldsymbol{R}\boldsymbol{\delta}_{\mathrm{c}} \tag{4-95}$$

式中：$\boldsymbol{R}$——坐标转换矩阵。

式(4-95)表示了 6×1 阶的钢筋节点位移与 45×1 阶的 CB 混凝土壳单元节点位移之间的转换关系。

以组合单元的实际内力状态作为力状态，当 CB 壳单元 9 个节点发生的位移 $\boldsymbol{\delta}_{\mathrm{c}}$ 作为第一

种虚位移状态,对应的单元等效节点力向量为 $\boldsymbol{F}_{c}$。以钢筋节点 a,b 发生的位移 $\boldsymbol{\delta}_{s}$ 作为第二种虚位移状态,对应的钢筋单元的等效节点力向量为 $\boldsymbol{F}_{s}$。则由虚功原理可以得到

$$\boldsymbol{\delta}_{c}^{T}\boldsymbol{F}_{c}=\boldsymbol{\delta}_{s}^{T}\boldsymbol{F}_{s} \tag{4-96}$$

由于

$$\boldsymbol{F}_{c}=\boldsymbol{R}^{T}\boldsymbol{F}_{s}$$

因此可以推导得到

$$\boldsymbol{\delta}_{c}^{T}\boldsymbol{F}_{c}=\boldsymbol{\delta}_{c}^{T}\boldsymbol{R}^{T}\boldsymbol{F}_{s} \tag{4-97}$$

由于钢筋单元的刚度矩阵表达式为

$$\boldsymbol{K}_{s}=\boldsymbol{K}_{M}+\boldsymbol{K}_{G} \tag{4-98}$$

则有

$$\boldsymbol{F}_{s}=\boldsymbol{K}_{s}\boldsymbol{\delta}_{s} \tag{4-99}$$

由式(4-95)和式(4-96)可以得到

$$\boldsymbol{F}_{c}=\boldsymbol{R}^{T}\boldsymbol{K}_{s}\boldsymbol{R}\boldsymbol{\delta}_{c} \tag{4-100}$$

令 $\boldsymbol{K}_{sc}=\boldsymbol{R}^{T}\boldsymbol{K}_{s}\boldsymbol{R}$

则

$$\boldsymbol{F}_{c}=\boldsymbol{K}_{sc}\boldsymbol{\delta}_{c} \tag{4-101}$$

式中:$\boldsymbol{K}_{sc}$——钢束单元对整个 CB 壳单元的刚度矩阵的贡献矩阵。

混凝土和钢筋的组合单元的单元刚度矩阵即为混凝土和钢筋两者刚度的叠加,即

$$\boldsymbol{K}=\boldsymbol{K}_{c}+\boldsymbol{K}_{sc} \tag{4-102}$$

4.3.4　裂缝模拟的有限元基本理论

1)混凝土裂缝模型

混凝土的裂缝分析方法有离散裂缝模型和弥散裂缝模型。离散裂缝模型用以裂缝为边界的互相分离的单元模拟,弥散裂缝模型认为裂纹呈分散分布状态,在裂纹位置单元不分离。混凝土裂缝模型如图 4.92 所示。

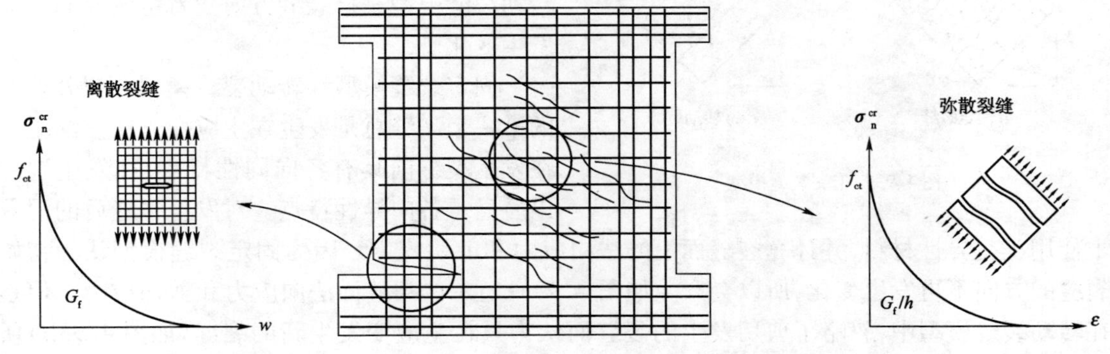

图 4.92　混凝土裂缝模型

分散裂缝模型的优点是可以具体地模拟裂缝引起的不连续、钢筋的破坏和滑移。缺点是分析的精确度受输入特性的影响较大,有限元建模相对复杂等。建模的方法是在裂缝发生的

位置自动分割单元,或者在预计产生裂缝的位置使用界面单元等。目前国内外对于预应力混凝土连续箱梁中的初始裂缝对梁结构行为影响的研究相对较少。文献[126]采用弹性有限元方法,为了减少计算工作量,采用壳单元和体单元混合建模,并在裂缝处直接将接缝两侧的单元节点分开考虑初始裂缝的影响。计算结果显示,裂缝对梁的刚度影响不大,但是开裂的局部地区混凝土的应力变化较大。如果用该文献方法分析混凝土箱梁中初始裂缝对箱梁结构行为的影响,理论上尚存在不足,主要体现在以下几方面:

(1)忽略结构中大量存在的箍筋;

(2)忽略了裂面上的混凝土咬合和拉伸刚化效应,同时也忽略了钢筋的销栓和抗拉作用。

基于上述两点理由,文献[126]中的方法不能很好地反映裂缝本身的力学特性,将该方法用于评估混凝土箱梁中裂缝对箱梁的影响尚有欠缺。

弥散裂缝模型假定局部的裂缝分布在较大的面上,一般用于钢筋布置比较多的钢筋混凝土结构上,其优点是建模相对简单。弥散裂缝模型根据对裂缝发生角度的假设不同分为互相正交的裂缝和非正交裂缝。

2)总应变模型以及其他模型

弥散裂缝模型中的分解应变模型是将总应变分解为材料应变和裂缝应变来计算的。材料应变包含弹性应变、塑性应变、徐变、热应变等。裂缝应变包含各种角度的多个裂缝应变,所以可以扩展为非正交多方向裂缝模型。分解应变模型的缺点是计算过程比较复杂,决定特性时较难,收敛性较差。

弥散裂缝模型中的总应变模型不分离各种应变而使用总应变,所以比较容易公式化。另外,在包含裂缝的受压和受拉分析中使用同一个应力—应变关系,所以易于理解计算过程。在定义非线性分析用的特性时输入的项目也比较简单,易于在实际工程上应用。

弥散离散模型中的总应变裂缝模型如图4.93所示,根据决定裂缝方向的方法分为固定裂缝模型和转动裂缝模型。固定裂缝模型是指一旦决定了裂缝方向就不再发生方向的变化,转动裂缝模型是指裂缝方向随着主应变的方向发生变化。

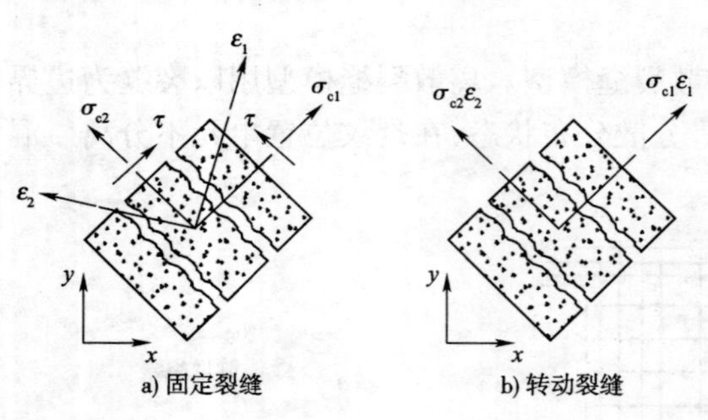

图4.93 正交裂缝模型

固定裂缝模型和转动裂缝模型在积分点上的第一个裂缝总是发生在主应变方向。混凝土在发生裂缝前具有各向同性特点,在发生裂缝以后显示各向异性特点。对发生裂缝后的混凝土使用正交异性材料,并计算裂缝面上的法向应力和剪切应力。因为固定裂缝模型认为初始裂缝的方向不再发生变化,所以会产生如图4.93a)所示的裂缝面法向应力和剪切应力。但是在转动裂缝模型中,忽略了剪切发生的裂缝而认为只在主应变发生新的裂缝,如图4.93b)所示,转动模型在裂缝面上只产生法向应力。

固定裂缝模型和转动裂缝模型只考虑裂缝角互相垂直的情况,所以属于正交裂缝模型。固定裂缝模型虽然能够具体描述裂缝的物理特性,但是固定正交裂缝与非正交裂缝相比,对结构的刚度和强度的评价过大。转动裂缝模型不考虑以前的裂缝状态,所以计算过程相对简单且收敛性好，因此，转动裂缝模型被长期应用于钢筋混凝土结构的非线性分析中。

3)总应变裂缝模型的受压模型

混凝土在受压时如果有横向约束，则各向同性应力将加大，因此刚度和延性都将增加。为了反映各向同性应力的影响，需要修正压应力—应变关系。影响受压应力—应变关系的因素有极值应力f_{cf}和极值应变ε_p，这些因子由破坏函数决定。而破坏函数又是横向约束应力的函数。沿着压应力的垂直方向产生裂缝的话，极值应变和极值应力将减小。极值应变折减系数为$\beta_{\varepsilon_{cr}}$，极值应力减小系数为$\beta_{\sigma_{cr}}$，这两个折减系数的计算公式将在后面说明。

$$f_p = \beta_{\sigma_{cr}} \cdot f_{cf}, \quad \alpha_p = \beta_{\varepsilon_{cr}} \cdot \varepsilon_p$$

压缩区域的基本函数用f_p和α_p表达，也可以使用程序提供的曲线。提供的压缩曲线有常量、线性、线性硬化、饱和硬化、多线性曲线。另外，在压缩区域可以使用的硬化—软化曲线有抛物线等硬化曲线。

4)总应变裂缝模型的受拉模型

总应变裂缝模型中提供的受拉函数有弹性、常量、脆性、线性、指数、多线性。总应变软化模型中提供的基于断裂能的软化函数可分为线性软化曲线、指数软化曲线、非线性软化曲线，这些本构与裂缝宽度相关。总应变软化模型中提供的与断裂能无直接关联的受拉模型有常量、多线性、脆性函数。

4.3.5 混凝土的弹塑性应力—应变关系

总应变 $\mathrm{d}\boldsymbol{\varepsilon}$ 是弹性和塑性分量的叠加，故

$$\mathrm{d}\boldsymbol{\varepsilon} = \mathrm{d}\boldsymbol{\varepsilon}^e + \mathrm{d}\boldsymbol{\varepsilon}^p$$

塑性应变增量由流动法则得到

$$\mathrm{d}\boldsymbol{\varepsilon}^p = \mathrm{d}\lambda \frac{\partial f}{\partial \boldsymbol{\sigma}} \tag{4-103}$$

由混凝土的屈服准则可以得到

$$\boldsymbol{a}^T \mathrm{d}\boldsymbol{\sigma} - A\mathrm{d}\lambda = 0 \tag{4-104}$$

则

$$A = -\frac{1}{\mathrm{d}\lambda}\boldsymbol{a}^T \mathrm{d}\boldsymbol{\sigma} = -\frac{1}{\mathrm{d}\lambda}\frac{\partial f}{\partial \chi}\mathrm{d}\chi$$

由式(4-104)可以得到

$$\mathrm{d}\boldsymbol{\sigma} = \boldsymbol{D}_{ep}\mathrm{d}\boldsymbol{\varepsilon}$$

式中：$\boldsymbol{D}_{ep} = \boldsymbol{D} - \dfrac{\boldsymbol{D}\boldsymbol{a}\boldsymbol{a}^T\boldsymbol{D}}{A + \boldsymbol{a}^T\boldsymbol{D}\boldsymbol{a}}$。

硬化参数可由单轴状态导出

$$A = H' = -\frac{\mathrm{d}\boldsymbol{\sigma}}{\mathrm{d}\boldsymbol{\varepsilon}^p} \tag{4-105}$$

可见，$\boldsymbol{A}$ 是等效应力—塑性应变曲线的斜率，是累积的等效塑性应变 $\boldsymbol{\varepsilon}^p$ 的函数，则可以得到材料切线刚度矩阵：

$$\boldsymbol{K} = \int_V \boldsymbol{B}^T\boldsymbol{D}_{ep}\boldsymbol{B}\mathrm{d}V \tag{4-106}$$

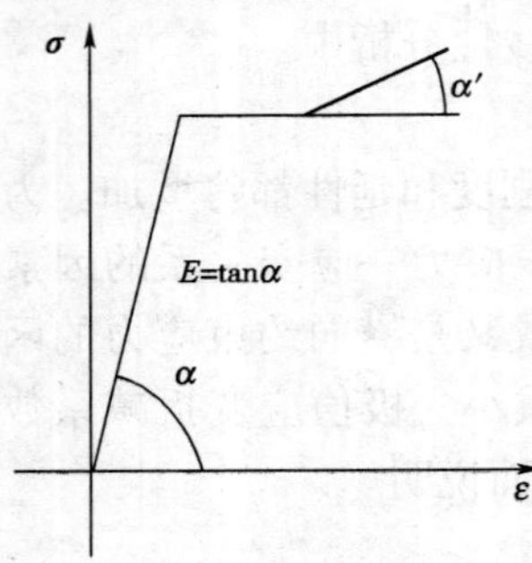

图4.94 钢筋的应力—应变关系

4.3.6 钢筋的本构关系

钢筋的应力—应变曲线可以分三段:弹性段、屈服平台和强化段。如图4.94所示,弹性段是以E(钢筋弹性模量)为斜率的直线;屈服平台是斜率为零的水平线(也可把屈服平台阶改为一段平坦的倾斜线);强化段可用曲线或直线表示。实际上在钢筋混凝土构件形成塑性铰以后,由于塑性区段混凝土的极限变形很少超过0.006,所以钢筋受拉以后的变形即使超过屈服平台进入强化段,也达不到很大的值,从而强化段可以简化为直线(斜率$E'=\tan\alpha'$),同级钢筋E'值也是很分散的,Y. Higashibata 建议取$E'=0.01E$。

4.3.7 迭代法的收敛准则

在用迭代法求解时,必须给出迭代的收敛标准,否则迭代不会终止。收敛标准不合适,计算误差就会太大或太费时间,甚至计算失败。

在实用中,常用的收敛标准有两类:一是位移序列收敛标准;二是不平衡节点力序列收敛标准。此外,还有以能量$e=\int\boldsymbol{\varepsilon}^{\mathrm{T}}\sigma\mathrm{d}V$或$e=\sum\boldsymbol{\delta}^{\mathrm{T}}\boldsymbol{P}$序列为收敛标准的。无论哪一类,实质上都是向量序列的收敛问题。

在钢筋混凝土结构的非线性分析中,目前大多数数值模型分析,较倾向与单独使用位移收敛准则。本书同样采用位移收敛准则,其中对线位移和角位移分别进行检验。

本书采用的位移收敛准则数学表达式为

$$||\boldsymbol{\delta}_i-\boldsymbol{\delta}_{i-1}||_2\leqslant\alpha||\boldsymbol{\delta}_i||_2 \tag{4-107}$$

式中:$\boldsymbol{\delta}_i$——第i步迭代的结构位移列向量;

$\boldsymbol{\delta}_{i-1}$——第$i-1$步迭代的结构位移列向量;

α——收敛容许误差,在钢筋混凝土非线性分析中,通常可取0.1%~1%。

4.3.8 非线性方程组求解

在科学和工程技术的许多领域中所感兴趣的几类非线性问题,都可以归结为求解一个联立方程组,这一方程组的系数依赖于一些基本变量的某种函数。

对许多的非线性问题,可通过有限元离散化得到如下形式的方程组

$$\boldsymbol{Kx}=\boldsymbol{f} \tag{4-108}$$

式中:$\boldsymbol{x}$——基本未知量矢量;

$\boldsymbol{f}$——外加的荷载矢量;

$\boldsymbol{K}$——组装的刚度矩阵。

若系数矩阵$\boldsymbol{K}$依赖于未知数$\boldsymbol{x}$或其导数,显然这就变成了非线性问题。非线性方程组一般不可以直接求解,通常以一系列线性代数方程组的解去逼近,因此求解复杂、耗时多。近似方程组选取的方法不同,导致了不同的非线性方程组的求解方法。目前常用的非线性方程组的求解方法有:直接迭代法、牛顿法(也称为 Newton-Raphson 法或切线刚度法)、修正的牛顿法、拟牛顿法、荷载增量法。

直接迭代法是一种最简单、最直观的方法，根据处理细节的不同，它包括割线刚度法、初始刚度法、初应力法和初应变法等。由于存在收敛速度慢、迭代过程不稳定、严重依赖于初值的选取等缺点，直接迭代法在实际应用中很少采用。牛顿法求解非线性方程组具有收敛速度快的优点，修正的牛顿法和拟牛顿法则提高了迭代速度，比较适合于分析结构软化问题。

1）牛顿法、修正的牛顿法

牛顿法又称牛顿—拉斐逊（Newton - Raphson）法，力学上称之为切线刚度法，是最著名的非线性方程组求解方法之一，如图4.95所示。

为描述方便起见，可以改写为如下形式

$$\boldsymbol{\Psi}(x)=\boldsymbol{K}(x)x-f=0 \tag{4-109}$$

设$\boldsymbol{\Psi}(x)$为具有一阶导数的连续函数，初始近似值为x^0，第n次迭代的近似值为x^n。把$\boldsymbol{\Psi}(x)$在x^n处泰勒展开，有

$$\boldsymbol{\Psi}(x)=\boldsymbol{\Psi}(x^n)+\left.\frac{\partial\boldsymbol{\Psi}}{\partial x}\right|_{x=x^n}(x-x^n)+O(x-x^n)^2 \tag{4-110}$$

忽略$(x-x^n)$的二次以上高阶项，保留线性项，则得到x的一个新的近似值x^{n+1}，

$$x^{n+1}=x^n-(\boldsymbol{K}_{\mathrm{T}}^n)^{-1}\boldsymbol{\Psi}(x^n)$$

式中：$\boldsymbol{K}_{\mathrm{T}}^n=\left.\frac{\partial\boldsymbol{\Psi}}{\partial x}\right|_{x=x^n}$——结构的切线刚度矩阵，它由相应的单元切线刚度矩阵组装而成。

通过与上一迭代步得到的结果进行相对误差比较，可以控制收敛过程。

Newton法的求解步骤为：

（1）设初始值x^0，令$n=0$；

（2）计算切线刚度矩阵$\boldsymbol{K}_{\mathrm{T}}^n=\frac{\partial\boldsymbol{\Psi}(x^n)}{\partial x}$；

（3）计算不平衡量$\boldsymbol{\Psi}^n=\boldsymbol{\Psi}(x^n)=\boldsymbol{K}(x^n)x^n-f$；

（4）解方程$\boldsymbol{K}_{\mathrm{T}}^n\Delta x^n=-\boldsymbol{\Psi}^n$，得$\Delta x^n=-(K_{\mathrm{T}}^n)^{-1}\boldsymbol{\Psi}^n$；

（5）计算$n+1$次近似值$x^{n+1}=x^n+\Delta x^n$；

（6）判断是否收敛，如果收敛，迭代结束，否则令$n=n+1$，转步骤（2）。

可以证明[127]，牛顿法的收敛阶为2，一般具有很快的收敛速度。但在有些非线性问题（如理想弹塑问题、结构软化问题）中，由于切线刚度矩阵可能奇异或病态，矩阵求逆有一定困难，此时可以通过引入阻尼因子的方法进行修正，以减弱切线刚度阵的病态性质。除一些比较小的问题之外，牛顿法在有限元分析中亦不多用，因为每次迭代都需要重新计算切线刚度矩阵，并分解回代，计算量太大。因此，修正的牛顿法和拟牛顿法应运而生。

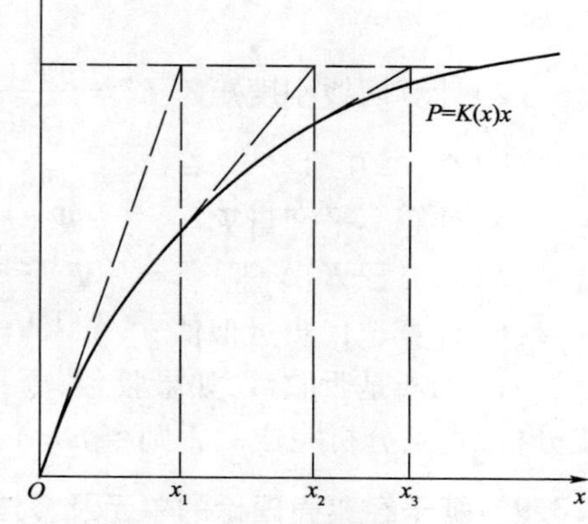

图4.95　Newton-Raphson方法

修正的Newton法（修正Newton - Raphson法）认为，迭代过程中没有必要每次都计算切线刚度阵，可以选择一个恰当的N，计算过程中每N次迭代修正一次刚度。当$N=1$，修正的牛顿法退化为牛顿法。

2)荷载增量法

荷载增量法是不同于直接迭代法和牛顿法的一类线性化方法。本方法从问题的初值出发,随着外部荷载f按增量形式逐步增大来研究结构的运动和变形。荷载增量法可以得到整个荷载变化过程中的研究对象的运动和变形。因此特别适合于与加载历史有关的力学问题(如弹塑性问题)。

令$f=\lambda\bar{f}$,式中λ是一个用以描述荷载变化的参数,称为荷载因子,一般来说它与时间相关,$\bar{f}$只是空间函数。设$\lambda=\lambda_0=0$时方程的解x_0已知,x为对应参数λ的解,$x+\Delta x$为对应参数$\lambda+\Delta\lambda$的解,则

$$\boldsymbol{\Psi}(x,\lambda)=\boldsymbol{\Psi}(x+\Delta x,\lambda+\Delta\lambda)=0 \tag{4-111}$$

注意到$\dfrac{\partial\boldsymbol{\Psi}}{\partial\lambda}=-\bar{f}$和$\boldsymbol{\Psi}(x,\lambda)=0$,容易得到

$$K_{\mathrm{T}}(x,\lambda)\Delta x-\bar{f}\Delta\lambda=0$$

解之得

$$\Delta x=\Delta\lambda[\boldsymbol{K}_{\mathrm{T}}(x,\lambda)]^{-1}\cdot\bar{f} \tag{4-112}$$

不失一般性,假设$\lambda\in[0,1]$,把它分成N份,分点为$0=\lambda_0<\lambda_1<\cdots<\lambda_N=1$,则求$x_{m+1}$$(m=0,1,2,\cdots,N-1)$的递推公式可以表示成

$$\left.\begin{aligned}\Delta x_m&=[\boldsymbol{K}_{\mathrm{T}}(x_m,\lambda_m)]^{-1}\bar{f}\cdot\Delta\lambda_m\\x_{m+1}&=x_m+\Delta x_m\\\Delta\lambda_m&=\lambda_{m+1}-\lambda_m\end{aligned}\right\} \tag{4-113}$$

这就是著名的Euler算法。

3)增量迭代非线性求解方法

Euler算法在每一步计算中都会引起某些偏差,造成真解的偏差,而且这种偏差可能不断的积累。因此,在实际应用中需要对Euler法进行修正。第一种修正方法是把上一步的误差引入当步迭代,并采用更精确的改进Euler法。第二种方法则是把荷载增量和牛顿法或修正的牛顿法结合在一起,在每一个时间步中采用牛顿法和修正的牛顿法进行迭代分析。本文采用后一种修正方法。其求解非线性方程组的步骤为:

(1)令$m=0$。

(2)计算切线刚度矩阵$\boldsymbol{K}_{\mathrm{T}}^m=\dfrac{\partial\boldsymbol{\Psi}(x^m)}{\partial x}$,并求逆。

(3)令$n=0$, $x^{m+1(0)}=x^m$。

(4)计算不平衡量$\boldsymbol{\Psi}^{m+1(n)}=\boldsymbol{\Psi}(x^{m+1(n)})=\boldsymbol{K}(x^{m+1(n)})x^{m+1(n)}-\lambda^{m+1}f$。

(5)解方程$\boldsymbol{K}_{\mathrm{T}}^m\Delta x^{m+1(n)}=-\boldsymbol{\Psi}^{m+1(n)}$,得$\Delta x^{m+1(n)}=-(\boldsymbol{K}_{\mathrm{T}}^m)^{-1}\boldsymbol{\Psi}^{m+1(n)}$。

(6)计算迭代步近似值$x^{m+1(n+1)}=x^{m+1(n)}+\Delta x^{m+1(n)}$。

(7)判断是否收敛,如果收敛,令$x^{m+1}=x^{m+1(n+1)}$,令$m=m+1$,转步骤(2)进行下一荷载步分析,直到分析完成。否则令$n=n+1$,转求解步骤(4)进行下一步迭代步分析。

4.3.9 基于经典壳理论的单元及算法验证

1)弹性有限元模型验证

采用壳单元建立的数值模型如图4.96所示,图中单元共3 088个,节点2 917个。

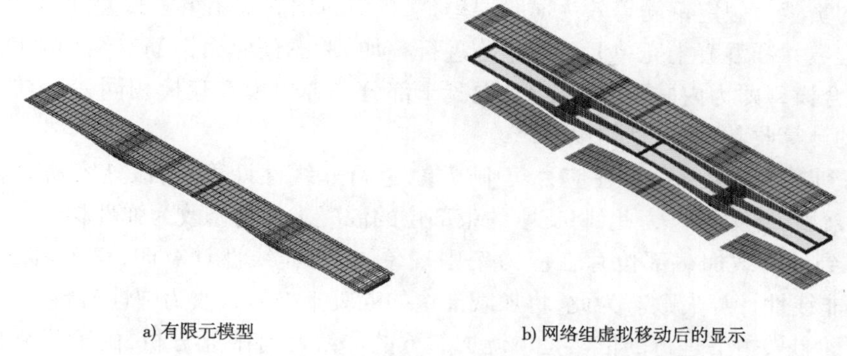

a) 有限元模型　　b) 网络组虚拟移动后的显示

图 4.96　有限元模型

(1)边跨 1/2 跨加载

在极限承载能力试验之前,边跨 1/4 跨进行了加载(中载),加载 10t,加载如图 4.97 所示。挠度测试结果如图 4.98 所示。

图 4.97　边跨 1/2 跨加载

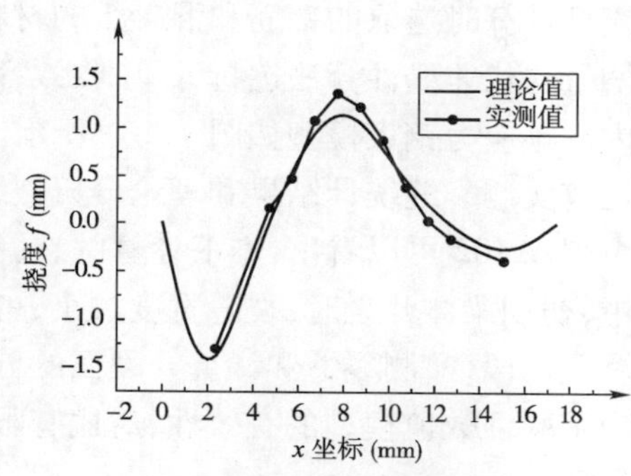

图 4.98　理论值和实测值比较

(2)中跨 1/4 跨加载

在极限承载能力试验之前,中跨 1/4 跨进行了加载(中载),加载 10t,加载如图 4.99 所示。挠度测试结果如图 4.100 所示。

图 4.99　中跨 1/4 跨加载

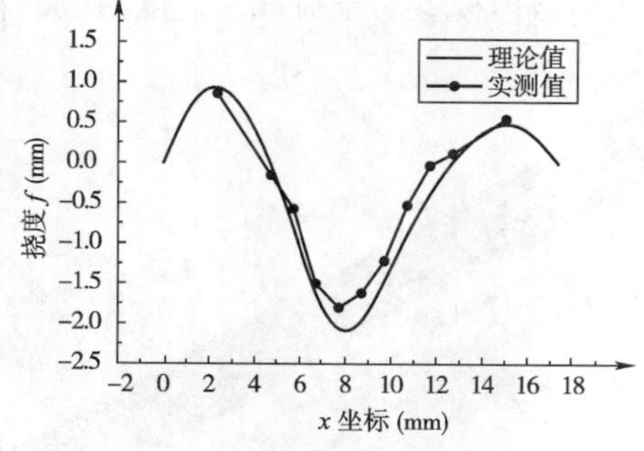

图 4.100　理论值和实测值比较

由图 4.97 ~ 图 4.100 可以看出,本章的数值模型能够有效计算单箱双室箱梁弹性阶段的受力特性。

2)非线性有限元模型验证

普通钢筋采用整体式有限元模型建模,通过对弹性矩阵 $\boldsymbol{D}$ 的修改并考虑普通钢筋对结构

刚度和强度的贡献。假定钢筋等效为薄膜层模拟,预应力钢筋采用组合模型,即转换预应力钢筋刚度矩阵维数并和混凝土壳单元刚度矩阵进行叠加,考虑预应力钢筋对结构刚度和强度的贡献,以上组合模型即为内嵌预应力钢筋,混凝土部分和弹性模型建模相同,为了保证非线性有限元模型的计算收敛,对模型作以下修改:

(1)考虑到支座约束部位存在应力集中现象,进行非线性计算时,该处容易开裂或压碎,从而导致非线性计算失败。为此,将支座约束部位的混凝土材料修改为弹性材料。

(2)考虑到外荷载加载部位存在应力集中现象,进行非线性计算时,该处容易开裂或压碎,从而导致非线性计算失败。为此,将加载部位的混凝土材料修改为弹性材料。

值得注意的是,本书进行的依然是单调加载下的非线性有限元分析,由于反复加载,在荷载挠度曲线的轮廓线和单调加载下的荷载挠度曲线的轮廓线理论上相差很小。因此,反复荷载试验下的荷载—挠度曲线同样能够有效验证单调加载下的非线性有限元计算的有效性和准确性。

模型计算时选取的钢筋和混凝土的材料参数,按照规范给定设计值。非线性计算参数中,选取增量迭代非线性算法进行计算,收敛容许误差设为 0. 01。

内嵌预应力钢束模型如图 4. 101 所示。

比较实测裂缝统计结果和理论分析裂缝扩展区,结果如图 4. 102 所示。

由图 4. 102 可以看出,本书计算的裂缝和实际模型观测到的裂缝扩展规律接近,由于实际模型中,初期梁体开裂时,裂缝宽度过小,可能导致实测裂缝统计结果偏少,但是后期裂缝扩展较为严重阶段,实测裂缝和计算开裂区的分布就较为吻合。

为了验证数值模型的有效性,对比有限元计算和实测的荷载—挠度曲线,如图 4. 103 ~ 图 4. 105 所示。

比较图 4. 103 ~ 图 4. 105 可以看出:数值模型的荷载—挠度曲线与实测荷载—挠度曲线比较吻合。荷载—挠度曲线的关键特征点描述如下:

(1)实测模型在 135kN 时,中跨跨中底板发生裂缝,数值模型在 150kN 时,中跨底板发生开裂,表明数值模型对于荷载—挠度曲线的箱梁初始开裂点能够有效描述。

(2)实测模型和理论测试结果都在 350kN 左右时,荷载—挠度曲线的斜率发生较为明显的变化,而实际梁体开裂是发生在 135kN 时,该现象同样表明:箱梁开裂初期对梁体刚度的折减很小。

(3)实测模型和理论测试结果表明:荷载为 600kN 时,荷载—挠度曲线的第二个特征点出现。实际荷载试验中,最终阶段梁体中跨跨中顶板被压碎。数值模型计算结果同样表明:荷载为 650kN 时,箱梁中跨跨中顶板混凝土压碎破坏。后期荷载继续增大时,梁体刚度严重退化。

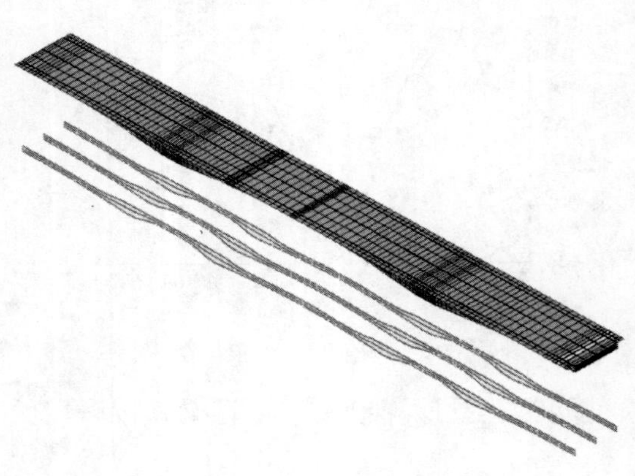

图 4. 101　内嵌预应力钢束模型

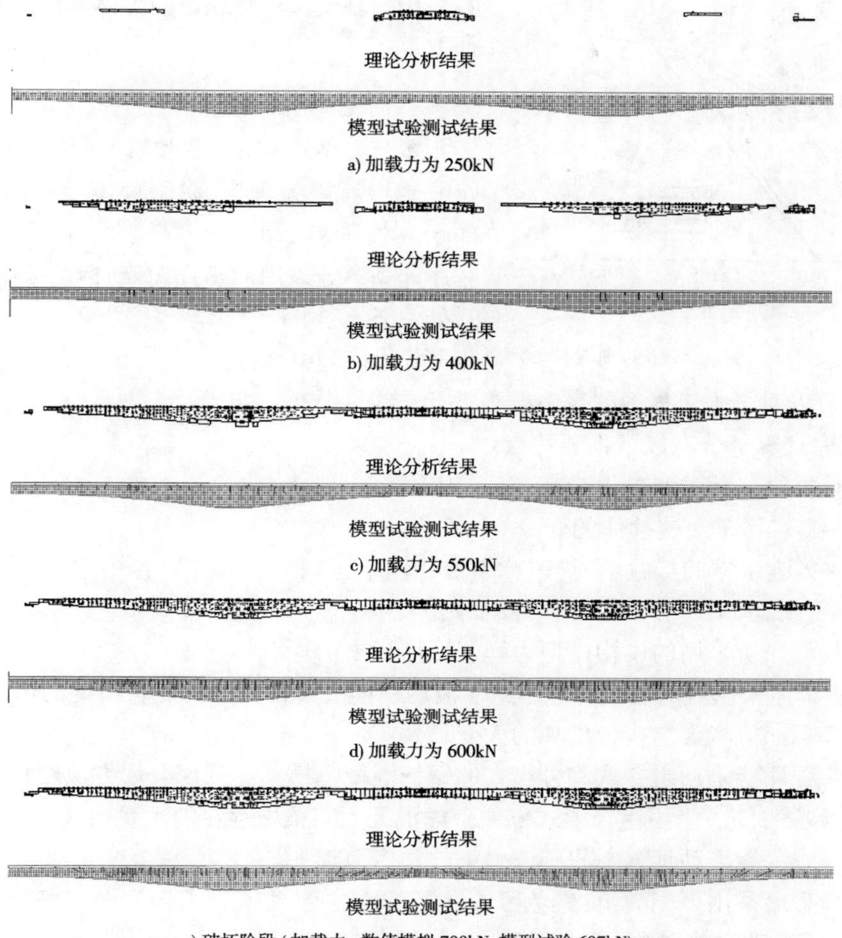

图 4.102　数值模型的裂缝扩展计算结果

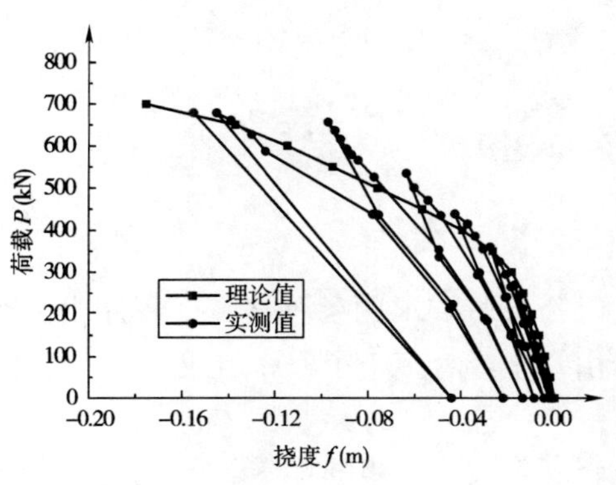

图 4.103　中跨跨中荷载挠度曲线对比

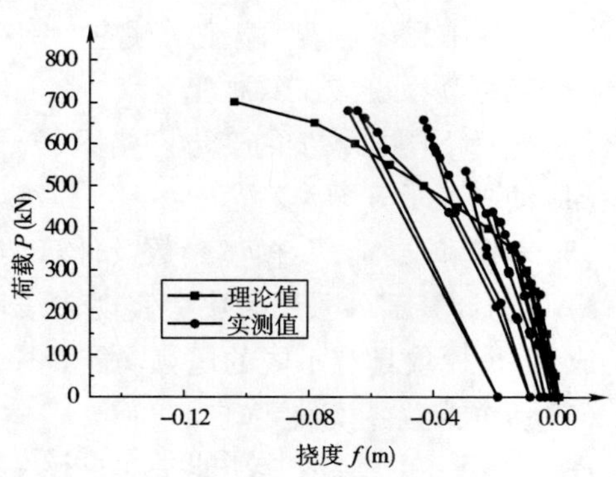

图 4.104　中跨 1/4 跨荷载挠度曲线对比

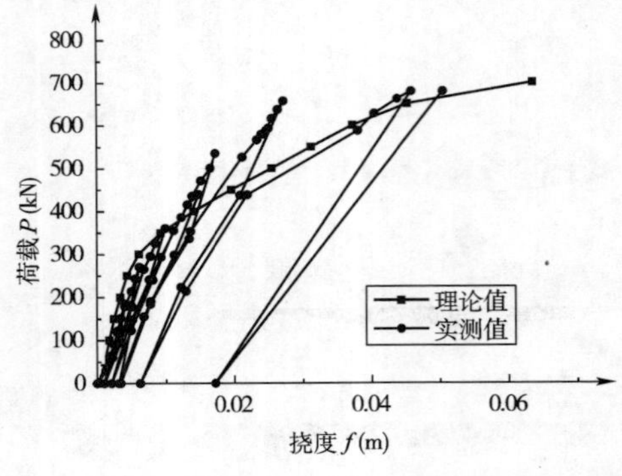

图 4.105　边跨 3 号测点荷载挠度曲线对比

4.3.10　基于 CB 壳理论的壳体非线性有限元软件研发

1) NAC 程序模块

本节主要基于第 2 章和第 3 章的理论,编制了一个非线性有限元程序 NAC。NAC 程序以 VisualFortan6.5[126] 和 VisualC + +6.0[127,128] 为开发平台。NAC 程序计算部分采用 FORTRAN90 标准编制,NAC 程序后处理部分基于 OpenGL[129] 采用 Visual C + +编制,共编写代码约 17 000 行。该程序可以对土木工程中的壳体结构进行非线性分析。

NAC 程序计算部分有以下主要特点。

(1) NAC 提供三种类型单元:

ETYPE -1 表示基于连续体的壳;

ETYPE -2 表示空间接触单元(三弹簧非线性单元);

ETYPE -3 表示 TL 列式的大变形杆单元。

(2) NAC 程序所采用的本构模型为弹塑性增量本构。

(3) 分析程序采用波前法求解方程组。波前法能处理多种单元变自由度的情况。

(4) NAC 程序能考虑结构中出现的大变形效应。

(5) NAC 程序能采用组合式和分离式的钢筋混凝土模型。采用分层方法结构中存在普通钢筋和直线预应力筋。采用组合模式方便考虑混凝土箱梁中存在的大量曲线预应力束。

(6) NAC 程序能自动计算空间预应力束的预应力损失。

(7) NAC 程序采用可调数组,避免了内存资源的浪费,提高了有限元分析的计算效率。对计算规模(单元总数和节点数)没有限制。

(8) 能考虑结构中存在的边界非线性问题。

NAC 程序后处理部分主要有以下功能:

(1) 显示有限元模型,能显示预应力钢筋。

(2) 能移动及旋转三维模型。

(3) 显示不同加载步的变形网格图、云图和单元开裂图。

(4) 动画显示开裂、变形。

(5) 表格和文本显示模型参数及计算结果。

NAC 的计算部分采用模块法实现非线性有限元分析所要求的各种运算。程序由 9 个模块组成,每个模块具有不同的运算功能。模块本身由一个或者多个子程序组成。

(1) 预置或置零模块

程序的第一个模块,其功能是在求解一开始就将各个矢量和矩阵置零。

(2) 输入和检查模块

程序的第二个模块,处理输入确定几何形状的数据、边界条件信息和材料特性数据等,并诊断程序进行检查。若出现错误就作上标记并在程序中断前将其余的输入打印出来。

(3)荷载模块

这个模块计算壳单元的各种形式荷载引起的节点力,包括压力、重力、集中荷载、预应力钢束等效节点荷载等。

(4)荷载增量模块

任一材料非线性有限元问题都必须用增量加载的方法逐步求解,本模块的功能是对由荷载模块算出的结果控制按照增量来施加这一荷载。同样对边界的强迫位移也采用增量的形式。

(5)刚度模块

这一模块是为每一个单元进行刚度矩阵的计算。

(6)求解模块

这一模块的一般用途是组集、分解和求解所满足的联立方程组,以求出节点位移和约束节点处的反作用力。

(7)残余力模块

这一模块的功能是在分析的每一阶段计算"不平衡力"或者称残余的节点力。

(8)收敛模块

这一模块是按照不同的收敛准则来检验非线性求解的收敛性。

(9)输出和保存模块

这一模块的重要用途是数据的输出和保存。

NAC 程序计算部分由 69 个子程序和 1 个主程序组成,共计 9 000 余行代码。

2)NAC 后处理程序

科学与工程计算的主要特点:一是具有很高的数值计算要求,可称为数值计算密集的计算机应用领域;二是在计算过程中产生巨大数量的数字信息。研究人员为了获得数值模拟的研究结果,必须对计算输出的数据进行仔细地分析理解,以便洞察计算过程中发生的情况和问题,从而获得对被研究对象的认识与理解。然而这是一个十分费时又繁琐的过程,对科研人员来说是一种不堪承受的重负。为使科研人员摆脱或减轻分析和理解计算过程中所产生的巨大数据,只有借助科学计算可视化,即用直观的图形输出来代替数字输出。

NAC 后处理程序用 VisualC + + 语言编制,编写代码约 8 000 行。

有限元后处理主要用于有限元模型数据的重现(网格图、消隐图)以及计算结果的可视化。对于具有迭代性质的计算,还可能需要对计算过程进行驾驭。

有限元后处理系统的功能按显示的内容可分为以下几大类。

(1)有限元模型的重现

对于有限元模型的数据,通常在计算之前需要确认结构模型数据的正确性。对于一个复杂结构的有限元模型,单从数据上很难发现错误。通过有限元模型的重现,研究人员可以直观地看到整个建好的模型是否存在问题,以便对发现的问题进行解决,这样就可以避免由于模型的错误造成反复计算,从而提高研究的效率。

(2)有限元计算结果的可视化

由于有限元计算结果通常数据量比较大,单从结果数据是很难理解和发现问题。利用后处理系统对计算结果进行可视化,研究人员可以从大量的数据中提取出有价值的信息。例如,可以使用云图或者等值线显示位移或应力的分布状态,显示结构的变形状态、变形过程等。

3)结构模型数据的管理

在后处理系统中,结构的模型显示的是最基本的功能。为了能够有效地存储结构模型数据,这部分数据的存储结构至关重要,它将直接影响到整个后处理系统的性能。针对有限元结构模型的特点,采用如下的数据结构进行存储。

(1)节点坐标数据

节点坐标数据是有限元结构模型中最基本的数据元素,节点坐标数据由 1 个节点标识和节点坐标值组成。对于 NAC 程序中 CB 壳单元,每个节点有 6 个输入的顶面和底面坐标和 3 个中面坐标值。CB 壳单元的节点坐标数据可以采用结构体数组实现,具体如下:

```
struct NodeOfCBShell    //CB 壳单元节点数据
  {
    int Node_Number;//节点标识
    float X_Loc_Top;   float Y_Loc_Top;     float Z_Loc_Top; //节点顶面坐标
    float X_Loc_Bot;   float Y_Loc_Bot;     float Z_Loc_Bot; //节点底面坐标
    float X_Loc_Mid;   float Y_Loc_Mid;   float Z_Loc_Mid; //节点中面坐标
    float * X_DEF;   float * Y_DEF;     float * Z_DEF;    //节点位移,存储每个加载步的变形信息
    //3D_Mesh 参数
    float * X_Loc_Layer;   float   * Y_Loc_Layer;   * float Z_Loc_Layer;//节点每一层的坐标
  };
```

对于杆单元和接触单元的节点坐标数据同样可以采用结构体数组实现,具体如下:

```
struct NodeofLinkAndContact    //杆单元和接触单元的节点数据
  {
    int Node_Number;//节点标识
    float X;   float Y;   float Z; //节点坐标
    float * X_DEF;   float * Y_DEF;   float * Z_DEF;   //节点位移,存储每个加载步的变形信息
  };
```

(2)单元拓扑结构数据

单元拓扑结构数据定义了单元的空间拓扑关系,即单元各节点之间的连接关系。根据单元的空间拓扑关系,每一种单元均可以分解为点、线和面等图形元素。利用这些点、线和面的信息,后处理系统即可绘制出各个单元。单元的拓扑结构数据包括单元的标识和组成单元的各个节点的标识(节点标识与节点数据中的节点标识必须一一对应),还包括单元类型和各个中属性数据的应用等。NAC 程序中单元的拓扑结构数据表示如下。

```
struct Element   //单元拓扑数据结构
  {
```

```
    int Element_Number; //单元标识
    int Element_Material_Number;//单元材料号
    int LayerNumber;    //单元层数
    int ElementType; //单元类型,NAC 程序共 3 种单元,1 - CB 壳单元;2 - Link 单元;
3 - 接触单元
    int Node1;  int Node2;  int Node3; //节点标识
    int Node4;  int Node5;  int Node6;
    int Node7;  int Node8;  int Node9;
    struct Layer_Element   * ShiTi_Layer_Element   ;//单元层信息
  };
```

由于壳单元采用了分层模型,因此壳单元存在层信息数据,层信息数据表示如下:

```
struct Layer_Element
  {
    float Concrete_Layer_Number[9];//9 个高斯点数值 1
    float X_Stress[9];  // 每个高斯点的应力信息
    float Y_Stress[9];  float XY_Stress[9];  float XZ_Stress[9];
    float YZ_Stress[9];
     float Stress_Den[9];    // 每个高斯点的等效应力信息
    float S1_Angle[9];                // 每个高斯点主应力方向信息
    float  * * CrackOrCrush;             // 每个加载步中各个高斯点的状态信息
    float  * * X_JiaoDianStress;  //单元角点(1,3,5,7)应力
    float  * * Y_JiaoDianStress;  float  * * Z_JiaoDianStress;  float  * * XY_JiaoDi-
anStress;
    float  * * XZ_JiaoDianStress;  float  * * YZ_JiaoDianStress;
  };
```

4)NAC 后处理系统图形引擎简介

有限元后处理系统主要处理有限元图形的显示,因此,图形引擎的选取至关重要。好的图形引擎可以带来较高的图形显示效率和方便的系统维护。NAC 后处理程序使用 OpenGL 图形标准。

OpenGL 是近几年发展起来的一个性能卓越的三维图形标准,它是在 SGI 等多家世界闻名的计算机公司的倡导下,以 SGI 的 GL 三维图形库为基础制定的一个通用共享的开放式三维图形标准。目前,包括 Microsoft、SGI、IBM、DEC、SUN、HP 等大公司都采用了 OpenGL 作为三维图形标准,许多软件厂商也纷纷以 OpenGL 为基础开发出自己的产品,其中比较著名的产品包括动画制作软件 Soft Image 和 3D Studio MAX、仿真软件 Open Inventor、VR 软件 World Tool Kit、CAM 软件 ProEngineer、GIS 软 ARC/INFO 等。值得一提的是,随着 Microsoft 公司在 Windows NT 和最新的 Windows 95 中提供了 OpenGL 标准及 OpenGL 三维图形加速卡,OpenGL 将在微机中有广泛地应用,同时也为广大用户提供了在微机上使用以前只能在高性能图形工作站上运行的各种软件的机会。

对于 OpenGL 图形标准的详细介绍可参见文献[129],这里不再赘述。

5)NAC 后处理系统图形处理功能的实现

有限元后处理主要处理图形显示,因此图形处理的效率直接影响到这个后处理系统。图形处理的效率主要由两方面的因素决定:一是图形引擎的功能,二是图形算法的选取。本节主要介绍网格图绘制、消隐图和彩色云图绘制的算法。限于篇幅,对于 NAC 程序的其他功能的实现方法,这里不再赘述。

(1)网格图的绘制

网格图是有限元后处理图形之一,是比较基本的图形。由于在数据管理中保存了节点的坐标数据,同时每一个单元的拓扑结构数据也被存储。因此只需要按照边线定义的节点索引将相关的节点用直线连接起来即可获得网格图。图 4.106 为 NAC 程序绘制一个网格图。

(2)消隐图的绘制

消隐图的绘制的算法和网格图类似,只是网格图按照线作为基本图元进行绘制,而消隐图以面作为基本图元绘制,同时加入 OpenGL 中的深度测试功能即可。图 4.107 为 NAC 程序绘制的消隐图。

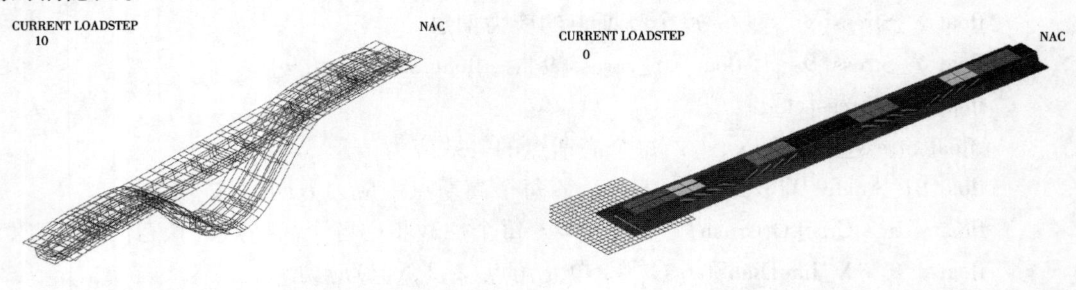

图 4.106　网格图示例　　　图 4.107　消隐图示例

(3)彩色云图的绘制

彩色云图适合显示标量数据在结构表面内的分布情况。在有限元后处理系统中,彩色云图是非常重要的一种图形。有限元分析结果中有很多结果必须通过彩色云图才能清晰地表达,如位移和应力分量等。由于彩色云图显示的是结构表面上的数据分布,因此,彩色云图显示的图形必须是消隐后的图形,是在消隐图的表面上叠加上标量数据的分布图形。

彩色云图是通过将具有指定范围标量数据的结构表面按某种颜色显示,从而达到显示标量数据在结构表面的分布状态的一种图形显示方法。绘制彩色云图有多种方法,尤其是在使用 OpenGL 时,可以利用 OpenGL 的光滑明暗着色处理功能实现彩色云图的绘制。另外由于有限元结构表面通常是三角形或四边形(六面体、四面体等单元类型),而标量数据一般给定的是节点处的数据,因此表面内标量数据分布时也可以采用线性插值进行计算。下面着重介绍这两种方法并比较各自的优缺点。

OpenGL 中的着色处理方式由 glShadeMode(Mode)函数设置。其中参数可以是 GL_FLAT(平面着色处理)或 GL_SMOOTH(光滑着色处理)。为了绘制彩色云图,可以将 OpenGL 设置为光滑明暗着色处理方式,然后绘制各个结构表面多边形。在绘制每个多边形时,对每个节点分别计算其标量值对应的颜色值并设置该节点的颜色。这种方法实现起来非常简单,只是在绘制消隐图的基础上增加了计算每个多边形顶点颜色这一步骤。但是,由于这种方法得到的彩色云图中颜色是均匀变化的,而在有限元分析结果的显示中,研究人员通常希望看到不同数据范围的边界,这样可以得到比较清晰的数据在结构中的分布范围。当然,其优点是实现简单,计算量小,同时配合图形硬件的加速功能,可以得到比较好的图形处理效率。

另一种方法是利用有限元模型的特点手工计算结构表面的标量数据分布范围,并将这些范围使用相应的颜色进行填充,最终获得彩色云图。这种方法虽然比上一种方法计算量要大得多,但是一个明显的优势是可以精确得到数据分布边界,有利于研究人员对云图的分析。由于有限元结构表面通常是三角形或四边形,故本节首先介绍三角形的彩色云图的绘制。

对于三角形表面,首先计算三条边线上的点,然后将这些点连接起来,并将这些连线之间的区域使用表示这个范围内数据的颜色进行填充,即可获得这个三角形内的彩色云图(图4.108)。

在图4.108中,三角形(*P*1,*P*2,*P*3)3个顶点分别具有标量数据(*V*1,*V*2,*V*3)。假设3个标量数据的大小按照(*V*1 < *V*2 < *V*3)的顺序排列,同时,彩色云图的数据范围分隔有两个值(*V*t1,*V*t2),处于这个三角形内。为了计算这个三角形内的彩色云图的分布情况,首先计算每条边线上的指定数据值所对应的坐标点,边线*P*1*P*2上有一个点*T*2,边线*P*2*P*3上有一个数据点*T*4,而边线*P*1*P*3上有两个数据点*T*1和*T*3。将这些点中具有相同数据值的点连接起来,可以得到两条线段*T*1*T*2和*T*3*T*4。同时,三角形*P*1*P*2*P*3被这两条线段分隔成3部分:*P*1*T*2*T*1、*T*2*T*1*T*3*T*4*P*2和*P*3*T*3*T*4。将这3部分用相应的颜色进行填充,则可以得到这个三角形内的彩色云图分布状态。

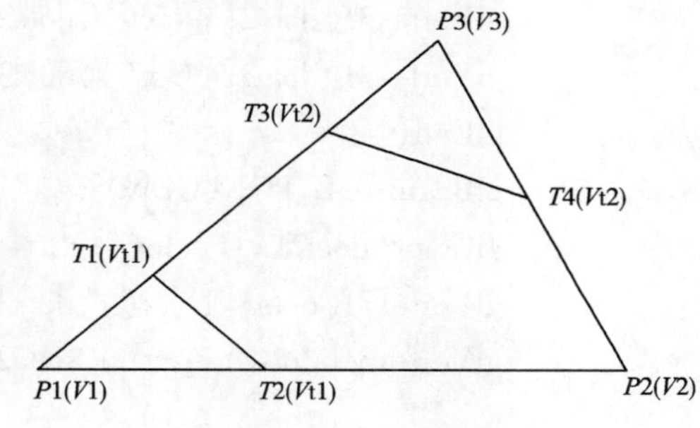

图4.108　三角形表面标量分布计算

这个计算步骤可以使用如下的伪代码描述:

```
//准备工作,按照数据值大小排序3个节点,并保存为P1,P2,P3。
SortNodes(&P1,&P2,&P3);
//计算第一条边线上的数据点坐标。
IntArray dots1 = calculateDots(P1,P2);
//计算第二条边线上的数据点坐标。
IntArray dots2 = calculateDots(P2,P3);
//计算第三条边线上的数据点坐标。
IntArray dots3 = calculateDots(P1,P3);
//连接dots1和dots3上的数据点并按相应颜色填充。
Int number1 = MIN(dots1.number(),dots3.number());
glBegin(GL_TRIANGLES);
glColor(getValueColor(V1));
glVertex3f(P1.x(),P1.y(),P1.z());
for(int i =0;i < number1;i + +)
{
    glVertex3f(dots1[i].x(),dots1[i].y(),dots1[i].z());
```

```
        glVertex3f(dots3[i].x(),dots3[i].y(),dots3[i].z());
        glEnd();
        glBegin(GL_POLYGON);
        glColor(dots1[i].color());
        glVertex3f(dots3[i].x(),dots3[i].y(),dots3[i].z());
        glVertex3f(dots1[i].x(),dots1[i].y(),dots1[i].z());
}
glVertex3f(P2.x(),P2.y(),P2.z());
//连接 dots3 和 dots2 上的数据点并按相应颜色填充。
Int number2 = MIN(dots2.number(),dots3.number());

for(int j = 0;j < number2;j + +)
{
        glVertex3f(dots2[j].x(),dots2[j].y(),dots2[j].z());
        glVertex3f(dots3[j].x(),dots3[j].y(),dots3[j].z());
        glEnd();
        glBegin(GL_POLYGON);
        glColor(dots2[i].color());
        glVertex3f(dots3[i].x(),dots3[i].y(),dots3[i].z());
        glVertex3f(dots2[i].x(),dots2[i].y(),dots2[i].z());
}
glVertex3f(P3.x(),P3.y(),P3.z());
glEnd();
```

以上伪代码中,getValueColor 函数用来计算指定数据值对应的彩色云图的颜色。

有时为了获得较平滑的图形,需要对计算得到的数据点进行曲线插值。但是,由于有限元模型网格通常密度比较大,因此使用这种方法获得的彩色云图一般会提供足够好的效果,同时也可得到较高的处理效率。

对于其他类型的表面,如四边形,可以先将这些表面打碎成三角形,然后采用上面的算法进行填充,即可获得比较理想的彩色云图。

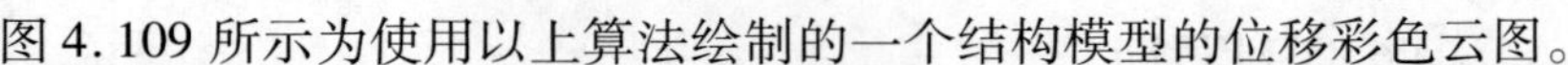

图 4.109 所示为使用以上算法绘制的一个结构模型的位移彩色云图。

图 4.109　云图显示

(4)裂缝图的绘制

NAC 程序对于裂缝的描述采用两种方法进行绘制。第一种方法为将单元每一层分为 9 块,每一块代表一个高斯积分点,采用不同的颜色表示单元处于不同的状态。另外一种方法就是直接在高斯积分点处绘制裂缝,该方法能显示裂缝的开裂方向,但是如果采用该方法绘制全部裂缝,则裂缝太多时图形会显示较乱,所以

NAC 程序每一次只绘制沿混凝土箱梁顶板、腹板和底板沿厚度方向的一层裂缝图。

6)NAC 后处理系统的界面

近年来,面向对象技术无论是在理论还是实践上都在飞速地发展。面向对象技术中最重要的就是“对象”的概念,它把现实世界中的客观实体抽象成程序中的“对象”。这种“对象”具有一定的属性和方法,这里的属性指对象本身的各种特性参数。而方法是指对象本身所能执行的功能。一个具体的对象可以有许多的属性和方法,面向对象技术的重要特点就是对象的封装性,对于外界而言,并不需要知道对象有哪些属性,也不需要知道对象本身的方法是如何实现的,而只需要调用对象所提供的方法来完成特定的功能。从这里可以看出,当把面向对象技术应用到程序设计中时,程序员只是在编写对象方法时才需要关心对象本身的细节问题,大部分的时间是放在对对象的方法的调用上,组织这些对象进行协同工作。

MFC 的英文全称是 Microsoft Fundation Classes,即微软的基本类库,MFC 的本质就是一个包含了许多微软公司已经定义好的对象的类库。虽然要编写的程序在功能上千差万别,但从本质上来讲,都可以为划归对用户界面的设计,对文件的操作,多媒体的使用,数据库的访问等一些最主要的方面。这一点正是微软提供 MFC 类库最重要的原因,在这个类库中包含了一百多个程序开发过程中最常用到的对象。在进行程序设计的时候,如果类库中的某个对象能完成所需要的功能,这时只要简单地调用已有对象就可以了。还可以利用面向对象技术中很重要的“继承”方法从类库中已有对象派生出自己的对象,这时派生出来的对象除了具有类库中对象的特性和功能之外,还可以由自己根据需要加上所需的特性和方法,产生一个更专门的、功能更为强大的对象。当然,也可以在程序中创建全新的对象,并根据需要不断完善对象的功能。

正是由于 MFC 编程方法充分利用了面向对象技术的优点,它使得编程时极少需要关心对象方法的实现细节,同时类库中的各种对象的强大功能足以完成程序中的绝大部分所需功能,这使得应用程序中程序员所需要编写的代码大为减少,有力地保证了程序良好的可调试性。

NAC 程序基于 MFC 自动生成的应用程序框架(单文档应用程序)进行编程。编程中使用了大量的 Windows 标准控件。

图 4.110 为 NAC 程序界面。

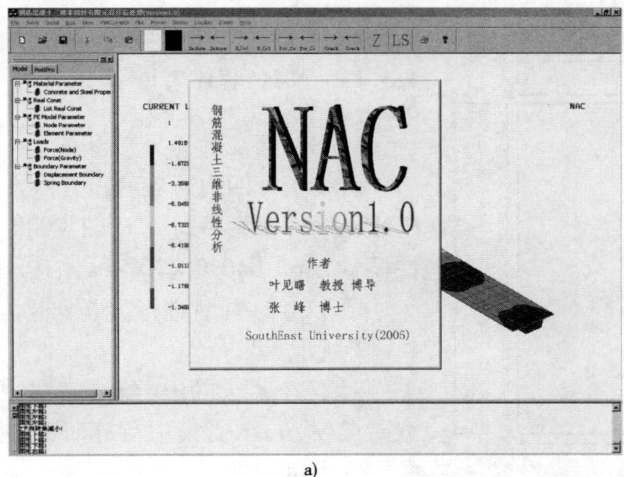

a)

图　4.110

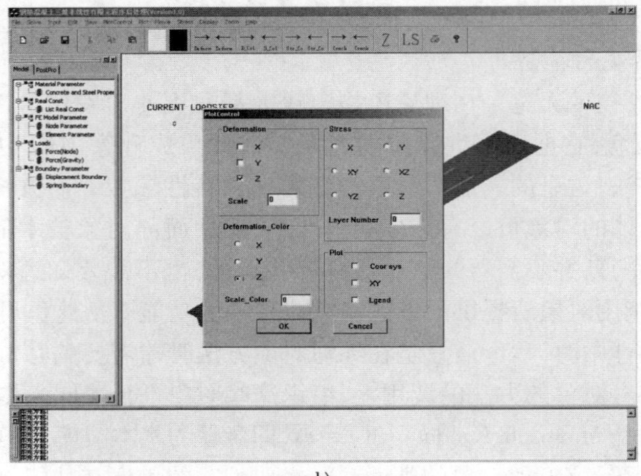

b)

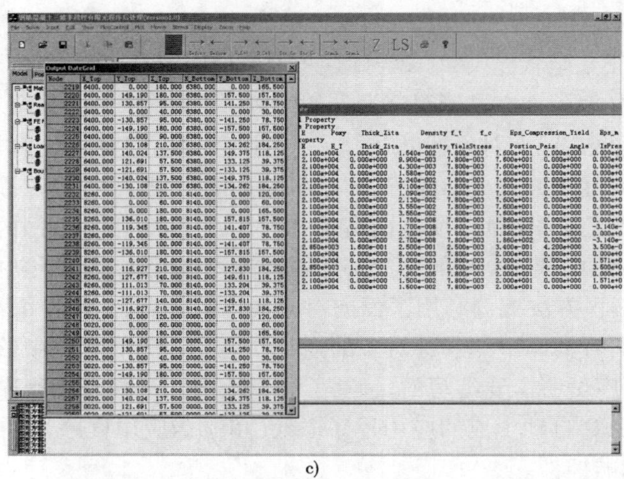

c)

图 4.110　NAC 程序界面

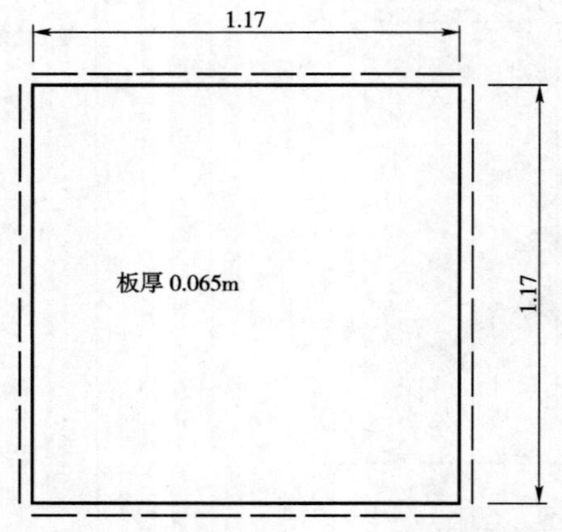

图 4.111　模型尺寸(尺寸单位:m)

4.3.11　NAC 程序考证

1)四边简支的正方形薄板

研究一个四边简支的正方形方板(图 4.111),在其中心作用一个集中荷载 $P=1\ 000\text{kN}$,其材料性能为:弹性模量 $E=1\ 640.0\times10^4\text{kPa}$,泊松比 $\upsilon=0$。

取 1/4 的模型进行分析,建立的有限元模型如图 4.112 所示。

对矩形薄板采用纳维叶解法[131],可以得到薄板任意一点(ξ,η)承受集中荷载时,薄板上任意点(x,y)处的挠度表达式为

$$\omega=\frac{4P}{\pi^4 abD}\sum_{m=1}^{\infty}\sum_{n=1}^{\infty}\frac{\sin\frac{m\pi\xi}{a}\sin\frac{n\pi\eta}{b}}{\left(\frac{m^2}{a^2}+\frac{n^2}{b^2}\right)^2}\sin\frac{m\pi x}{a}\sin\frac{n\pi y}{b} \tag{4-114}$$

式中：a——矩形薄板的长度；

B——矩形薄板的宽度；

P——集中荷载；

D——薄板的弯曲刚度。

D 的表达式为

$$D=\frac{Et^3}{12(1-\upsilon^3)} \tag{4-115}$$

式中：E——材料的弹性模量；

t——薄板厚度；

υ——材料的泊松比。

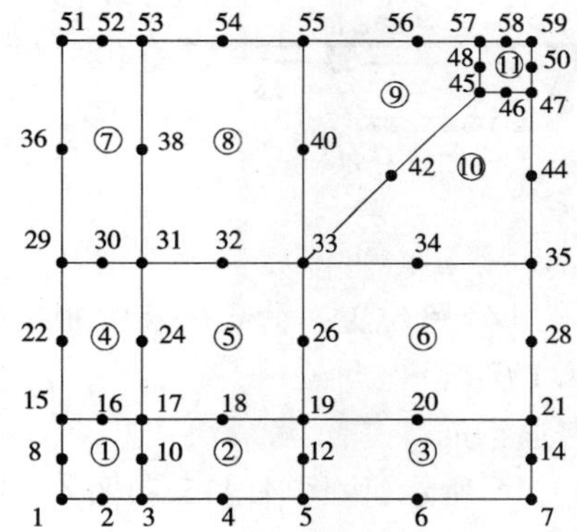

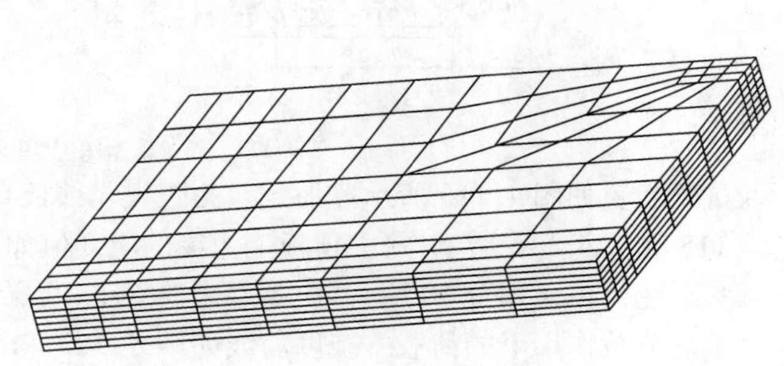

图 4.112　NAC 建立的有限元模型图

对式(4-114)进行简化，即可得到正方形薄板在中点受集中荷载时的挠度表达式为

$$w=\frac{0.011\,6Pa^2}{D} \tag{4-116}$$

取加载点的挠度值进行比较，NAC 程序的计算结果和解析解的比较如表 4.9 所示。

挠度比较表(单位：mm)　　表 4.9

NAC	MIDAS	解析解
43.667	42.905	42.308

由表 4.1 可以看出：NAC 程序对于弹性计算是准确的。

2)钢筋混凝土简支箱梁的非线性分析

文献[86]进行了一个钢筋混凝土箱梁的破坏性试验，模型比例为 1∶6，梁高 0.4m，顶板宽度 2.4m，长度 4.55m，两端设置 7.5cm 厚的横隔板。简支跨长 4.35m，跨高比 10.875。模型的具体尺寸如图 4.113 所示。箱梁适量配筋，主筋为Ⅱ级钢筋，其他为Ⅰ级钢筋。实测混凝土抗压强度为：底板 34.9MPa，腹板及顶板 40.3MPa。劈裂抗拉强度分别为：底板 3.06MPa，腹板及

顶板 3.33MPa。钢筋的材料特性如下:$\phi12$ 纵筋屈服强度为 360MPa,极限强度为 534MPa;$\phi10$ 纵筋屈服强度为 265MPa,极限强度为 451MPa;$\phi8$ 钢筋屈服强度为 232MPa,极限强度为 390MPa。

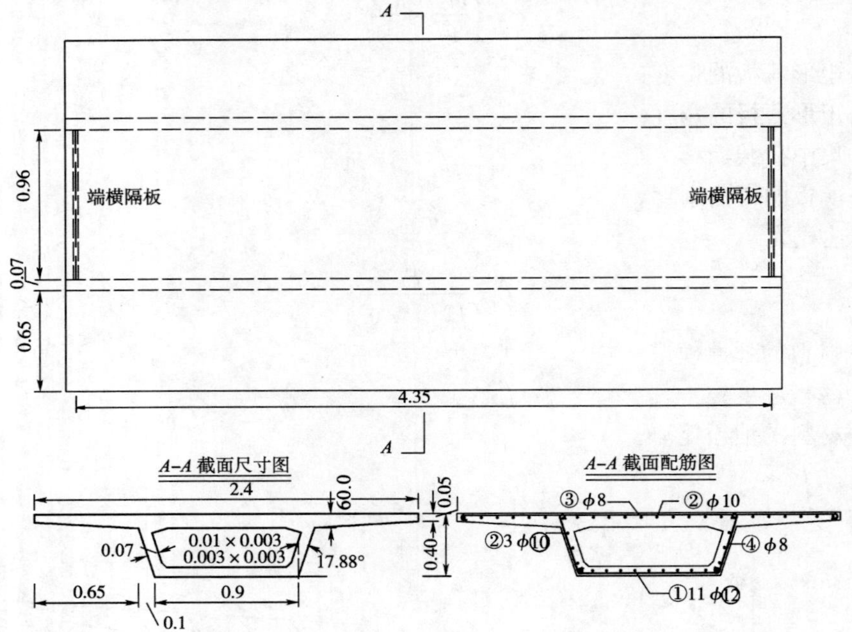

图 4.113　箱梁模型图(尺寸单位:m)

试验装置如图 4.114 所示。加载点为腹板与顶板交界的 1/3 跨位置。荷载—挠度曲线如图 4.115 和图 4.116 所示,跨中顶板上边缘的应变值如图 4.117 所示。

实际建模单元划分 10 层,其中 8 层为混凝土,两层为普通钢筋。

单调荷载作用下的荷载—挠度曲线如图 4.115 和图 4.116 所示,由图 4.115 和图 4.116 可以看出:NAC 程序的计算值与试验值吻合。在荷载因子 k 为 1.3 时,荷载—挠度曲线出现第一个转折点,随着荷载因子 k 的增加荷载—挠度曲线的斜率逐渐减小,在荷载因子 k 为 2.1 时,荷载—挠度曲线几乎与 x 轴平行,此时,梁已经接近破坏,刚度基本为零。由图 4.117 可以看出,实测应变和有限元计算应变基本吻合。

有限元计算出的裂缝发展如图 4.118 所示。

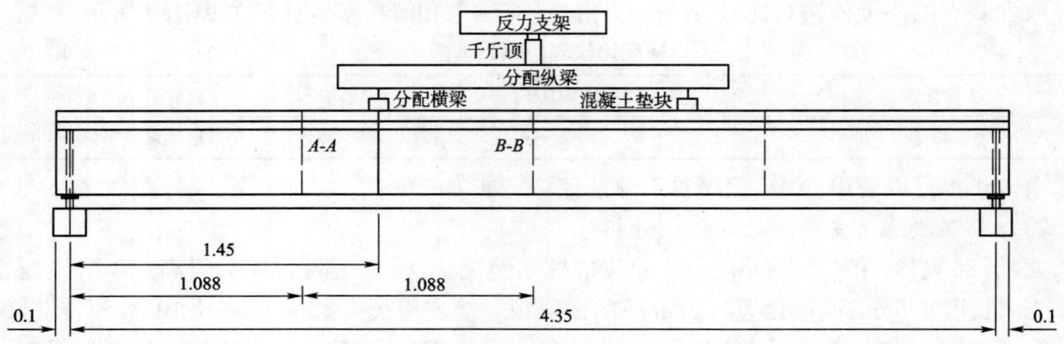

图 4.114　模型加载装置图(尺寸单位:m)

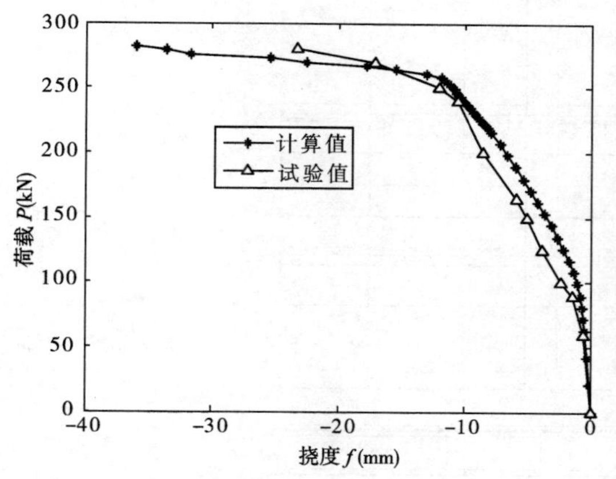

图 4.115　跨中荷载—挠度曲线图

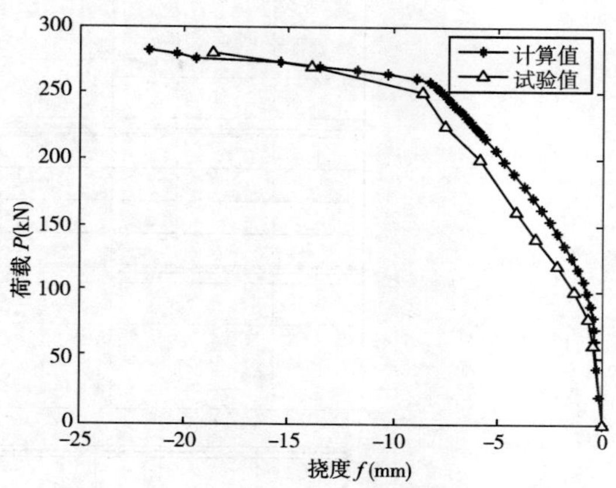

图 4.116　1/4 跨荷载—挠度曲线

由图 4.118 可以看出，裂缝开始出现在加载点处的底板和腹板的交界处，该规律与实测裂缝表现出的规律相同。

3）预应力混凝土连续斜交箱梁的非线性分析

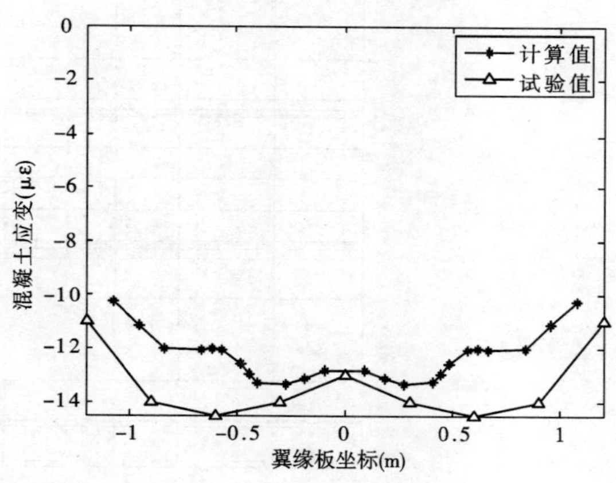

图 4.117　荷载为 40kN 时跨中顶板上边缘的应变值

文献[132]进行了一个预应力混凝土箱梁的破坏性试验，模拟的原型梁为（40 + 70 + 40）m 预应力混凝土变高度斜交箱形连续梁，斜交角度为 45°，为三向预应力结构。考虑试验场地和加载条件，采用 1∶8 的比例确定模型梁的主要尺寸。为保证混凝土的浇筑质量和满足构造要求，加厚了部分板厚。

模型梁的设计计算按“全预应力梁”进行配筋设计，其作用荷载为自重和加载值。预应力钢筋采用 1 860MPa 的低松弛率 7ϕ5 钢绞线，预应力张拉对称进行。模型梁的结构与配筋设计、加载位置如图 4.119 所示。

模拟原型梁的正、斜交体系转换，模型梁采用满堂支架法按正交连续梁施工，张拉部分预应力筋后拆架，形成中间支墩上为双排支座的正交连续梁，最后拆除部分临时支座后体系转换为 45°斜交连续梁，支座布置如图 4.120 所示。

实际建模时共划分 816 个单元，3 199 个节点，由于本单元能同时采用配筋率和直接加钢筋的方法，作为构造钢筋的分布钢筋网，采用层状模型来体现它们对单元刚度矩阵的贡献。对于箱梁顶板的两根预应力直线束采用同样的方法来模拟。为了能准确模拟 4 根预应力曲线束，采用了本书提出的多筋组合壳单元模型来模拟。有限元模型及曲线钢筋布置如图 4.121 所示。

试验过程中首先对结构施加预应力，预加力为 181.35kN。预应力施加完成以后外荷载采用分级比例加载，加载值及加载位置如图 4.119 所示。以图 4.119 中所示荷载的 0.1 倍为基本荷载 q，活载按照一定的比例加载 $q_L = kq$（k 为荷载因子）。

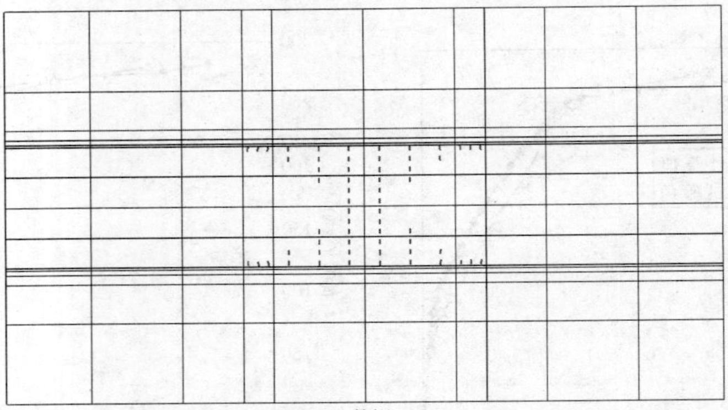

仰视

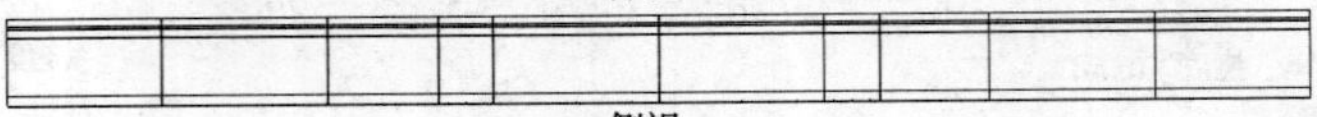

侧视

a)P=72kN

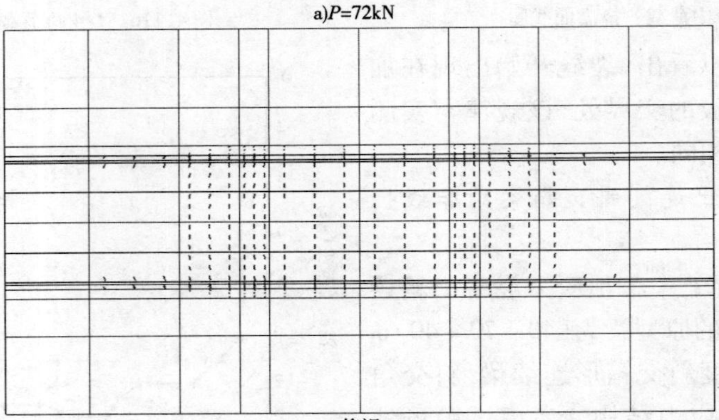

仰视

侧视

b)P=150kN

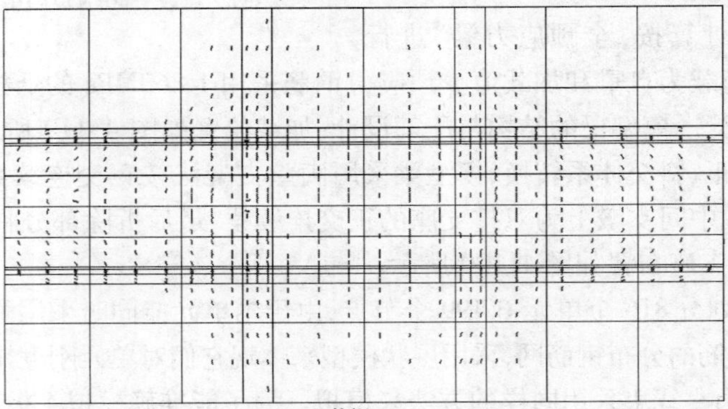

仰视

侧视

c)P=225kN

图4.118　箱梁裂缝的发展描述

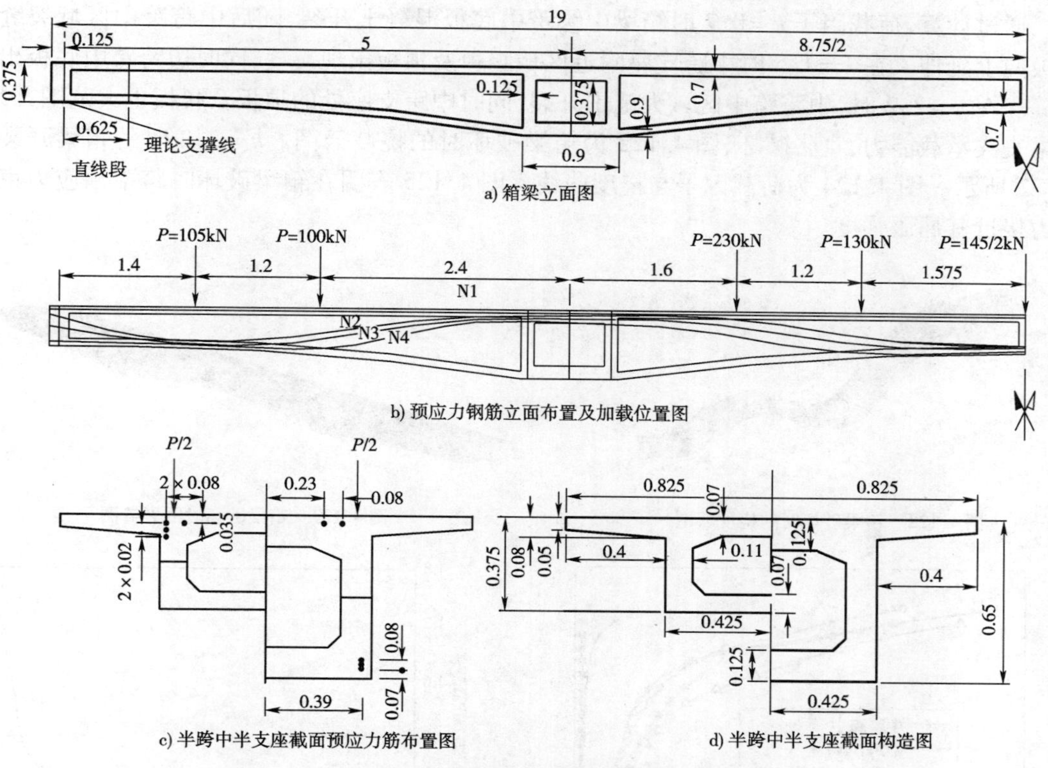

图4.119　箱梁构造、预应力筋配置及加载位置图(尺寸单位:m)

图4.120　支座示意图

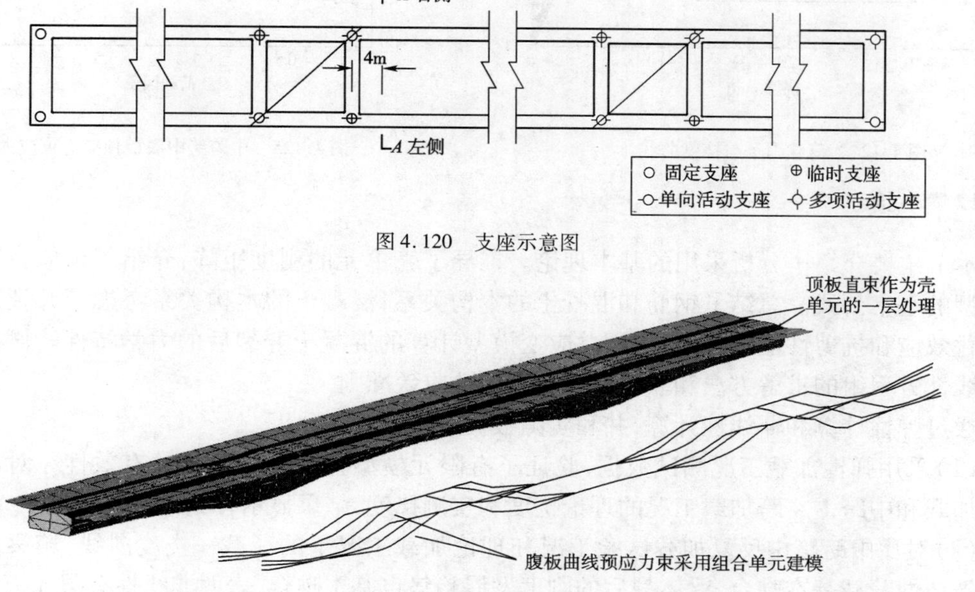

图4.121　有限元模型图

通过计算,荷载因子 $k=0.7$ 时箱梁中跨跨中底板混凝土开裂,随后中跨跨中区域裂缝沿腹板向上延伸。在 $k=1.5$ 时中跨支座附近区域腹板及顶板出现裂缝,同时边跨跨中底板出现裂缝。在 $k=2.2$ 时,中跨跨中区域大范围开裂,同时中跨支座处的顶板及腹板也大范围开裂,箱梁丧失承载能力,宣告破坏,图 4.122 为箱梁破坏时的挠度云图。$k=2.2$ 时的箱梁开裂图 4.123 所示。图 4.124 为荷载因子与挠度曲线。图 4.125 表明在箱梁破坏时跨中预应力束的应力接近其屈服强度。

图 4.122 箱梁破坏时的挠度云图

图 4.123 箱梁破坏时的裂缝图

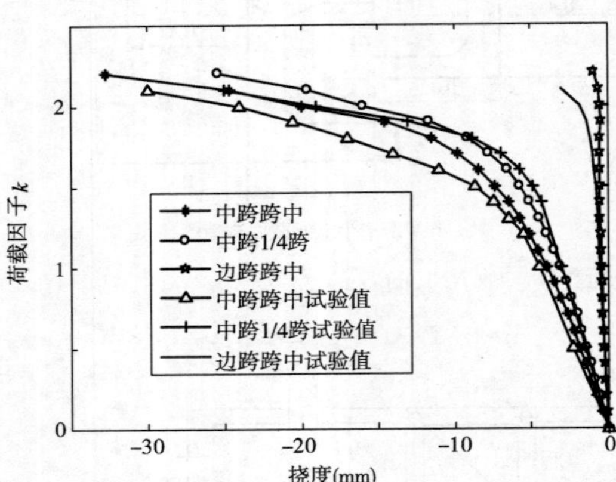

图 4.124 荷载因子与挠度曲线

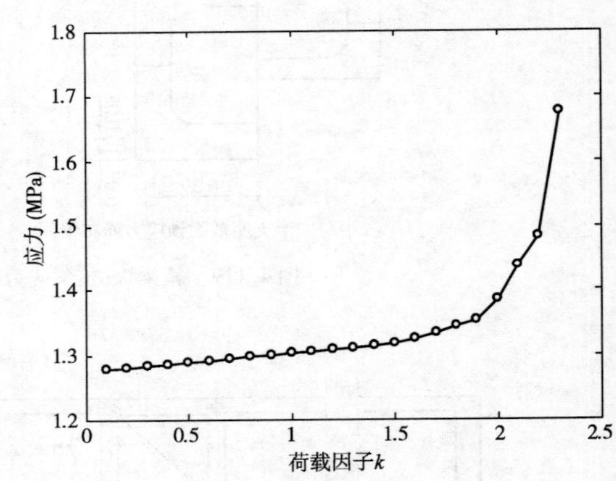

图 4.125 中跨跨中底板预应力束应力

4.3.12 小结

本节主要介绍了分析采用的基本理论。推导了壳单元的刚度矩阵,介绍了预应力钢筋组合模型的基本公式。总结了钢筋和混凝土的本构关系,混凝土的本构关系考虑了开裂后的拉伸刚化效应和抗剪性能的折减,采用总应变模型计算的混凝土开裂后的力学特性。概括了几种非线性方程组的求解方法和非线性计算分析的收敛准则。

通过弹性计算和非线性计算,并和实测数据进行了对比分析。

(1)采用弹性加载工况测试数据,验证了有限元模型弹性计算分析的有效性。对比边跨跨中加载和中跨 1/4 跨加载工况的理论挠度和实测挠度,结果显示,两者吻合较好。

(2)对比中跨跨中反复加载试验工况和理论加载工况下的荷载—挠度曲线,箱梁开裂荷载和破坏性荷载基本吻合,梁体裂后的刚度发展趋势也基本吻合,表明非线性有限元模型中的参数选取合理。

(3)模型试验中,裂缝的观测结果显示,裂缝先在中跨跨中底板开裂,然后中跨支座顶板开裂,两处的裂缝在1/4跨汇合,最终连接,腹板最终完全开裂。

(4)采用的单元模型、材料本构和非线性算法能够有效模拟梁体在外荷载作用下的全过程受力特性。本章工作为后续非线性数值计算分析提供了理论基础和分析手段。

(5)由于CB分层壳模型建模工作量较大,本书后续分析都基于经典壳理论进行研究。

4.4 预应力混凝土变截面连续箱梁开裂后的剪力滞效应

4.4.1 概述

箱形截面的剪力滞效应是指对称荷载作用下,腹板传递的剪力流在腹板与翼缘板交界处要大,而向板跨中传递的过程中,由于上、下翼缘板存在剪切变形,则传递的剪力流逐渐减小,导致翼板中的剪切变形存在不均匀性,使翼板内远离腹板处的纵向位移滞后于靠近腹板处的纵向位移,因而纵向正应力沿箱梁横向分布是不均匀的,即存在剪力滞效应或称为剪力滞后现象[128-129]。如果腹板处顶板的纵向应力大于顶板中点处的纵向应力,则称为"正剪力滞",如图4.126a)所示;反之则称为"负剪力滞",如图4.126b)所示。

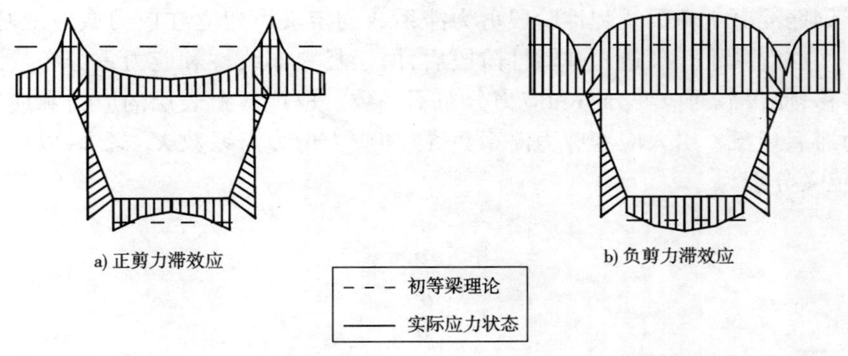

图4.126 考虑剪力滞效应的非均匀弯曲应力分布图

剪力滞效应[130]的研究由来已久,国内外学者也提出了一些分析箱梁剪力滞效应的方法,综合起来有以下几种:卡尔曼理论(T. V. Karman);比拟杆法;能量变分法;弹性理论解法;数值分析方法。但迄今为止的研究主要是针对线弹性受力阶段的箱梁剪力滞效应,钢筋混凝土箱梁处于非线性阶段时其剪力滞效应的分析还很少见,对于单箱双室预应力混凝土箱梁非线性阶段的剪力滞效应的分析几乎未见。

4.4.2 剪力滞系数

为描述剪力滞效应的变化规律,通常用剪力滞系数来衡量,其定义为

$$\lambda = \frac{\sigma}{\overline{\sigma}} \tag{4-117}$$

式中:λ——剪力滞系数;

σ——考虑剪力滞效应所求得的截面上实际发生的应力;

$\overline{\sigma}$——初等梁理论算出的应力[131-132]。

剪力滞系数反映了翼板纵向应力的不均匀分布程度,同时也是衡量箱梁受剪力滞效应影响程度的主要指标。λ 值越大于1,则正剪力滞越严重;λ 值越小于1,则负剪力滞越严重。箱梁特别是大悬臂宽箱梁若忽略其剪力滞效应的影响,就会低估结构中实际产生的应力,从而造成结构的不安全[133]。

剪力滞概念与有效分布宽度是一回事,前者用不均匀应力表示,而后者用等效板宽表示。有效分布宽度用于非箱形截面(即开口截面,如T形梁,π 形梁),而剪力滞一般多用于箱形截面(封闭截面)。在桥梁设计中,恒载、二期恒载、活载、预加力均会在横截面上产生剪力滞效应。其中连续梁中恒载占主导地位,因此,要将恒载弯矩值予以扩大进行设计,但扩大多少要通过剪力滞系数 λ 才能确定。在斜拉桥中,活载占主导地位,弯矩值的扩大也应通过 λ 值才能确定。

很明显,剪力滞现象对桥梁应力的影响比较大,尤其在跨宽比小、上下板的惯性矩与整个箱截面惯性矩之比较大的连续箱梁支点处剪力滞效应颇为严重,不容忽视。如果采用预应力筋,上下板的布筋间距更要妥善处理,不能等间距,在应力集中区力筋间距要密一些,否则混凝土容易开裂。

上述对于箱形梁剪力滞系数的描述,仅是基于箱梁在线弹性阶段的受力特征,而当箱梁受力进入到非线性阶段后,它的受力情况就更加复杂,对箱形梁的剪力滞效应的描述也没有一个统一的说法。钢筋混凝土箱梁线弹性阶段剪力滞系数的定义可建立在应力或应变基础上,两者是统一的。而在混凝土开裂进入弹塑性阶段后,由于材料非线性和应力重分布导致截面最大应力点的转移,使得截面应变分布和应力分布不一致。取顶板上表层的应力和应变来描述箱形梁的剪力滞后现象。引入应变剪力滞系数 λ_ε 和应力剪力滞系数 λ_σ 概念,以区分两者的变化规律,其定义分别为

$$\lambda_\varepsilon = \frac{\varepsilon_c}{\overline{\varepsilon}} \tag{4-118}$$

$$\lambda_\sigma = \frac{\sigma_c}{\overline{\sigma}} \tag{4-119}$$

式中:σ_c——翼缘与腹板交界处的应力;

$\overline{\sigma}$——上表层的平均应力;

ε_c——翼缘与腹板交界处的应变;

$\overline{\varepsilon}$——上表层的平均应变。

值得注意的是,上述描述都是针对单箱单室箱梁进行的,对于单箱双室箱梁而言,由于存在3个腹板,因此剪力滞效应会更为复杂。以下将会研究裂缝扩展对箱梁顶、底板剪力滞效应的影响。模型试验中测试结果为箱梁应变,因此本节以下内容中的剪力滞系数都取应变剪力滞系数 λ_ε 进行分析研究。

4.4.3 裂缝对单箱双室箱梁顶板剪力滞的影响

1)中跨跨中加载工况

模型试验中测试了箱梁从开始加载到箱梁开裂至最终破坏情况下的箱梁顶板和底板应变,箱梁顶、底板应变测试断面如图4.127所示。

每个测试断面顶板和底板的应变片布置如图4.128所示。

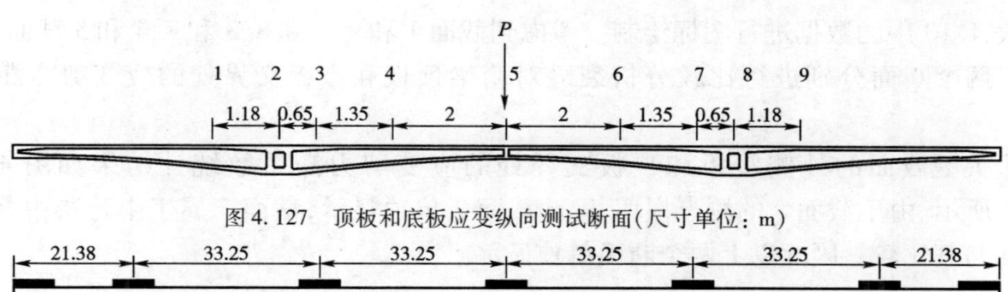

图 4.127 顶板和底板应变纵向测试断面(尺寸单位：m)

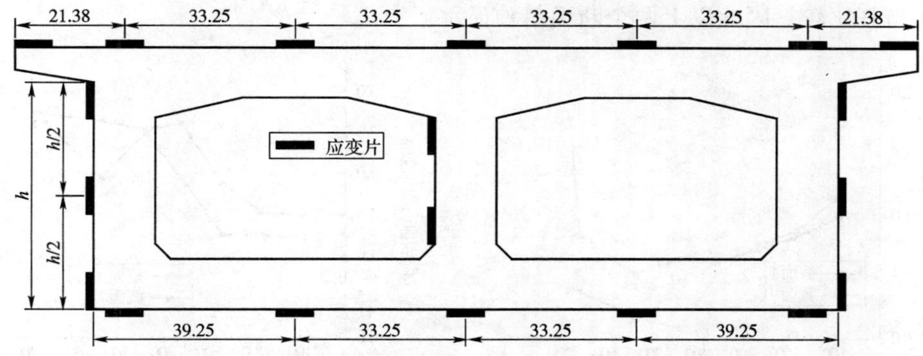

图 4.128 横截面应变片布置(尺寸单位：cm)

分析图 4.48 ~ 图 4.63 的数据,计算应变剪力滞系数 λ_ε 在每级荷载作用下的变化规律。为了有效分析单箱双室箱梁的剪力滞效应,区别于单箱单室箱梁,取边腹板和中腹板分别计算应变剪力滞系数 λ_ε。通过数据整理得到表 4.10。由于截面 8(图 4.127)出现了一些应变测点异常和应变测点破坏的情况,因此不作统计。

箱梁顶板腹板处的应变剪力滞系数 λ_ε 表 4.10

位置	截面 1		截面 2		截面 3		截面 4	
荷载 P(kN)	外侧腹板	内侧腹板	外侧腹板	内侧腹板	外侧腹板	内侧腹板	外侧腹板	内侧腹板
90	1.16	1.04	1.09	0.84	1.23	0.81	0.79	1.65
185	0.88	1.71	1.22	0.78	1.26	0.90	0.60	1.72
270	0.76	2.11	1.37	0.71	1.26	0.62	0.41	1.95
360	0.52	2.52	1.82	0.35	1.96	0.27	0.14	2.28
439	0.09	2.00	2.13	0.17	2.49	0.07	0.42	2.04
535	0.18	2.33	2.11	0.01	1.96	0.94	0.17	2.63
657	0.39	1.99	1.93	0.00	2.62	-0.15	0.94	3.86
679	0.40	2.16	1.92	0.02	2.60	-0.15	1.25	3.95
位置	截面 5		截面 6		截面 7		截面 9	
荷载 P(kN)	外侧腹板	内侧腹板	外侧腹板	内侧腹板	外侧腹板	内侧腹板	外侧腹板	内侧腹板
90	1.07	0.75	0.93	1.33	1.49	0.50	0.99	0.73
185	1.05	0.44	0.97	1.47	1.54	0.35	0.83	0.69
270	1.04	0.35	0.85	1.67	1.89	0.22	0.73	0.53
360	1.00	0.48	0.71	1.99	2.61	-0.19	0.62	1.73
439	0.96	0.84	0.36	2.41	2.54	0.01	0.65	1.70
535	0.87	0.58	0.49	2.80	2.65	-0.01	0.53	1.83
657	0.64	0.49	-1.30	6.18	2.73	-0.08	0.84	2.20
679	0.54	0.41	-1.58	6.74	2.76	-0.09	1.79	0.33

对表4.10中的数据进行图标绘制。考虑到截面1和9、2和8、3和7、4和5截面对称,因此取以上两个断面分别进行比较分析裂缝对箱梁顶板和腹板交界处的应变剪力滞系数的影响。

各个关键截面的外侧腹板和顶板交界处的应变剪力滞系数统计结果如图4.129~图4.132所示。由于截面8的测点损坏,因此截面2单独显示,截面5属于中跨跨中截面没有对称截面与其比较。因此以上两个断面单独显示。

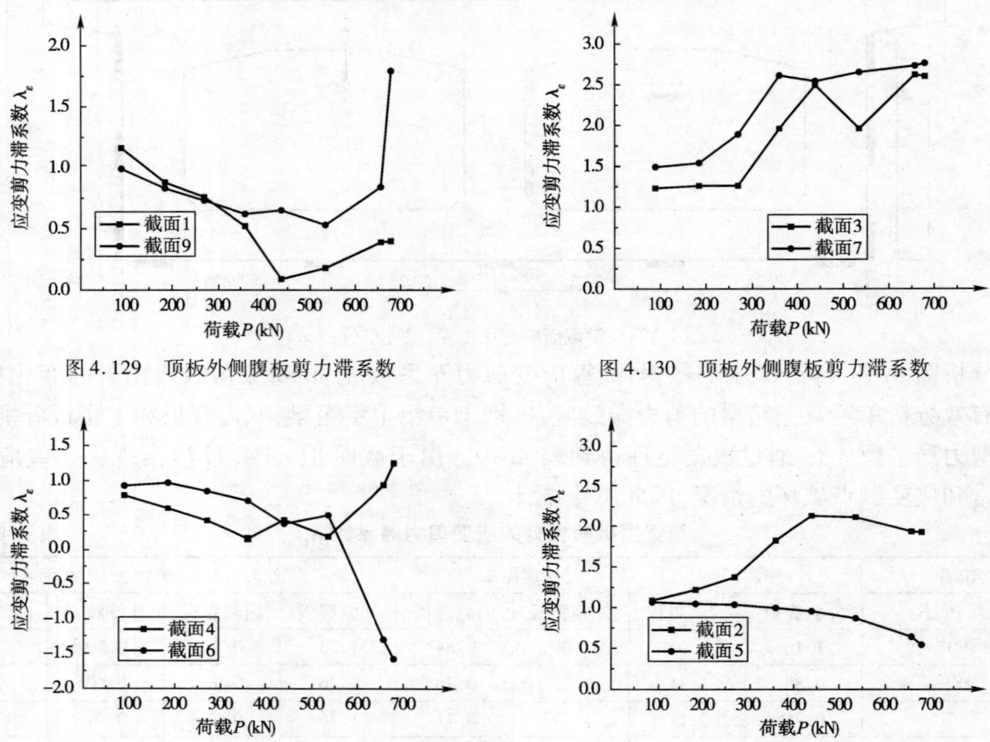

图4.129 顶板外侧腹板剪力滞系数

图4.130 顶板外侧腹板剪力滞系数

图4.131 顶板外侧腹板剪力滞系数

图4.132 顶板外侧腹板剪力滞系数

各个关键截面的内侧(即中间位置)腹板和顶板交界处的应变剪力滞系数统计结果如图4.133~图4.136所示。

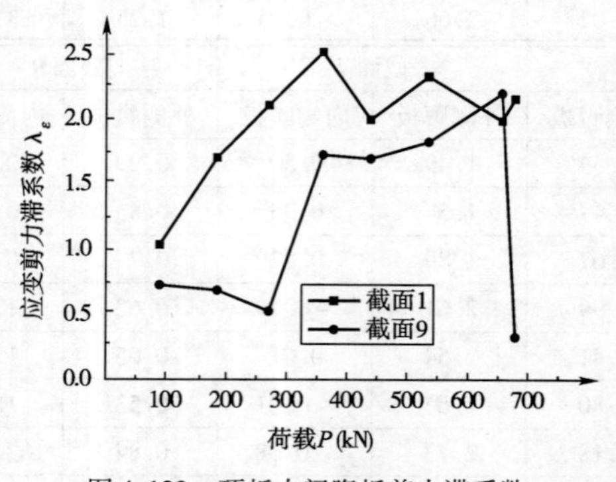

图4.133 顶板中间腹板剪力滞系数

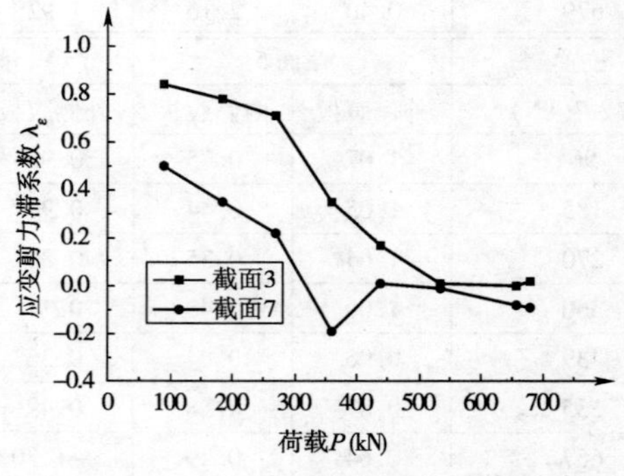

图4.134 顶板中间腹板剪力滞系数

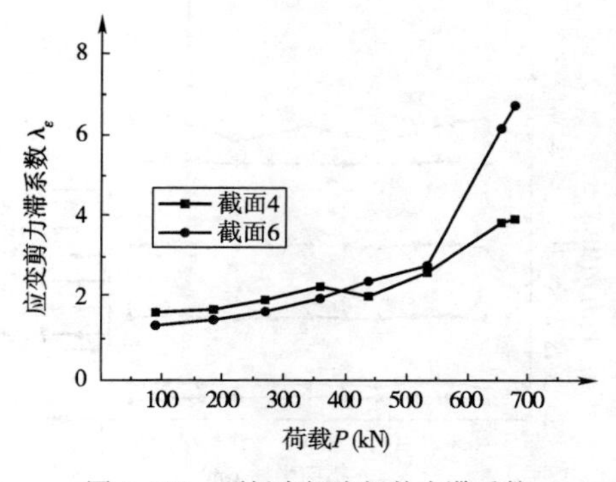

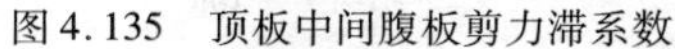

图4.135　顶板中间腹板剪力滞系数

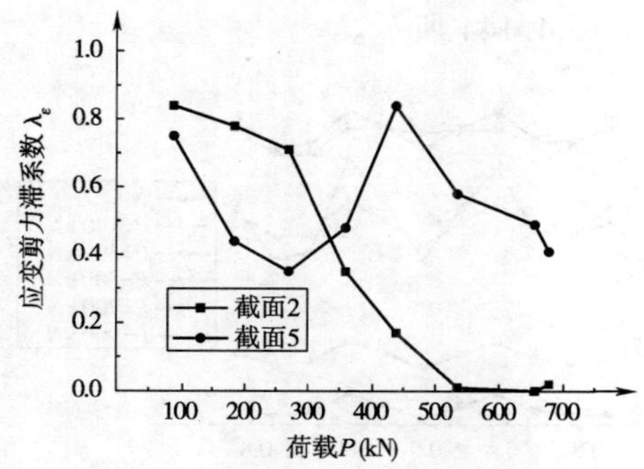

图4.136　顶板中间腹板剪力滞系数

分析图4.133 ~图4.136 可以看出,裂缝对单箱双室箱梁顶板剪力滞的影响效应描述如下:

(1)随着中跨加载区裂缝的扩展,边跨1号截面、中跨4号截面和中跨5号截面顶板外侧腹板处呈现负剪力滞现象,且其数值与荷载呈现反比。

(2)随着中跨加载区裂缝的扩展,中跨3号截面顶板外侧腹板处呈现正剪力滞现象,且剪力滞系数数值与荷载呈现正比关系。

(3)随着中跨加载区裂缝的扩展,中跨支座2号截面顶板外侧腹板处呈现正剪力滞现象,且剪力滞系数数值与荷载呈现正比关系。

(4)随着中跨加载区裂缝的扩展,边跨1号截面、中跨4号截面和中跨5号截面顶板中间侧腹板处呈现正剪力滞现象,且其数值与荷载呈现正比。

(5)随着中跨加载区裂缝的扩展,中跨3号截面顶板外侧腹板处呈现负剪力滞现象,且剪力滞系数数值与荷载呈现反比关系。

(6)随着中跨加载区裂缝的扩展,中跨支座2号截面顶板外侧腹板处呈现负剪力滞现象,且剪力滞系数数值与荷载呈现反比关系。

(7)综上所述,随着中跨裂缝的扩展。对于顶板而言,支座部位处,外侧腹板的承担的内力比例逐渐增大,而内侧腹板的内力比例逐渐减小;对于其他位置处,其规律刚好相反。

2)中跨1/4跨加载工况

通过上述非线性有限元验证,保证了非线性计算分析的有效性,以下变换荷载位置,进一步探讨在中跨1/4跨加载情况下,梁体裂缝扩展及梁体剪力滞特性变化。加载工况如图4.137所示。

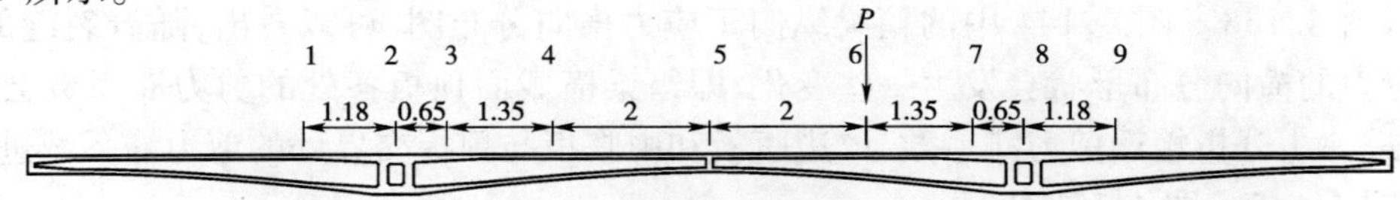

图4.137　中跨1/4跨加载模型(尺寸单位:m)

为了更为直观地研究裂缝对单箱双室箱梁3个腹板内力重分布的影响,取应力剪力滞系数 λ_σ 进行分析。

取边跨跨中,中跨支座,中跨1/4跨、1/2跨、3/4跨和另外一边跨的跨中位置的顶板进行应力剪力滞系数 λ_σ 的计算。计算中剔除为了非线性计算稳定性而修改材料属性的位置。将混凝土纵向正应力数据从壳单元面(对应于箱梁顶板顶面)的计算结果中提取,描绘结果如图

4.138～图 4.144 所示。

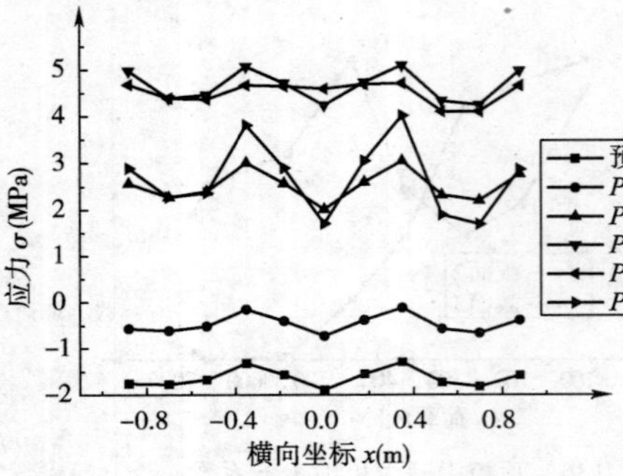

图 4.138　第一跨跨中

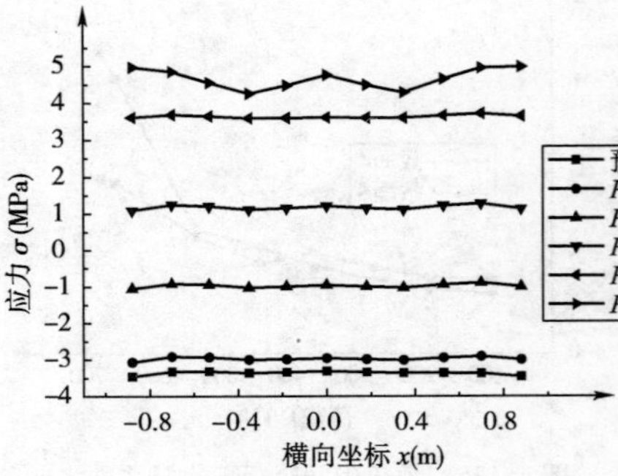

图 4.139　中跨支座 1 号截面

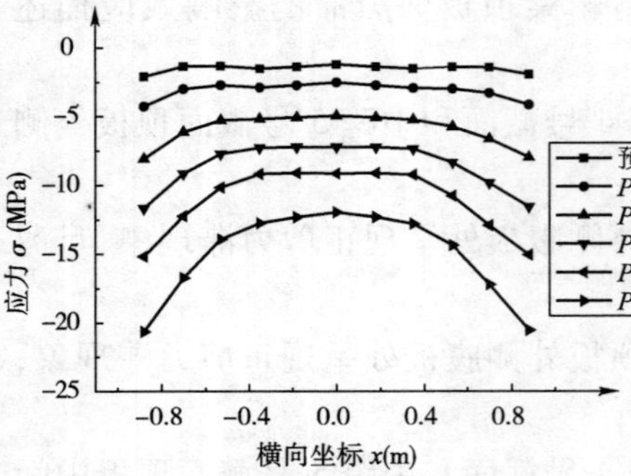

图 4.140　中跨 1/4 跨

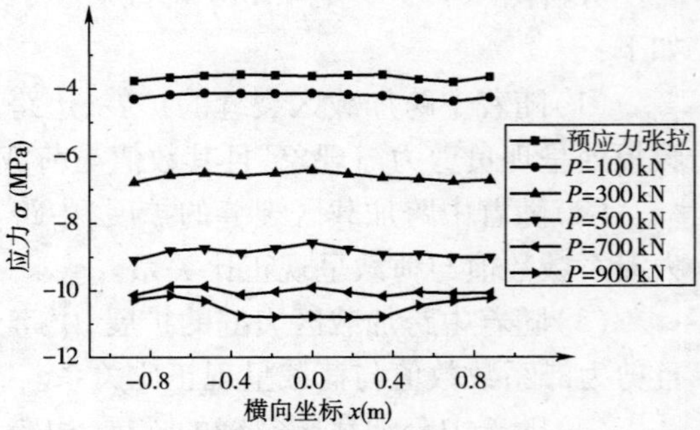

图 4.141　中跨 1/2 跨

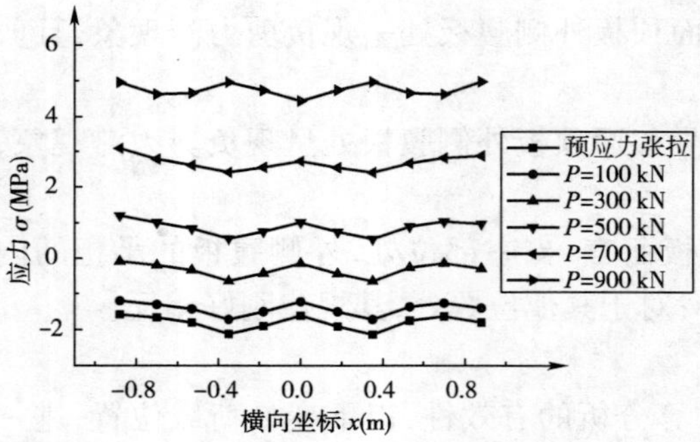

图 4.142　中跨 3/4 跨

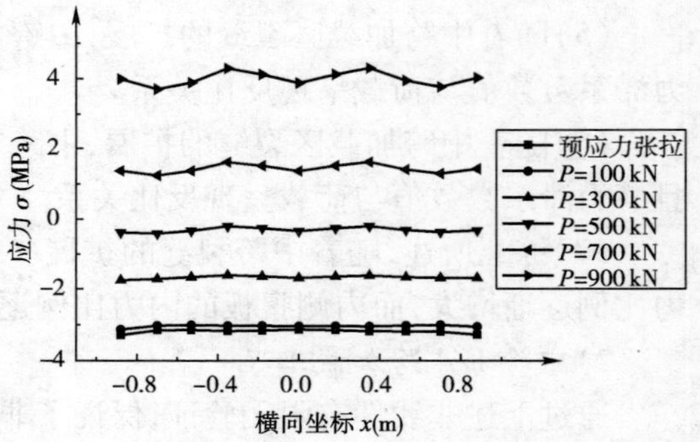

图 4.143　中跨支座 2 号截面

分析图 4.138～图 4.144 中的箱梁纵向正应力横向分布图，可以看出，随着裂缝的扩展，梁体正应力的横向分布形状会发生一些变化，即箱梁横截面顶板各处的剪力滞系数会发生变化，为了进一步分析箱梁剪力滞系数，取边腹板和中腹板与顶板交界处的剪力滞系数进行分析研究，如图 4.145～图 4.151 所示。

分析图 4.145～图 4.151，可以看出，中跨 1/4 跨加载工况下，裂缝对单箱双室箱梁顶板剪力滞的影响效应描述如下：

(1)随着中跨 1/4 跨加载区裂缝的扩展，边跨跨中顶板由正剪力滞转变为负剪力滞。

(2)随着中跨 1/4 跨加载区裂缝的扩展，中跨的两个支座部位的腹板和顶板交界处都呈现正剪力滞现象。

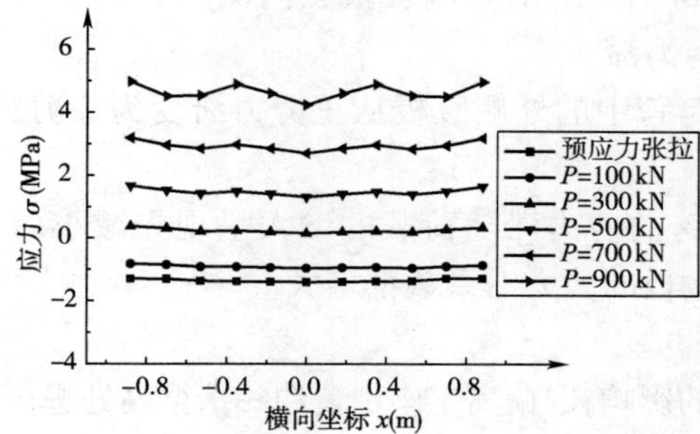

图 4.144 第三跨跨中

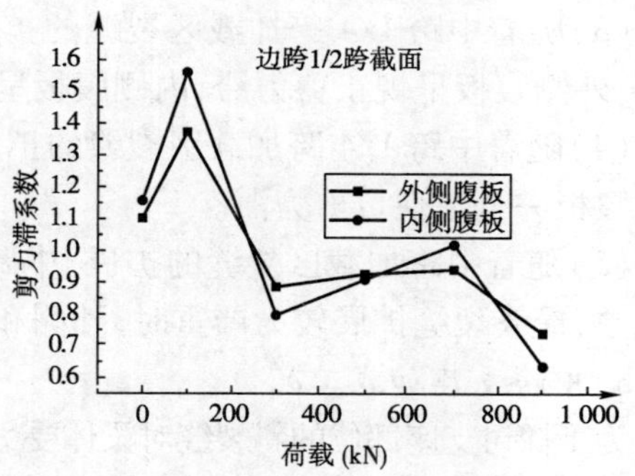

图 4.145 顶板和腹板交界处剪力滞系数

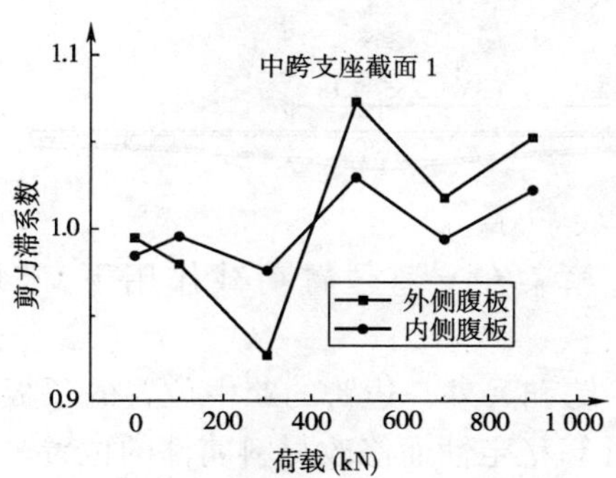

图 4.146 顶板和腹板交界处剪力滞系数

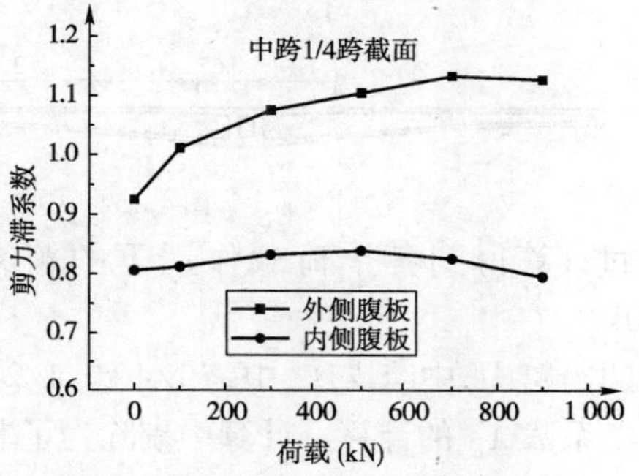

图 4.147 顶板和腹板交界处剪力滞系数

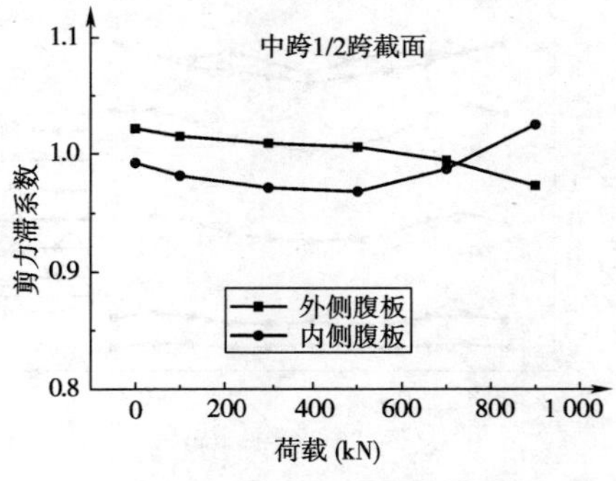

图 4.148 顶板和腹板交界处剪力滞系数

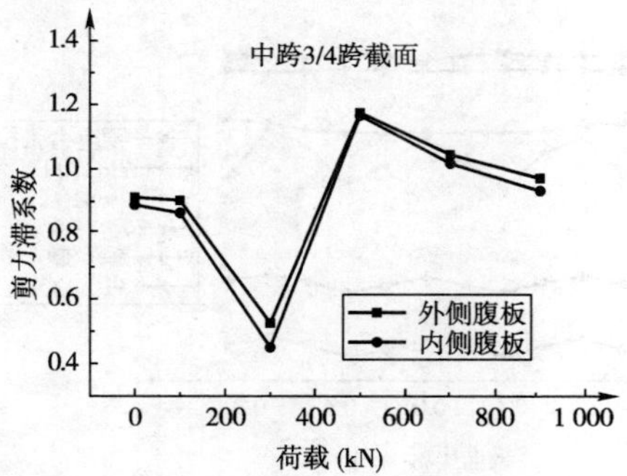

图 4.149 顶板和腹板交界处剪力滞系数

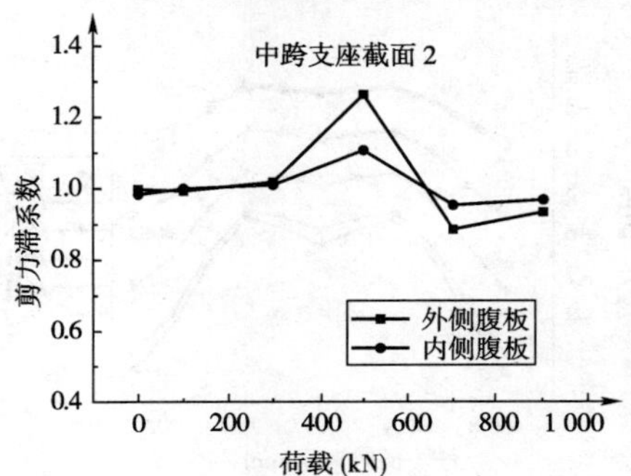

图 4.150 顶板和腹板交界处剪力滞系数

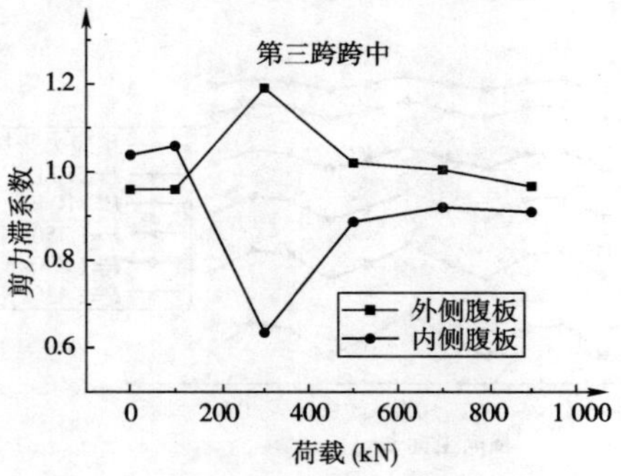

图 4.151 顶板和腹板交界处剪力滞系数

(3)随着中跨 1/4 跨加载区裂缝的扩展,中跨 1/4 跨的外侧腹板和内侧腹板的剪力滞不相同,外侧腹板呈现正剪力滞,内侧腹板呈现负剪力滞。

(4)随着中跨 1/4 跨加载区裂缝的扩展,中跨跨中的外侧腹板从正剪力滞变为负剪力滞。内侧腹板一直呈现负剪力滞。

(5)随着中跨加载区裂缝的扩展,中跨 3/4 跨的剪力滞随荷载的增大呈现先减小后增大的现象,最终裂缝扩展较为严重时,外侧和内侧腹板的剪力滞系数都增大。

3)中跨支座加载工况

为了探讨支座部位的斜裂缝对梁体受力特性的影响,取偏离支座位置约一倍梁高处进行竖向加载,实际加载位置偏离支座中心位置(0.6m,梁高 0.52m),中跨支座加载图式如图 4.152所示。

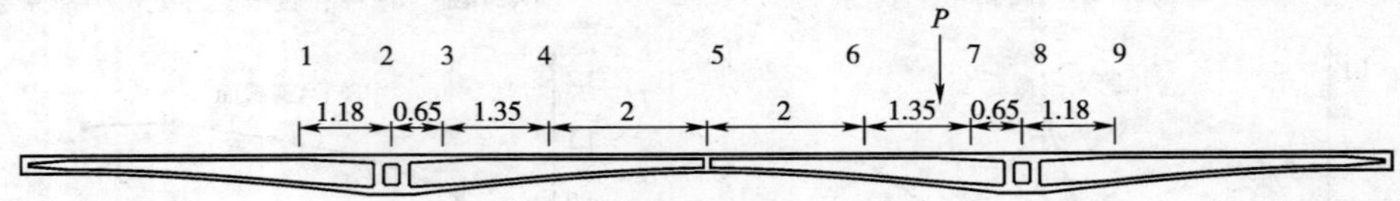

图 4.152 中跨支座加载(尺寸单位:m)

通过计算得到各个荷载作用下的箱梁挠度,箱梁在支座位置荷载作用下,破坏荷载为2 430kN。

取边跨跨中,中跨支座,中跨 1/4 跨、1/2 跨、3/4 跨和另外一边跨的跨中位置的顶板进行应力剪力滞系数 λ_σ 的计算。计算中剔除为了非线性计算稳定性而修改材料属性的位置。混凝土纵向正应力数据从箱梁顶板顶面的计算结果中提取,描绘结果如图 4.153 ~ 图 4.159 所示。

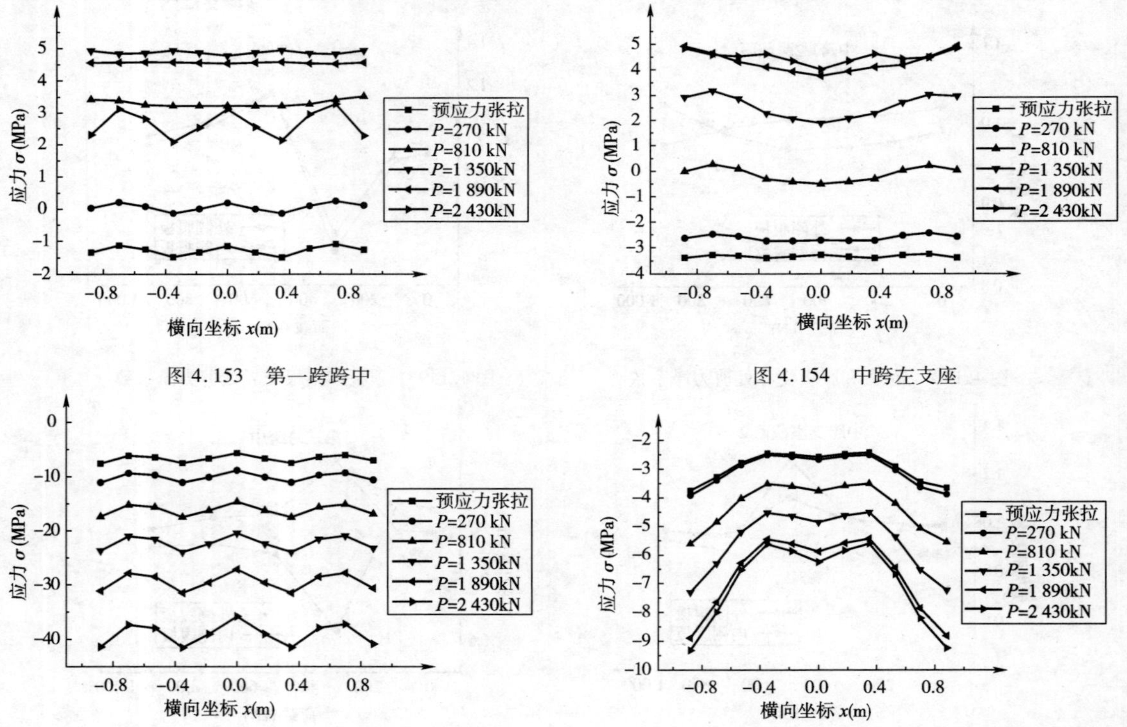

图 4.153 第一跨跨中

图 4.154 中跨左支座

图 4.155 中跨 1/4 跨

图 4.156 中跨 1/2 跨

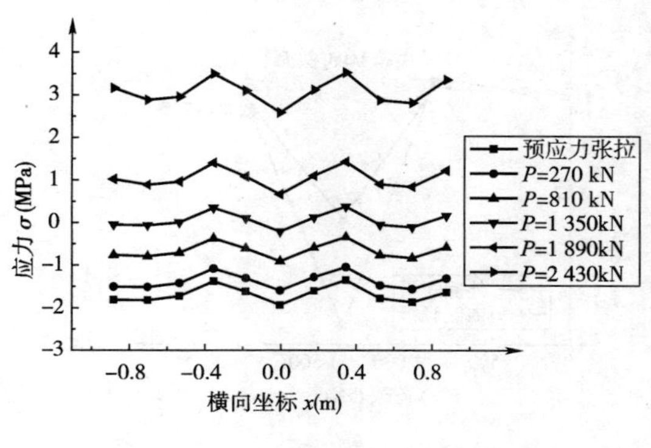

图 4.157　中跨 3/4 跨

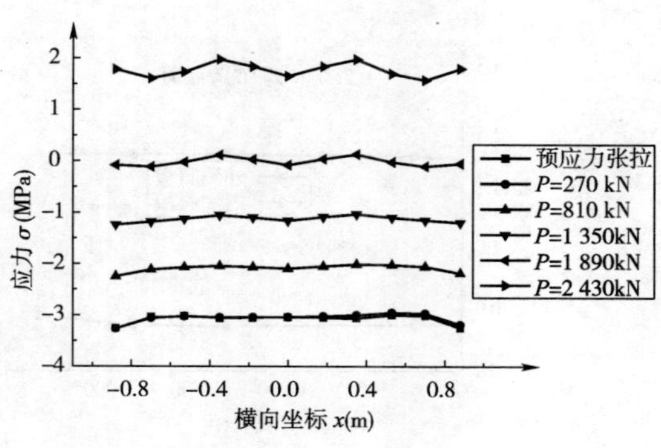

图 4.158　中跨右边支座

分析图 4.153 ~ 图 4.159 中的箱梁纵向正应力横向分布图，可以看出，随着裂缝的扩展，梁体正应力的横向分布形状会发生一些变化，即箱梁横截面顶板各处的剪力滞系数会发生变化，为了进一步分析箱梁剪力滞系数，取边腹板和中腹板与顶板交界处的剪力滞系数进行分析研究。

分析图 4.160 ~ 图 4.166，可以看出，中跨支座加载工况下，裂缝对单箱双室箱梁顶板剪力滞的影响效应描述如下：

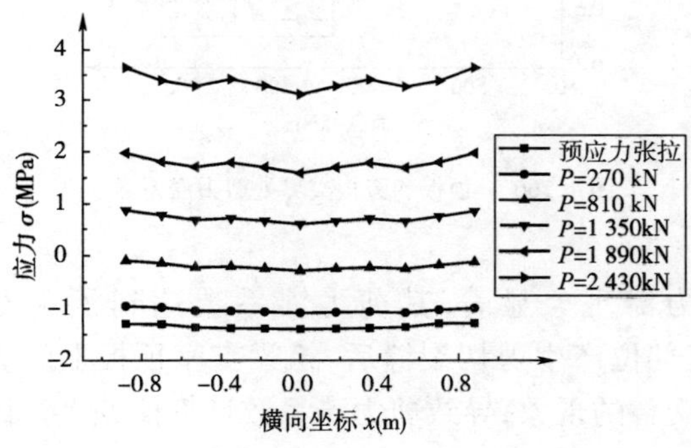

图 4.159　第三跨跨中

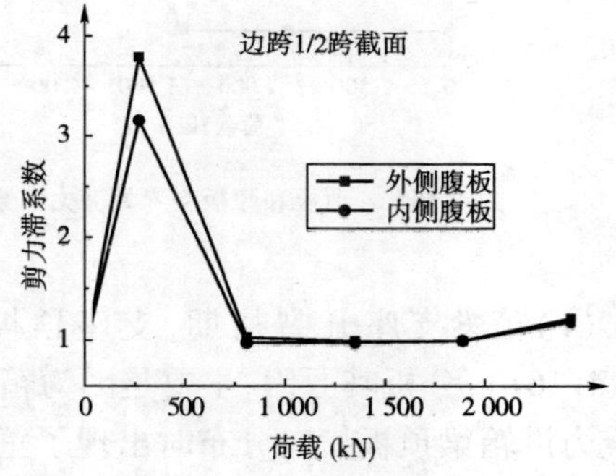

图 4.160　顶板和腹板交界处剪力滞系数

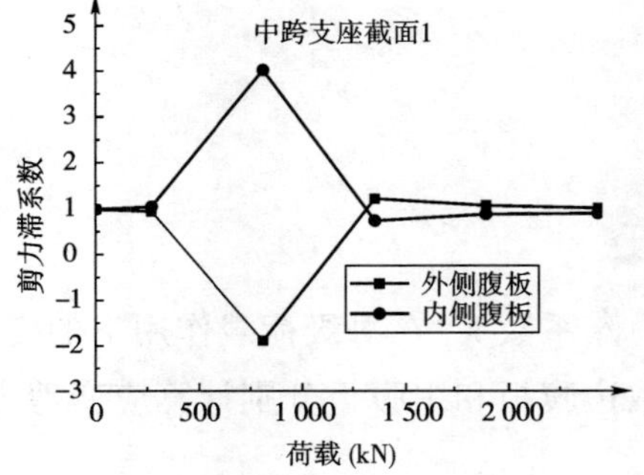

图 4.161　顶板和腹板交界处剪力滞系数

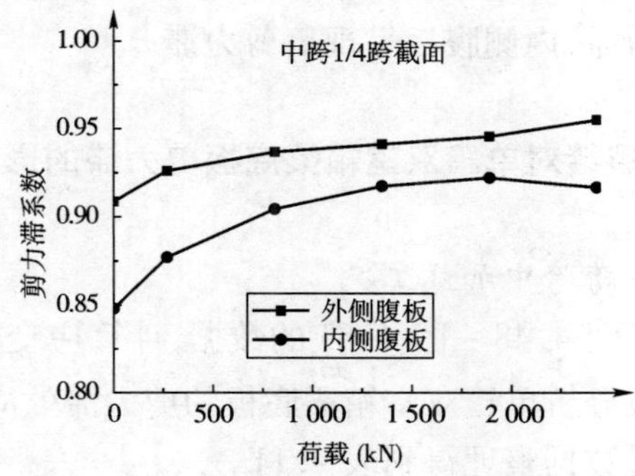

图 4.162　顶板和腹板交界处剪力滞系数

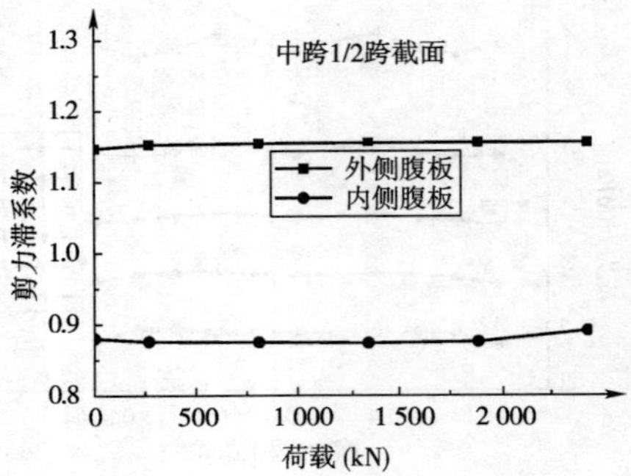

图 4.163　顶板和腹板交界处剪力滞系数

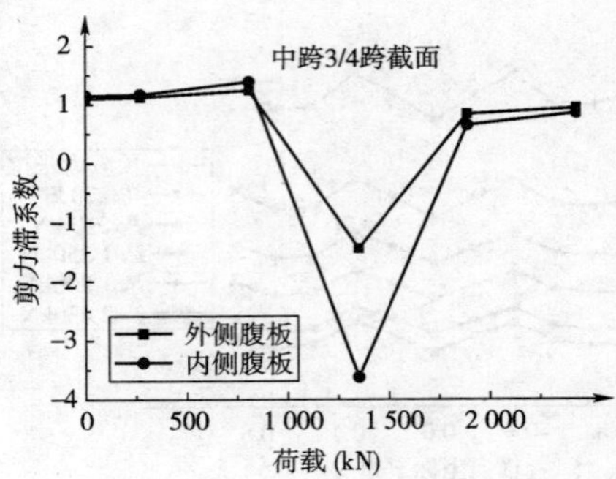

图 4.164　顶板和腹板交界处剪力滞系数

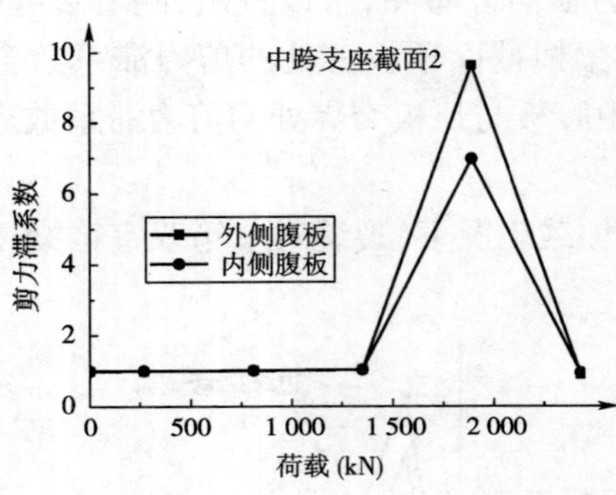

图 4.165　顶板和腹板交界处剪力滞系数

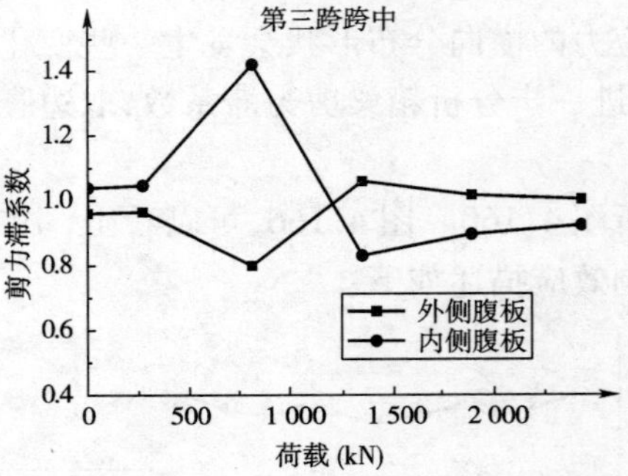

图 4.166　顶板和腹板交界处剪力滞系数

(1)箱梁支座开裂初期,支座顶板处剪力滞现象显著,其剪力滞系数达到了 4 左右(图 4.161),分析其原因,主要是因为箱梁支座部位产生剪切裂缝后,箱梁支座顶板上的纵向正应力沿箱梁顶板横向分布时出现了正、负号交替的现象,导致剪力滞系数计算值偏大。该现象表明:支座处剪切裂缝对箱梁的顶板剪力滞影响显著。

(2)随着中跨支座加载区裂缝的扩展,中跨 1/4 跨和 3/4 跨呈现负剪力滞。

(3)随着中跨支座加载区裂缝的扩展,中跨 1/2 跨的剪力滞系数基本不变化,外侧腹板呈现正剪力滞,内侧腹板呈现负剪力滞。

4.4.4　裂缝对单箱双室箱梁底板剪力滞的影响

1)中跨跨中加载工况

分析图 4.48 ~ 图 4.63 的数据,计算应变剪力滞系数 λ_ε 在每级荷载作用下的变化规律。为了有效分析单箱双室箱梁底板的剪力滞效应,取边腹板和中腹板分别计算应变剪力滞系数 λ_ε。通过数据整理得到表 4.11。

箱梁底板腹板处的应变剪力滞系数 λ_ε 表 4.11

荷载 P(kN)	截面 1		截面 3		截面 4		截面 5	
	外侧腹板	内侧腹板	外侧腹板	内侧腹板	外侧腹板	内侧腹板	外侧腹板	内侧腹板
90	0.98	1.02	1.48	1.54	2.50	1.20	1.45	2.70
185	1.58	1.48	1.81	1.90	1.74	0.90	1.42	3.56
270	1.63	-1.28	1.91	2.24	1.75	1.08	1.33	2.04
360	1.94	-1.58	1.73	1.97	1.86	1.23	1.23	1.55
439	1.01	0.78	1.30	1.38	1.56	1.08	1.61	1.80
535	1.21	0.85	1.42	1.26	1.59	1.10	0.64	0.55
657	1.25	0.99	1.51	1.31	1.53	1.04	0.68	0.30
679	1.22	0.99	1.48	1.26	1.55	1.03		
荷载 P(kN)	截面 6		截面 7		截面 9			
	外侧腹板	内侧腹板	外侧腹板	内侧腹板	外侧腹板	内侧腹板		
90	1.58	6.63	1.36	2.02	0.92	1.28		
185	0.79	0.64	1.34	1.91	1.11	1.27		
270	0.80	0.79	1.34	1.96	1.14	1.30		
360	1.30	-3.45	1.47	1.65	1.08	1.27		
439	1.21	1.90	1.36	1.37	0.91	1.14		
535	1.21	2.09	1.31	1.17	0.94	1.10		
657	1.24	1.67	1.32	1.09	1.01	1.12		
679	1.34	2.25	1.41	0.93	0.99	1.11		

各个关键截面的外侧腹板和顶板交界处的应变剪力滞系数统计结果如图 4.167 ~ 图 4.170所示。

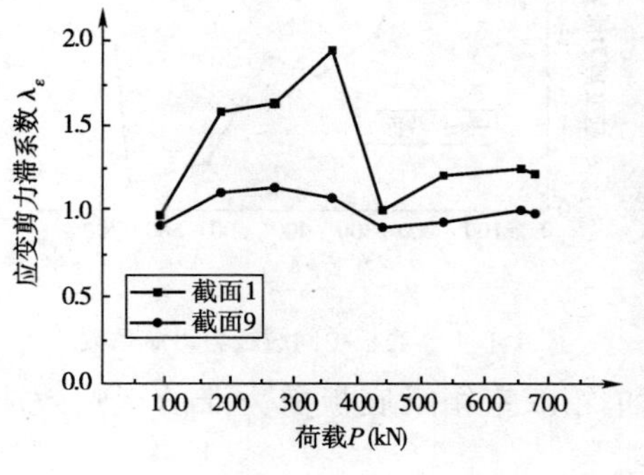

图 4.167 底板外侧腹板剪力滞系数

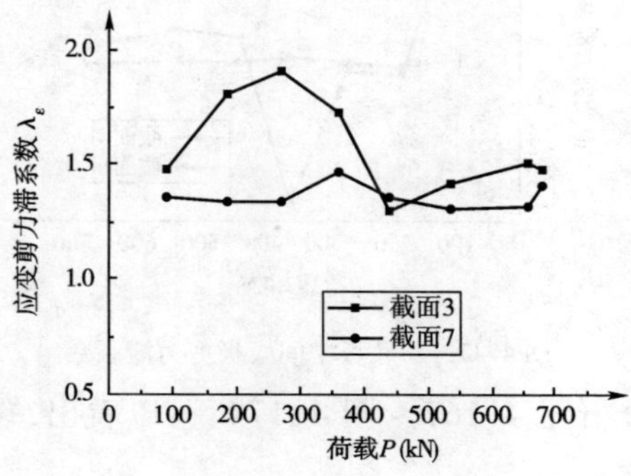

图 4.168 底板外侧腹板剪力滞系数

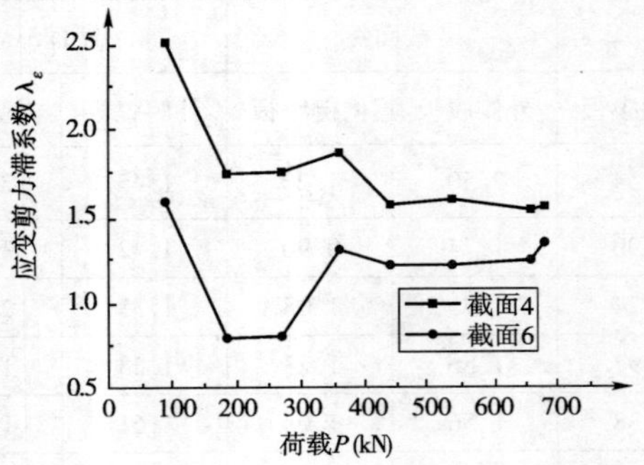

图 4.169　底板外侧腹板剪力滞系数

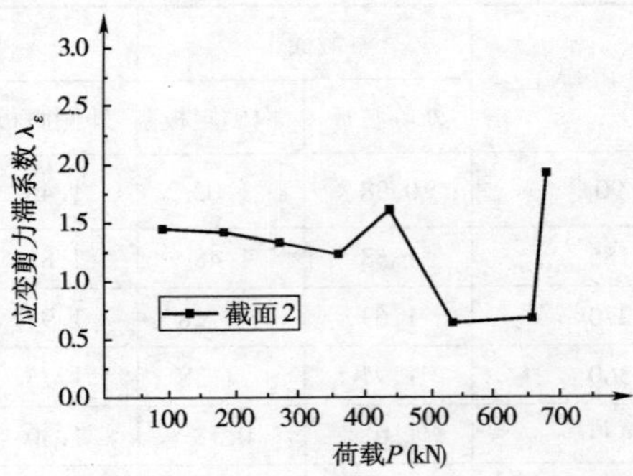

图 4.170　底板外侧腹板剪力滞系数

各个关键截面的内侧(即中间位置)腹板和顶板交界处的应变剪力滞系数统计结果如图 4.171 ~ 图 4.174 所示。

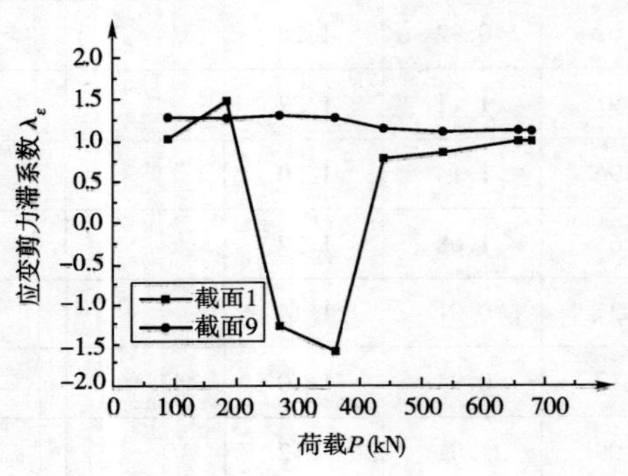

图 4.171　底板中间腹板剪力滞系数

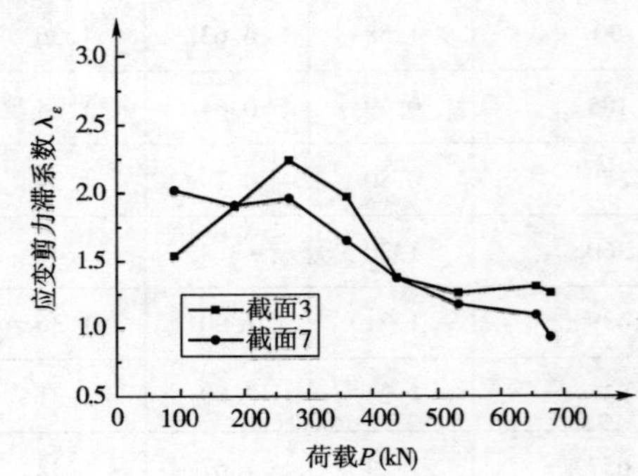

图 4.172　底板中间腹板剪力滞系数

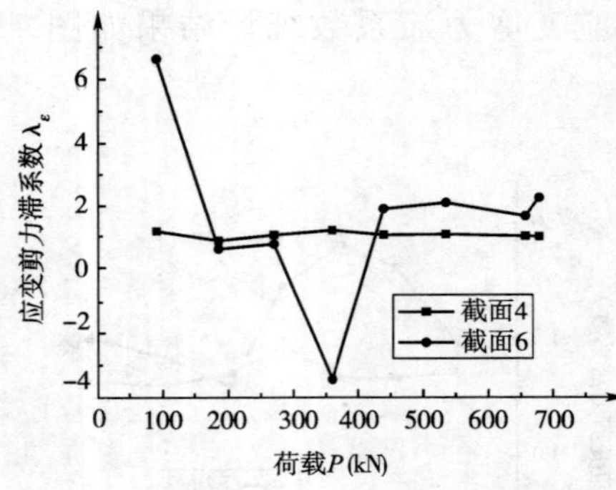

图 4.173　底板中间腹板剪力滞系数

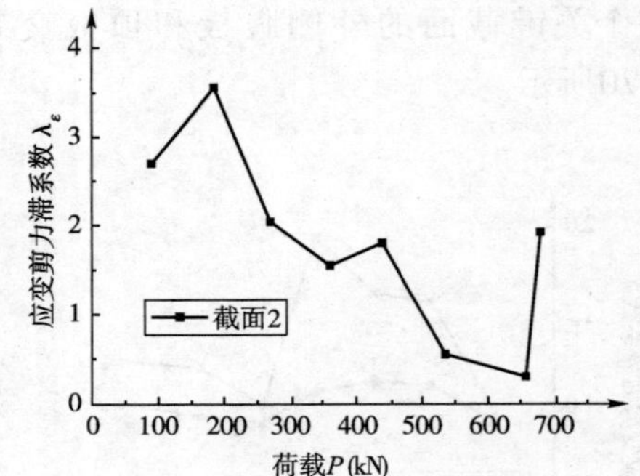

图 4.174　底板中间腹板剪力滞系数

分析图 4.167 ~ 图 4.174,可以看出,裂缝对单箱双室箱梁底板剪力滞的影响效应描述如下。

随着中跨加载区裂缝的扩展,箱梁截面底板都呈现正剪力滞现象,其剪力滞系数随着裂缝的扩展逐渐减小。

2）中跨 1/4 跨加载工况

对有限元计算结果进行整理，得到中跨 1/4 跨加载工况作用下，箱梁底板的纵向正应力横向分布图，如图 4.175～图 4.179 所示。

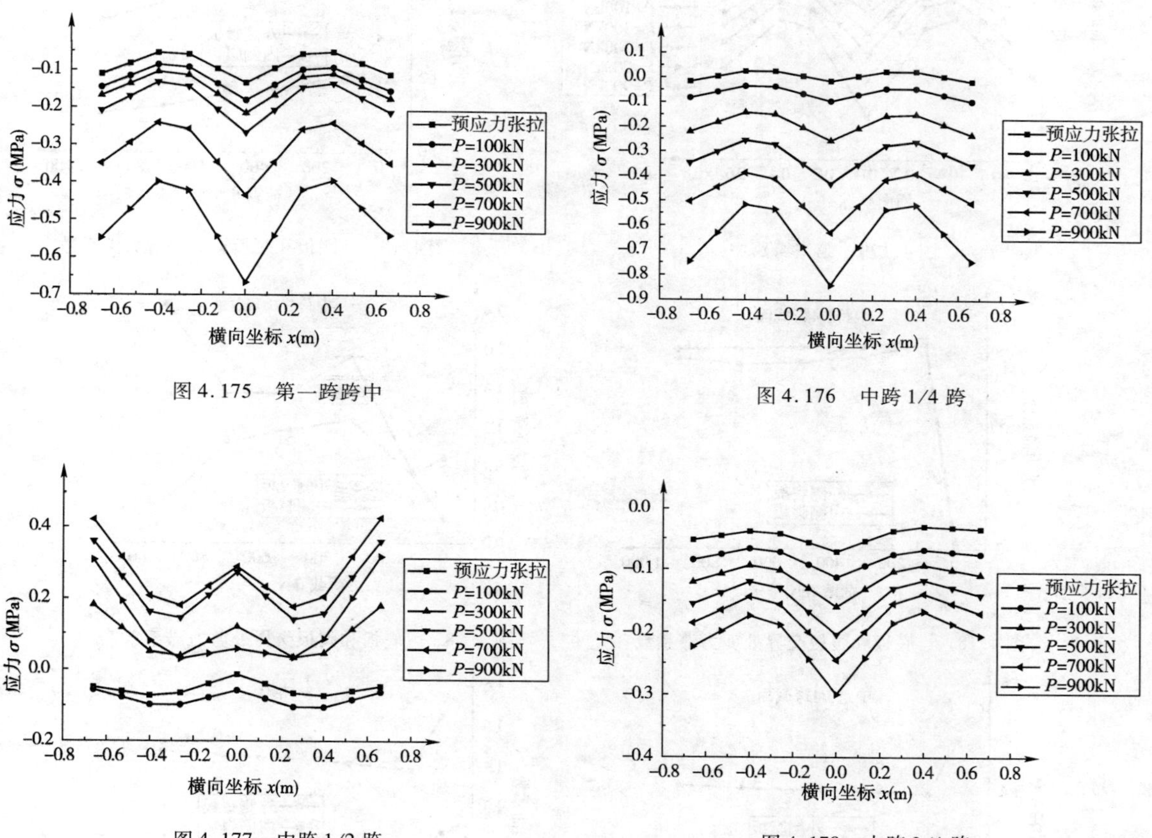

图 4.175　第一跨跨中

图 4.176　中跨 1/4 跨

图 4.177　中跨 1/2 跨

图 4.178　中跨 3/4 跨

分析图 4.175～图 4.179 中的箱梁纵向正应力横向分布图，可以看出，随着裂缝的扩展，梁体正应力的横向分布形状相似，为了进一步分析箱梁剪力滞系数，取边腹板和中腹板与顶板交界处的剪力滞系数进行分析研究。

分析图 4.180 ～图 4.184 ，可以看出，中跨 1/4 跨加载工况下，裂缝对单箱双室箱梁底板剪力滞的影响效应描述如下：

（1）随着中跨 1/4 跨加载区裂缝的扩展，边跨跨中呈现正剪力滞现象。

（2）随着中跨 1/4 跨加载区裂缝的扩展，中跨 1/4 跨的外侧腹板和内侧腹板的剪力滞均呈现正剪力滞现象，且内侧腹板比外侧腹板的剪力滞系数稍大。

（3）随着中跨加载区裂缝的扩展，中跨 1/2 跨内侧腹板的剪力滞随荷载的增大呈现先增大后减小的现象。随着中跨加载区裂缝的扩展，外侧腹板的剪力滞系数增大。

3）中跨支座加载工况

对有限元计算结果进行整理，得到中跨支座加载工况作用下箱梁底板的纵向正应力横向分布图，如图 4.185 ～图 4.189 所示。

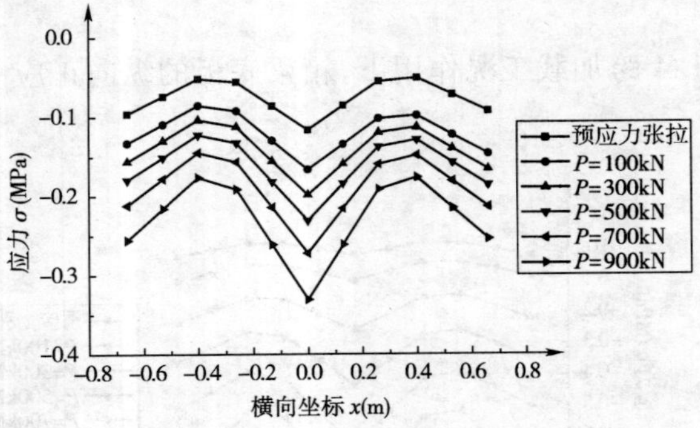

图 4.179　第三跨跨中

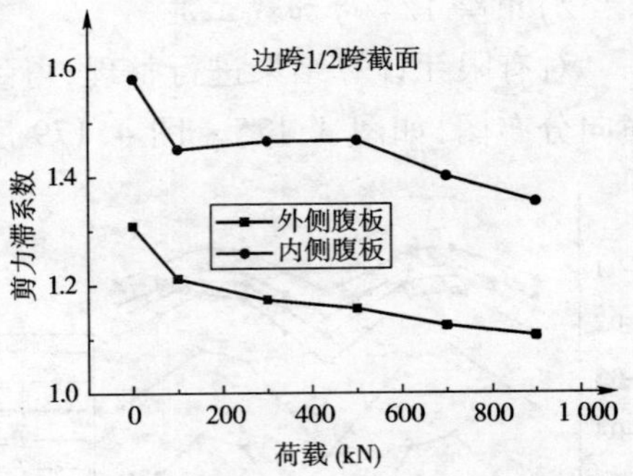

图 4.180　底板和腹板交界处剪力滞系数

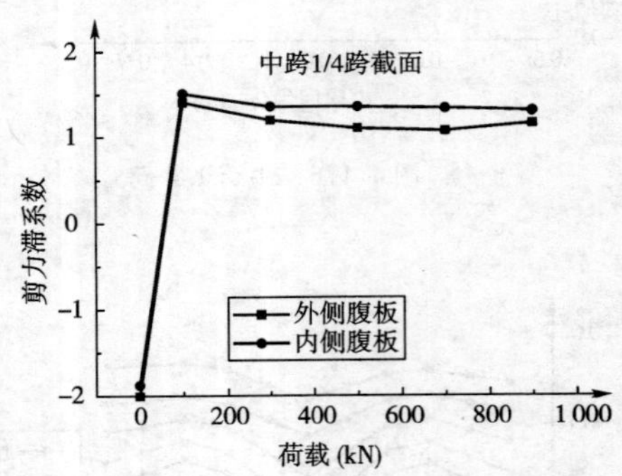

图 4.181　底板和腹板交界处剪力滞系数

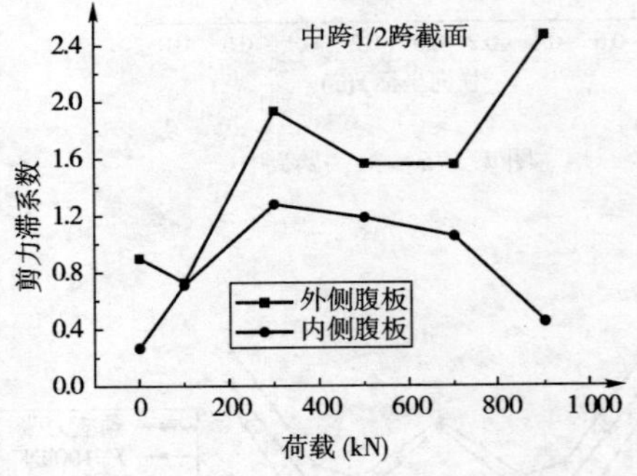

图 4.182　底板和腹板交界处剪力滞系数

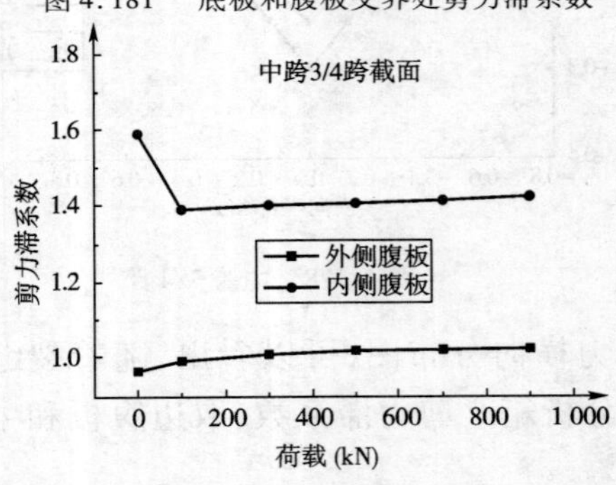

图 4.183　底板和腹板交界处剪力滞系数

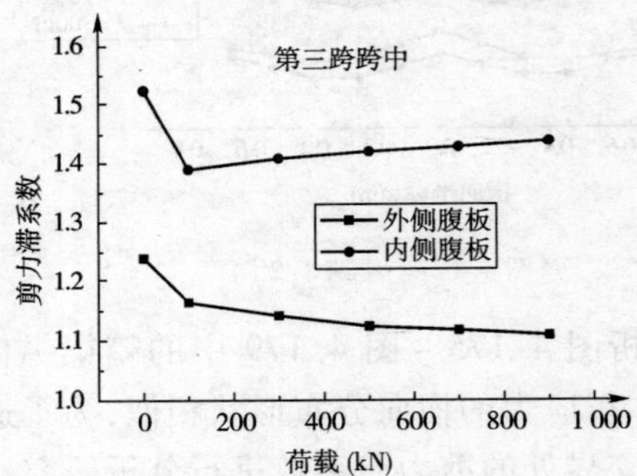

图 4.184　底板和腹板交界处剪力滞系数

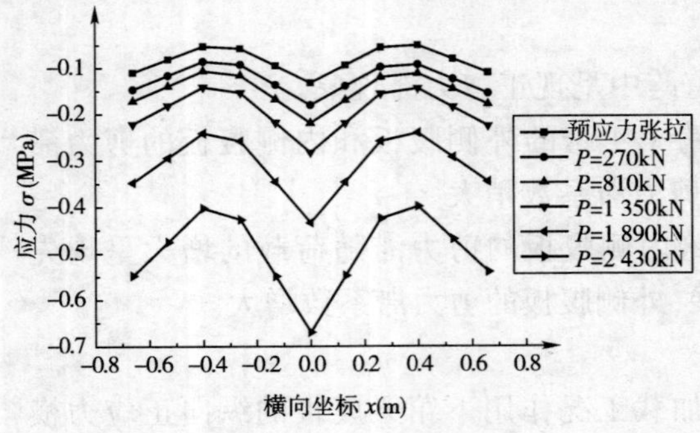

图 4.185　第一跨跨中

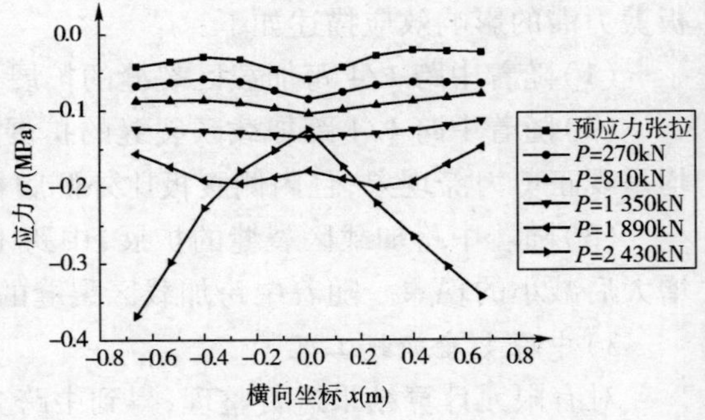

图 4.186　中跨 1/4 跨

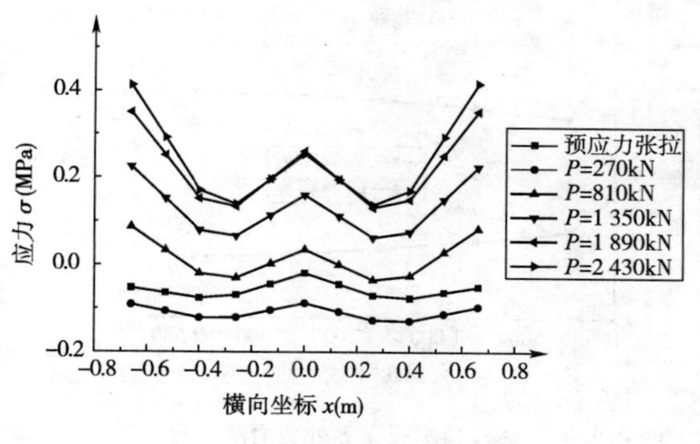

图 4.187　中跨 1/2 跨

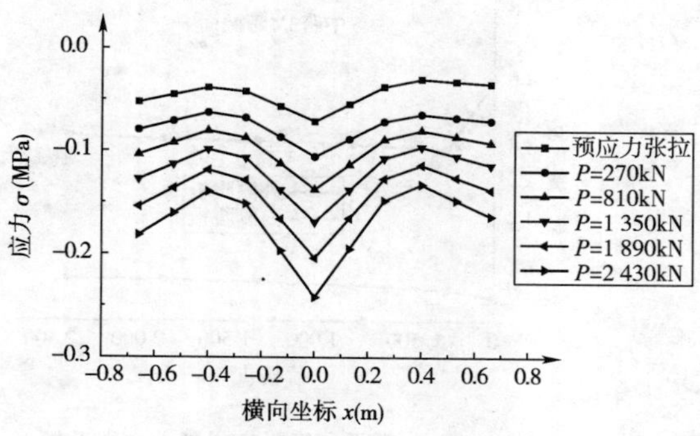

图 4.188　中跨 3/4 跨

分析图 4.185 ~图 4.189 中的箱梁纵向正应力横向分布图，可以看出，随着裂缝的扩展，梁体正应力的横向分布形状基本未变，但是中跨 1/4 跨的底板纵向正应力在荷载 $P=2\ 430\text{kN}$ 时，底板的纵向正应力横向分布发生较大的变化，分析其原因为：箱梁在极限荷载作用下，其刚度不稳定，会导致梁体分布发生不稳定。为了进一步分析箱梁剪力滞系数，取边腹板和中腹板与顶板交界处的剪力滞系数进行分析研究。

分析图 4.190 ~图 4.194 ，可以看出，中跨支座加载工况下，裂缝对单箱双室箱梁底板剪力滞的影响效应描述如下：

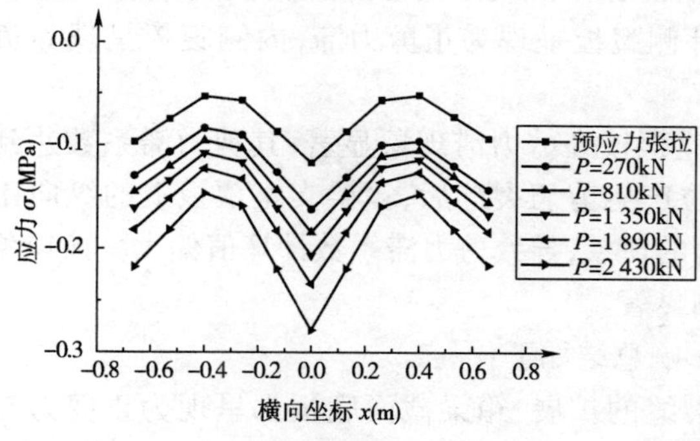

图 4.189　第三跨跨中

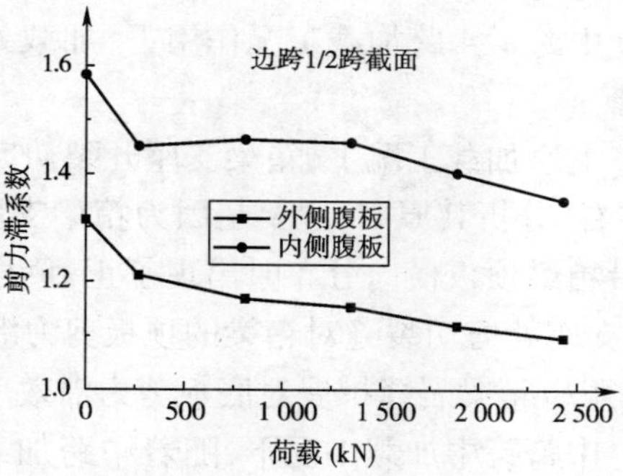

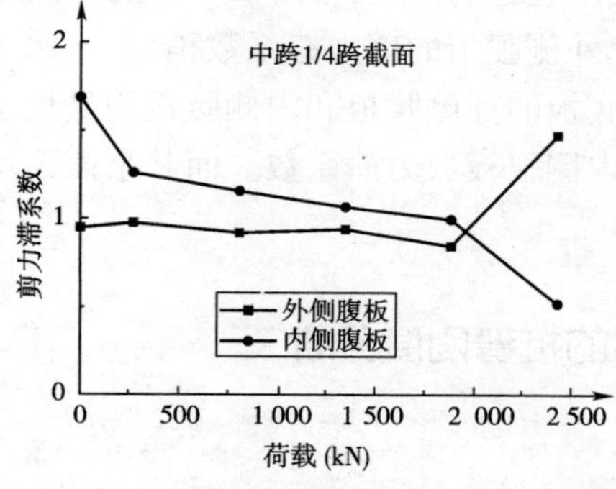

图 4.191　底板和腹板交界处剪力滞系数

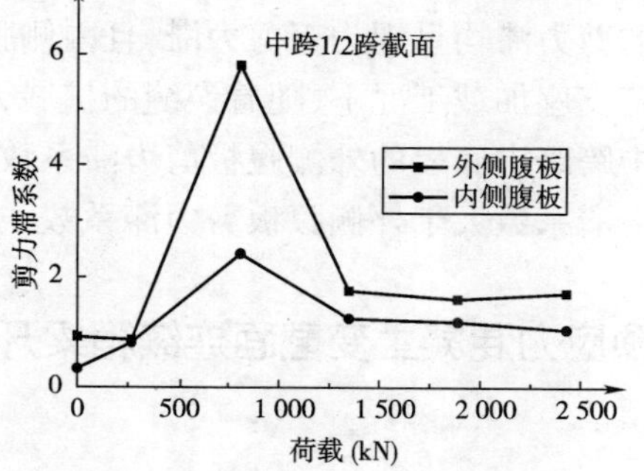

图 4.192　底板和腹板交界处剪力滞系数

图 4.190　底板和腹板交界处剪力滞系数

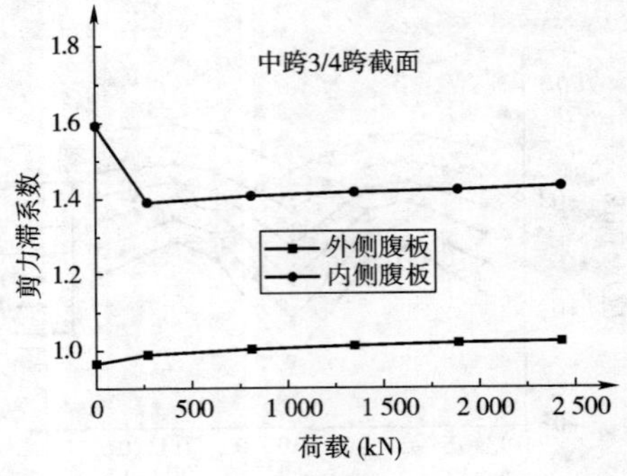

图 4.193　底板和腹板交界处剪力滞系数

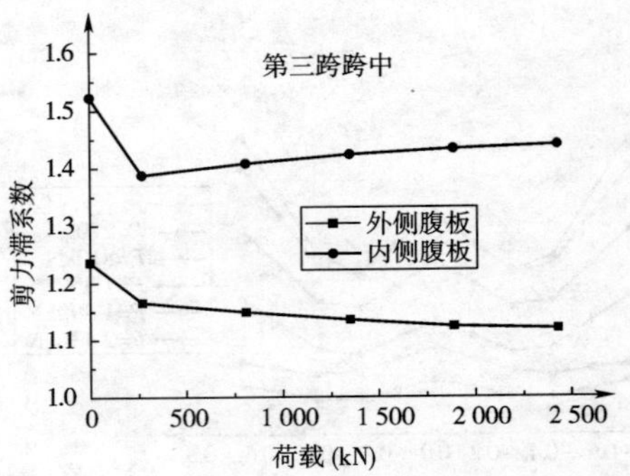

图 4.194　底板和腹板交界处剪力滞系数

(1)随着裂缝的扩展,箱梁底板的外侧腹板和内侧腹板均呈现正剪力滞现象。

(2)中跨跨中底板的外侧腹板剪力滞系数大于内侧腹板剪力滞系数。而其余截面均为内侧腹板剪力滞系数大于外侧腹板剪力滞系数。

4.4.5　小结

(1)箱梁裂缝扩展对顶板剪力滞效应的影响总结如下:

中跨跨中加载工况下,随着中跨裂缝的扩展。对于顶板而言,支座部位处,外侧腹板承担的内力比例逐渐增大,而内侧腹板承担的内力比例逐渐减小;对于其他位置处,其规律刚好相反。

中跨 1/4 跨加载工况作用下,加载处的外侧腹板呈现为正剪力滞,内侧腹板呈现为负剪力滞。

支座加载工况下,箱梁支座开裂初期,支座顶板处剪力滞现象显著,其剪力滞系数达到了 4 左右,分析其原因,主要是因为箱梁支座部位产生剪切裂缝后,箱梁支座顶板上的纵向正应力沿箱梁顶板横向分布时出现了正、负号交替的现象,导致剪力滞系数计算值偏大。该现象表明:支座处剪切裂缝对箱梁的顶板剪力滞影响显著。

(2)箱梁裂缝扩展对底板剪力滞效应的影响总结如下:

中跨跨中加载工况下,随着中跨加载区裂缝的扩展,箱梁截面底板都呈现为正剪力滞现象,其剪力滞系数随着裂缝的扩展逐渐减小。

中跨 1/4 跨加载工况下,随着中跨 1/4 跨加载区裂缝的扩展,中跨 1/4 跨的外侧腹板和内侧腹板的剪力滞均呈现为正剪力滞,且内侧腹板比外侧腹板的剪力滞系数稍大。

中跨支座加载工况下,随着裂缝的扩展,箱梁底板的外侧腹板和内侧腹板均呈现正剪力滞现象。中跨跨中底板的外侧腹板剪力滞系数大于内侧腹板剪力滞系数。而其余截面均为内侧腹板剪力滞系数大于外侧腹板剪力滞系数。

4.5　预应力混凝土变截面连续箱梁开裂后的抗弯刚度分析

4.5.1　概述

裂缝产生后,梁体开裂区域的刚度将会发生折减。梁的抗弯刚度可采用材料弹性模量和截面惯性矩的乘积(EI)表示。实际箱梁发生开裂后,由于裂缝的随机性及不确定性,裂缝产生后无法直接通过其几何参数评估对梁体刚度的影响。

(1)基于反演理论的梁体抗弯刚度评估方法,本节简称为"间接法"。其具体思路为,将待识别的梁体抗弯刚度看成优化变量,并组成目标函数,通过不断修正有限元模型,得到结构的优化参数,使正向计算结果能够最大限度与实测结果吻合。

(2)直接构建梁体刚度折减系数,本节简称为"直接法"。其具体思路为,基于试验和非线性有限元理论,统计梁体的荷载—挠度曲线特征值,直接构建梁体刚度退化指标。

(3)将"直接法"和"间接法"得到的评估结果进行比较,最终分析裂缝对梁体刚度的影响。最终建立刚度退化数学模型。

4.5.2　间接法计算梁体抗弯刚度折减

间接法的基本理论是采用有限元优化计算理论[134],结构优化的关键技术之一是求灵敏度。全差分法求灵敏度是把有限元程序作为一个"黑匣子",根据给定的设计变量做一次结构分析,记下响应量(位移、应力等);然后给设计变量一个增量,并使其他设计变量保持不变,再做一次结构分析,然后采用差分方法求得响应量对设计变量的灵敏度。在求出全部响应量对所有设计变量的灵敏度以后,建立并求解优化数学模型,获得新的设计变量。这一过程称为一次优化迭代。一次次迭代下去,直至满足优化迭代的收敛条件。

当采用静态位移进行损伤评估时,以结构单元的刚度折减系数 α_i(i 表示单元号)作为优化变量。结构的理论位移值 $\boldsymbol{\Delta}^{\alpha}$ 可以通过有限元方法计算得到

$$\boldsymbol{\Delta}^{\alpha}=\boldsymbol{K}^{-1}\boldsymbol{F} \tag{4-120}$$

式中:$\boldsymbol{K}$——结构的刚度矩阵,是刚度折减系数的函数;

$\boldsymbol{F}$——等效节点荷载向量。

使用最小二乘法误差准则,以理论位移值和实测位移值误差最小为目标构建最优化数学模型。

$$\min\sum_{i=1}^{n}(\Delta_i^{\mathrm{m}}-\Delta_i^{\alpha})^2 \tag{4-121}$$

式中:$\boldsymbol{\Delta}_i^{\mathrm{m}}$——第 i 个节点的挠度测试值。

采用很多优化算法求解上式,可以得到结构的损伤状态。本节选用 Levenberg - Marquardt 算法求解。

采用 MATLAB 语言编制对应的优化程序,采用 ANSYS APDL 语言建立了箱梁有限元模型。有限元模型共分 58 个单元。模型如图 4.195 所示。

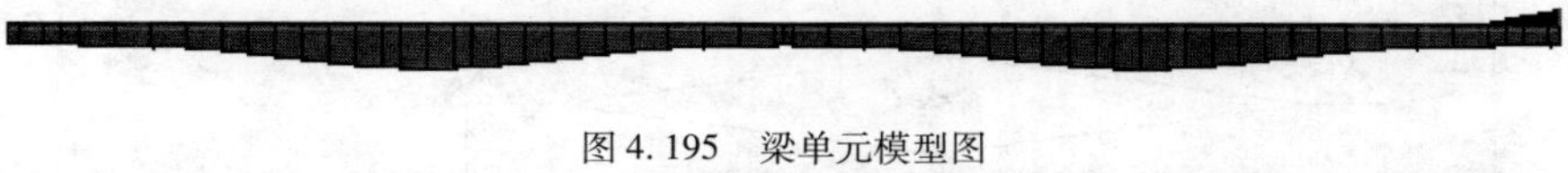

图 4.195　梁单元模型图

程序流程如图 4.196 所示。图 4.196 中挠度对弹性模量的梯度向量 $\boldsymbol{P}$ 采用全局差分法进行计算。第一次计算时,所有单元都取设计弹性模量数值进行有限元分析,得到模型各个节点的挠度。第二次计算时,给每个设计变量一个增量,再做一次有限元分析,两次计算得到的挠度差除以设计变量增量即为挠度对弹性模量的灵敏度,即为本节前述的梯度向量 $\boldsymbol{P}$。

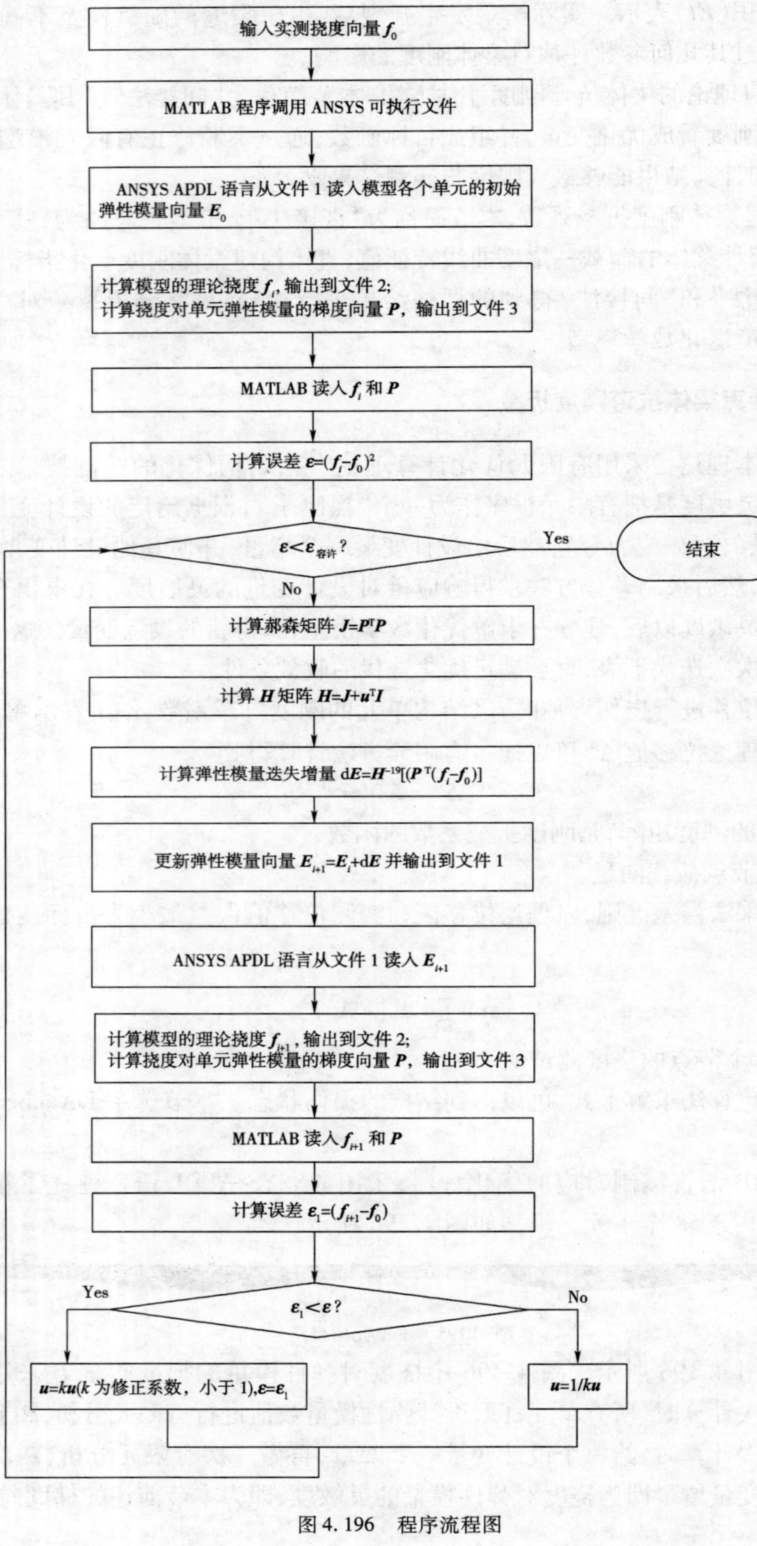

输入实测挠度向量 $\boldsymbol{f}_0$

MATLAB 程序调用 ANSYS 可执行文件

ANSYS APDL 语言从文件 1 读入模型各个单元的初始弹性模量向量 $\boldsymbol{E}_0$

计算模型的理论挠度 $\boldsymbol{f}_i$，输出到文件 2;
计算挠度对单元弹性模量的梯度向量 $\boldsymbol{P}$，输出到文件 3

MATLAB 读入 $\boldsymbol{f}_i$ 和 $\boldsymbol{P}$

计算误差 $\boldsymbol{\varepsilon}=(\boldsymbol{f}_i-\boldsymbol{f}_0)^2$

$\boldsymbol{\varepsilon}<\boldsymbol{\varepsilon}_{容许}$？

Yes

结束

No

计算郝森矩阵 $\boldsymbol{J}=\boldsymbol{P}^{\mathrm{T}}\boldsymbol{P}$

计算 $\boldsymbol{H}$ 矩阵 $\boldsymbol{H}=\boldsymbol{J}+\boldsymbol{u}^{\mathrm{T}}\boldsymbol{I}$

计算弹性模量迭失增量 $\mathrm{d}\boldsymbol{E}=\boldsymbol{H}^{-19}[(\boldsymbol{P}^{\mathrm{T}}(\boldsymbol{f}_i-\boldsymbol{f}_0)]$

更新弹性模量向量 $\boldsymbol{E}_{i+1}=\boldsymbol{E}_i+\mathrm{d}\boldsymbol{E}$ 并输出到文件 1

ANSYS APDL 语言从文件 1 读入 $\boldsymbol{E}_{i+1}$

计算模型的理论挠度 $\boldsymbol{f}_{i+1}$，输出到文件 2;
计算挠度对单元弹性模量的梯度向量 $\boldsymbol{P}$，输出到文件 3

MATLAB 读入 $\boldsymbol{f}_{i+1}$ 和 $\boldsymbol{P}$

计算误差 $\boldsymbol{\varepsilon}_1=(\boldsymbol{f}_{i+1}-\boldsymbol{f}_0)$

Yes

$\boldsymbol{\varepsilon}_1<\boldsymbol{\varepsilon}$？

No

$\boldsymbol{u}=k\boldsymbol{u}$($k$ 为修正系数，小于 1),$\boldsymbol{\varepsilon}=\boldsymbol{\varepsilon}_1$

$\boldsymbol{u}=1/k\boldsymbol{u}$

图 4.196　程序流程图

中跨跨中加载工况下，根据荷载 $F=355\text{kN}$、435kN、526kN 和 616kN 作用下的梁体实测挠度，可以反演得到梁体纵向刚度折减规律。具体计算结果如图 4.197 ~ 图 4.200 所示。

由图 4.197 ~ 图 4.200 可以看出：通过反复迭代，最终理论挠度基本和实测挠度吻合，迭代误差随着迭代步基本呈现线性下降关系。本文所编制的优化程序能够有效评估箱梁刚度的折减。四种加载值作用下的箱梁弹性模量沿梁体纵向的分布如图 4.201 所示。

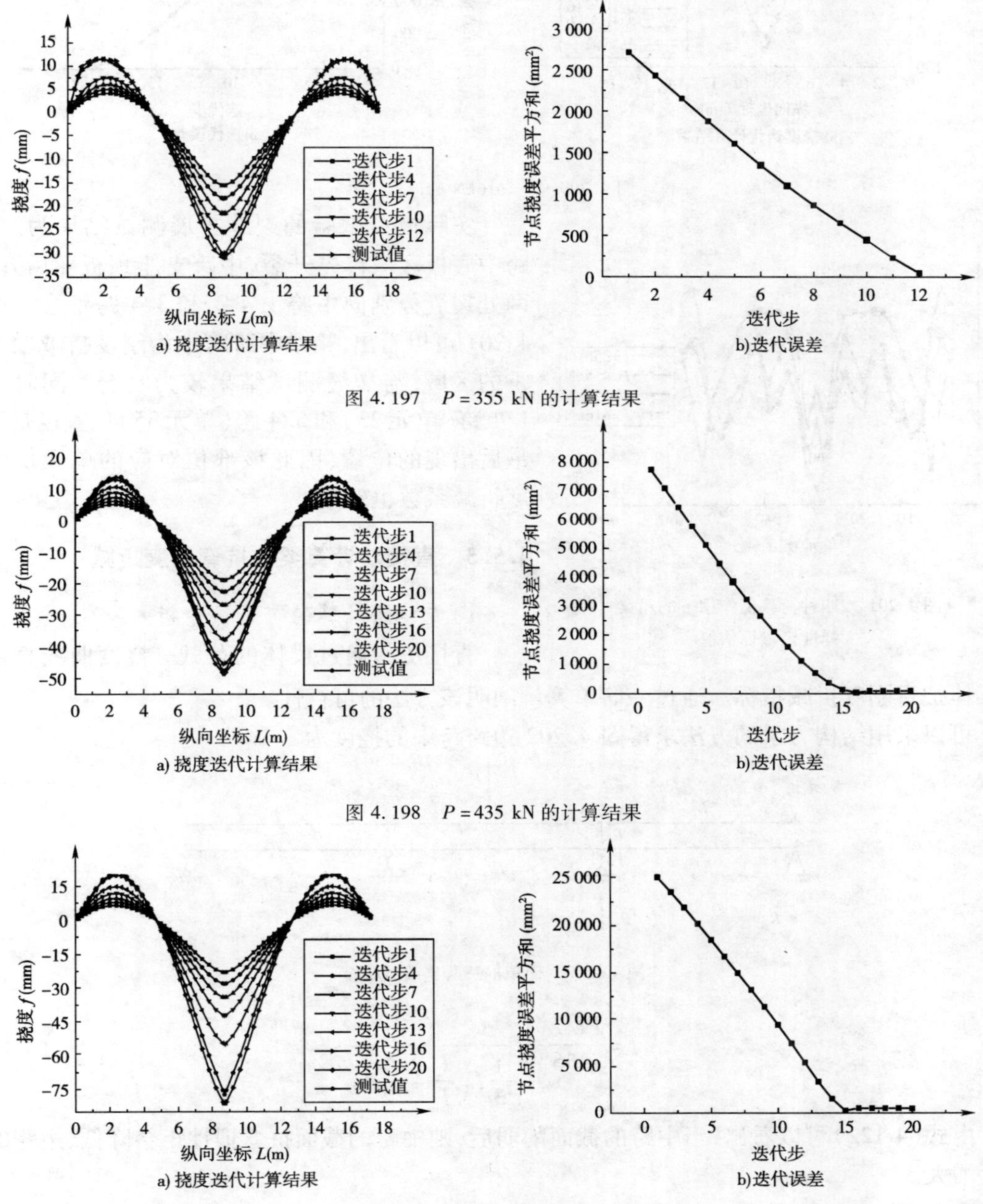

图 4.197　$P=355$ kN 的计算结果

图 4.198　$P=435$ kN 的计算结果

图 4.199　$P=526\text{kN}$ 的计算结果

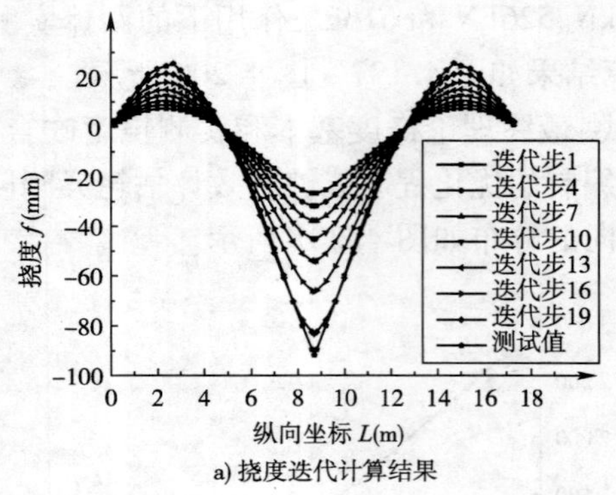

a) 挠度迭代计算结果

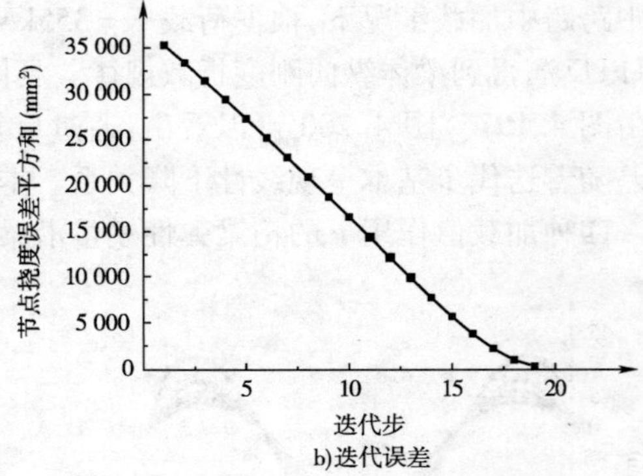

b)迭代误差

图 4.200 $P=616\text{kN}$ 的计算结果

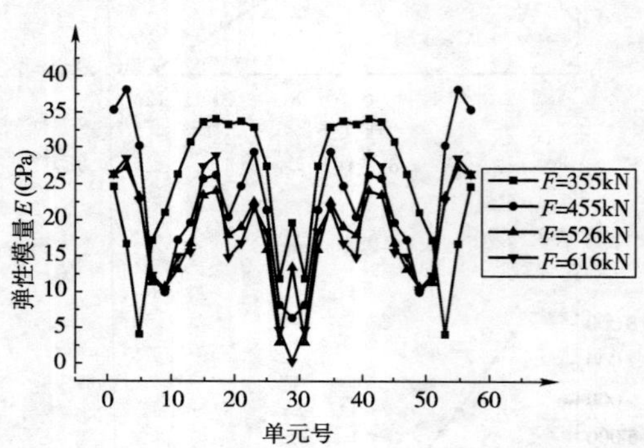

图 4.201 四种荷载值作用下的箱梁弹性模量评估值

实际模型试验的裂缝扩展测试结果为:中跨跨中底板区域首先开裂,中跨支座顶板随后开裂,两处裂缝分别向中跨 1/4 跨和 3/4 跨汇合。由图 4.201 可以看出,箱梁中跨跨中为刚度折减较为严重的区域,与裂缝测试结果较为吻合。同时中跨 1/4 跨(单元 23)和 3/4 跨(单元 35)位置也是裂缝最后出现的位置,因此该部位对应的单元抗弯刚度折减系数也较小。

4.5.3 直接法计算梁体抗弯刚度折减

1)直接法计算的可行性分析

直接法指通过梁体的荷载—挠度曲线直接构建梁体抗弯刚度折减指标。通过一简单算例阐明该方法的可行性。

可以采用结构力学的方法求得图 4.202 边跨跨中的挠度为

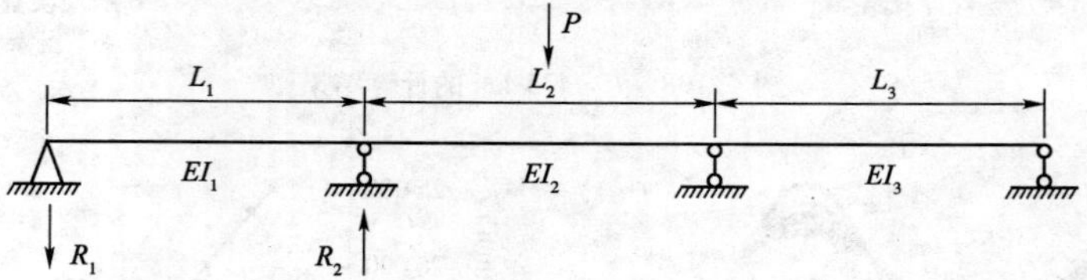

图 4.202 简单的三跨连续梁模型

$$f=\frac{PL_1^2L_2^2}{256}\times\frac{1}{\frac{1}{3}L_1\frac{I_2}{I_1}+\frac{1}{2}L_2} \tag{4-122}$$

由式(4-122)可以看出,当中跨的截面削弱后,则中跨的截面抗弯惯性矩会降低,边跨的变形会增大。

取 P、L_1、L_2、$I_1=1$,$I_2=0.1$、0.3、0.5、0.7、0.9。计算不同参数对应的中跨跨中挠度。计算结果如图 4.203 所示。

由图 4.203 可以看出，中跨开裂后，其抗弯刚度折减相当大，中跨挠度呈现非线性增长趋势。因此，采用荷载—挠度曲线直接构建抗弯刚度折减评估指标是可行。

以下将介绍如何采用荷载—挠度曲线构建抗弯刚度折减评估指标。

2）抗弯刚度折减的指标定义

对于钢结构，卸载刚度和再加载刚度在理论上均与初始刚度一致，无法通过刚度的变化对结构进行损伤识别。对于钢筋混凝土结构这类非弹性结构，将发生弹性变形和塑性变形，卸载后弹性变形得以恢复，而引起损伤的塑性变形无法恢复，因此卸载后的再加载刚度小于结构的初始刚度，基于这一受力特点，可以利用结构卸载以后的刚度变化进行损伤程度的识别。

根据结构受力阶段的不同，常用的刚度有：初始刚度、卸载刚度和再加载刚度。图 4.204 给出了钢筋混凝土梁加卸载曲线的示意图。在图 4.204 中，K_1 为梁的初始刚度，即完好结构的切线刚度；K_2 为梁的卸载刚度；K_3 为梁的再加载刚度，即结构在反复加载过程中卸载后再次加载的切线刚度。

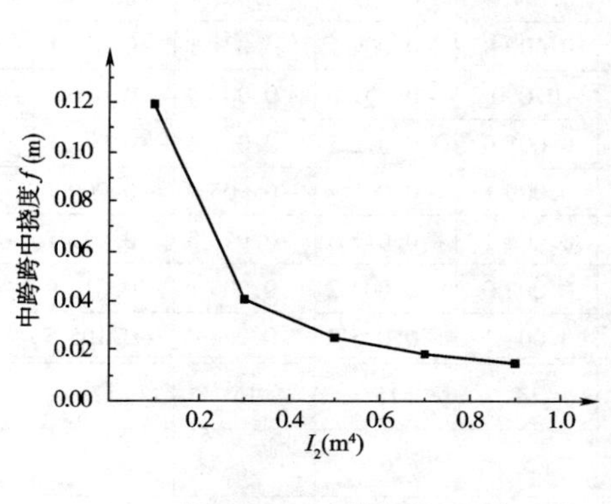

图 4.203　中跨挠度

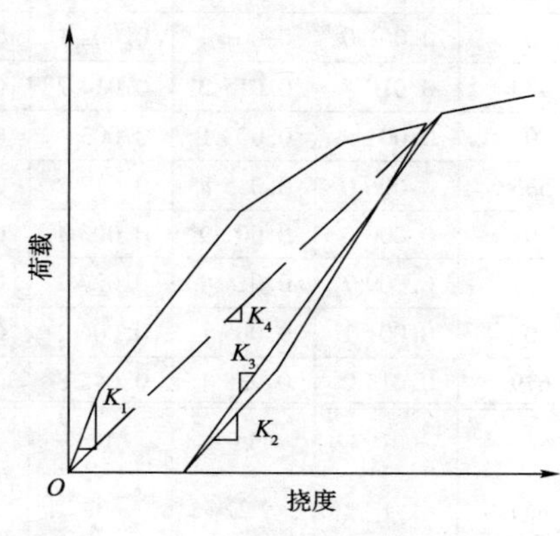

图 4.204　梁的加卸载曲线示意图

除了上述介绍的 3 种刚度，实际计算混凝土箱梁整体刚度折减时可结合美国 ACI 规范方法[136]进行，其基本原理如下：通过选取一个有效惯性矩或等效惯性矩计算刚度折减，其基本思路为统计荷载—挠度曲线的割线斜率随荷载的变化。图 4.204 中 K_4 为梁的割线刚度。

这里所定义的抗弯刚度折减指标将与上述 4 个刚度有关联。以下首先对模型试验测试结果进行整理分析，直接构建刚度损伤指标。该损伤指标，称为抗弯刚度折减系数：

$$\beta = \frac{K_3}{K_1} \tag{4-123}$$

3）试验模型的抗弯刚度折减系数计算

中跨跨中加载图式如图 4.205 所示。

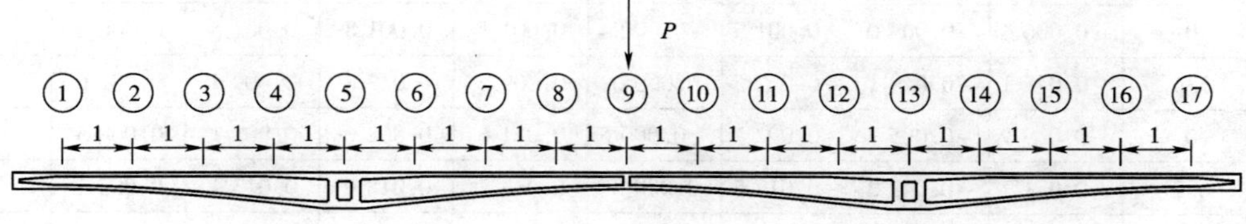

图 4.205　中跨跨中加载工况(尺寸单位：m)

提取图 4.205 中荷载—挠度曲线的关键点的数值,如表 4.12 所示。

荷载—挠度曲线关键点提取值(单位:m) 表 4.12

点号		1	2	3	4	5	6	7	8	9
x 坐标(m)		−8	−7	−6	−5	−4	−3	−2	−1	0
外荷载 P (kN)	0	0	0	0	0	0	0	0	0	0
	90	0.002 4	0.002 8	0.002 4	0.000 8	−0.000 2	−0.001 5	−0.003 3	−0.004 3	−0.005 7
	0	0.000 9	0.000 5	0.000 0	0.000 4	0.000 5	0.000 0	−0.000 3	−0.000 1	−0.000 5
	185	0.004 4	0.004 8	0.004 0	0.001 7	−0.000 3	−0.002 6	−0.005 8	−0.008 4	−0.010 8
	0	0.000 6	0.001 1	0.001 0	0.000 0	−0.000 1	−0.000 5	−0.001 0	−0.001 0	−0.001 6
	270	0.006 2	0.007 2	0.006 1	0.003 1	−0.000 2	−0.004 2	−0.008 8	−0.013 4	−0.016 9
	0	0.000 9	0.001 9	0.001 1	0.000 1	0.001 0	−0.000 4	−0.001 3	−0.001 7	−0.002 2
	360	0.008 3	0.010 7	0.009 9	0.005 7	0.000 4	−0.006 4	−0.013 9	−0.021 8	−0.027 4
	0	0.001 0	0.001 9	0.002 1	0.000 8	0.000 4	−0.001 1	−0.002 4	−0.003 0	−0.004 4
	439	0.010 7	0.015 2	0.014 7	0.008 8	0.000 8	−0.009 1	−0.021 1	−0.033 1	−0.042 5
	0	0.001 9	0.003 1	0.003 1	0.001 3	−0.000 3	−0.001 9	−0.004 4	−0.006 4	−0.008 7
	535	0.006 0	0.015 8	0.017 2	0.011 0	0.001 0	−0.012 5	−0.029 6	−0.048 1	−0.063 6
	0	0.000 3	0.002 9	0.003 4	0.001 7	0.000 1	−0.002 7	−0.005 9	−0.009 7	−0.013 5
	657	0.009 7	0.024 4	0.027 2	0.017 3	0.002 1	−0.017 5	−0.043 3	−0.071 7	−0.097 2
	0	0.001 1	0.005 1	0.006 2	0.003 1	0.000 0	−0.004 2	−0.009 2	−0.014 9	−0.021 9
	679	0.015 2	0.039 1	0.045 8	0.028 7	0.004 1	−0.025 2	−0.064 4	−0.105 5	−0.145 1

点号		10	11	12	13	14	15	16	17
x 坐标(m)		1	2	3	4	5	6	7	8
外荷载 P (kN)	0	0	0	0	0	0	0	0	0
	90	−0.004 3	−0.002 9	−0.001 5	−0.000 4	0.000 7	0.001 3	0.001 2	0.000 5
	0	−0.000 1	−0.000 1	0.000 0	0.000 0	0.000 3	0.000 4	0.000 4	0.000 7
	185	−0.008 4	−0.005 5	−0.002 6	−0.000 6	0.001 3	0.002 2	0.002 2	0.000 8
	0	−0.001 0	−0.000 7	−0.000 5	0.000 0	0.000 3	0.000 4	0.000 5	0.000 3
	270	−0.013 4	−0.008 6	−0.004 2	−0.000 8	0.002 2	0.003 9	0.003 4	0.001 2
	0	−0.001 7	−0.001 2	−0.000 4	−0.000 1	0.000 3	0.000 7	0.000 5	−0.000 1
	360	−0.021 8	−0.013 9	−0.006 4	−0.000 6	0.004 2	0.006 5	0.005 3	0.001 7
	0	−0.003 0	−0.002 0	−0.001 1	−0.000 2	0.000 7	0.001 1	0.000 9	0.000 1
	439	−0.033 1	−0.020 4	−0.009 1	−0.000 2	0.006 6	0.009 5	0.007 2	0.002 1
	0	−0.006 4	−0.004 0	−0.001 9	−0.000 4	0.001 1	0.001 8	0.001 5	0.000 3
	535	−0.048 1	−0.029 1	−0.012 5	0.000 0	0.009 2	0.012 8	0.009 5	0.002 6
	0	−0.009 7	−0.005 7	−0.002 7	−0.000 5	0.001 6	0.002 6	0.002 1	0.000 5
	657	−0.071 7	−0.042 3	−0.017 5	0.000 8	0.013 7	0.018 9	0.013 1	0.003 1
	0	−0.014 9	−0.008 8	−0.004 2	−0.000 6	0.002 5	0.004 0	0.003 0	0.000 5
	679	−0.105 5	−0.062 1	−0.025 2	0.002 2	0.020 4	0.027 3	0.017 6	0.003 7

考虑到1号、5号、13号、17号为支座部位的点，其荷载—挠度曲线较为紊乱，实际统计不做考虑。根据公式(4-123)计算得到箱梁模型试验各个测点的抗弯刚度折减系数β，如表4.13所示。

箱梁各个测点的抗弯刚度折减系数β 表4.13

点号		2	3	4	6	7	8	9
x坐标(m)		-7	-6	-5	-3	-2	-1	0
外荷载P(kN)	90	1.00	1.00	1.00	1.00	1.00	1.00	1.00
	185	1.00	1.00	1.00	1.00	1.00	1.00	1.00
	270	1.04	1.14	0.63	1.05	1.03	0.99	0.98
	360	0.97	0.88	0.46	0.85	0.86	0.81	0.80
	439	0.78	0.75	0.40	0.79	0.70	0.66	0.64
	535	1.00	0.82	0.39	0.73	0.63	0.58	0.54
	657	0.72	0.60	0.30	0.64	0.52	0.48	0.44
	679	0.47	0.37	0.19	0.47	0.37	0.34	0.31
点号		10	11	12	14	15	16	
x坐标(m)		1	2	3	5	6	7	
外荷载P(kN)	90	1.00	1.00	1.00	1.00	1.00	1.00	
	185	1.00	1.00	1.00	1.00	1.00	1.00	
	270	0.99	1.00	1.05	0.75	0.74	0.92	
	360	0.81	0.83	0.85	0.50	0.60	0.72	
	439	0.66	0.70	0.79	0.40	0.50	0.67	
	535	0.58	0.62	0.73	0.36	0.47	0.64	
	657	0.48	0.53	0.64	0.29	0.39	0.57	
	679	0.34	0.37	0.47	0.20	0.28	0.44	

绘制箱梁抗弯刚度折减系数β随荷载的变化，如图4.206~图4.209所示。

由图4.206~图4.209可以看出。

(1)少数荷载—挠度曲线的梁体抗弯刚度折减系数计算值出现了随荷载增大而增大的趋势，从结果分析看，不可能出现这种现象，分析其原因为梁体挠度变化过小，导致测试发生了误差，但是抗弯刚度折减系数的总体测试规律和理论上的解释比较吻合，即梁体抗弯刚度折减系数随荷载的增大逐渐衰减。

(2)箱梁的刚度在荷载为185kN后开始发生退化，从荷载试验描述结果来看，荷载为152kN时，箱梁中跨跨中底板位置开始开裂，由上述描述可见，在箱梁开裂初期，梁体刚度折减很小。

(3)荷载为270kN时,裂缝继续扩展,此时抗弯刚度折减系数继续增大,达到10%。

(4)当梁体最终破坏时,梁体抗弯刚度折减系数只为0.2,表明梁体刚度几乎丧失,梁体失去承载能力。

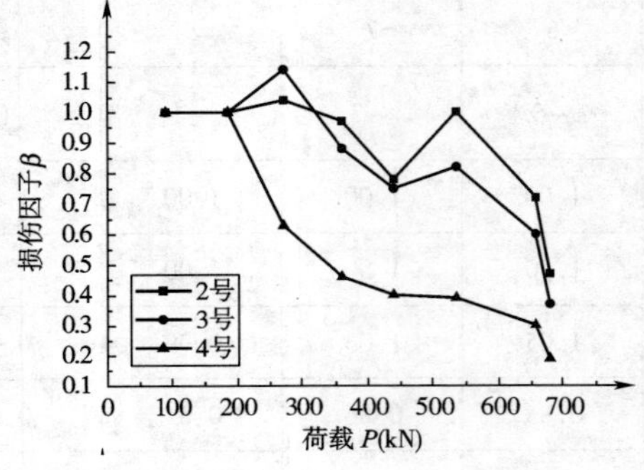

图4.206　箱梁抗弯刚度折减系数β

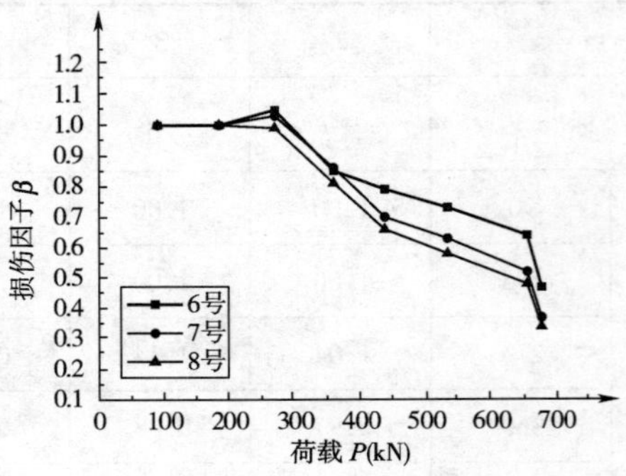

图4.207　箱梁抗弯刚度折减系数β

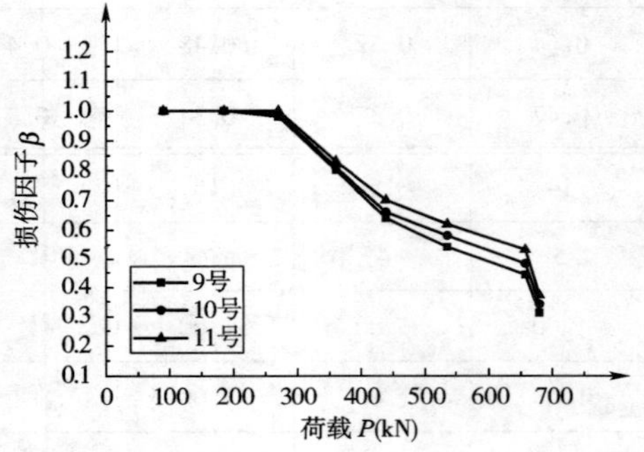

图4.208　箱梁抗弯刚度折减系数β

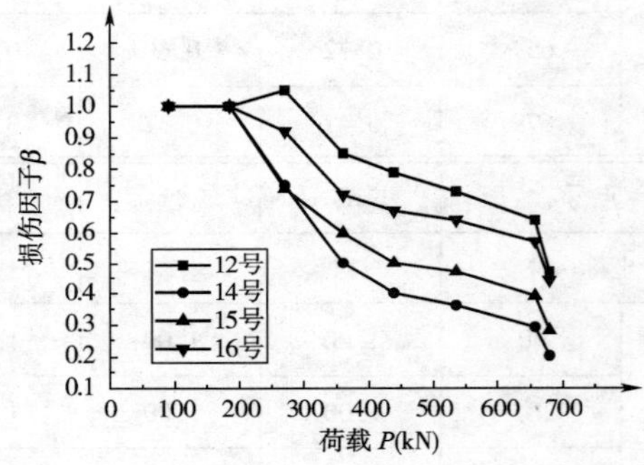

图4.209　箱梁抗弯刚度折减系数β

4.5.4　比较直接法和间接法得到的刚度折减系数

本节对直接法和间接法用于梁体损伤评估进行比较,总结两种方法的特点如下:

(1)间接法基于最优化方法得到梁体刚度折减系数,通过不断修正有限元模型得到结构的优化参数,但是值得注意的是,所有的最优化方法得到的解并不一定是全局最优解,而有可能是局部最优解[137],这是间接法的一个缺点。

(2)间接法求解时,需要大量的迭代计算,计算过程较为繁琐。

(3)由于直接法能够基于荷载—挠度曲线直接构建梁体抗弯刚度折减系数,荷载—挠度曲线能够通过模型试验或者非线性有限元分析理论得到,其计算难度与间接法相比要简单,且通过挠度判别刚度折减具有理论基础。

综上3个方面的描述,最终目的还是想通过直接法进行梁体刚度折减的计算,为了验证直接法计算得到的梁体抗弯刚度折减系数的有效性,与间接法得到的结果进行相互验证。

分析图4.206~图4.209中的数据可得到直接法计算的箱梁抗弯刚度折减系数β。分析

图 4.201 中的数据可得到间接法计算的箱梁抗弯刚度折减系数 β。选取测点 6、7、8 和 9 进行分析，两种方法的计算结果比较如图 4.210 所示。

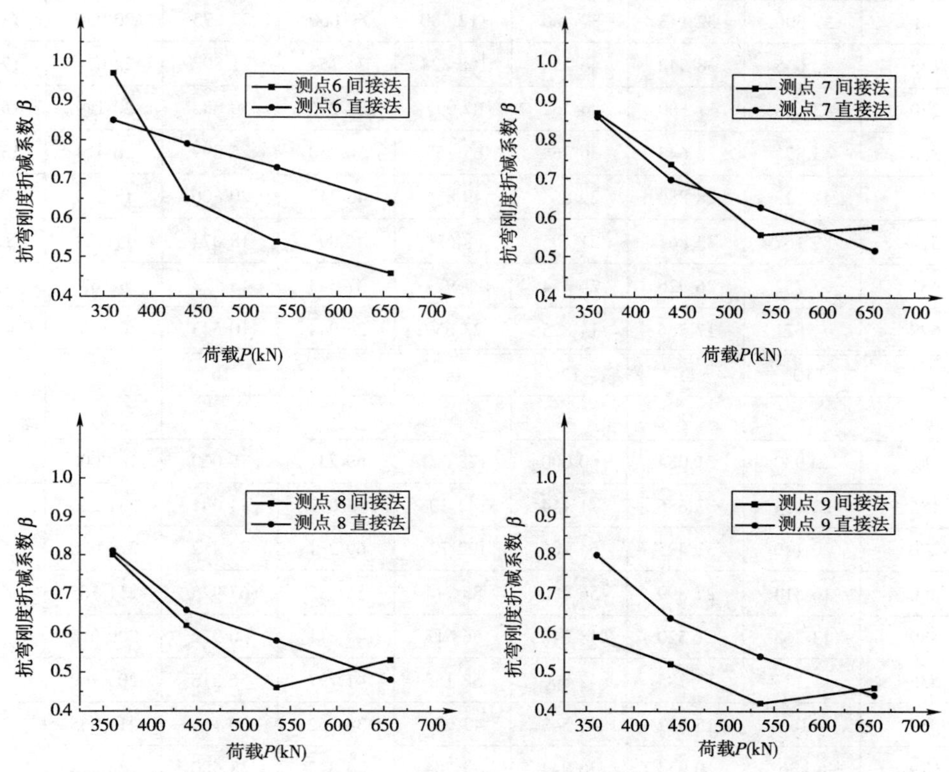

图 4.210　直接法和间接法比较

图 4.210 为直接法和间接法计算得到的箱梁截面抗弯刚度折减系数的计算结果，可以看出间接法计算结果比直接法计算结果稍小些，直接法的计算结果更为平滑，两种方法得到的抗弯刚度变化趋势基本一致。该现象表明：采用直接法能够有效地评估裂缝对箱梁抗弯刚度的影响。下面将全部采用直接法进行箱梁开裂后的抗弯刚度评估。

4.5.5　反复荷载作用下的刚度折减简化评估方法

本书所做的模型试验为反复荷载作用下单箱双室箱梁破坏性试验，作者在 4.2 节中通过梁体卸载再加载得到的荷载—挠度曲线斜率除以荷载—挠度曲线的原点刚度，即 K_3/K_1 作为箱梁抗弯刚度折减系数。为了进一步简化计算，为能够直接采用单调荷载作用下的荷载—挠度曲线，以下将建立梁体卸载后再加载的荷载—挠度曲线斜率 K_3 与荷载—挠度曲线割线斜率 K_4 的关系，其目的为后续分析工作中直接采用 K_4/K_1 作为箱梁的抗弯刚度折减系数进行研究。以下将分别对三种加载工况作用下的梁体抗弯刚度进行统计并分析。

中跨跨中加载图式如图 4.205 所示。对表 4.12 中的荷载—挠度曲线数据进行整理，计算得到的割线刚度 K_4（图 4.204）如表 4.14 所示。

梁体各测点的割线刚度 K_4　　表 4.14

点号		1	2	3	4	6	7	8	9
x 坐标(m)		−8	−7	−6	−5	−3	−2	−1	0
外荷载 P (kN)	90	37 500	32 143	37 500	112 500	60 000	27 273	20 930	15 789
	185	42 045	38 542	46 250	108 824	71 154	31 897	22 024	17 130
	270	43 548	37 500	44 262	87 097	64 286	30 682	20 149	15 976
	360	43 373	33 645	36 364	63 158	56 250	25 899	16 514	13 139
	439	41 028	28 882	29 864	49 886	48 242	20 806	13 263	10 329
	535	89 167	33 861	31 105	48 636	42 800	18 074	11 123	8 412
	657	67 732	26 926	24 154	37 977	37 543	15 173	9 163	6 759
	679	44 671	17 366	14 825	23 659	26 944	10 543	6 436	4 680
点号		10	11	12	14	15	16	17	
x 坐标(m)		1	2	3	5	6	7	8	
外荷载 P (kN)	90	20 930	31 034	60 000	128 571	69 231	75 000	180 000	
	185	22 024	33 636	71 154	142 308	84 091	84 091	231 250	
	270	20 149	31 395	64 286	122 727	69 231	79 412	225 000	
	360	16 514	25 899	56 250	85 714	55 385	67 925	211 765	
	439	13 263	21 520	48 242	66 515	46 211	60 972	209 048	
	535	11 123	18 385	42 800	58 152	41 797	56 316	205 769	
	657	9 163	15 532	37 543	47 956	34 762	50 153	211 935	
	679	6 436	10 934	26 944	33 284	24 872	38 580	183 514	

取表 4.12 的数据进行整理,得到反复荷载作用下卸载后再加载的刚度 K_3(图 4.204),计算结果如表 4.15 所示。

反复荷载试验得到的梁体卸载后再加载的各测点刚度 K_3　　表 4.15

点号		2	3	4	6	7	8	9
x 坐标(m)		−7	−6	−5	−3	−2	−1	0
外荷载 P(kN)	90	42 412.11	46 136.20	139 822.71	69 545.92	33 540.58	22 160.43	17 908.33
	185	42 412.11	46 136.20	139 822.71	69 545.92	33 540.58	22 160.43	17 908.33
	270	43 911.04	52 723.63	87 456.51	72 871.29	34 409.18	21 890.18	17 608.70
	360	41 018.69	40 719.20	64 272.62	59 207.98	28 704.33	17 927.53	14 298.79
	439	33 017.16	34 682.55	55 299.19	55 010.16	23 540.97	14 544.15	11 513.09
	535	42 240.84	38 054.72	55 138.90	50 505.26	21 190.22	12 824.80	9 745.49
	657	30 565.95	27 640.64	42 320.39	44 401.23	17 568.75	10 588.62	7 857.25
	679	19 969.23	17 139.71	26 498.46	32 339.63	12 288.34	7 494.26	5 513.38

续上表

点号		10	11	12	14	15	16	
x 坐标(m)		1	2	3	5	6	7	
外荷载 P(kN)	90	22 160.43	34 199.93	69 545.92	185 582.15	104 122.58	104 398.99	
	185	22 160.43	34 199.93	69 545.92	185 582.15	104 122.58	104 398.99	
	270	21 890.18	34 287.03	72 871.29	139 084.84	77 226.77	95 870.60	
	360	17 927.53	28 325.00	59 207.98	92 100.94	62 498.57	75 255.55	
	439	14 544.15	23 881.70	55 010.16	75 042.46	52 105.24	70 422.23	
	535	12 824.80	21 328.20	50 505.26	66 214.13	48 616.85	66 301.76	
	657	10 588.62	17 964.02	44 401.23	54 091.85	40 433.97	59 321.04	
	679	7 494.26	12 732.55	32 339.63	37 840.87	29 072.08	46 445.04	

比较加、卸载的刚度计算(表 4.15)和割线刚度(表 4.14),得到表 4.16。

表 4.13 除以表 4.15 得到的计算结果　　表 4.16

点号		2	3	4	6	7	8	9
x 坐标(m)		−7	−6	−5	−3	−2	−1	0
外荷载 P(kN)	90	1.32	1.23	1.24	1.16	1.23	1.06	1.13
	185	1.10	1.00	1.28	0.98	1.05	1.01	1.05
	270	1.17	1.19	1.00	1.13	1.12	1.09	1.10
	360	1.22	1.12	1.02	1.05	1.11	1.09	1.09
	439	1.14	1.16	1.11	1.14	1.13	1.10	1.11
	535	1.25	1.22	1.13	1.18	1.17	1.15	1.16
	657	1.14	1.14	1.11	1.18	1.16	1.16	1.16
	679	1.15	1.16	1.12	1.20	1.17	1.16	1.18
点号		10	11	12	14	15	16	
x 坐标(m)		1	2	3	5	6	7	
外荷载 P(kN)	90	1.06	1.10	1.16	1.44	1.50	1.39	
	185	1.01	1.02	0.98	1.30	1.24	1.24	
	270	1.09	1.09	1.13	1.13	1.12	1.21	
	360	1.09	1.09	1.05	1.07	1.13	1.11	
	439	1.10	1.11	1.14	1.13	1.13	1.15	
	535	1.15	1.16	1.18	1.14	1.16	1.18	
	657	1.16	1.16	1.18	1.13	1.16	1.18	
	679	1.16	1.16	1.20	1.14	1.17	1.20	

由表 4.16 可以看出割线刚度和反复荷载作用下的刚度退化有所差异,取以上数据的平均值,得到修正系数 $\alpha = 1.1$。

由此可以得到本书推荐的直接法计算刚度折减系数的计算方法:其基本思路为统计荷载—挠度曲线的割线斜率随荷载的变化。在此基础上加入修正系数 $\alpha = 1.1$,即为考虑裂缝对梁体刚度的影响。具体表达式如下

$$\beta = 1.1 \times \frac{\theta_j}{\theta_0} \tag{4-124}$$

$$\beta\leqslant1$$

式中：θ_j——第 j 级荷载挠度曲线割线斜率；

θ_0——荷载挠度曲线的原点斜率。

4.5.6 中跨 1/4 跨加载及中跨支座加载工况下抗弯刚度退化分析

本节主要进行中跨 1/4 跨加载及中跨支座加载工况作用下的箱梁抗弯刚度退化研究，研究的主要内容为中跨 1/4 跨的斜裂缝和支座剪切裂缝对箱梁抗弯刚度的影响。

1)1/4 跨加载工况

1/4 跨加载图式如图 4.211 所示。

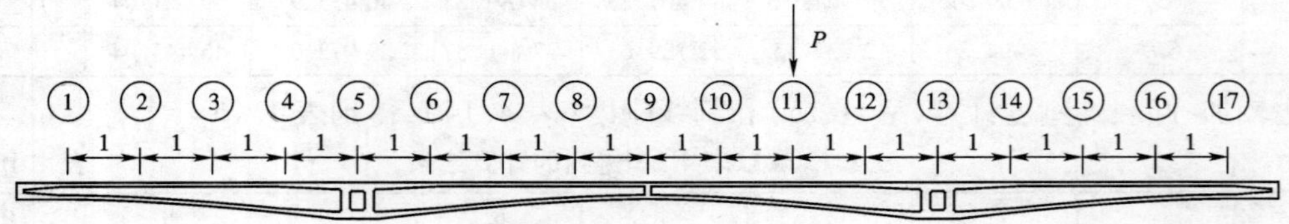

图 4.211 1/4 跨加载工况(尺寸单位:m)

对中跨 1/4 跨加载工况下的箱梁进行非线性有限元计算分析，取图 4.211 中的测点的荷载—挠度曲线进行计算分析，如图 4.212 ~ 图 4.215 所示。

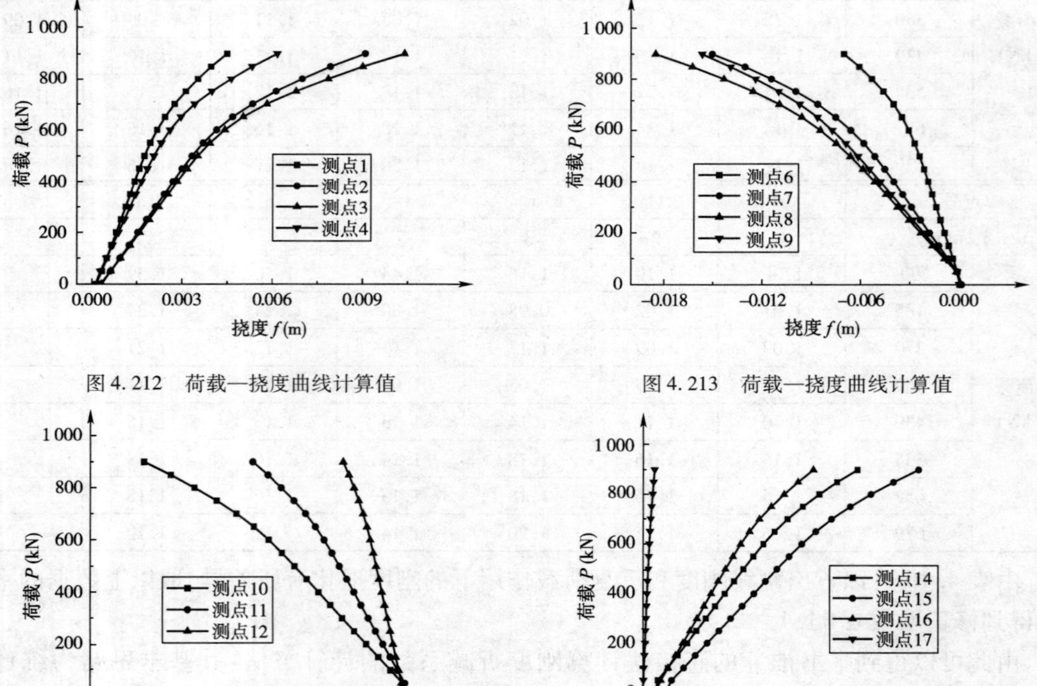

图 4.212 荷载—挠度曲线计算值

图 4.213 荷载—挠度曲线计算值

图 4.214 荷载—挠度曲线计算值

图 4.215 荷载—挠度曲线计算值

图 4.212 ~ 图 4.215 中挠度初始值不为零，其值为预应力张拉产生的箱梁挠度。采用

式(4-124)提出的基于单调荷载作用下的刚度简化计算方法进行计算,计算得到抗弯刚度折减系数和荷载的对应曲线,如图 4.216 ~ 图 4.219 所示。

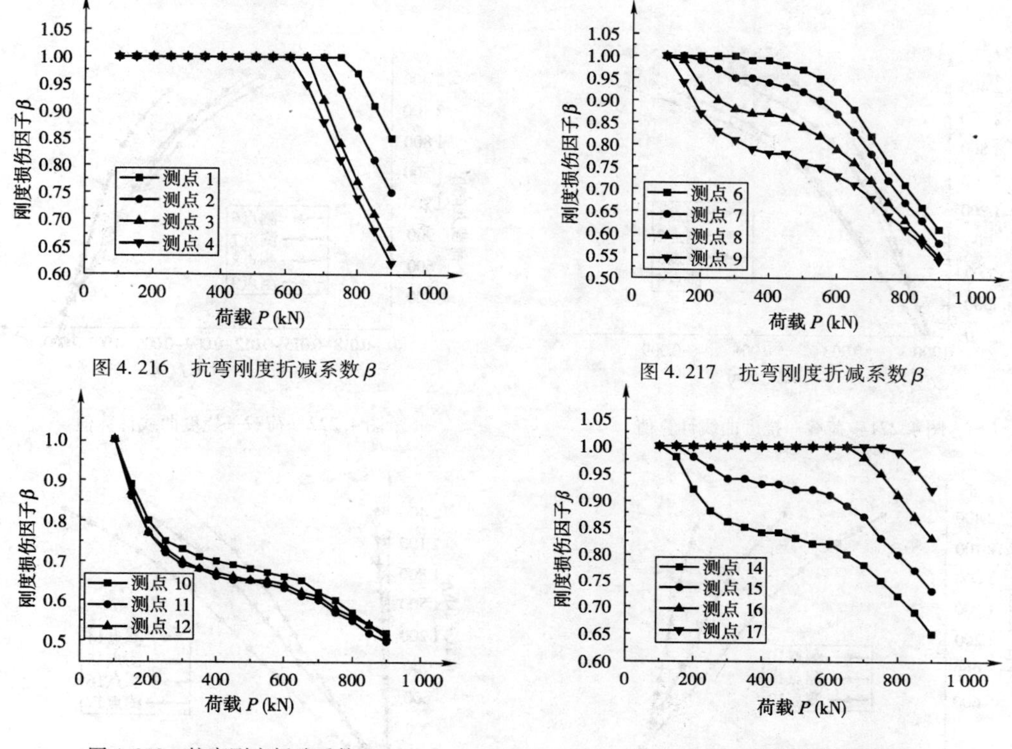

图 4.216　抗弯刚度折减系数β

图 4.217　抗弯刚度折减系数β

图 4.218　抗弯刚度折减系数β

图 4.219　抗弯刚度折减系数β

由图 4.216 ~ 图 4.219 可以看出:

(1)加载点处的刚度折减最大,边跨的刚度折减较为缓慢,从裂缝扩展的计算结果同样也能看出,由于边跨的裂缝出现较中跨要晚,所以其刚度折减应该比中跨要小。

(2)箱梁的刚度在 150kN 后开始发生退化,但是其折减系数非常小,从裂缝扩展计算结果中看出,箱梁开裂是在 400kN 发生的,但是由于非线性有限元模型中考虑了混凝土受压非线性,即考虑了压应力对混凝土弹性模量的折减,所以在荷载为 150kN 时,梁体刚度就开始发生折减,但是其折减系数较小。

(3)当梁体最终破坏时,梁体抗弯刚度折减系数为 0.5,表明梁体刚度丧失很大,梁体在中跨 1/4 跨和中跨支座部位形成了塑性铰,梁体最终失去承载能力。

2)中跨支座加载工况

中跨支座加载图式如图 4.220 所示。

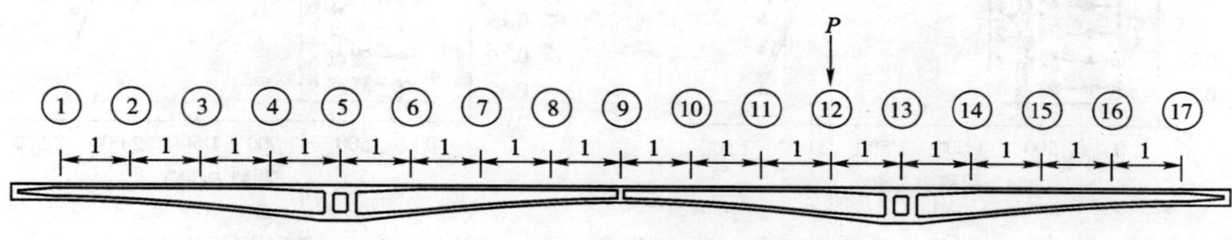

图 4.220　中跨支座加载工况(尺寸单位:m)

对中跨支座加载工况下的箱梁进行非线性有限元计算分析,取图 4.220 中的测点的荷载—挠度曲线进行计算分析,如图 4.221 ~图 4.224 所示。

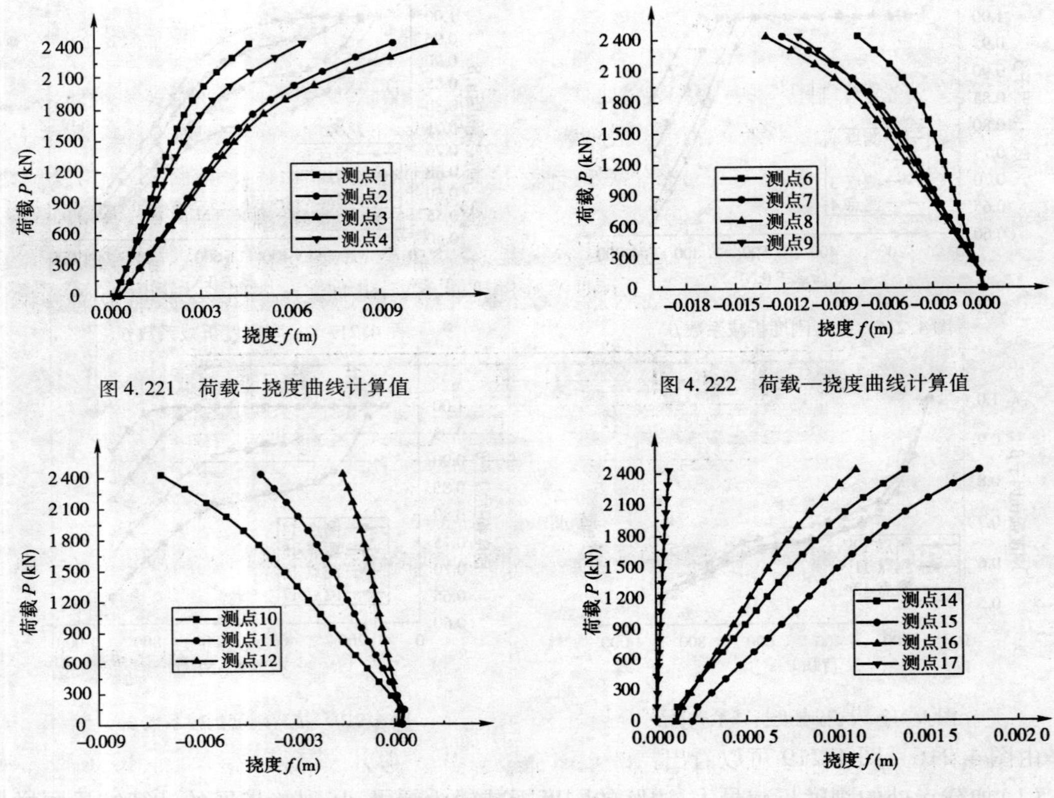

图 4.221 荷载—挠度曲线计算值

图 4.222 荷载—挠度曲线计算值

图 4.223 荷载—挠度曲线计算值

图 4.224 荷载—挠度曲线计算值

图 4.221 ~图 4.224 中初始挠度值不为零,其值为预应力张拉产生的箱梁挠度。采用式(4-124)提出的基于单调荷载作用下的刚度简化计算方法进行计算,得到各测点抗弯刚度折减系数和荷载的对应曲线,如图 4.225 ~图 4.228 所示。

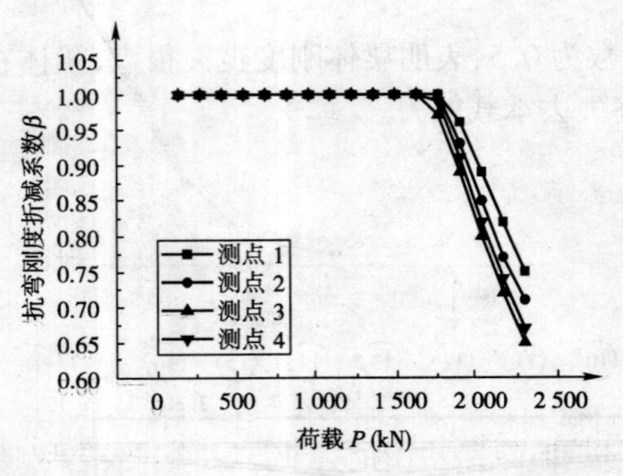

图 4.225 抗弯刚度折减系数 β

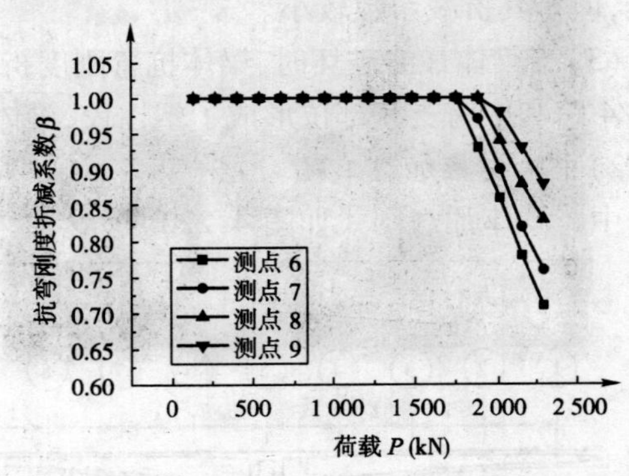

图 4.226 抗弯刚度折减系数 β

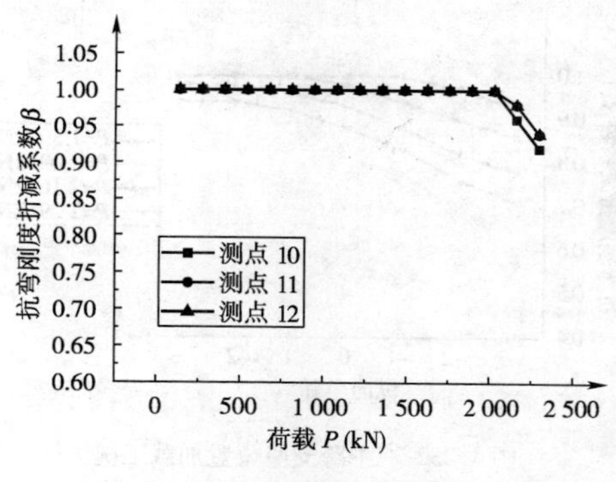

图4.227　抗弯刚度折减系数β

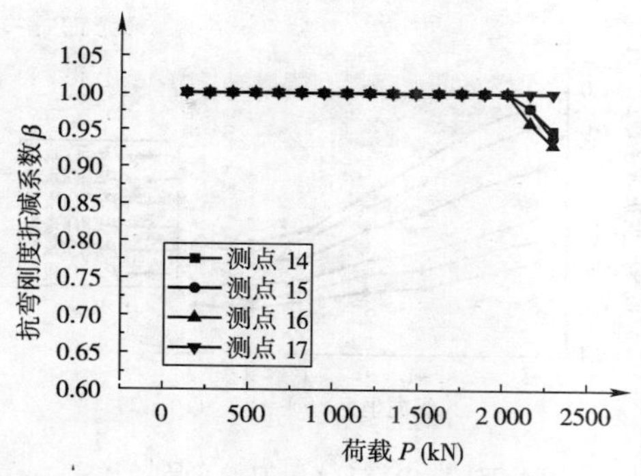

图4.228　抗弯刚度折减系数β

由图4.225～图4.228可以看出：

(1)支座部位的裂缝对箱梁的刚度折减相对中跨跨中区裂缝和1/4跨处裂缝的折减程度要小。加载点处的刚度折减最大，未加载区域几乎没有折减。

(2)箱梁的刚度在1 755kN后开始发生退化，但是其折减系数非常小。

(3)当梁体最终破坏时，梁体抗弯刚度折减系数为0.7，梁体在支座加载位置处开裂严重，最终由于加载区裂缝过多，导致梁体丧失了抗剪承载能力，最终梁体破坏。

4.5.7　考虑裂缝密度指标的箱梁抗弯刚度评估模型

1)箱梁开裂后的抗弯刚度纵向分布特征

通过分析图4.206～图4.209(中跨弯曲裂缝)、图4.216～图4.219(1/4跨斜裂缝)和图4.225～图4.228(支座部位剪切裂缝)中的数据，研究箱梁抗弯刚度折减系数β沿箱梁纵向的分布特征。为了能够更为直观地分析梁体刚度退化演变规律，只选取加载跨，即中跨进行分析研究，如图4.229～图4.232所示，图中坐标原点，即$x=0$m处为中跨跨中位置。

由图4.229～图4.232可以得到以下结论：箱梁抗弯刚度折减系数在加载处最大，但是由加载处沿纵向近似呈现线性变化。笔者推荐的计算思路如下：桥梁沿纵向等分，统计每个分段区的刚度，相邻两个分段区的刚度折减按照线性计算即可(图4.233)。

但是以上方法在实际工程中应用时，依然会有困难，因为箱梁抗弯刚度折减系数如何获得值得探讨。为了将上文介绍的方法推广到实际工程中进行应用。以下将探讨箱梁抗弯刚度折减系数的取值。

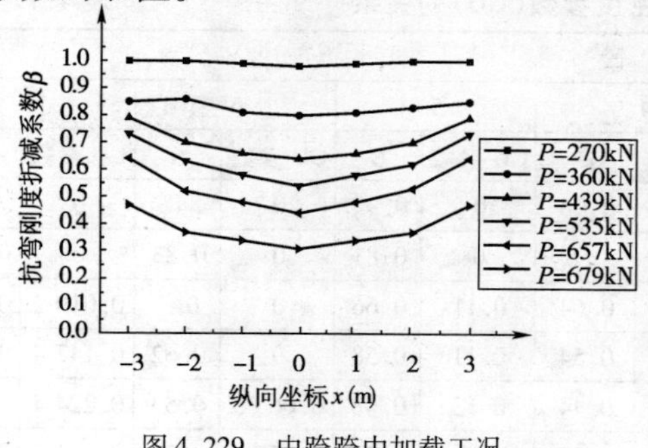

图4.229　中跨跨中加载工况

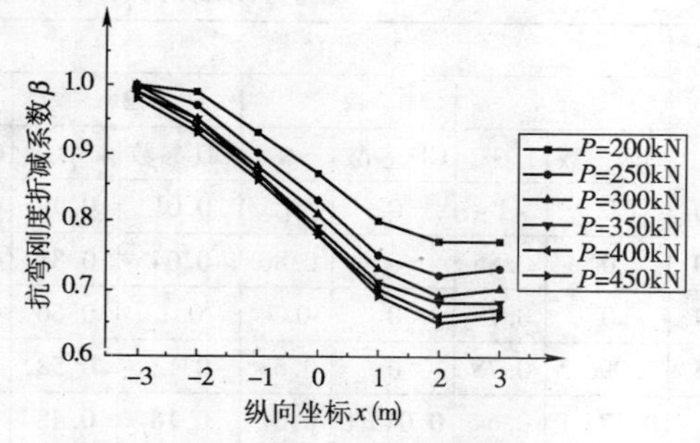

图4.230　中跨1/4跨加载工况(一)

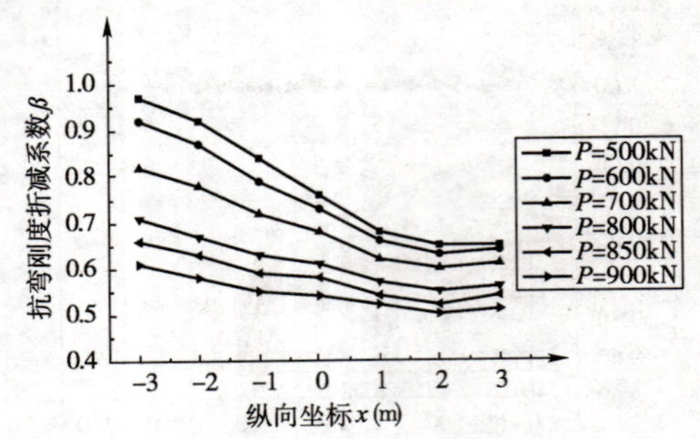

图 4.231　中跨 1/4 跨加载工况(二)

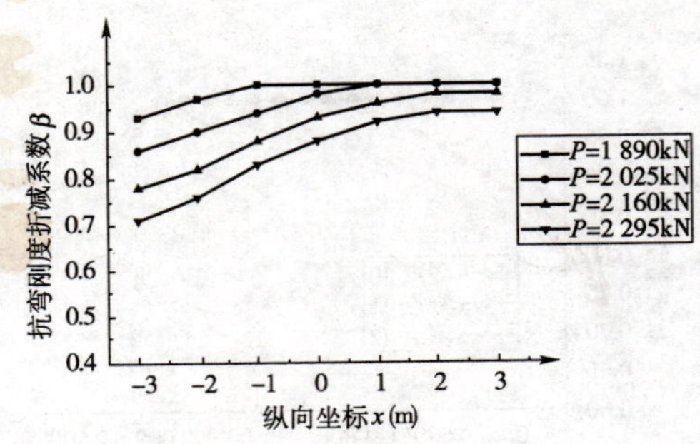

图 4.232　中跨支座位置加载工况

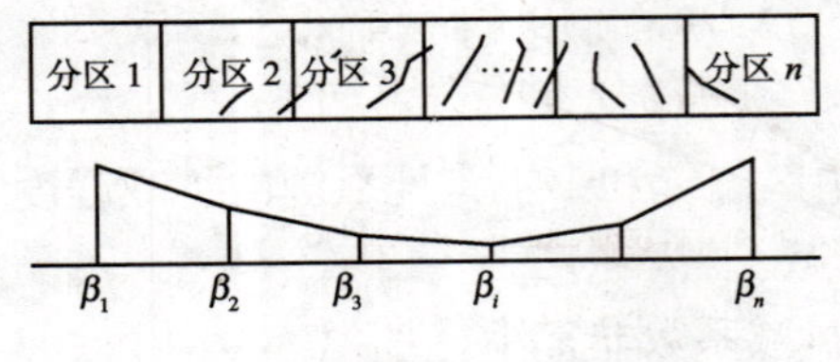

图 4.233　刚度纵向分布

2)混凝土裂缝定量统计方法

由于裂缝为混凝土箱梁损伤最为直观的外在表现,为了能够使得计算结果直接应用到工程中,建立裂缝定量指标和梁体抗弯刚度折减系数的关联模型,进而用于实际桥梁结构的刚度评价。

采用裂缝密度(Crack Density),即 CD 指标评价混凝土开裂。用 CD 指标能够定量描述混凝土开裂现象,为了固定裂缝密度统计结果,规定箱梁腹板表面的裂缝网格固定为支座部位梁高的 1/10。

3)箱梁刚度折减系数和裂缝密度参数的关联模型

对于模型试验较容易进行箱梁腹板裂缝密度参数的统计,进而研究箱梁裂缝密度参数和抗弯刚度折减系数的关系。

为了有效分析梁体腹板裂缝密度参数和抗弯刚度折减系数的关系,对模型试验的中跨进行分区,中跨沿梁体纵向布置了 8 个测点,按照图 4.234 所示进行分区,共分了 7 个分区。

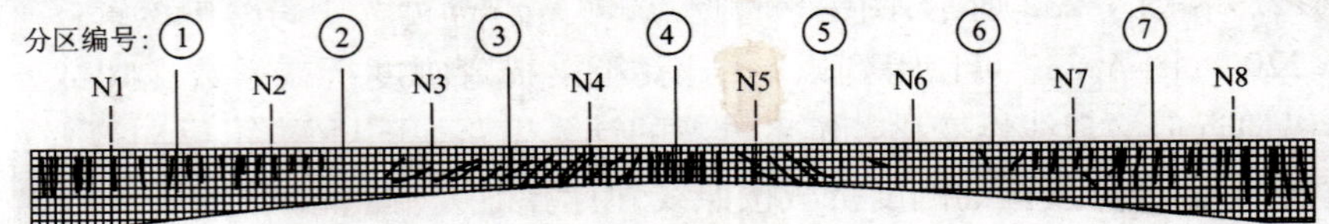

图 4.234　中跨分区示意图

统计了 7 个分区的裂缝密度(CD)参数和抗弯刚度折减系数的关系,具体如表 4.17 所示。

抗弯刚度折减系数 β 和裂缝密度参数(CD)的关系　　表 4.17

荷载(kN)	区段													
	1		2		3		4		5		6		7	
	CD 参数	β	CD 参数	β	CD 参数	β	CD 参数	β	CD 参数	β	CD 参数	β	CD 参数	β
270	0	1	0	1	0.01	0.99	0.212 5	0.98	0	0.99	0	1	0	1
360	0	0.85	0	0.86	0.04	0.81	0.387 5	0.8	0	0.81	0	0.83	0	0.85
439	0	0.79	0	0.7	0.1	0.66	0.437 5	0.64	0.11	0.66	0	0.7	0.019 2	0.79
535	0.096 2	0.73	0	0.63	0.13	0.58	0.55	0.54	0.11	0.58	0	0.62	0.147 4	0.73
657	0.173 1	0.64	0.043 1	0.52	0.16	0.48	0.575	0.44	0.13	0.48	0.060 3	0.53	0.224 4	0.64
679	0.198 7	0.47	0.146 6	0.37	0.29	0.34	0.612 5	0.31	0.2	0.34	0.077 6	0.37	0.301 3	0.47

统计分区 1、7 的裂缝密度(CD)参数和 β 的关系。统计表 4.17 中的数据,得到图 4.235。

统计分区 2、6 和分区 3、5 的裂缝密度(CD)参数和 β 的关系。统计表 4.17 中的数据,得到图 4.236。

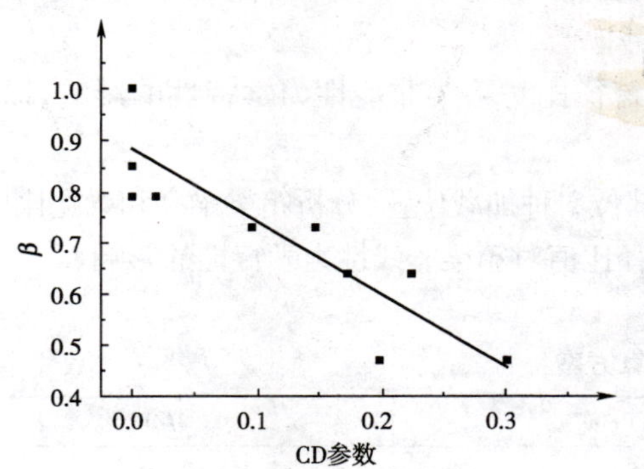

图 4.235　支座位置剪切裂缝密度(CD)参数和抗弯刚度折减系数 β 的关系

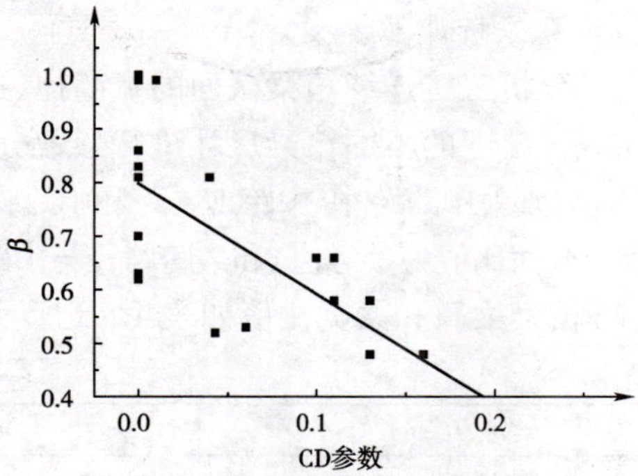

图 4.236　1/4 跨斜裂缝密度(CD)参数和抗弯刚度折减系数 β 的关系

统计分区 4 的裂缝密度(CD)参数和 β 的关系。统计表 4.17 中的数据,得到图 4.237。

根据图 4.235、图 4.236 和图 4.237 的分析结果,提出了裂缝密度(CD)参数和箱梁抗弯刚度折减系数的关联模型。

$$\beta = \begin{cases} -1.61 \times CD + 1 & \text{支座剪切裂缝} \\ -2.71 \times CD + 1 & \text{1/4 跨斜裂缝} \\ -1.18 \times CD + 1 & \text{跨中弯曲裂缝} \end{cases} \tag{4-125}$$

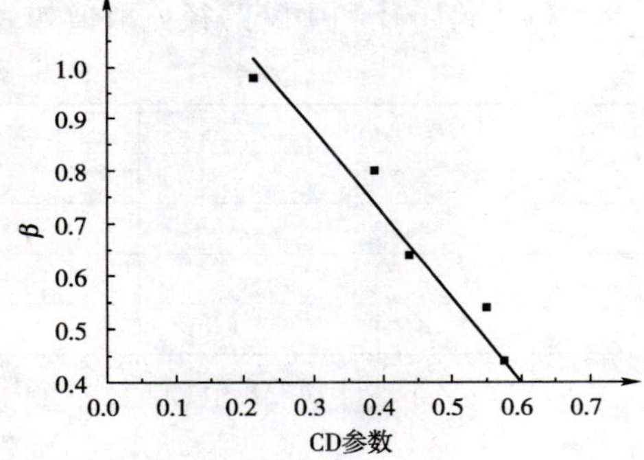

图 4.237　跨中弯曲裂缝密度(CD)参数和抗弯刚度折减系数 β 的关系

4.5.8　箱梁宽高比、边中跨径比及加载因子对抗弯刚度折减系数的影响

预应力混凝土连续梁桥的立面布置在初步设计和施工图设计中均占有十分重要的地位,直接影响桥梁的适用、安全、经济、美观。立面布置包括体系安排、桥跨布置、梁高选择、下部构造和基础形式选择等[138]。

以受力体系来分,有等截面、变截面连续梁桥、桁架连续梁桥,连续—刚构梁桥及 V 形墩连续梁桥等。其中等截面及变截面是目前我国预应力混凝土连续梁桥采用最多的截面形式。

等截面连续梁一般适应以下情况:

(1)跨径一般为 40 ~ 60m(国外也有达到 80m 跨径者),构造简单,施工快捷。

(2)立面布置以等跨径为宜,也可以不等跨布置,边跨与中跨之比应不小于 0.6,高跨比一般为 1/25 ~1/15。

(3)适应于支架施工、逐跨架设施工、移动模架施工及顶推施工。

变截面梁主要适用于大跨径预应力混凝土连续梁桥,梁底立面曲线可采用圆弧线、二次抛物线及折线等。除外形高度变化外,为满足梁内各截面受力要求,还可将截面的底板、顶板和腹板改变厚度,具体内容将在横截面构造中介绍。与变截面连续梁最为匹配的施工方法为悬臂施工。在孔径布置方面,边孔与中孔之比一般为 0.5 ~0.8,当边跨与中跨之比小于 0.3 时,边孔桥台支座要做成拉压式,以承受负反力。变截面梁的梁高与最大跨径之比,跨中截面梁高一般为最大跨径的1/50~1/30,支点截面梁高可选用跨径的1/20~1/15。

1)参数分析计算方案

为了分析三跨连续箱梁截面的宽高比、边中跨径比对箱梁非线性力学特性的影响,以下对不同加载工况下的不同箱梁尺寸进行参数分析。

(1)分别就中跨跨中、中跨1/4跨和中跨支座部位3种加载位置,分析箱梁梁高和梁宽比值(以中跨跨中截面比值为参考值)和边跨跨径与中跨跨径比值对箱梁非线性力学特性的影响。

(2)箱梁梁高和梁宽比值如表4.18所示。

高宽比计算方案 表4.18

梁高 H(cm)	梁宽 W(cm)	H/W
16.69	175	0.095
19.16	175	0.109
21.62	175	0.123
24	175	0.141

(3)边跨跨径和中跨跨径比取值如表4.19所示。

跨径比计算方案 表4.19

边跨跨径 L_1(m)	中跨跨径 L_2(m)	L_1/L_2
4.70	6.15	0.76
4.70	6.67	0.70
4.70	7.20	0.65
4.70	8.00	0.59

(4)总共需要计算21个模型,各个模型的模型编号如表4.20所示。

总体计算方案 表4.20

加载位置	模型编号	H/W	L_1/L_2
中跨跨中(试验模型尺寸)	1	0.141	0.59
中跨1/4跨(试验模型尺寸)	2	0.141	0.59
中跨支座(试验模型尺寸)	3	0.141	0.59
中跨跨中	4	0.141	0.76
	5	0.141	0.70
	6	0.141	0.65
	7	0.095	0.59
	8	0.109	0.59
	9	0.123	0.59
中跨1/4跨	10	0.141	0.76
	11	0.141	0.70
	12	0.141	0.65
	13	0.095	0.59
	14	0.109	0.59
	15	0.123	0.59

续上表

加载位置	模型编号	H/W	L_1/L_2
中跨支座	16	0.141	0.76
	17	0.141	0.70
	18	0.141	0.65
	19	0.095	0.59
	20	0.109	0.59
	21	0.123	0.59

2)各计算模型的荷载—挠度曲线计算结果

采用第3章所介绍的钢筋混凝土非线性理论及程序对箱梁的宽高比、边中跨比和加载位置进行大量的参数分析。由于模型1、2和3的计算结果前面已经进行了描述,以下章节中不再重复描述。以下分别统计模型4~模型21中各个点的荷载—挠度曲线,去除掉两个中跨支座点(5号和13号)。限于篇幅限制,仅仅给出模型4~6的计算结果,如图4.238~图4.240所示。

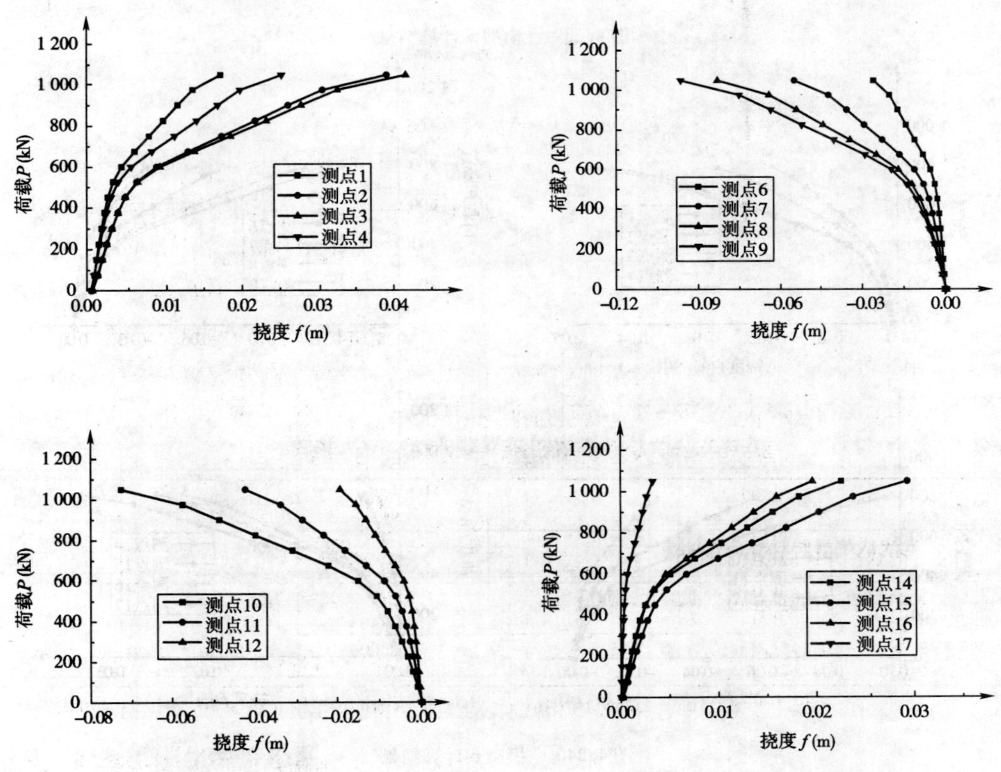

图4.238　模型4计算结果

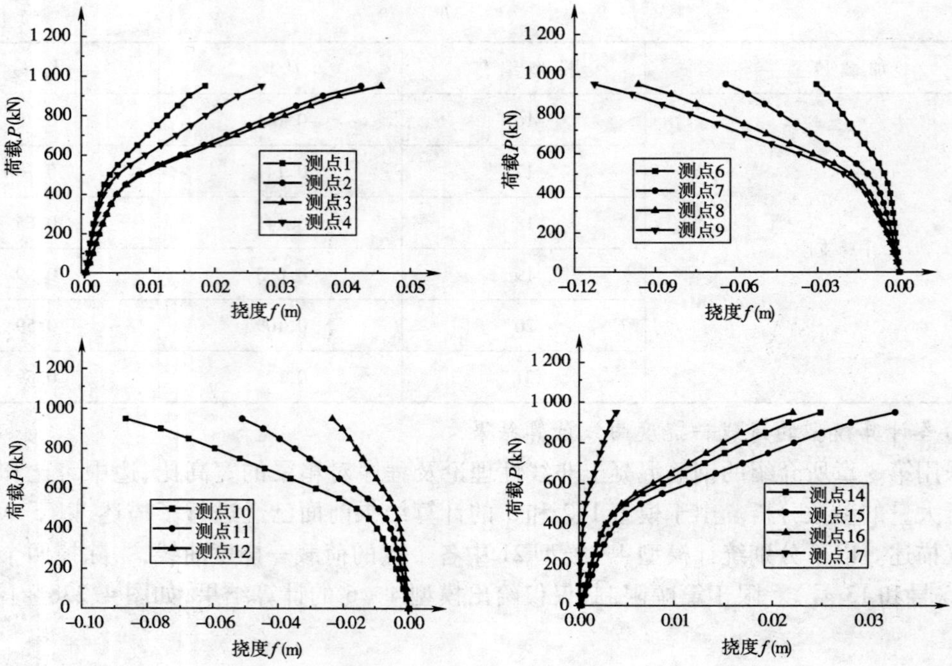

图 4.239　模型 5 计算结果

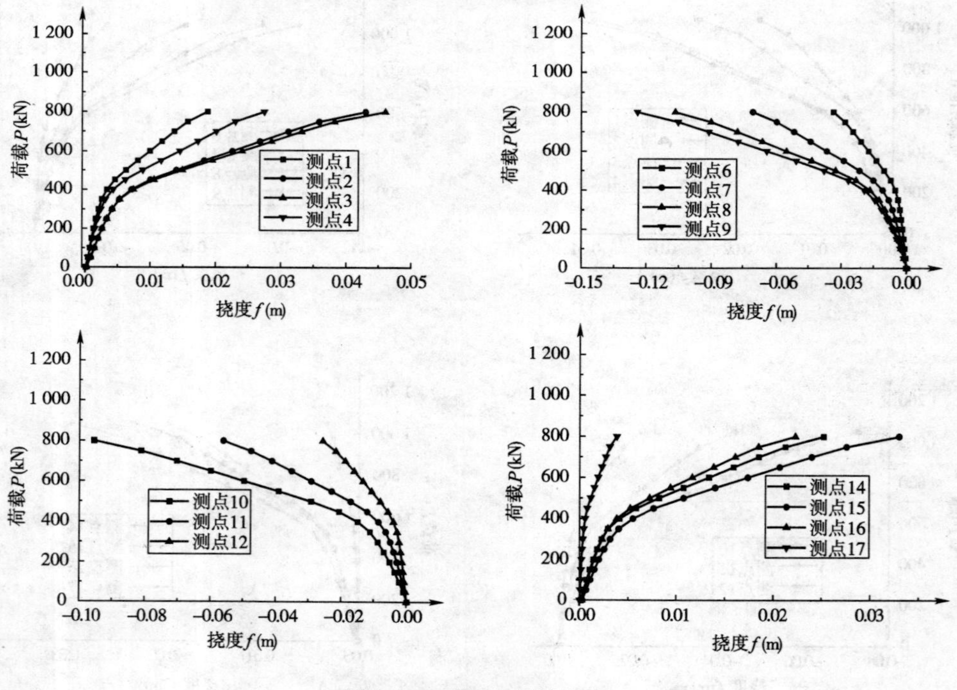

图 4.240　模型 6 计算结果

3)跨径比对抗弯刚度折减系数的影响

为了统一研究中的加载值对梁体刚度的影响,提出荷载因子 α 的定义如下:

$$\alpha = \frac{P}{P_{u}} \tag{4-126}$$

式中：P、P_u——分别为当前加载荷载值和最终破坏值。

对模型 1 和模型 4 ~ 6 中的数据进行分析整理，由于对于不同的跨径比，在不同的荷载因子作用下，都有 17 个关键点的刚度退化，数据量很大，为了能够得到跨径比对刚度损伤的影响系数，取加载点的数据进行分析比较。

（1）中跨跨中加载

对模型 1 和模型 4 ~ 6 中的数据进行分析整理，取加载点的数据进行分析比较，得到中跨跨中加载点，也即 9 号点（图 4.241）在不同的荷载因子作用下，跨径比对抗弯刚度折减系数的影响，如图 4.242 所示。

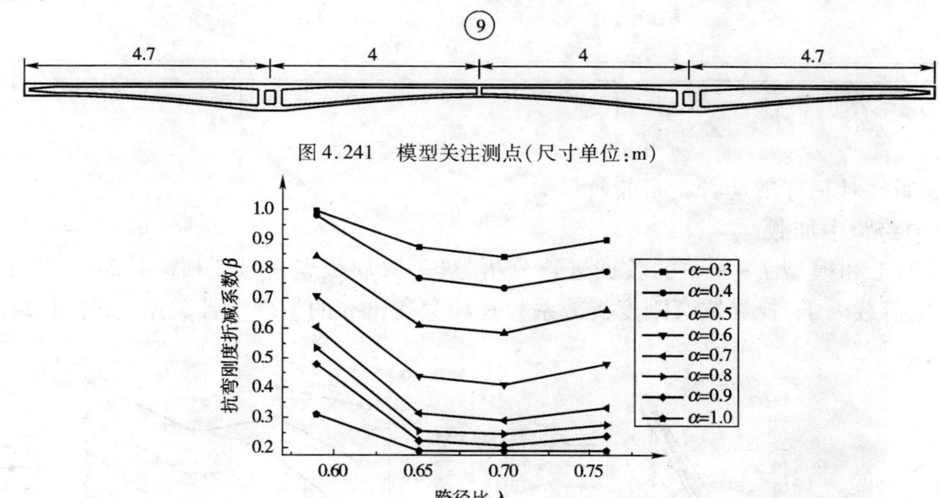

图 4.241　模型关注测点（尺寸单位：m）

图 4.242　跨径比对抗弯刚度折减系数的影响

（2）中跨 1/4 跨加载

对模型 2 和模型 10 ~ 12 中的数据进行分析整理，取加载点 11 号点（图 4.243）进行数据分析，归一化荷载因子，找寻抗弯刚度折减系数 β 和跨径比 λ 的数理统计关系，如图 4.244 所示。

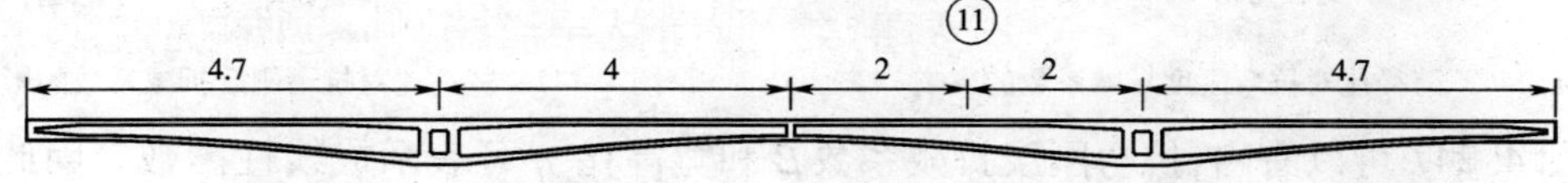

图 4.243　模型关注测点（尺寸单位：m）

（3）中跨支座加载

对模型 3 和模型 16 ~ 18 中的数据进行分析整理，取加载点 12 号点（图 4.245）进行数据分析，归一化荷载因子，找寻抗弯刚度折减系数 β 和跨径比 λ 的数理统计关系，如图 4.246 所示。

从图 4.242、图 4.244 和图 4.246 中可以看出，抗弯刚度折减系数 β 和跨径比 λ 可表示成抛物线函数。且跨径比 λ 为 0.7 时，抗弯刚度折减系数 β 都处于抛物线的最低处。因此假定抗弯刚度折减系数 β 和跨径比 λ 的关系表达式为

$$\beta = a(\lambda - 0.7)^2 + b \tag{4-127}$$

式中：a、b——待定系数。

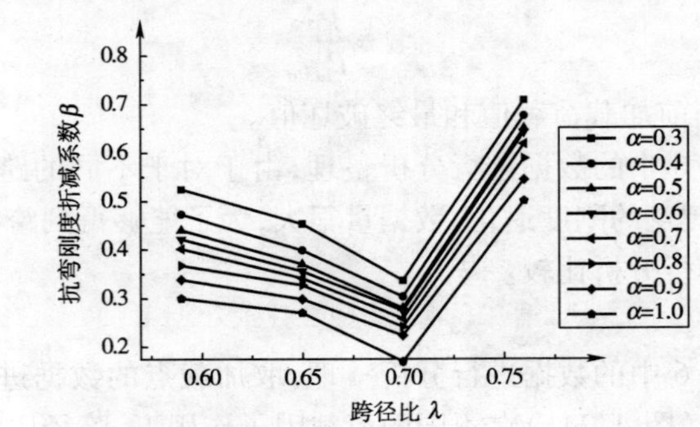

图4.244　跨径比对抗弯刚度折减系数的影响

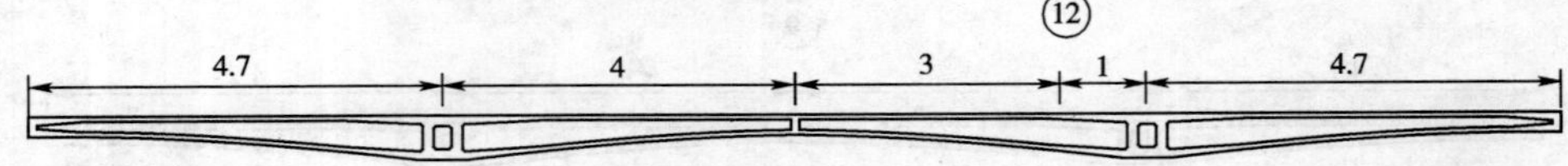

图4.245　模型关注测点(尺寸单位:m)

4)宽高比对抗弯刚度折减系数的影响

(1)中跨跨中加载

对模型1和模型7~9中的数据进行分析整理,取加载点9号点(图4.241)进行数据分析,归一化荷载因子,找寻抗弯刚度折减系数β和宽高比η的数理统计关系,如图4.247所示。

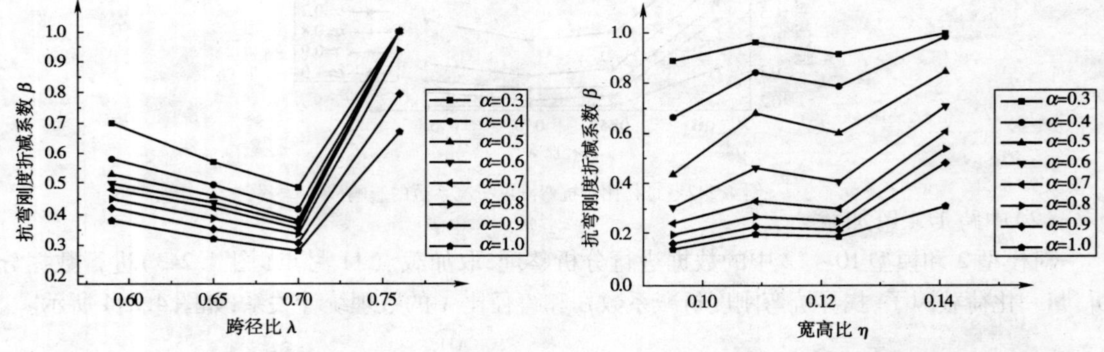

图4.246　跨径比对抗弯刚度折减系数的影响　　　图4.247　宽高比对抗弯刚度折减系数的影响

从图4.247可以看出,抗弯刚度折减系数β和宽高比η可表示成线性函数。因此假定抗弯刚度折减系数β和宽高比η的关系表达式为

$$\beta = a\eta + b \tag{4-128}$$

式中:a、b——待定系数。

(2)中跨1/4跨加载

对模型2和模型13~15中的数据进行分析整理,取加载点11号点(图4.243)进行数据分析,归一化荷载因子,找寻抗弯刚度折减系数β和宽高比η的数理统计关系,如图4.248所示。

从图4.248可以看出,抗弯刚度折减系数β和宽高比η可表示成抛物线函数。且宽高比η为0.123时,抗弯刚度折减系数β都处于抛物线的最低处。因此假定抗弯刚度折减系数β和宽高比η的关系表达式为

$$\beta = a(\eta - 0.123)^2 + b \tag{4-129}$$

式中：a、b——待定系数。

(3)中跨支座加载

对模型3和模型19～21中的数据进行分析整理，取加载点12号点（图4.245）进行数据分析，归一化荷载因子，找寻抗弯刚度折减系数β和宽高比η的数理统计关系，如图4.249所示。

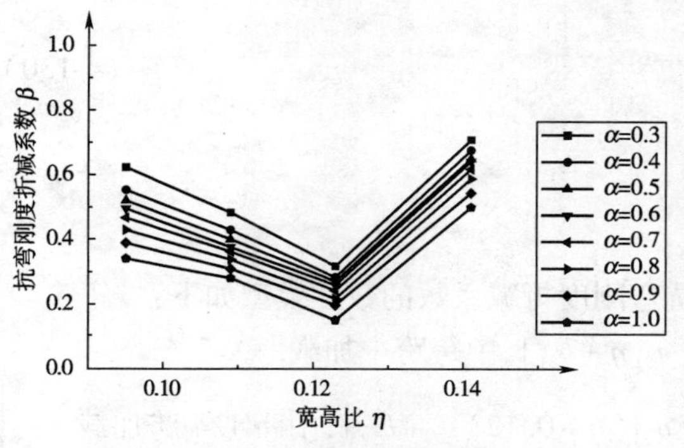

图4.248　宽高比对抗弯刚度折减系数的影响

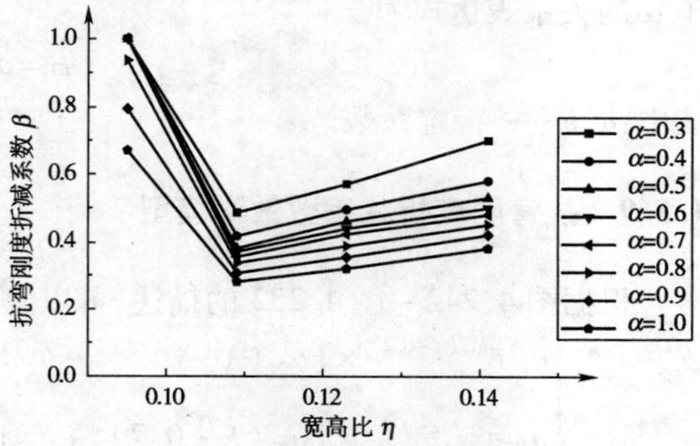

图4.249　宽高比对抗弯刚度折减系数的影响

从图4.249可以看出，抗弯刚度折减系数β和宽高比η可表示成抛物线函数。且宽高比η为0.123时，抗弯刚度折减系数β都处于抛物线的最低处。因此假定抗弯刚度折减系数β和宽高比η的关系表达式为

$$\beta = a(\eta - 0.123)^2 + b$$

式中：a、b——待定系数。

5)荷载因子对抗弯刚度折减系数的影响

(1)中跨跨中加载

对模型1和模型7～9中的数据进行分析整理，取加载点9号点（图4.241）进行数据分析，归一化荷载因子，找寻抗弯刚度折减系数β和荷载因子α的数理统计关系，如图4.250所示。

(2)中跨1/4跨加载

对模型2和模型13～15中的数据进行分析整理，取加载点11号点（图4.243）进行数据分析，归一化荷载因子，找寻抗弯刚度折减系数β和荷载因子α的数理统计关系，如图4.251所示。

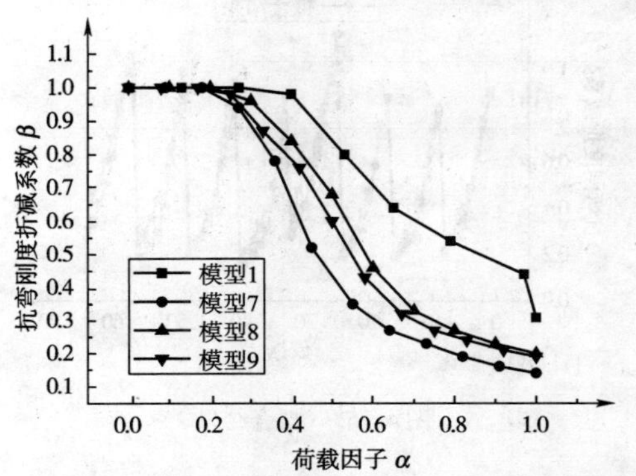

图4.250　荷载因子对抗弯刚度折减系数的影响

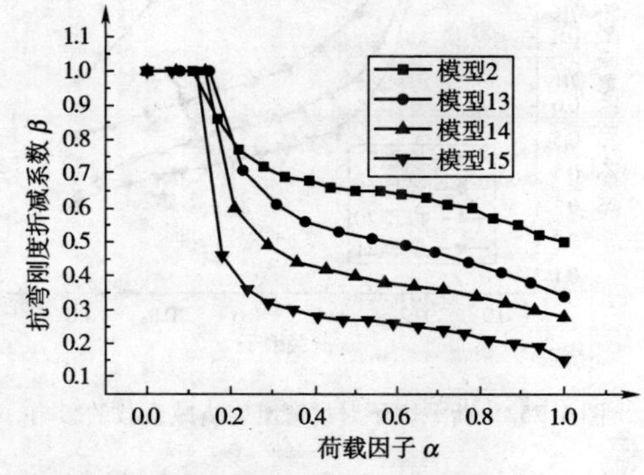

图4.251　荷载因子对抗弯刚度折减系数的影响

(3)中跨支座加载

对模型3和模型19~21中的数据进行分析整理,取加载点12号点(图4.245)进行数据分析,归一化荷载因子,找寻抗弯刚度折减系数β和荷载因子α的数理统计关系,如图4.252所示。

从图4.250~图4.252可以看出,抗弯刚度折减系数β和荷载因子α可表示成指数函数。同时考虑到荷载因子α大于0.2时,才发生刚度损伤,因此假定抗弯刚度折减系数β和荷载因子α的关系表达式为

$$\beta = a\mathrm{e}^{b(\alpha-0.2)} \tag{4-130}$$

式中:a、b——待定系数。

4.5.9 抗弯刚度折减系数数学模型

根据图4.242~图4.252的描述,可以建立抗弯刚度折减系数的数学模型如下:

$$\beta=\begin{cases} a_{11}\mathrm{e}^{b_{11}(\alpha-0.2)}\times[a_{21}(\lambda-0.7)^2+b_{21}]\times[a_{31}\eta+b_{31}], \text{中跨跨中加载} \\ a_{12}\mathrm{e}^{b_{12}(\alpha-0.2)}\times[a_{22}(\lambda-0.7)^2+b_{22}]\times[a_{32}(\eta-0.123)^2+b_{32}], \text{中跨1/4跨加载} \\ a_{13}\mathrm{e}^{b_{13}(\alpha-0.2)}\times[a_{23}(\lambda-0.7)^2+b_{23}]\times[a_{33}(\eta-0.123)^2+b_{33}], \text{中跨支座加载} \end{cases} \tag{4-131}$$

式中:a_{11}、a_{21}、a_{31}、a_{12}、a_{22}、a_{32}、a_{13}、a_{23}、a_{33}——需要确定的参数。

约束条件:β≤1。

对21个模型的计算结果进行非线性回归,考虑到加载点的损伤退化最为显著,因此选取加载点的数据作为原始数据进行回归分析。回归分析采用LM算法进行迭代计算。

对于中跨跨中加载工况,计算得到

$$\beta=1.24\mathrm{e}^{-2.04(\alpha-0.2)}\times[24.07(\lambda-0.7)^2+0.67]\times(9.15\eta-0.11) \tag{4-132}$$

约束条件:$\beta\leqslant 1$。

拟合结果如图4.253所示。

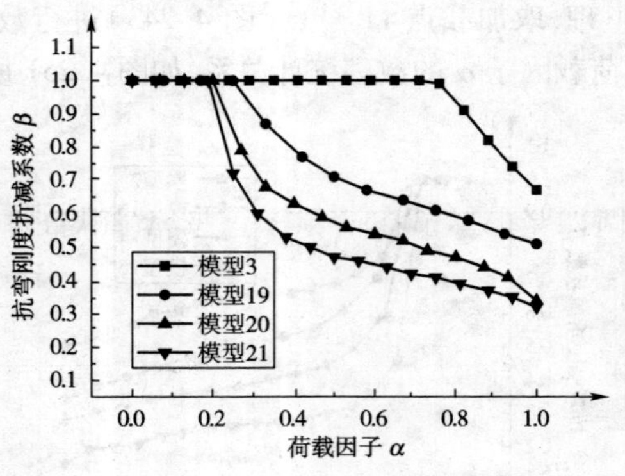

图4.252 荷载因子对抗弯刚度折减系数的影响

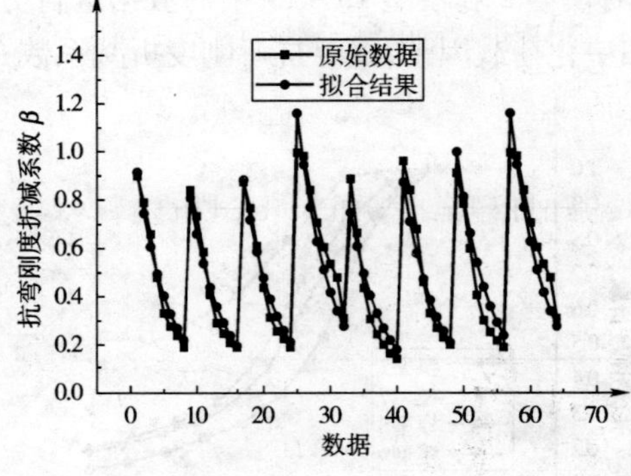

图4.253 拟合结果

对于中跨1/4跨加载工况,计算得到

$$\beta=1.19e^{-0.63(\alpha-0.2)}\times[15.6(\lambda-0.7)^2+1.36]\times[191.7(\eta-0.123)^2+0.245] \quad (4\text{-}133)$$

约束条件:$\beta\leqslant1$。

拟合结果如图 4.254 所示。

对于中跨支座加载工况,计算得到

$$\beta=1.39e^{-0.59(\alpha-0.2)}\times[4.28(\lambda-0.7)^2+1.19]\times[521.3(\eta-0.123)^2+0.25] \quad (4\text{-}134)$$

约束条件:$\beta\leqslant1$。

拟合结果如图 4.255 所示。

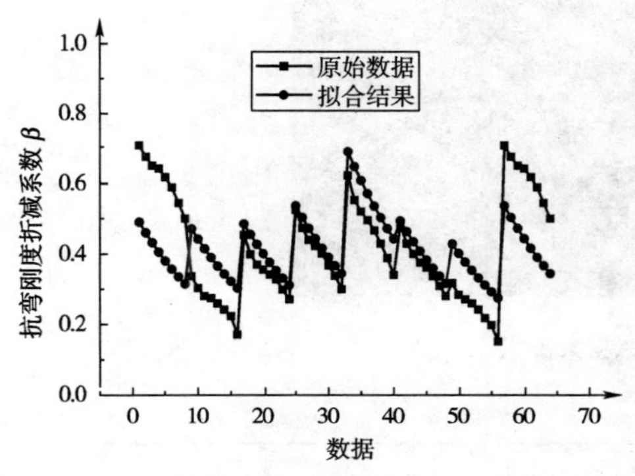

图 4.254 拟合结果

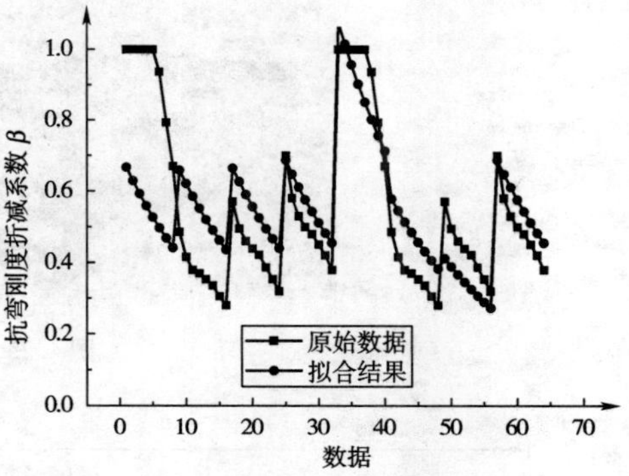

图 4.255 拟合结果

综上所述,本书最终建立的箱梁加载处的抗弯刚度折减系数的数学模型如下:

$$\beta=\begin{cases}1.24e^{-2.04(\alpha-0.2)}\times[24.07(\lambda-0.7)^2+0.67]\times(9.15\eta-0.11),\text{中跨跨中加载}\\1.19e^{-0.63(\alpha-0.2)}\times[15.6(\lambda-0.7)^2+1.36]\times[191.7(\eta-0.123)^2+0.245],\text{中跨1/4跨加载}\\1.39e^{-0.59(\alpha-0.2)}\times[4.28(\lambda-0.7)^2+1.19]\times[521.3(\eta-0.123)^2+0.25],\text{中跨支座加载}\end{cases} \quad (4\text{-}135)$$

约束条件:$\beta\leqslant1$。

4.6 实桥破坏性试验的测试结果及精细化数值模拟

4.6.1 概述

新兴塘大桥为沪宁高速公路跨越新兴塘河流和一条乡镇间四级公路的一座大桥,位于锡山区东亭乡新屯村附近。桥梁设计荷载等级为汽—超 20,挂—120 级。主桥上部结构采用(32+50+32)m 三跨预应力混凝土连续梁,箱梁为单箱单室、等高度、斜腹板形式,顶板总宽 12.8m,底板宽 5.0m,翼缘板端部厚 0.2m,根部厚 0.45m,顶板厚 0.29m,底板厚 0.2~0.4m,腹板厚 0.3~0.55m,箱梁高度为 2.4m。为加强梁体横向刚度,两边跨距梁端 14.3m 处和中跨跨中处各设置厚 0.2m 的横隔板,两端支点处分别设置厚 0.5m 和 1.2m 的横隔板。连续梁只设纵向预应力钢筋,预应力筋选用 $7\phi5(\phi^J15.24)$ 高强钢绞线,技术标准符合“ASMT A416-87a270 级”,其标准强度 $R_y^b=1\,860$MPa,预应力筋的张拉和锚固体系采用 XM 锚及 YC120 型的千斤顶张拉,张拉的预应力筋为5-7ϕ5,箱梁共张拉189束,最长115.6m,最短9.19m。主墩为带承台和桩基础的圆形独柱墩,墩柱直径为2.2m,承台厚2.5m,基桩为直径1.2m的钻孔桩。支座采用GPZ系列盆式橡胶支座。

新兴塘大桥照片及主桥立面和横断面图见图4.256~图4.258。

图4.256 新兴塘大桥

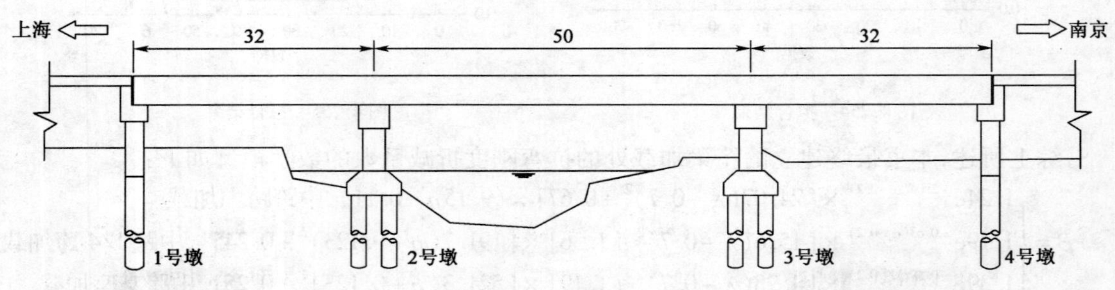

图4.257 新兴塘大桥主桥立面图(尺寸单位:m)

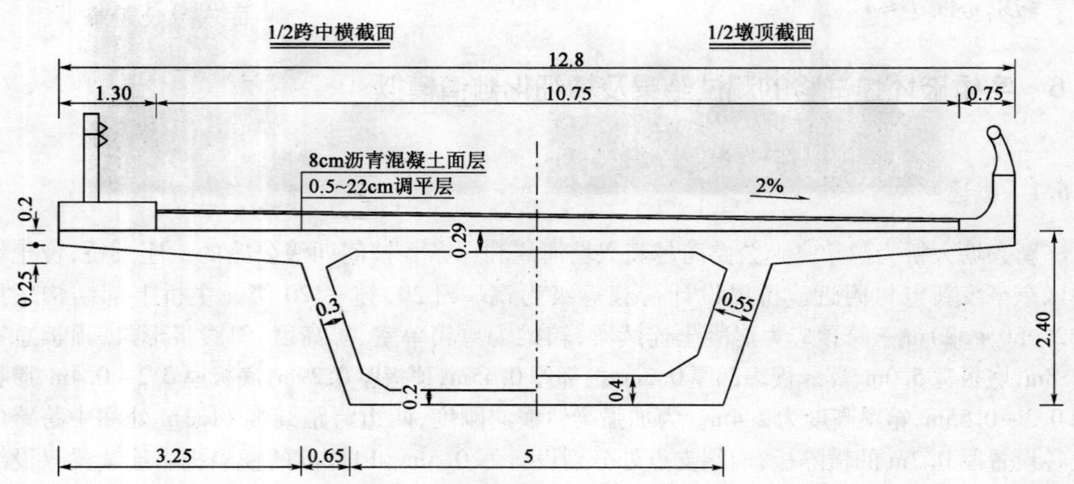

图4.258 新兴塘大桥主桥箱梁横断面图(尺寸单位:m)

预应力钢筋的布置见图4.259。

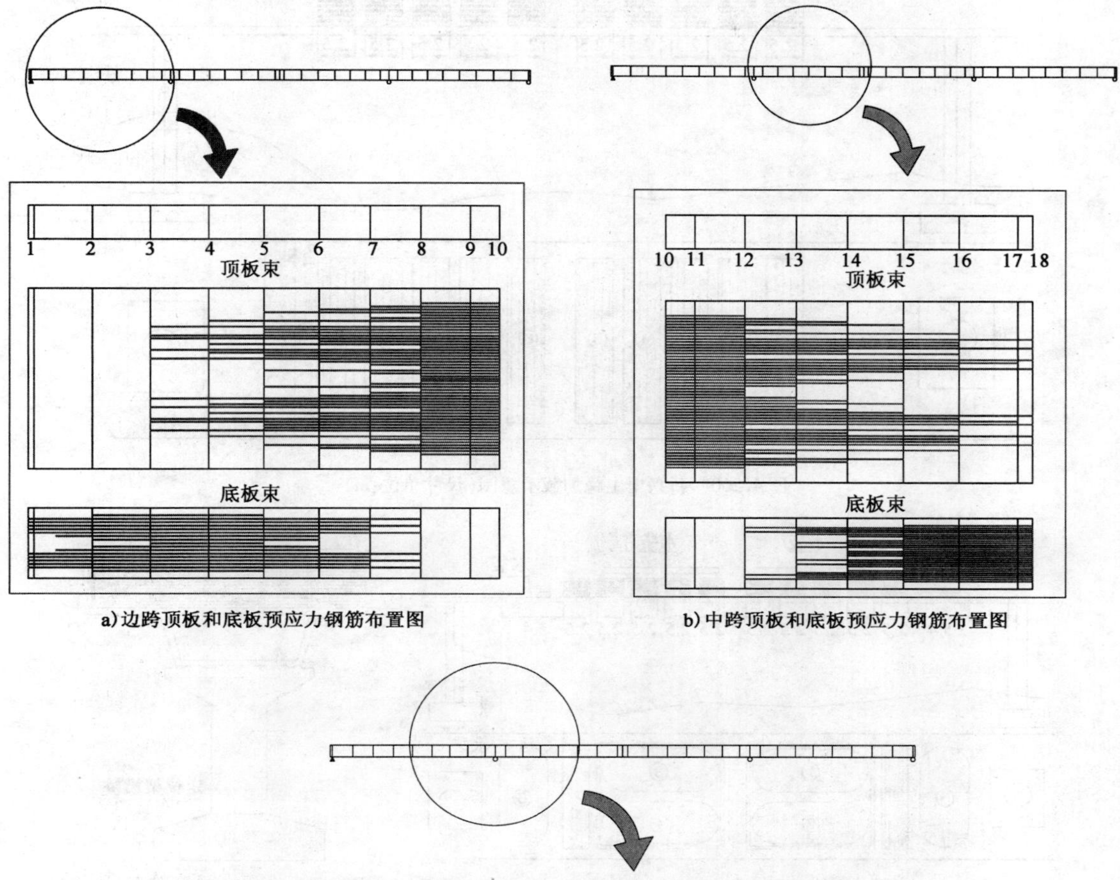

a)边跨顶板和底板预应力钢筋布置图

b)中跨顶板和底板预应力钢筋布置图

c)腹板预应力钢筋布置图

图4.259　箱梁预应力钢筋布置图

4.6.2　新兴塘大桥现场试验

本节中试验部分的测试结果及描述参考自文献[139]。

1)加载系统

考虑到实桥破坏性试验加载量巨大,在试验方案准备阶段即对边、中跨全跨布载、中跨全跨布载及中跨半跨布载三种布载方案和水箱加载、砂石箱加载、千斤顶反力架加载、桥面现浇块状混凝土加载及钢材堆重加载等多种加载方式进行比选,最终试验采用钢材中跨半跨加载和水箱注水调整加载重的加载方案,以确保试验顺利进行。加载图式如图4.260和图4.261所示。

钢筋分10个区域进行堆放,同时堆与堆间保持一定的距离,避免发生起拱效应。

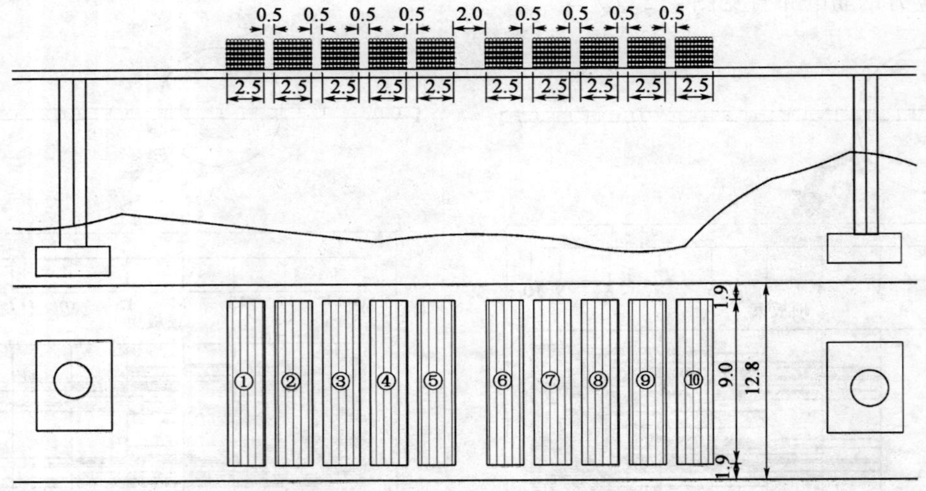

图 4.260　新兴塘主跨加载示意图(尺寸单位:m)

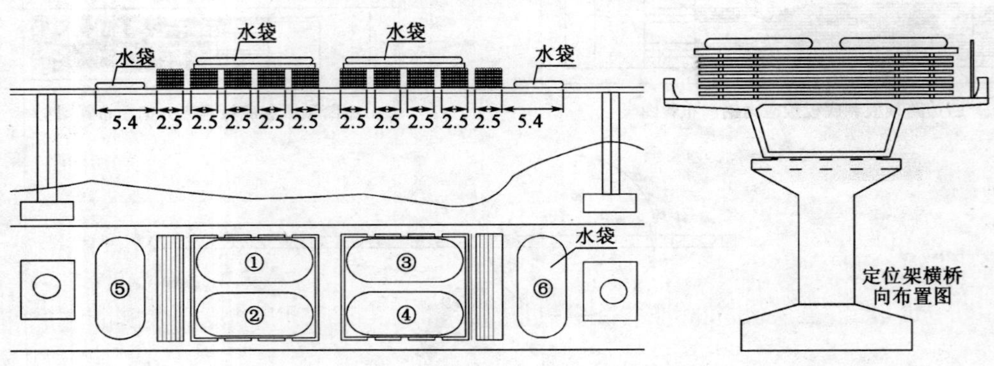

图 4.261　水袋位置布置示意图

当荷载施加到 14 000kN 左右时,开始吊装水袋就位,并缓慢注水加载。水的加载由进水系统、水量测量系统和排水系统组成。进水系统选择扬程 20m 以上、流量 180m^3/h 的水泵,就近取河水。水量测量系统主要是在进水管和排水管处安装流量计监测进水和排水的体积。增设的水袋加载系统示意图如图 4.261 所示。

2)实际加载

根据现场情况进行了局部工况加载量的调整,调整后的现场实际加载工况和加载量如表 4.21所示。

现场加载统计表

表 4.21

工况	荷载级别	每级加载(kN)	加载总量(kN)	备　注
7	1	705	705	之前有 3 级预加载(每级 1 000kN)和 3 级卸载
8	2	694	1 399	力加载控制流程
9	3	695	2 094	
10	4	678	2 773	

续上表

工况	荷载级别	每级加载(kN)	加载总量(kN)	备　注
11	5	690	3 463	
12-1	6	169	3 632	考虑到接近开裂荷载,加载密度增加。至12-4工况时,荷载位移曲线第一个拐点出现(将12-2和12-3两工况合一)
12-2		68	3 700	
12-3		102	3 801	
12-4		337	4 139	
13-1	7	352	4 490	
13-2		341	4 831	全桥做详细检查
14-1	8	374	5 205	
14-2		341	5 547	
15	9	348	5 895	
16	10	337	6 232	
17	11	348	6 580	
18	12	326	6 906	
19	13	392	7 299	
20	14	337	7 636	
21-1	15	213	7 849	
21-2		213	8 062	
22	16	253	8 315	
23-1	17	348	8 663	
23-2		337	9 001	
24-1	18	333	9 333	
24-2		339	9 672	
25-1	19	340	10 011	
25-2		339	10 351	
26-1	20	340	10 691	
26-2		364	11 055	
27-1	21	341	11 395	
27-2		340	11 735	
28-1	22	341	12 077	
28-2		358	12435	
29-1	23	347	12 782	
29-2		347	13 129	
30-1	24	382	13 511	荷载位移曲线第二个拐点出现
30-2		343	13 854	
31	25	500	14 354	第一次水袋加载,开始采用位移加载控制加载流程

续上表

工况	荷载级别	每级加载(kN)	加载总量(kN)	备　注
32	26	621	14 975	
33	27	540	15 515	
34	28	360	15 875	
35	29	360	16 235	
36	30	200	16 435	
37	31	-2 581	13 854	
38	32	1 075	14 928	
39	33	439	15 368	
40	34	456	15 824	
41	35	417	16 241	
42	36	577	16 819	
43	37	989	17 808	
44	38	420	18 228	
45	39	300	18 528	
46	40	150	18 678	结束加载

箱梁破坏性试验现场见图4.262。

3)破坏现象与破坏机理分析

(1)破坏性试验的破坏形态

试验的过程基本可以分为弹性阶段→塑性发展(裂缝发展、刚度退化)→体系转换→结构屈服→最终破坏五个阶段。

试验的最终破坏荷载定为18 678kN,试验的最终破坏形态为:

①中跨跨中受拉普通钢筋拉断,受压区混凝土压碎。

②受拉主钢筋处最大垂直裂缝宽度达到12mm。

③两边跨支座处有明显脱空现象,结构体系发生明显改变。

④跨中挠度随时间发展越来越大,实测荷载—挠度曲线进入软化阶段。

整个试验破坏过程经历了加载跨中跨和加载跨四分点裂缝扩展,中间支座位置裂缝开展,结构刚度逐渐退化,加载跨跨中位置受拉普通钢筋拉断、受压区混凝土压碎,结构出现塑性铰,结构体系转换,两边跨支座脱空,直至最后箱梁破坏,变形不随荷载收敛。

(2)试验过程简要描述

正式试验从2005年6月5日正式开始,至6月15日试验结束,达到最终试验终止条件。实际加载工况及各工况加载量见表4.21。

正式加载试验于2005年6月6日下午1:30开始。

当加载至3 632kN时,在中跨附近上海侧5.25m处南腹板和梁底出现新的裂缝,但中跨跨中实测挠度值仍基本处于线性关系,且加载后实测挠度曲线较为稳定。

a）测点布置图

b）加载图

c）箱梁腹板裂缝图

d）桥墩裂缝图

图 4.262　破坏性试验现场图片

当加载至4 139kN时,新裂缝进一步增加,原有裂缝宽度及长度亦有增加,中跨跨中实测挠度值开始脱离线性基线,初步判断荷载—位移曲线第一拐点出现。

当加载至4 831kN后,对全桥状况做详细检查,此时中跨跨中挠度为30.13mm,为全弹性状态下挠度的1.08倍。

当加载至13 129kN时(工况29-2),在加载结束后10min持荷期内,跨中点位移增量为0.48mm,之后的5min位移增量为0.23mm。

当加载至13 511kN时(工况30-1),单工况位移增量为13.2mm(钢筋加载量为364kN),大于前一工况的1.5倍,荷载位移曲线出现较明显转折,初步判断荷载—位移曲线第二拐点出现。

加载至13 854kN,结束钢材加载,开始水袋加载。

从工况31开始,采用水袋加载,启动位移加载控制流程,至工况36,共计加水2 430kN,此时中跨跨中挠度达到244.55mm,为全弹性状态下挠度的2.61倍,在中跨支座位置发现较多斜裂缝。

工况37为卸载工况,跨中点挠度恢复至224.05mm,卸载阶段荷载—位移曲线斜率为119.1kN/mm,小于初始弹性阶段荷载—位移曲线斜率172.4kN/mm。

采用钢材加载至16 819kN(工况42),结束钢材加载,开始第二次水袋加载准备,对比工况42和工况36,此时荷载基本相同,通过一次小滞回,跨中位移增加了31.9mm。

加载至工况44时,发现主桥两侧边跨的梁端与支座脱离,梁端上翘约30mm左右,中跨线形的下凹明显加重。此时跨中附近与预应力钢筋等高度的裂缝宽度已接近1.2cm(图4.263),跨中位移荷载曲线接近平缓。经过1h20min,中跨位移变化基本收敛。

桥面荷载总量达18 678kN时,监控仪表数据显示:梁体挠度增加速度明显加快,桥梁已达到极限状态并趋向于整体断裂。此时,两侧边跨的梁端与支座脱离,梁端上翘近40mm(图4.264);跨中位移不再收敛,已满足试验终止条件。之后卸载1 600kN,但跨中竖向位移不仅没有减小,反而在原有基础上增加了8.3mm,充分证明荷载位移曲线的软化段已出现。

图4.263 最大裂缝宽度达到12mm

图4.264 边跨支座上翘

4.6.3 有限元计算值和实测值比较

1)有限元模型

应用NAC软件建立新兴塘大桥的模型。采用CB壳单元,单元共分10层,其中8层为混凝土,2层为钢筋。共划分580个单元,2 276个节点,考虑几何和材料非线性效应。腹板预应力钢筋采用组合模型模拟，顶板和底板的预应力钢筋采用分层模型模拟。

CB 壳单元必须输入 18 个节点的空间坐标，单元连接时通过节点连接，对于横隔板和箱梁顶板、底板和腹板连接比较繁琐。本节使用的单元连接方法见图 4.265。

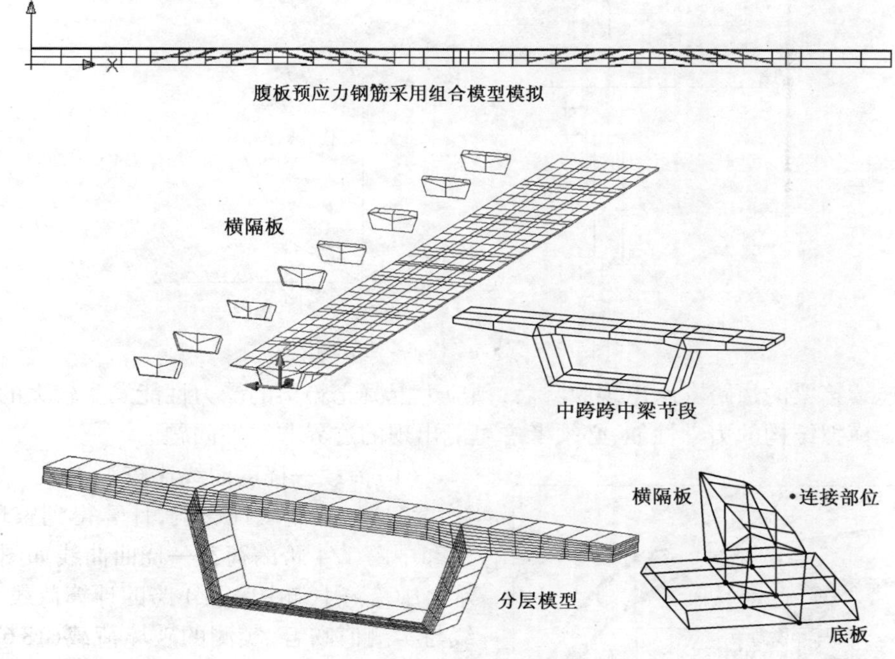

图 4.265　有限元模型及模型细部图

计算加载方式采用江苏省交通科学研究院的加载方案，每级荷载为 220kN/32.5m 的均布力。横向加载时，加载点为箱梁腹板和顶板的交点处，具体加载图式参见图 4.266。

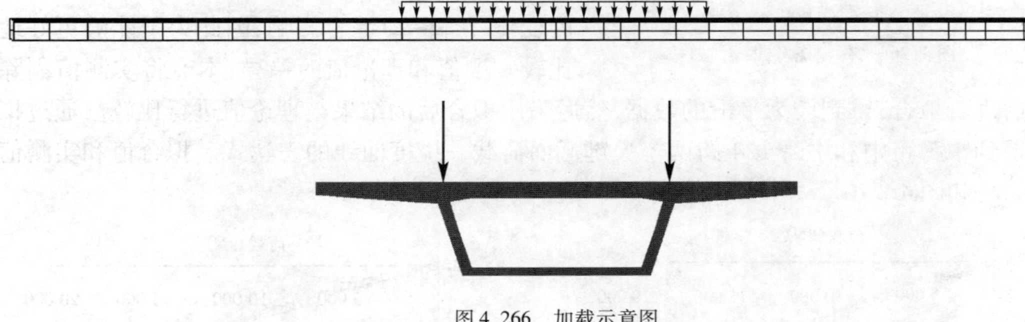

图 4.266　加载示意图

2）计算结果与试验数据比较

在桥梁的非线性分析中，遇到的非线性问题主要有几何非线性和材料非线性问题。此外在桥梁结构中还常常遇到边界或者界面的非线性问题。通过计算表明几何非线性对箱梁非线性分析影响在 5% 以内，因此可以忽略几何非线性对箱梁结构行为的影响。

边界非线性问题最多的是接触问题，如图 4.267 所示，若材料是弹性的，变形又是小变形。梁下边有一柱子，开始柱顶与梁底有一微小的间隙 Δ，当梁的挠度 $\delta \leqslant \Delta$，梁单独受力，荷载—挠度曲线为直线。当 $\delta>\Delta$ 时,梁与柱共同受力,若系统仍然处于弹性状态,则荷载—挠度曲线为两段直线,但是斜率不同,尽管两段均是分段线性的,但从整个加载过程来看,仍然是非线性关系。

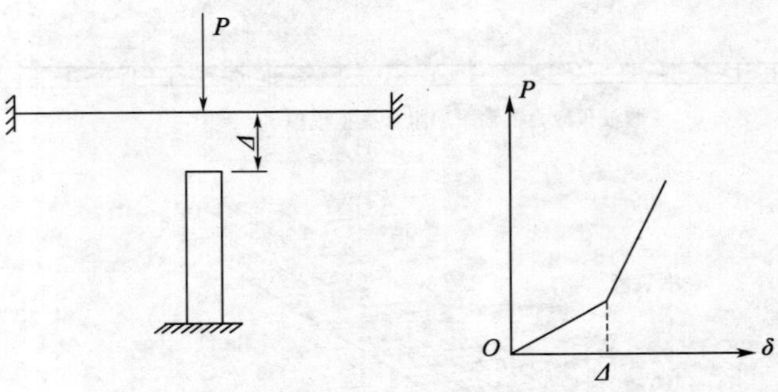

图 4.267　边界条件非线性示例图

三跨连续箱梁的边跨支座出现脱空后,预应力混凝土箱梁的受力性能发生较大的改变,因此为了准确模拟结构的力学性能,必须考虑可能出现的边界非线性问题。

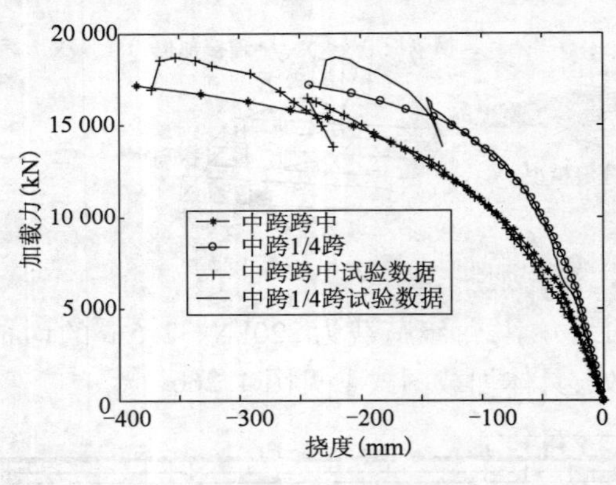

图 4.268　荷载挠度曲线

(1)荷载—挠度曲线比较

考虑边界非线性影响,计算得到整理中跨跨中和中跨 1/4 跨的荷载—挠曲曲线如图4.268 所示。中跨跨中和中跨 1/4 跨的计算荷载—挠度曲线与实测值吻合,实测的破坏荷载(18 678kN)和有限元计算得到的破坏荷载(17 160kN)相差 8%。

可以看出,实测值除了有卸载曲线外还存在线形不平滑的现象,产生线形不平滑的原因主要是实测值通常会由各种因素(比如测试误差、温度变化、沉降等)综合影响,因此为了能够更好地比较实测值和理论值的差异,本节将实测值剔除卸载段后进行拟合,得到较为平滑的数据,然后采用拟合后的结果与理论值进行比较。通过拟合可以得到中跨跨中和中跨 1/4 跨两个关键截面荷载—挠度曲线的表达式。拟合值和实测值见图 4.269 和图 4.270。

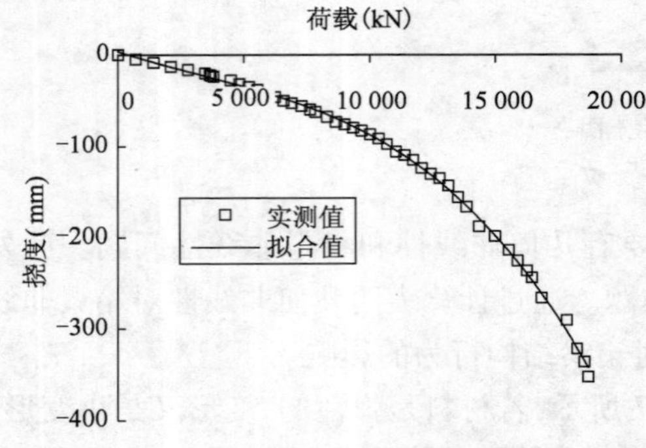

图 4.269　中跨跨中荷载—挠度拟合曲线

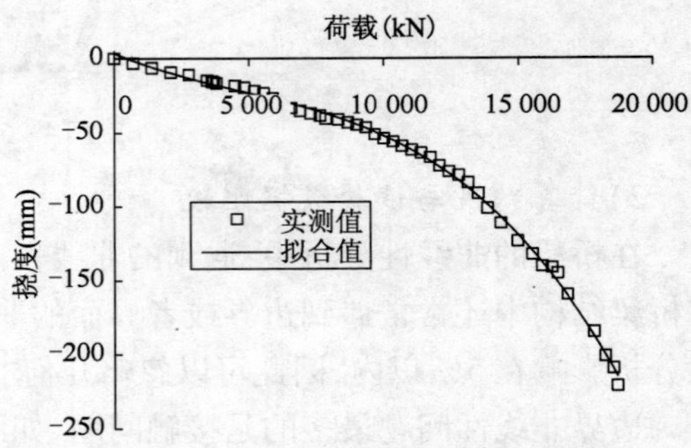

图 4.270　中跨 1/4 跨荷载—挠度拟合曲线

(2)应力比较

试验中的翼缘板的应变测点见图 4.271,为了能够和计算值进行比较,计算值取图 4.271 中区段的应力平均值。应力符号规定以"－"为受压,"＋"为受拉。

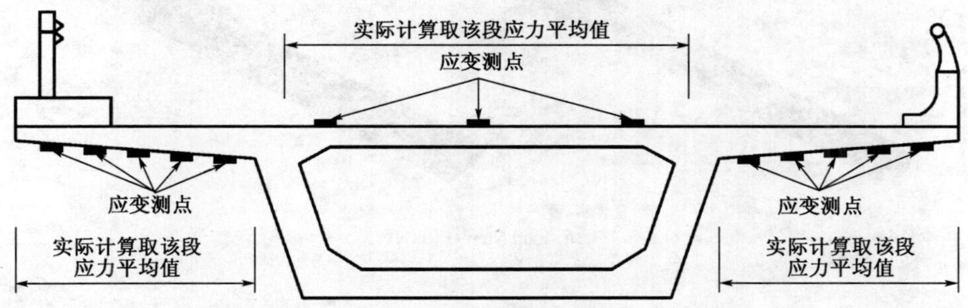

图 4.271　试验应变测点布置

取箱梁关键截面的关键部位的混凝土应力的计算值和实测值比较见图 4.272。

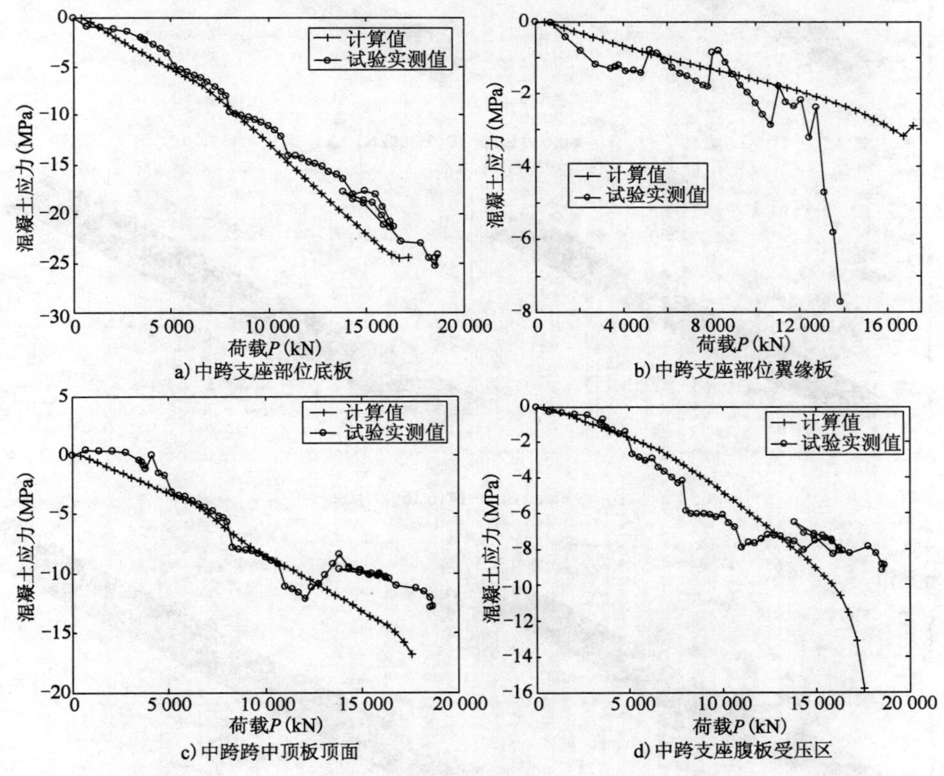

图 4.272　混凝土应力

3)箱梁裂缝发展

截至试验终止时,主跨南北腹板各出现裂缝 180 余条,主跨平均裂缝间距为 270mm 左右。有限元计算得到的变形及裂缝发展见图 4.273(彩图见封三)。

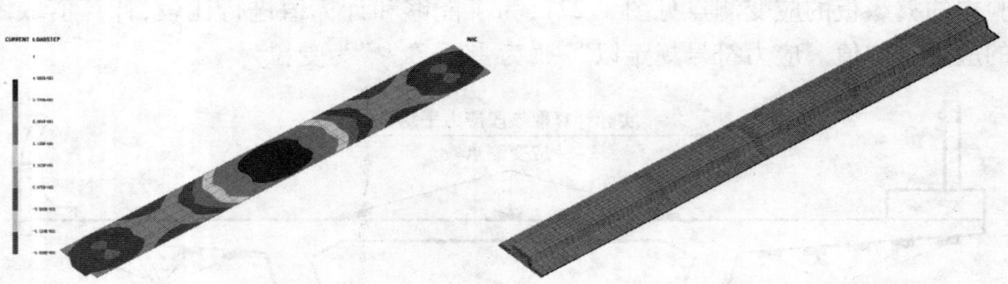

a)Load Step=1 (0kN)

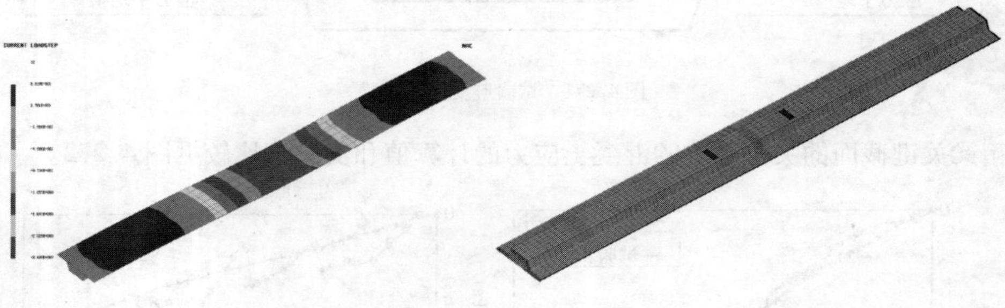

b)Load Step=12 (5 280kN)

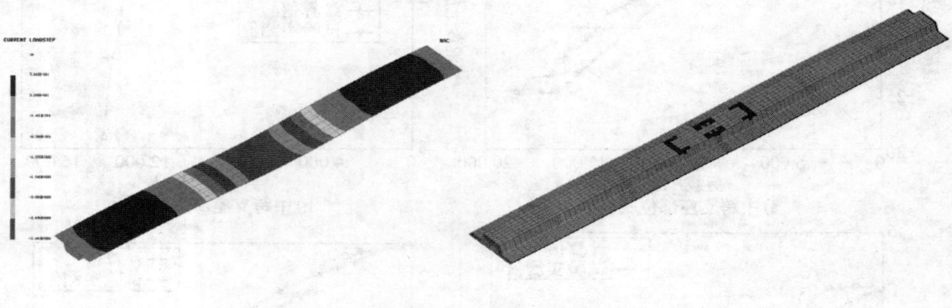

c)Load Step=14 (6 160kN)

d)Load Step=20 (8 360kN)

图 4.273

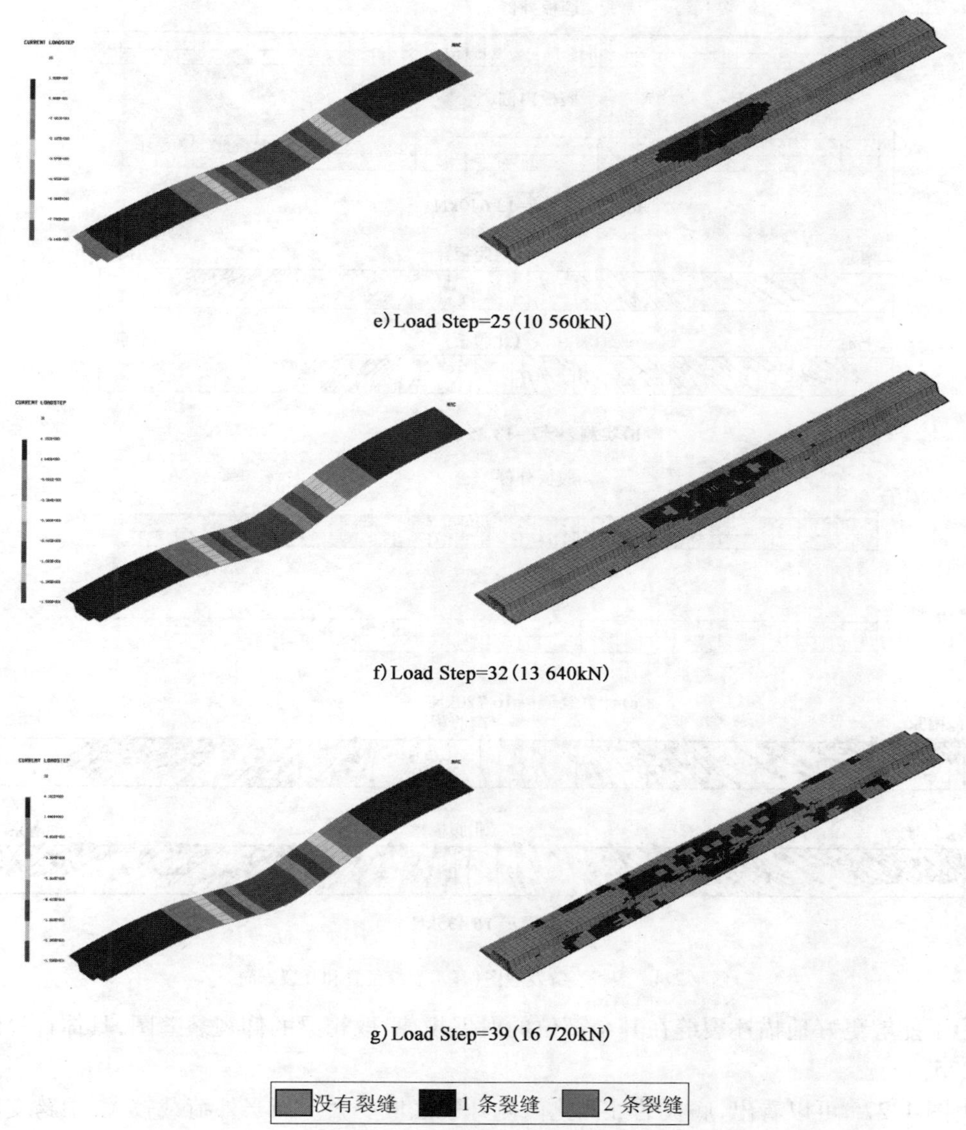

e) Load Step=25 (10 560kN)

f) Load Step=32 (13 640kN)

g) Load Step=39 (16 720kN)

没有裂缝　1 条裂缝　2 条裂缝

图 4.273　有限元计算的变形及裂缝发展图

图 4.273 显示的只是开裂高斯点，没有显示裂缝开裂的角度，且只显示了箱梁外侧的裂缝，为了能够更为详细地提供裂缝信息，NAC 程序提供了绘制开裂高斯点的裂缝角度及沿箱梁顶、腹板和底板不同厚度的裂缝图，具体显示见图 4.274。由于实际破坏性试验的荷载增量和理论计算的增量不一致，因此，取荷载较接近的工况进行比较。

由图 4.274 可以看出：

(1) 对于中跨 1/4 跨腹板的斜裂缝，箱梁内侧的裂缝要较外侧开裂区域大。

(2) 比较试验所测得的裂缝图和有限元计算的裂缝图可以看出，实测裂缝开裂区和有限元计算的裂缝图基本吻合。

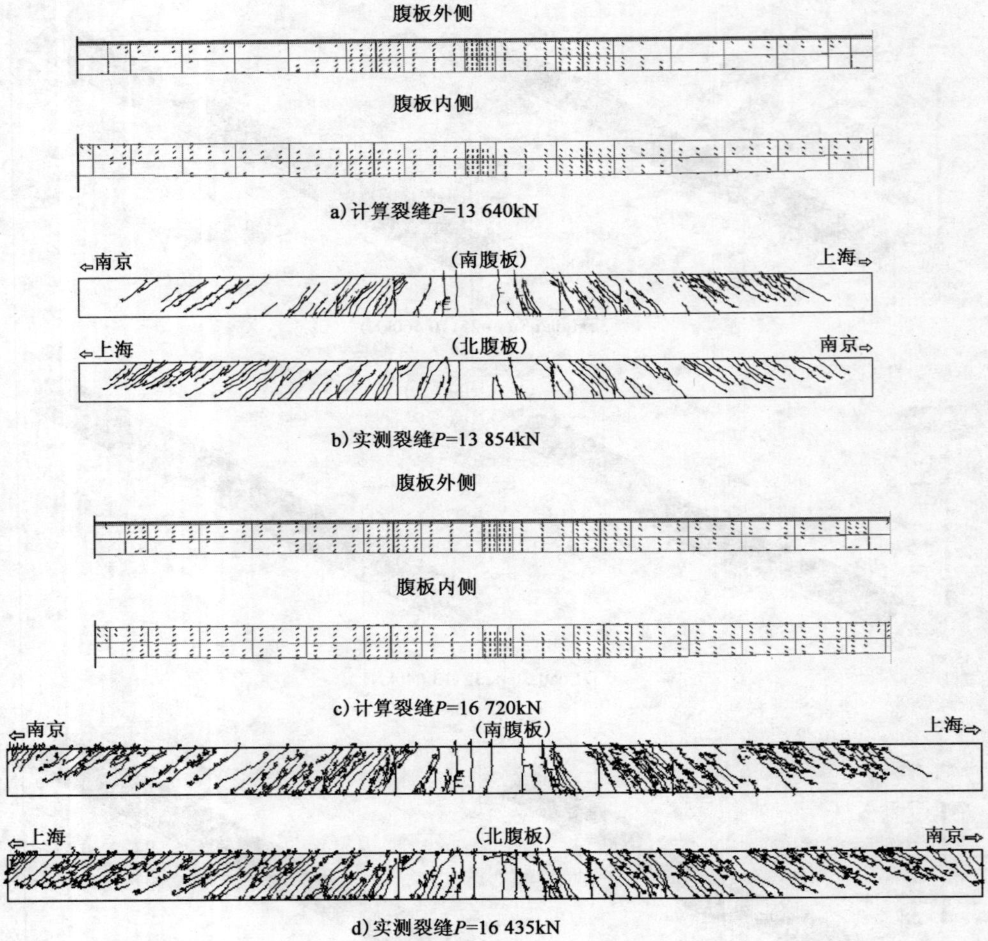
腹板外侧
腹板内侧
a) 计算裂缝P=13 640kN
⇦南京
(南腹板)
上海⇨
⇦上海
(北腹板)
南京⇨
b) 实测裂缝P=13 854kN
腹板外侧
腹板内侧
c) 计算裂缝P=16 720kN
⇦南京
(南腹板)
上海⇨
⇦上海
(北腹板)
南京⇨
d) 实测裂缝P=16 435kN

图4.274　腹板裂缝发展图(显示裂缝位置和开裂方向)

为了能够更好地描述裂缝在其余部位的发展规律,取箱梁的仰视裂缝图,具体计算结果见图4.275。

由图4.275可以看出,底板的外侧比内侧开裂区域要大。而当外荷载较大,中跨支座处开裂时,顶板上边缘比下边缘的开裂面积要大。

为了能够准确描述箱梁裂缝的发展行为。对箱梁的腹板和底板分别取A1、B和A2、C区描述裂缝发展(图4.276)。

有限元计算出的裂缝发展描述如下:

加载至5 280kN时,A1区、A2区及C区出现开裂,B区局部同时出现开裂,随着荷载增大,箱梁刚度下降,中跨跨中底板裂缝逐渐向上延伸,B区裂缝开始向中跨跨中发展,裂缝表现为斜裂缝。

加载至8 360kN时,A1区、A2区及C区裂缝汇合成一大片开裂区。同时,腹板区的裂缝延伸至腹板一半高度左右。随着荷载增大,该裂缝区的延伸速度较慢。

腹板外侧

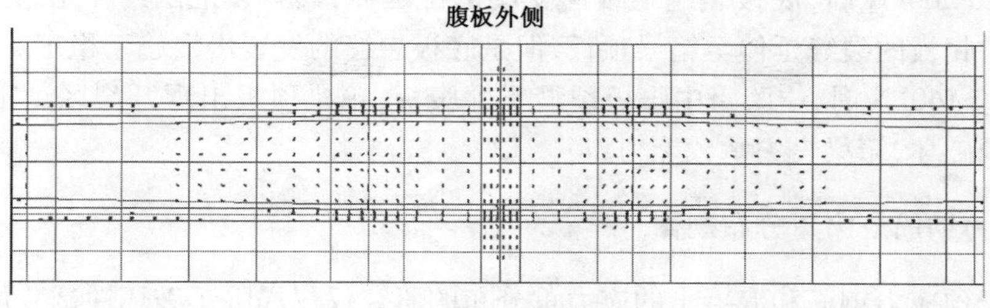

腹板内侧

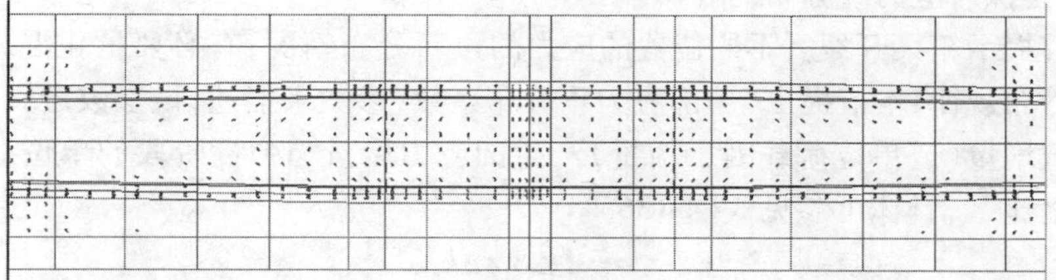

a) 计算裂缝 P=13 640kN

腹板外侧

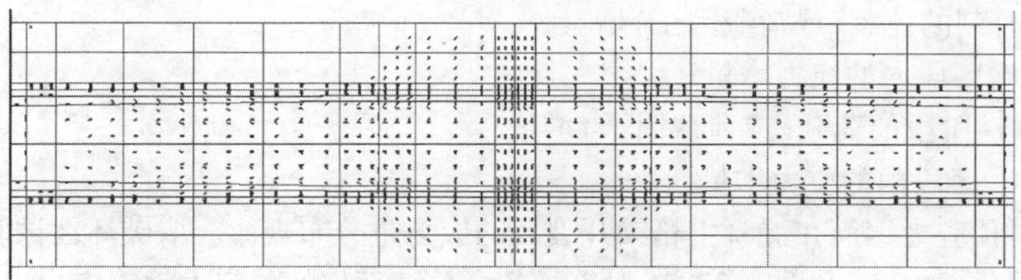

腹板内侧

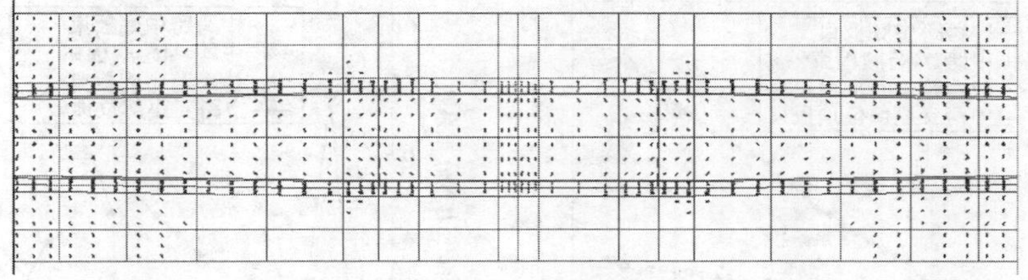

b) 计算裂缝 P=16 720kN

图 4.275　裂缝发展图(仰视)

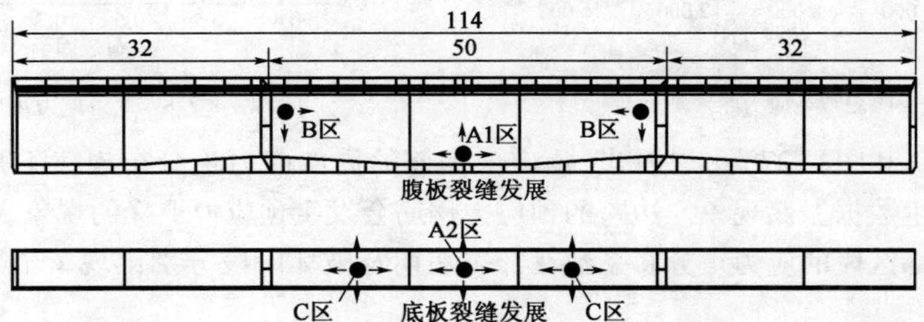

图 4.276　裂缝发展区域(尺寸单位:m)

加载至 10 560kN 时,底板裂缝继续向支座部位延伸,其开裂范围约在中跨 1/4 跨到 3/4 跨之间。同时腹板的裂缝延伸至箱梁顶板,但是底板裂缝的发展慢慢趋于稳定。

加载至 17 160kN 时,中跨跨中腹板裂缝贯穿腹板,箱梁顶板出现开裂区。箱梁在中跨跨中部位大范围破坏,箱梁丧失承载能力。

4.6.4 预应力钢筋应力重分布规律

本节对于预应力钢筋和混凝土的应力重分布的研究仅仅局限于破坏性试验加载工况的计算结果,主要是探讨应力重分布的规律。

为了能够揭示箱梁开裂后不同位置的应力的重新分布情况,有必要量化混凝土和预应力钢筋应力重分布规律,本节提出"局部应力重分布系数"参数来描述,该参数定义为"不同变形阶段单位荷载增量(或单位荷载因子增量)产生的应力增量与弹性阶段的单位荷载增量产生的应力增量之比"。具体可参见式(4-136)。

$$c = \frac{\Delta S_t / \Delta k_t}{\Delta S_0 / \Delta k_0} \tag{4-136}$$

式中:c——局部应力重分布系数;

Δk_t——t 时刻的荷载(或荷载因子)增量;

ΔS_t——Δk_t 区段内的应力增量;

Δk_0——弹性阶段的荷载(或荷载因子)增量;

ΔS_0——Δk_0 区段内的应力增量。

为了探讨预应力钢筋在混凝土箱梁开裂后的应力重分布规律。取破坏性试验的加载方式下的计算结果(图 4.277 和图 4.278),对箱梁各个关键部位的预应力钢筋应力进行分析。

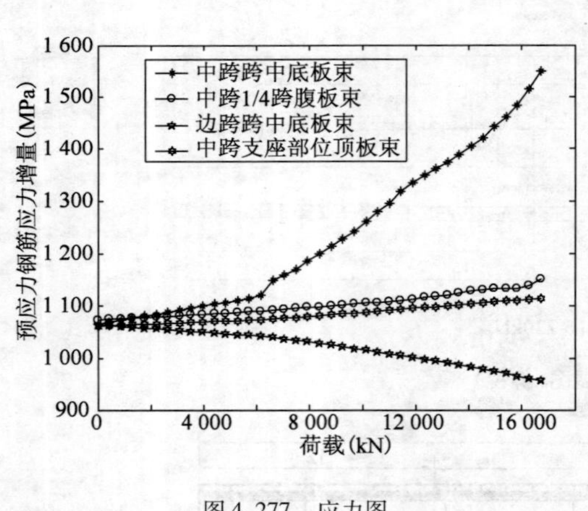

图 4.277 应力图

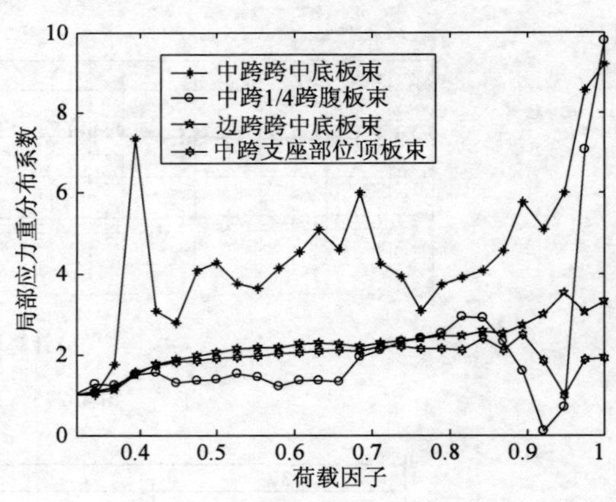

图 4.278 局部应力重分布

由图 4.277 和图 4.278 可以看出,预应力钢筋的局部应力重分布规律不是单调变化的。在局部区段发生数据振荡现象。边跨的预应力钢筋会发生预应力下降的现象。中跨跨中的预应力钢筋在局部区段的应力重分布系数在开裂初期及破坏阶段分别出现 2 个峰值,其数量值达到 6 ~ 8。

中跨 1/4 跨腹板的预应力钢束的重分布规律阐述如下:在荷载因子为 0.0 ~ 0.6 区段,应力重分布系数比较稳定，在荷载因子超过 0.6 后呈现增大趋势，梁最终破坏时重分布系数剧增达到 8 左右，在荷载因子超过 0.55 后，应力重分布系数呈现单调递增的趋势，在预应力混凝土梁破坏时达到 3 左右。

4.6.5 混凝土的应力重分布规律

对于混凝土应力重分布规律的研究，取实桥破坏性试验加载工况的计算结果进行分析。

为了能够系统地描述预应力混凝土连续箱梁开裂后混凝土应力的重分布规律，本节沿混凝土箱梁纵向取几个关键截面的关键部位进行分析，所取关键截面的共同特征就是在箱梁的破坏过程中，这些部位在加载过程中较晚出现开裂或没有开裂。所取关键截面的关键位置分别为边跨跨中底板和腹板位置、中跨支座部位的底板和腹板、中跨跨中顶板位置。

对边跨跨中底板的不同厚度处的正应力进行统计分析，见图 4.279。

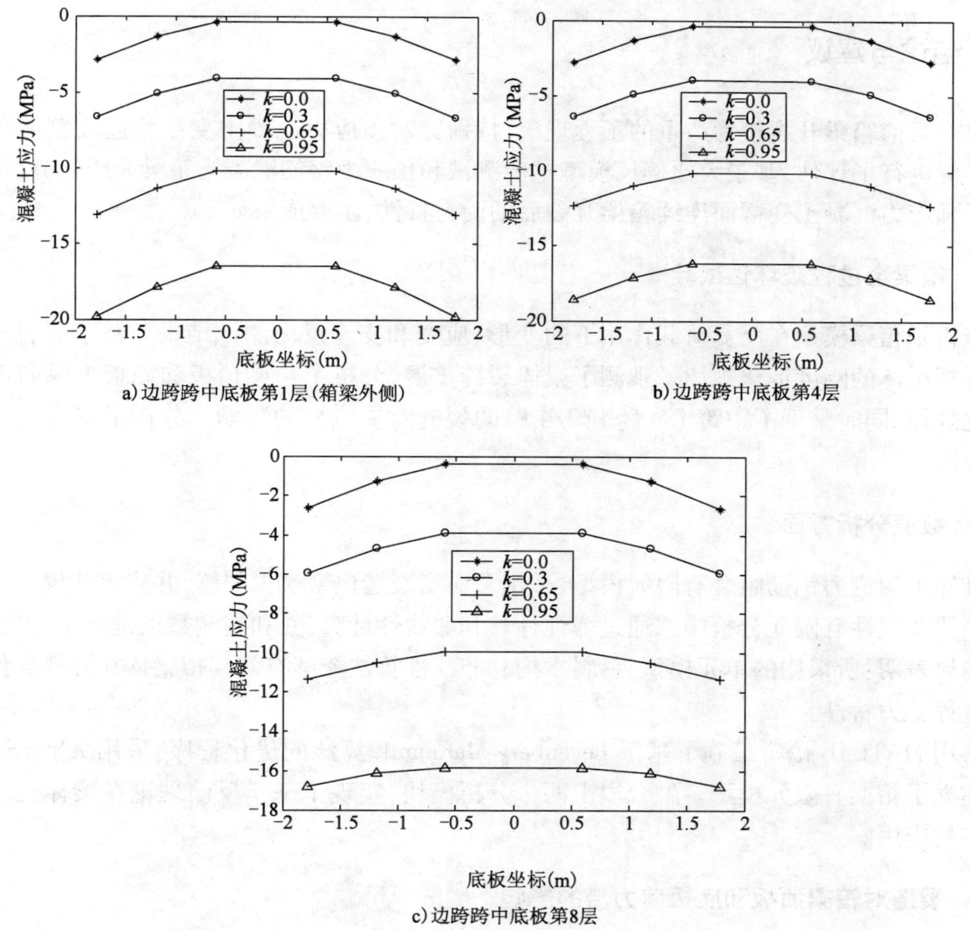

图 4.279 混凝土正应力在不同荷载因子下的应力分布

对图 4.279 中的每条曲线取平均值统计局部应力重分布系数。统计结果具体见表 4.22。

混凝土正应力在不同荷载因子下的局部应力重分布系数　　表4.22

荷载 k(kN)	边跨底板第1层	边跨底板第4层	边跨底板第8层
9 680	1.32	1.31	1.29
11 000	1.36	1.37	1.38
14 960	1.39	1.39	1.4
15 840	1.64	1.59	1.49
16 280	2.18	1.95	1.64
17 160	2.26	1.95	1.43

分析表4.22可知:边跨底板未开裂区混凝土的局部应力重分布系数沿底板厚度变化很小,且混凝土的局部应力重分布系数在开裂初期约为1.3。

其余位置的计算结果,本书不再介绍,可参考文献[71]。

4.7 结论与建议

针对目前箱梁开裂较为严重的工程现象,特别针对预应力混凝土变截面连续箱梁裂后的受力性能进行了评估,基于大比例尺模型试验测试和预应力钢筋混凝土箱梁非线性分析理论,研究了预应力混凝土变截面连续箱梁开裂后的受力特性,主要成果如下。

4.7.1 箱梁全过程破坏性试验

分析了箱梁模型在反复荷载作用下的变形、应变和支座反力测试结果。基于荷载—挠度曲线分析梁体的刚度退化规律。观测了梁体裂缝扩展、分析了箱梁顶板和底板上纵向正应变的变化规律,同时整理了中跨1/4跨和3/4跨的裂缝对主应变的影响。分析了支座反力重分布的规律。

4.7.2 数值分析方面

推导了预应力钢筋组合有限元模型,采用总应变裂缝模型模拟裂缝,并将该些模型成功应用到箱梁非线性有限元分析中。通过弹性计算和非线性计算,并和实测数据进行了对比分析。研究结果表明:所采用的单元模型、材料本构和非线性算法能够有效模拟梁体在外荷载作用下的全过程受力特性。

采用MATLAB语言编制了基于Levenberg-Marquardt算法的优化程序,采用ANSYS APDL语言建立了箱梁有限元模型。融合以上两个分析模块,实现了基于反演理论在梁体抗弯刚度评估中的应用。

4.7.3 裂缝对箱梁顶板和底板剪力滞的影响

1)箱梁裂缝扩展对顶板剪力滞效应的影响总结

中跨跨中加载工况下,随着中跨裂缝的扩展。对于顶板而言,支座部位处,外侧腹板承担的内力比例逐渐增大,而内侧腹板的内力比例逐渐减小;对于其他位置处,其规律刚好相反。

中跨1/4跨加载工况作用下，加载处的外侧腹板和内侧腹板的剪力滞不相同，外侧腹板呈现为正剪力滞，内侧腹板呈现为负剪力滞。

中跨支座加载工况下，箱梁支座开裂初期，支座顶板处剪力滞现象显著，其剪力滞系数达到了4左右，支座处剪切裂缝对箱梁的顶板剪力滞影响显著。

2）箱梁裂缝扩展对底板剪力滞效应的影响总结

中跨跨中加载工况下，随着中跨加载区裂缝的扩展，箱梁截面底板都呈现为正剪力滞现象，其剪力滞系数随着裂缝的扩展逐渐减小。

中跨1/4跨加载工况下，随着中跨1/4跨加载区裂缝的扩展，中跨1/4跨的外侧腹板和内侧腹板的剪力滞均呈现为正剪力滞，且内侧腹板比外侧腹板的剪力滞系数稍大。

中跨支座加载工况下，随着裂缝的扩展，箱梁底板的外侧腹板和内侧腹板均呈现正剪力滞现象。中跨跨中底板的外侧腹板剪力滞系数大于内侧腹板剪力滞系数。而其余截面均为内侧腹板剪力滞系数大于外侧腹板剪力滞系数。

4.7.4　箱梁开裂后的梁体刚度分布特性

（1）基于实测的反复加载工况下的荷载—挠度曲线，提出了箱梁刚度退化的简化计算方法，即修正的割线刚度计算方法。具体表达式如下：

$$\beta = 1.1 \times \theta_j / \theta_0$$

$$\beta \leqslant 1$$

式中：θ_j——第j级荷载—挠度曲线割线斜率；

θ_0——荷载—挠度曲线的原点斜率。

（2）提出了实际开裂箱梁的刚度抗弯刚度折减系数的统计计算方法，采用裂缝密度参数确定梁体刚度折减系数。提出了CD参数和箱梁刚度折减系数的关联模型：

$$\beta = \begin{cases} -1.61 \times \mathrm{CD} + 1, \text{支座剪切裂缝} \\ -2.71 \times \mathrm{CD} + 1, \text{1/4 跨斜裂缝} \\ -1.18 \times \mathrm{CD} + 1, \text{跨中弯曲裂缝} \end{cases}$$

（3）提出了包含荷载因子、宽跨比和跨径比3个参数的刚度折减系数多元统计数学模型。建立的箱梁加载处的刚度折减系数的数学模型如下：

$$\beta = \begin{cases} 1.24e^{-2.04(\alpha-0.2)} \times [24.07(\lambda-0.7)^2+0.67] \times [9.15\eta-0.11], \text{中跨跨中加载} \\ 1.19e^{-0.63(\alpha-0.2)} \times [15.6(\lambda-0.7)^2+1.36] \times [191.7(\eta-0.123)^2+0.245], \text{中跨 1/4 跨加载} \\ 1.39e^{-0.59(\alpha-0.2)} \times [4.28(\lambda-0.7)^2+1.19] \times [521.3(\eta-0.123)^2+0.25], \text{中跨支座加载} \end{cases}$$

约束条件：$\beta \leqslant 1$。

4.7.5　箱梁开裂后的受力性能

基于实桥破坏性试验和精细化数值模拟，研究了箱梁开裂后的受力性能。

本章参考文献

[1] 江见鲸.钢筋混凝土结构非线性有限元分析[M].陕西:陕西科学技术学出版社,1994.

[2] 朱伯龙.董振样钢筋混凝土结构非线性分析[M].上海:同济大学出版社,1985.

[3] Chen W F. Plasticity in reinforced concrete[M]. McGraw—Hill,1982.

[4] 殷芝霖,张誉,王震东.抗扭[M].北京:中国铁道出版社,1990.

[5] Zhangfeng, Lishucai, Yejianshu, Finite element failure analysis of continuous prestressed concrete box girder[J]. Journal of southeast university,2009,25(2):236-240.

[6] Cohn M Z . CSCE-ASCE-CEB International Symposium :Nonlinear Design of Concrete Structures[M]. University of Materloon, August 1980.

[7] 董哲仁.钢筋混凝土非线性有限元法原理及其应用[M].北京:中国铁道出版社,1993.

[8] Willam K J , Warnke E P. Constiteive models for the triaxial behavior of concrete[C]. INT. Assoc. Bridge Struct. Eng. Sem. Concr. Struct. Subjected Triaxial Stresses, Bergamo, Italy, 1974, Int. Assoc. Bridge Struct. Eng. Proc. 1975,19:l-30.

[9] 张峰,李术才.考虑海水冻融和侵蚀耦合作用的混凝土 Ottosen 强度准则[J].中国公路学报,2010,23(5):64-69.

[10] Podgoroki J. General failure criterion for isotropic media[J]. ASCE, EM. 2, 111,1998.

[11] 朱伯芳.有限单元法原理与应用[M].2 版.北京:中国水利水电出版社,1998:123-125.

[12] Ngo D, Scordelis A C. Finite element analysis of reinforced concrete beams[J]. Journal of the American Concrete Institute,1967,64(3):152-163.

[13] Nilson A H. Nonlinear analysis of reinforced concrete the finite element method[J]. ACI Journal,1968,68(9).

[14] Suidan M, Schnobrich W C. Finite element analysis of reinforced concrete[J]. Journal of the Structural Division, ASCE, 99(1),1973.

[15] 沈聚敏,王传志,江见鲸.钢筋混凝土有限元与板壳极限分析[M].北京:清华大学出版社,1993:101-103.

[16] 周世军.钢筋混凝土箱梁线性与非线性有限元分析[D].北京:北方交通大学土木建筑工程学院,1996.

[17] Bazant Z P, Cedolin L. Blunt crack band propagation in finite element analysis[J]. Journal of Engineering Mechanics Division, ASCE,105(2):297-315.

[18] 叶见曙,张峰.预应力混凝土连续箱梁开裂后的刚度退化模型[J].中国公路学报,2007,20(6):67-72.

[19] Ui f O ,Thomas O. Mixed-Mode fracture and anchor bolts in concrete analysis with inner softening bands [J]. Journal of Engineering Mechanics,1997,123(10):1027-1033.

[20] Sluys L J, Bernds A H. Discontinuous failure analysis for mode2I and mode2 localization problems[J]. Int. J. Structure,1998,135(31):4257-4274.

[21] Hamid R, Berson P. Embedded representation of fracture in concrete with mixed finite ele-

ments [J]. International Journal for Numerical Methods in Engineering, 1995, 38 (5): 1307-1325.

[22] Marek Klisinski. Finite element with inner softening band[J]. Journal of Engineering Mechanics,1991, 117(3):575-587.

[23] Oliver J. Modeling strong discontinuities in solid mechanics via strain softening constitutive equations. Part1: fundamentals, Parts2. Numerical simulation[J]. International Journal for Numerical Methods in Engineering,1996,39(3):3575-3623.

[24] 佘学成. 一种新的断裂计算方法[J]. 岩土力学,2000,21(2):130-133.

[25] Hillerborg A. Analysis of crack format ion and crack growth in concrete by means of fracture mechanics and finite elements[J]. Cement and Concrete Res, 1976,6(6):773-781.

[26] 刘小燕,颜东煌,张峰,等. 预应力高强混凝土梁极限承载力分析[J]. 中国公路学报,2006,19(1):58-61.

[27] 杜青,蔡美峰,张献民. CFRP板加固钢筋混凝土梁的分离式有限元模型[J]. 土木工程学报,2006,38(1):11-14.

[28] 王家林. 钢筋混凝土结构空间有限元分析的体梁组合单元[J]. 工程力学,2002,19(6):131-135.

[29] 王泳嘉,邢纪波. 离散单元法及其在岩土力学中的应用[M]. 沈阳:东北工学院出版社,1991.

[30] 魏群. 离散单元法的基本原理、数值方法和程序[M]. 北京:科学出版社,1991.

[31] 孙利民,秦东,范立础. 扩展散体单元法在钢筋混凝土桥梁倒塌分析中的应用[J]. 土木工程学报,2002,35(6):53-58.

[32] 刘凯欣,刘文刚,高凌天. 脆性材料动态破坏过程的数值模拟[J]. 计算力学学报,20(2):127-132.

[33] 杨顺存,邢纪波,郑磊. 混凝土类脆性无序介质破坏过程的动态模拟研究[J]. 建筑技术开发,2003,30(2):38-40.

[34] 吴方伯,丁力先,周绪红,等. 采用等效平面桁架对钢筋混凝土结构进行非线性分析[J]. 建筑结构学报,2005,26(5):112-117.

[35] Kawai T. New element models in discrete structural analysis [J]. Journal of the Society of Naval Architects of Japan,1977(141):174-180.

[36] 刘玉擎. 有限弹簧元在桥梁结构分析中的应用研究[J]. 桥梁建设,2005,(6):19-22.

[37] Liu Y, Hikosaka H , Bolander J . Modeling compressive failure using rigid particle systems [C]//Proc. 2nd Int. Conf. on Fracture Mechanics of Concrete Structures. Switzerland:1995:375-382.

[38] 刘玉擎. 模拟水泥基复合材料细观断裂过程的随机弹簧元[J]. 复合材料学报,2003,20(2):106-111.

[39] 刘玉擎. 有限弹簧法在钢筋混凝土细观断裂分析中的应用[J]. 计算力学学报,2003,20(5):621-626.

[40] Bolander J , Hong G. Rigid-Body-Spring network modeling of prestressed concrete members

[J]. ACI Structural Journal,2002,99(5):595-604.

[41] 陆新征,江见鲸. 利用无网格方法分析斜拉破坏钢筋混凝土梁[J]. 计算力学学报,2004,21(6):701-705.

[42] Cracknell D W, Knight W A. The analysis of prestressed concrete statically indeterminate structures[J]. Cement and Concrete Association, 1951:19-50.

[43] Baker A L L. A plastic theory of design for ordinary reinforced and prestressed concrete including moment redistribution in continuous members[J]. Magazine of Concrete Research, Cement and Concrete Association, 1949(2):57-66.

[44] Baker A L L. Recent research in reinforced concrete and its application to design[J]. Journal of the Institution of Civil Engineers, 1951,(35):262-329.

[45] Baker A L L. Further research in reinforced concrete and its application to ultimate load design[J]. Proceedings of the Institution of Civil Engineers, 1953(2):269-307.

[46] Guyon Y. The strength of statically indeterminate prestressed concrete structures[J]. Symposium on the Strength of Concrete Strucrures, London, May 1956, Edited by Cement and Concrete Association, London, 1958: 305-376.

[47] Cooke N. The redistribution of bending moments in continuous prestressed concrete beams [D]. Ph. D Thesis, Department of Civil Engineering, Leeds University, Leeds, 1965.

[48] Cohn M Z, Frostig Y. Nonlinear analysis of continuous prestressed continuous beams[J]. Proceedings of the International Symposium on Nonlinearity and Continuity in Prestressed Concrete, 2: Hyperstatic Structures; Nonlinear Analysis, University of Waterloo, Waterloo, Ontario, Canada, 1983: 45-76.

[49] Wong K W, Warner R F. Collapse load analysis of prestressed concrete structures [R]. Research Report No. R162, Department of Civil Engineering, University of Adelaide, July, 1998.

[50] Shahrooz B M, Aktan A E, etc. Nonlinear finite element analysis of deteriorated RC slab bridge[J]. Journal of Structural Engineering, 1992,120(2):422-440.

[51] Miller R A, Aktan A E, Shahrooz B M. Desturctive testing of decommissioned concrete slab bridge[J]. Journal of Structural Engineering,1994,120(7):2176-2196.

[52] Huria Vikas, Lee Kuo-Liang , Aktan A Emin. Nonlinear finite element analysis of RC slab bridge[J]. Journal of Structural Engineering,1993,119(1):88-106.

[53] Fragiacomo M, Amadio C, ASECE M, Macorini L. Finite-element model for collapse and long-term analysis of steel-concrete composite beams[J]. Journal of Structural Engineering, 2004,130(3):489-497.

[54] 张峰,叶见曙. 预应力混凝土梁开裂后的结构行为[J]. 东南大学学报,2005,35(4):584-588.

[55] Linzhong Deng, Michel Ghosn, Ales Znidaric, Joan R. Cases. Nonlinear flexural behavior of prestressed concrete girder bridges[J]. Journal of Bridge Engineering ,2001,6(4):276-284.

[56] Song Ha-Won , You Dong-Woo ,Byun Keun-Joo ,etc. Finite element failure analysis of rein-

forced concrete T girder[J]. Engineering Structures,24 (2002):151-162.

[57] 张峰,叶见曙.预应力混凝土梁开裂后的受力性能分析[J].公路交通科技,2005,22(7):64-67.

[58] Won Seok Chung. A cracked concrete material model for the nonlinear finite element analysis of slab-on-girder bridges[D]. Prudue University,1997.

[59] Wendel M Sebastian ,Richard E McConnel . Nonlinear FE analysis of steel-concrete composite structures[J]. Journal of Structural Engineering ,2000,126(6):662-674.

[60] Wonseok Chung, Elisa D Sotelino. Nonlinear finite-element analysis of composite steel girder bridges[J]. Journal of Structural Engineering,2005,131(2):304-313.

[61] 蒲黔辉.部分预应力混凝土连续梁塑性行为研究[D].成都:西南交通大学土木工程学院,1998.

[62] 周益云,赵人达.预应力高强混凝土连续梁结构行为研究[D].成都:西南交通大学土木工程学院,2001.

[63] 盛兴旺,曾庆元.斜交箱梁的板梁段有限元法[J].中国铁道科学,125(3),2004:64-68.

[64] 李华.大跨度预应力混凝土箱形刚构桥极限承载力分析[D].长沙:长沙铁道学院,1997.

[65] 钟新谷,马平,曾庆元.多室箱形梁非线性有限元分析[J].土木工程学报,1999,32(6) :32-39.

[66] 段海娟,张其林.钢筋混凝土曲线箱梁非线性分析的有限段元法[J].同济大学学报,2003,31(3) :282-286.

[67] Jang In-Ho. Time-dependent nonlinear analysis of curved nonprismatic prestressed concrete box girder bridges[D]. Prudue University,2003.

[68] Hinton E Owen D R J. Finite element software for paltes and shells[M]. Pineridge Press, Swansea. UK,1984: 370-385.

[69] 周世军,朱晞.钢筋混凝土箱梁的非线性有限元分析及其模型试验研究[J].土木工程学报,1996,29(4):21-29.

[70] 周世军.钢筋混凝土箱形梁的极限承载能力分析[J].铁道学报,1997(2):74-78.

[71] 张峰.预应力混凝土连续箱梁开裂后的结构行为研究[D].南京:东南大学交通学院,2007.

[72] 杨冰.预应力混凝土和钢筋混凝土曲线箱梁的非线性有限元分析和试验[D].上海:同济大学,1987.

[73] Murtuza M A ,Cope R J. Investigation of concrete spine beam bridge deck. ACI,1985,82(3):895-909.

[74] Razaqpur A G , Nofal M. Nonlinear analysis of prestrssed concrete box girder bridges under flexure[J]. Canadian Journal of Civil Engineering,1989. 16(6):459-481.

[75] 戴鹏.曲线预应力混凝土箱梁桥支座反力及承载力试验研究与数值分析[D].西安:长安大学,2008.

[76] 杨国平,车惠民.混凝土箱梁的非线性研究[J].西南交通大学学报,1990,25(2):54-62.

[77] 谢发祥.预应力混凝土连续箱梁的监测和腹板裂缝成因分析[D].南京:东南大学交通学院,2003.

[78] 张志田.钢筋混凝土箱梁横向受力性能的理论及试验研究[D].长沙:湖南大学土木工程学院,2001.

[79] 李艳.钢筋混凝土薄壁箱梁的非线性分析[D].长沙:湖南大学土木工程学院,2003.

[80] Scordelis A C, Bouwkamp J G, Wasti ST. Ultimate strength of a concrete box girder bridge [J]. Journal of the Structural Division, ASCE, 1974, 100(1):31-49.

[81] Scordelis A C, Bouwkamp J G, Wasti S T, Seible F. Ultimate strength of skew RC box girder bridge[J]. Journal of the Structural Division, ASCE, 1982, 108(1):105-121.

[82] Scordelis A C, Larsen P K, Elfgren L G. Ultimate strength of curved RC box girder bridge[J]. Journal of the Structural Division, ASCE, 1977, 103(8):1525-1541.

[83] Kang Y J Nonlinear geometric, material and time dependent analysis of reinforced and prestressed concrete frames[D]. California, Engineering-Civil Engineering at University of Clifornia at Berkeley, 1977.

[84] Kang Y J Scordelis, A C. Nonlinear analysis of prestressed concrete frames[J]. Journal of the Structural Division, 1980, 106(2): 445-462.

[85] Moucessian A. Nonlinearity and continuity in prestressed concrete beams[D]. Queen's University at Kinston, Canada, 1986.

[86] 黄弘读.采用虚拟层合单元法分析钢筋混凝土结构的极限承载能力[D].浙江:浙江大学建筑工程学院,2001.

[87] Mohd Yassin. Nonlinear analysis of prestressed concrete structures under monotonic and cylic loads [D]. California, Engineering- Civil Engineering at University of Clifornia at Berkeley, 1994.

[88] 房贞政.无粘结与部分预应力结构[M].北京:人民交通出版社,1999:19-95.

[89] 刘山洪.变截面PPC箱形连续梁结构行为及非线性设计研究[D].成都:西南交通大学土木工程学院,2001.

[90] 林同炎(T. Y. Lin),伯恩斯(N. H. Burns).预应力混凝土结构设计[M].北京:中国铁道出版社,1983:98-106.

[91] 张士铎.桥梁设计理论荷载横向分布、弯桥、有效宽度及剪力滞[M].北京:人民交通出版社,1984.

[92] 曹国辉,方志.变分原理分析开裂简支箱梁剪力滞效应[J].计算力学学报,2007,24(6):852-855.

[93] 张文献,刘心亮,罗冰,等.通过裂缝特征快速评估桥梁承载能力的试验研究[J].东北大学学报:自然科学版,2008,29(9):1346-1349.

[94] 贺拴海,宋一凡,赵小星,等.钢筋混凝土梁式结构裂缝特征与损伤评估方法试验研究[J].土木工程学报,2003,36(2):6-9.

[95] 赵煜,贺拴海,李春风,等.在役预应力混凝土箱梁开裂后承载力评估[J].同济大学学报,2010,38(9):1721-1725.

[96] 江苏省交通规划设计研究所,新兴塘大桥现场试验报告[R].南京,2006.

[97] 向天宇,赵人达,刘海波.基于静力测试数据的预应力混凝土连续梁结构损伤识别[J].

土木工程学报,2003,36(11):83-86.

[98] 谭冬莲. Levenberg-Marquardt 法与 Gauss-Newton 法相结合在桥梁结构静力参数识别中的应用[J]. 公路交通科技,2007,24(4):95-98.

[99] 付春雨,李乔,单德山. 基于位移连续的静力损伤识别[J]. 桥梁建设,2010(2):18-36.

[100] 刘效尧. 桥梁损伤诊断[M]. 北京:人民交通出版社,2002.

[101] Chinchalkar S. Determination of crack location in beam using natural frequencies[J]. Journal of Sound and Vibration. 2001,247(3):417-429.

[102] Salawu O S. Detection of structural damage through changes in frequency:A review[J]. Eng Struct,1997,19(9):718-723.

[103] Kevin D, Murphy, Zhang Yin. Vibration and stability of a cracked translating bearn[J]. Journal of Sound and Vibration, 2000,237(2):319-335.

[104] Salawu O S. Detection of structural damage through changes in frequency:A review[J]. Eng Struct,1997,19(9):718-723.

[105] Qian G L. The dynarnic behaviour and crack detection of a beam with a crack[J]. Journal of Sound and Vibration, 1990,138(2):233-243.

[106] Ostnchowicz W M, Krawczuk M. Analysis of the effect of cracks on the natural frequencies of a cantilever beam[J]. Journal of Sound and Vibration, 1991,150(2):191-201.

[107] Kevin D Murphy, Zhang Yin. Vibration and stability of a cracked translating bearn[J]. Journal of Sound and Vibration, 2000,237(2):319-335.

[108] Maeck J, De Roeck G. Dynamic bending and torsion stiffness derivation from modal curvatures and torsion rates[J]. Journal of Sound and Vibration, 1999, 225(1): 153-170.

[109] 乐云祥,付祥胜,胡志坚,等. 基于 FNN 的在役混凝土梁桥裂缝评估方法研究[J]. 桥梁建设,2008(6):22-24.

[110] 国家高速公路连霍高速(G30)潼关—西安改扩建工程渭南过境段—第四分册[R]. 陕西省高速公路勘察设计院. 2009.

[111] 朱伯芳. 有限单元法原理与应用[M]. 2 版. 北京:中国水利水电出版社,1998.

[112] 吕西林,金国芳,吴晓涵. 钢筋混凝土结构非线性有限元理论与应用[M]. 上海:同济大学出版社,1996.

[113] 沈聚敏,王传志,江见鲸. 钢筋混凝土有限元与板壳极限分析[M]. 北京:清华大学出版社,1991.

[114] 江见鲸,陆新征,叶列平. 混凝土结构有限元分析[M]. 北京:清华大学出版社,2004 168-169.

[115] Wu Xiao-Han, Otani Shunsuke. Tendon model For nonlinear analysis of prestressed concrete structures[J]. Journal of Structural Engineering,2001,127(4):398-405.

[116] Kitjapat Phuvoravan. Nonlinear finite element for reinforced concrete slabs[J]. Journal of Structural Engineering,2005,131(4):643-649.

[117] 凌道盛,徐兴. 非线性有限元及程序[M]. 浙江:浙江大学出版社,2004:151-187.

[118] Ahmad S, Irons B M , Zienkiewicz O C. Analysis of thick and thin shell structures by curved finite elements[J]. International Journal for Numerical Methods in Engineerin,1970,

2(3):419-451.

[119] Hughs T J R , Pister K S . Nonlinear finite element analysis of shells:Part 1, Two-dimensional shells[J]. Computer Methods in Applied Mechanics and Engineering,1981a,26:167-181.

[120] Hughs T J R , Pister K S . Nonlinear finite element analysis of shells:Part 2, Three-dimensional shells[J]. Computer Methods in Applied Mechanics and Engineering,1981b,26:331-362.

[121] 王勖成,邵敏. 有限单元法基本原理和数值方法[M]. 北京:清华大学出版社,1995. 12:285-292.

[122] Belytschko T, Wing Kam Liu, Braian Moran . Nonlinear finite elements for continua and structures[M]. Wiley & Sons,2000:443-493.

[123] Zienkiewicz O C, Taylor R L. The finite element method [M]. 5th ed. Butter worth- Heinemann,2000:266-274.

[124] Buechter N , Ramn E. Shell theory versus degeneration- a comparison of large rotation finite element analysis[J]. International Journal for Numerical Methods in Engineering,1992,34:39-59.

[125] Simo J C , Fox D D. On a stress resultant geometrically exact shell model, Part 1: Formulation and optimal parameterization[J]. Computer Methods in Applied and Engineering,1989, 72:267-304.

[126] 潘伟兵. 长大桥梁的裂缝影响分析[J]. 公路交通科技. 2006,23(1):67-69.

[127] 孙志忠,袁慰平,闻震初. 数值分析[M]. 2 版. 南京:东南大学出版社,2001:30-40.

[128] 张士铎,邓小华,王文州. 箱形薄壁梁剪力滞效应[M]. 北京:人民交通出版社,1998.

[129] 曹国辉,方志,陈伯望. 混凝土箱梁剪力滞有限元分析[J]. 湖南城建高等专科学校学报,2000,9(2):5-7.

[130] 王文涛. 刚构—连续组合梁桥[M]. 北京:人民交通出版社,1998:203-211.

[131] 郭金琼. 箱形梁设计理论[M]. 北京:人民交通出版社,1991.

[132] 项海帆,姚玲森. 高等桥梁结构理论[M]. 北京:人民交通出版社,2001.

[133] 经柏林. 变截面长悬臂宽箱梁桥翼缘有效宽度研究[D]. 长沙:湖南大学土木工程学院,1998.

[134] 梁醒培,王辉. 基于有限元法的结构优化设计:原理与工程应用[M]. 北京:清华大学出版社,2010.

[135] Martin T Hagan, Houward B Demuth, et al. 神经网络设计[M]戴葵,等,译. 北京:机械工业出版社,2002.

[136] 杜拱辰. 现代预应力混凝土结构[M]. 北京:中国建筑工业出版社,1988:334-338.

[137] 肖柳青,周石鹏. 实用最优化方法[M]. 上海:上海交通大学出版社,2000.

[138] 徐岳. 预应力混凝土连续梁桥设计[M]. 北京:人民交通出版社,2000.

[139] 江苏省交通规划设计研究所. 新兴塘大桥现场试验报告[R]. 南京,2006.

[140] 徐向锋,张峰,韦成龙,预应力混凝土箱梁开裂后的刚度损伤评估[J]. 工程力学,2015,(07):95-102.

第5章 箱梁裂后承载性能评估应用

我国桥梁建设规模长足发展,已成为世界桥梁建设大国,截至2010年年底,我国在各级公路上建设桥梁约620 000座,90%以上是钢筋混凝土桥梁,其中特大桥2 051座,大桥39 381座,桥梁数量仅次于美国[1-2]。随着桥梁交通量的日益增加,其自身材质在多种因素影响下进一步劣化,多数桥梁逐步走向结构性能退化、安全性能降低和耐久性劣化的边缘,这类桥将在外界因素日积月累的影响下逐步变成"危桥",从某种角度来讲,是一种桥梁建设、管理、使用不善造成的典型"病态",目前多数桥梁出现病害都是由于这类原因造成的。据统计分析,目前,全国约有1/3的桥梁需要加固或者维修,而且随着交通量的日益加大,危桥数目正在急剧增加,其形势不容乐观[3]。纵观国际,世界上多数桥梁不能达到自身寿命期就出现病害,甚至于垮塌,桥梁安全已成为国际桥梁界关注的热点。

随着我国高速公路网络建设的发展,建造各种大跨径、组合结构新型桥梁来克服的大江河和宽深峡谷的需求日益增加[4-5]。预应力混凝土连续刚构已成为陕西地区跨越黄土沟壑地形的主要桥型,建造这类桥梁对勘察设计和施工工艺要求相当高,设计和施工上的细小不足,将会导致此类桥梁在运营几年内就会出现预应力严重损失、主梁下挠过大、箱梁严重开裂、耐久性迅速降低等病害[5],虽然管理和养护者采取一定管理和技术措施来降低此类病害对桥梁安全和运营带来的不利影响,但是此类病害经过长期积累,一旦超出桥梁材质承载能力和耐久性,桥毁人亡的事故必然发生,这对于桥梁来讲就是"致命伤",将对国家财产和人民的生命造成不可挽回的损失,且产生不良的社会舆论影响。

相关研究表明,桥梁养护、检测和评价相对于桥梁建设来说难度更大,费用需求更多,任务更繁重[6]。随着连续刚构"年龄"增长,社会交通运输量的增加,多数将步入"老年"状态,其病害频发,养护工作繁重,技术状态受各种因素制约复杂多变,为了更加准确把握其技术状态和病害原因,对其进行系统的调查检测是十分必要的,全面掌握其结构物材质劣化和结构损伤情况,在此基础上采取科学、可靠的技术方法进行服役期状态评估,只有准确把握了其工作状态,才可为桥梁管理养护单位提供准确的决策信息,避免重大事故发生,也可以为桥梁结构设计和维护提供指导[7]。

5.1 国内外研究现状

桥梁服役期状态评估对其养护管理和维修加固等工作可起到指导性作用。定期进行的桥梁技术检测和数据分析,虽然在一定程度上为管理和养护单位提供了决策指导,但是对于一座桥梁来讲,其服役期状态是在多项因素综合作用下的动态变化的,制约因素在动态变化,导致桥梁服役期状态并不是一种线性变化,而是呈现出动态变化,即非线性状态。对于其服役期状态的评估,到底采用何种理论和方法才能比较符合实际,目前世界各国都在进行研究,相比较而言,美国、日本和欧洲等少数国家和地区起步较早,从研制桥梁管理评估系统着手,进行桥梁

服役期状态的评估和管理研究(如美国的 POTINS 和 BRIDGIT、日本的 J-BMS、欧洲的 Brime 等),从其实际使用的效果来看,此类系统在桥梁服役期状态评估方面表现并不理想。我国在桥梁服役期状态研究方面起步较晚,研究理论和方法体系还不完善。

H. G. Melhem 等[8]在建立桥梁总体评价体系时,针对已得到的比较矩阵权重计算,采取了模糊加法对各评价子集的加权向量进行模糊运算,得到适用性更强的模糊加权向量,提高了后续评价结果的稳定性。Stewart 等[9]采用概率评估的方法建立桥梁加载历程不同对桥梁可靠度影响的评估模型,但此模型并不科学,一是进行评估时经济费用较大,二是实地试验会出现因加载失效而导致结果失效问题。De Brito 等[10]主要进行了桥梁可靠度方面的研究,重点考虑了以最小可靠度和失效概率为评价指标对桥梁结构进行综合评价。在大量研究的技术上利用 FORM 方法,建立了混凝土桥梁管理评价专家系统。Kawamura 等[11]主要研究桥梁结构的健康状态。采用模糊层次分析原理,先对桥梁结构健康状态影响因素进行归类梳理,按照桥梁结构特点进行层次划分,进而确定各层指标的影响因素,对于各层指标因素的隶属度确定采用模糊数学原理和隶属函数进行计算,整个计算过程都是遵循模糊规则进行存储和输出的,用桥梁健康得分值来评价结构的健康状态。刘健[12]在研究桥梁服役期状态时考虑到个别因素对整体评价的影响并不能被忽视,在建立桥梁评估层次分析模型时,考虑了桥梁结构个别构件存在严重病害时对结构整体的影响大小,采用变权综合法来解决这个问题。郭瑞[13]将刘健的研究进行了进一步的拓展和优化,在计算层次分析的排序权重时,考虑采用加速遗传算法,评估结果更符合实际。王永平等[14]研究桥梁综合评价体系是将桥梁结构或构件的损伤度作为评价指标,提出了损伤度的概念,用其来界定桥梁结构的损伤程度。用模糊原理中的模糊识别理论对获得的专家经验进行机器学习整理分析,建立系统知识库。王学智[15]重点研究了桥梁结构的损伤状态评估,提出了局部损伤度和总体损伤度概念,他认为桥梁结构的局部损伤度和总体损伤度应作为桥梁损伤等级综合判定的标准指标,并以此建立了桥梁损伤评估与专家系统。潘黎明[16]系统研究了层次分析法、模糊数学理论、神经网络等方法的综合运用,并重点运用神经网络法特有的功能进行了桥梁安全性进行评估。任宝双等[17]在对混凝土简支梁结构耐久性、安全性和舒适性三个评价指标研究时,采用了层次分析法。根据桥梁结构的特点和层次分析法原理,将桥梁评估模型分为三个层次,即指标层、项目层和目标层,具有典型的评价意义。胡雄等[18]研究神经网络法应用时,考虑到神经网络法学习过程中存在“黑箱”的不足,评估斜拉桥安全性和耐久性时,用较少的神经元进行子系统的自学和知识推理,取得了较好的评估效果。刘沐宇等[19]为了评估大跨度钢管混凝土拱桥安全性,采取了神经网络法,对于评价模型中的承载能力和结构损伤影响因子,他们认为钢筋锈蚀率、裂缝开裂度等因素是评价桥梁结构承载能力和损伤的关键因子,以它们来建立评价指标集。张玲玲等[20]在分析现有评估方法不足的基础上,探索了现役结构可靠度模糊综合评价的原理和方法。单德山等[21]根据铁路混凝土桥梁的结构特点,划分了桥梁评价指标体系,应用不确定层次分析法,构建了不确定层次分析综合评价模型。袁海庆等[22]研究了不确定层次分析法在桥梁综合评估中的运用。通过与确定层次法的对比分析,建立了不确定层次分析法综合评估桥梁状态的模型结构,并针对评价过程进行了详细研究论述。陈大川等[23]从城市桥梁健康状态评价着手,将层次分析法和模糊理论综合应用到桥梁健康状态评判中,提出了模糊综合评判的步骤和方法。任更锋等[24]在研究 RC 桥梁结构耐久性时,采用了层次分析法,并结合变权模糊评估原理进行耐久性评估。其研究表明,这种方法能定量评估 RC 桥的耐久性。兰海等[25]在桥梁评估中先用层次分析法建立了评估模型,引入灰色关联分析和变权综合理论,对评价指标评语和其他层次指标评语进行量化确定。卢哲安等[26]在研究役桥梁结构可靠度影响因素权重时采用了层次分析法,在此基础上采用模糊类比相似度的方法对可靠度进行评估。钟珞等[27]提出以层次分析法为基础,以模糊理论和神经网络为技术支撑,建立模糊化的神经网络推理方法,综合研究桥梁结构承载能力智能化评估技术。文献[28 - 30]对在应用不确定层次分析法时,权重向量的计算采用了线性规划的方法进行求解,其只适用于进行方案决策时适用,在桥梁综合评估中应用价值不大。范剑锋等[31]在此基础上将遗传算法应用到目标模型中,提出了最优化指标权重的方法,用来确定桥梁服役期状态评估时指标权重向量。

目前关于桥梁评估研究,各种理论和方法层出不穷,总结起来,主要从耐久性评估、安全性评估和服役期状态评估三个方面展开研究,不同研究成果的侧重点不同。以上理论对裂缝的考虑仅仅基于定性评估,无法有效评估裂缝对箱梁受力特性的影响。

5.2　现场检测、评估的目的、意义和依据

通过桥梁调查检测,可以检验既有桥梁结构的质量,确定工程的可靠度。对于一些重要的大桥或特大桥梁,通过调查检测评估,可评定其设计与施工质量,确定工程的可靠度;对采用新型结构的桥梁,通过调查检测评估,可验证理论的实践性和可靠性,进一步发现问题,总结经验,以便对结构设计理论及结构形式加以改进,使其更臻完善。桥梁调查检测是桥梁养护的主要依据。桥梁由于营运使用多年,主要部位出现缺陷,如裂缝、错位、沉降等,通过调查可确定桥梁各部损坏的程度及实际承载能力。随着我国现代化工业建设的发展,特大型工业设备、集装箱运输,逐渐频繁,超重车辆必须过桥的情况时有发生,通过调查评价,可确定超重车辆是否能安全通过,并为加固提供技术资料。

在进行桥梁调查检测与评估工作时,要有据有序进行,具有法规效力的依据主要有 :桥梁的原设计文件、原施工文件及竣工验收文件等相关文件,国家部委颁布的有关规范、标准等,主要有:

(1)待检桥梁设计图纸及其他相关资料。

(2)《公路工程技术标准》(JTG B01—2003)。

(3)《公路桥涵设计通用规范》(JTG D60—2004)。

(4)《公路工程质量检验评定标准土建工程》(JTG F80/1—2004)。

(5)《回弹法检测混凝土抗压强度技术规程》(JGJ/T 23—2011)。

(6)《混凝土中钢筋检测技术规程》(JGJ/T 152—2008)。

(7)《超声法检测混凝土缺陷技术规程》(CECS 21—2000)。

(8)《超声回弹综合法检测混凝土强度技术规程》(CECS 02—2005)。

(9)《混凝土强度检验评定标准》(GB/T 50107—2010)。

5.3　工作流程

通常桥梁调查检测程序原则为由上而下,也即先上部结构,而后下部结构;但有时因桥梁

形式、构件状况、检测种类、桥梁规模大小及复杂性、桥梁的交通情况等不同,也可视实际情况调整。本课题桥梁调查检测流程如图5.1所示。

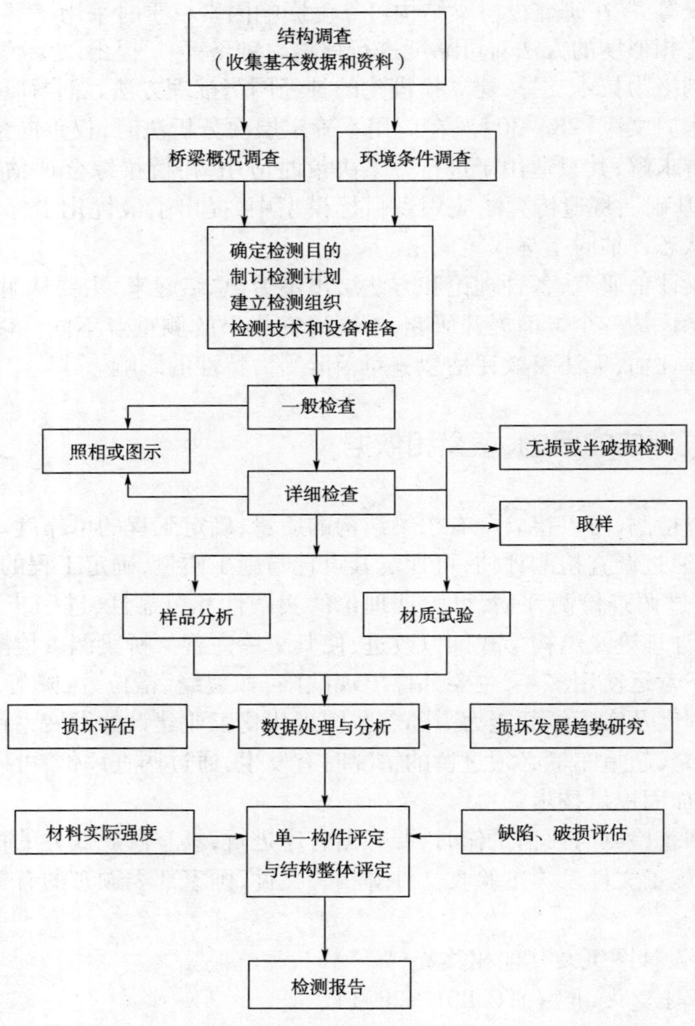

图5.1 桥梁调查检测评估工作流程

5.4 仪器和设备

本次桥梁调查检测工作所使用的仪器和设备如表5.1所示。

桥梁调查检测仪器设备　　表5.1

仪器设备	型　号	数量	说　明
高精度水准仪	DL-101C/102C	1台	
回弹仪	HT225A	2台	
钢筋锈蚀仪	KON-XSY	1台	

续上表

仪器设备	型　号	数　量	说　明
混凝土碳化深度检测仪器	—	2套	
望远镜	—	1只	
照相机	SONY	2架	
清洁工具	—	若干	长柄扫帚、钢刷、刮刀、平头起子、铲子等
普通测量工具	—	若干	直尺、钢卷尺、量角器、温度计等
记录工具	—	若干	报告表、记事本、粉笔或标示笔等
桥梁检测车	—	1台	

5.5　检测内容

5.5.1　桥梁概况调查

桥梁概况调查包括原始资料调查和桥梁的实地考察两部分。原始资料调查主要是针对桥梁的设计、施工情况及使用、养护、维修、加固与管理情况进行的;桥梁实地考察主要是初步了解桥梁的技术状况和主要存在的问题,并向相关人员调查了解桥梁病害史、使用中的特别事件、交通状况、水文、气候及环境等方面情况。

(1)设计情况调查

主要内容有桥位水文勘测资料、设计计算书、图纸、变更情况等。

(2)施工情况调查

主要内容有材料试验资料、施工记录、重大施工质量记录、监理资料、施工监控资料、竣工图纸及其说明、交工验收资料、交工验收荷载试验报告及相关资料等。

(3)使用管理情况调查

使用、养护、维修、加固和管理情况调查主要内容有桥梁检查与检测、历次危害情况、荷载试验资料、历次维修和加固资料以及特别事件记载资料等。

5.5.2　环境条件调查

环境条件调查包括桥梁所在地的气象条件调查和桥梁的工作条件调查两部分。

气象条件调查的主要内容有:平均温度、湿度;年最高温度、年最低温度、湿度;历史最高温度、最低温度、湿度;年最大降雨量、最小降雨量、平均降雨量;桥址处风环境等。主要采取参考当地气象部门资料和桥梁管理部门记录资料方法进行,必要时可以进行现场测试。

桥梁的工作条件调查主要内容有:交通状况、桥梁是否处于风口处、构件是否易受雨水侵蚀、构件工作环境的温、湿度,干湿交替情况、周围 CO_2 浓度、有无有害气体、酸碱度及冻融等情况,调查以询问桥梁养护人员为主,必要时进行现场测试。桥梁环境影响分级判定标准如表5.2所示。

桥梁环境影响分级判定标准　表5.2

环境类别	环境条件		环境影响系数
可忽略	非寒冷或寒冷地区的大气环境,水或土壤无侵蚀性;干燥环境;风环境	内陆干旱地区	1.0
轻微	严寒地区的大气环境;潮湿	不直接受日晒、雨淋或风蚀的构件;水下构件	1.1
中度	内陆潮湿气候;干湿交替	一般环境,受日晒、雨淋或风蚀构件;靠近地表受地下水影响构件	1.2
严重	酸雨或沿海环境;接触除冰盐构件	沿海盐雾地区;酸雨或盐碱环境	1.3
恶劣	干湿交替,有侵蚀水、气体或土壤;高度水饱和并受冻融循环	海水浪溅,潮差区	1.4

5.5.3　桥梁结构调查与检测

桥面系构造的调查检测主要包括以下内容:

(1)桥面铺装层有无严重的裂缝(龟裂、纵横裂缝)、坑槽、波浪、桥头跳车、防水层漏水。

(2)伸缩缝是否有异常变形、破损、脱落、漏水,是否造成明显的跳车。

(3)人行道构件、栏杆、护栏有无撞坏、断裂、错位、缺件、剥落、锈蚀等。

(4)桥面排水是否顺畅,泄水管是否完好、畅通,桥头排水沟功能是否完好,锥坡有无冲蚀、塌陷等。

预应力混凝土梁调查主要检测内容:

(1)梁端头、底面是否损坏 ,箱形梁内是否有积水,通风是否良好。

(2)混凝土有无裂缝、渗水、表面风化、剥落、露筋和钢筋锈蚀,有无碱集料反应引起的整体龟裂现象。混凝土表面有无严重碳化。

(3)预应力钢束锚固区段混凝土有无开裂,沿预应力筋的混凝土表面有无纵向裂缝。

(4)梁(板)式结构的跨中、支点及变截面处,混凝土是否开裂、缺损和出现钢筋锈蚀。

5.6　检测方法

5.6.1　外观检查

既有桥梁经过若干年使用后,其混凝土构件中常见有裂缝、碎裂、剥落、层离、蜂窝、空洞、环境侵蚀和钢筋锈蚀等外观缺损,在对其外观进行检查时采取以下方法:

表面细小裂缝观测方法:用刻度显微镜观测裂缝宽度,精确度±0.01mm。

构件外观尺寸测量:采用皮卷尺、不同长度的钢卷尺,配合垂球和水平尺等,进行构件尺寸、跨径等的丈量;用5m盒尺测量结构、裂缝的长度和坑槽、拥包、推移、露筋、碎裂、剥落、层离、蜂窝等病害的损伤面积和位置,并拍照做好记录。

5.6.2　回弹法检测结构混凝土强度

1)回弹法原理

回弹法是通过测定混凝土表面硬度从而推定混凝土整体强度的力学方法之一。根据混凝土强度与表面硬度之间存在的相关关系,用检测混凝土表面硬度的方法间接检验或推定混凝土强度,即采用定值动能的弹簧与钢锤冲击混凝土表面,其回跳值与表面硬度也存在着相关关系。因此通过试验的方法,建立混凝土强度与回跳值的相关关系——数学模型或相关曲线,并以此来确定混凝土的抗压强度。

2)仪器设备

回弹法的仪器主要是混凝土回弹仪(HT225A),主要技术指标如下:

(1)标称动能:2.207J。

(2)弹击拉簧刚度:7.85N。

(3)弹击锤冲程:75mm。

(4)弹击锤与杆碰撞面硬度 HRC59-63。

(5)指针系统最大静摩擦力 0.5 ~ 0.8N。

(6)回弹仪钢砧率定平均值 80 ± 2。

(7)外形尺寸 $\phi 60 \times 280$mm。

3)操作方法

正确使用和操作回弹仪,可以较好地发挥其效能,提高测试的准确性。因此,仪器操作需要有一定的规程:

在操作回弹仪的全过程中,都应注意持握回弹仪姿势,一手握住回弹仪中间部位,起扶正的作用;另一手握压仪器的尾部,对仪器施加压力,同时也起辅助扶正作用。

回弹仪的操作要领是:用力均匀缓慢,扶正对准测试面。慢推进,快读数。

4)测试方法

《回弹法检测混凝土抗压强度技术规程》(JGJ/T 23—2011)有关规定:

(1)结构或构件混凝土强度检测可采用下列两种方式:

①单个检测:适用于单个结构或构件的检测。

②批量检测:适用于在相同的生产工艺条件下,混凝土强度等级相同,原材料、成型工艺、养护条件基本相同且龄期相近的结构或构件。批量检测时,抽检数量不得少于同批构件总数的 30% 且不得少于 10 个。抽检构件时,应遵循随机抽取重点部位或有代表型的构件。

(2)每一结构或构件的测区符合些列规定:

①每一结构或构件的测区数不应少于 10 个,对于某一方向尺寸小于 4.5m 且另一方向小于 0.3m 的构件,其测区数量可适当减少,但不应少于 5 个。

②相邻两测区的间距最大不应超过 2m,测区离构件端部或施工缝边缘的距离不大于 0.5m,且不小于 0.2m。

③测区应尽量选在使回弹仪处于水平方向检测混凝土的侧面。当不能满足这一要求时,可使回弹仪处于非水平方向检测混凝土的浇筑侧面、表面或底面。

④测区宜选在构件的两个对称可测面上,也可选在一个可测面上,且应分布均匀。在构件

的重要部位或薄弱部位,必须布置测区,并应避开预埋件。

⑤测区面积不宜大于0.04m^2。

⑥检测面应为混凝土表面,并应清洁、平整、不应有疏松层、浮浆、油垢及蜂窝、麻面,必要时可用砂轮清除疏松层和杂物,且不应有残留的粉末或碎屑。

⑦对弹击时产生颤动的薄壁或小构件应进行固定。

5)回弹值的测量

(1)检测时,回弹仪的轴线应始终垂直于结构或构件的检测面,缓慢施压,准确读数,快速复位。

(2)测点宜在测区内均匀分布,相邻两点的净距离不宜小于2cm;测点距外露钢筋、预埋件的距离不宜小于3cm。测点不应分布在气孔或外露石子上,同一点只能弹一次。每一测区记录16个回弹值,每一测点的回弹值精确到1。

6)测区混凝土碳化深度的测量

7)回弹值计算

(1)计算测区平均回弹值,应从该测区的16个回弹值中剔除3个最大值和3个最小值,余下的10个回弹值按下式计算:

$$R_{\mathrm{m}} = \sum_{i=1}^{10} \frac{R_i}{10}$$

式中:R_{m}——测区平均回弹值,精确至0.1;

R_i——第i个测点的回弹值。

(2)非水平方向时按下式修正:

$$R_{\alpha} = R_{\mathrm{m}\alpha} + R_{\mathrm{a}\alpha}$$

式中:$R_{\mathrm{m}\alpha}$——非水平状态检测时测区的平均回弹值,精确至0.1;

$R_{\mathrm{a}\alpha}$ —— 非水平状态检测时回弹值的修正值,可按表5.3取值。

非水平状态检测时回弹值的修正值 表5.3

$R_{\mathrm{m}\alpha}$ \ $R_{\mathrm{s}\alpha}$ \ α	测试角度α							
	+90°	+60°	+45°	+30°	−30°	−45°	−60°	−90°
20	−6.0	−5.0	−4.0	−3.0	+2.5	+3.0	+3.5	+4.0
30	−5.0	−4.0	−3.5	−2.5	+2.0	+2.5	+3.0	+3.5
40	−4.0	−3.5	−3.0	−2.0	+1.5	+2.0	+2.5	+3.5
50	−3.5	−3.0	−2.5	−1.5	+1.0	+1.5	+2.0	+2.5
备注	1. 表中修正值可用内插法求得,精确至0.1; 2. $R_{\mathrm{m}\alpha}$小于20或大于50时,均分别按20或50查表							

(3)水平方向检测混凝土浇筑顶面或底面时按下式修正:

$$R_{\mathrm{m}} = R_{\mathrm{m}}^{\mathrm{t}} + R_{\mathrm{a}}^{\mathrm{t}}$$

$$R_{\mathrm{m}} = R_{\mathrm{m}}^{\mathrm{b}} + R_{\mathrm{a}}^{\mathrm{b}}$$

式中:$R_{\mathrm{m}}^{\mathrm{t}}$、$R_{\mathrm{m}}^{\mathrm{b}}$——水平方向检测混凝土浇筑表面、底面时,测区的平均回弹值,精确至0.1;

$R_{\mathrm{a}}^{\mathrm{t}}$、$R_{\mathrm{a}}^{\mathrm{b}}$——混凝土浇筑表面、底面回弹值的修正值,应按表5.4取值。

混凝土浇筑表面、底面回弹值的修正值　　表 5.4

R_m^t 或 R_m^b	ΔR_s	
	混凝土浇筑表面	混凝土浇筑底面
20	+2.5	-3.0
25	+2.0	-2.5
30	+1.5	-2.0
35	+1.0	-1.5
40	+0.5	-1.0
45	0	-0.5
50	0	0
备注	1. 表中修正值可用内插法求得，精确至 0.1； 2. R_m^t、R_m^b 小于 20 或大于 50 时，均分别按 20 或 50 查表； 3. 混凝土浇筑表面为一般原浆抹面； 4. 表列修正值为底面和侧面采用同一类模板在正常浇筑情况下的修正值	

(4)当检测时回弹仪既非水平状态又非混凝土的浇筑侧面时，应先修正角度，再修正浇筑面。

8)混凝土强度计算

(1)结构或构件第 i 个测区的混凝土强度换算，可按上述求得的平均回弹值及碳化深度值查表得出。

(2)结构或构件的测区强度平均值可根据各测区的混凝土强度换算值计算。当测区数为 10 个及以上时，应计算强度标准差。平均值和标准差按下列公式计算：

$$m_{f_{cu}^c} = \frac{1}{n}\sum_{i=1}^{m} f_{cu,i}^c$$

$$S_{f_{cu}^c} = \sqrt{\frac{\sum_{i=1}^{n}(f_{cu,i}^c)^2 - n(m_{f_{cu}^c})^2}{n-1}}$$

式中：$m_{f_{cu}^c}$——结构或构件测区混凝土强度换算值的平均值，精确至 0.1MPa；

n——结构或构件或关键控制部位的测区数；

$S_{f_{cu}^c}$——测区混凝土换算强度值的标准差，精确至 0.01MPa。

(3)结构或构件的混凝土的强度推定值应按下式确定：

①当该结构或构件测区数小于 10 时：

$$f_{cu,e} = f_{cu,min}^c$$

式中：$f_{cu,e}$——强度推定值；

$f_{cu,min}^c$——结构或构件中或关键控制部位最小的测区混凝土换算强度值。

②当结构或构件的测区强度中出现小于 10.0MPa 时：

$$f_{cu,e} < 10.0\text{MPa}$$

③当结构或构件测区数不小于 10 个时或按批量检测时，应按下式计算：

$$f_{cu,e} = m_{f_{cu}^c} - 1.645 S_{f_{cu}^c}$$

9)混凝土结构现场检测强度的评定标准

结构混凝土强度,应在结构承重构件或其主要受力部位布置测区,对于某一混凝土桥梁应根据每一承重构件或其主要受力部位的实测强度推定值和测区平均换算强度值,按下式计算器推定强度均质系数和平均强度均质系数,并按表5.5对其强度状态做出评定。

结构混凝土现场检测强度评定标准表　　表5.5

K_{bt}	K_{bm}	强度状态	评定标度值
≥0.95	≥1.00	良好	1
$0.95 > K_{bt} \geqslant 0.90$	≥0.95	较好	2
$0.90 > K_{bt} \geqslant 0.80$	≥0.90	较差	3
$0.80 > K_{bt} \geqslant 0.70$	≥0.85	差	4
<0.70	<0.85	很差	5
备　注	1. 推定强度均质系数: $$K_{bt}=\frac{R_{it}}{R}$$ 式中:K_{bt}——推定强度均质系数; R_{it}——承重构件或其主要受力部位混凝土的实测强度推定值; R——承重构件混凝土极限抗压强度设计值。 2. 平均强度均质系数: $$K_{bm}=\frac{R_{im}}{R}$$ 式中:K_{bm}——平均强度均质系数; R_{im}——承重构件或其主要受力部位混凝土的平均换算强度值		

5.6.3 钢筋锈蚀检测

钢筋混凝土中钢筋发生锈蚀主要是电化学反应的结果。混凝土浇筑后,水泥的水化反应产生强碱环境,钢筋会在该环境中发生氧化反应(又称钝化反应),从而在钢筋的外表面产生一层致密的氧化层,就是常说的钝化膜。完整的钝化膜能够将钢筋和外部环境隔离开来,阻止钢筋的锈蚀。当混凝土受外力破坏或化学侵蚀造成钝化膜局部消失时,失去保护的钢筋在具有氧气和水的环境中就会逐渐发生锈蚀。

1)钢筋锈蚀因素

主要有以下几种常见的因素。

(1)氯化物

氯化物渗透到钢筋表面后,Cl^-的局部酸化作用使钢筋表面pH值下降,导致钝化膜的破坏。

(2)酸性环境

混凝土处于酸性环境中时,离子渗透作用会逐渐改变钢筋周围的pH环境,当pH值低于10的时候,钝化膜被加速破坏,锈蚀发生。

(3)碳化

混凝土碳化反应是环境气体中二氧化碳向混凝土内部扩散,当混凝土中含有水分时,产生酸性环境,造成锈蚀发生的可能。

(4)应力

一般混凝土构件都是用来承受压力、拉力、剪切力等力的作用。应力作用使钢筋表面产生裂纹,这会导致钝化膜的破坏,在钢筋周围没有重新产生钝化膜的强碱环境下,钢筋失去保护,会加速钢筋的锈蚀。

钢筋的锈蚀是指钢筋接触到周围的气体或液体后发生化学反应而使金属(或合金)腐蚀损耗的过程,钢的锈蚀检测仪器示意图见图5.2。钢筋腐蚀是由于在混凝土中形成了腐蚀微电池:阳极是进行氧化反应的金属,即发生锈蚀的钢筋部位,失去电子,阴极进行还原反应,得到电子,电解液是混凝土的孔溶液,传输电子,使阴极和阳极连接起来。

由腐蚀电池的电化学反应过程可以看出,钢筋的锈蚀即腐蚀电池的发生需要三个条件:

第一,腐蚀电池阳极和阴极的存在;

第二,混凝土保护层被碳化到钢筋表面,失去了对钢筋的保护作用;

第三,钢筋表面必须有电化学反应和离子扩散所需要的水和氧气。

混凝土的高碱性在钢筋表面形成一层致密的钝化膜,有效的保护钢筋,所以在正常情况下混凝土中的钢筋不会锈蚀。

2)半电池电位法检测钢筋锈蚀

(1)测试原理

半电池电位法是通过测量钢筋的自然腐蚀电位判断钢筋的锈蚀程度。腐蚀电位是钢筋上某区域的混合电位,反映了金属的抗腐蚀能力。混凝土中的钢筋的活化区(阳极区)和钝化区(阴极区)显示出不同的腐蚀电位,钢筋在钝化时,腐蚀电位升高,电位偏正;由钝化态转入活化态(锈蚀)时,腐蚀电位降低,电位偏负。

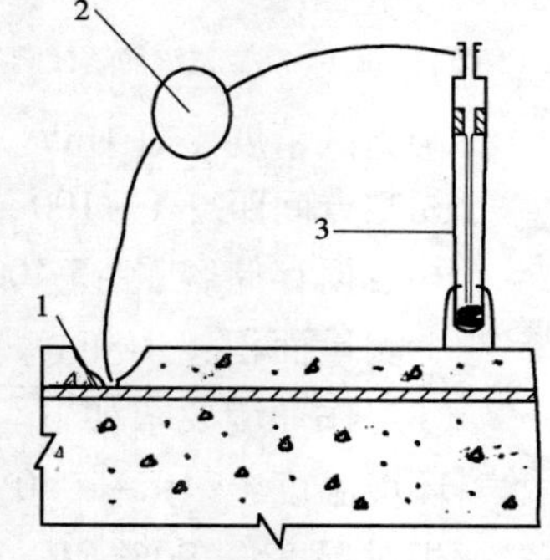

图5.2　钢筋锈蚀检测仪示意图

1-露出钢筋部位;2-电压仪;3-铜—硫酸铜半电池

将混凝土中的钢筋看作是半个电池组,与合适的参比电极(铜—硫酸铜参考电极或其他参考电极)连通构成一个全电池系统,混凝土是电解质,参比电极的电位值相对恒定,而混凝土中的钢筋因锈蚀程度不同产生不同的腐蚀电位,从而引起全电池电位的变化,根据混凝土中钢筋表面各点的电位评定钢筋的锈蚀状态。

半电池电位法不受混凝土构件尺寸和钢筋保护层厚度的限制,与其他非破损或半破损方法结合使用,可以提高检测可靠性,腐蚀电位的测定仅是对腐蚀的概率判定,尚不能直接给出锈蚀率或锈蚀速度。

(2)测试方法

使用钢筋锈蚀仪进行测试。测试方法如下。

第一步:布点。

测点布置如图5.3所示。

第二步:测试 。

选择电位测试时,需要凿开一处混凝土,露出钢筋,并除去钢筋锈蚀层,把连接黑色信号线的金属电极夹到钢筋上,黑色信号线的另一端接锈蚀仪"黑色"插座,红色信号线一端连电位电极,另一端接锈蚀仪"红色"插座,如图 5.4 所示。

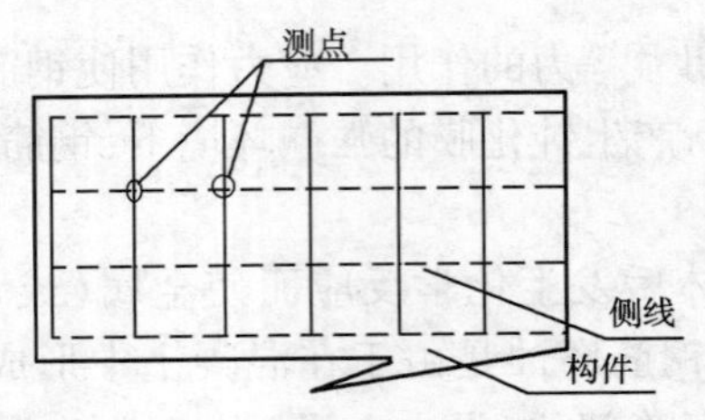

图 5.3　测点布置图

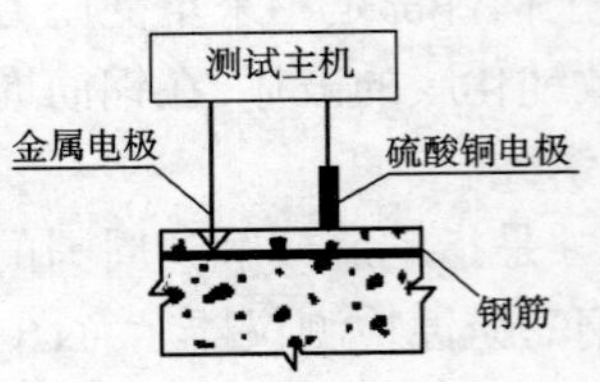

图 5.4　钢筋锈蚀仪电位测量方式

(3)检测仪器

本项目采用北京康克瑞公司生产的 KON-XSY 型钢筋锈蚀测量仪(图 5.5),该仪器依据《建筑结构检测技术标准》(GB/T 50344—2004)设计,由主机、金属电极、电位/梯度探头、信号线、数据传输线等部件构成;能快速、准确测量混凝土墙、梁、柱内钢筋的锈蚀率。

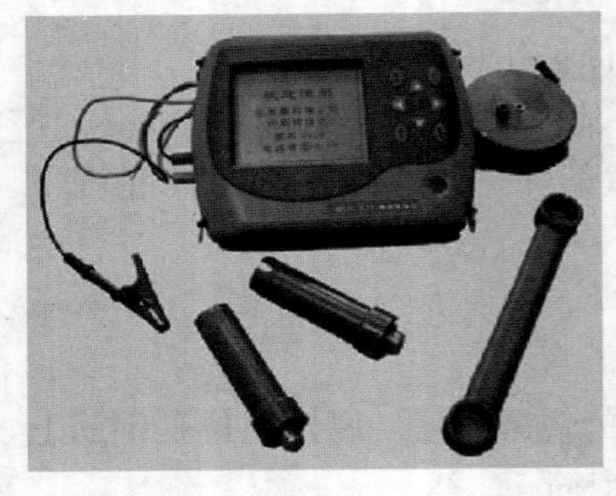

图 5.5　KON-XSY 型钢筋锈蚀测量仪

主要技术指标:

①永久式的固定金属电极,无需灌注和更换硫酸铜溶液,避免了硫酸铜溶液对操作人员和环境的损害。

②电位法及梯度法两种测量方法,配有电位电极及梯度电极。

③测量电位 :±1 000mV。

④测试精度 :±1mV。

⑤测点间距 :1~100cm。

⑥数据存储容量 :5 400 个测区,228 000 个测点数据。

⑦测量面积:8 100m^2。

⑧工作环境要求如下。

环境温度:-10~+40℃,避免长时间阳光直接暴晒。

相对湿度:<90% *RH*。

电磁干扰:无强交变电磁场。

⑨电源:6 节 5 号 LR6(碱性)普通电池,供电时间大于 30h。

⑩液晶显示屏分辨率:160×128。

⑪体积、质量。

主机体积:210mm×153mm×90mm;主机质量:880g。

(4)检测要点

①半电池电化学法判定的是发生锈蚀的概率(可能性),而不是锈蚀的实际状态。

②半电池法测定的是腐蚀电位,一方面测定中影响因素多。另一方面腐蚀电位也不是唯一表征因素,应配合其他方法和因素综合分析,并配合剔凿法验证。

③半电池法是对锈蚀状态概率的测定,不能判定锈蚀速度或锈蚀率。

(5)影响测量准确度的因素及事项

①测区与测位：测区面积不宜大于 5m×5m，测区按网格状划分测点，网格尺寸宜为 100mm×100mm～500mm×500mm，网格节点为电位测点，每种条件的测区数量不宜少于 3 个；测区中的测点数不宜少于 20 个，测点与构件边缘的距离应大于 50mm。

②半电池测定仪的一端与钢筋连接：若钢筋露在外面，可以方便地连接。否则，需要利用钢筋定位仪确定出一根钢筋的位置，剔除保护层后使钢筋外露，再进行连接。要求打磨钢筋表面，除去锈斑，并要保证仪器钢筋连接点处与测点的钢筋连通，使电路闭合，必要时可以用电压表检查测试区内任意两根钢筋之间的电阻值。

③半电池测定仪的另一端与混凝土表面接触：测点混凝土表面应平整、清洁、无涂料、浮浆、污物或灰尘等；测区混凝土应预先充分浸湿，保证电连接垫与混凝土表面良好耦合，测试时要求混凝土保持湿润。

④测试测点的电位，电位读数变动不超过 2mV，同一测点、同一支参考电极重复读数差异不得超过 10mV。同一测点、不同参考电极重复读数差异不得超过 20mV。

⑤应避免外界各种因素产生的电流的影响，环境温度超出 22～50℃时，应记录环境温度，并进行温度修正。

（6）温度修正

当检测环境温度在（22±5）℃之外时，应接下列公式对测点的电位值进行温度修正：

当 $T \geqslant 27$℃时

$$V = 0.9 \times (T - 27.0) + V_R$$

当 $T \leqslant 17$℃时

$$V = 0.9 \times (T - 17.0) + V_R$$

式中：V——温度修正后电位值，精确至 1mV；

V_R——温度修正前电位值，精确至 1mV；

T——检测环境温度，精确至 1℃；

0.9——系数（mV/℃）。

（7）钢筋锈蚀电位的判定标准

在对已处理的数据（已进行了温度修正）进行判读之前，按惯例将这些数据加负号，绘制等电位图，尔后进行判读。按表 5.6 的规定判定混凝土中钢筋发生锈蚀的概率和状态。

混凝土中钢筋发生锈蚀的概率和状态判定标准　　表 5.6

序号	钢筋电位状态（mV）	钢筋锈蚀状态判别
1	-500～-350	钢筋发生锈蚀的概率为 95%
2	-350～-200	钢筋发生锈蚀的概率为 50%，可能存在坑蚀现象
3	-200 或高于 -200	无锈蚀活动性或锈蚀活动性不确定，锈蚀概率为 5%

注：中华人民共和国国家标准《建筑结构检测技术标准》（GB/T 50344—2004）规范中规定。

5.6.4　混凝土碳化深度检测

混凝土的碳化是混凝土所受到的一种化学腐蚀。空气中 CO_2 气渗透到混凝土内，与其碱性物质起化学反应后生成碳酸盐和水，使混凝土碱度降低的过程称为混凝土碳化，又称作中性化,其化学反应为:$Ca(OH)_2 + CO_2 = CaCO_3 + H_2O$。水泥在水化过程中生成大量的氢氧化钙,使混凝土空隙中充满饱和氢氧化钙溶液,其碱性介质对钢筋有良好的保护作用,使钢筋表面生成难溶的 Fe_2O_3 和 Fe_3O_4,称为钝化膜(碱性氧化膜)。碳化后使混凝土的碱度降低,当碳化超过混凝土的保护层时,在水与空气存在的条件下,就会使混凝土失去对钢筋的保护作用,钢筋开始生锈。可见,混凝土碳化作用一般不会直接引起其性能的劣化,对于素混凝土,碳化还有提高混凝土耐久性的效果,但对于钢筋混凝土来说,碳化会使混凝土的碱度降低,同时,增加混凝土孔溶液中氢离子数量,因而会使混凝土对钢筋的保护作用减弱。

1)影响混凝土碳化速度的因素

(1)环境条件

对碳化速度影响的环境条件主要是环境中 CO_2 的浓度、环境温度以及环境湿度。

①CO_2 浓度的影响

由于碳化反应是一种化学反应,与此有关的物质浓度对碳化速度有很大影响,CO_2 浓度越高,碳化速度越快。一般认为碳化速度与 CO_2 浓度的平方根成正比。

②环境温度的影响

气体的扩散速度与碳化反应受温度影响较大。因此,随温度升高碳化速度加快。相关实验表明,在 CO_2 浓度 10%、相对湿度 80% 条件下,温度 40℃ 的碳化速度是 20℃ 的 2 倍。清华大学相关人员通过研究,给出了环境温度对碳化的影响公式为

$$\frac{k_{T1}}{k_{T2}} = \sqrt[4]{\frac{T_1}{T_2}}$$

式中:T_1、T_2——两种环境温度。

③环境相对湿度影响

环境湿度对混凝土碳化速度有很大影响。相对湿度的变化决定着混凝土空隙水饱和度的大小,湿度较小时,混凝土处于较为干燥或含水率较低的状态,虽然 CO_2 气体的扩散比较快,但由于碳化反应所需要的水分不足,故碳化速度较慢;湿度较大时,混凝土的含水率较高,阻碍了 CO_2 气体在混凝土中的扩散,故碳化速度也较慢。清华大学相关人员研究表明,环境湿度对碳化速度的影响可以用下式表示

$$\frac{k_{RH_1}}{k_{RH_2}} = \frac{(1 - RH_1)^{1.1}}{(1 - RH_2)^{1.1}}$$

式中:RH_1、RH_2——两种环境相对湿度。

(2)混凝土品质影响

①水灰比对碳化速度影响

水灰比基本决定了混凝土的孔结构,水灰比越大,混凝土内部的孔隙率就越大。由于 CO_2 扩散是在混凝土内部的气孔和毛细孔中进行的,因此,水灰比在一定程度上决定了 CO_2 在混凝土中的扩散速度,水灰比越大,混凝土碳化速度也就越大。

②水泥品种影响

水泥品种不同,水泥水化物中碱性物质的含量及混凝土的渗透性不同,故对混凝土碳化速度有一定影响。由龚洛书和柳春圃所编著的《混凝土的耐久性及其防护修补》给出了水泥品种对碳化速度的影响系数,如表 5.7 所示。

水泥品种对碳化速度的影响系数　　表5.7

混凝土品种	水泥品种		
	普通硅酸盐水泥425号	矿渣或火山灰水泥425号	矿渣水泥325号
轻集料混凝土	1.00	1.20	1.25
普通混凝土	1.00	1.35	1.50

③水泥用量影响

水泥用量直接影响混凝土 CO_2 的吸收量,因此对混凝土碳化速度有一定影响。混凝土吸收 CO_2 的量取决于水泥用量和混凝土的水化程度,水泥用量越大,其碳化速度越慢。

另外,对于碳化速度的影响还有混凝土掺合料、抗压强度、施工质量和养护条件等。

2)碳化深度检测方法

(1)在混凝土表面可采用适当的工具在测区表面形成直径约15mm的孔洞,其深度应大于混凝土的碳化深度(大于10mm)。

(2)用洗耳球或小皮老虎吹掉灰尘碎屑,并不得用水擦洗。

(3)在凿开的混凝土表面滴或者喷1%的酚酞酒精溶液。

(4)用游标卡尺或碳化深度深度测定仪测定没有变色的混凝土深度。

3)评定标准

混凝土碳化深度评定标准如表5.8所示。

混凝土碳化深度评定标准　　表5.8

碳化层深度	<1*	<1	=1	>1	>1**
评定标度	1	2	3	4	5
备注	1. *构件全部实测比值均小于1; 2. **构件全部实测比值均大于1; 3. 宜分构件逐一进行评定				

5.6.5　桥面线形测定

使用精密水准仪对全桥进行纵断面的水准测量。若桥面已设置永久性观测点,则利用这些点进行观测,若未设置观测点,则应按规定进行补设。沿桥纵向每5m布置两个测试断面,每个断面在车行道上、下游侧边缘各布一点,如有必要测点可以适当加密。测点应用钢钉或油漆作标记。测量完成后对数据进行处理,绘制桥面线形图。

精密水准仪主要用于国家一、二等水准测量和高精度的工程测量中,例如建筑物沉降观测,大型精密设备安装等测量工作。

精密水准仪的构造是由望远镜、水准管和基座三部分组成。其特点是水准管分划值较小,一般为10"/2mm;望远镜放大率较大,一般不小于40倍;望远镜的亮度好,仪器结构稳定,受温度的变化影响小等。

使用采集的桥梁现有桥面高程数据,绘制桥梁桥面的线形图,并与原设计进行比较分析,根据桥面线形变化特点,找出引起变化的原因,提出相关建议。

5.7 六座旧桥桥梁线形检测结果

5.7.1 姬家庄大桥

姬家庄大桥是国道主干线(GZ400)二连浩特—河口公路禹门口—阎良段高速公路上的一座特大型桥梁,该桥起点桩号 K86 +299.92,终点桩号右半幅为 K86 +560.80,桥梁跨径为(66 +120 +66)m 预应力混凝土连续刚构,桥梁总长:260.16m。

设计荷载:原汽车—超 20 级,挂车—120。

主要材料:混凝土桥墩采用 40 号混凝土,箱梁采用 C50 混凝土。

测点布置如图 5.6 所示,线形测试结果如图 5.7 所示。

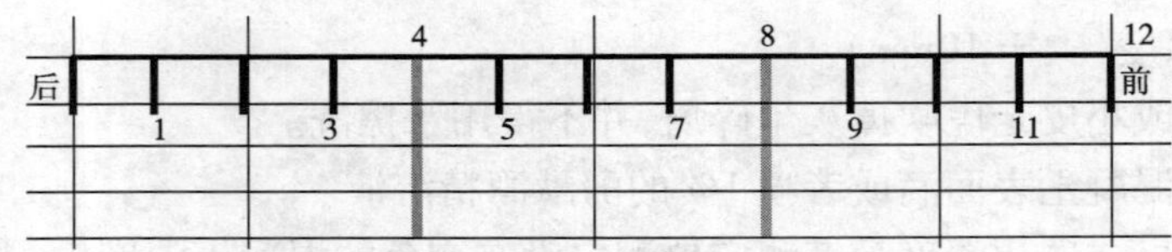

图 5.6 测点布置

由图 5.7 可以看出:姬家庄大桥的线形目前出现了下挠现象,由于无法得到初始线形,目前不能得到桥梁下挠量。

5.7.2 北酥酪大桥

北酥酪大桥是国道主干线(GZ400)二连浩特—河口公路禹门口—阎良段高速公路上的一座特大型桥梁,该桥起点桩号 K91 +964.64,终点桩号为 K92 +105.36,桥梁跨径为(36 +60 +36)m 预应力混凝土连续刚构,桥梁总长:140.72m。

设计荷载:原汽车—超 20 级,挂车—120。

主要材料:混凝土桥墩采用 40 号混凝土,箱梁采用 50 号混凝土。

现场测试如图 5.8 所示。

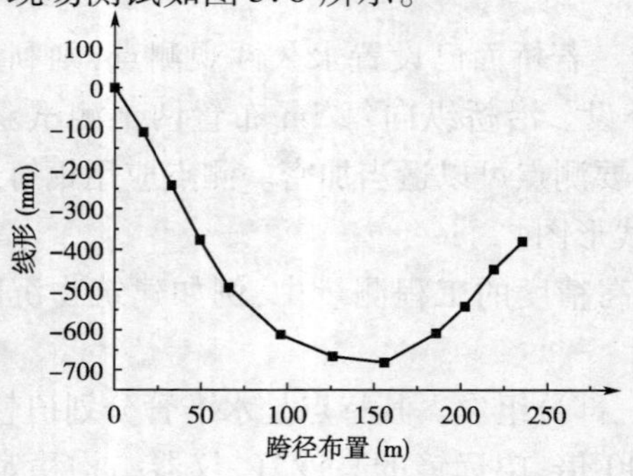

图 5.7 线形测试结果

图 5.8 现场测试图

测点布置如图 5.9 所示,线形测试结果如图 5.10 所示。

由图 5.10 可以看出:北酥酪大桥的线形目前出现了中跨下挠现象,由于无法得到初始线形，目前不能得到桥梁下挠量。

图5.9　测点布置

5.7.3　杏沟大桥

杏沟大桥是国道主干线（GZ400）二连浩特—河口公路禹门口—阎良段高速公路上的一座特大型桥梁，桥梁跨径为（50+80+50）m预应力混凝土连续刚构。

设计荷载：原汽车—超20级，挂车—120。

主要材料：混凝土桥墩采用40号混凝土，箱梁采用50号混凝土。

现场测试如图5.11所示。

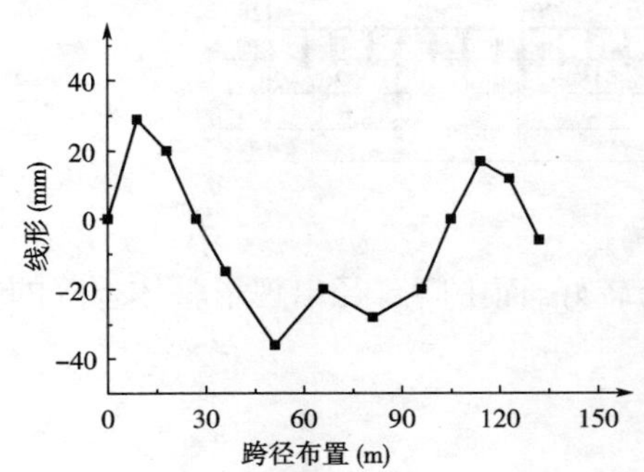

图5.10　线形测试结果

图5.11　现场测试图

测点布置如图5.12所示，线形测试结果如图5.13所示。

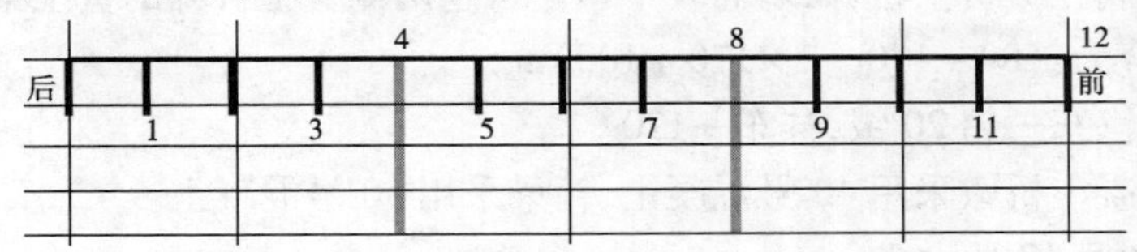

图5.12　测点布置

由图5.13可以看出：杏沟大桥的线形目前线形无下降现象，其线形表现为带有纵坡的线性形状。

5.7.4　金水沟特大桥

金水沟特大桥位于陕西省合阳县以南约3.8km处，金水沟走向S43E，沟深约119.2m，沟宽约850m，属土源冲沟，主沟两侧为黄土斜坡，次生冲沟非常发育。该桥全长855m，为预应力混凝土刚构连续箱梁桥。该桥起点桩号K63+734.5，终点桩号为K64+589.50，跨径组合为：（88+5×136+78）m。

设计荷载：原汽车—超20级，挂车—120。

主要材料：混凝土桥墩采用40号混凝土，箱梁采用50号混凝土。

现场测试如图 5.14 所示。

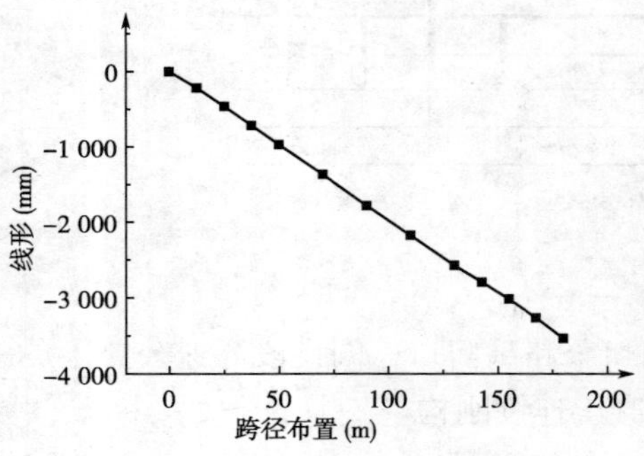

图 5.13　线形测试结果

图 5.14　现场测试图

测点布置如图 5.15 所示,线形测试结果如图 5.16 所示。

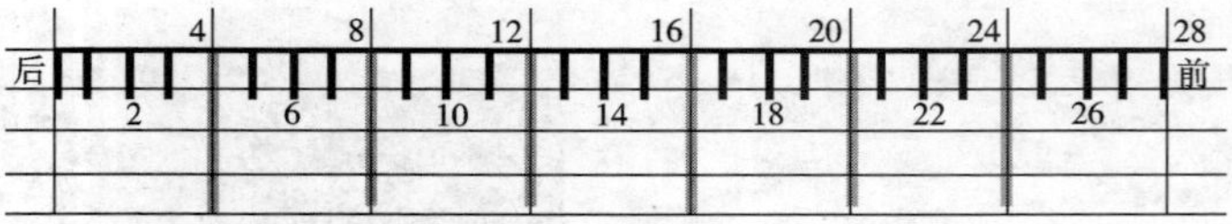

图 5.15　测点布置

由图 5.16 可以看出:金水沟特大桥的线形边跨较好,而中间跨径出现了整体下降的情况,分析原因,可能是桥墩沉降引起。

5.7.5　太枣沟特大桥

太枣沟特大桥位于陕西省合阳县白良乡侯卒村与王家洼乡太枣沟村之间。桥址区地形起伏较大,桥址两侧属三级黄土台塬,塬面较平坦。跨越两侧黄土台塬的黄土梁斜坡地带及太枣沟河谷。跨径组合为:(80 + 130 + 2 × 170 + 100)m。

设计荷载:原汽车—超 20 级,挂车—120。

主要材料:混凝土桥墩采用 40 号混凝土,箱梁采用 50 号混凝土。

现场测试如图 5.17 所示。

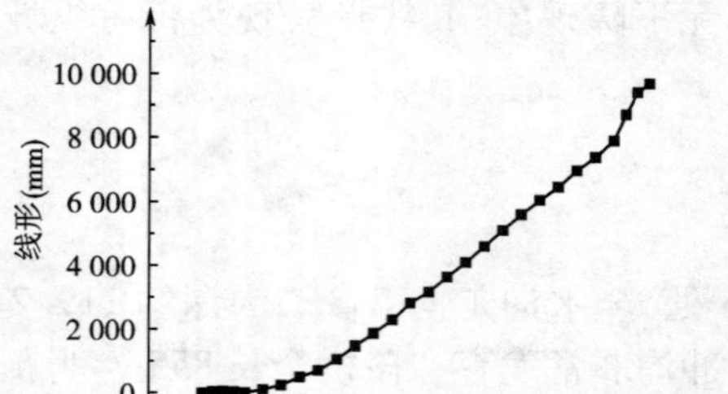

图 5.16　线形测试结果

图 5.17　现场测试图

测点布置如图 5.18 所示，线形测试结果如图 5.19 所示。

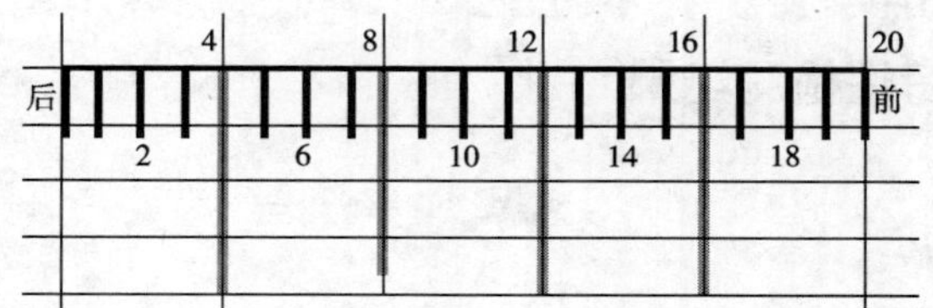

图 5.18　测点布置

由图 5.19 可以看出：太枣沟大桥的线形目前出现了中跨下挠现象，由于无法得到初始线形，目前不能得到桥梁下挠量。

5.7.6　徐水沟特大桥

徐水沟特大桥是国道主干线（GZ400）二连浩特—河口公路禹门口—阎良段高速公路上的一座特大型桥梁，该桥起点桩号 K49 + 574.799，终点桩号右半幅为 K50 + 644.14，主桥跨径为（110 + 2 × 200 + 110）m 预应力混凝土连续刚构，桥梁总长：1 069.341m。

设计荷载：原汽车—超 20 级，挂车—120。

主要材料：混凝土桥墩采用 40 号混凝土，箱梁采用 50 号混凝土。

现场测试如图 5.20 所示。

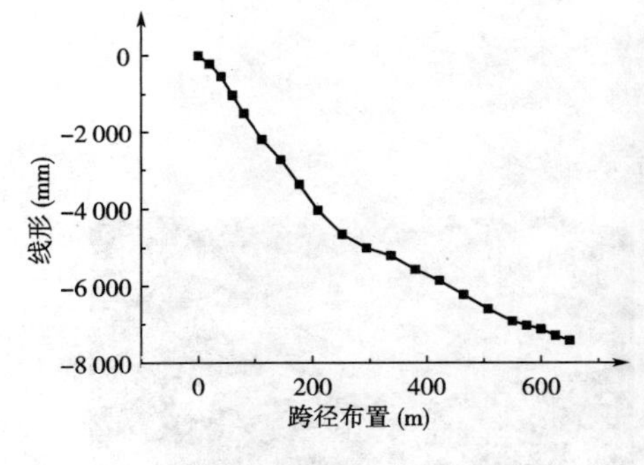

图 5.19　线形测试结果

图 5.20　现场测试图

测点布置如图 5.21 所示，线形测试结果如图 5.22 所示。

图 5.21　测点布置

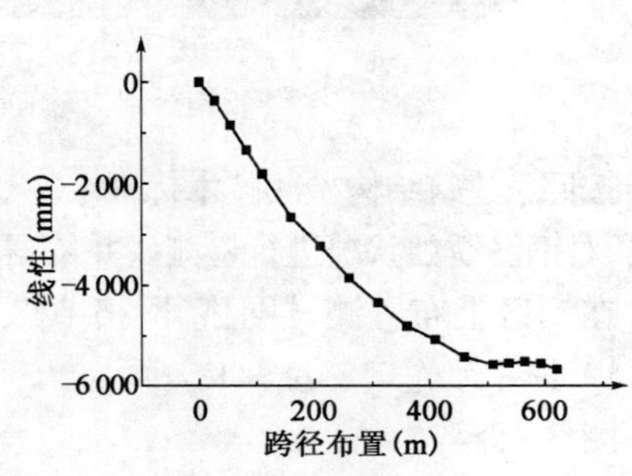

图 5.22　线形测试结果

由图 5.22 可以看出:徐水沟大桥的线形目前出现了中跨下挠现象。

5.8 六座旧桥材料特性检测结果

5.8.1 混凝土材料检测

箱梁混凝土材料碳化深度检测如图 5.23 所示。

图 5.23 箱梁混凝土材料特性检测(碳化深度检测)

通过现场检测表明:姬家庄和太枣沟混凝土强度稍小于设计值,其余四座桥箱梁混凝土满足设计强度要求。

5.8.2 钢筋锈蚀检测

箱梁混凝土材料钢筋锈蚀检测如图 5.24 所示。

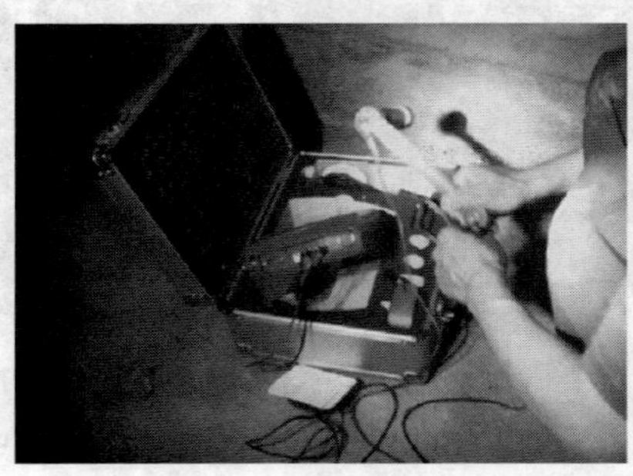

图 5.24 箱梁混凝土材料特性检测(钢筋锈蚀检测)

按照《建筑结构检测技术标准》(GB/T 50344—2004)要求,采用电化学测定方法中的半电池电位法,对钢筋锈蚀状况进行检测。并依据本标准要求进行测区布置、现场检测和结果的判定。

在测区上布置测试网格,网格节点为测点,网格间距为 200mm × 200mm。

1)杏沟大桥钢筋锈蚀检测

测区:杏沟大桥。

测区名:中跨 7 号块段右腹板。

测试类型:梯度测试。

测点间距:$x=20$cm,$y=20$cm。

测点数 N:30。

电位值范围:2m～156mV。

平均电位值:54mV。

检测结果如表 5.9 所示。

检 测 结 果　　表 5.9

电位水平(mV)	测点数 n	比例 n/N	钢筋锈蚀状况
小于 150	29	96%	无锈蚀活动性或锈蚀活动性不确定,锈蚀概率 20%
150～200	1	3%	钢筋发生锈蚀的概率为 50%,可能存在锈蚀现象
大于 200	0	0%	钢筋发生锈蚀的概率为 80%

杏沟大桥测区检测结果数据图标如图 5.25 所示。

杏沟大桥测区检测结果模拟化色谱如图 5.26 所示。

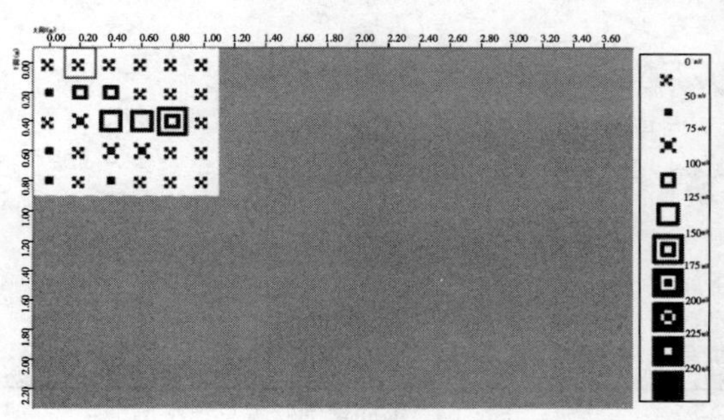

图 5.25　钢筋锈蚀数据图标

图 5.26　钢筋锈蚀模拟化色谱

2)太枣沟大桥钢筋锈蚀检测

测区:太枣沟大桥。

测区名:西安至韩城方向 2～14 号左腹板。

测试类型:梯度测试。

测点间距:$x=20$cm,$y=20$cm。

测点数 N:24。

电位值范围:10m～167mV。

平均电位值:76mV。

检测结果如表 5.10 所示。

检 测 结 果　　表 5.10

电位水平(mV)	测点数 n	比例 n/N	钢筋锈蚀状况
小于 150	18	75%	无锈蚀活动性或锈蚀活动性不确定,锈蚀概率 20%
150～200	6	25%	钢筋发生锈蚀的概率为 50%,可能存在锈蚀现象
大于 200	0	0%	钢筋发生锈蚀的概率为 80%

太枣沟大桥测区检测结果数据图标如图 5.27 所示。

太枣沟大桥测区检测结果模拟化色谱如图 5.28 所示。

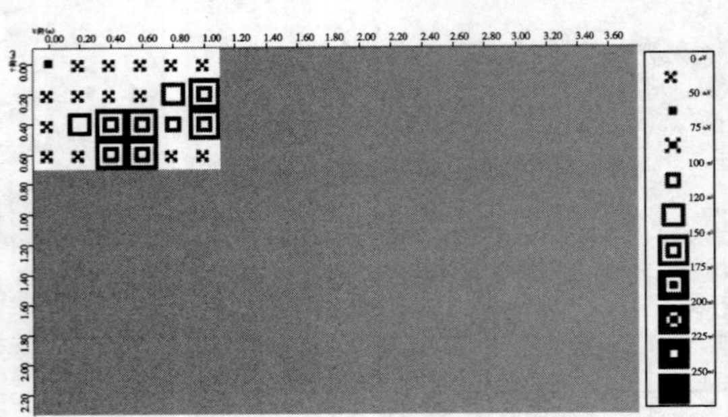

图 5.27　钢筋锈蚀数据图标

图 5.28　钢筋锈蚀模拟化色谱

3)金水沟大桥钢筋锈蚀检测

(1)第一测区检测

测区:金水沟大桥 01。

测区名:西安至韩城方向 2～5 号左腹板。

测试类型:梯度测试。

测点间距:$x=20$cm,$y=20$cm。

测点数 N:30。

电位值范围:4m～153mV。

平均电位值:42mV。

检测结果如表 5.11 所示。

检测结果　　表 5.11

电位水平(mV)	测点数 n	比例 n/N	钢筋锈蚀状况
小于 150	29	96%	无锈蚀活动性或锈蚀活动性不确定,锈蚀概率 20%
150～200	1	3%	钢筋发生锈蚀的概率为 50%,可能存在锈蚀现象
大于 200	0	0%	钢筋发生锈蚀的概率为 80%

金水沟大桥 01 测区检测结果数据图标如图 5.29 所示。

金水沟大桥 01 测区检测结果模拟化色谱如图 5.30 所示。

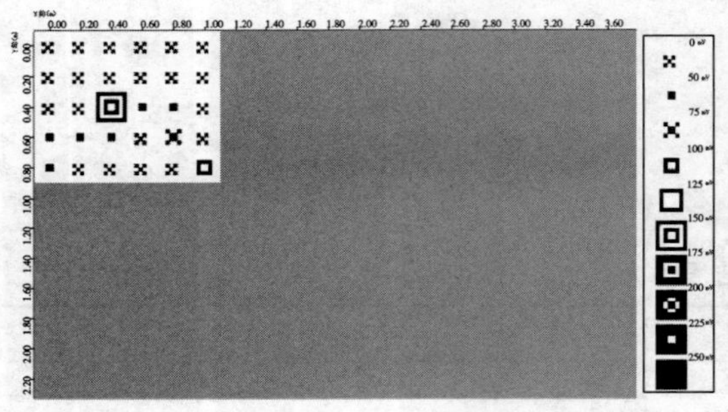

图 5.29　钢筋锈蚀数据图标

图 5.30　钢筋锈蚀模拟化色谱

(2)第二测区检测

测区:金水沟大桥 02。

测区名:西安至韩城方向 2 ~ 10 号左腹板。

测试类型:梯度测试。

测点间距:$x = 20\text{cm}$,$y = 20\text{cm}$。

测点数 N:30。

电位值范围:6mV ~ 91mV。

平均电位值:39mV。

检测结果如表 5.12 所示。

检 测 结 果　　表 5.12

电位水平(mV)	测点数 n	比例 n/N	钢筋锈蚀状况
小于 150	30	100%	无锈蚀活动性或锈蚀活动性不确定,锈蚀概率 20%
150 ~ 200	0	0%	钢筋发生锈蚀的概率为 50%,可能存在锈蚀现象
大于 200	0	0%	钢筋发生锈蚀的概率为 80%

金水沟大桥 02 测区检测结果数据图标如图 5.31 所示。

金水沟大桥 02 测区检测结果模拟化色谱如图 5.32 所示。

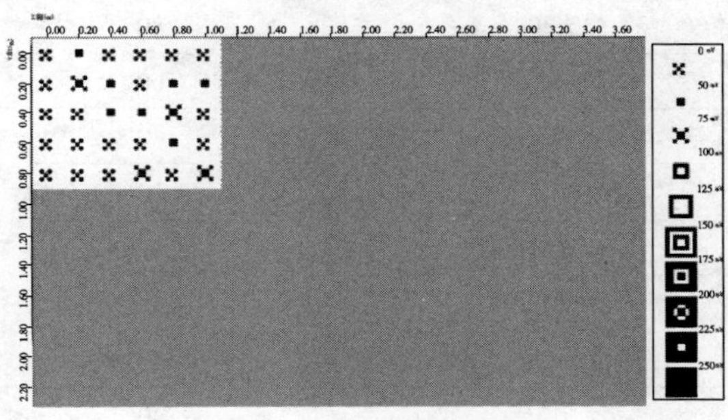

图 5.31　钢筋锈蚀数据图标

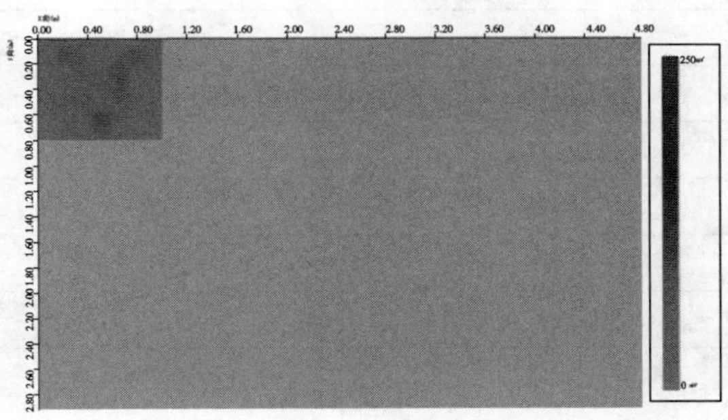

图 5.32　钢筋锈蚀模拟化色谱

4)说明

检测依据:中华人民共和国国家标准《建筑结构检测技术标准》(GB/T 50344—2004);

检测仪器及设备: KON - XSY 钢筋锈蚀测试仪;

检测时间及检测环境:2011 年 7 月 14 日,晴天、干燥。

5)原始数据表

检测结果如表 5.13 ~ 表 5.16 所示。

检 测 结 果　　表 5.13

测区:杏沟大桥

测区名:中跨 7 号块段右腹板

测点数:30

测试类型:梯度测试

测点间距:$x = 20\text{cm}$,$y = 20\text{cm}$

测点索引	电位值(mV)	x 向位置(cm)	y 向位置(cm)
1	28	0	0
2	42	20	0
3	41	40	0
4	13	60	0
5	13	80	0
6	2	100	0
7	8	100	20
8	30	80	20
9	46	60	20
10	120	40	20
11	104	20	20
12	67	0	20
13	38	0	40
14	75	20	40
15	136	40	40
16	125	60	40
17	156	80	40
18	44	100	40
19	18	100	60
20	38	80	60
21	88	60	60
22	97	40	60
23	38	20	60
24	57	0	60
25	74	0	80
26	16	20	80
27	62	40	80
28	36	60	80
29	13	80	80
30	16	100	80

检 测 结 果　　表 5.14

测区:太枣沟大桥			
测区名:西安至韩城方向 2~14 号左腹板			
测点数:24			
测试类型:梯度测试			
测点间距:$x=20$cm, $y=20$cm			
测点索引	电位值(mV)	x 向位置(cm)	y 向位置(cm)
1	57	0	0
2	35	20	0
3	18	40	0
4	19	60	0
5	38	80	0
6	16	100	0
7	155	100	20
8	130	80	20
9	42	60	20
10	32	40	20
11	29	20	20
12	10	0	20
13	37	0	40
14	35	0	60
15	126	20	40
16	167	40	40
17	162	60	40
18	121	80	40
19	163	100	40
20	49	100	60
21	25	80	60
22	167	60	60
23	165	40	60
24	38	20	60

检 测 结 果 表5.15

测区:金水沟大桥01			
测区名:西安至韩城方向2~5号左腹板			
测点数:30			
测试类型:梯度测试			
测点间距:x=20cm,y=20cm			
测点索引	电位值(mV)	x向位置(cm)	y向位置(cm)
1	19	0	0
2	37	20	0
3	13	40	0
4	33	60	0
5	33	80	0
6	44	100	0
7	31	100	20
8	24	80	20
9	19	60	20
10	20	40	20
11	40	20	20
12	8	0	20
13	23	0	40
14	4	20	40
15	153	40	40
16	62	60	40
17	55	80	40
18	11	100	40
19	14	100	60
20	84	80	60
21	29	60	60
22	69	40	60
23	59	20	60
24	68	0	60
25	63	0	80
26	38	20	80
27	46	40	80
28	38	60	80
29	15	80	80
30	113	100	80

检 测 结 果　　表 5.16

测区:金水沟大桥 02			
测区名:西安至韩城方向 2 ~10 号左腹板			
测点数:30			
测试类型:梯度测试			
测点间距:x = 20cm, y = 20cm			
测点索引	电位值(mV)	x 向位置(cm)	y 向位置(cm)
1	30	0	0
2	55	20	0
3	37	40	0
4	37	60	0
5	35	80	0
6	46	100	0
7	69	100	20
8	68	80	20
9	30	60	20
10	64	40	20
11	75	20	20
12	11	0	20
13	11	0	40
14	6	20	40
15	55	40	40
16	55	60	40
17	79	80	40
18	11	100	40
19	7	100	60
20	63	80	60
21	31	60	60
22	38	40	60
23	16	20	60
24	13	0	60
25	10	0	80
26	13	20	80
27	26	40	80
28	91	60	80
29	32	80	80
30	76	100	80

从以上钢筋锈蚀检测结果分析可以看出:在三座桥梁中,太枣沟特大桥箱梁检测区域中25%的范围内钢筋发生锈蚀的概率为50%,可能存在锈蚀现象,从现场调查结果看,锈蚀只是表面浮锈,对结构受力不存在影响。其余两座桥未发生锈蚀情况。

5.9 六座旧桥箱梁裂缝调查结果

现场裂缝调查如图5.33所示。

图5.33 裂缝调查图

将裂缝调查结果绘制成裂缝素描图,六座旧桥的腹板裂缝调查结果如图5.34~图5.38所示。

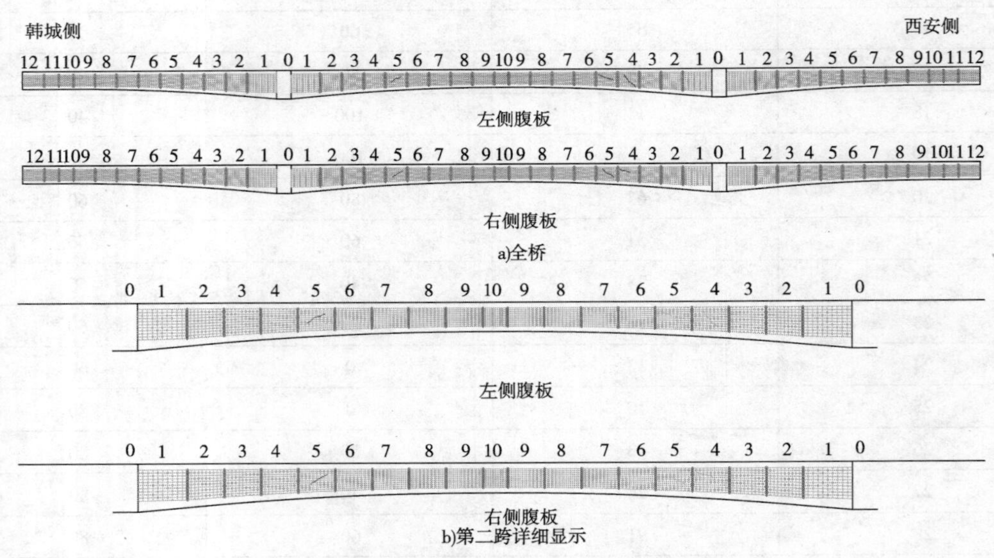

图5.34 北酥酪大桥箱梁腹板裂缝调查结果

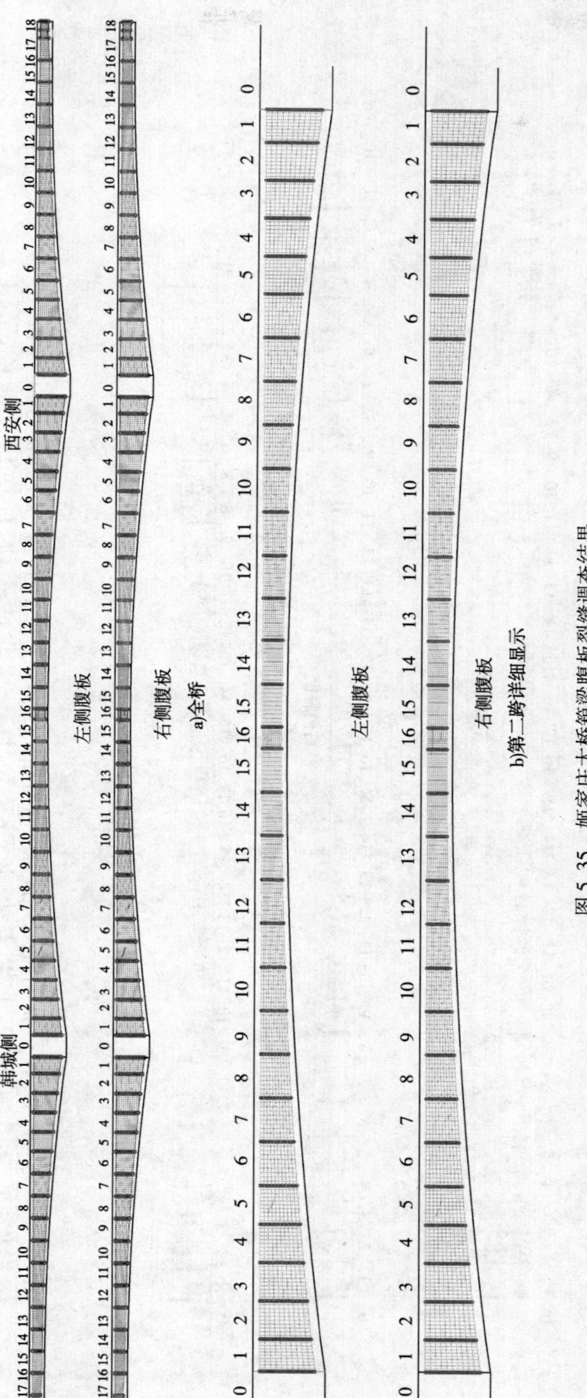

图5.35　姬家庄大桥箱梁腹板裂缝调查结果

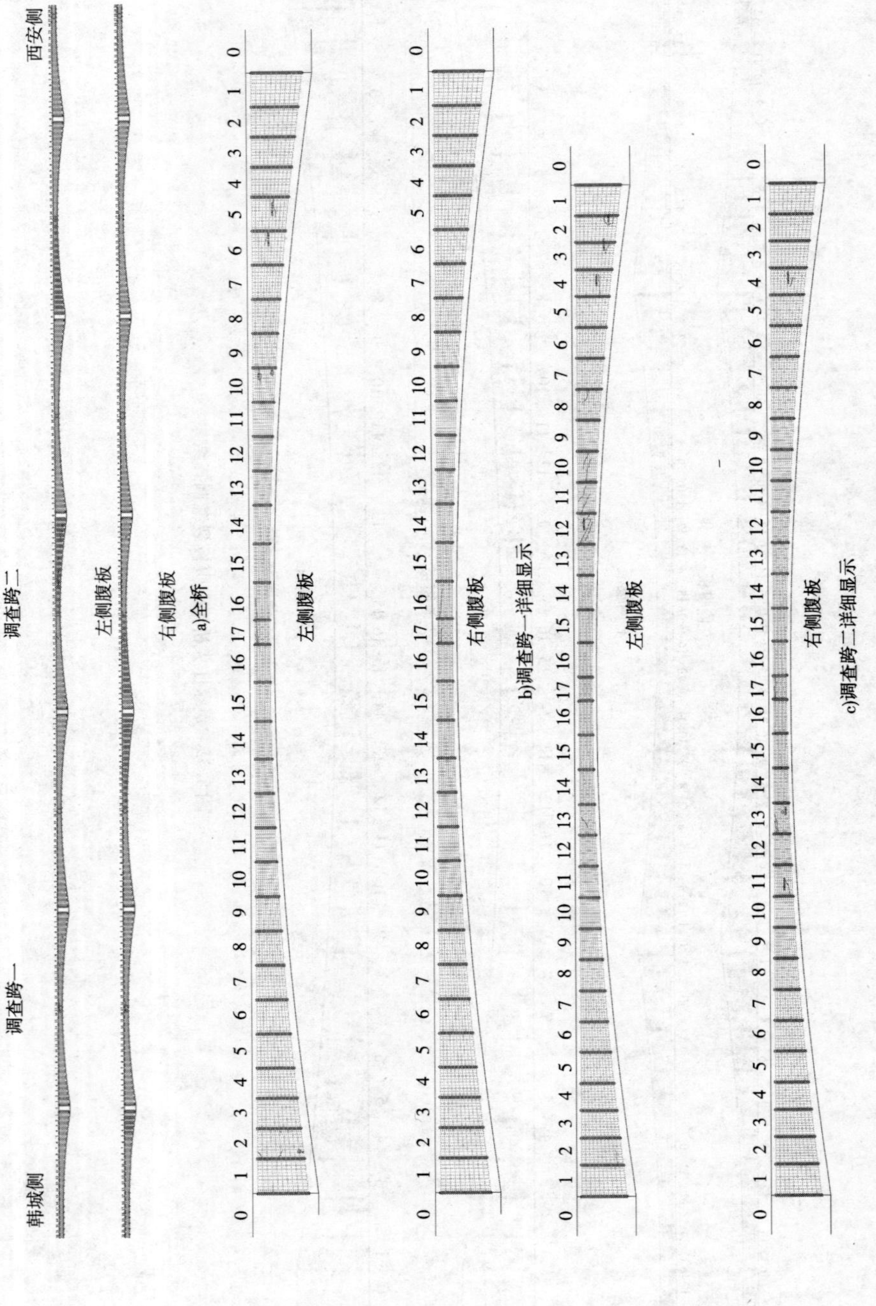
韩城侧
调查跨一
调查跨二
西安侧
左侧腹板
右侧腹板
a)全桥
左侧腹板
右侧腹板
b)调查跨一详细显示
左侧腹板
右侧腹板
c)调查跨二详细显示

图 5.36　金水沟特大桥箱梁腹板裂缝调查结果

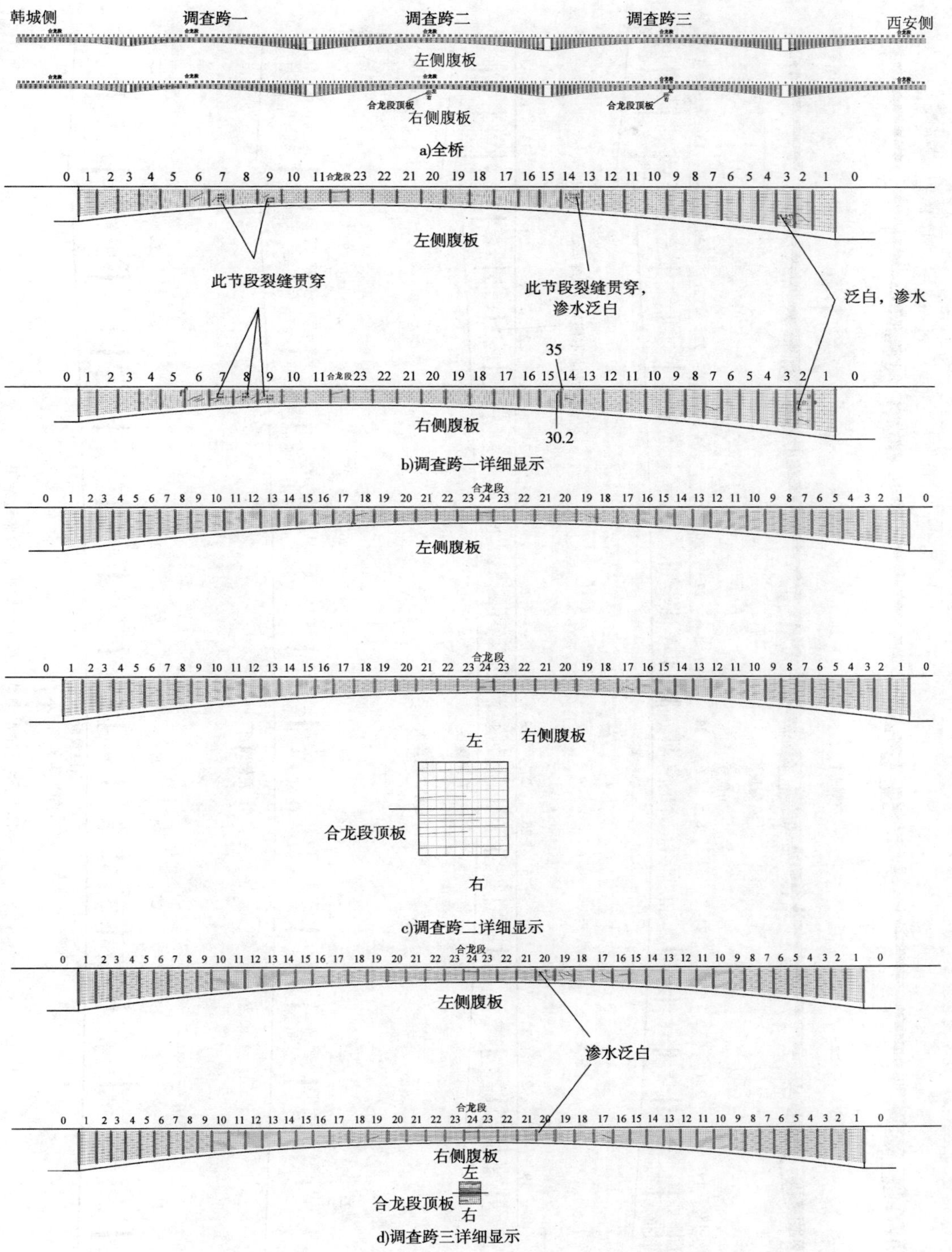

图5.37　太枣沟特大桥箱梁腹板裂缝调查结果

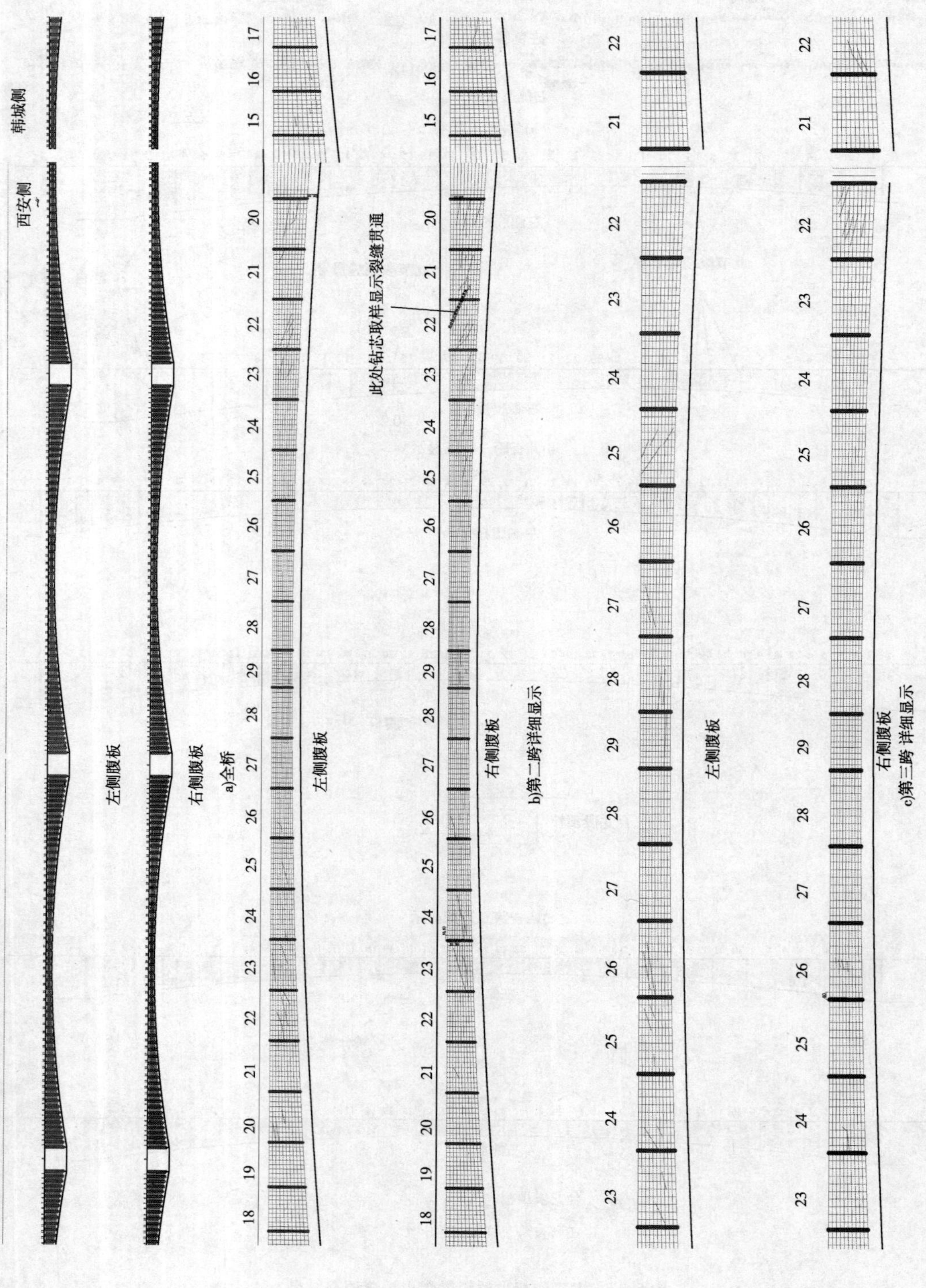

韩城侧

西安侧

左侧腹板

右侧腹板

a)全桥

17 16 15 20 21 22 23 24 25 26 27 28 29 28 27 26 25 24 23 22 21 20 19 18

左侧腹板

此处钻芯取样显示裂缝贯通

17 16 15 20 21 22 23 24 25 26 27 28 29 28 27 26 25 24 23 22 21 20 19 18

右侧腹板

b)第二跨详细显示

22 21 22 23 24 25 26 27 28 29 28 27 26 25 24 23

左侧腹板

22 21 22 23 24 25 26 27 28 29 28 27 26 25 24 23

右侧腹板

c)第二跨 详细显示

图 5.38　徐水沟特大桥箱梁腹板裂缝调查结果

5.10　裂缝对箱梁服役性能影响评估

根据第5.7节和第5.8节的调查结果可以看出：

(1)材料方面，混凝土的钢筋材料满足设计要求，可按照设计值取值进行分析。

(2)裂缝调查方面，六座桥梁箱梁的腹板均发生不同程度的开裂，徐水沟特大桥开裂稍严重些。

为了评估裂缝对箱梁服役性能的影响，需要进行开裂区刚度折减计算，取课题“单箱双室PC箱梁裂后承载性能评估方法研究”的研究成果用于评估裂缝对箱梁刚度的影响。

5.10.1　刚度损伤因子分析

本项目提出了采用裂缝密度(crack density)CD指标评价混凝土开裂。用CD指标能够定量描述混凝土开裂现象。具体方法如下：

采用方格法进行统计：将整个箱梁腹板表面等分成等间距的小单元，统计裂缝通过的网格数，除以总的网格数，即为CD参数。值得注意的是，采用该方法进行评价时，CD参数受网格数量的影响较大，因此，为了固定CD统计结果，规定箱梁腹板表面的裂缝网格固定为支座部位梁高的1/10。

本项目提出了CD参数和箱梁分段刚度损伤因子的关联模型。

$$\beta=\begin{cases}-1.61\times CD+1,\text{支座剪切裂缝}\\-2.71\times CD+1,1/4\text{跨斜裂缝}\\-1.18\times CD+1,\text{跨中弯曲裂缝}\end{cases}$$

根据上述公式计算了六座桥梁各开裂区的刚度损伤因子，具体参见表5.17。

六座旧桥刚度损伤因子计算　表5.17

桥梁名称	跨编号	裂缝位置	裂缝类型	CD值	刚度损伤因子
北酥酪大桥	中跨	韩城侧5	1/4跨斜裂缝	0.05	0.86
		西安侧4	1/4跨斜裂缝	0.08	0.78
		西安侧5	1/4跨斜裂缝	0.07	0.81
姬家庄大桥	中跨	韩城侧5	1/4跨斜裂缝	0.05	0.86
		韩城侧7	1/4跨斜裂缝	0.02	0.95
金水沟特大桥	第二跨	韩城侧2	支座剪切裂缝	0.06	0.90
		西安侧5	1/4跨斜裂缝	0.06	0.84
		西安侧6	1/4跨斜裂缝	0.05	0.86
	第四跨	西安侧10	1/4跨斜裂缝	0.05	0.86
		韩城侧2	支座剪切裂缝	0.06	0.90
		韩城侧11	1/4跨斜裂缝	0.06	0.84
		韩城侧13	1/4跨斜裂缝	0.11	0.70
		西安侧3	支座剪切裂缝	0.04	0.94
		西安侧4	支座剪切裂缝	0.07	0.89
		西安侧8	1/4跨斜裂缝	0.05	0.86
		西安侧10	1/4跨斜裂缝	0.12	0.67
		西安侧11	1/4跨斜裂缝	0.13	0.65
		西安侧12	1/4跨斜裂缝	0.20	0.46

续上表

桥梁名称	跨 编 号	裂缝位置	裂缝类型	CD 值	刚度损伤因子
太枣沟特大桥	第二跨	韩城侧 6	1/3 跨斜裂缝	0.12	0.67
		韩城侧 7	1/4 跨斜裂缝	0.15	0.59
		韩城侧 8	1/4 跨斜裂缝	0.05	0.86
		韩城侧 9	1/4 跨斜裂缝	0.07	0.81
		西安侧 2	支座剪切裂缝	0.08	0.87
		西安侧 7	1/4 跨斜裂缝	0.07	0.81
		西安侧 14	1/4 跨斜裂缝	0.08	0.78
	第三跨	韩城侧 18	1/4 跨斜裂缝	0.05	0.86
		西安侧 17	1/4 跨斜裂缝	0.06	0.84
		西安侧 19	1/4 跨斜裂缝	0.06	0.84
	第四跨	韩城侧 19	1/4 跨斜裂缝	0.08	0.78
		西安侧 16	1/4 跨斜裂缝	0.07	0.81
		西安侧 17	1/4 跨斜裂缝	0.08	0.78
		西安侧 18	1/4 跨斜裂缝	0.16	0.57
		西安侧 19	1/4 跨斜裂缝	0.06	0.84
徐水沟特大桥	第二跨	韩城侧 15	1/4 跨斜裂缝	0.07	0.81
		韩城侧 16	1/4 跨斜裂缝	0.09	0.76
		韩城侧 17	1/4 跨斜裂缝	0.03	0.92
		韩城侧 20	1/4 跨斜裂缝	0.12	0.67
		韩城侧 22	1/4 跨斜裂缝	0.15	0.59
		韩城侧 23	1/4 跨斜裂缝	0.12	0.67
		韩城侧 24	1/4 跨斜裂缝	0.07	0.81
		韩城侧 25	1/4 跨斜裂缝	0.04	0.89
		韩城侧 26	1/4 跨斜裂缝	0.06	0.84
		西安侧 20	1/4 跨斜裂缝	0.16	0.57
		西安侧 21	1/4 跨斜裂缝	0.15	0.59
		西安侧 22	1/4 跨斜裂缝	0.10	0.73
		西安侧 23	1/4 跨斜裂缝	0.07	0.81
		西安侧 24	1/4 跨斜裂缝	0.04	0.89
		西安侧 25	1/4 跨斜裂缝	0.04	0.89
	第三跨	韩城侧 23	1/4 跨斜裂缝	0.06	0.84
		韩城侧 24	1/4 跨斜裂缝	0.06	0.84
		韩城侧 25	1/4 跨斜裂缝	0.07	0.81
		韩城侧 26	1/4 跨斜裂缝	0.12	0.67
		西安侧 22	1/4 跨斜裂缝	0.20	0.46
		西安侧 25	1/4 跨斜裂缝	0.14	0.62
		西安侧 27	1/4 跨斜裂缝	0.09	0.76

由于北酥酪大桥和姬家庄大桥的裂缝较少，不进行评估。金水沟跨径较多，考虑到裂缝调查仅有两跨，裂缝资料不完整，因此不做分析。杏沟大桥图纸无法取得，同样不进行评估。

以下分别对太枣沟和徐水沟特大桥进行评估。

5.10.2　裂缝对太枣沟服役性能的影响

建立太枣沟特大桥有限元计算模型，模型如图5.39所示。

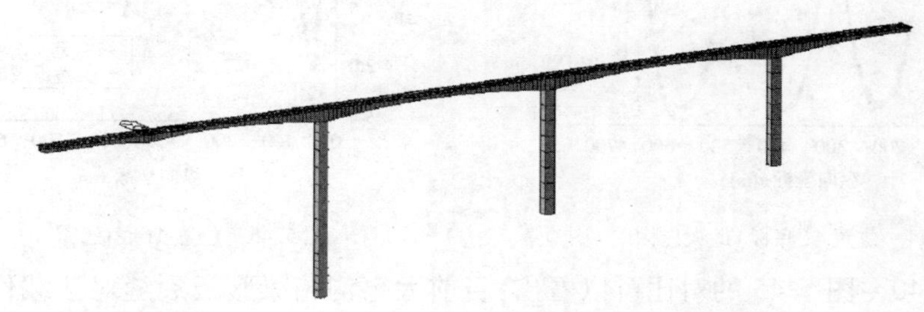

图5.39　太枣沟特大桥有限元数值模型

考虑设计活载为汽车—超20级，研究考虑裂缝和无裂缝下的箱梁受力特性变化规律。具体分析结果如图5.40～图5.45所示。

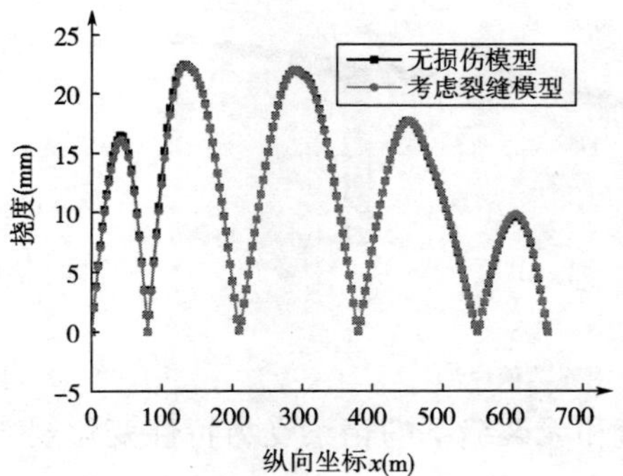

图5.40　最大挠度

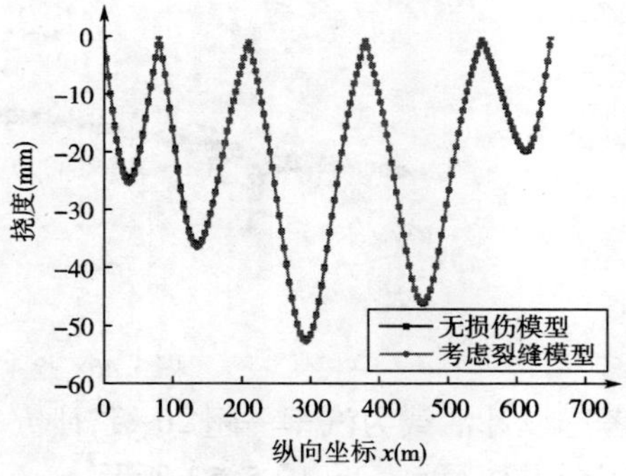

图5.41　最小挠度

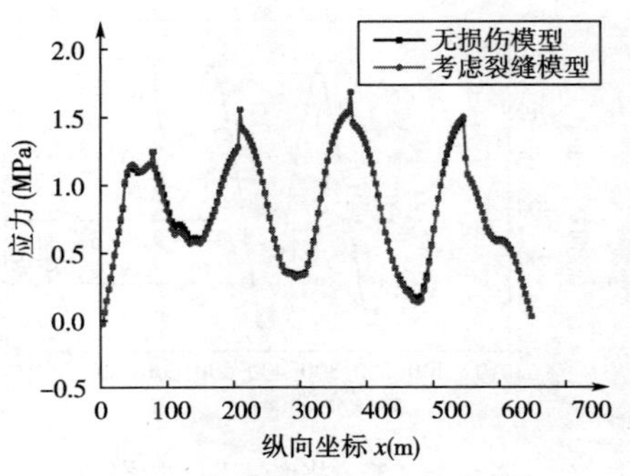

图5.42　位置1(顶板)最大应力

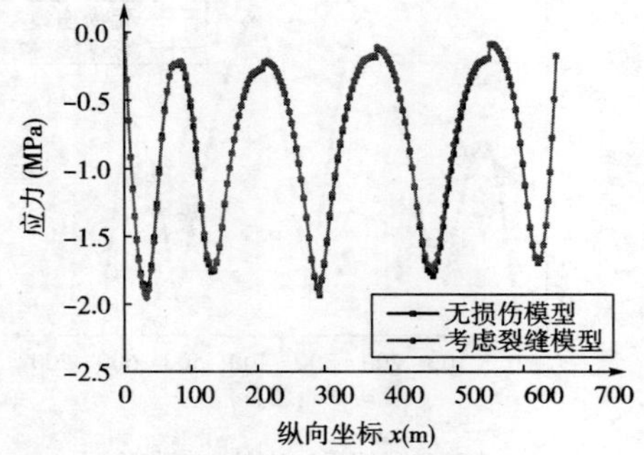

图5.43　位置1(顶板)最小应力

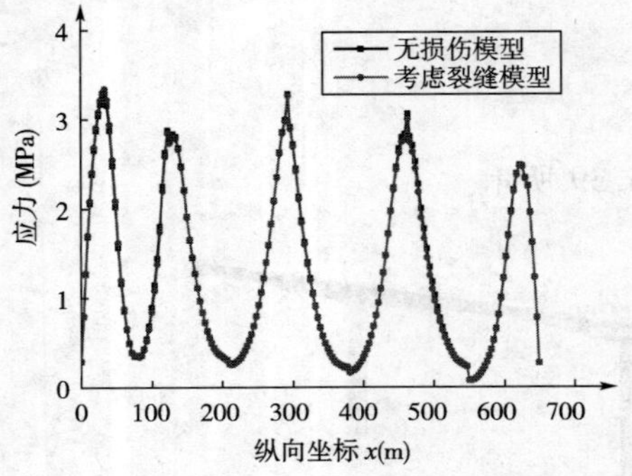

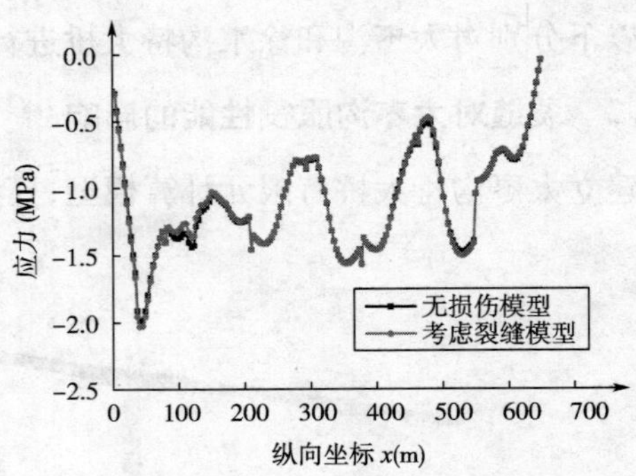

图 5.44　位置 4(底板)最大应力　　图 5.45　位置 4(底板)最小应力

通过图 5.40 ~ 图 5.45 的对比可以看出:目前太枣沟箱梁腹板裂缝对活载作用下箱梁的挠度和应力影响不大。

5.10.3　裂缝对徐水沟服役性能的影响

建立徐水沟特大桥有限元计算模型,模型如图 5.46 所示。

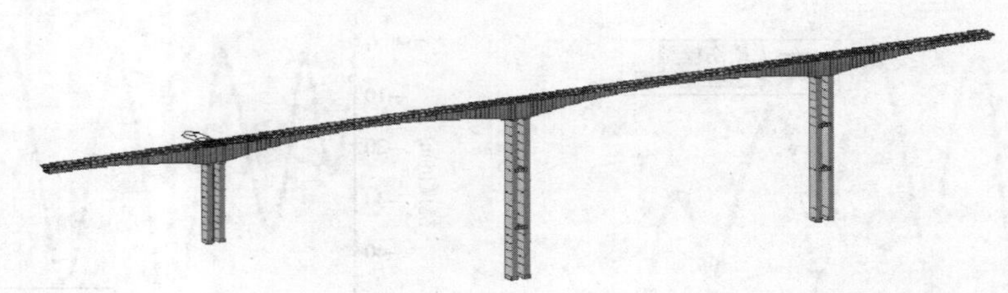

图 5.46　徐水沟特大桥有限元数值模型

考虑设计活载为汽车—超 20 级,研究考虑裂缝和无裂缝下的箱梁受力特性变化规律。具体分析结果如图 5.47 ~ 图 5.52 所示。

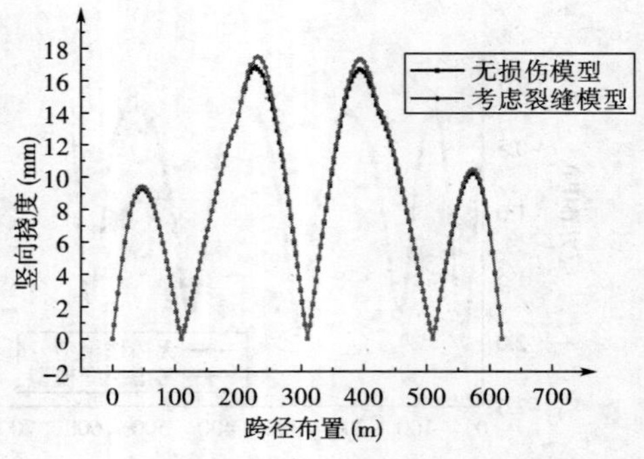

图 5.47　箱梁挠度最大值包络图

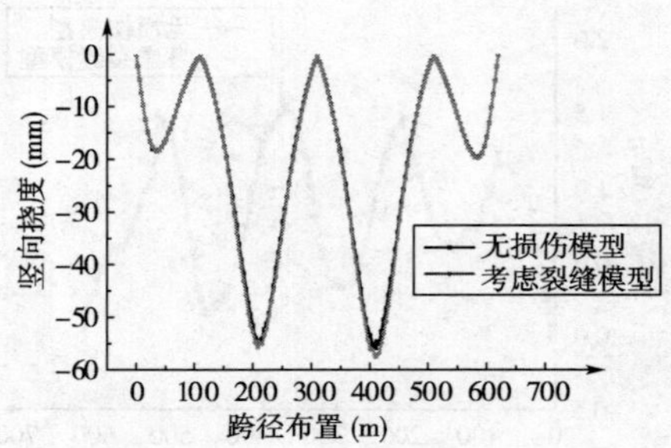

图 5.48　箱梁挠度最小值包络图

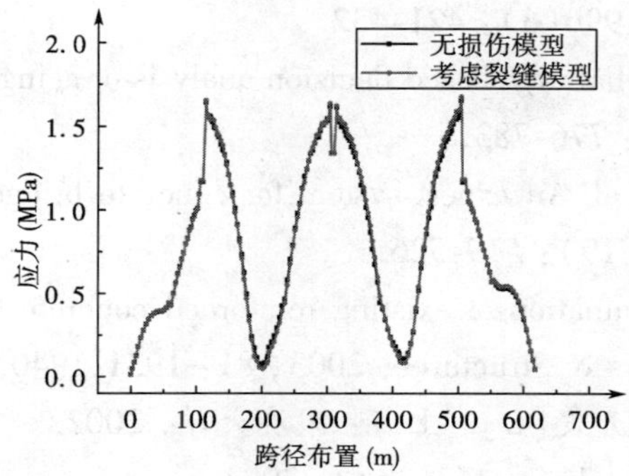

图5.49　顶板应力最大值包络图

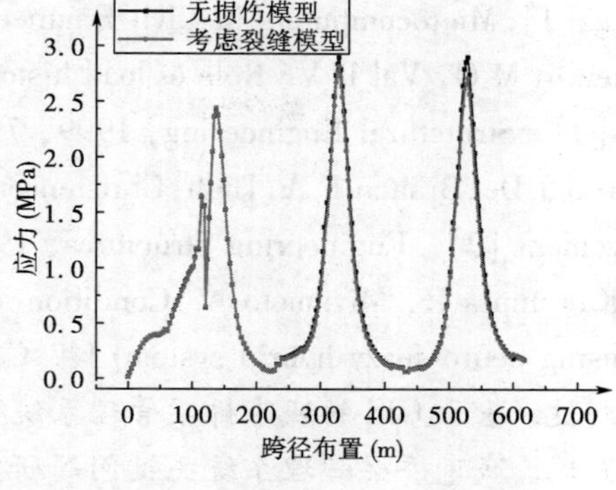

图5.50　底板应力最大值包络图

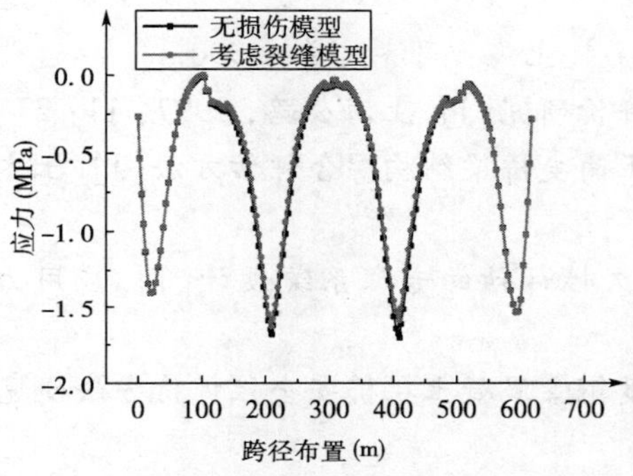

图5.51　顶板应力最小值包络图

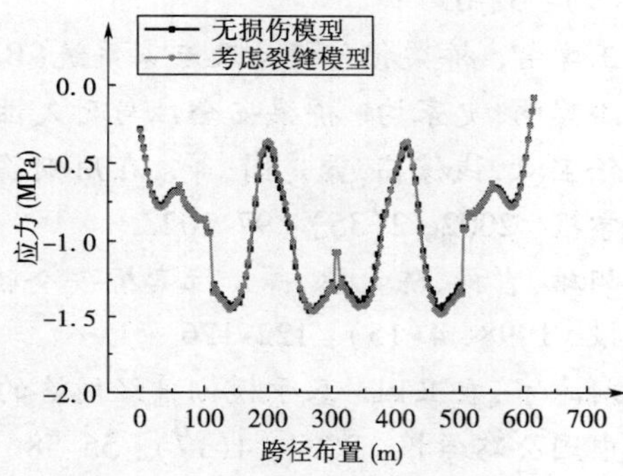

图5.52　底板应力最小值包络图

通过图5.47～图5.52的对比可以看出:目前徐水沟的裂缝对活载作用下箱梁的挠度和应力影响不大。

本章参考文献

[1] 张劲泉. 我国公路桥梁检测评价与加固技术的现状与发展[R]. 北京：中华人民共和国交通运输部公路科学研究院，2008.

[2] 张臣.《公路桥梁技术状况评定标准》宣贯材料[R]. 北京：交通运输部公路科学研究院，2011.

[3] 长沙理工大学. 钢筋混凝土桥梁剩余寿命评估方法研究[R]. 2010.

[4] 中华人民共和国交通部. 中国交通运输改革开放30年公路卷[M]. 北京:人民交通出版社，2009.

[5] 元成方，牛荻涛. 基于AHP法和模糊综合评价的钢筋混凝土桥梁耐久性评估[J]. 西安建筑科技大学学报(自然科学版)，2010，42(6)：830-834.

[6] 张誉，蒋利学，张伟平，等. 混凝土结构耐久性概论[M]. 上海:上海科学技术出版社，2003.

[7] Hani G Melhem，Senaka Aturaliya. Bridge condition rating using an eigenvector of priority set-

ings[J]. Microcomputers in Civil Engineering, 1996(6): 421-432.

[8] Stewart M G, Val D V. Role of load history in reliability-based decision analysis of aging bridges[J]. Strutctural Engineering, 1999, 7(125): 776-783.

[9] Brito J De, Branco F A, Thoft-Christensen P, Et al. An expert system for concrete bridge management [J]. Engineering Structures, 1997, 7(19): 519-526.

[10] Kawamura K, Miyamoto A. Condition state evaluation of existing reinforced concrete bridges using neuro-fuzzy hybrid system[J]. Computers & Structures, 2003, 81: 1931-1940.

[11] 刘健. 基于GIS的城市桥梁管理系统研究与开发[D]. 上海: 同济大学, 2002.

[12] 郭瑞. 城市桥梁管理系统关键问题研究[D]. 上海: 同济大学, 2004.

[13] 王永平,张宝银,张树仁. 桥梁使用性能模糊专家评价系统[J]. 中国公路学报, 1996, 2(9): 62-67.

[14] 王学智. 桥梁损伤评估及专家系统(BEES)[D]. 上海: 同济大学, 1990.

[15] 潘黎明,史家均. 桥梁安全性与耐久性综合评价研究[J]. 上海公路, 1997, 11: 27-32.

[16] 任宝双,钱稼茹,聂建国,等. 在用钢筋混凝土简支桥梁结构综合评估方法[J]. 土木工程学报, 2002, 2(35): 97-102.

[17] 胡雄,吉祥,陈兆熊,等. 拉索桥安全性与耐久性评估的专家系统设计[J]. 应用力学学报, 1998, 4(15): 122-126.

[18] 刘沐宇,袁卫国. 基于模糊神经网络的大跨度钢管混凝土拱桥安全性评价方法研究[J]. 中国公路学报, 2004, 4(17): 55-58.

[19] 张玲玲,马建勋. 服役结构可靠性的模糊综合评判方法及其应用[J]. 土木工程学报, 2001, 5(34): 20-23.

[20] 单德山,李乔,徐威. 不确定层次分析法在混凝土桥梁性能评价中的应用[J]. 重庆交通学院学报, 2007, 26(1): 19-22.

[21] 袁庆海,刘文龙,殷银章,等. 不确定层次分析法在桥梁综合评估中的应用研究[J]. 铁路运输与经济, 2006, 28(2): 82-85.

[22] 陈大川,李华辉,欧阳攀. 城市混凝土梁式桥健康状态的模糊综合评判法[J]. 中南林业科技大学学报, 2010, 30(5): 139-143.

[23] 任更锋,徐岳,石利强,等. 基于层次分析的在役RC桥梁耐久性评估[J]. 长安大学学报(自然科学版), 2008, 28(6): 41-45.

[24] 兰海,史家均. 灰色关联分析与变权综合法在桥梁评估中的应用[J]. 同济大学学报(自然科学版), 2001, 39(1): 50-54.

[25] 卢哲安,王二磊,邱怀中,等. 在役混凝土桥梁结构可靠度评估的模糊类比法[J]. 武汉理工大学学报, 2003, 25(12).

[26] 钟珞,范剑锋,袁海庆,等. 桥梁承载能力状态评估的模糊神经网络推理方法[J]. 华中科技大学学报:自然科学版, 2006, 34(3).

[27] 达庆利,徐泽水. 不确定多属性决策的单目标最优化模型[J]. 系统工程学报, 2002, 17(1): 50-55.

[28] 穆增超,刘三阳. 区间AHP权重计算的目标规划法[J]. 经济数学, 2003, 20(3): 87-90.

[29] 钱伟懿,杨宇,王宏杰,等. 一种具有非线性约束线性规划全局优化算法[J]. 运筹与管理, 2007, 16(1): 28-31.

[30] 范剑锋,袁庆海,钟珞. 不确定层次分析下的桥梁评估最优指标权重确定[J]. 公路交通科技, 2007, 24(9): 65-68.